中國古代史學叢書

[清]顧炎武 撰
黃珅等 校點

天下郡國利病書

貳

上海古籍出版社

天下郡國利病書（二）

顧宏義　嚴佐之　嚴文儒校點

蘇松備録

松江府水利已載蘇州府者不重見。

宋宣和元年，兩浙提舉常平趙霖浚松江白鶴匯，又役夫八萬三千七百有奇，圍裹華亭泖爲田。二年八月，罷役。

紹興四年，鹽官丞王珏開華亭海河二百餘里，通漕溉田，民享其利。

十五年，通判曹泳重開顧會浦。

乾道二年，轉運副使姜詵開通波大港，港即顧會浦。置張涇堰閘。

七年，知秀州丘崈修華亭瀕海十八堰，遂移新涇堰於運港。所謂運港大堰。九年，置監堰官於亭林。按前志，華亭東南並海，自柘湖湮塞，置堰一十八所，以禦鹹潮。宋政和中，提舉常平官興修水利，欲涸亭林湖爲田，盡決隄堰以泄湖水。華亭地勢，東南益高，西北益卑，大抵自三泖、五浦下注松江以入海。雖決諸堰，湖水不可泄，鹹水竟入爲害。於是東南四鄉爲斥鹵之地，民流徙他郡。中間州縣官懼其害，復故隄堰，獨留新涇塘以通鹽運。海潮晨夕衝突塘口，至闊三十餘丈，鹹水延入蘇、湖境上。隆興間，言者復請決諸堰，以姜詵言而止。是歲八月，邑人右正言許克昌力言於朝。時宻以太博除知秀州，奉命行視，與令堵觀議，以新涇塘湖勢湍急，運港距新涇二十里，水勢稍緩，於是募四縣夫，移堰於運港。始九月二十六日，終十二月二十七日，併築堰外諸港及運港之兩岸。東岸自堰至徐浦塘，二十四里十七丈。西岸自堰至柘湖，二十三里。上闊六尺，下闊一丈五尺，高六尺。明年正月，遣御史蕭之敏按視，還奏，詔增宻秩，復租九年，以招復流民。又明年正月，遣中使宣諭守臣張元成增築。二月，特設監堰官一員，土軍五十人，置司顧亭林，以防鹽運私發諸堰。後堰外隨潮沙漲，牢不可壞，二州之田，得免鹹潮浸灌之患。

淳熙二年，立庸田司於平江，撩漉吴淞江沙泥，浚各閘舊河瀆渠及松江之張涇、通波、南北俞塘、鹽鐵、官紹、盤龍、蒲匯、六磊、石浦等塘。

弘治初，僉事伍性浚吴淞江中段四十餘里，及顧會、趙屯、都臺諸浦，蒲匯、楊林、新涇諸塘。又議鑿吴江長橋兩岸淤土，以洩湖流。工未畢，工部主事姚文灝代之。

七年，吴中大水。命工部侍郎徐貫與主事祝萃，會同巡撫、都御史何鑑，委知蘇州府史蕑開浚吴江長橋水竇，疏太湖之水，以及吴淞江，委松江府通判郝希賢濬吴淞江，自帆歸口至分莊七十餘里，以長洲、吴江、崑山、常熟、嘉定等縣人夫，浚白茅港，并斜堰、七浦塘，衺共二萬四千餘丈，并東開鐵鹽塘十八里，西浚尤涇七里。

十二年，松江通判原應宿浚崧子浦，即今崧塘。

嘉靖元年，工部郎中顔如環督同蘇州知府徐贊、松江知府孔輔、蘇州府同知冷宗元等，自下界口開浚起，至龍王廟舊江口止，共長六千三百三十六丈二尺，闊一十八丈，深一丈二尺。又督湖州府同知徐鸞開浚大錢、小梅等港，并沿湖七十二漊，以通太湖之上流；蘇州府通判孔賢開浚趙屯、大盈、道褐等浦，以通吴淞江之上流。

崇禎八年，巡撫張國維督知府方岳貢、華亭知縣張調鼎勘覈漴闕坍塘，長二百八十九丈，内患口一百十九丈，東西兩塘接連患口一百十七丈有奇，東盡塘五十三丈，官給料價工食銀二萬餘兩，石塘以成。

十三年，岳貢復建石塘二百六十三丈有奇，官給料價工食二萬七千六百餘兩。

嘉定縣志 志有漕糧永折疏、倭變事，未抄。

水利考

言東南水利者，莫不以郟氏、單氏爲宗。然世之相去五百年矣，河渠之乍分乍合，迭湮迭濬，可勝道哉！語曰：「以書御馬者，不盡馬之情。以古治今者，不盡今之變。」善治水者，固以水爲師耳。若謂昔人之法可長用而不弊，必爲二子笑矣。茲所論列，皆長吏可以施行者焉。

海在縣東四十五里，北自黄姚港，南抵上海界，環縣境凡八十餘里。海水鹹鹵，而此地不異江湖，頗有灌溉之利。蓋南則黄浦、吴淞江，北則劉家河，又北則大江注焉。半天下之水，皆洄沿洑激，滌蕩于數百里之内，故與南北獨異耳。夫治水者注之海，則事畢矣。然沿海之民，歲至夏秋之間，不幸遇颶風霪雨，挾潮而上，漂没人民廬舍，倏忽皆盡。故至其時，莫不惴惴然，如虞寇至。晉湖州刺史虞潭築壘于沿海一帶，以遏潮衝。國朝洪武三十二年，老人朱六安具奏海患。工部遣官修築，北接崑山縣，此時未建州治，故云崑山，今則屬太倉矣。南跨劉家河，長一千八百一十丈，高一丈，基廣三丈，面廣二丈。永樂二年，水官何傅督工增築，高倍于前。成化八年，僉事吴瑞、知縣白思明于寶山北舊壘外又築新壘。嘉靖二十三年，知縣張重又增築其南，直抵上海草蕩，惟吴淞所迤北舊壘，坍没未修。今數十年來，物力漸詘，有司以工役爲諱，顧不念昔人經營，豈其爲此可已之役哉！創與修，勞逸難易不啻半，猶然莫之省，則且終乞靈於海若耶！

吴淞江又名笠澤江。在縣南三十六里，其源西出於太湖，分爲龐山、九里、尹山、澹臺諸湖，匯於獨墅湖，流爲江。東北至甫里，過夏駕浦，乃入縣境。自顧浦、黄渡而東，至於江灣，又東北至吴淞所城南。凡二百六十餘里，而入於海。嘉定創於宋季，嘗置水軍千人於江灣，專給開江之役。迨勝國，屢經疏濬。然自吴江上流改築石橋，咽喉阻阨，湖水入江之勢彌緩。明興，永樂初，户部尚書夏公原吉治水吴中，決新洋、夏駕二口，北注江水於劉家河，又南濬范家浜入海之口，上接黄浦，而棄直東百二十里之地不復濬。此時水患孔殷，蓋祖用周文英遺策，先是，郡人周文英建議，謂江流淤塞，天時氣運使然，非人力可勝。欲棄吴淞東南塗漲之地，置之不論，而專意於江之東北劉家港、白茆浦等開浚，放水入海。而識者亦謂之詭時達變。其後，巡撫、侍郎周公忱，都御史崔公恭、畢公亨，工部尚書李公充嗣相繼開江。充嗣又請於夏駕、新洋置閘，事不果行。至隆慶三年，大侵，餓殍縱横。巡撫海公瑞議興開江之役以濟飢民，獲請於朝。以兩月間，疏縣之黄渡至上海南蹌，並加深廣。所費官帑，不過五萬餘兩而已。後十年，御史林應訓繼疏黄渡以西，至崑山千墩，上流江面亦加闢。又三年，朝廷念吴中水災，用科臣言，特設水利副使一員，專督其役，發内帑十萬金以佐之。於時主者不能因勢利導，强與水争，築壩之工，十居其九。逮於終事，而岸無積土。於是海公所濬，彌望復爲平疇矣。夫淞江之上流壅，則有汎濫之禍。此昔人所以爲蘇、松、常、湖、嘉五郡憂者也。淞江之下流塞，則失灌溉之利。此今人所以爲嘉、上二邑憂者也。故昔之治江者，導之而南，導之而北，惟恐其不分。而今之論江者，則惡夏駕、新洋之北，惡白蜆諸湖之南，爲其流分勢殺，不足以濡高亢、滌渾潮也。夫欲使江水自西而東，復往日故道，非合數郡之力，必不能任。顧工大則支費難繼，人衆則讒謗易起，事分則心力不一，自非督撫大臣不沮疑畏，不避勞怨，力爲主持，而擇賢有司各爲分任，務臻厥成，則此沿江數百里之民，幾何而不坐槁也？

劉家河即古婁江。在縣北二十四里，發源于震澤，從吴縣鮎魚口，經郡城之婁門，東貫崑山，又東至太倉，環州城而南，與縣合界，又東三十里入於海。元至元間，朱清濬之以通海運。國朝永樂初，再濬，則以救水災。歷二百餘年，下流横溢，每潮汐之至，境内西北諸塘浦借爲咽喉。以嘉定之土田亢瘠，而其民猶得耕而食，則此河之利居多哉。

城中幹河二。

横瀝亘縣治左，南北袤六十里。南自孫基港口，受吴淞江之水，合上槎浦，經南翔、馬陸鎮，入城至學宫之前，爲匯龍潭，方廣數十丈。北出抵婁塘。自婁塘折而東北，由雙塘折而西北，由公塘，俱入劉家河，而從北直下者浸以微矣。

練祁塘界縣治中，東西長七十二里。往時江湖之水自西南來，澄澈如練，故因以名。其水西從顧浦納吴淞江之流，東折貫于吴塘，又東過鹽鐵塘入城，東抵羅店鎮，折而東北，曰小練祁，入于海。其南一支折而東，合馬路塘，又東合月浦，又東合采淘港，入于海。

西南塘浦之大者，凡十有九。吴淞江岸起，自西境以次東抵横瀝，北以練祁爲限。

大盈浦南通青龍江，北入吴淞江。

大盧浦，俗名渡頭。南通青龍江，北徑馮浦，入吴淞江。

青龍江東通渡頭浦，西連白鶴江。

儼儻浦南通蒲匯塘，北入吴淞江。

白鶴江南接青龍江，北出吴淞江。

高家浜南通蒲匯塘，北入吴淞江。

蟠龍江南通蒲匯塘，北入吴淞江。

安亭涇東南通顧浦，北下雞鳴塘。

黄渡浦南通吴淞江，對岸爲大盈浦，北連吴塘。

顧浦南通吴淞江，北貫練祁，又北會吴塘，達戚虞涇。

吴塘南爲黄渡浦，達吴淞江，北貫練祁，出張涇，達劉家河。

鹽鐵塘南爲陸皎浦，入吴淞江，北貫練祁塘，達劉家河。

陸皎浦南通吴淞江，北連鹽鐵塘。

雞鳴塘東通漳浦，西貫顧浦，抵崑山界。

漳浦北通練祁塘，南通淺江。

趙涇西南通漳浦，北通練祁塘。

淺江東南通封家浜，西北通鹽鐵塘。

封家浜南過月河江，出吴淞江，東北入横瀝。

新華浦西南通吴淞江，東北入横瀝。

西北塘浦之大者凡七。練祁塘之北，起自西境，東抵横瀝，北以劉家河爲限。

顧浦。見前。

吴塘。見前。

鹽鐵塘。見前。

按境内之水，以西南爲源，而顧浦、吴塘、鹽鐵塘，則皆南通吴淞江，北通劉家河，界太倉、嘉定之間。方太倉未爲州時，劉家河之南岸，皆邑之北境。自割建州治，而其地犬牙相錯，葛隆鎮以北，大抵屬於州矣。往顧浦之湮也，夏尚書原吉嘗濬之，下流與吴塘合，濁潮由劉家河而入，積久不疏，僅存一線。永樂中，罷海運，而邑之轉輸改出練祁，自東徂西，凡十三里，而北入鹽鐵塘，往復數十折以達於劉河。潮汐再至，淤於日積。開濬之役，費大工繁。往時爲州者，用奸民之言，謂爲嘉定咽喉之地，我雖不濬，嘉定之人不得不代之濬也，故每一役興，輒至聚訟。夫夾鹽鐵而田者數十里，固以此塘之通塞爲利病，嘉定之人不與也。獨謂往來之途不得不出于此，而欲以長策困之。藉令此説可用乎，則處處當效尤矣。假如萬分一至和塘之在崑山東界者有時而淤，則崑山不當問，謂太倉以東之人不得不代之濬也。其在長、吴東界者有時而淤，是兩縣不當問，謂崑山以東之人不得不代之濬也。丹徒之河，當委之毘陵。毘陵之河，當委之無錫。輓輸之道絶，商賈之事廢矣。此豈爲通論乎！今歲太倉助工銀八百兩，蓋舌敝唇焦而後得之，然實不當所費五分之一，况欲縮之哉！

徐公浦南通雞鳴塘，北通郭澤塘。

黄姑塘西通吴塘，東北經横瀝入劉家河。

婁塘東通横瀝，西北入公塘，出劉家河，迤西爲小婁塘，西通鹽鐵塘。

公塘東南通婁塘，西北出劉家河。

東南塘浦之大者凡三十。吴淞江北，西起横瀝抵江，北以練祁爲限，又自江東抵海岸。

中槎浦南通虬江，西北通和尚塘。
下槎浦南通虬江，北通走馬塘。
虬江東南通吴淞江，西通孫基港。
庾店浦西南通虬江，東通桃樹浦。
走馬塘西通横瀝，東南由江灣浦入吴淞江。
馬陸塘西通横瀝，東通楊涇。
公孫涇西通横瀝，東通楊涇。
西楊涇南至廣福分水墩，北通練祁塘。
東楊涇一名荻涇。東南通湄浦，北通練祁塘。
沙浦東通吴淞江，西通東楊涇。
湄浦東通吴淞江，西通東楊涇。
大場浦南通虬江，北通蔚村塘。
彭越浦南通虬江，北通走馬塘。
桃樹浦南通虬江，北通走馬塘。
盧涇浦南通庾店浦，北通走馬塘。

趙浦南通虬江，北通走馬塘。
鵞饑浦東通吴淞江，西通小場浦。
黄泥塘東通吴淞江，西通小場浦。
薀藻浜東通吴淞江，西通茭涇。
段浦東南通吴淞江，西通茭涇。
江灣浦一名商量灣。南通吴淞江，西通小場浦。
浦缺，南通吴淞江，北通鵞饑浦。
錢家浜一名袁張浜。西南通走馬塘，東通吴淞江。
月浦西連馬路塘，通練祁，東經采淘港入海。
采淘港西北通月浦，東入大海。
馬路塘西北連練祁塘，東連月浦。
界浜西入吴淞江，東入于海。
張家浜西入吴淞江，北爲李家洪海口。
戴家浜西入吴淞江，北爲李家洪海口。
史家浜西入吴淞江，北爲李家洪海口。

東北塘浦之大者凡十一。練祁塘之北，起自横瀝，東抵海，北以劉家河爲限。
雙塘南通横瀝，北入劉家河。
黄姑塘西通北横瀝，東通界涇，北入劉河。
新涇南通練祁塘，北經石家塘，出劉家河。
殷涇塘西通北横瀝，東通界涇。
華亭涇南通練祁塘，東北經慈溝，出劉家河。
蒲華塘南通練祁塘，東北經慈溝，出劉家河。
界涇南通練祁塘，北合慈溝，出劉家河。
顧逕港西接黄白逕港，通練祁，東入于海。
川沙港南通顧逕港，東北入海。
黄姚港西通新涇，東北合五岳塘，入于海。
五岳塘西連黄白逕港，東入于海。
嘉定幅員不百里，而塘浦陂池，大者以數十計，次者以數百計，小者以數千計，複出多歧，縱横紆直，至不勝紀。蓋古者治農之官，疆理之密，疏鑿之勤，猶可見也。縣額設簿一員，專董水利。然簿之于民，既未必疾痛相關，而民之于簿，亦未必指臂相使，狥名興役，空文報成，即鏤冰畫脂無殊矣。故自昔長吏之賢者，莫不以水利爲大政。額故有河夫銀三百兩，曾不當三軍之囊精，餘更無可轉移，勢不得不取給民力。顧小民胼胝以勤其事，巨室拱手而享其成，故役者常有不樂爲用之意。嘗熟計其便，每歲必以十月預發教于四境，令民各以應濬工役列上，然後躬自巡行，度緩急而舉事，量繁簡而鳩工。衣食之源，貧富貴賤所共也。自非例得優免者，宜倣他邑縉紳家貼役之意，令出財佐之。又必出舍河旁，嚴立期會，分別勤惰，即行法稍峻，不得稱苛。蓋令長身勞怨以慮其始，而後佐貳無私事以掣其權；上夙戒而視其成，而後小民争趨以致其力。大較居此土者，無一歲之安，終無百歲之計，勢使然也。語曰：「悦以使民，民忘其勞。」是在長民者加之意耳。

張應武水利論

吾邑左浸東海，松江經其前，劉河繞其後，黄浦自東南來，合於松江之尾。昔人所指以爲三江者，皆由以入於海。松江位二江之中，載地既高，而江形又直，建瓴東注，自安亭港至李家洪，縈紆境内百有餘里，塘浦左右股引，足於清水，而亦無壅溢之患。五季以前，江鄉號稱樂土。自吴江石隄既築，清水之出于湖口者日微，不足以蕩滌潮沙，松江屢浚屢堙。議者咸思一大治之，廣數里之江，決壅出之口，塞傍分之竇，曠然爲數百年之規。然而物力不給，衆口難調，近乎可言而不可行。本朝疏浚者五六公，雖廣不踰十尋，通不過數十年，未足厭議者之志。然是江流通一日，則民受一日之利。他日復堙，又當有任其責者。隨時量力以舒目前之急，未可謂非中策也。耳目所及，惟隆慶四年，海忠介公寓賑濟於興作，至誠所感，寮寀敬應，富室樂助，役夫競勸，所費官金不過五六萬，疏上海南蹌口，至嘉定黃渡，平陸六十餘里，兩月成江，清水奄至，葑泥自去，當時以爲若有神助，非盡人力也。萬曆七年，巡江莆田林公接疏黃渡至崑山千墩三十餘里上流，江南亦加闢焉。萬曆十五年，因水災，用科臣言，特設專官，發帑銀，以開江爲首務。而所任非人，背公營私。初至，見江尚流通，前人之所疏鑿，可攘爲後功，於是不酌群言，不委州縣，不役鄉夫，獨任私人，共圖欺罔。托言以漸而深，惟務築壩，曾不運土，每車戽微乾，稍削茭蘆，即已放水。迤邐而東，起自安亭，至宋家橋，分爲十段。九段畢工，岸無積土，人以爲笑談。末段去海不遠，潮勢湍悍，屢築不成。遂以頑石壓弊舟雜築之，費數千金，幾成而潰。乃試其所製混江龍，聊掩衆目而罷。自知不厭衆心，頗留銀還官，虛告成功，遷官以行。而其所沉木石，留礙江心，潮沙依之，易爲澱聚。未及兩載，海公所疏，復爲平陸矣。自昔開江，未有若是役之無益而有害也。即今萬姓嗷嗷，復思疏浚，如望歲焉。是須廟堂主張，六郡協力，非一邑之所能必也。邑治以四水聚爲形勢，東西綀祁，南北橫瀝，形如十字，交貫城中。境内塘浦以百計，支港以千計，東引大海，南引松江，北引劉河，西仰湖澤，四面潮汐，咸會邑城。自松江既堙，清水罕至，舟楫灌溉，咸資潮水。宋人引清障濁之法，已不可施于今。每歲所開塘浦，還爲潮汐之所填淤，三歲而淺，四歲而堙，五歲又須重浚，亦無一勞永逸之術。所可自盡者，修浚均節其間焉耳。酌塘浦之閒要，參以淺深，及前浚之歲月，分爲五番，著之一籍，依次修浚，周而復始，無得踰越。五歲不紊，則不紊矣。若乃近海之區，潮沙倍積，出入孔道，官舟重載所由，或有不能待五年者，所當别議。然一邑不過三、四，不足以此而并廢經常之規也。修浚之際，擇民有才幹有行者分段監護，必使底面四傍，深淺闊狹，咸中程式，庶岸不善崩，可支五、六年，以待重浚。如此，則民力不甚疲，塘浦亦不加淤，非遇颶風，小旱小澇，不至全歉。此亦杜牧所謂上策莫如自治，其與開江固並行而不悖也。

田賦

夫揚州之域，厥土泥塗。嘉定承五湖之委，居三江之間，而三面諸浦噓吸濁流，朝潮夕汐，日就澱淤。於是言水利則苦濬治之費，論田功則憂灌溉之艱，故稱沙瘠之地，其田不得與他州縣比。自唐天寶之後，江淮租庸已稱繁重，固有民力竭矣之歎。今考宋世，蘇州之税，凡三十餘萬石。迨元，乃增至八十餘萬石。則嘉定財賦之數，亦可彷彿見矣。

國家王業，實始東南，而蘇州最後服，蓋暴骸釃血以抗王師者十餘年。高皇帝憤其民爲張氏死守，籍諸豪家田入官，稽其租籍以定税科。於時田有二等，曰官田，曰民田。嘉定重額至有七斗三升者，民不能支。後三年，而蘇州積逋三十餘萬石。奏上，上惻然哀之，屢下寬貸之詔。洪武四年，詔免秋糧二百四十二萬六千八百石有奇。六年八月，奉旨：「今年三、四月間，蘇州各縣小民缺食，曾教府縣鄉里接濟。想那小百姓好生生受，原借糧米，不須還官，都免了。」七年，奉旨：「體知蘇州、松江、嘉興三府百姓好生缺食，今歲夏税絲綿錢麥盡行蠲免。」至十三年，命減其額。

自永樂北都，輓輸道遠，加耗滋多，蘇州積逋至七百九十萬石。周文襄公忱巡撫江南，閲籍大駴，召父老問故，與知府况公鍾曲算，奏減八十餘萬，民以小康。重賦所始。

文襄公精思民事，於是創爲平米法，官、民田皆畫一加耗。初年正米一石，加耗米七斗，計輸將遠近之費爲支撥。支撥之餘者，存積縣倉，曰餘米。次年餘米多，正米一石，減加耗爲六斗。又次年，餘米益多，減加耗爲五斗。最後令縣各立倉貯餘米，曰濟農倉。數年之間，倉米大饒。凡陂塘堰圩之役，計口而給食者，於是取之。江河之運，不幸遭風濤亡失者，得以假借。農時犁牛種食不能自給，及水旱之災，輒用以賑。諸條約甚具。平米所始。

公見嘉定土薄民貧，而賦與旁邑等，思所以恤之。謂地産綿花，而民習爲布。奏令出官布二十萬匹，匹當米一石。緩至明年，乃帶徵。蓋布入内帑，中官掌之，以備賞賚。視少府水衡錢較緩，公寔用以寬瘠土之民。已而割地以置太倉，分布一萬五千匹。正德之末，撫臣爲一時那移之計，以一萬匹分之宜興，以四萬六千匹分之崑山，而當米一石之額，一減而爲八斗，再減而爲六斗。文襄公之遺意，鮮有存矣。官布所始。

夫以蘇州爲財賦之藪，奸民猾吏爭窟穴其間，而官、民田糧，輕重相懸，無慮千百，則易以上下其手。嘉靖十五年，禮部尚書顧鼎臣奏行清理。是時，巡撫歐陽鐸謀于知府王儀，建均糧之法，而知縣李資坤悉力行之。乃履畝丈量，圖方圓曲直之形及四至。圖有圩，圩有甲乙號。於是諸弊畢出。舊有虚存正米一萬八千九十石一斗六升一合二勺，又有有糧無田、有田無糧并無徵田蕩，共一千七百七頃一十三畝五分一釐六毫，計米二萬三千八百石一合二勺，統計之，積米四萬一千八百九十石一斗六升二合二勺，俱掛額内，無從處補，遞年於加耗内均包。清查後改正科糧田一千六十二頃四十五畝二分，計米二萬一千七百一十七石五斗四升一合，俱算入會計。其餘無徵虚糧田六百八十頃六十八畝三分一釐六毫，計米二萬一百七十二石六斗二升一合二勺，尚存案牘，作正催徵。撫按會題請豁，得旨將兩京鹽鈔等從緩錢糧抵補。都察院移咨户部，誤寫「兩」字作「南」字，數不相當，遂致寢格。十七年，行牽攤法，總計概縣實存肥瘠相等田，算派歲用正耗平米，每畝止該二斗八升，以前項虚糧額不可缺，每畝均包二升，以三斗爲則。其科麥地、鹻薄田不與焉。均糧本末。

初，王公儀取户部歲坐錢糧之目編刻成書，謂之賦役册，使後有考焉。已而歲歲增甲減乙，而所謂正米者，其間加耗多寡，輸納難易，遠近絶殊，則有正米一石，用加耗二石一斗六升者矣，內官監白粳糯是也。今止該一石九斗六升。有正米一石，用加耗一石九斗者矣，府部院糙粳是也。今止該一石六斗。又有一石五斗四升者矣，有八斗至二斗者矣。有正米一石，實用平米一石，或八斗、七斗、六斗、三斗，充作正米一石者矣。嘉靖十九年，知府金公城言于兩院：「近年部派之數，比之舊額，增者三項，減者三項。所增正米三萬三千四百二十八石有奇，連耗實該平米七萬八千五百二石有奇；所減正米三萬四千三百九十石有奇，連耗實該平米四萬七千八百九十二石有奇。以正米計之，減于舊額九百六十六石有奇。并耗米計之，增于舊額三萬六百一十石有奇。是減者其名也，增者其實也。況該部錢糧不過此數，本府派重，則別府派輕，乞爲轉咨户部，一從原額。」後巡撫、都御史周公如斗講求賦役之弊，去其泰甚。及蔡公國熙爲守，深求利病，加惻怛於民，田賦漸平矣。部派之差。

永樂中，會通河成，始罷海運。蘇州之糧，用民運至濟寧，以裏河船遞送至京師，謂之轉運。農民不習河、淮之事，多觸風波陷没。且往復經歲，失農時，勞費於正糧數倍，民以爲不堪。用平江伯陳瑄議，令民運至淮安、瓜洲，出耗脚、搬剥、蘆蓆、楞板之費，對船貼兑與軍，謂之兑運，民猶以爲不堪。成化七年，用都御史滕昭議，罷淮、瓜之運，令官軍於水次交兑，而加過江之耗，所謂長運也。自水利不修，邑中種稻之田不能十一。每歲漕糧十四萬石，皆糴之境外。而他邑常貯糠秕浥潤之米，乘交兑方急而糴之，故米色常惡，而軍吏持之，坐索私耗，無復限制。萬曆初，議天下漕船三月過淮，以避伏秋之水。惟時漕軍臨兑無米，至于借庫、借典、借商，一以苟且取辦。而姦人獻變賣之策，尤爲禍首。人視去其田疇，如釋械繫，不復論直。是時幾無以爲縣矣。萬曆十一年，邑民以改折事上請。是時邑人宗伯徐學謨爲司農，言民疾苦甚悉。户部下其議，令以本縣正兑米十萬餘石，每石改折銀七錢，改兑米六千四百餘石，每石改折銀六錢。是時，尚慮輸納後時，令撫按三歲一報，制可，行之十年，上下咸便。至二十一年，始請著爲令，報可。于是皆有戀田里之心矣。

先是萬曆十六年，兵備李公淶以會計之數端緒混淆，有司多不能致其精詳，於是集郡邑長，參伍討論，本之部文，兼考故實，法有相沿者，必遡其本始，事有不相襲者，必求其指歸，定爲經賦册。册成而本折起存之數，徵納傾解之式，章章具列，吴中士民謹藏之爲玉條金科。經賦册所始。是時，各州縣熟田平米一石，該折銀四錢八分五釐六毫八忽五微六纖。嘉定以漕折之故，奏免輕齎蓆木板過江修河等銀一萬七千二百兩有奇，比之各縣，每石應減省銀四分有奇矣。至二十三年，知府孫公成泰以毫忽纖微，煩瑣難于計算，概以成數，各屬一例，每石派銀五錢，則并前奏免之數，亦在派内。其有帶徵另項練兵、貼役、解扛、傜里等銀，則以派剩之數，通融抵充，故此不見損，彼不見增。蓋百姓歲受一萬六千之賜而不知也，歲出一萬六千之賦而亦不知也。夫輕齎等銀，既奉恩免，則聖明憐恤元元之意，宜宣布于下。下有正供，亦宜使人知之。竊意正其名可矣。

縣有積荒之田，爲糧九千五百石有奇，垂十餘年，屢募開墾，民莫之應，至欲以吴淞軍爲屯田，亦不能行。萬曆十二三年，令朱公廷益議招徠遠人告佃，而起科之限，則土民以伍年，客民以十年。于是草萊之中，耒耜交集。然民當不科之時，相與媮衣食其間，一旦定税額，則又鳥獸散，迄無成功。夫民莫不貪殖生産，亦莫不畏避征斂。但人情漸習之則馴，頓加之則駭。二十七年，韓侯參酌其宜，令一縣棄田，田主願墾者聽，不願而諸人告佃者，即以爲業，不聽争。三年之後，不分土客，先起半科，至五年、十年限滿，各照輕重則全徵。而溝洫湮没者皆治之，令有所灌泄。于是江南、北之民争集，昔所謂不科之田，大抵盡闢矣。初，荒糧既不得没其額，則繫之熟糧之上，曰帶荒米。久而錯亂，名實不相附。是歲，縣中清理圩號，分别荒熟，田與糧各有所歸。初得復熟米二千八百餘石，乃于三斗田畝減二合，于二斗八升五合一勺二抄田畝減八合一勺二抄。蓋是時會計以宗人府米折抵免荒糧，故不用以補無徵之額，而用以減概縣之糧。至三十八年，宗人府米折并入考成，而會計亦編入熟糧内矣。三十二年，又查陞復熟米四千五百餘石，前後凡八千三百餘石，蓋合不科荒田與塗蕩新墾者也。夫荒米類不派本色，皆入折色中爲停徵，而以通縣熟米覆蓋之。既熟之後，雖于驗派之數無所減，而于徵收之數少有所寬矣。復熟米。

條編之法行，則歲中出入無慮數十萬，而宿猾不得有所支吾。蓋歲貢之目，有京庫，有里甲，有均徭，有兵餉。舊以糧長主辦京庫，而有掌收者，謂之折白收頭，則有稅糧縣總總計之。以里長主辦里甲、均徭，而又有掌收者，謂之均徭收頭，則又有均徭縣總總計之。又有練兵書手，總練兵之餉。出于民者一也，而其名多端，則多置册籍，可以藏慝，可以長奸。譬以千金盡置之一堂，而綜其出入之數，雖有黠者，莫敢染指焉。分置之三室，而使三人主之，又教以挹彼注兹，往來假借，必有竊金者矣。條編之法，其數既定，則爲循環簿二，一收之官，一付之吏，互相對驗，一日之内，細收若干，總收若干，不待明者而知其異同也。一歲之内，收數若干，放數若干，亦不待明者而知其存積也。大府會計之下，常苦後時。而縣中起徵，常在十月之初。約計平米一石，先徵銀三錢三分。若四分，謂之冬季銀。明年正月，徵北運米。二月，徵軍儲米。三、四月，徵折色，謂之春季銀。蓋徵折色，則停本色。徵本色，則停折色。農事興，則概停徵，而以官布等爲九月之賦。蓋視其緩急而先後之。乃民間頗言韓侯知閭閻疾痛，若家視而户聽之。獨以官布入條編，萬一後來者因是而取盈焉，奈吾民何！解之者曰：爾能使官布不入條編也，亦能使不入會計乎？苟哀斯人，雖在會計之内，亦可緩也。倘無其心，雖在條編之外，亦可徵也。乃別置簿書，更爲期會，弊所由生矣。條編法。

糧長初定之時，每扇以皁隸一人押之，謂之押班。每十扇復以皁隸一人總押之，謂之總牌。

此二者，卒歲之計，常取之糧長。良民輸納如期，固不待追呼。頑民負國課，雖日押之何益？蓋有臨限無分毫納官，而不能不以銀錢酒肉勞苦皂隸。又夏取醬麥，冬取絮花，皆乘舟沿户而索之。自二十七年，革不復用，唯本扇首名率諸糧長以赴期會，而每扇置火票二三張，納如限數者徑歸。頑户多欠者，糧長填所欠數于票，即付長賦者，令送置其家。納如數，乃得銷票。猶不完者，始繫治之。糧長有畢事而不識胥徒之面，人户有畢歲而不見比較之法者。蓋法簡民安，而私費幾絶矣。比較法。

夫蘇州當宋時，固已稱重賦之地。今嘉定蕞爾之地，而其賦遠過當時一郡之數。加以兵凶，重以暴政，而民猶得父子相保者，則漕折之功哉！今五六年來，田野益闢，垣屋益廣，則去繁苛之條，立平易之法，而徵徭不擾之效居多也。民生其間，謹身節用，勤修稼穡之業，亦可以稱太平之民矣。

通邑之區，爲都凡二十有四，而在十六、七、九者，最稱磽，實不任重賦。前者征税緩爲停三，而新故遞淹。上緩之，下逾逋之，至欲著爲令甲，并一切蠲其里役。彼獨匪民也哉！衆口之沸，所由來矣。余視事六載，覃思博議，調劑均輸，與之更始。然猶歲苦負額，敲朴日聞，豈其中奸氓藉口寡入，陽扞法而陰自封侈者不盡無哉？然余嘗訪故老，謂彼中田最上者值不登一兩，而他都或倍之，此亦足以徵地利也。

徭役

唐定租庸調之制，謂有田則有租，有户則有調，有丁則有庸。然天下男子年十八以上，給田百畝。則庸調所出，未嘗不取之於田。而宋世遂謂排年任役，率田供費，故免役之法，畝税一錢，則賦役之同出於田久矣，獨其名異耳。高皇帝起於畎畝，留心民事。洪武三年，詔户部籍天下户口，謂之户帖。歲祀南郊，陳之壇下，用薦於天，祭畢而藏之。十四年，詔天下十年一編黄册，以一百一十户爲里，推丁糧多者十户爲長，餘百户爲十甲，歲役里長一人，攝一里之事，十年而周，終而復始，故曰排年。册成，貯之後湖，御史一人，給事中二人，督監生簡校之，蓋其重也。於是户有四等：曰軍，曰民，曰匠，曰竈。役有三等：以户計曰里甲，朝會燕享、養賢育孤諸典禮之費出焉。以丁計曰均徭，自輦轂下以至郡縣有司百執事之費出焉。非時徭曰雜泛，其事輕重、繁簡、遠近不啻十百，役無常歲，縣自爲差次焉。均徭之别有二：曰銀差，入銀於官，官爲募召以充役者也。曰力差，身親充役，不得顧代者也。

初，嘉定之爲役有四：曰糧長，曰塘長，曰里長，曰老人。糧、塘、老人皆雜泛，唯里長爲正役。而沿革損益之變，以時移益。以下言糧長。蓋高皇帝念賦税關國重計，凡民既富方轂，乃以殷實户充糧長，督其鄉租税，多者萬石，少者乃數千石，部輸入京，往往得召見，一語稱旨，輒復拜官。當時父兄之訓其子弟，以能充糧長者爲賢，而不慕科第之榮。蓋有累世相承不易者。官之百役，以身任之，而不以及其細户。細户得以父子相保，男樂耕耘，女勤織紡，老死不見縣門。故民淳事簡，中家嘗有數年之畜。其間爲侵漁者或有也。蓋大誥言嘉定糧長金仲芳巧取於民凡十八條，卒伏重誅，而終不以一眚易大政。永樂以後，漸用歲更。宣德初，户部言糧長歲更，頑民玩之，故多負租，請如舊便。至嘉靖中，爲抑强扶弱之法，糧長不獨任大家，以中户輪充。初輪充者如得美官，已而納粟於倉，投銀於櫃，老人概斛。法令一新，糧長大抵破家，則輪充又爲朋充。朋充有三四人，或五六，或八九，而民間以糧長爲大害，姦民報役者因以爲利。蓋糧長既不論丁糧，而論家資。家貲高下，非有憑也。故每歲夏、秋之間，十金之家，無寧居者。如役本應在甲，則報者先喝乙，次及丙，及丁，各得賄滿意，而後以甲聞。萬曆十一年，縣令朱公廷益以里長排年充役，自一六，而二七，而三八，而四九，而五十，十歲再更，亦會漕折事行，而糧長之禍幾熄。然排年之田，有千畝而上者，有十畝而下者，無田而役，弱者不能支，狡者更漁獵以爲利。二十九年，當大造，今韓侯浚謂均田則可以均役。一縣之田，勢不可得均，而就所在一扇之中，計田若干，應編排年若干，一以田爲準。于是貧者得以息肩。

一縣之賦，有軍運，有民運。軍運既罷，而民運有南糧，有北糧，有官布。郡守蔡公國熙以爲民去田畝，捐室家，而遡江逾河，犯風濤之險，一不戒，則覆家殞身，故給車船盤用之直，常浮于所費。幸而波濤不驚，檣楫完好，輸納之外，尚有餘資。于是民間常請託求之，而貲不中差者，往往亦冒入其中。上之人惡其争趨之也，歲歲稍加裁抑。而南運道近尚可枝梧，北運往返萬里外，會有榷税之詔，由江淮而北，達于京師，中使多置無賴以爲爪牙，如貪狼餒虎，無慮數十處，轉輸上供之米，比於雜貨，所榷等于商人，抵灣之日，又不得以時入倉，北地早寒，一夕凍合，賃屋貯米，須明年冰解乃入，故役之繁重，莫過北運。官布類入内庫，中官主收之，以入賄之多寡爲美惡，揀换刁蹬，常經數歲不得畢事，至有死者。萬曆二十八年，始議官解，而典史杜仕浩坐布不中額繫獄。夫官非能自買也，必託之胥徒，胥徒必託之牙行，輾轉之間，其費已甚。當解京時，無復贏餘之財，以佐駁换之用，遂至窘辱。然始爲民病，繼卒爲官病。病民，官爲之恤；病官，而誰與恤哉！舊編北運十六人，韓侯浚閔其繁苦，乃議編三十人，願役者與不願役而願貼銀者聽，令有以相佐。且謂糴米于冬，其價平，舂米于冬，其粒圓，徐而顧船，可得堅緻，徐而召夫，可得善良。于是以歲暮先給夫船水脚之直，而本名冬銀，聽以買米。蓋入春而輓輸所須皆辦。但漕河故事，軍運一船不過淮，則民船不得行，故有艤舟淮陰，經數十日，而漕軍方徘徊瓜、儀間。市竹木雜物，民之無告，豈一事哉！縣故不産米，勢必買之他境，入而復出，費已不貲，故往苦盤驗之累。夫充是役者，必得有力之家，則人自爲計，無俟譏察矣。如簪充之弊未絶，上即多方稽之，彼亦多方應之，無益也。今數年來，擇人而役，聽其便宜，事無不集，奈何縱吏胥追呼以滋擾哉！又以役者必多田之家，多田則有充四、五甲至十甲者矣。自五甲而上，無歲不役。故更重役者，則明年若又明年，率以輕役休息之，或掛名官布。官布既以官解，實爲空役也。三十二年，巡撫曹公時聘以北運諸糧長，依冰負雪，自冬徂春良苦，每船加守凍銀五十兩以恤之。蓋其疾痛聞于上，皆思噢休之矣。議者謂北運米畝不過升合耳，稍高其價，畝不過釐毫耳。百畝之家，歲出一錢，不足爲患，而使一縣行役者無破家之憂，不亦善乎！練兵批頭者，既主吴淞犒師之事，又令置買汛米，以給將士出洋之餉，盤剥交兑，固不勝擾。而所給米價，復不準時直，故抑損之。于是有糴米千石，而賠貱不啻百石者矣。夫公家省百石，曾不足爲有無，庶民之家横出百石，能無憊乎？竊謂國家不得已而役民耳，豈故令出私財以佐之哉！以下言塘長。

國初無塘長之名，其後始置。而縣之諸浦常爲潮沙淤没，故塘長勞勩，比之旁邑獨甚。往者戽水責之里長，築壩責之老人，而豪有力之家類不赴工。今起夫之數，一準于田，而于該甲排年中，以丁糧多者一二人充塘長，督一扇之排年，而排年各率一甲之夫。蓋任事者多，則功易集。爲夫者少，則頑者無由規避。故非例得優免者，莫不趨事矣。以下言里長。

嘉靖十六年，郡守王公儀曾爲縣令，深悉民所苦，通計一縣里甲備用之數，爲銀一千一百七十二兩，均徭以銀差者，爲銀四千二百五十五兩有奇，以力差者，爲銀五千一百六十八兩有奇，乃計丁而編之，丁出一分，計田而編之，畝出七釐七毫，計灘池塗蕩而編之，畝出四釐，凡得一萬一千六百九十一兩有奇，適當前數，載之于書，曰賦役册。十九年，縣令馬公麟以田畝所編爲重，而縣有科麥地六百一十二項有奇，均糧之法所不及也，于一縣之田，獨爲輕則，乃畝加一斗六升八合九勺五抄，凡得銀五千一百七十七兩有奇，以四分之一，抵十六、十七都荒田無徵之額，以四分之三，入之里甲均徭，視昔所編者少減矣。但丁田銀既輸于官，而庫子、斗給、解户、禁子之類最爲民禍者，終不可得募，復于該年摘撥而給其直。當時以爲陽革陰用，歲歲均徭也。三十六年，縣令楊公旦請復十年一審之舊，而王公儀所爲精思遠慮以立宜民之法，幾至寢廢而不行。後巡撫海忠介公瑞求民所苦，郡守蔡公國熙悉閭閻之隱，乃以吏守倉庫，吏守倉則罷斗給，守庫則罷庫子。而解户所應輸者上之府，府遣官類輸之京師。所編丁田銀，大略同賦役册，百年之弊，一旦湔洗無餘，誠大快也。然折銀解府庫，猶歲用糧長二十四人領解，賠貱不訾。二十七年，韓侯浚始用官若吏，而以銷銀匠隨之。夫人相習，則不能相欺。一歲中司庫之吏與銀匠接事者無慮十數，是以如式而止，勢不得横索，蓋與鄉民歲更而暫至者不同也。里長排年之法，一縣共之，而在城九圖四門，催糧之外，例不與諸役。凡上司行部，若縣衙所須帷帳、被褥、几案、坐卧之具，及飲食器，于是取之。凡有所需，非有常數，蓋彷彿庫子之餘也。二十八年，韓侯浚議官自置供張諸物，一不以及民。會爲監司裁損，故諸用物未得盡備。而春秋享祀，鄉飲習儀，及守諸公署，勢不得不役人，乃計召募之費，通城内外供之，歲出銀四十六兩八錢而事辦。

以下言老人。

國初，里編老人一人，得參議民間利害及政事得失，上謂之方巾御史。後鄉都有婚姻、田土之訟，輒用平其曲直。最後則供交際之事，督興作之役，及料理諸瑣屑而已。當時頗以殷實户充之，往往爲吏胥求索，有破家者。萬曆十三年，朱公廷益議不復置，縣有興革之役，則用居民以大姓有行義者充之，事畢而罷。凡諸給使，代以義民。義民者，多市人也，習見官府之事。蓋國家令有祗應巡攔，不得用殷實户，但用市人，乃知慮深遠矣。

所謂排門夫者，一城之中，比屋而編之者也。晝供營繕，夜充巡守，類不及大族富人，而販夫傭客，一月之内，强半不得寧居。今議通編邑屋間架，士大夫以次優免，餘令出銀有差，用以和顧作使，謂之火夫。大家輸錢，未足爲病，貧者受直，適足以餬其口矣。

夫里甲、均徭，同出于丁田，是二者合而爲一也。倉庫、解户，禍不及民，餘凡繁簡、輕重之事，皆爲顧役，是銀差、力差合而爲一也。糧、塘之長，排年輪充，是正役、雜役合而爲一也。一者，一出于丁田也。然農人不苦其加賦，而樂其寧一之効。及承直奔走之事，悉不以煩民，而闤闠晏然得安枕矣。由是觀之，其事彌寡，其民彌安，自然之勢也。此蓋國家靈長之運，而前後賢公卿大夫所以更制易令以安集吾民者，百世賴之，胡可忘哉！

夫祖宗之制，沿革多矣。乃法不足以懲凶慝，而足以禍善良，于上無涓埃之益，于下有丘山之損者，解軍是也。國初欲實邊伍，凡遣戍者，該里爲辦裝。後欲均其勞費，則通一縣而輪解之。夫犯法至遣戍者，多勇悍險賊人也，里排必平民也，無異羊將狼矣。審解之日，軍必先索資財以爲私費，軒然謂足以制解者生死之命，而解者亦惴惴然自以爲生死由之，其費常逾數百金。幸及到衛，指揮以下，或利軍刀筆，延爲上賓，而反訶詰解軍者，甚者蒙扭械若犯重法，囊中不留一錢，或假貸奉之，乃幸無事。軍已入賄，以差爲名，歸家安坐，而解者尚守批文，動延歲月。是作姦犯科者軍也，流離蕩析者，解軍者也。嘉定之法，屢變而益善，獨此爲民禍，是在愷悌君子哀而爲之所耳。

鹽課

清浦場，國初額設排偺七十三名，竈户五千七百餘丁，草蕩貳萬六千餘畝，歲辦課銀一千一百七十七兩三錢一分二釐，水鄉蕩銀七十七兩四錢七分五釐，歲督樵採煎辦，與沿海三十六場一例照引給商。嘉靖以後，海潮内侵，墩蕩坍洗，水不成鹽，商引遂絶，而歲辦銀課如前。加以三十二、三等年兵燹死徙，竈丁亡者過半。隆、萬以來，排偺歲受賠累，無不破家。後奉以漲補坍之例，告將本蕩對港崇明排草沙蕩撥補。是時，本縣高侯薦、崇明何侯懋官奉鹾使者檄行會勘，具悉竈户疾苦，議將崇明備用羨餘新漲沙塗二項，共銀八百七十七兩三錢，撥補本場額課，而水鄉銀亦即於各竈優免丁田内編徵，隸縣司徵解，而本場止歲辦課銀三百兩而已。

韓邃之曰：往者濱海之民，多煮鹽以爲利。今海味淡，而利悉歸于崇明，乃竈户猶歲輸鹽課，青浦猶虚設場官，民與國交病焉。且民竈錯處，竈户率嚚訟，而鹽司多冗雜，動相訐構，驅良民而穽之，即令長無從致詰。譚者謂宜汰其官，總其課，隸縣簿主之，類解運司。古稱省事莫若省官，利民亦以利國。俟觀風者採而行焉。

王錫爵永折漕糧碑記

揚州之藪澤曰具區，三吴之水所瀦也。而嘉定爲之門户，吴淞南襟，婁江北帶，皆在數十里之内，故淫潦汎溢之禍常爲諸縣最。然而其民曾不得灌溉之利，米穀之入，尚不足以自飽，而歲出十四萬石以漕京師，非取之他縣，不能辦也。蓋他縣之水，皆江湖之清波，而嘉定獨潮汐之所出入，濁泥浮沙，日有積焉。余嘗考其地志，塘浦之在界中者凡三千餘。昔人以治水爲大政，故二百年常通流不廢。正、嘉之際，其遺烈猶有存者。至於今，湮没者十八九，其存者如衣帶而已。是以其民獨託命於木綿。木綿之性，喜與水田相代，而嘉定之植，數十年不能易也，寧復有善收乎？況海波之漂蕩，颶風之摇撼，累十年無一二免者，豈其民之樂之哉！地勢固然也。加以米不土出，常不能豫具以待事，運船之至城下，舳艫相次如魚鱗，而倉庾尚無稊粒，於是四方糠粃浥潤之米，一入其境，價必翔踴，而軍士動以米惡爲辭，所以摧抑之百端，蓋有以二石當一石者，而民之困極矣。軍士喜于所得之過當，輒以其贏餘爲嬉游飲博之用，而春夏欝蒸之時，米敗腐如炲煤，颺曬簸篩之日，有至折閲不支者，要亦非軍士之利也。慶、曆之際，四境荒蕪之田無慮數萬畝，老穉提携而去者項背相望，議者以爲數年之後殆不可以爲縣。歲癸未，民瞿仁等具狀大司農，請易漕糧以銀，庶幾遺民尚可自存。行巡撫郭公思極、巡按邢公侗會言于上，下大司農議覆爲便。自萬曆十二年始徵銀，第歲歲奏聞，後二年，乃令三歲一請。行之十年，而荒茅藟茨，墾有新田，頹垣廢井，創有新廬，顧民猶盻盻焉，懼一旦恐恩命之中輟也。當奏請之歲，輒動色相恐。縣令王君福徵知閭閻之隱，以爲民不安其土，不可以爲理，乃集其耆老而謀所以與民永久之計。於是民徐行等相率伏闕上書，言：「蒙恩改折漕糧以來，已十餘年，有利於民，無病於國明甚。惟愚民慴於交兑之害，而過疑上恩之不可恃也，多懷去就，無戀戀畝畝之心。惟上裁哀。」章下大司農。大司農與巡撫趙公可懷、巡按鹿公久徵參議之，報如行等言是，有旨著爲令，而嘉定之民所以歌舞之可知也。余惟國家轉輸東南四百萬之粟以給京師，歷江、淮、河、衛之險，驚風駭波，朝不謀夕，文武之臣奔走其事，而軍士蒙犯霜露，經歷寒暑，計十萬石之費，蓋不訾矣。然京衛之士曾不待米而飽，太倉之粟，朝受而夕糶之，意在得銀錢耳，其價亦不能太過産米之地也。夫水田之利，卒未可就，而黍稷菽麥，皆京師之人饔飧旦夕之常食也。誠于豐歲增價糴百萬以佐東南之漕，使北方之民亦無傷農之病，於京畿穀賤之時，出以與米兼支，而願受銀錢者，準改折價以給焉，其勢必争欲得之。夫爲國計者，獨使太倉之畜不虚而已，何必轉吴、越之米于燕市乎！即無論嘉定居漕糧四十分之一，不足以爲重輕，蓋改折實利于民，亦利于國也。王君求余文以紀其事，宣上恩也，且使後之人有考焉。嘉定歲運漕糧一十萬六千四百九十石有奇，正兑一石，加耗四斗，故每石折銀七錢，改兑一石，加耗三斗二升。今議裁一斗二升，故每石折銀六錢，凡折銀七萬三千九百兩有奇，其輕齎蘆蓆木板之費皆免。與改兑所裁之米，共爲銀一萬六千一百七十兩有奇。於乎！上恩大矣，賢有司之澤亦遠矣。

兵防考

嘉定在江海之間，天下有事，非必争之地。往者江淮以南，閩粤以北，暴骨蔽野，而兵燹之禍不及焉。然東晉時，劉徵以浮海入婁，孫恩出没海上，袁崧築滬瀆壘。宋南渡都臨安，完顔亮欲從海道窺兩浙，則嘉定遂爲重地。及李全作亂，亦虞其豕突吴淞。蓋中原波蕩，則不爲用武之地。海寇憑凌，輒爲禍先。故宋元之末，終不被兵，唯張氏之敗，上海人錢鶴皋欲以螳螂之斧，一當太阿，誘誑邑子弟，蓋有死于外者。及王師入城，市不易肆，老幼倚門而觀之。是後瀕海奸民弄兵萑葦，然皆鰕鰱之醜，倏而麋爛矣。迨倭夷内閧，禍首發于嘉定，數年之内，肝腦塗鋒刃，脂髓充供億，閭閻蕭然，累世休養生息之澤盡矣。夫金城湯池，熊虎守之，無食不可以久。縣不産米，仰食四方，夏麥方熟，秋禾既登，商人載米而來者，舳艫相銜也。中人之家，朝炊夕爨，負米而入者，項背相望也。倘令金鼓一震，矢石交加，城門十日不啓，饑人號呼，得不自亂乎！被倭之處，城陷者數矣。大抵攻破者少，襲破者多。賊常執鄉民而使之偵伺，倘質其父母妻子，陰令入城，何事不可爲！夫驅市人于矢石之間，欲勒以兵法，未易也。雖人情莫不顧其室家，而授兵登陴之人，多販夫傭客，未必有儋石之儲，妻子之戀，非結之以恩，齊之以法，未可卒用。而士大夫之家，亦必時時相與勞苦，不惜愛子介弟，參于行伍之間。夫如是，可以使百姓喜勇而效力。此城守者不可不知也。賊一船之中，驍健者不過二三人。然我主彼客，而不可得困者，多鄉導也；我衆彼寡，而不可得圍者，善分襲也；因糧于我而不可得饑者，吴地不得清野也。臨陣之際，狙狡百端，雖十人出戰，必分三四人爲奇兵，離合前後，使人不知所備。我衆整而不可亂，或以所虜金銀諸物投之，戰士不悟，自相躪踐，因乘其亂而敗之。此野戰者不可不知也。方事之殷，徵兵四方，東蘭、南丹、永順、保靖諸蠻夷兵至者無慮數萬人，而嘉定民兵常在其間。邑民嚴氏兄弟五人，各有膽勇，每戰爲先登，其後數犯法，皆誅死，故功名不立。後言兵者，輒言太倉、嘉定、崇明之沙兵。是知嘉定不患無兵，而在蓄養兵之財，不患無財，而在行富民之政，然豈有司之事哉！

戎鎮

洪武之世，號爲天地重闢，德被六合，武暢百蠻，四夷君長，稽顙恐後。而倭奴蕞爾之醜，數躑躅于波濤間，東南並海州縣，時被其毒。信國公和已老，上强起之，令視沿海形勢，凡築五十九城。復遣魏國公輝祖、安陸侯吴傑、江陰侯吴高、江夏侯周德興治兵海上，遣都督商暠、楊文、劉德出戰。此皆元勳宿將，國之虎臣，謀之數年，不克底定。又遣南雄侯趙庸招撫漁丁蛋户、販鹽之徒爲水軍，至數萬人。蓋倭奴天性狡猾，以剽劫爲俗，而溟海萬里，因風力，乘潮候，倏忽不可踪蹟，所謂來如風雨，去如絶絃，猶不足以喻之，故武備既設，時復跳梁，譬之勇者驅虎豹、戮鯨鯢，而不能禁蚊虻之噆噬，無足怪者。吴淞外控竹箔，内捍蘇、松，非獨爲嘉定蔽也。迺者江南置鎮，始于嘉靖八年。若十九年，江海有警，當設總兵官，駐常熟之福山，尋移鎮江，已復往來儀真、瓜步，事平而罷。壬子之變，禍始吴淞。明年，遂入其城。蓋兵木甲朽，非一朝夕之故也。是時南京給事中項涇請設副總兵于金山，制可，而邳州湯克寬實領協守之任。及處州盧鏜來代，猶居縣城，後乃移駐吴淞。至叙南劉顯再來臨鎮，始改協守曰鎮守，益尊重矣。兵興之初，湯、盧最稱善將，是後俞大猷、劉顯、戚繼光、郭成並著威名，唯戚公未嘗作鎮。則所謂水陸要衝，南可以援金山之急，北可以扼長江之險，故常以熊羆之士守之耳。三十二年，添設金山參將，分守蘇、松，增置把總四員，以守南匯、吴淞、劉河、京口。三十八年，始命總兵官專駐吴淞，居中調度。明年，勅凡内地守備衛所俱隸之，又改置南洋遊兵都司、北洋遊兵都司，又設柘林、川沙把總。蓋國家重根本之地，故師中之命，不啻三錫矣。夫浙東之定海，浙西之乍浦，直隸之吴淞，若人家有東、西户耳，一方失守，其禍共之。議者莫不言禦倭于海，謂之上策。竹箔沙者，吴淞之屏蔽也。其外爲羊山，爲陳錢，皆倭奴之所從入。而南自浙江之界，北至於大江，沿海砂磧，多可登岸。邀之初至，謂之中策。往者國家懲忘戰之害，不愛養士之費，故吴淞水陸兵精，爲天下最。垣墉既固，堂室自安，固其宜也。自是以來，當事者不欲以繁徭重役之民，厚奉韜戈橐矢之士，故艅艎之數，介冑之夫，時有增汰矣。夫義烏，陸兵之精者也；江、淮間鹽徒漁户，水兵之精者也。南、北皆在千里内，一旦有事，置十萬金于軍門，則壯士萬人可以立致，顧此費安從出哉？

城池

吴淞所城在縣治東四十里，周一千一百六十步。初去海三里而近，潮汐侵嚙，東北漸傾。嘉靖十九年，兵備副使王儀議移於舊城西南一里。三十一年，島夷犯境，巡按御史尚維持以土城難守，檄知縣楊旦改甃以甓，周七百九十丈。

寶山所城在縣東南清浦鎮，舊名清浦旱寨。嘉靖三十六年，更名協守吴淞中千户所。萬曆五年，增築新城，周二里九分，更名寶山千户所。

鎮臣

鎮守南直隸江南地方副總兵官署都指揮僉事一員。

陸營中軍把總，以都指揮體統行事署指揮僉事一員。萬曆九年設。

水營中軍把總，以都指揮體統行事署指揮僉事一員。嘉靖三十六年設。

遊兵營把總，以都指揮體統行事署指揮僉事一員。萬曆三年設。

用兵之道，不識遠近之勢者，不可以制敵，不識衆寡之用者，不可以決勝。國初殪方于越，殲張于吴，其餘孽多亡匿海外，説倭奴以爲寇之利。當其時，竊發東南者，多不過數百人，烏合獸散，視所不備者，則得志焉。故置守吴淞，復分戍青浦，即今寶山所。譬之備穿窬者，間曠之處，多爲籓籬而已。嘉靖中，賊之來者舳艫連雲，鋒刃耀日，萬室之邑，三軍之衆，往往嬰城自守，乃欲以數百人逆其至，邀其歸，不亦難乎！蓋吴淞之潰，前事之明鑒也。自置鎮以來，屹然遂爲三吴之鎖鑰矣。乃寶山孤懸江海之間，守則難固，援則難達，萬一蹉跌，所謂藉寇兵、齎盗糧者也。語有之：「五指之更彈，不如奮掌之一抶。」故兵志曰：「無所不分，則無所不寡。」今智計之士謂宜并于吴淞，蓋分則俱弱，合則並强，自然之勢也。且文皇帝遣使異國，乃築寶山以識出入之道，非所以防盗也。後賊欲寇蘇州，輒望此山而泊。當時半淪于海，居人以爲天幸。夫祖宗之法，不得不變者多矣。乃者利害之形，昭昭可覩，胡不熟計哉？

戰艦

福船最大，可容百人，底尖上闊，昂首聳尾，其行全倚風力，矢石火砲，皆俯瞰而發。敵舟相直，輒衝壓沉之。然回翔不便，不能逼岸而泊，須藉哨船接渡。

草撇，即福船之小者。

蒼船，隘于福船，而闊于沙船，首尾相等，帆櫓兼用，順風揚帆，風息盪櫓，輕便易使，曲港淺沙，此爲利器，可接濟福船之所不及。

唬船，一名八槳，頭尾俱尖，而喫水甚淺，槳櫓交發，其行如飛，可供哨探之用，風潮順逆，皆可使也。

網梭船，形如織梭，竹檣布帆，容僅三四人。中藏鳥銃，蟻集鳥散，頗便攻擊，裏港窄河，尤所利也。

沙船，能使鬬風，行淺水，以其底平也，沙民駕之。

兵器

藤簰，取其輕捷，可代甲胄之用，矗如壁，閃如電，施之田塍泥雨中尤便。

標鎗，稠木細竹皆可爲之，前重後輕，前粗後細，非兩船相逼，不可輕發。

長鎗，本粗末細，刃重不逾兩。

筤筅，用毛竹長而多箐者，末鋭，包鐵如小鎗，傍留長刺，火熨油灌，一直一鈎，傅以毒藥，中者立斃。按兵器不勝其多，而海上長技，四者爲最。

火器

佛郎機，國名也。正德中，國人來貢，攜有此銃，因以爲式，鑄發諸邊。每座重可二百觔，用提銃三個，每個重三十觔，鉛子一個，約重十兩，用以守營門，破關隘。擴之曰發鑛，約之曰鉛錫，銃則中國所倣而爲之也。

鳥銃，自西番來，以銅鐵爲管，木橐承之，中貯鉛彈，所擊洞穿。

百子銃，狀如鳥銃，而幹短口寬，中容百彈藥，然齊發漫空，分中遠出四、五里。

木桶火藥，用桶盛火藥，傾入賊舟，因風縱火之器。

噴筒，截竹爲之，貯藥推緊，發高十餘丈，遠三、四十步，粘帆輒焚，不可備禦。

火繩，每繩用二人扯之，爲守城第一器。

六合砲，勢極威猛，所中無不糜爛。然製造稍不如法，即易裂。

按火器極多，而舟師所利，數種稱最。賊所恃，止鳥銃、雙刀、弓矢。雙刀隔舟，無所施技。鳥銃每舟止三、四門耳，而風濤播蕩，取準極難。其弓矢與中國不同，矢頭重而尾輕，弓身長而發緩，易於趨避。中國無論兵械，而火器之製，多不可紀，以百攻一，取勝何難哉！

汛期

海洋要害，莫過陳錢。倭舟來，率以此爲停汲之所，覘伺風候，以决所向。如東北風利，則向大衢西行，過烏沙門以犯浙江。東南風利，則向竹箔、稗草以犯蘇、松。過此，則羊山矣。羊山去鎮城猶數千里，爲竹箔外藩。春時漁舟鱗集，無慮萬艘，賊艇雜入其中，輒恣摽掠。乘東南利風，徑日可達竹箔。竹箔在崇明南徼，與高家嘴相對，賊所必由。從此西向，則吴淞首禍；北向，則劉河受敵。於此置重兵焉，扼之使不得度，而江南可高枕矣。至於寶山，尤收泊標識，異時文皇帝以海運茫無涯涘，築此示凖，而賊遂望爲指歸，守此可以絶其登陸。凡備禦哨偵，分布宜嚴。歲以二月下旬，調遣游兵水營諸軍，出守羊山、陳錢、蒲嶴、蘇竇、馬跡、竹箔、稗草、李家洪、馬沙墩等處，而把總親率中軍往來督察，遠至落華、花腦外洋，而陸兵專守寶山、川沙，餘聽隨宜策應，至五月終旬而罷。秋防止于内地巡緝鹽盜，此汛期之大略也。

知縣楊旦條陳五事

其三，重水戰。今日之慎守藩籬者，惟有水戰一節耳。今吴淞江、劉家河、福山港、青村、南匯等處，皆有福船、蒼船、沙船以爲哨守，分布非不密也。但海洋空闊，不守要害，則賊來不能知，賊去不能追，縱使能追，亦已晚矣。且賊船之來，乘風渡海，勢難聯絡，飄蕩既久，筋力困怠，故必於陳錢山、丁興、馬跡寺山會集〔一〕，調理數日，方始入寇。爲今之計，如大樣福船，各港共得幾十隻，此船惟利於深水大洋，則爲之修其貢具，堅其篷纜，預給兩月口糧，得熟慣忠勇將官一二員率領各船，直至陳錢、馬跡、洋山等處，擇其避風粵港，停泊窺伺，以小巡船十隻，四面哨探，遇賊流來則擊之。此第一層籓籬也。但此計雖善，而勢險難行，人多阻之，咸謂海島中不可泊船，是以計雖善而終不行也。其次樣蒼船，各港共得幾百隻，此船極利於乘風巡哨，則爲之分爲三班，每日一班出哨，直出高家嘴外，如一班三十隻，遇賊來時，則以二十九隻與賊對敵，其一隻飛回本港通報，盡發各船出應。此第二層藩籬也。其小樣沙船，惟利於沿涯淺水，則亦分與信地延袤，往來巡哨，遇賊來時，有福船所不盡勦，蒼船所不盡禦者，則沙船共擊之，不使登岸。此第三層藩籬也。沙船又不能禦，賊有登岸者，始以旱兵勦之。此第四層藩籬也。如此，賊來雖多，恐得登岸者少矣。

其四，據險要。夫浙江與直隸地不同，而備禦之法亦宜有異。卑職生於浙東之瀕海，官於直隸之瀕海，其間形勢險阻，皆目覩其詳，而非按圖遥度者也。浙東自温、台延袤至寧、紹一帶，皆有海塘，田南海低，内河與外海不相通。塘外有沙塗，少者十餘里，多者二三十里，略無港汊可以灣泊。賊船若至，百姓望見，皆收其貲貨，挈其妻孥，豫先走避。賊至爛塗二三十里，力已怠倦，及至民家，擄無所得。船泊海灘，潮退則閣淺，遇風則打碎。是以浙東之倭患略少者，非兵之强，備之善，職此故耳。若浙西與直隸，自乍浦、青村、南匯以至上海、嘉定、太倉、常熟、江陰、靖江延袤一帶，内河與外海相通，一里之内，有港三四，皆可以停舟避風，塘外無沙塗，賊船倏忽直抵海岸，民不及知，知不及避，擄有所得，則因糧於我，結爲巢穴。官兵攻之，則彼據其險，我失其利。及其深入，則結夥數千，勢莫能禦，是以蔓延而不可遏也。故浙東防禦之法，止於定海、普陀、瀝海、三江等處，各得數十兵船以守之，即可以無事矣。若直隸沿海一帶，乘今賊退之時，急宜設備，如吴淞江、劉家等港極大者已有兵船抵禦，其餘港汊，如柘林、七八團、青水窪等處，皆須設法堵塞，或椗樁於港口，投以連根大木，或泊舟于窪内，使我先據其險。其海岸上每三十里内，擇要害之地，屯兵一枝，各縣各率其人民，各守其封域。其勢大不能支者，軍門發兵勦之。必須初登海岸，乘其飢倦，勢易爲圖。若既登岸後，即難爲力矣。此據險要者，誠今日之急務也。

風俗

蘇州當江、淮、嶺海、楚、蜀之走集，其人浮游逐末，奇技淫巧之所出也。嘉定瀕海而處，四方賓客商賈之所不至，民生鮮見外事，猶有淳樸之風焉。其士以讀書談道、通古今爲賢，不獨爲應世之文而已。縉紳之徒，與布衣齒。大家婚嫁，耻于論財。朋友死而貧者，爲之經紀其喪，撫其遺孤。爲農者力于稼穡，不習商賈之事，謂租税先入官者爲良民。子弟不修其業而六博飲酒者，衆皆賤之。婦女勤紡織，早作夜休，一月常得四十五日焉。名家望族女子，不宴會，不游行街巷。此皆流風善俗之可紀者也。

若夫富室召客，頗以飲饌相高，水陸之珍，常至方丈。至于中人亦慕效之，一會之費，常耗數月之食。喪葬之家，置酒留客，若有嘉容。喪車之前，綵亭繡帷，炫耀道途，聊誇市童，不顧雅道。數十年前，後輩見前輩，必嚴重之。有行義者，奉以爲楷模。邇者漸成侮老之習，即不得不貌敬者，背復姍笑之。浮薄群處，議論風生，多不依于名教，而意未必然，或假非義之義，陽作標榜。大家僮僕，多至萬指，平居乘氣，爲横鄉閭。及主家衰落，則掉臂不顧。至于中人之家，撫養有恩。或至長子育孫，而一旦叛去，恣意毆詈，甚且操戈入室焉。又有傾險狡悍之甚者，上官欲察州里之豪，不能不假耳目，而姦人常爲之窟。欲中害人者，陰行賂賄，置怨家其中，羅織罪狀，暗投陷穽，及對簿，上之人雖心知其冤，終不得釋。其人揚揚然謂執一縣生死之柄。上至長吏，猶或陰持短長，伺間肆螫，名曰訪行。市井惡少，恃勇力辯口，什伍爲群。欲侵暴人者，輒陰賂之，令于怨家所在，陽相觸忤，因群毆之，則又誣列不根之詞，以其黨爲證佐，非出金帛厚謝之，不得解，名曰打行。告訐成風，一家有事，閭巷輒蜂起，連數十人爲一黨，連數十事爲一詞，非必真負寃抑，特欲魚肉之以爲利耳，名曰連名設呈。睚眦之憾，或先有借貸，邂逅一家之内有死者，輒以告官，其人不服，則求檢驗，檢驗則無不破家矣。其言曰：「人命無真假，只在原告不肯罷。」江東之民與竈户雜居，黠者欲淩愚弱，輒以竈籍訟之運司，運司懸隔數百里外，一經勾攝，親戚哭别，如赴市曹。既至，私幽之僻處，進無對簿之期，退乏饔飧之資，動延歲月，多縲紲以死者。漕折以來，田價倍增，故民間訟事多起于贖田。既經明禁不得言田事，則摭爲游詞，無一語及田，而良民不習置對，不能與辨，或有妻子抆淚而還契券者。若其人能自直於官，則誣告者往往抵罪。蓋亦有兩家俱破者。至於濱海强梁，去邑遼遠，忿恚所積，狠于戈矛，或昏夜縱火焚其廬舍，或俟花稻已成，一夕芟夷之，名曰撇青。市中交易，未曉而集。每歲綿花入市，牙行多聚少年以爲羽翼，携燈攔接，鄉民莫知所適，搶攘之間，甚至亡失貨物。其狡者多用贋銀，有擸銅、弔鐵、灌鉛、淡底、三傾、錸熟諸色，溷雜貿易，欺侮愚訥。或空腹而往，慟哭而歸，無所告訴。城市無賴，率尚賭博，夜聚曉散，在在成夥，釀成奸盗。食肆之盛，珍錯畢備，侑以歌舞，巨室僮奴，公門厮役，厭飫其中。一飽之餘，捐金成笏，食者嬉笑而主者痛心。皆比來惡俗，猶幸嚴爲之禁，庶幾屏息焉。

崇明縣志

協守地方把總一員。守禦千户五員，百户二十員。

蒼船七隻，由福建改造。沙船三十隻，舊額二十隻，萬曆三十年，令縣令張公因地方險要，申請新增十隻。槳船五隻，唬船十六隻，帆用布，槳用八，海洋中往來極便。劃船五隻。狀似唬船而小。已上諸船分爲兩哨，統領官二員。

永樂十四年，倭賊入城，虜殺官民三百餘人，千户徐□死于難。

弘治十五年，施天泰、鈕東山據半洋、馬腰二沙爲梗，居民罹害。巡撫艾璞、知府林世遠、知縣陳元憲協謀勦捕，改半洋沙爲平洋沙，馬腰沙爲馬鞍沙。

嘉靖十九年，南沙人王艮、松江人秦璠合黨搆亂，兵備王儀、總兵湯慶發兵勦滅。

三十二年四月，倭寇登南沙，盤據經年，長、享諸沙密邇罹害。耆民施珽率兵力戰，死之，陣亡者千人。

三十三年四月初十日，倭寇登水竇港，劫燒殺死無數。五月初三日，攻東南水門，勇兵陸朋戰死，百户田九疇斬首若干。初七日，夜攻東北栅，城陷，知縣唐一岑死之。

三十四年四月十七日，倭寇登平洋沙，燒燬劫殺，攻新城東門甚急。署縣事、本州同知張魁，署所事、千户陳袍協力死守。

三十六年，倭寇登營前沙，本府同知熊桴坐鎮本縣，發兵圍勦，斬首數十級，餘悉夜遁。

三十八年四月，倭賊千餘由水竇港登岸，盤據三沙。兵備熊桴駐營孫昂港，總兵劉憲駐營三沙，督視軍前通政唐順之調度其間，設法勦禦，官兵死者不可勝數。困守三月，賊勢窮蹙。七月十七日夜，乘風遁去。

四十四年，倭寇據縣後沙，總兵郭成督戰，擒獲獻俘百餘，戮于本州大教場。

鹽課

本縣天賜場原有贍鹽田蕩九百二十四頃二十畝零，煎鹽上納課正銀六百十五兩八錢。後鹽場坍海，竈户逃移，致虧國課。嘉靖三十六年，鹽法御史鄢公懋卿議將田蕩不等科銀，以充正額。後因奸民充竈，告坍抵補，悉由場官，坍在荒熟，直僞莫辯，得失不均。坍田一頃，告抵沙塗二十八頃有零，且又摘占膏腴，年漸得利。竈課日加，增出備荒羡餘名色銀六百八十三兩，遂致民産虧折，百姓紛争，詞連禍結，動經數年，竈規靡定。萬曆九年，縣令何懋官洞知其弊，以爲人非真竈，地非鹽場，況革場裁官已久，安用奸民冒竈爲？ 于是移文上官，舉其弊而傾之，加課銀八百七十四兩，以足二千兩。其弊産均撥概縣里排，散竈田，則民與竈同受，償國課，亦民與竈共輸，上不虧課，下不病民。鹽院馬公象乾可其議。至萬曆二十八年，奸民欲復前弊，興訟告奪。縣令李官欲議以法，以左遷去不果。今令張公世臣留心民瘼，欲民竈兩利，議將二十九年至三十一年新漲水塗一半給與竈户，以償昔年賠課之費，後不爲例，委曲調停，俾民不失業，竈不啓釁。比因鹽院周公執鹾政批駁，復于二千一百七十三兩正銀外議加課銀五百兩，各院詳允。已而其課竈户謀欲備辦，以醞争端，張令嚴拒，移文撫按，仍入會計，不許竈家另立門户辦納，以杜得隴望蜀之計。蓋何令翻撥于二十年之前，而積弊一掃。今張令調停于二十年之後，而兩造悉平矣。

灰場

崇明諸沙漲自揚子江，淡水俱可田，惟東北吴家沙、享沙，鹹水凝結，不可禾黍。有貧民百家，原非竈丁，奉票于隨海灘塗煎鹽供食，歲納銀二十九兩，縣解鹽運司，謂之灰場。

鹽出南沙北則第五條港一帶鹽白色，享沙北洋、縣後沙東北灘色皆白，唯北蒲沙色黑，味最鹹，比上三沙少異。

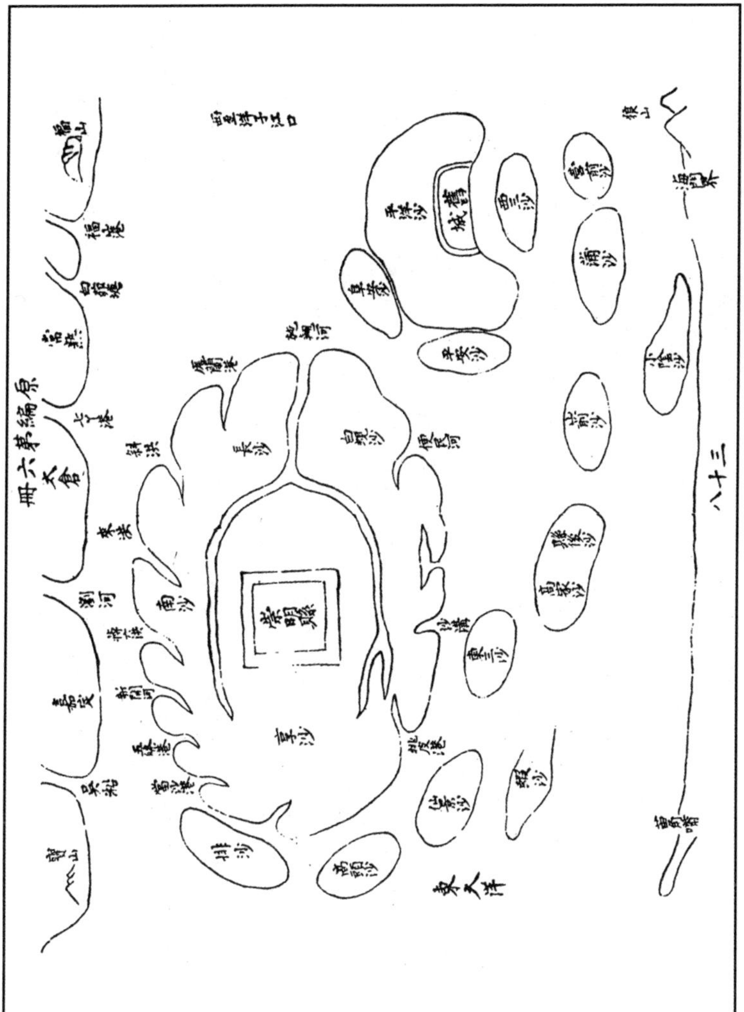
崇明縣
舊城
太倉
劉河
嘉定
吳淞
寶山
長沙
東大洋
八十三

華亭縣志

大海。環縣之東、南二境。其東接諸番，混茫無際，松江與黄浦會而入焉。其會處曰蹌口。其南與紹興、寧波相望。

松江。在縣北七十四里，府因以名。舊名吴淞江，後以水災，去水從松，亦曰松陵江。其源出太湖，東注於海。即禹貢三江之一。酈善長水經云：「松江自湖東北逕七十里分流，謂之三江口。」一説吴松江口、白鶴江口、青龍江口謂之三江口，地勢低於震澤三丈，潮水來時，水高三丈，到震澤底定，所以謂之平江。庾仲初揚都賦注云：「松江下七十里水口分流，東北入海爲婁江，東南入海爲東江，并松江爲三江。」今松江自吴江長橋東流至尹山，北流至甫里，東北流至澱山，北合趙屯浦，又東合大盈浦，又東合顧會浦，又東合崧子浦、盤龍浦，凡五大浦，至宋家橋轉東南流，與黄浦會而入海。自湖至海，凡五匯四十二灣。五匯者，安亭、白鶴、盤龍、河沙、顧浦，乃江潮與湖水相會合之地也。古云：九里爲一灣，一灣低一尺。二百四十里到三江口，三百六十里到大海。

薛澱湖。一名澱山湖，以中有澱山也。在縣西北七十二里。其源自長洲白蜆江，經急水港而來，周圍幾二百里，實古來鍾水之地。北由趙屯浦，東由大盈浦，瀉于松江，東南由爛路港以入三泖。舊志云：西有小湖。又云：縣西北有白蜆、馬騰、谷、瑇瑁四湖。且謂白蜆越在長洲，馬騰、谷、瑇瑁三湖，相去僅五七里。而澱湖茫然一壑，不復可辨。其後又載錡湖，云有陸錡宅，曰瑁瑚，曰邢湖，曰新湖，云皆在西北。以今考之：澱湖之南有瓢湖，其傍有金銀、東清、東白、西陳、大葑諸蕩漾，北即蔓萊洲，在長洲界，皆涵浸相屬數十里。其西過金澤，又有西黿蕩、雪落漾諸水，而不得其名者尚多。古今世殊，焉知舊志所書，非今之諸蕩邪。澱山，宋時在水心，並湖以北中爲一澳，曰山門溜，東西五六里，南北七八里，正當湖流之衝，爲古來吞吐湖水之地。山門溜之中，又有斜路港，斜路今與崑山磧澳鄰。大石浦、小石浦通洩湖流。後潮沙淤澱，漸成圍田。元初，湖去西北已五里餘，今趙屯、大盈去湖益遠，顧由何家港及南、北曹港受湖水以泄于江，水患之多，蓋有由矣。

顧會浦。在大盈之東。其上源曰通波塘，出城北，流爲五里塘，又北爲祥澤塘，遂別爲崧子浦。北出鳳凰橋，絶橫泖，至榦山，入上海界。

盤龍塘。

沙岡塘。

竹岡塘。

橫濼塘。

諸家塘。已上湖東山北諸浦上流之水。

三泖。在縣西。吴郡圖經云：「泖在華亭境，有上、中、下三名，狹者且八十丈。」祥符圖經：「谷泖，縣西三十五里，周一頃三十九畮。古泖，縣西四十里，周四頃三十九畮。」今泖之界，西北抵山涇，南自泖橋出，東南至廣陳，又東至當湖，又東至捍海塘而止。俗傳近山涇者爲上泖，近泖橋者爲下泖。縣圖以近山涇泖益圓曰團泖，近泖橋泖益闊曰大泖，自泖橋而上縈繞百餘里曰長泖。此三泖之異也。或併胥顧、謝家二泖爲三泖。按二泖在縣東南，一陂澤耳，與三泖相望七十里，其説非也。陸機對晉武云：「三泖冬温夏涼。」谷水在其北，金澤、章練、小蒸、大蒸、白牛諸塘在其西，葑澳、走馬諸塘在其東。泖橋之外，橫絶而東者，秀州塘也。

谷水。

爛路港。自淀湖東南行入泖。

金澤塘。在淀山湖西南，東南流入泖。其西北爲周莊，北爲甫里，屬長洲界。

章練塘。在金澤南。其源出陳湖，東流入泖。其入處與泖塔對。

濮陽塘。

小蒸塘。

大蒸塘。並在濮陽南，其西通白牛塘，東入于泖。

白牛塘。自爛路港以下爲三泖西界諸水。

葑澳塘。

沈涇塘注一。

神山塘。

五里塘。

祥澤塘。在五里塘北，自顧會浦分支東流，北由玉皇閣與崧子浦合，遂東爲泗涇。

泗涇。自祥澤塘折北而東，納通波涇、外波涇、洞涇、張涇四水，故名。東合蟠龍塘，北行絶横塘，折而東爲蒲匯塘。元初，水盛于横塘。至正間，潮徙而南，涇面廣三十丈，深二十丈，爲水道之要。今自此至蒲匯塘皆淤淺，稍旱，可揭而涉。已上泖東山南至縣北東流之水。

秀州塘。在縣西南，俗呼爲官塘。其源出杭州西湖，歷嘉興而東，至楓涇鎮入界，去縣六十里，由鎮而東，過白牛塘，絶長泖，泖口有橋，至萬安橋，北流合滕港，又合黄橋門，合斜塘，過李塔匯，合石湖塘，過吉陽匯，合古浦塘，東流入市爲沈涇塘，過小清河，至平政橋，入西水門，出東門，與俞塘諸水合，循西城而南，合張涇、米市塘，入官紹塘，北過採花涇，東北合顧會浦。

黄橋門。水自大泖來，入秀州塘，舊於此植木爲水竇七十餘，以泄泖水，斜入潢潦涇。

斜塘。水亦自大泖來，與黄橋門水皆湍悍，東入潢潦。自黄橋門塞，水併入此塘，其勢益悍。

石湖塘。

古浦塘。

小清河。

白龍潭。在谷陽門外方後栅橋西，其南通小清河，北通二里涇，東出與城河合，北爲採花涇。潭廣可十餘頃。

採花涇。

集賢涇。已上官塘西界至城以北之水。

朱涇。自秀州塘分支，貫市橋，東流絶驅塘，至張涇東爲横涇，又東爲蕩涇。

黄浦。爲南境巨川。其首曰潢潦涇，受黄橋、斜塘及秀州塘水，東流至詹家匯，爲瓜涇塘，演迤而東，凡南、北兩涯之水皆入焉。至鄒家寺折而北流，趨上海，東、西兩涯之水皆入焉。東北會吴松江以入于海。瓜涇塘有東、西二渡，入上海界，有黄浦渡、高昌渡。按府志，黄浦上源自黄橋、斜塘來，黄橋、斜塘自三泖來，其上爲澱湖，爲急水港，爲白蜆江。又自松江分派而來。至入海處約二百五十餘里，比吴松、婁江皆闊大，故論者指此爲東江。

南錢塘。
張涇。
米市塘。
官紹塘。
御史涇。
泖涇。
南俞塘。
鹽鐵塘。
北俞塘。
駟馬塘。
洞涇。
張涇。已上官塘以東、郡城以南至東北入浦諸水。
界涇。在縣西南、平湖縣之北。
横泖。
胥浦塘。

新運鹽河。在裏護塘外，自金山衛城北流至張堰鎮西，爲張涇。衛，故小官鹽場也。初在查山東，後以風濤之險，改浚於此，人呼其東爲舊河，其北即古柘湖地。已上風涇以南循海而東北流入浦之水。

田賦

宣德五年二月二十一日，敕：諭各處舊額官田，起科不一，租糧既重，農民弗勝。自今年爲始，每田一畝，舊額納糧自一斗至四斗者，各減十分之二；自四斗一升至一石以上者，各減十分之三，永爲定制。欽此。

八年，巡撫、侍郎周忱奏定加耗折徵例。洪武、永樂中，稅糧額重，積欠數多，五年，定撥起運米四十三萬九千，實納止六萬六千有奇。每正糧一石，徵平米至二石而猶不足。忱至，盡祛宿弊，設法通融，二年後，逋欠悉完，至是定例。

一加耗。有徵正糧，每石徵平米一石七斗注二。

一折徵。金花銀一兩一錢，準平米四石六斗，或四石四斗。每兩加車脚鞘匭銀八釐。闊白三梭布一疋，準平米二石五斗，或二石四斗至二石，每疋加車脚船錢米二斗，或二斗六升。布疋長四丈，闊二尺六寸。舊例疋重三斤，納者率以紗粗驗退。忱奏不拘斤重，止取長闊，兩端織紅紗以防盜翦，至今行之。闊白綿布一疋。準平米一石，或九斗八升，每疋加車脚船錢米一斗，或一斗二升。已上於重則官田上照糧均派注三 注四。

天順元年，巡撫、右僉都御史李秉改定加耗例。

六斗以上田。止徵正糧。五斗以上田。每石加一斗五升。四斗以上田。每石加三斗。三斗以上田。每石加六斗。二斗以上田。每石加八斗。一斗以上田。每石加一石五升。五升以上田。每石加一石一斗五升。按府志：此法據丈而觀，最爲平均。聚數則之田於一戶，由帖之中，查算填註，不勝其煩，而里書之飛走，不復可稽質矣。不久復舊，蓋加其行之難也。又按是時金花銀準米三石四斗，三梭布準米一石五斗，綿布準米七斗五升，輕於此而重於彼，亦未見其利。

二年，巡撫、右副都御史崔恭復舊例。

正糧一石，徵平米一石七斗，或減至五斗。金花銀一兩，準平米三石四斗，或三石八斗。闊白三梭綿布一疋，準平米二石五斗，或一石四斗至一石三斗。闊白綿布一疋。準平米七斗五升，或八斗至七斗。

六年，巡撫、右副都御史劉孜奏定召佃荒田例，通計本縣積荒田若干頃，召民開佃，不論原額，肥田畝稅米三斗，瘠田二斗，謂之官租。仍與民約，永不起科加耗注五。

按是時秋糧加耗，華亭每石始七斗至四斗五升，金花銀一兩，初準米三石八斗，其後準四石。至成化六年皆然。

二十二年，知府樊瑩奏定折徵白銀例：凡糧運綱費及供應軍需之類，應支餘米易銀充用者，徑徵白銀入庫，照數支遣。每銀一兩，隨時估高下，或準平米二石，或二石五斗。

本縣正糧一石，加耗米三斗二升，白銀一錢五分。

弘治八年，巡撫、右副都御史朱瑄始定分鄉論田加耗例。

金花銀自成化十四年至是，每兩準平米二石六斗。

十一年，巡撫、右副都御史彭禮復論糧加耗。

十五年，都御史彭禮、知府劉琬改定加耗例。

官田論糧加耗，每石徵平米一石六斗。

民田論田加耗，每畝徵耗米一斗二升。

正德二年，巡撫、左副都御史艾璞重定論田加耗例。

六年，巡撫、右僉都御史張鳳復論糧加耗并銀布折徵舊例。復舊規，革弊便民。案：據華亭耆民嚴泰等呈，切照松江地方不滿二百里，糧儲動盈百餘萬。宣德年間，巡撫、侍郎周文襄公因時處置，爲民便益。每秋糧一石，加耗六斗七升，金花銀一兩，準平米四石，細布一疋，準平米二石，粗布一疋，準平米一石，起運出兑，官軍俸糧、師生廩禄不缺，尚有餘糧賑濟飢民。弘治年間，始於田上加耗，分作三鄉，又分沿海、不沿海，等第不一。糧書乘機紊亂作弊，以致民遭其殃，官受其累。自古國以民爲本，民以食爲天。連年災傷疫癘，飢饉相仍，死亡者衆，存在者寡。幸蒙欽差都堂大人撫臨，整理糧法，深爲民便，呈乞裁處。等因到院，本院先爲延訪民情，以圖治安事。今據上海縣耆民朱禋等呈稱聞之父老，各處田糧多在田上加耗，惟我松江則不可行。有上、中、下三鄉，有肥、薄、瘦三等，有升、斗、斛三科，俱係先朝秤土起糧，因地立法，非後人所可改易。宣德間，巡撫周文襄公奏將東鄉抛荒田土召民開墾，三年之後，止取原糧。復奏折徵金花銀、粗細布，每銀一兩，準平米四石，細布一疋，準平米二石，粗布一疋，準平米一石，于時起運，不減今日，倉庫有存留之富，閭閻有賑濟之儲，官不知勞，民甚稱便。其後知府樊公復念小民運糧之苦，奏將綱用耗米折收白銀，每兩準米二石五斗，給與糧長，令其自運，官民兩便，至今賴之。當時並是糧上加耗，每石不過六斗七斗而已。弘治七年，本縣董知縣因與巡撫同鄉，更變糧法，卻於田上加耗，雖分三等，東鄉終是不平，何也？西鄉雖是糧重，每畝歲收米或三石餘者有之，中鄉雖是糧輕，每畝歲收或一石五斗不足者有之，若濱海下田，不過可種棉花五六十斤，菉荳五六斗而已。法既不平，且復多變，或畝加八升九升，或一斗，或一斗七升四合六勺，頻年以來，率無定例。且如正德四年何等災傷，朝廷準荒六分三釐，官司不與主張，聽從糧長賣派，以致民心不服，輸納不齊，糧長又復瞞官私收入已，所以因循至今拖欠。若當時炤依欽準事例派與六分三釐，小民安敢不典家賣產，依期完納？老民正不知先年何故金花銀準米四石，布疋準米二石一石，卻乃錢糧反多？今者金花銀不過一石九斗，白銀不過一石七斗，何故錢糧反少？若曰輕糧多在大户，重糧多在小户，不知大户亦有重額之田，未見其害也。只是以王道待天下，自然平正。若存大小户、輕重田之心，則前人立法之意全無，而物之不齊之説亦徒然也。田上加耗，不可行也明矣。據此按候在卷，今據前因，參看得松江一府，大户多輕則之田，小户多重則之賦。論田起耗，若便小民，然斗則數多，書手作弊，雖精於算者亦被欺瞞，況小民乎？本院已將萬石一覽通行發府議處，正欲將金花銀每兩準米四石，細布一疋準米二石，粗布一疋準米一石，先儘下户及陪賠之糧，有餘并將白銀以次分與中户，又次及於上户，務使貧富適均，官民兩便。今嚴泰等又稱糧上加耗，與民便益，合準照糧徵派，相應爲此。仰抄案回府着落當該官吏即行各縣掌印官，今後派徵錢糧，俱照先年周尚書所行則例，不分東、西、中三鄉，一概糧上加耗，金花銀兩、布疋，先儘重則官田，每銀一兩折米四石，粗布一疋折米一石，細布一疋折米二石，白銀一兩，隨時定價。其上、中高户，俱派與本色秔糯等米，務使民心悦服，而錢糧不至于有弊，國計充足，而官府不至於有累。仍翻刊告示，發鎮店鄉村凡有人烟去處張掛曉諭知悉。

又按府境坍江、坍湖、坍泖及陷海田糧，俱係概縣秋糧帶徵陪賠，學基、倉基等税亦然。伏覩成化二十三年十月初十日，弘治十一年十二月二十一日，兩次詔書節文：田畮有因大水衝決，虛賠税糧，及水坍沙壓等項田地税糧負累人户陪納者，並許具告，勘實照例除豁注六。今江、海、湖、泖坍陷田糧，正合此例。而學校、倉場並係官府開設，前代義役田糧尚蒙除免，況官地乎？江海陪賠之糧，本府同知史俊嘗一具奏未行，學、倉基地猶未有爲之言者，并著于此，爲長民者告。

徭役

山東、鳳陽等處馬夫一千三百六十四人。洪武間，以北方地廣人稀，於江浙、蘇松等府照糧僉撥赴各處養馬走遞，糧僉不足，又以市民益之。馬夫分正、副，正者住坐養馬，副者輪年集價供送。正統十二年，巡撫、尚書周忱因集價買馬，重爲民患，議於秋糧帶徵耗米，易銀代之。今義役馬價米是也。成化間，巡撫、都御史李嗣議定糧僉上馬一疋，支米易銀三十四兩五錢，中馬、下馬遞減二兩。市民定價一十四兩，歲輸副馬頭押解各該府州交割。後御史陳金奏定上馬一疋，徵銀四十五兩，中馬、下馬遞減五兩。每馬一疋，歲支工食草料銀二十二兩，其餘收積在官。遇馬疋倒死，舖陳弊壞，照例支用。弘治十六年，知府劉琬以馬價既於秋糧帶徵，而馬夫各役猶爲民累，奏準革去。每歲比炤御史陳金奏定事例，徵米易銀，雇募當地土民充役，南北兩便，至今行之。

上海縣志

海在縣東七十里，北起嘉定，南抵華亭，爲縣所轄，松江與黄浦合流入焉。東接諸番，惟日本最近，宋、元間入貢，皆由青龍市舶司，後漸徙於四明，貢者不復取道注七。沿海皆淺灘，物産不逮閩、浙百一，俗號窮海。獨鹽利爲饒，自清水灣以南，較川沙以北，水鹹宜鹽，故舊置鹽場。近有沙堤壅隔其外，水味寖淡，滷薄難就，而煮海之利亦微矣。

松江在縣北。

黄浦在縣東，一名春申浦。其源受杭州、嘉興之水，起自秀州塘，經華亭縣界，又迤而東，以入南、北兩涯之水，迨至南廣福寺，則折而北趨於縣，以入東、西兩涯之水，稍北舊名范家浜。洪武間，吴淞江淤塞，潮汐不通。永樂元年，邑人葉宗行上書言浚江通海，引流直接黄浦，闊三十丈，遂以浦名。今横闊二里許。又折而東北合于江以達海。其兩涯孔道，則置舟以渡。

通江諸浦，舊圖經以趙屯、大盈、顧會、崧子、盤龍爲五大浦。五浦之中，趙屯、大盈二浦尤爲至要。趙屯、大盈皆直受澱山湖水。趙屯迤西爲白鶴江，大盈迤東爲青龍江。先正論湖水下流，必由白鶴匯以達於江，又謂由青龍江入海。今白鶴、青龍雖以江名，僅同溝澮而已。顧會、盤龍從府郭來，絶横塘、横泖。而顧會又名通波塘，崧子又名崧塘，二水同流異派。顧會、崧子西東爲淮浦，爲艾祁浦、朱墅浦、華潮浦、赤眼浦，爲華漕，爲西舊江，爲周涇。崧子南爲北平浦，北爲烏塘。烏塘東爲石淄漊。盤龍迤東爲沙岡塘，爲小萊浦，爲許浦，爲魚浦、郭巷浦，爲横瀝，爲新涇，爲東、西上澳，爲大、小蘆浦，爲上海浦、張家浜、馬家浜，爲東溝、西溝，爲南蹌浦。由許浦而出爲五漕，由郭巷而出爲莊家涇，由新涇而出爲蒲匯塘，其東即龍華港。凡江之南通江塘浦具於是。然五浦之外諸浦之中，在勝國時則新涇爲要。觀吴執中論順導水勢，注江達海，僅有上海之新涇、太倉之劉家港也。今盤龍以東，江以南水，唯在蒲匯、龍華二港達於黄浦，入海爲利耳。江以北水，亦有蘆浦，有横瀝，有徐公港，有黄家港、封家浜，有楊林浦。南北分流，並入于江，會于黄浦，東入于海，海口爲嘉定界。

天啓元年七月巡撫王象恒東南賦役獨重疏

據四府册開每歲漕糧正改兑并耗米共一百五十三萬一千九百七十八石八斗一升零，白糧并耗脚夫船及各王府禄米共二十七萬七千七十二石八斗八升零，南糧并耗脚等米六萬四千三百九十一石二斗零，軍儲存留恤孤等米一十二萬三千八百三十二石三斗七升零，此四府本色之概也。而本色三稜闊白布疋共三十二萬二千七百七十四疋猶在外矣。金花銀三十六萬五千一百三十九兩零，京邊銀二十七萬一千六百七十一兩零，輕賫過江米折蘆蓆等銀一十六萬九千六百七十餘兩，南北等部馬價牲口藥材四司料價等銀七十萬五千五百五十餘兩，此四府折色之概也。而加派遼餉銀二十一萬一百五十八兩五錢零猶在外矣。以地畝言之，蘇、松四府田地山蕩共止二十三萬三千五百八頃六十八畝零。以畝計之，上等之田每畝該納本色米一斗八升二合，仍納折色銀一錢二分七釐五毫；中等田每畝本色米一斗三升六合，仍折色銀一錢四釐零；下等田每畝本色米六升三合七勺，仍折色銀六七分。而一切使費起剥之苦，又難計算。此四府每畝田租之概也。夫宇内之賦，多者每畝八九分，少者四五分，甚有止二三分者，有加四府之重者乎！人止知江南錢糧之多欠，而不知江南止完及七八分，已與宇内之重者相等矣，江南止完及五六分，已與他處之輕者相等矣。況夫織造之傳奉，衛運之更番，水陸之衝沓，江海之防禦，種種煩費，不勝驛騷。乃遼餉之供，猶一例派徵，加而又加，故重而又重。自今不爲斟酌，將何底止？臣所以爲民請命者，不敢詘見年惟正之數，但就中量爲減省有三焉。

一則積逋之當盡免也。臣查恩例四十一年以前者免矣，後有加派一年免帶徵一年之例，恩非不渥，然而不免者亦何能完也？小民辦見徵猶苦不給，況能完累年年帶徵乎？其奸猾者且以總之一欠也，并見徵者而亦拖之矣。自今以當年見徵依期完納爲主，而以前年分除已徵貯庫者起解外，餘止帶徵一年或二年，其遠年必不能完者盡蠲之。

一則加派之當漸減也。自遼事起，加派三次，共每畝銀九釐，海内皆然，江南豈敢獨少。獨是他處賦輕，即稍加猶不覺若。江南即不加而額已數倍他省矣，乃又從而增益之，蘇州則八萬三千六百六十餘兩矣，松江則三萬八千二百二十餘兩矣，常州則五萬七千八百三十餘兩矣，鎮江則三萬四百餘兩矣，其加與他省同也，而原額之重則與他省異，所謂不揣其本而齊其末者也，故加派當亟減也。

一則改折之當款議也。南京以白粳米六千石，或全折，或半折，原無定例。每石加耗夫船共有八斗，貼役銀一錢，是一石另有一石之費矣。此項例每石折銀七錢，以平米一石零五錢算數，正該一石四斗，此外六斗皆係浮額，總計多去三千六百石矣。前已奉文改折三年，恐此後又派本色，仍增賠累，是當永折以省耗費。南京各衛倉糙粳三萬九十四石五斗，此項原供各衛軍糧，向雖例派本色，各軍仍是每石六錢折去，則何不即以六錢解，而使小民得省毫釐也？南京犧牲所菉荳六百石，此項原非本地所産，俱以米代運，若每石亦折六錢解京買豆，則每石得省耗脚五斗，況南京豆商凑集，買豆甚便，先年亦有改折之例乎？且若遞徵本色，勢必僉點糧解歇家衙役之費，又難指計，是當熖款議折，不再計而可決者。又如北京絲折絹一萬二千五百五十五疋，每疋價銀六錢五分，墊銀一錢，共七錢五分，後因交納本色，煩費增至一兩二錢，似應熖舊例每疋解銀六錢五分，同京邊交部，可省民間扛塾無算。又齊頭稻草數雖無多，例僉民解京，有掛號收納等費，每正銀一兩，即編扛銀一兩，而解户每名仍賠費不貲。況稻草止封冰窖，需用非急，而都中有銀，則稻草獨不可市買乎？嘉定田少地多，額派布九萬五千五十疋，太倉、崑山共四萬四千九百五十疋，武進、宜興各二萬疋，華亭、上海共十萬七千八百四十九疋，青浦縣二萬四千九百二十五疋，從來不能全完。若從臣前疏量免三分之一，改折十分之半，亦官民兩便之策也。又若弓箭弦條硃蠟漆油之類，每一委解至京，多串同内監，以濫惡充數舖塾。苟至無不收，又何不折之，使公帑得實用、地方省買辦也？此改折又所當亟議也。

八月十八日，奉聖旨：東南民窮可念，但内府錢糧多係舊例，着炤舊行，餘着該部知道。

四年五月撫按題水災疏

内稱嘉靖七年災傷，蒙允將本年起存錢糧盡行蠲免，稍輕者炤依分數勘實，即便停徵，或量爲折徵。三十三年災傷，蒙允將本年存留錢糧盡行蠲免，起運額派大半改折，復將本色及三十二年以前未完起存停徵，又將内府糧銀賑卹。四十年水災，蒙允將本年兑軍糧米民運白糧盡行改折，宗人府米折并京庫草折布絹等銀俱準停徵，仍將鈔關船税與各府引價事例等銀俱留賑濟。萬曆十年水災，蒙允將本年起運漕糧并南京各衛倉糧改折，又留關税并各府事例等銀賑濟。十七年災傷，蒙允將本年起運漕糧盡數改折，内停徵五分，見徵五分，餘宗人等府衙門俱準停徵。又蒙專差科臣楊文舉齎銀三十萬兩賑濟。三十六年水災，蒙允將本年起運漕糧盡數改折，其餘各項俱分别停徵，又于山東解進内帑留銀五萬兩，差官解齎賑濟蘇、松四府，又欽準浙江鹽課税銀撥一半賑濟災民。

東南之米有軍運，有民運。軍運以充六軍之儲，民運以供百官之禄也。夫軍運以十軍僅運米四百石或五百石，民運以一民而亦運米四百石或五百石，軍運以軍法結爲漕法，一呼百應，人莫敢犯。民運以田里小民供役遠道，語言鄙俚，衣服村賤，人人得而陵之〔二〕。軍運經各該衙門，無抑勒需求。民運經各該衙門，動以遲違情由問擬工價，并諸雜色使用，每一處輒費銀十五六兩，少亦不下十兩。軍運過洪閘一錢不須，且洪夫閘夫共與挽拽。民運每遇一洪，用銀十餘兩，過一閘，用銀五六錢，所過共三洪五十餘閘，而費可知矣。其最苦者，船户皆江淮奸民，慣造此船裝載白糧，糧一入船，其驅使糧長不啻奴隸，每日供奉船户及撑駕夫不啻奉其父母，蓋糧在船中，即糧長身家所係，吞聲忍氣，曲爲順從，勢不得不然也。其最所畏者軍船凌虐，豪惡之軍故將己船撞擦，微有損傷，即便蜂攢民運之船，百般挾詐，不厭其欲不止也。此其苦之在途者。至入京，攬頭之需索，入倉交納之艱難，又有不可勝言者。凡充是役，鮮不傾家。爲今之計，宜將白糧併運軍順帶，使民出所有以益軍，軍出餘力以代民。

田地

宋之田有曰公田，爲充進軍食。每畝起租，上自一石五斗，下至七斗一升四合。按宋史：「淳化中〔三〕，田制爲三品，膏沃而無水旱爲上品，沃壤而有水旱之患、埆瘠而無水旱之虞爲中品，境瘠復患水旱者爲下品。上百畝，中百五十畝，下二百畝，只計百畝，十收其三。」恐無若是之重也。曰圍田，傍江湖水淺處，民圍爲田。租四斗或三斗。曰沙田，民自經理江湖沙漲地爲田。租三斗或二斗。曰成田，民墾耕草地爲田。納糧二斗。曰營田，民用工本耕種係官空閑田。租四斗，或三斗、二斗。曰職田，給與文武官養廉地，民佃起租。上自八斗七升，下至六斗三合五勺。附録：宋咸平二年，復唐制，吏得職田供祭祀。六縣通管六萬六百八十八畝有奇，租一萬八千二百石有奇。知軍府事八百六十石有奇；通判軍府事句，僉判句，教授句，節推、添差節推句，察權句，知録句，司理、司法、司户、監糧料院、監糴納倉、監都税、監在城税務、監贍軍庫、監都酒務、監比較務句，排岸司、巡轄司句，總管句，路鈐、添差路鈐句，路分、添差路分、東南第三正將句，南一廂官、南二廂官、北一廂官、北二廂官、常平司提幹、茶鹽司提幹、文臣支鹽官、武臣支鹽官、黄姚押袋官、江灣押袋官、監黄姚鹽場、監江灣鹽場、監南蹌鹽場各有差，知吴縣事三百石，知長洲縣事三百六十石，知崑山縣事四百四十石，知常熟縣事六百八十石，知吴江縣事三百八十石，知嘉定縣事一百五十石各有奇；縣丞、主簿、尉及巡塘官句，巡檢句，監酒務、監税務以下各有差。元則平江路達魯花赤、總管各一員，每員田八頃；同知、治中、府判、推官、經歷、知事、提控案牘、照磨、承發、架閣、蒙古教授、兩醫學教授、録事司達魯花赤句，録事句，録判各有差；吴縣、長洲二縣達魯花赤、縣尹，每員職田二頃；縣丞、縣尉、典史、巡檢各有差；崑山、常熟、吴江、嘉定四州達魯花赤、知州，每員職田四頃，同知、州判、提控案牘、都目各有差；海道郡漕運、萬户府達魯花赤、正萬户、副萬户、經歷、知事、照磨、奏差通事、驛吏鎮撫、千户達魯花赤、正千户、副千户止有禄米，無田。國初，蘇州衛、太倉衛指揮、僉事亦有撥賜田，歲收米一百六十石，今無。曰常平田，係斷没入官者。曰義役田，鄉民出助保正差役者。曰社倉田，官買民田，歲儲備荒者。曰局官租田，曰養濟局田，曰居養院田，皆養鰥寡、孤獨、老幼、殘疾者。曰囚糧田，官發以充囚食。曰没官田，乃斷没各項田土。科租高下有差，高者不踰一石五斗，下至二斗。

元之田則有圍，二縣四州共計八千八百二十九圍。吴縣九百一十七圍，長洲縣一千七百八十八圍，常熟州一千一百一十一圍，吴江州三千三百六十八圍，崑山州一千六百四十五圍，嘉定州一千一百圍。延祐四年行經理之法，悉以上、中、下三等八則計畝起科。

國朝洪武初，七縣官民田地共六萬七千四百九十頃有奇。官田地二萬九千九百頃有奇，起科凡一十一則。一則七斗三升，一則六斗三升，一則五斗三升，一則四斗三升，一則三斗三升，一則二斗三升，一則一斗三升，一則一斗，一則五升，一則三升，一則一升。又功臣還官田、開耕田俱名官田，重則有一石六斗三升者。民田地二萬九千四十五頃有奇，起科凡十則。一則五斗三升，一則四斗三升，一則三斗三升，一則二斗六升，一則二斗三升，一則一斗六升，一則一斗三升，一則五升，一則三升，一則一升。抄没田地一萬六千六百三十八頃有奇，内有原額、今科之分。原額田起科凡六則。一則七斗三升，一則六斗三升，一則五斗六升，一則五斗三升，一則四斗三升，一則四斗。今科田自五斗五升至三升止。凡二十八則。崇明官田，又有曰江淮田、江浙田、職田、學院田，俱科黄、赤荳。抄没田有曰故官田、江浙故官田、没官田，俱税米。

弘治十六年，一州七縣實徵官、民、抄没田地山蕩等項共九萬四千七百八十五頃有奇。官田、抄没等項六萬五千三頃有奇，民田等項三萬四千六百九十七頃有奇。吴縣官田地等項三千六百三十三頃有奇，民田地等項三千四百七十頃有奇。長洲縣官田地等項九千七百一十頃，民田地等項三千七百九十二頃有奇，學田一十四頃有奇。崑山縣官田地等項九千九百二十六頃有奇，民田地二千二百二十二頃有奇。常熟縣官田地等項八千四百四十二頃，民田地八千一十三頃有奇。吴江縣官田地等項八千七百一十九頃，民田地等項四千二百三十八頃有奇。嘉定縣官田地等項一萬四百六十六頃，民田地等項四千一百六十四頃有奇。太倉州官田地等項六千九百頃有奇，民田地等項二千七百一十九頃有奇，學田四十六畝有奇。崇明縣官田地等項二千二百四十八頃有奇，民田六千七百五頃有奇。

税糧注八

宋初盡削錢氏白配之目，遣右補闕王永、高象先各乘遞馬均定税數，只作中、下兩等。中田一畝，夏税錢四文四分，秋米八升。下田一畝，錢三文三分，米七升四合。取於民者不過如此。

自熙豐更法，崇觀多事，靖炎軍興，隨時增益，始不一矣。

祥符間，夏稅丁身鹽錢一萬六千二百貫，絹五萬四千四百疋，紬二千七百疋，綿四千四斤，各有奇，秋白粳米三十一萬三千七百石有奇。元豐三年，歲輸帛凡八萬疋，苗三十四萬九千斛，纊二萬五千兩，免役錢八萬五千緡，皆有奇。淳熙十一年，苗三十四萬三千二百五十六石，夏稅折帛錢四十三萬九千三百五十六貫，上供諸色錢一百二十三萬一千二百八貫，各有奇。寶祐初，苗額二十八萬八千六百石有奇，五年增爲三十萬三千三百八十石爲定額。官民之害由此始。景定元年，郡守程元鳳以事故之數具奏免徵，民賴以蘇。自後歲實徵稅管三十五萬六千五百貫關子，苗米二十八萬三千九百石，續管二萬三千三百石，贍軍米九千四百石，各有奇。按宋史，紹興十一年，左司員外郎李椿年言：「平江歲入昔十七萬有奇，今按籍雖三十萬斛，然實入纔二十萬耳。」

元延祐四年，夏稅絲二萬二千四百斤，秋租糧八十八萬二千一百石，輕賫二千二百錠。所入與宋倍蓰。

國朝洪武初，夏稅絲二十五萬四千三百兩，大麥正耗一萬一百石，小麥五萬一千八百石，豆一十七石，菜子二十七石，糧糙粳米九十四石，錢鈔一萬九百八十貫，各有奇。秋糧正耗二百一十四萬六千六百石，黃豆二千七百八十石，各有奇；花椒八斤七兩五錢。

弘治十六年，夏稅絲三十二萬八千四百六十兩有奇。吳縣三萬五千兩，長洲縣九萬九十兩，崑山縣三萬四千五百兩，常熟縣六萬三千五十兩，吴江縣四萬五千三百兩，嘉定縣四萬三千九百兩，太倉州三萬六千五百兩，各有奇。麥五萬三千六百六十四石有奇。吴縣三千四百石，長洲縣一千八百石，崑山縣一千二百石，常熟縣三千八百石，吴江縣二千九百石，嘉定縣五千一百石，太倉州三萬二千二百石，崇明縣一萬三千石，各有奇。鈔二萬一千九百六十三貫七百七十二文。崇明縣鈔俱無。秋糧正米二百三萬八千六百四十石，連耗共米三百五萬六千一十四石，各有奇。吴縣一十三萬四百石，長洲縣四十一萬七千七百石，崑山縣二十八萬九千八百石，常熟縣二十九萬八千一百石，嘉定縣二十八萬四千六百石，太倉州二十一萬三百石，崇明縣二萬四千四百石，各有奇。

按注九：洪武初，官田重額止於七斗三升，而今民間乃有一石三斗、一石六斗或二石者，蓋莫知其所始，豈所謂抄沒官田者乎？固非定則也。且洪武中正耗不過二百一十四萬，然猶屢下寬貸之詔。洪武四年，中書省宣使張彬賫詔開讀，免過秋糧二百四十二萬六千八百石有奇。六年八月，奉旨：「今年三、四月間蘇州各縣小民缺食，曾教府縣鄉里接濟，我想那小百姓好生生受，原借的糧米不須還官，都免了。」七年，中書省劄付奉旨：「體知蘇州、松江、嘉興三府百姓每好生缺食生受，今歲夏税合納的絲綿錢麥等物盡行蠲免，恁省家便，出榜去教百姓知道，有司糧長每毋得科擾。」永樂以來，漕運愈遠，加耗滋多，乃至三百萬石。宣廟深憫斯民之困，特下詔捐減官田重額。知府況鍾又累疏奏減七十餘萬，吴民賴以稍甦。然民間重額，今猶未盡除，豈當時有司不能奉行詔旨之過邪？宣德七年三月，節該欽奉敕諭：「但係官田塘地税糧，不分古額、近額，悉依宣德五年二月二十日敕諭恩例，每田一畝納糧自一斗至四斗者，各減十分之二，自四斗一升至一石以上者，各減十分之三，永爲定制。欽此。」凡宋、元官田謂之古額。

嘉定縣志言：知府金絅奏稱額重，文皇帝怒，檻車徵至京師以死。至宣德五年，知府況鍾、巡撫侍郎周忱復奏得請。

嘉興府志：金絅，嘉興人，洪武中爲蘇州知府。百姓苦官民田則不齊，里胥爲奸，絅上疏請減重額，得罪，賜死。

天啓五年分

崑山縣。

人丁五萬一千三百六十五丁，優免一千一百一十八丁，實編五萬二百四十七丁。

田地一萬一千一百七十頃一十三畝七分三毫，優免四百七十二頃五十八畝八分，實編一萬七百頃五十四畝九分三毫。

佃蕩五百四十一頃八十六畝五釐四毫。里甲銀通算，均徭銀除優免算。

長洲縣田一萬三千二百六十頃。

吴縣田山七千一百四十頃。

吴江縣田一萬二千六百八十頃。
常熟縣田一萬七千五百四十頃。
崑山縣田一萬一千六百九十頃。
嘉定縣田一萬三千二十四頃。
太倉州田八千九百八十四頃。
崇明縣田一萬一千三百頃。
長洲縣平米四十五萬四千。
吴縣平米十五萬七千。
吴江縣平米四十三萬八千。
常熟縣平米四十一萬八千。
崑山縣平米三十六萬九千五百。
嘉定縣平米三十七萬八千。
太倉州平米二十六萬二千。
崇明縣平米三萬二千，不起運。

萬曆四十五年分

太倉州

户口人丁三萬四千七百五十三丁，内除優免人丁一千九百九丁，實編傜里人丁三萬二千八百四十四丁。每丁科均傜銀一分六里九毫二絲五忽六微八纖，里甲銀一分四毫四忽一微一纖八沙九塵七埃七渺二漠。

田八千六百八十九頃七十二畝七分八釐四毫。

蕩塗一百四十二頃五畝九釐玖毫。

已上二項田、蕩塗共八千八百三十一頃七十七畝八分八釐三毫，内除優免均傜田、蕩塗五百三頃一十四畝五分，實編傜里田、蕩塗八千三百二十八頃六十三畝三分八釐三毫。每畝科均傜銀八釐四毫六絲二忽八微四纖，里甲銀五釐二毫二忽五纖九沙四塵八埃八渺六漠。

坍荒公占不等田蕩一百五十五頃六十一畝七分九釐三毫，舊例不科。

實編均傜銀七千六百四兩二錢九分六釐五毫九絲六忽六微六纖六沙七塵。内扣小盡銀六十三兩四錢八分五釐五毫五絲四忽八微四纖。里甲銀四千九百五十五兩九錢一分八釐二毫三絲三忽三微四纖。

長洲縣

户口人丁一十四萬八百九十九丁，内優免均徭人丁五千六百一十一丁，實編徭里人丁一十三萬五千二百八十八丁。每丁科均徭銀二分三毫四絲二忽一微七沙四塵九埃七渺陸漠，里甲銀一分四釐五忽五微六纖三沙三塵。

額徵田地一萬二千三百二十四頃三十二畝五分三釐三毫，内優免均徭田地一千三百六十六頃三十六畝七分九釐，實編田地一萬九百五十七頃九十五畝七分四釐三毫。每畝科均徭銀六釐七毫八縣七微二沙四塵九埃九渺二漠，里甲銀四釐六毫六絲八忽五微二纖一沙一塵。

額徵山蕩九百三十七頃三十二畝九分九釐七毫，内優免均徭山蕩二十三畝三分六釐八毫，實編山蕩九百三十七頃九畝六分二釐九毫。每畝科均徭銀三釐三毫九絲三微五纖一沙二塵四埃九渺六漠，里甲銀二釐三毫三絲四忽二微六纖五塵五埃。

實編均徭銀二萬五百兩一分六釐五毫三絲八纖七沙八塵三埃二渺。内扣小盡銀六十七兩三錢七分二釐二毫二絲四忽八微二纖。里甲銀七千九百四十五兩八錢四釐二毫九絲三忽三微四纖。

吴縣

户口人丁一十萬九百六十九丁，内優免均徭人丁二千三百一十八丁，實編均徭人丁九萬八千六百五十一丁。每丁科均徭銀三分二釐五毫四絲九忽八微八纖二沙七塵，里甲銀二分一釐四毫七絲八忽二纖五埃一漠，暫編銀一釐九毫九絲一忽三微一纖九沙。

原額田地四千九百六十二頃五十六畝九釐七毫，内優免均徭田地三百九十二頃五十畝二分二釐，實編田地四千五百七十頃五畝八分七釐六毫。每畝科均徭銀一分八毫四絲九忽九微六纖九塵，里甲銀七釐一毫五絲九忽三微四纖一埃六渺七漠，暫編銀六毫六絲三忽七微七纖三沙。

原額山蕩二千五十頃七十六畝二分一釐三毫，内優免均徭山蕩六十七頃七十畝九分一釐六毫，實編山蕩一千九百八十三頃五畝二分九釐七毫。每畝科均徭銀五釐四毫二絲四忽九微八纖四塵五埃，里甲銀三釐五毫七絲九忽六微七纖八渺四漠，暫編銀三毫三絲一忽八微八纖六沙五塵。

實編均徭銀九千二百四十五兩三錢七分六釐五毫二絲六忽六微六纖六沙七塵。内扣小盡銀五十六兩二錢八分七釐四毫六忽八微七纖。　里甲銀六千四百五十五兩五錢八分五釐五毫九忽三微四纖。内扣小盡銀二兩五錢二微。　暫編銀五百九十八兩五錢二分四釐七毫五絲。

吴江縣

户口人丁十一萬九千五百六十三丁，内除優免人丁一千二百二十五丁，實編人丁十一萬八千三百三十八丁。每丁科均傜銀二分四釐一毫陸絲八忽二微二纖七沙三塵一埃九渺三漠，里甲銀九釐八毫伍絲二忽五纖一沙一塵一埃四渺。

田一萬九百六十七頃三十九畝三分一釐五毫，内除優免均傜田六百二十頃三十六畝五分，實編田一萬三百四十七頃二畝八分一釐五毫。每畝科均傜銀八釐五絲六忽七纖五沙七塵七埃三渺一漠，里甲銀三釐二毫八絲四忽一纖七沙三埃八渺。蕩一千九百一頃八十二畝四分一釐二毫。每畝科均傜銀四釐二絲八忽三纖七沙八塵八埃六渺六漠，里甲銀一釐六毫四絲二忽八沙五塵一埃九渺。

實編均傜銀一萬一千九百六十一兩七錢二分五釐九毫二絲六忽六微六纖六沙七塵。内扣小盡銀一百六兩四錢九分四釐四毫四絲四忽九微四纖。里甲銀五千一十五兩九分三釐五毫二絲六忽。

常熟縣

户口人丁一十萬一千五十一丁，内除優免人丁一千一百五十六丁，實編傜里人丁九萬九千八百九十五丁。每丁科均傜銀一分二釐八毫一絲四忽五微八纖一沙三埃三渺四漠，里甲銀六釐四毫七絲六忽五纖九沙五塵四埃六渺五漠。

田一萬六千八百二十九頃九十畝二分六釐四毫，内聽灘板荒田三百五十三頃三十一畝一分六釐，又四十三、四兩年申允新板荒田四十二頃二十畝一分二釐一毫，實熟田一萬六千四百三十四頃三十八畝九分八釐三毫，内除優免田四百四十七頃六十七畝三分七釐九毫，實編徭里田一萬五千九百八十六頃七十一畝六分四毫。每畝科均徭銀六釐四毫七忽二微九纖五塵一埃六渺七漠，里甲銀三釐二毫三絲八忽二纖九沙七塵七埃三渺二漠。地蕩七百四頃八十畝七分四釐五毫，内聽灘板荒地蕩九十七頃二十五畝二分九釐七毫，又高明沙三十七頃三十三畝五分二釐，實熟地蕩五百七十頃二十一畝九分二釐八毫，内優免地蕩一頃五十八畝三分八釐六毫，實編徭里地蕩五百六十八頃六十三畝五分四釐二毫。每畝科均徭銀三釐二毫三忽六微四纖五沙二塵五埃八渺四漠，里甲銀一釐六毫一絲九忽一纖四沙八塵八埃六渺六漠。

實編均徭銀一萬一千七百五兩四錢三分六釐五毫九絲六忽六微六沙七塵。内扣小盡銀六十九兩五錢七分六釐六毫六絲六忽八微八纖。里甲銀六千六十八兩二錢三分六釐一忽。

崑山縣

户口人丁五萬一千三百六十五丁，内優免人丁一千九十丁，實編徭里人丁五萬二百七十五丁。每丁科均徭銀二分二釐八毫五絲三忽九微三纖七沙八塵一埃，里甲銀一分一釐四毫三絲九微九纖五沙九塵七埃九漠。田地一萬一千一百七十三頃一十三畝七分三毫，内優免均徭田地四百八十一頃三十六畝六分，實編徭里田地一萬六百九十一頃七十七畝一分三毫。每畝科均徭銀七釐六毫一絲七忽九微七纖九沙二塵七埃，里甲銀三釐八毫一絲三微三纖一沙玖塵九埃三漠。實編佃蕩共五百四十一頃八十六畝五釐四毫。每畝科均徭銀三釐八毫八忽九微八纖九沙六塵三埃五渺，里甲銀一釐九毫五忽一微六纖五沙九塵九埃五渺一漠。實編均徭銀九千五百兩三錢四分三釐八毫六絲。内扣小盡銀七十二兩四錢七分三釐三毫三絲三忽六微一纖。里甲銀四千九百四十七兩七錢二分二釐六毫八絲一忽三微七纖五沙。

嘉定縣

户口人丁七萬三千三百四十三丁，每丁準米六斗，該米四萬四千五石八斗。田蕩一萬三千九十三頃五十五畝八分八釐九毫，平米三十七萬八千六百三十五石五斗六升九合八勺，内有處補未盡荒糧平米七十四石二升二合三勺三抄，照例聽作緩徵外，實熟田平米三十七萬八千五百六十一石五斗四升七合四勺七抄，丁糧共準平米四十二萬二千五百六十七石三斗四升七合四勺七抄，内除優免人丁二千四百七十丁、田蕩糧米一萬五千五百八十一石二升三合九勺，實編徭里人丁七萬八百七十三丁，每丁準米六斗，該米四萬二千五百二十三石八斗，田蕩糧米三十六萬二千九百八十石五斗二升三合五勺七抄，共凖平米四十萬五千五百四石三斗二升三合五勺七抄。每石科均徭銀一分四釐七毫四絲四忽五微八纖一沙四塵四埃八渺七漠，里甲銀七釐七毫六絲五忽四微一沙九塵三埃三渺九漠。

均徭銀共該銀一萬七百一十兩八錢三釐六毫七絲二忽三微二纖九塵五埃五漠，内除税糧派剩等銀四千四百八十兩二錢二分五釐，該編銀六千二百三十兩五錢七分捌釐六毫七絲二忽三微二纖九塵五埃五漠。内優免銀二百五十一兩五錢八分七釐一毫四絲五忽六微五纖四沙二塵五埃五漠。

實編均徭銀五千九百七十八兩九錢九分一釐五毫二絲六忽六微六纖六沙七塵。里甲銀三千二百九十一兩四錢五釐二毫九絲七忽二微四纖四塵七埃六渺。

崇明縣

均徭銀三千八百五十七兩九錢四分五釐五毫九絲九忽九微九沙八塵。里甲銀九百六十三兩五錢三分二釐九毫。

吴縣志　役法

永樂二年，奉欽旨暫借南方百姓買馬當差，過二年，仍著土民買馬替他每回來〔四〕。有司欽奉朝命於額糧及人丁編僉馬頭，買馬解送北直、山東、河南、固鎮、江北等處各驛。

正統十年，巡撫、侍郎周忱設法馬頭解户於秋糧義役米内取辦起解。

弘治十七年，巡撫、都御史魏紳具題吴民買馬解至北驛，盡喪身亡家，奉旨以後馬解編入秋糧項下，徵銀解府，轉解各驛，買補馬匹應用，著爲令。

嘉靖十七年，知府王儀立法編僉糧解，照田多寡爲輕重。

嘉靖二十七年，知縣宋儀望置買公田助役。

隆慶二年，知府蔡國熙詳定南北運、櫃收等役及倉兑，並五年一編，與十排年役，各别挨輪，每遇編期，核造虎頭鼠尾册僉點，以田多少，定差輕重。革府總、縣總僉點大户，改選書役承充。革報庫子、城當等爲雇役。

隆慶三年，巡撫、都御史海瑞革報在城附郭總甲，于十排年，挨日輪充。

萬曆二十四年，知縣袁宏道立法催徵條編折銀，以上五甲屬經催，下五甲屬里長，免十排年，皆赴縣聽比。

萬曆二十七年，知縣孟習孔清核助役公田，釐正收放規則。

萬曆三十二年，知縣魯汝召釐正公租貼役，并革冗差甦民。

萬曆三十八年，巡撫、都御史徐民式題準均役科甲貢儒分别限田，因核本縣山多田少，人習經商，洞庭東西兩山並家資田地，兼編糧差，仍分輕重役爲上、中、下三等，以田資多寡爲差次。

松江府志　田賦一

國朝賦額

松江財賦之鄉，田下下而賦上上，近者軍興不息，而國計單虚，非特小民枵腹攢眉，即上官催征之時，亦且含涕敲朴，而不欲正視之矣。此豈得已而不已哉！余爲是獨詳賦額，而先之以「八故」，終之兩「大害」。此賦之大綱骨也。後之吏茲土者，幸賜詳覽焉。

查官田民田糧重之故

太祖高皇帝受命之初，收天下田税，每畝起科止三升、五升，有三合、五合，反輕於古昔井田之税，此之謂民田。國初，有因兵燹後遺下土田無主者，有籍没張士誠者，有籍没土豪虐民得罪者，此之謂官田。查得弘治十五年松江府民田止七十三萬二十八畝，官田有三百九十八萬五千六百畝，則官田不更多于民田乎？召民耕種輸租于官，此租額，非糧額也。小民送納各倉，遠涉江湖，極其煩苦，以致累年拖欠，逃徙抛荒，乃復轉賣官田於民間，又將官田租額攤作民田糧額，雖有上、中、下三鄉之別，而總之賦極重，不可反矣。松郡糧重始于此。

查力差銀差聽差之故

太祖洪武元年定法，每田一頃，出丁夫一人。三年，置直隸應天均工夫圖册，每歲農隙，其夫赴京供役，每歲率用三十日遣歸。田多丁少者，以佃人充夫。其佃户出米一石資其費用。非佃人而計畝出夫者，其資費每田一畝，出米二升五合。他如府、州、縣雜差亦如之。其後分力差、銀差、聽差三項。係力差者，計其代當工食之費，量爲增減。係銀差者，計其扛解交納之費，加以贈耗。又其後派銀僱役，力差變爲銀差，而聽差并罷之矣。初，弘治元年令各處編審均徭，但于均徭人户丁糧有力之家，止編本等差役，不許分外加增，若貧難下户逃亡絶户，聽其空閒，不許徵銀及額外濫設聽差等項，違者聽撫按等官糾察問罪。此力差、聽差、銀差之所自始。

查絲綿折絹之故

吾松偏栽花、稻，不種桑，不養蠶，而歲賦農桑絲綿折絹若干，載在夏税額中。松民既有細布、粗布之解京，又有内號、外號之織造，則絲綿折絹一項似乎可以奏蠲也。查得金時之田制，凡民户以多植桑棗爲勤，少者必種其地十之三，又少者必種其地十之一，除枯補新，使之不缺。元太宗丙申年始行絲科之法，每二户出絲一斤，并隨路絲線顔色輸於官；五户出絲一斤，并隨路絲線顔色輸於本位。此金、元之遺制，而相沿猶未改也。其有農桑絲綿折絹自此始。

查馬草豆料之故

國初，光禄寺犧牲所、御馬監并象馬牛羊房等草料俱於民間照田糧科徵解納，官軍草料亦如之。洪武二十五年，以百姓供給艱難，令北平等處衛所官軍不支草束〔五〕自采野草備用，自後遂有秋青草事例。宣德以來，通命在京、在外軍衛有司量派軍夫采打，置場收納，與民納草相兼支用。而其因時制宜，措備支給法亦不一。其黄、黑豆等料即于税糧内折徵，不更載。此馬草之徵所自始。

查一條鞭之故

往時夏税、秋糧及丁銀、兵銀、役銀、貼役銀種種名色不一，或分時而徵，或分額而徵，上不勝其頭緒之碎煩，下不勝其追呼之雜沓。自嘉靖四十年侍御龐公尚鵬按浙，改作一條鞭法，最稱簡便直捷。但于平米上分本色米、折色銀兩項，里排徵之于納户，而縣官派之于各色，孰是起運，孰是存留，孰是額設，孰是加編，孰是宜後宜先，孰是宜增宜減，孰是朝廷曾赦而猶存如故，孰是户漕〔六〕、撫按曾減而猶增如故，其算數在縣，總那移亦在縣，總而摘發則在精明之縣大夫。是法行之七八十年矣。此一條鞭之所自始。

查加派從糧不從畝之故

隆慶二年，巡撫林潤奏言江南諸郡久已均糧，民頗稱便，惟松郡未均，請乞暫設專官丈之。

吏部題原任本府同知鄭元韶陞湖廣按察司僉事，領勅專管丈田均牽斗則，丈得松江三縣上鄉算平米一石，準共田二畝七分三釐九毫，中鄉平米一石，準共田三畝一分二釐五毫，下鄉平米一石，準共田三畝六分三釐。凡有不時錢糧加派，俱照前周文襄所行則例，無分上、中、下三鄉，一概論糧加耗，貧富適均，官民兩便。此一定不易之法也。若從平米上每石加派，則所派輕。從田上每畝加派，則所派重。今遼餉亦宜準此，俟遼事平後，并原派除之。蓋糧額之輕重易見，而田數之多寡難明耳。此加派從糧不從畝之始。

查錢穀瑣碎易眩之故

賦額如海，見者望洋，況米之數則曰升、曰合、曰勺、曰抄、曰撮、曰圭、曰粟、曰顆、曰粒，銀之數則曰釐、曰毫、曰絲、曰忽、曰微、曰纖、曰沙、曰塵、曰埃，此項積之無補于丘山，而算之甚眯于心目，惛惛悶悶，得無爲驪龍之睡乎？龍睡而盗者攫其珠去矣。前輩云：銀至釐而止，米至合而止，其下悉宜抹除之。不然，墮入奸人雲霧中，可恨也。此錢穀混淆之所自始。

查青由之故

嘉靖三十七年，奏準天下正賦户給青由，先開田畝糧石仍分本色金花折銀，使民周知輸納，其一時加派不得混入，亦不分官員、舉監、生員、吏户人等，一例均派，令給印信小票，與民執照，事畢停止。此青由之所自始。

田賦加減額數

洪武三年庚戌九月，户部奏賞軍用布，其數甚多，請令浙西四府秋糧内收布三十萬疋。上曰：松江乃産布之地，止令一府輸納，以便其民，餘徵米如故。

七年甲寅五月，上以蘇、松、嘉、湖四府租税太重，特令户部計其數，如畝税七斗五升者除其半，以甦民力。

十三年庚申三月，上曰：「民猶樹也。樹利土以生，民利食以養。民而盡其利，猶種樹而去土也。比年蘇、松各郡之民困于重租，而官不知恤。其賦之重者宜悉減之。」於是舊額田畝科七斗五升至四斗四升者減十之二，四斗三升至三斗六升者俱止徵三斗五升，以下仍舊。自今年爲始通行改科。

十七年甲子七月，命蘇、松、嘉、湖四府以黄金代輸今年田租。

二十二年己巳夏四月朔，命杭、湖、温、台、蘇、松諸郡民無田者，許令往淮河迤南滁、和等處就耕，官給鈔户三十錠，使備農具，免其賦役三年。

宣德五年庚戌二月二十一日，勑減本府税糧米麥豆菉，共計三十萬二千八百八十五石一斗四升二合。

勑諭各處舊額官田起科不一，租糧既重，農民弗勝。自今年爲始，每田一畝舊額納糧自一斗至四斗者各減十分之二，自四斗一升至一石以上者各減十分之三，永爲定制。欽此。

八年癸丑，巡撫、侍郎周忱奏定加耗折徵例。洪武、永樂中，税糧額重，積欠數多，每正糧一石徵平米至二石，而猶不足。忱至，盡祛宿弊，設法通融。二年後，逋欠悉完，至是定例。

一加耗。華亭縣有徵正糧每石徵平米一石七斗，上海縣有徵正糧每石徵平米一石九斗。凡夏税麥豆絲綿、户口食鹽、馬草、義役、軍需顔料、逃絶積荒田糧、起運脚耗，悉於此支撥。其後視歲豐凶及會計多寡，或減或加，率不出此數。名臣録：每石加六斗至五斗止。

一折徵。金花銀一兩一錢準平米四石六斗或四石四斗，每兩加車脚鞘匭銀八釐。闊白三梭布一疋準平米二石五斗或二石四斗至二石，每疋加車脚舡錢米二斗或二斗六升。布疋長四丈，闊二尺五寸。舊例疋重三斤，納者率以紗粗驗退。忱奏不拘斤重，止取長闊，兩端織紅紗，以防盗剪。至今行之。闊白綿布一疋準平米一石或九斗八升，每疋加車脚船錢米一斗或一斗二升，俱照糧派於重則官田，俗名輕賫。白秔米、糯米每一石準平米一石二斗，照糧派於輕則民田。

十年乙卯七月壬辰，僉運糧儲總兵官及各處巡撫等與廷臣會議軍民利益。一松江府近因少米，徵收黄豆一萬石，比運到京，多有濕爛，宜依時值改收綿布解京。

正統四年己未，奏準蘇、松等府官民田地因水坍漲去處，有司丈量漲出者給附近小民承種，照民田例起科。坍没者悉與開豁税糧。見會典。

五年庚申五月，命直隸松江府華亭、上海二縣今年折糧大三梭布五萬九千七百三十二疋免徵，第徵中等三梭布二萬疋，每疋折糧二石，其餘折徵闊白綿布，以其民困災故也。

景泰七年丙子八月，巡撫蘇松都御史陳泰奏均賦額，從之。泰以前此免租之詔恩未得均，有富室田多輕額，其重者多在貧下，乃推廣調停之令，以五升之田倍其賦，而官田之重止取正額。于是澤始均而賦額不損，上下咸便，富者亦不怨矣。大政記。

天順元年丁丑四月，户部言八事，内一款云：蘇、松等府糧長納户人等送納糙白等糧，乞勅内府供用庫等衙門如例一尖一平收受，及在外衙門一體遵守，以恤民艱。

是歲，巡撫、右僉都御史李秉改定加耗例。六斗以上田止徵正額，五斗以上田每石加一斗五升，四斗以上田每石加三斗，三斗以上田每石加六斗，二升以上田每石加八斗，一斗以上田每石加一石五升，五升以上田每石加一石一斗五升。

按此法，據文而觀，最爲平均，然聚數則之田於一户繇帖之中，查算填寔註，不勝其煩，而里書之飛走，不復可稽質矣。不久復舊，蓋知其行之難也。又按是時金花銀準米三石四斗，三梭布準米一石五斗，綿布準米七斗五升，輕於此而重於彼，亦未見其利也。

二年戊寅，巡撫、右副都御史崔恭復舊例。

華亭縣正糧一石徵平米一石七斗，或減至五斗。

上海縣正糧一石徵平米一石九斗。

金花銀一兩準平米三石四斗或三石八斗。

闊白三梭綿布一疋準平米一石五斗或一石四斗。

闊白綿布一疋準平米七斗五升或八斗至七斗。

五年辛巳十二月，停免直隸蘇州府、松江府所屬今年被災田地秋糧七萬九千七百八十餘石，馬草四萬一千四百八十餘包。

六年壬午，巡撫、右副都御史劉孜奏定召佃荒田例，通計兩縣積荒田四千七百餘頃，召民開佃，不論原額，肥田畝稅米三斗，瘠田二斗，謂之官租。仍與民約，永不起科加耗。

按是時秋糧加耗，華亭每石始七斗至四斗五升，上海每石始八斗五升至六斗，金花銀一兩初準米三石八斗，其後準四石。至成化六年皆然。又歲積餘米二十萬。此荒蕪開闢之效也。

七年癸未六月，命浙江布政司并直隸蘇、松、徽、常四府以今年折銀秋糧一十二萬石收買青紅紵絲一萬疋，從中官林寬請也。

成化四年戊子，巡撫、都御史邢宥括得業蕩每畝徵平米三升。舊例每徵鈔六十文。

二十二年丙午，松江知府樊瑩以松江賦重役煩，自周文襄公後，法在人亡，弊蠹百出，其大者運夫耗折，稱貸積累，權豪索債無虛歲，而倉場書手侵盜害人，虛文詭出，移新蔽陳，衆皆知之而未有以處，乃請奏革民夫，俾糧長專運，而寬其綱用以優之。稅糧除常運本色外，其餘應變易者，盡徵收白銀，見數支遣。每銀一兩，隨時估高下，或準平米二石，或二石五斗。部運者既關係切身，無敢浪費。掌記之人又出有限，無可蔽藏。而白銀入官親輸，又率有寬剩，民懽趨之。于是積年之弊，十去八九，而田野之間，無復睢突叫呶之患。考尋文襄立法初意，舉其偏弊而通融之，以爲經久之計。如清水鄉竈丁草蕩以絶富人之兼併，革收糧囤户以潛消糧長之侵漁，取布行人代糧輸布而聽其齎持私貸以贍不足，皆有惠利及民，而公事又沛然以集。巡撫使下其法于他府，俾悉遵之。見大政記。

華亭縣正糧一石，加耗米三斗二升，白銀一錢五分。

上海縣正糧一石，加耗米三斗三升，白銀二錢。

弘治八年乙卯，巡撫、右副都御史朱瑄始定分鄉論田加耗例。

華亭縣東鄉每畝加耗斗一升，中鄉斗三升，西鄉斗五升。後中鄉畝加斗四升，西鄉加斗五升，東鄉又分沿海、不沿海，沿海畝加一斗，不沿海加斗一升。

上海縣東鄉畝加斗一升，中鄉斗三升，西鄉斗五升。後又分東鄉沿海畝加一斗，不沿海加斗一升，中鄉畝加斗三升，西鄉斗六升。

金花銀，自成化十四年至是，每兩準平米二石六斗。

十一年戊午，巡撫、右副都御史彭禮復論糧加耗，加得業蕩平米爲五升二合六勺。

十五年壬戌，都御史彭禮定墾官民田地山池塗蕩四萬七千一百六十九頃八十畝三分六釐三毫四絲。

夏税。大麥七千六百一十三石六斗六升，小麥八萬四千六百五十二石五斗二升七合，絲一萬一十三兩四錢三分三釐，綿二千五百五十五兩四錢玖分，鈔壹萬六千四百六十六貫五百一十二文三分三釐。

秋糧。秔米六十三萬八千三百四十一石一斗六升，糯米九百三十四石四斗九升四合，赤米二十一萬七千八百八十八石二斗八升三合，黄豆七萬三千四百一十一石四斗五升二合，斑豆七千九百四十七石七斗二合，菉豆二十七石三斗一升一合，赤穀七百一十五石一斗二升一合。

以上弘治十五年華、上二縣總數。

又查户部會計弘治年間賦額田土，官民共四萬七千一百五十六頃六十一畝八分八釐，比洪武原額減四千一百六十六頃二十八畝一分一釐。

是歲，都御史彭禮、知府劉琬改定加耗例，官田論糧加每石徵平米一石六斗，民田論田加耗每畝徵耗米一斗二升。

十七年甲子，同知史俊奏定荒糧折銀例，除坍江坍湖、抄出海塘、積荒田糧係概縣包陪外，其餘新逃拋荒田土，每糧一石折徵銀二錢。

正德二年丁卯，巡撫、左副都御史艾璞重定論田加耗例。

華亭縣東鄉每畝加七升，中鄉加一斗，西鄉加一斗三升。四年水災，西鄉熟田畝加至三斗六升。次年，三鄉熟田並畝加一斗九升四合。

上海縣東鄉每畝加七升，中鄉加一斗一升，西鄉加一斗四升。

六年辛未，巡撫、右僉都御史張鳳復論糧加耗并銀布折徵舊例。復舊規，革弊便民。案：據華亭縣耆民嚴泰等呈，切照松江地方不滿二百里，糧儲動盈百餘萬。宣德年間，巡撫、侍郎周文襄公因時處置，爲民便益，每秋糧一石加耗六斗七升，金花銀一兩準平米四石，細布一疋準平米二石，粗布一疋準平米一石，起運出兑，官軍俸糧、師生廩禄不缺，尚有餘糧賑濟飢民。弘治年間，始于田上加耗，分作三鄉，又分沿海、不沿海，等第不一，糧書乘機紊亂作弊，以致民遭其殃，官受其累。連年災傷，疫癘飢饉相仍，死亡者衆，存在者寡。幸蒙都堂大人撫臨整理糧法，深爲民便。呈乞裁處等因到縣。本縣先爲延訪民情，以圖治安事。據上海縣耆民朱禋等呈稱，聞之父老，各處田糧多在田上加耗，惟吾松江則不可行，有上、中、下三鄉，有肥、薄、瘦三等，有升、斗、斛三科，俱係先朝科上起糧，因地立法，非後人所可改易。宣德間，巡撫周文襄公奏將東鄉拋荒田土召民開墾，三年之後，止取原糧。復奏折徵金花銀，粗細布一疋準平米一石，于時起運，不減今日，倉庫有存留之富，閭閻有賑濟之儲，官不知勞，民甚稱便。其後，知府樊公復念小民運糧之苦，奏將綱用耗米折收白銀，每兩準平米壹石五斗，給與糧長，令其自運，官民兩便，至今賴之。當時並是糧上加耗，每石不過六斗、七斗而已。弘治七年，本縣董知縣因與巡撫同鄉，更變糧法，卻於田上加耗，雖分三等，東鄉終是不平，何也？西鄉雖是糧重，每畝歲收米或三石餘者有之，中鄉雖是糧輕，每畝歲收或一石五斗不足者有之，若濱海下田，不過可種綿花五、六十斤，菉豆五、六斗，法既不平，日復多變，或畝加八升、九升，或一斗，或一斗七升四合。頻年以來，率無定例。且如正德四年何等災傷，朝廷準荒六分三釐，官司不與主張，聽從糧長賣派，以致民心不服，輸納不齊。糧長又復瞞官私收入已，所以因循，至今拖欠。若當時照依欽準事例派與六分三釐，小民安敢不典家賣產，依期完納？老民正不知先年何故金花銀準米四石，布疋準米二石一斗，卻乃錢糧反多，近者金花銀不過一石九斗〔七〕，白銀不過一石七斗，何故錢糧反少？若曰輕糧多在小户，不知大户亦有重額之田，未見其害也。只是以王道待天下，自然平正。若存大小户、輕重田之心，則前人立法之意全無，而物之不齊之説亦徒然也。田上加耗不可行也明矣。據此案候在卷，今據前因，參看得松江一府大户多輕則之田，小户多重則之賦，論田加耗，若便小民，然斗則數多，書手作弊，雖精于算者，亦被欺瞞，況小民乎！本縣已將萬石一覽通行發府議處，正欲將金花銀每兩準米四石、細布一疋準米二石、粗布一疋準米一石，先儘下户及陪貱之糧，有餘并將白銀以次分與中户，又次及於上户，務使貧富適均，官民兩便。今嚴泰等又稱糧上加耗，與民便益。合準照糧徵派，相應爲此。仰抄案回府，着落當該官吏即行，各縣掌印官今後派徵錢糧，俱照先年巡撫周尚書所行則例，不分東、西、中三鄉，一概糧上加耗，金花銀兩布疋先儘重則官田，每銀一兩折米四石，粗布一疋折米一石，細布一疋折米二石，白銀一兩隨時定價，其上、中、高户俱派與本色秔、糯等米，務使民心悦服，而錢糧不至于有弊，國計充足，而官府不至于有累。仍翻刻告示，發鎮店鄉村凡有人煙去處張掛，曉諭知悉。

舊志：顧文僖云：按田賦歲有增減，蓋消長不齊，理之所有。然正德五、六二年，糧額無改，而户總及歲報田數相去至三千一百二十七頃有奇，殆不可曉。至于官田四升以下、民田二升以下科則獨見府總，而民間亦未聞也。此類必有知者，今並存之，以備參考。

張之象云：正德五年，本府論田加耗，故輒減田土總額，令每畝派耗數多，及官民依法徵納，則所隱額田例輸耗米，咸歸書算，賣與姦豪，悉依是年東鄉每畝加耗七升例計之，亦該米二萬一千八百八十九石。至正德六年，本府復論糧加耗，故以田畝實數報官，而别設法侵没。蓋事之易曉者也。

嘉靖十六年丁酉，太子太保、禮部尚書顧鼎臣奏爲懇瀆宸嚴，明飭典憲，以振舉軍國大計事。該户部題財賦出於東南，而蘇、松、常、鎮等府視他郡爲尤重，田糧定於版籍，而欺隱灑派等弊，在今日爲尤多。蓋官吏更代不常，而里書飛詭益甚，致小民税存而産去，大户有田而無糧，害及生民，大虧國計。奉旨是便行撫按官著各該知府親詣州縣用心清查，有虚應故事及延捱遲誤的指實參奏。欽此。

松江知府黄潤議以八事定税糧：一曰以原額稽其始，二曰以事故除其虚，三曰以分項別其異，四曰以歸總正其實，五曰以坐派起其運，六曰以運餘撥其存，七曰以存餘考其積，八曰以徵一定其則。凡金花白銀、粗細布價一例均攤，各衙門正耗白糧石加舂辦米二斗，省去頭緒，只作本、折兩項派徵。

二十五年丙午，總理糧儲、工部尚書李充嗣言：蘇、松、常州、嘉、湖五府〔八〕，正德年間以内府新添小火者五千三十二名，歲用食糧，各府增派共二萬四千一百四十八石餘，解進供用庫及節年所派南京酒醋局等衙門復不下數千，通加耗共一十三萬七千餘石，歲比不登，小民重困，乞勅該部查免，户部題覆。從之。嘉靖實録。

隆慶二年戊辰，巡撫、右僉都御史林潤奏言：江南諸郡久已均糧，民頗稱便，惟松郡未均，貧民受累，勢不能堪，請乞暫設專官，丈田均糧，以重國賦，以蘇民困。吏部題以原任本府同知轉員外郎鄭元韶陞湖廣按察司僉事，領勅專管華、上二縣，沿坵履畆，逐一丈量，均章斗則。

三年己巳，僉事鄭元韶盡數清丈，悉去官民召佃之名，分作上、中、下三鄉，定額田有字圩號數，册有魚鱗歸户。至今田額，以是爲準注十。

萬曆十年壬午注十一，黄册遵奉明例以清丈均攤科則，實徵田糧入册，舊額田糧并鈔等項開豁。十九年辛卯，東事各急〔九〕，於三縣田地每畝加編，至三十三年後遞減。四十六年戊午，加編遼餉銀，候遼平即止。四十六年，户部劄付又加編，兵、工二部又坐派，天啓元年照徵注十二。

松江府志　役法

十年編審里役之名

經催。一圖之役。該年。總甲。總催。一區之役。塘長。

五年編審糧役之數

布解。北運。收兑。收銀。南運。風汛解户。鳳陽麥折解户。南京蜜糖解户。南京惜薪司運柴脚解户。南京各部柴薪解户。南京五城弓兵解户。南京直堂解户。南京國子監膳夫解户。兩浙運司船鹽解户。織造府解户。軍器庫子。斗給。水鄉蕩價解户。南解。二六輕賫解頭。鹽糧解頭。南京公侯解頭。徐州米折解頭。揚州米折解頭。山東昌平等驛解頭。鳳陽大店驛解頭。河間府瀛海驛解頭。徐州滁陽驛解頭。南京農桑絲絹解頭。

每縣轄保若干，保領區若干，區領圖若干，多寡不等。每圖分十年爲十甲，每甲編審經催一名，或獨充，或二户、三户朋充，謂之里長，亦謂排年論甲，年分專責催辦本圖人户本、折銀米。假如於第一甲甲年分承充經催，先一年第十甲癸年分即爲該年，又先一年第九甲壬年分爲總甲。該年承應起夫濬河、運泥、棘刺等差使。總甲主管里中一應雜事，當孔道去處，承直官長水陸往來，其城内外坊廂圖分地方干係祗應煩難，尤爲喫緊。經催輪年於八月中承役，不拘圖分多少，内點丁力尤勝者一人總一區催辦之事，謂之領限總催。如于第一甲甲年分點充總催，後四年第四甲丁年分即爲塘長。每年遇有開河、水利等役，督率各圖該年勾當公務，尤倍煩難。

舊制：每區設催辦糧長一名，專管催徵本區銀米，每年秋赴南京關領勘合，然後承役〔一〇〕，亦重典也，舊謂之公務糧長。其在本區圖催辦人户，則有零星窵遠之煩苦，官豪擄宦〔一一〕，則有上門守候刁蹬之煩苦。民力既已告困，編審又或不均，鄉宦田多，貽累日甚。隆慶初年，始立官甲書册。每册用知數人一名，應完本、折錢糧自赴比較，與總經催人役無涉。該區圖所存田畝，各圖應納銀米，責在經催一人。其苦樂繇本圖人户之完欠，而人户之完欠，又係該圖田地之高下，本年收成之豐歉。更有經催善良而人户奸頑者，則任意拖賴，而累歸經催。又有人户善良而經催奸巧者，則私侵入己，托名民欠。錢糧不起，皆由二弊。是役也，自今年十月開徵，至明年十月完限。如數盡足，尚有匝歲奔走之勞，而民欠難完，往往墮悮，甚有四、五年尚未清楚者。沿鄉催辦，則有跋涉之苦；入城比限，則有盤纏之苦；完不如數，又有血杖之苦；田地抛荒，又有拖欠之苦；人户逃亡，有代賠之苦；若遇水旱凶年，錢糧無出，舉一圖之困苦，獨萃于一人，破身亡家，賣妻鬻子，累月窮年，未能脱累，故百畝以下人户充此一役，猶慮不堪，若以零星數畝之户朋充，未有不立斃者也。

萬曆己酉，華亭聶公紹昌經催議：松郡之役，莫苦于經催。經催不過於一圖十排年之中挨次輪辦，而一圖之錢糧起總，盡責其身，十日一限，一身在鄉，催辦一身，到縣應比，所以近之有分身催比之難，有上城下郭、衙門押保之難，有代人賠賍之難，遠之有幾年徵欠之難，有十年查盤納罪之難，是以承此役者身家多喪。總之大患有二：一在拖欠，一在侵欺。染于經催爲侵欺，逋于民間爲拖欠。不問細民之完多完少，而惟經催之是責，則良者空自爲良，頑者落得爲頑，所以敲朴愈多，而負課愈甚。殊不知經催特輸役之人，有何罪而代奸頑受此箠楚哉！欲除拖欠，惟在于明悉細户，而欲除頑户侵欺，其要在明摘欠户。今細户之納與不納，茫無查考，而徒寄出納完欠之分數於總書櫃書之手，任其模糊出入，種種奸弊，即有神明，莫能搜剔原頭，總繇實徵細册上下茫然，納者不知其納，侵者難究其侵，縣官之神日疲，而侵賴之害日熾。今本職議欲於各區各圖立一實徵細户田糧册，每區總催開列圖總一册，一樣二本，一本發總催收執，一本存縣發柜上收執。此册先開一區錢糧總數，次開各圖錢糧總數，即就一圖分爲十限，每限總催于各圖名下開其完欠，完者開其實數若干，寫「如數」二字，欠者開其實欠若干，寫「不如數」三字。又將人户田數照依虎頭鼠尾，列其多者於前，少者於後，以憑比較。其點拘頑户，先拘其田糧最多者，次及其田糧少者，雖有先後，決無倖免。官甲囤户亦準此。

塘長

每圖歲輪該年一名，率作人夫，協力濬築。有六、七圖爲一區者，有十餘圖爲一區者。區有該年數名，該年之内經充領區總催，即爲塘長，專主督率各圖人夫，輪脩本區水利。今議定爲役不出區之法，則該區人户各各自開其田邊河，自築其田邊岸，人人可以效力，且人人樂于用力，亦可使人户就近赴工，止出人力，不輸銀米，百弊俱絶。又必照田量派，如田百畝，止可役十工，至二十工止，不得紊亂成法，以盡耗民力。但使年年農畢舉行，則區内工程自然次第相及，低鄉無不築之岸，高鄉無不濬之河，水利脩而農事興矣注十三。

塘長專主督率各圖人夫，輪脩本圖水利，但塘長之苦，苦在撥調遠區，其開河動經數十里，工費動及數十金，塘長派之該年，該年斂之人户，今歲不已，而復明歲，此河不已，而復彼河，有名無實，勞費不貲。若使差必出于正堂，水衙不得私，撥役必出于本圖，別區不得遠調，則圩岸自脩，而水旱無虞矣。

崇禎己巳，華亭鄭公友玄塘長議：江南水利最關民命，高則浚河，低則築圩。圩岸之工力甚省，但督業主、租户各治其田，而事畢矣。惟開浚所費甚鉅，則泥頭利於包工，頂名具呈，駕言某河宜開，一奉批行，而該管書手爲政矣。概縣塘長八十名受賄免差，則應役者少，役少而費益增，此點差之弊也。如百丈河，十名役，以九丈派坐一名，以九名派分一丈，一視賄之多寡爲上下，而愚者横蒙重累，此派段之弊也。是外則泥頭恣意包攬，不饜不已。其或塘長貧不能給督率圖民以應力作，則催儹之，委官督押之，衙役肆行索勒，費且無算。總計上下書役皂快以至委官泥頭諸人分途掊剋，皆極其厭飫者，而八十名塘長安能給之，不得不分派各甲，各甲細户鬻田房、鬻子女以應之，猶以爲未足也。究之一年一度擾費如此，而開浚何曾着尺寸之效，直爲若輩作生涯耳。且塘長即總催，小塘即各甲排年，終年奔馳催辦不暇，而勞費横出，較之應比更甚。至或侵正項以奉若輩，則版民生適以蠹國課也。縣司雖非專管，觸目恫胸，能不曲爲之計乎？歷據里排呈議，酌量可久之法，大抵令泥頭包工，費給而工完，始於水利，實實有濟。諺稱塘長爲「小充軍」，蓋以興作必於冬時，天寒凛冽，而携鋤荷擔於百里、數十里之外，霜棲雪食以赴役，其苦甚也。人情如此，縱嚴督力作，必不能前，徒虚費時日已耳。何如盡委泥頭，坐見其成之爲便乎？今議將一邑河漊關切利賴者，本府親勘總計幾處，分爲五年，次第浚築。其致扎營求以掩庇塘長者，一概禁絶。仍計本年浚河若干丈，應泥頭工費若干，除塘長實應修築本區外得若干名，一照各區田若干名，一照各區田若干畝，應派開浚河段若干丈，有傍近區分親願赴工者聽。其自完此外，或願納銀，即令水利官唤集泥頭，遵每方一丈給銀三錢之例，具認代工。立冬，塘長照畝出銀授之，則泥頭不敢多索，衙役不得勒詐，書役不能上下其手，而官無履野守督之煩，民無赴工疲敝之苦。法孰有便於此者！其棘茨一項，本屬公署等處緊需，其費無幾，亦派定數區常川任之，免其開浚，每年給銀若干，交看管人役代其釘載，則需索俱杜矣。

總甲

每圖歲輪總甲一名，專職譏防之事，争鬬非常，呈官究治，盗賊竊發，率衆捍禦，而惟附郭者最稱煩苦。

粗細布解户 上上役

洪武三年庚戌九月，户部奏賞軍用布其數甚多，請令浙西四府秋糧内收布三十萬疋。上曰：「松江乃産布之地，止令一府輸納，以便其民。餘徵米如故。」實録。

弘治十六年癸亥四月，户部奉旨文武大臣及科道官議上足國裕民十二事，内一事曰戒掊克，謂：蘇、松、常等府歲解折糧布疋，舊例送部看中送貯甲字庫備用。弘治六年，該庫以布疋不登原樣揀出，姦人恐嚇解户，揭債賄囑，致費銀八九千兩。近奏準今後該部看中送庫，不必再檢，而該庫執奏布不及三觔，欲得自揀。不知蘇、松布精細而觔數不足，北方布粗厚而斤數有餘。自今蘇、松等處解布至部，揀中送庫，不得再揀，以免解户借銀賄囑之弊。奉旨更議以聞。實録。

萬曆庚戌，華亭聶公紹昌布解議：華亭布解最爲煩苦，一縣額供三線細布二千四百五十餘疋，每疋布價銀七錢，鋪墊扛解盤用銀一錢一分；二線細布一萬三千四百五十餘疋，每疋布價銀六錢，鋪墊扛解盤用銀一錢一分；闊白綿布四萬八千九百餘疋，每疋布價銀三錢四分，鋪墊扛價盤用銀九分。自領銀投牙賃房聽驗印，解布袱油紙，包索舟車，關閘掛號銷批，到京門單税鈔内相庫官吏、書司房保識庫夫、長隨、厨役見面後，手擺飯茶果土儀磕頭，復求僱夫交納等項，每疋賠銀不止二三錢，一經退回，則重復解進，每疋有賠至五六錢者。在本鄉先經揀選驗印，至京又且任意揀退，百千浩費，此真莫大之役。如萬斤之擔，必當委之萬斤氣力之人。而近年乃僉點中人之家，又不給銀，單寒下户，豈能賠買？勢不得不賣田鬻産，揭債買布，挨到京邸，及其交卸復批，則已吸骨及髓，更無身家餘剩矣。所以吴中一聞此役，如赴死地。蒙徐撫臺奏請二線與粗布照價改折三線布，以本色附袍船解進，而寢閣不行，朝野同惜〔一二〕。今議於五遞年中編定此役，以第一般實巨富、田餘二千畝、家累巨萬金者承之，必不容勢家營脱，必不使中户濫充。編審既定，每年驗係大户正身，決無包濫。先給銀若干，驗收布若干，印貯庫中，隨即發銀再買，驗收既足，給文發行，即時并舖墊銀給之，定勒限期，解京批迴，一面報本院知會户部，以防其中途濡滯之弊，庶幾肩此役者可獲更生，而布縷之征可以永永終事矣。

崇禎己巳，郡侯方公岳貢布解議：布解之受累無窮，而約略言之，其病有四，曰發價之太遲也，扣銀之太重也，衙蠹之縱横，而催批之太急也。蓋此役須該縣大富者充之，官視以爲大富也，吏胥門皂無不眈眈視爲大富也，曰夫夫畏官法而輕錢帛者，欲以充公費而飽谿壑，非若輩奚取焉！於是有先買布後給銀之説，而布解困；於是有每十扣一、扣五之例，而布解困；於是有頂區府快、拴通縣快見面錢有例，催領銀有例，催買布有例，催驗布、催印布有例，催晒布、催布出境有例，追押布出境而安身路費又有例，節節需索，而布解之膏血盡矣。其印布也，舖堂有例，茶房庫房有例，書門皂快各有例，不則踐踏及之。布方出境，而催批之檄，相續不絶，每一票至非數金相酬難禁。其凌逼層層剥削，而布解之皮骨盡矣。今議將解户名下應納之糧餉盡數扣作布價，餘則官給串單，令解户設櫃自收，則遲發重扣之弊可除也。官府多一票，則小民多一累，況大富如布解，尤群小所視爲魚肉者乎！今議府縣催押之票一切已之，但令解户自具限狀，某日有布可印，違限責之，夫亦何辭！至夫驗布、晒布之票與押令出境之役，則又萬萬可省者。每春季起程者限以八箇月，四月起程者限以十箇月，五月起程者限以對年，寬以時日，而責其違限，夫又何辭！票既省，限既寬，皂快斂手矣。而門內需索尚有意料之外者，曰印發之不速也，侍從之太多也。惟是隨到隨印，隨印隨發，絶不留宿，而一吏一門之外，非挑布守布者不許與布近，違則重創之，明示以官府護惜解役之意，而赴院挂號，上臺親爲查問，前弊未懲，嚴提重究，或亦蘇息積苦之一端也。

崇禎己巳，華亭鄭公友玄布解議：舊例解户四名，領解梭布一萬六千一百八十五疋，棉布四萬八千九百三十五疋，除價扛外，又有墊貼銀兩，共銀三萬八百四十七兩零，給役之費，差亦贍舉。然五年之内必竭數十大户之力，甚至破家而猶不得完者，何也？大户出名，則人皆利之。自領銀以至銷批之日，在外在京等吏書而上，極於内庫官監，無名之費，不可勝紀。

若改以官解，則奪其羶慕〔一三〕，外費永革，而內費亦省其十之七八。以內外所省盡歸之正費，則官解無累。然向來官解不能竟事者，何故？領買不得其人，收解不得其法，差委不得其官也。今在城機户慣織官布者，原自其人查布分別二線三線，有每疋定價三錢八分或四錢者，各增二分，則機户不謂厲己也而任之矣。機户既定，則分派里排，令各買二三十疋上納，即算除白銀比簿之額，且一二月之前以銀交機户，報數在官，已免里排比責，一二月之後，仍嚴限機户交布，其不如式者，止責之機户，則里排無受勒受賠之累，亦不謂厲己也而任之矣，又何患領買之侵費乎？里排納縣驗訖，即同扛價墊貼一并解府，仍於扛價內每年量扣百金，修本縣及糧廳座船二隻，以供運載，而解官監之。直至河西務起岸登車，亦即於扛價內扣銀僱車八京。凡車每輛若干，亦有舊例定數可比者。即或水陸舟乘，解官不能不藉書、快之照管，仍每名重給工食恤之，而現成銀布，官自監守，與書、快無預，又何患收解之乾没乎？解官向爲縣佐府幕所營，蓋不待布之起程，而費已不貲，況衙役因之以騙剋，其暗耗尤甚。迨解官到京，欠納一以身家相狥，而悔無及矣，至今譚者哀之。頃者新奉功令，以官布責成白糧，總部官帶解。蘇、常各府向以佐貳官解，隨即遵行。松江因屬民解，未即議吏。然年年縣奉總部催解，總部入京，亦年年蒙部切責。今果遵旨委糧廳幫解，其領買收解俱行，縣料理計原編扛墊儘足潤解官之苦，當不至力諉也，又何患差委之營求乎？夫差委與領解收買俱無可慮，則官解行而民解可免，即舊役分任白糧等解，則一邑之役盡輕矣，豈徒爲布解一役而已耶！乃鄉紳持論，則謂官解美法也，行之數年而不繼，則仍爲民累，且曰審編必公道、必殷實，發銀必早、必完，必永如給串自收之新法，爲布役計、身家計長久，無過此道矣。縣司再進布役，而詢之各役，亦謂身係大户，往役固宜，但得役之不竭力、不破家者即屬萬幸。今給串收銀，法便役輕，雖布解甚苦，亦甘之矣。先據糧解丘賢等條陳，謂布役之苦，衙門指詐，弊竇無窮，貂璫勒索，谿壑難盈，且不特此也。買布而後領銀，不免重揭子錢。且買布印驗，解布獲批，而價未領足，即領亦必仗請托賄求，所領又不得實，無怪乎民間視之如蹈湯火也。既蒙洞悉前弊，布銀現給全給，并衙門需索一應牌票雜費盡行禁革，所省實多，各役皆有起色矣。顒望申詳將前項積弊嚴示禁約，其自收新法勒石永垂，即是陰德。初，縣司蒞任之始，查儘京邊金花完及五分，即派仁、義、禮、智、信五號銀櫃，令布役自收，收完具領，吏書不令經手，民納之而民收之，故放領營扣之弊徹底清釐，此固法之甚便而可久者。今將官解一議俟之後舉，但嚴禁衙門需索雜費，仍永行自收之例，則官布不爲民病矣。

陳繼儒議：三線布細，勢不容折。闊白粗布濫惡稀疎，北人最所厭棄。若照原價三錢七分改折給散，彼既利於得銀，銀又可以轉買商布，比之三線既堅，且有餘利，可落省出墊貼銀四千二百兩，減去會計徵額，此一舉兩得者也。惟細布即發現銀，粗布將銀改折，其不易之定論乎！

北運白糧上上役

每歲糧長領運上供白熟粳糯米及府部等衙門禄米，實該正米若干石，算加歲用白耗米每石若干，舂辦米每石若干，二項共該米若干石，凖糙米若干石。華亭縣該糙米三萬六千三百石有奇，上海縣該糙米二萬三千八百石有奇，青浦縣該糙米一萬三千九百石有奇。此項縣派該保區圖該役自收，不煩收兑出入。又領夫船車脚銀兩每石該銀若干。華亭縣該銀二萬四千六百兩有奇，上海縣一萬六千二百兩有奇，青浦縣九千五百兩有奇。此項徵收，在櫃奉票支領。是役也，在家有收貯舂辦之苦，在途有風波剥淺之苦，到通州剥船繇閘車運、到倉有虧損之苦，交納有折耗舖墊歇家勒措盤纏守候之苦，又途遇軍船官船捱擠不前、隔年守凍之苦，須得家厚丁壯、往年熟慣水路人户充之，議將熟區田千畝内外者編此。五年之内，華亭應編北運一百四十名，上海應編九十名，青浦應編五十名。

成化以前，解户上白糧及各物料，户、工二部委官同科道驗收，解户不與内臣等見面，故軍校不得脅勒〔一四〕，内臣不得多取，小民亦不至虧害。成化以後，部官避嫌，糧料不肯驗收，俱令小民運送内府，而害不可勝言矣。

糧長之害，李康惠疏之最詳，曰：「家有千金之産，當一年，即有乞丐者矣。家有壯丁十餘，當一年，即有絶户者矣。民避糧役，過於謫戍。官府無如之何，有每歲一换之例。有數十家朋當之條。始也破一家，數歲則沿鄉無不破家者矣。」讀其言，真堪流涕。

萬曆庚戌，華亭聶公紹昌北運議：東南之役，最險最危而又有極重極大之費者，莫甚于北運。有三千餘里之苦，有洪閘淺溜之苦，有經年隔歲之苦，比之在鄉諸役，更險更遠。正米外又有私耗舂辦，每石約贈七斗，車水脚等銀，每石約貼八九錢，其使用似覺充足，而往往至于破家者，何故？蓋其在鄉，則苦於漕軍之争兑，候米候銀之耽延，船户水手之需索；其在途，則苦於漕船之壓阻，漕軍之嚇詐，關津官店之索税；其到京，則又苦於車輦之狼籍盗竊，歇家之積奸朋詐，内璫之横肆攫取，批迴之守候淹遲，守凍之賠費百倍。而尤最苦者，曰銀米緩發，曰船幫開遲。蓋糧役不過中人之家，豈有瀛餘自僱夫船，自備蓬檣索纜，專待公家貼銀以爲用，而往往以錢糧不敷，至於擔閣。今本職先將北運糧長本户糧米免其兑漕，儘數除作白糧外次將白糧正耗米與收兑漕米拈鬮分派，必不使總書作弊，專派荒區荒圖，有苦樂不均之患。惟車水脚等銀常苦徵納不前，或有遲悞不發，及既解銀至部運衙門，又不全給，半留上鞘，以待中途徐給，所以糧役延挨時日，至三四月中乃始開幫，甚有五月而開者。夫五月正當山水盡發泇河、會通，宜乘大水遄行之時，而糧船方在江淮以南，逗遛不進，及達泇閘，水已淺涸，則安得而不遲延守凍哉！今本職議請頒定限期規則，務於十月即鬮派白糧應收區圖，派定即聽糧役及早春辦，決不許漕糧借兑，而車脚水脚儘除本户白銀外，其餘銀兩自十二月至正月即盡數一頓與之，必於十一月春辦，十二月下糧完足，至正月即擺幫，二月即一齊開幫，則三月抵淮，四月入泇，五月而過會通河，六七月從衛河而直抵張家灣〔一五〕。刻期遄發，毋容違限。至於途間，當遵歷年具題欽定各船頭立一大牌，明諭以漕糧係三軍之芻糗，白糧係尚方之玉食，並不許漕舡争壓白糧之前，又不許漕船以腐爛船木故爲挨擦以滋詐害。有争壓詐害者，衛官参題漕軍重究。又遵屢題免於途中留驗以妨嚴程，則糧船可以如期而進。而至於榷關官店，當念御用廪餼，何乃困之以税，合請憲檄照會關税衙，不得索税分毫，永無擾累。其抵京，則又在風力。倉場部院痛革歇家之朋索，内璫之多取，批迴之久稽，而十月中各使竣役，獲批以南，則御用得以及期，糧役可以補救，亦東南一大利益也。

收兑糧長上等役

每歲闔府兑軍正耗米、淮米、衛倉米、遼米行糧共該若干石，除官甲書册民甲囤户本名田糧常年例應自囤自兑外，其各保區圖民户田畝推收不等。大約收兑糧長一名，約兑漕糧一千二三百石或千石。是役也，自本年十月至十二月，有守候交納之苦，每名約僱書算、斛手、搬運、看守人夫數名，并借賃倉厫、置買蘆蓆木板、食用諸費之苦。自明年正月至三四月，有守候交兑之苦，又有旗軍勒掯贈耗横索使用之苦，又有頑户插和粞穀水漿、米多濕熱、在倉蒸黑之苦，又有船錢擔錢之苦，又有旗軍踢斛淋尖之苦。但收支不出本鄉，比之北運不同。今議官甲田九百畝編充一名，囤户慣役有千畝者亦類編充。五年之内，華亭縣應編收兑糧長三百名，上海應編一百九十名，青浦應編二百十五名。

宣德六年辛亥十一月，行在户部定官軍兑運民糧加耗則例。先是平江伯陳瑄言：「江南民運糧赴臨清等倉，若與官軍兑運加耗與之，民免勞苦，得以務農，軍亦少有赢利。」命侍郎王佐往淮安與瑄等再議，以爲可行。上復命群臣議。至是吏部尚書蹇義等議奏其法宴便，軍民加耗之例，請每石湖廣八斗，江西、浙江七斗，南直隸六斗，北直隸五斗。民有運至淮安兑與軍運者，止加四斗。如有兑運不盡，令民運赴原定官倉交納。不納兑者，聽自運。官軍補數不及，仍於揚州衛所備倭官軍内摘撥。其宣德六年以前軍告漂流運納不足者，不爲常例，許將粟米、黄豆、小麥抵斗於通州上倉。軍兑民糧請限本年終，及次年正月完，就出通關，不許遷延妨誤農業。其路遠衛所，就與本都司填給勘合。從之。

萬曆庚戌，華亭聶公紹昌收兑議：收兑之役，不苦於收之難，苦于兑之難，而其實兑之多費，繇于收之不精。蓋漕軍見米之不精也，多勒贈耗以爲利，糧役因兑之多費也，益插穢雜以售欺。所以一當交兑，煩費蝟起，有綱司話會，有踢斛淋尖，有綱圈後手使用，不可勝記。其在旗軍，則利歸旗甲，不過風力官員欲爲民少減贈耗，即環擁囂呼，張拳犯上，而莫誰何。及至兑米入船，中途浥爛，反累運官揭債賠補，回衛之日，累小軍扣除月糧，以抵京債，此不平之在軍者也。其在糧長，諸用不貲，常至賣産鬻業，盡蕩其家。其在國用，則軍糧之所交于京、通諸倉者，皆濫惡不堪，積久盡腐，而其病又在于國矣。然軍之所以得爲民害者，又皆繇傍倉奸棍糾引漕軍，大開詐局，漕軍利奸棍以爲腹心，奸棍利漕軍以爲囊橐，互相勾引，花街鬧市，浪擲金錢，未及交兑，漕軍地頭之費已百孔千瘡，專待多勒贈耗以償所用。于是倉棍輸情指點曰，某某是糧役渠魁，一賂此人，即爲多耗多用之倡，而兑軍之費始騷然煩重而不可以禁止。今幸撫按漕臺刻列告示，嚴行禁戢，若納户米既乾潔，不得耗贈之外多勒升合，違者一體責治。悉遵漕運議單，每百止加濕潤米三石五斗，或外再加三石五斗而止。又嚴申漕規，止許一旗一軍到倉交兑，其綱司話會、踢斛淋尖、綱圈後手之類，一切禁約。通完之日，即催趲開幫前去。如此則漕粟乾潔，軍無腐壞累賠之苦，漕令嚴肅，倉無講兑喧擾之虞。

陳繼儒查收兑事宜：收兑者，糙糧也，謂糧長收之於倉，而兑之於軍也。統計松江府華、上、青三縣兑運米二十萬三千石改兑米，二萬九千九百五十石改兑糧，運納通州倉，每石正糧外加耗米三斗。兑運糧亦運納通州倉，或撥京，或撥邊。京糧谿内河六閘盤剥，然後到京，爲此每石正糧外加耗米四斗。邊糧又入泓船剥至鞏華城、密雲，然後到邊，爲此每石正糧外加耗米四斗。已上二項，此正耗也。每臨兑時，又於每百石正耗糧米外加幾擔，名曰濕潤，以補沿途蒸折之數，此又耗外之耗也。正耗若干，淮撫派之，外加濕潤若干，府縣主之。

一，某衛所糧船一隻，僉點旗甲一名，運軍九名，運軍撑駕，旗甲總管。每人一月口糧八斗，每名共十二箇月，共九石六斗，縣官給衛官，衛官給各軍，編入會計，皆於彼處地方支領，於華、上、青無干。如松江所官軍派運别處，則於松江三縣支領行月二糧，亦與彼處無干。

一，查得淮撫議單一款，每年漕糧俱限十月開倉，十二月報完。糧船限三月終過淮，四月終過洪。近因漕政久廢，萬曆四十年又立漕單開兑之期，船到水次大州縣限十日，小州縣限五日兑完，不兑完者責在有司。兑完之後，即限過淮日期，江南限二十日。漕院坐京口催督運船。運官有能如期過淮者，淮撫印給薦票一張，或奬票一張，統候糧完，如期奬薦。如有司無糧，軍衛無船，督糧司道及府州縣掌印、管糧官并領運把總指揮、千百户各罰俸半年。此題准事例也。漕規雖嚴，或以空船未來，或以遏勒耗贈，遂至躭延日久，蹉過漕期，運官無所藉口，揑稱倉厫無米，米色粗惡，又揑稱有司故意抑軍，毫不加耗，觸怒各臺，希脱己罪。故某衛所空船以某日到水次，當報也；某衛所船到而衛所官未到，當報也；某船某日兑完，當報也；某船兑完開幫或未開幫，當報也。如此十日一報，則運官無所容其譛，而府縣之賢勞者自然有薦而無罰矣。

一，濕潤之外，又有所謂綱司話會，此向來套名。蓋收兑糧長與旗軍私相授受，每米一石出銀二三分，以充酒飯之費。此府縣雖知而不問者也。但向有傍倉積棍名曰倉老鼠，慣在就中刁唆攛掇，爲强軍之向導細作，先期訪出此等積棍分調監，候糧船開完，乃始釋放。昔年毛司理掌印，常行之矣。往年收兑稱中役，僅費百金。四五年來，費及五六百金，以至破家者。糧一年六十名收兑，豈堪破六十家之産乎？此無他，舊派太多，每倉收米一千七百石故耳。糧長承役，修倉磚瓦蘆席楞木有費，僱募斛手有費，僱募倉書有費，工食有費，使用有費，自十月至五六月，費已無經，而納户尚多掛欠。收米如此其難也。已而漕船既到縣，總倉棍暗通漕卒，正耗之外，嚇詐多端，明加踢斛淋尖，陰講綱司話會，每百石米增十擔外，每一石銀增一錢外，稍不遂意，凌虐糧長，侵侮縣官，不滿其欲不已。兑米又如此其難也。至於大保大區，借改折之名，倩人代杖，延挨不肯納糧。直待旗軍催兑比較通關之時，於是有折銀減價，使之不得不收者，名曰搶收；有先賒糧若干，方納糧若干，使之不得不賒者，名曰賒串。若不搶不賒，且并其搶收、賒串之銀米而俱無之矣。派額米缺一石，糧長自賠一石，缺百石，糧長自賠百石。米價日踴，賠價日多。米不能賠，而借債鬻産、賣男鬻女隨之矣。雖欲不破家亡身得乎！若使本區收本區，行區運法，派額既不至隔區，窵保頑户不至藉口，荒區奸民又不至望觀搶收、賒串，此亦清弊竇之一策也。又聞之運軍與淮上漕書搆同揀擇，用賄派船，派江北、淮泗之船至江南，四郡之内，撫道不得彈壓，則氣必定咆哮，往返二千餘程，則官弁反多違限，何如常、鎮、蘇、松自相更調，以近附近，視以遠調近者，果孰便、孰不便耶？此特在撫按、倉漕一斟酌間，而收兑受福不淺矣。

收銀總催中等役

每歲編收銀總催，重至四千兩起，輕至一二百兩止，或獨名，或朋名，以次分派字號，在櫃收納。金花有傾銷滴補之苦，收時有僱募書算食用盤纏之苦，有比簿號串印串之苦，有衙門人役火耗常例之苦，解放有折耗等候之苦。每收銀一千兩，往年費銀五十餘兩，今漸至有百金者矣。五年之内，華亭應編收銀總催四百五十名，上海應編二百四十名，青浦應編一百九十名。

萬曆庚戌，華亭聶公紹昌收銀議：今之收銀，即昔之長收。昔年長收之濫觴，在管月買辦，舉公家承應上司餽送交際一切浩費盡責其人，所以蕩析人家，百無一存者。於是乃以大收改而爲小收，大收二三萬，小收自一千至四千而止。然查近年收銀者不過一二百畝，或二、四百畝之家，猶是中户，豈勝蝟費？往時相沿積弊，如傾銷、滴補、解放、虧折、書算、衙役種種需索，又有僱募、櫃書、僦寓、盤用，所以一千必費銀四五十兩，豈是中人所堪！更有衙役攬納，逼減天平，而積猾櫃書尤慣包攬，磨洗官串，詭發附收，那東掩西，莫可究詰。既攬此而包彼，必移後以餙前，接踵朋奸，動侵千百。本職洞悉此弊，已痛革附收，且議嚴禁積年櫃書挺身包攬，務使櫃收皆正身的名，亦不許占定櫃口，聽糧長自令所親秤收登記竟，用櫃書寫串算數，仍須役人自擇具結，報名於官，以便查弊究治。然收銀所最苦者，尤在於收放不速，動淹歲月。今議請頒定收放之法，必置京、邊及各項上供緊要者于前，而其餘次急者，稍緩解放者，以次開列，不得任意先後。且十櫃多少均放，苦樂適調，一班所收，即儘數放去。收盡放絶，總撤相同，然後及次班，則無存櫃積侵之弊，亦無久候盤用之苦。又以櫃派圖，一定不移。如概縣六百三十里，舊設甲乙等十櫃，每櫃派定六十三圖，使收納不得混淆。收之既齊，放之亦速，一班交一班，一季交一季。如金花銀例應傾銷、滴補，其完解原分四季，亦照銀均派，自無此盈彼詘之患。又嚴革衙門騷擾，又須定法馬，不時查較，以絶弊源，則承此役者竣事速而不以擔延浪費，補納均而不以畸重向隅，收解一而不賠償滋累，雜用免而不追呼剥削，庶幾中户之家不代巨富之累，所裨于國計出入者亦不小小也。

崇禎己巳，華亭鄭公友玄收銀議：收銀一役，較運解之費頗省，如募書工食及發串紙張等項，直以顧氏貼銀一項辦之足矣[一六]。第收銀兑解，則輕重有等，最重者無過金花。今每千額派三百兩，前後適均，至於銀匠解官，必當堂兑發，期無苛期〔一七〕。其他散兑最稱便宜，亦以傾錠多少參派，不縱總書上下其手，自無偏累之嘆。且挨定班次，隨收隨放，使之早竣歸寧，尤稱省便。且每年額銀二十五萬，除逋欠及對支外，止編收催二十萬，合五年計之，則以百萬爲率，盡大户而役之，常難取盈。今除北運布解約四五萬兩，派櫃自收，計五年可省二十餘萬，即以之加輕於七十餘萬之役，則人人輕省。是亦暗消役累之法也。凡此苦心調停，永絶流弊，似宜相守無更者。

南運中等役

每歲領運南京光禄寺及會同館白米、神樂觀糙米。此項縣派區圖自行收貯，不涉收兑，又領盤用銀兩。此項徵收在櫃，奉票支領。是役也，脚力足用，解米從容，人不甚苦之。今議於布解一名，相兼一名，以輕補重，每名編田三百畝。南運之役均矣。五年之内，華亭應編南運二十名，上海應編十名，青浦應編五名。

里役

今制以里長、老人主一里之事，如宋之里正、耆長，以糧長督一區賦税，以塘長修理田圍，疏決河道。其餘雜役，並於均傜點差。

里長一萬四千三百五十人，俱從黄册編定。歲輪一千四百三十五人爲見役，其餘爲排年。

老人一千四百三十五人，選高年有行止者充。

糧長二百九人，選丁糧相應、有行止者充。

塘長二百九人。

隆慶三年，分立官甲，以老人督催之。

先是民間稱官户有田在圖，上門守候，刁蹬煩難，頗爲里長之累。至是議分官、民爲二甲，在民甲經催主之，在官甲每户知數人一名，應完本折錢糧，自赴比較，仍以老人督催。而老人一役，各有頂首，不復於區圖點差矣。

宣德六年三月，巡撫、侍郎周忱言：「松江府華亭、上海二縣，其東瀕海地高，止産黄豆，得雨有收。其西近湖地低，堪種禾稻，宜雨少。洪武間，秋糧折收綿布。永樂間，俱令納米。今遠運艱難，乞仍折取綿布、黄豆。又上海縣舊有吴淞江，年久湮塞。昔尚書夏原吉等按視，以爲不可疏浚，止開范家浜闊一十三丈，通水溉田。因潮汐往來，衝決八十餘丈，淪没官民田四十餘頃，計糧一千八百二十餘石，小民困於賠納。又華亭、上海舊有官田税糧二萬七千九百餘石，俱是古額，科糧太重。乞依民田起科，庶徵收易完。」上命行在户部會官議。於是太子太師郭資、尚書胡濙等議奏：「華亭、上海地有高卑，時有旱澇，收成不一，宜折收綿布，起運京庫，餘折黄豆，存留本處軍倉備用。官民田淪没者，請再行踏勘。上海縣大户凡有多餘田畝，請分撥與民耕種，以補常數。其欲减官田古額，依民田科收，緣自洪武初至今，册籍已定，徵輸有常，忱欲變亂成法，沽名要譽，請罪之。」上曰：「忱職專糧事，此亦其所當言，朝議以爲不可則止，何爲遽欲罪之，卿等大臣必欲塞言路乎？忱不可罪，餘如所議。」

杜宗桓上巡撫侍郎周忱書

五季錢氏税兩浙之田，每畝三斗。宋興，均兩浙田，每畝一斗。元入中國，定天下田税，上田每畝税三升，中田二升半，下田二升，水田五升。至於我太祖高皇帝受命之初，收天下田税，每畝三升五升，有三合、五合者。於是天下之民咸得其所，獨蘇、松二府之民，蓋因賦重而流移失所者多矣。今之糧重去處，每里有逃去一半上下者。請言其故。國初籍没土豪田租，有因爲張氏義兵而籍入者，有因虐民得罪而籍入者，有司不體聖心，將籍入田地，一依租額起糧，每畝四五斗、七八斗，至一石以上，民病自此而生。何也？田未没入之時，小民於土豪處還租，朝往暮回而已。後變租税爲官糧，乃於各倉送納，運涉江湖，動經歲月，有二三石納一石者，有四五石納一石者，有遇風波盗賊者，以致累年拖欠不足。愚按宋華亭一縣，即今松江一府。當紹熙時，秋苗止十一萬二千三百餘石。景定中，賈似道買民田以爲公田，益糧一十五萬八千二百餘石。宋末，官民田地税糧共四十二萬二千八百餘石，量加圓斛。元初田税，比宋尤輕。至大德間，没入朱清、張瑄田土。後至元間，又籍入朱國珍、管明等田，一府税糧八十萬石。迨至季年，張士誠又併諸撥屬財賦，府與夫營圍沙職、僧道、站役等田糧。至洪武以來，一府税糧共一百二十餘萬石。租既太重，民不能堪。於是皇上憐民重困，屢降德音，將天下係官田地糧額遞減三分二分外，松江一府税糧尚不下一百二萬九千餘石。愚歷觀往古，自有田税以來，未有若是之重者也。以農夫蠶婦，凍而織，餒而耕，供税不足，則賣兒鬻女，又不足，然後不得已而逃，以致民俗日耗，田地荒蕪，錢糧年年拖欠。向蒙恩赦，自永樂十三年至十九年，七年之間，所免税糧不下數百萬石。永樂二十年至宣德三年，又復七年，拖欠折收輕齎，亦不下數百萬石。折收之後，兩奉詔書敕諭，自宣德七年以前拖欠糧草、鹽糧、屯種子粒、税絲門攤課鈔，悉皆停徵。前後一十八年間，蠲免折收停徵至不可算。由此觀之，徒有重税之名，殊無重税之實。願閣下轉達皇上，稽古税法，斟酌取舍，以宜於今者而税之，輕其重額，使民如期輸納。此則朝廷有輕税之名，有徵税之實。

隆慶二年巡撫右僉都御史林潤奏言

江南諸郡久已均糧，民頗稱便。惟松郡未均，貧民受累，勢不能堪。請乞暫設專官丈田均糧，以重國賦，以蘇民困。吏部題以原任本府同知新轉員外郎鄭元韶陞湖廣按察司僉事，領敕專管華、上二縣，沿坵履畝，逐一丈量，均牽斗則。

先年田糧，每畝重至四石，輕至六合，殆千餘則。富家通同書手，造作姦弊，或有田無糧，或不耕而食，歲徵難完，公私困竭。至是田地悉入册籍，科則纔拾餘等，徵收易完，官民兩便。知縣張嵿建議以官户立官甲，米自兑軍，銀自赴比，不累催役，尤爲良法。可議者纔二事：

一，各鄉田土租利略同，偶報低薄，即減糧三分之一。一，各鄉池河與積水河一般養魚，上鄉池河每畝科米二斗玖升五合，積水河僅科米五升。議者咸謂宜陞低薄糧同全熟，而以池河、積水河糧均爲一則。

均役全書序

王思任

此青浦縣清田均役之書也。青浦小縣耳，割華、上之瘠土，僅僅聚石成城，鑿城通氣，民賦與華、上相頡頏，而大役倍爲繁苦。往年僉大役皆從訪報中來，訪則不必其實，而報則不必其公。不公不實，則被役之家無不立破者。三吴官户不當役，於是有田之人盡寄官户，逃險負嵎，而役無所得之，所得之者其貧弱也，不則其愚蒙也。貧弱漸亡，愚蒙漸詐，則勢且至於無田無役。不特當役者苦，而編役者尤更苦。徐大中丞曰：「是誠苦。」然而何必苦也？有田當役則義而忠，論田編役則公而實，於是有清田均役之議。上疏報可，遂下檄清詭寄，禁花分，使有司得便宜行事。某偶以遷謫之餘，始移至邑，倉卒計無所出，因静而思曰：清田如併銀，均役如市貨，有銀則有貨矣。然詭寄不須清，花分必難禁也。何者？官甲有優免之限，則限外皆當役之田，是不須清也。唯是趙析爲錢，張分與李，何從而知之，因立花分之禁。始而懸賞罰，許首告，弔賣契，而自願併田者十之一。既而對累年，實徵查，一旦亡去，田屬何人，賣在何日，駁處數豪姓，而自願併田者十之五。既而出示，將所報之田數盡行刻册，廣貼鄉城，許受分者不還，而知情者年年得以挾之，且終身不敢怨一人，而自願併田者十之九。於是得田一十六萬八十八畝。

私自喜曰：銀既併矣，貨足市矣。然而貨有貴賤，銀有功苦，不可一概而論。於是乎將田爲折算法，以齊其荒熟，將役爲兼搭法，以等其重輕。而又計五年之役，見勞者與之居後，方勞過者與之居中，可勞而未勞者與之居前，爲輪息法，以養其氣力。請託不可，關白不行，併田在於私署，所以防吏書，審役在於公所，所以合億兆。田多一畝者不得抑之而後，田少一畝者不得提之而前。以算子爲畫一之法，以帳簿爲剖萬之本。於是田二千五百畝當細布解，一千二百畝當秋糧總書，一千畝當北運，八百畝當公侯輕齎解，四百畝當風汛，三百畝當水鄉蕩價、鳳陽等倉解，二百五十畝當收銀，一千二百畝當農桑絲絹解及收兑南運，一百二十畝當柴薪解。父老子弟各不相争，俱欣欣然有喜色，相告也曰：「往年無田有役，今役必以田，公矣。往年田少役重，今論田而役，公矣。往年荒田空多者當役，今役皆熟田，公矣。往年五年三四役，今五年一役，三年一役，公矣。往年五十畝當大役，今七十畝以下俱高枕帖席，而不知所謂役，公矣。」詳允之日，田歌社舞，街頌巷懽，以爲建縣以來無有今日。似若令有力焉者，不知大中丞主持廟謨，破群囂而任獨怨，斟酌調停，叮嚀告戒之際，有非小民之所得知者，令不過奉行文亡害耳。然小民即以此功大中丞，大中丞亦不必受，何者？損有餘以補不足，天之道也。物壞極而後有事，政之經也。以天之道，還政之經，亦時勢不得不然耳。易曰：「有事而後可大，可大則願可久。」故既壽之於石，而又刻之于書，以告來兹，庶乎知青浦縣清田均役之顛末云。

上農多以牛耕，無牛犁者以刀耕。其制如鋤而四齒，謂之鐵搭。人日耕一畝，率十人當一牛。灌田以水車，即古桔槔之制，而巧過之。其制以板爲槽，長二尋有奇，廣尺三寸至五寸，深五寸許，傍夾以欄楯，中斲木爲鶴膝，施楗以聯之，屈伸迴旋，用持輻以運水。輻之度，取槽足以容。諸楯之半，各施木以隔之。其下取輻可以運，曰戢輻。以竹破而兩之，施其上以行輻。無此，則輻陷而不行。槽前後各施軸，前長而後短，各施操以關輻。前軸之兩端爲撥，人以足運之。軸運，則輻轉而水升。前之安軸者曰眠牛，其後附于楯曰鹿耳。椓杙于眠牛之兩旁，施横木以爲憑而運車，曰車桁。高鄉之車，深八寸，廣七寸，曰水龍。凡一車用三人至六人，日灌田二十畝。有不用人，而以牛運者。其制爲大槃，如車輪而大，周施牙以運軸而轉之，力省而倍功。有并牛不用，而以風運者。其制如牛車，施帆于輪，乘風旋轉。田器之巧極于是，然不可常用，大風起亦敗車。

天啓三年八月十八日，應天巡撫周起元、巡按潘□□爲舊額守、把僅止九員，添設新銜已逾四倍，謹循兵部選法宜通，額缺宜定之疏，仰遵俞旨，酌量定額事。

計開：

巡撫標營新設守備一員。

巡撫中軍新設旂鼓守備一員。
劉河遊擊標下新設把總一員。
蘇松道標下新設中軍守備一員。
太倉陸營新設守備一員。
金山陸營新設把總一員。
常鎮道標下新設中軍守備一員。
常州府陸營新設把總一員。
鎮江府新設遊擊一員。
鎮江府陸營新設把總一員。
永生洲參將營標下新設中軍把總一員。
以上一十一缺俱議添設。
蘇州府陸營新設把總一員。
太湖營新設把總一員。
蘇州水營新設把總一員。
吴淞奇兵營新設把總一員。

吴江新設把總一員。
嘉定新設把總一員。
南匯新設把總一員。
寶山新設把總一員。
松江陸營新設把總一員。
松江水營新設把總一員。
青村新設把總一員。
青浦新設把總一員。
上海新設把總一員。
江陰新設把總一員。
靖江新設把總一員。
孟河新設把總一員。
常州水營新設把總一員。
宜興新設把總一員。
無錫水陸營新設把總一員。

魏村新設把總一員。
鎮江巡江營新設把總一員。
丹陽新設把總一員。
以上二十二缺俱應裁去添設，仍舊總練。
通計原設參、游三員，守、把九員，今議添設游擊一員，守、把十員，共二十三員。

〔吴縣〕

寨有五

白茆寨，在常熟縣東北九十里海口，天順五年鎮守都指揮使翁紹宗奏置。每春夏，蘇州衛分委指揮一員，千户二員，百户四員，領軍士四百餘人至此，操練備倭，置船四艘巡哨。官軍俱至秋末還衛。

劉家港寨，今稱水寨，在劉家港海口，即婁江也，去崑山縣東七十里，與嘉定接境。河北岸，元置分鎮萬户府于江北岸。至正初，又於江南、北岸各立萬户府共三區。國朝罷萬户府，置巡檢司三，每司設弓兵百名，又立烽堠六。正統初，金山有警，侍郎周忱、都指揮翁紹宗議此爲吴地襟喉，乃設寨，蘇州衛分委指揮一員，千户二員，百户四員，領軍士五百人、海船八艘，春秋分番，巡哨備倭。又開教場操練，悉如白茆制注十四。

青浦寨二，在嘉定縣東南四十五里八都青浦。洪武十九年，鎮海衛指揮朱永建堡城，高一丈六尺，廣二丈五尺，周迴一百八十步，鎮海衛分委指揮一員，千户二員，百户四員，領軍士四百人守備。一與前堡對峙，洪武三十年，太倉衛指揮劉源奏建，令太倉衛撥官軍守備如前。正統初，翁紹宗遣太倉官軍守崇明，遂委鎮海衛官軍兼管。

水寨，在崇明沿海本處千户所，委千、百户領軍士一千人，管駕船出海巡哨。

營有二

長沙營，在崇明縣東北四十五里海中。爲土堡一，内設煙墩一座，上爲二鋪，戍卒二十名瞭望，分委千户一員，百户二員，軍士二百人駐劄守備。

明威坊營，在崇明縣治西明威坊内，太倉衛分委指揮一員，千户二員，百户四員，領軍士四百人，駕備倭船十艘守備，又小船十、馬八十四。正統八年，翁紹宗奏置。

墩臺有二百三十四 隸巡檢司者各繫其下

崇明縣沿海共七十一處，環東、南、北海岸。每處相距二里，築土壘，高五丈，周圍二十丈，上建屋一間，軍士五人，篝五束，晝夜守望。正統初，翁紹宗置。

煙墩在崇明縣，其制大略同前，圍四十丈。沿海八座：上港、南海、曾姚港、張家港、下界、泙港、大套、清潭港。西沙十座：盧志作東沙。下椿港、東滑、鍾家竅、出水套、鰕港、水竇港、南大港、陳八港、沈漊浜、潭子港。

巡檢司有二十九

吴塔巡檢司，在齊門外蠡口，舊在吴塔，移此。管閶門下塘、山塘，并婁、齊二門外。

陳墓巡檢司，在陳湖東。管葑門外獨墅、大姚至陸直浦。已上屬長洲縣。

木瀆巡檢司，在縣西二十七里木瀆鎮。管閶、胥、盤三門外木瀆、横塘、新郭三鎮。

横金巡檢司，在縣西南四十二里横金村。管二都、三都，并沿太湖地。

甪頭巡檢司，在縣西南八十五里洞庭西山上。管洞庭西山。

東山巡檢司，在洞庭東山。成化中，巡撫王恕奏置。管洞庭東山。已上屬吴縣。

石浦巡檢司，在縣東南四十里沺川鄉七保石浦鎮，宋祥符間設。國朝洪武間，於真如觀署事。二十二年，巡檢舒琇始建。景泰二年，移置千墩浦口。煙墩十一座：石浦口、夏駕口、陸巷涇、唐梨涇、新塘口、張浦口、刁漊舍、太直港口、諸天浦口、潭港口、千墩浦。

巴城巡檢司，在縣西十五里朱塘鄉三保高墟村。洪武三年置，今徙置真義村。煙墩十二座：狀元涇、綽墩、圓村、真義、夏尖、景村、黄巷、李長墳、新村、嚴家橋、俞港村、徐公橋。已上崑山縣。

白茆巡檢司，在縣東北九十里，抵海。洪武初，置煙墩十一座：白茆港口、新河、北港、金涇、唐浦、舊衙前、雙浜、叉塘、長亳、芝塘、河舍。

黄泗浦巡檢司，在縣西北八十里，抵揚子江。煙墩九座：顧沙港、黄泗浦港西、洋抝、新莊港、奚浦港、西洋浦、黄港、小陳浦、黄泗浦港東。

福山港巡檢司，在縣北四十里，北抵揚子江，東抵海。煙墩十座：墅橋、新婦、陳浦、福山港口、頂山、龍王廟、曹橋廟、曲塘、興福、興塘涇。盧作新塘。

許浦港巡檢司，在縣東北七十里，北抵揚子江，東抵海。煙墩十五座：青墩、大弘、衙後、耿涇、九里、尚墅、陶舍、丁涇塘、雙廟、四义、低壩、徐巷、盧作港。十里程、勝法、海洋塘。已上常熟縣。

長橋巡檢司，在縣東二里松陵驛東。管三都，東、西二十三都，二十五都。

簡村巡檢司，在縣東南十五里充浦。管一都、二都、四都、十九都。
因瀆巡檢司，在縣東南一百里吴漊村。管五都、六都、七都、八都。
震澤巡檢司，在縣東南八十五里震澤鎮。管九都、十都、十二都、十三都。
平望巡檢司，在縣東南四十五里平望鎮。管十八都、二十都、二十一都、二十二都、二十四都。
汾湖巡檢司，在縣東北四十五里蘆墟村。管二十八都、二十九都。
同里巡檢司，在縣東北十五里同里鎮。管二十六都、二十七都。
爛谿巡檢司，在縣東南九十里嚴墓村。管十四都、十五都、十六都、十七都。已上吴江縣。
顧逕巡檢司，在縣東三十里。煙墩四座：月浦、爛倉、顧徑溝、盧作經港。五岳塘。
吴塘巡檢司，在縣西南三十六里。煙墩九座：青岡、黄泥涇、外岡、城西、石門岡、馬陸、馮家橋、黄渡、沙岡。
江灣巡檢司，在縣東南六十里。煙墩一十七座：沙浦、湯字圩、吕字圩、生字圩、南翔、周家浜裏、周家浜外、衣有字圩、致字圩、東潛字圩、中潛字圩、西潛字圩、大場、胡陸灣、江灣、五聖廟、秦家店。已上嘉定縣。
茜涇巡檢司，在州東北四十五里湖川鄉，即宋楊林寨。吴元年，改煙墩五座注十五：七浦塘、花浦口、謝家塘、楊林塘、大敖口。

唐茜涇港口巡檢司，在州東北五十四里新安鄉。洪武七年設，成化間遷置東花浦口。煙墩十二座：日字圩、向字圩、露字圩、新塘、職字圩、空字圩、風塘、上社、寒字圩、同字圩、吴字圩、李字圩。

劉家港巡檢司，在州東七十里。煙墩六座：楊家橋、薛市門、小錢門、二十三都、二十五都、二十六都注十六。

甘草巡檢司，在州東七十里，東抵海。煙墩四座：黄浜、唐茜涇、錢涇、陸鳴涇。已上太倉州。

西沙巡檢司，在縣西八十里。煙墩十三座：南沙、薛家港、茆五港、第八港、第九港、界溝港、水洪港、道堂港、陳子中港、秦墳港、川洪港、石家浜、第三小桐板。

三沙巡檢司，在縣北五十里。煙墩七座：長敢、徐公浜、清水浜、北新河、新港、北白滑、淛漤。已上崇明縣。

信地

水營中哨專守劉河海口，譏察海船出入。左哨派守川港防海，南至施翹港一里，北至牛角尖十五里，東至大海。右哨派守七丫港防海，南至劉河三十里。

陸營前、左二哨常日本營操練，有警聽調。右哨分守六公鎮〔一八〕，東至海口五里，西至本鎮地十里，北至甘草司界十二里，南至茜涇界十八里。後哨分守牛角尖，東至海口五十步，西至海口六家行五里，南至川沙港三里，北至劉河十里。

都圖以正疆界。州治割三縣邊幅，都圖字圩淆雜，相沿至今。有一都而止一里，多至十二里者。一圖止一圩，多至五十九圩者。有圩號彼此雷同，有疊三四字者。有一字以東、西、南、北分，或新、舊分者。有用猥俚字者。凡此皆弊藪也。當乘銷圩時立法清丈。其稠密之區，規以三千畝，疎曠者不踰四千畝。聯圖爲都，坊廂城鄉，挨序鱗次。計原編都圖相均足額，都亦不踰十里。其各圩字號，自一都起至二十九都，始東南，終西北，照千字文挨編，毋重複，則舉一字，即知爲某都田，覽者瞭然。輪編排年，炤圖中土著編。本圖當差不足，方摘鄰圖。又不足，察城居之業田於圖者。其官軍、居塚、學田、宮田，各就本色别編字號，斯爲良法。

嘉靖三十二年九月，倭夷入寇，遠近震恐，莫敢對敵。明年三月，由崑山直抵青陽港。知縣楊芷以飛艦斷其上流，勿令西過。復命兵快誘戰，斬首十八級，既又戰于陳湖，生擒二酋。自是吴人始有鬬志。五月，賊衆九十二人由烏鎮突入爛溪，趨平望，欲迫縣城。芷令沿塘舉火，賊疑有備，奔錢田。我邑水兵及嘉、湖兵圍之。賊困三日，自分必死。是夜，大雨，因各收兵，賊乘間奪湖州兵船，屠戮甚慘。芷知賊未可以力碎，乃令射書賊營，諭以禍福。賊亦款答，譯其文云：「不敢相犯。」夜列幟，賊見，燒營，由黎里走泖湖。六月十一日，賊犯石湖，當事者以勢不格，利其西走。芷獨駕小舟，率兵出瓜涇港邀戰。時湖水枯澀，賊列伍逆上，芷以鈎攢搏之，斬首十六級，馳入城。明日，賊至夾浦橋，轉至三里橋，登岸焚掠，停舟顧公祠下，舟皆重載逼縣城。會增築城工匠兵夫蟻集，賊度不能攻，乃燒倉廒，連掠民財而去。居民婦女恐怖，有自溺死者。十三日，至八斥。十四日，至平望，所過焚掠甚衆。芷率哨兵躡其後，斬首六級。十二月，賊自柘林抵王江涇，尋入爛溪，至平望，焚掠而返。三十四年正月，賊陷崇德，掠五百餘舟，從南潯經梅堰，至平望六里橋。兵備參政任環伏沙兵將擊之，僧兵洩其機，沙兵被害及溺死者甚衆。芷督兵船分列于橋之東西蕩中，夾攻，斬首十五級，飛礮擊死者二十餘人，賊所掠財寶亡失殆盡。會新城雨裂，城隍廟災，恐賊棄舟窺城，乃遶朱家橋，據盛墩以扼之。賊夜遁，復屯柘林。四月二十六日，賊復從嘉興至唐家湖。湖水汹湧，賊不能渡。芷又引兵阻戰，賊駭，奔平望，奪舟横渡。芷令泅水者鑿其舟，而自屯兵截盛墩，斷其堤，并布釘板于水底，賊不敢渡。會幕府調遣宣慰彭藎臣率兵二千來援，我兵勢合，與賊戰于平望。藎臣爲先鋒，斬賊首百餘級，轉戰至楊家橋，斬首三千餘級。藎臣被創死，我兵乘之，生擒一賊，斬首十八級。遠近稱快，皆謂盛墩捍禦之力居多，故更其名曰勝墩。先是新城西北隅裂可四、五丈，賊勢方張，士民駭愕，争欲棄城去。守城推官何全勸縉紳出石協修，而以寺丞吴滂督之，一夕告竣，人心始安。六月七日，賊在杭州，掠官船，載輜重而北，由烏鎮經爛溪抵平望。十四日，芷督水兵與賊戰，斬首三十六級，生擒四人。十五日夜，由黎里出汾湖遁去。二十三日，賊由福山港突至郡城婁門，擁入接待寺，奪火器而去。官兵追至閶門，賊入太湖，泊洞庭山下。芷復於湖中率兵防禦。是夜，賊復由楓橋經婁門還福山。八月十五日，賊衆五十餘人自南京而下，掠十七州縣，至滸墅鈔關。十七日，由楓橋直抵滅渡橋，屯陳家莊。官軍畢集，賊計窮迫。十九日夜，過五龍橋，不知所出，適有一人爲之鄉導，遂入行春橋，屯跨塘橋徐文奎家。時與我邑僅隔一水，日夜憂其突至，幸官軍追之急，轉至木瀆。僉事董邦政追及于荷花池，賊擾亂自殺，官軍乘機殄滅之。三十五年七月，零賊五六十人突至牧犢潭，掠吴知府莊。又至汾湖，掠葉主事家一鹿，及傷人一臂而去。遂掠周莊，抵平湖。九月，賊屯沈亨家。二十五日，督察趙侍郎文華、總督胡侍郎宗憲合兵進勦，宿寇悉平。

嘉靖三十六年巡按御史尚維持疏略

松江形勢，吴淞所在北，金山衛在南，而青、南貫于其中。柘林去金山爲近，而賊在柘林，于府爲逼。稍南則嘉興所屬，爲必犯之路。川沙去海口爲近，而賊在川沙，于上海爲逼。稍北則蘇州所屬，爲必犯之路。故川、柘二城，于今爲亟。詔可。

巡撫海瑞革募兵疏

題爲復兵制以省冗費安地方事。自古聖賢論兵，止是言教之坐作進退之方，教之親上死長之義，自此之外無他道也。以故寓兵于農，田獵講武。我祖宗初設旗軍，繼後復設民壯，即古遺意爲之。不知起自何時，流弊至今，專行召募。夫本地兵，今人呼爲主兵，自他方募，呼客兵，亦既明知其有主客之别矣。名曰主人，未有不顧其家者。賓客忽然來，忽然去，視今所主之家，固傳舍也。其長其上，其將領部率，傳舍中主人也。一朝一夕，可以使之親之於平時，可以使之死之於有事乎？出力以養軍，出力以養民壯，加之餉兵，今告病矣。賦斂于民，日增日重，害在百姓之身，未足言也。二三十年以來，閩、廣、浙、直之變，大抵生自募兵。召之則爲兵，散兵則爲賊。再有召募，又不過即此前日之賊應之。往往來來，外援内間，當事諸臣亦非盡暗其莫可測度之心不之知也，爲是小民偷逸成習，一僉爲兵，載塗怨讟，驅之守戰，事有難爲之者，轉之召募，苟應目前，不講之祖宗之初，不設爲今日之法，則誠誤矣。處中秉鈞軸者，亦不以其所爲之爲誤，此一誤也。關係地方，非小誤也。臣奉命巡撫江南，披閱册籍募兵于千于萬，不可謂無禦侮人矣。然不求之本家之主，而資之他方之客，二心之人入我堂室，有兵之憂，過於無兵。臣已行各行省發厚給路費回籍。一應關要原把守地方，僉軍旗民壯頂補，家自爲守，人自爲戰，責之彼地居民保甲保長。夫平時無養兵之用，則一時所費犒賞行糧，無多事也。倉穀可給，紙贖銀可支。其先年蘇、松、常、鎮軍餉及應天等府協濟銀，每年計該銀一十八萬九千四百二十八兩四錢四分九釐七毫四絲六微三纖一沙，并徽州府協濟近給本地方用充兵費計每年一萬一千六百一十八兩四錢六分八釐，民以爲厲。有損于民而無絲毫補益者，合無候命下之日，自隆慶三年起，一併停免，永不徵派。剪絶禍亂之萌，一紓餉兵之困，此民之幸，一方之利，亦國家之利也。然臣所言者，係是江南事勢，通之天下，事當改行，今亦如是。臣籍瓊山縣，親見兩廣兵事。年四十八，官歷福建、浙江、南直隸等處，正當寇亂時節，聞之識者，聽之道路，未有不稱募兵貽害地方，亦未有不稱養兵之費有損無益者。人心同然，祖制當復。伏望皇上勅下該部，凡臣所言及其他地方事體類臣所言，一併覆議，速與施行。若謂俟我兵練成，然後漸去召募，二十年前曾有此議，迄今未有練成一兵，未見去一應募。一言截斷而事定矣，事定而祖宗之制千載一日矣。支吾之説，臣不敢爲皇上道，亦不願該部復作此等議論也。

蘇、松爲畿輔望郡，瀕于大海，自吴淞江口以南，黄浦以東，海壖數百里，一望平坦，皆賊徑道。往故不能禦之于海，致倭深入，二府一州九縣之地無不創殘，其禍慘矣。今建議松江之有海塘而無海口者，則自上海之川沙、南匯，華亭之青村、柘林，乃賊所據爲巢，宜各設陸兵把總屯守之。而金山界于柘林、乍浦之間，尤爲浙、直要衝，特設總兵以統領。又添遊兵把總專駐金山，往來巡哨，所以北衛松江而西援乍浦也。至于蘇州之沿海多港口者，則自嘉定之吴淞所，太倉之劉家河，常熟之福山港，凡賊舟可入者，各設本兵把總堵截之。而崇明孤懸海中，尤爲賊所必經之處，特設參將以爲領袖。又添遊兵把總二員分駐竺泊營前二沙，往來會哨，所以巡視海洋而警報港口也。内外夾持，水陸兼備，上可以禦賊于外洋，下可巡哨而相守，亦既精且密矣。但調募客兵，不如練土著之兵，可馴習而有常。官造戰船，不如僱民造私船，反堅久而省費。是在當事者酌行之而已。

海防志曰：青、柘、南、川達于寶山，延袤二百五十餘里，一望平陸，隨處可登。其川沙窪水深丈餘，翁家港雖淺，然潮漲即可泊岸。二港最深危急，各該信地，雖設兵往來巡哨，第恐風雨晦冥之時，巡兵各歸信地，而二處港口萬一有警，誤事匪輕。舊規，南匯撥兵五十名，委官一員帶領，專守川沙窪；青村撥兵五十名，委官一員帶領，專守翁家港，俱聽委官約束，委官聽該總約束，遇警馳報各路官兵合勦。每年春汛依期選撥，汛畢歇班。

李家洪孤懸海口，東至寶山六里，東北至吴淞所一十二里。此口間隔在寶山、吴淞所之中，兩難照顧，賊若乘潮突入，不移時直抵上海城下，豈可不豫爲之地！近議大汛時，吴淞所撥兵一枝哨守，如遇有警，聽總鎮提兵勦截，而寶山兵亦星馳夾擊，庶幾得策矣。

翁港離羊山僅隔一水之遥，島彝望港門爲便。昔年倭從此登岸，故議兵防守。今海沙泛磧，人呼爲匯觜，益稱險地。募浙兵五十名，委官一員統練守之。

川沙當羊山一帶，水勢瀠洄，亦昔年倭所從登，因據川沙爲巢。萬曆十九年，又倭艅特犯，故議復窪兵一百，委官一員統練守之。

清窪深闊，内可泊船，連年海盗于此登劫，應如昔年特造南、北廠，川沙、寶山撥兵，上海、嘉定出餉以守之。

李洪，萬曆中，海潮衝成大口，吴淞之險移於是矣。題設沙船五十隻，未幾，改調别用。

海防之策有二，曰禦海洋，曰固海岸。何謂禦海洋？會哨陳錢，分哨馬磧、大衢、羊山，遏賊要衝是也。何謂固海岸？修復備倭舊制，循塘拒守，不容登泊是也。總督胡宗憲云：「防海之制，謂之防海，必宜防之于海，斷乎以禦寇羊山爲上策。」其言是也。蓋蘇、松事體與福、浙不侔。夫倭船之來，必由下八山分艅。若東南風猛，則向馬蹟西南行，過韭山以犯閩、粤。若正東風猛，則向大衢西行，遇烏沙門以犯浙江。若東北風猛，則向殿前、羊山，過淡水門以犯蘇、松。羊山在金山之東，大七、小七之外，吴淞江順帆，不過一潮而已。其爲賊之要衝，雖與馬蹟、大衢相若，而淡水門捕黄魚一節，乃天設此以爲蘇、松屏捍，豈可謂遠洋備禦之難，而以羊山與馬蹟、大衢例論哉！蓋淡水門者，産黄魚之淵藪。每歲孟夏，潮大勢急，則推魚至塗，漁船于此時出洋撈取，計寧、台、温大小船以萬計，蘇、松沙船以數百計，小滿前後凡三度，浹旬之間，獲利不知幾萬金。故海中常防劫奪，海漁船必自募久慣出海之人，以格鬬則勇敢，以器械則鋒利，以風濤則便習。其時適當春天之時，其處則又倭犯蘇、松必經之處，賊至羊山，見遍海皆船，而其來舟星散而行，以漸而至，孤勢氣奪，必遠而他之，敢復近岸乎！不募兵而兵强，不費糧而糧足，不俟查督而自無躲閃之弊，三利存焉。此在他處皆無，而惟蘇、松洋有之，豈非天生自然之利也哉！或問約束之法奈何，曰：邇來漁船出洋，輔以兵船，相須而行，協力而戰，取甘結，給旗票，謹盤詰，驗出入，船回之日，當道委官抽税以助軍餉，此法必不可行也。何也？漁船專欲覓利，兵船專司擊賊，其志不侔，其力不協，况所税能幾何，而欲分其所有也哉？莫若兵船專于把港，勿用出洋，但今願捕魚者籍名于官，立首領，編旗甲，保以耆民，示以盟約，如殺賊而有功也，照例陞賞，永許採捕；若縱賊近岸，則一體坐罪，永不許其出洋。凡漁利與所獲賊資，悉以畀之。如此，則漁人皆以禦倭爲己責，感恩畏罪，捨死直前，豈不愈于專督兵船邪！然吾郡所設松江海防，又與蘇州不同。松江有海塘而無海港，其設備也，以陸兵爲主。蘇州有海港而無海塘，其設備也，以水兵爲主。何謂有海塘而無海港？蓋松江之海，起于獨山，而迄於小湯窪，迢迢二百四十八里，皆有護塘爲之限隔，高厚如城，别無港汊可以通海。護塘之内外，相夾皆水也。在内者謂之運鹽河，又謂之横港。在外者謂之塹濠，又謂之護塘溝。昔人所以築此塘者，爲捍鹽潮，恐其害苗也。明初用爲金湯以備倭患，設衛所墩堡于塹濠之外。倭至，則捍禦于海岸灘塗，不容登泊。萬一不支，則踰塹而守。倭進不得攻，退無所掠，護塘之功用，豈小小哉！邇年塹濠多湮，護塘海岸合爲一片，寇至即聚于護塘。而運鹽河之内，水田狹塍，難於屯禦。爲今之計，必須浚治塹塘，丕復衛所墩堡之法，選陸兵，委知兵參將精練于平時，遇汛則分布信地，協守互援，無容登岸，則松江海防庶幾其無誤乎！

禦海洋之説，有言當泊舟于外洋山島，分乍浦之船以守海上羊山，蘇州之船以守馬蹟，定海之船以守大衢，則三山品峙，哨守連聯，可扼來寇者，總督胡宗憲也。有言文臣不下海，則將領畏避潮險，不肯出洋，合無春汛時，令蘇、松兵備暫住崇明，寧、紹兵備暫住舟山，而總兵官嘗居海中，嚴督會哨者，中丞唐順之也。有言聚船于馬蹟山，以爲諸路水軍老營，仍于羊山設水營，以扼賊入乍浦、川沙窪，由吴淞江口入蘇、松之路，于大衢山設水營，以遏賊入寧波、温、台之路，專設海上總兵，特造出海大艦，如古拏飛艦、飛虎艦、戈船、樓船將軍之制，仍大申出洋之令，修復大青、風炎、八槳等船，以便行使者，尚書馬坤也。有言守海者必先設險于險之外守之，所謂海戰之重兵，必治戰船，備火攻，而謹斥堠，迎擊于沿海之上，賊未泊岸，則爲夾水而陣以遮擊之，賊既登岸，則當隨其賊艘所泊之處而直擣之，是謂海上格鬭之兵，副使茅坤也。但海中無風之時絶少，一有風色，即白日陰霾，且颶風時作，全軍往往覆没，雖以元世祖之威，伯顔之勇，艨衝千里，皆爲魚鼈，則海戰亦未易言也。故鄭若曾云：「哨賊于遠洋而不常厥居，擊賊于近洋而勿使近岸。」兩言頗爲知要。

海中以風潮爲主，水操之法，欲進則進，欲退則退，欲轉折則轉折，回翔如飛，横風鬭風，皆能調戧者，惟沙船也。其次則蒼艟之類，帆櫓兼用，亦可操演。若廣船、福船，皆不設櫓，所恃者帆耳。其船重大，順風而往，逆風即不可回，乘潮而往，逆潮即不可回，進退轉折，皆非所便也。將欲操之於内港皺，則又港形甚狹，潮勢甚迅，兵船操者甚多，大船順風，其迅如矢，向前衝擊，舟遇即碎，故斷斷不可行。惟募柁工得人，奪上風，施火器，或迎而犁〔一九〕，或尾而追，或合而圍，或横而衝，總副參遊注意遴選賞罰則可耳。

松郡稱水鄉，邊則大海，腹則泖浦，尤不可不習水操法。然古今論操法戰法，皆詳于陸地而略于江海。以風潮爲主，分合進退難也。勝之之法，惟有鬭船力，不鬭人力。如遇賊舟之小者，則以吾大舟犁而沉之。遇賊舟之大者，則使調戧奪上風，用火器以攻之。當前衝敵者，一舟之人皆賞。觀望不應援者，一舟之人皆戮。其賞其戮，尤以督哨之人與舵工爲重。每船必設舵二副，以備不虞。每舵工必設二三人，以防損失。此戰之之法也。其在平日，置船于陸地上，集水兵演而教之，兵械火器如何而設施，金鼓旗幟如何而照會，前後左右如何而列哨，饑飽勞逸如何而更代，晝夜風雨如何而防守，山島沙磧如何而收泊，號令約束如何而轉報，習之于平陸，用之于江海，此操之之法也。

奚秋蟾云：海中有風時多，無風時少，舟易散而難聚，且逐潮勢而行。若風猛潮平，則以風爲主，潮勇風微，則以潮爲主。風潮皆逆，則回船向後而行，風潮順，則一瀉千里。每日所行程途之數與東南朔南方向，皆不可料。敵船亦然。故吾行若干里，敵亦行若干里，愈追愈遠，愈求戰而愈不得。況兵船分行，大海渺茫，有與我相望而見者，有不可望見者。昏黑之夜，起火爲號，則隱隱見之，然亦不能辨其爲賊船與我兵船也。有時遇賊欲戰，而吾同哨離遠則勢孤，有時鄰哨相近，敵舟又遠，難于攻擊。有時我兵遇合，敵舟亦近，可以戰矣，而風或大作，舟在浪漕中低昂起伏，方欲仰而攻敵，瞬眼之間，吾舟忽擡高一二丈，敵舟反在下矣，船出浪漕之時，船首向天，落漕時，船尾向天，兵士竚立且難，況戰乎！亦有風不甚猛，而怒濤爲虐，兩舟相擊即碎，亦不敢戰。惟是舵工巧妙，能占上風〔二〇〕，撞碎賊舟，或乘風火攻，或揚灰沙以迷賊目，方得勝勢。所患者，一舟衝前而餘舟不至，或一哨接戰而餘哨不援。方其戰時，或兵四散，遠望麾旗而招之弗顧也，張號以呼之弗聽也，戰敗則終不禁，戰勝則聚而分功，及責之，則托諸風帆不便。今又皆傳海戰利用火箭與銃砲弓弩，殆非也。火箭惟微風可用，若無風，則帆不可焚，風急則火亦反熄，皆無益也。銃砲弓矢，因舟蕩漾，發去無準，皆虛擲于浪中。鎗鈀之類亦無用，惟鏢鎗、鈎鎗、撓鈎三件，舟在上風者，以撓鈎鈎住下風之舟，以鈎鎗鈎扯賊人之足，以鏢鎗鏢射賊人之身，胥爲有用之器。

武經總要曰：凡水戰以船艦大小爲等，勝人多少，皆以米爲準，一人不過重米二石。帆櫓輕便爲上，以金鼓旗幡爲進退之節。其戰，則有樓船、鬬艦、走舸、海鶻。其潛襲，則有艨艟、遊舸。其器，則有拍竿爲其用，順流以擊之。諸軍視大將之旗，旗前亞，聞鼓則進〔二一〕；旗立，聞金則止，旗偃則還。若先鋒、遊奕等船爲賊所圍，以須外援，則視大將赤旗向賊，點則進，每點一船進。旗亞不舉，則戰船徐退。旗向內點，每點一船退。若張疑兵，則于浦海廣設旌旗檣帆以惑之。此其大略也。

遊艇無女牆，舷上槳船左右，隨艇子大小長短，四尺一牀，計會進止，回軍轉陣，其疾如風，虞候用之。夫拍竿者，施于大船之上。每艦作五層樓，高百尺，置六拍竿，並高五十尺，戰士八百人，旗幟加于上。每迎戰，敵船若逼，則發拍竿，當者船舫俱碎。

艨艟以生牛革，當戰船背左右，開製棹空，矢石不能敗。前後左右，有弩窻矛穴，敵近則施放。不用大船，務在捷速，乘人之不備。

樓船，船上建樓三重，列女牆，戰闕樹幡幟，開弩窻矛穴，外以氈革禦火，製砲檑石鐵汁，狀如小疊。其長者步可以奔車馳馬。若遇暴風，則人力不能制，不甚便于用。然施之水軍，不可不備以張形勢。

走舸，船舷上立女牆，棹夫多戰卒，皆選用勇力精鋭者充之。往返如飛鷗，乘人所不及，金鼓旌旗在上。

鬬艦，船舷上設女牆，可蔽半身。牆下開棹孔。船内五尺，又建棚與女牆齊。棚上又建女牆，重列戰士，上無覆背。前後左右，竪牙旗金鼓。

海鶻船形，頭低尾高，前大後小，如鶻之形。舷上左右置浮板，形如鶻翼翅肋。其船雖風濤怒漲，而無側傾。覆背左右，以生牛皮爲城。牙旗金鼓如常法。

已上俱古制。

福船高大如樓，可容百人。其底小，其上闊，皆護板，護以茅竹，竪立女垣。其帆桅二。其中爲四層，最下層不可居，惟實土石以防輕飄之患。第二層爲兵士寢息之所，地櫃隱之，須從上躡梯而下。第三層左右各設水門，置水櫃，乃揚帆炊爨之處也。其前後各設木錠，繫以棕纜，下椗起椗，皆于此層用力。最上一層如露臺，須從第三層穴梯而上，兩傍板翼如欄，人倚之以攻敵，矢石火砲，皆俯瞰而發，賊又難于仰攻，誠海戰之利也。戚繼光曰：福船乘風下壓，如車碾螳螂，鬭船力，不鬭人力，每每取勝。若使賊船相等，未必濟也。且喫水一丈二尺，惟利大洋，不然，多膠于淺。無風不可使，是以賊舟一入裏海，沿淺而行，則福舟無用矣。故又有海滄之設。

廣船視福船尤大，其堅緻亦遠過之。蓋廣船以鐵力所造，福船不過松杉之類而已。二船在海，若相衝擊，福船即碎，不能當鐵力之堅也。故倭船亦畏之。但廣船難調，不如調福船爲便易。廣船若壞，須用鐵力木脩理，難乎其繼。且其制下窄上寬，狀如兩翼，在裏海則穩，在外洋則動摇。此廣船之利弊也。

黄魚船非以禦寇也，每年四月出洋時，各郡魚船大小以萬計，人力則整肅，器械則犀利。唐公順之捧敕視師，納軍門，每府魚船若干，輔以兵船若干，相須而行，協力而戰，取甘結，給旗票，謹盤詰，驗出入，船回之日，該府差官收税，于軍餉大有助焉。黄魚出處惟淡水門，在羊山之西，兩山相峙如門，故曰門。羊山在金山東南大七、小七之外。今漁船出海，皆在松江漴缺口，孟夏取魚時，繁盛如巨鎮。然亦須候潮，潮大勢急，則推魚至塗，否則無有。蓋月出潮長，月没潮落，月直潮平，月斜潮退，此利素爲沙船所占。夫羊山淡水洋，乃倭奴入寇必經之道。黄魚出時，乃春汛倭至不先不後之期。此殆天意有在，假手于山沙精悍之人，出捍吾邊鄙柔脆之民焉。天時、地利、人力三者兼得，亦東吴禦寇之一策也。

沙船，沙民生長海濱，習知水性，出入風浪，履險若平。但此船惟便于北洋，而不便於南洋，亦僅可以協守各港，出哨小洋，而不可以出大洋。雖能接戰，而上無壅蔽，火器矢石，何以禦之？不如鷹船，兩頭俱尖，不辨首尾，進退如飛。其傍皆茅竹板密釘，如福船傍板之狀。竹間設竇，可以出銃銃。竇之内，艙之外，可以隱人盪槳。必先用此衝敵，入賊隊中，賊技不能施，而後沙船隨後而進，短兵相接，戰無不勝。鷹船、沙船，乃相須之器也。

王在晉類述云：福船之小者爲草撇船，今名哨船；又爲海滄船，今名冬船；其再小者爲蒼山船，卑隘于廣、福船，而闊于沙船，用之衝敵頗便，温人呼爲蒼山鐵船。賊船入裏海，我大福、海滄不能入，必用蒼船追之，又可撈取首級。近又改蒼山船制爲艟艞船，比蒼船稍大，比海滄較小，而無立壁，得其中制。艟艞之稍次者爲鐵頭船，首尾皆闊，帆櫓並用，深淺俱便，人呼爲鐵頭，以其堅而有用也。閩人將草撇、蒼船改造鳥船，式如草撇，兩傍有櫓六枝，尾後惟稍櫓一枝，不畏風濤，行使便捷，往來南北海洋，福、草、蒼、艚等船無出其右。温州有艚艚船，亦不如鳥船之疾速，可與沙、唬船並駕焉。唬船頭尖稍鋭，艙闊槳多，風順揚帆，風息盪槳，喫水惟止三尺，慣走遠洋，體式低小，雖無衝犂之勢，進退殊捷，可備追逐之需。閩、浙有叭喇唬船，兵夫坐向後而棹槳，其疾如飛，有風竪桅，用布帆，槳斜向後，準作偏柁，亦能破浪，甚便追逐哨探，倭號曰軏帆，蓋懼之也。輪船式如唬船，而與唬船並速。開浪船式如鳥船，而比鳥船差小。

兵船之能任重者爲蜈蚣船，東南彝用以駕佛狼銃，銃重千斤，小者亦百五十斤。葛稚川曰：「蜈蚣之氣能逼蛇。」彝之制義，爲是故與？

殼哨船爲温州捕魚船，網梭船乃魚船之最小者。魚船于諸船中，制至小，材至簡，工至約，而其用爲至重。以之出海，每載三人，一人執布帆，一人執槳，一人執鳥嘴銃。布帆輕捷，無墊没之虞，易進易退，隨波上下，敵船瞭望所不及，是以近年賴之取勝，擒賊者多其力焉。

鹽法

國朝設兩浙都轉運鹽使司於杭州，設松江分司於府境下沙鎮，以同知或副使一員莅之，統新舊八場二十七團竈户，分給柴蕩工本鈔，督辦鹽課。其竈户附近能煎鹽者曰濱海，居遠不能煎鹽者曰水鄉。水鄉例出柴滷價錢，貼雇濱海竈丁煎辦。其後鈔法變更，柴價又爲總催尅取，濱海鹽丁日就貧困。正統六年，巡撫、侍郎周忱乃以水鄉竈户應納糧六萬餘石盡留本府支用，節其運耗，置贍鹽倉，分貯各場，總三萬六千餘石，用以賑贍鹽丁及補逃亡闕課。所貼柴價，亦貯之各倉，官爲支給注十七。又選殷實竈丁爲十排年總催，其次爲頭目，輪年應當，有消乏者，依前選替，當時便之。

成化二十二年，知府樊瑩議以水鄉折鹽米，均入該縣糧耗項下帶徵白銀，徑送運司交納，原撥草蕩價，仍與各場徵解。其納米竈户，還入民伍當差。

弘治十一年，御史藍章復僉水鄉户補濱海竈丁。

國子生沈淮鹽政奏疏略

一、查給工本。洪武中，每竈一丁，給與工本鈔二貫六十文，以備器用，以給口食。當時鈔一貫可易米二石，竈丁之優裕可知矣。自鈔法廢弛，所謂工本者名存實亡，不與之本而取其利，世未有是理也。臣觀沿海沙地及水深長蕩，舊制畝税鈔六十文，竊意所給工本，蓋此鈔也。今諸蕩不復徵鈔，已改收平米三升，或五升，官既可以米而易鈔，竈獨不可改鈔而給米乎？乞查改徵蕩米，照依原定鈔貫，算給竈户以充工本，則器用備，口食周，民感聖恩，樂輸無怨，而所以取之者亦有名矣。

二、勘給草蕩灰場〔二〕。舊法，竈户皆有附近草蕩以供煎鹽柴薪，約計所收價直，可抵今一丁鹽課之半。其後場司以竈丁屢易，不復撥與，俱爲總催豪右侵占樵割，或開墾成田，收利入已，仍於各竈名下徵收全丁額鹽。夫既無工本，又無柴薪，使竈丁白撰輸鹽，立法初意豈若是耶？又聞各場竈户多無灰場，往往入租于人，始得攤曬。夫灰場者，產鹽根本之地，與草蕩皆竈丁之命脈也。乞委所司追取宣德、正統以來草蕩舊數，踏勘明白，照丁撥派，明立界限，以防侵奪。竈户無灰場者，官爲處置給與，無使重納私租。夫有米以爲之工本，有蕩以給其柴薪，而攤場又無租稅之累，如此而流亡不歸，鹽課不充，則亦無是理也。

三、分别濱海、水鄉。濱海竈户謂之滷丁，男婦悉諳煎曬，倚以爲生，雖勞不得辭矣。其水鄉遠在二三十里之外，原因濱海丁闕，僉以補之。然業非素習，强而使之，終無益于事也。以是舊例，水鄉每丁貼助滷丁米六石，或四石，代與辦鹽，每歲滷丁到鄉陸續收取。雖云貼米，錢米雜物，無所不受。出者不覺其難，收者各得其用，甚良法也。其後鹽司定立千百長名役，令收水鄉鹽價，騷擾百端，侵漁無藝，而人始不堪，逃亡相屬矣。知府樊瑩憫其若此，請以鹽價均入秋糧，帶徵起解，原撥蕩價，亦與各場徵收。於是鹽課不虧，逃亡復業。後因濱海竈丁消耗，復用水鄉僉補，强者百方規避而免，弱者萬種受侵而逃。雖有補竈之名，殊無辦鹽之實。訪得沿海居民，原非竈籍而私自煎鹽者往往有之。乞敕所司，今後滷丁有逃亡者，即以此等居民僉補，或犯徒罪，發充竈丁，比之重役水鄉，有名無實，相去遠矣。

四、停止折徵。國家開設鹽司，固爲邊計，然惠養元元之意亦在其中，非專於求利也。成化間，因各場無鹽給客，每引折與銀三錢，比之中納，其利十倍。巡鹽御史林誠以爲歸利于商，孰若歸利于國，奏將竈丁鹽課，一半徵銀解京，一半存場給客。兩浙鹽政自此而大壞矣。夫竈日以煎鹽爲業，不徵鹽而徵銀，鹽非私鬻，何自而得銀哉？鹽既以私鬻而得銀，則興販之徒不召而集，且將無以禁之。況初給價銀，非皆本色，故衣弊器盡以折充，每引三錢，皆其名耳。今乃實徵本色，又且非時，竈丁貧者或先事而逃，催目在者率併爲陪納，歲消月磨，無慮十減六七矣。欲利反害，無甚於此。伏乞特敕運司，自正德元年爲始，停止銀兩，照舊徵鹽，則竈丁蒙惠養之仁，而私販之徒亦無所藉口矣。

五、禁革賣引。凡支鹽引目，不許中途增價轉賣，此舊例也。近歲商人不利關支而利於售賣，以中鹽原無名也，則駕之曰合本，以賣引明有禁也，則諉之曰分撥，所賣之引無關支者，又許買補，連結牙行，公爲興販。夫引既非其本名，鹽又不由倉領，不謂之私販而何？又有豪猾之人，假託權勢，支領之際，任自爲主，或併包夾帶私鹽，或落價折準庫物，官吏疊其聲威，催目受其凌虐，控愬無所，含怨百端。乞自今凡遇開中，委御史一員專察，凡監臨官吏詭名及勢要之人冒禁上納者，許令究問。商人則令供報子姪或兄弟在官，以便盤詰，有仍前私賣及假託者，依法問罪。鹽貨入官，其所中納，係存積者支與見鹽，係常股者，亦急與催辦，無令久候，以啓倖心。

六、存恤竈丁。夫刮沙汲海，炙日熬波，天下之工役，未有如竈户之勞者。蓬首墨肌，灰卧糠食，天下之人民，未有如竈户之窮者。加之有司與鹽司分爲兩家，鹽司曰吾之竈也，知督鹽課而已，有司曰吾之民也，知徵賦税而已。其督鹽課者，雖百方箠楚，縶女囚男，有司不問也。其徵賦税者，雖百端取索，賣婦鬻子，鹽司不知也。彼竈户者，何辜于天，何罪于官，而獨罹此極乎？況濱海土地，類多沙瘠，比之水鄉沃土，太半不侔。府之税糧，論糧加耗而不以田，蓋爲此也。近歲有司不原初意，概與水鄉同加耗米，至點均徭，亦不分肥瘠，一例出銀。查得浙江錢塘縣竈户施安、海寧縣竈户徐淮清等各告巡撫都御史彭韶、李嗣，致蒙聽理，將竈丁全户正糧並折金花銀兩。錢塘、海寧與華亭、上海，同一浙西地也。乞勅所司比照二縣事例，將濱海竈丁量爲存恤，訪求先年侍郎周忱事例，設法賑濟，其餘一應雜泛差徭，悉與除免，庶幾瀕海窮民無他係累，得以畢力事功，雖勞不怨矣。

按府志，竈丁消耗，蓋有其由，蕃息招徠，亦必有道，如前代黄、葉諸公及此疏所陳是已。今不務存撫，但知僉選，僉選未幾，又復消耗，此固鹽司之失。然有司不與講究本末，遇有僉補，即議均陪。夫海之鹽，猶田之粟也。鹽課之不充，補之以粟，農田之無歲，海豈能知之？必若亭户消亡，則鹽當絶矣。而海民之食利自如，官課雖虧，而私家之興販猶昔也。以此質之鹽司，其有説乎？且事當探本，謀當慮後，松田税重極矣，又加以海，孰能當之！此則長民者所當留意注十八。

下砂場、下砂二場、下沙三場三鹽課司，額管竈户一萬五千七百六十二丁，每丁辦鹽二引二百七十二斤三兩二錢，歲辦鹽四萬二千二百四十九、引六十一斤十三兩五錢，每引四百斤，今折銀陸錢，爲銀二萬五千三百四十九兩六錢三分四釐四毫。舊志詳載工本鈔數。考會典及府志：洪武十七年，定兩浙鹽工本鈔，每引二貫五百文，歲遣監生運給。宣德五年，罷遣監生，令於官庫關領，每引猶支一貫，三鹽課司支鈔八千四百四十三定四貫二百五十文。成化四年，府境科鈔蕩改徵米，遂無以給竈户。正德元年，監生沈淮奏乞即以改徵蕩米給充工本。疏雖入志，事竟不行。該管田地灘蕩，志册所載懸殊，實因田地連接民産，易爲隱蔽，灘蕩並無塍岸，難以丈量，册籍頃畝，俱是隨意捏寫，以應官司督責。若論原有土地，十纔開報一二。自前元時，附近大家往往據爲私業，至於國朝，舊習猶存。如下沙三場九團富家占塘外灘蕩者，自國初至弘治末，並無賦役。正德年間，始遥認下沙場、下沙二場蕩價銀五百二十六兩四錢三分，爲影蔽計。嘉靖二十三年，大使李鳳悉收塘外灘蕩，分給本團百催，而令均納遥認蕩價。割據富家，大抵失業而不能違，蓋以官地，理當還官。立法至公，人心自服也。若九團熟地及各團灘蕩，今猶仍舊竊據。富家占地萬畝，不納一粒米，而莫能究詰。貧弱不取寸草，歲輸重課，而無所控訴。由是竈户分爲二等，留場納課者曰濱海，流移遠去者曰水鄉。

水鄉竈户凡六千六百七十六丁，每丁折納米四石，該米二萬六千七百四石，貼濱海丁代爲辦課。總催刻取，有一丁出米八石至十石，或出銀五兩至六兩。

成化二十二年，知府樊瑩查濱海餘丁一千八百七十六丁，補水鄉缺額，餘無可補四千八百丁。奏行巡撫、都御史彭剳放爲民，原折納米悉與除免。額辦鹽課該銀七千七百一十九兩八錢四分。若以旬日覈實田土，計丁均扣，收其租利，完納課銀，當餘太半。而爲沿海占地富家所誤，僅扣蕩地八百七十八頃九十二畝六分九釐，每畝概徵草價銀五分，計銀四千六百三十二兩四錢一釐三毫九絲一忽五微，謂之水鄉蕩價。虧銀三千八十七兩四錢三分八釐六毫八忽五微，則加本縣秋糧耗米包補，謂之水鄉鹽價。原扣水鄉丁蕩，俱在縣境納糧民田之東，各場辦課竈地之西，外不近海，內不傍江，歲種花稻豆麥，無異負郭膏腴，府縣、鹽司，兩不編差，東海士民視爲仙境。徵價之後，又不曾坼裂爲河，陷没爲湖。正德三年，沿海富家忽言水鄉蕩價內白塗無徵銀一千五百六十兩四錢一釐四絲一忽五微，負累陪納，據所言銀數，計所謂白塗，該二萬九千五百三十畝八分，當時甚易按覈。竟爲此輩誑誤，割民間已入黄册科鈔蕩一百三十二頃七十七畝一分四釐，每畝改徵銀八分，補銀一千六十二兩二錢五分一釐二毫四絲一忽五微，鄉俗謂之恤錢蕩，縣場文移亦稱水鄉蕩。此外不敷銀四百九十八兩一錢四分九釐八毫，再加縣糧耗米包補，謂之白塗蕩價。自是水鄉丁蕩，止徵銀三千七十二兩三毫五絲。縣境士民，歲代三場補納鹽課銀四千六百四十七兩捌錢三分九釐六毫五絲，而爲華亭境內浦東等四場包補者，又不與焉。此海上富家占鹽司地，逐竈户入水鄉，而令縣民包補之大略也。

濱海竈大丁一萬九百六十二丁，額辦鹽課該銀一萬七千六百二十九兩七錢九分四釐四毫，俱從各場徵解運司。至弘治間，改僉小丁。今編總催八百名，管小丁三萬八千五百丁，入賦役册蕩地灘場二千二百九十三頃七十四畝三分三釐三毫二絲，又七千七百四十四弓四尺八寸，計丁分撥以辦額課。此官司文移之説也。若道其實，則掛册竈丁十無二三見在，而見在者亦不至場，已百餘年。凡稱辦課免均徭者，皆本管總催及造册書手之田，本户未常聞也。各場歲辦鹽課，俱是總催各以所管田地灘蕩，召附近貧民耕樵曬煎，收其租銀納場解送運司，運司以銀轉解京庫及給引商，引商以銀還向曬煎貧民買鹽運掣，但各催納銀略同。所分土地，不惟美惡懸殊，而頃畝多少亦異。分地多而又美者，完課猶餘百金。分地少而又惡者，賣男鬻女以填足。或地雖同而有民田多者，冒免徭銀，浮於鹽課。窮無田者，歲輸二十金，不獲免毫釐。故貧催多逃，每五年一編補。凡承役者澌滅無遺，當補役者聞風先去。此濱海竈丁消耗，而催役常缺、課銀常虧之大略也。

竈丁消耗，縣民受害，固由富家竊據鹽司田土。若歷年官司莫能清理，亦由貧催欲分富家世業，以致此輩聞有言□者，即走馬會黨，計産合財，五、六百金，□日可集〔二三〕，以賄吏書，吏書爲之心醉，以□士夫〔二四〕，士夫爲之遊説，以購姦猾，姦猾爲之告擾。查勘申詳，動經歲月，言者力竭，而事在高閣矣。合無悉聽此輩世爲永業，但計畝依官地起科以足額銀，則富家不須阻撓，貧催咸得減課。誠欲清理，須正經界。先年府縣鹽司丈量田土，中間常隱數里。今幸民田再經丈量，圖册具在，略加簡覈，即難影蔽。宜令各場嚴督各催，限三日内于民田竈地及各團甲界上，每百步築一墩，以正大界，灘場草蕩，悉照熟地立尺許塍岸，以爲小界。乃自民田以至海涯，依法編號丈量，近嘗量者，亦須覆丈，備造魚鱗圖册，分别田蕩灘場，照依官地起科。不過兩旬，圖册完備。總計該徵銀數踰於課額，即通融均減。若不及數，即通融均加。至不可加，乃令縣補。即海濱總催咸無賠費，竈丁不須避役。先令縣加糧耗及割鈔蕩以補鹽價蕩價，并近年又多補銀共四千六百八十六兩，悉當停止收還，縣徵秋糧加耗米，可減九千三百七十二石，熟田每畝減六合零。若因陋就簡，以完課安竈，在設法編催。蓋今鹽課出於總催，催有逃缺，課即虧失。故每五年一爲僉補，而竈丁漸盡。查得縣境三場，額編總催八百名。隆慶三年，量見各場熟地三百三十七頃。萬曆十四年，縣派均徭竈丁得免民間熟田二千四百五十三頃。若督各場，或計該場量見竈地，或計各户優免民田，以均差役，則催難逃，而課常足，濱海竈丁可無消耗矣。

兩浙都轉運鹽使司分司舊在下沙鎮，宋建炎中置〔二五〕，明正統二年遷於新場北，領鹽課司八。

浦東場鹽課司在華亭縣七保，宋置。内分六團。

袁浦場鹽課司在華亭縣十四保，舊名袁部，宋置。内分五團。

青村場鹽課司在華亭縣十五保，宋置。内分四團。

下沙場鹽課司在上海縣下沙鎮，宋置。明正統五年，都御史朱與言奏分爲三。本場内分五團。二場鹽課司在上海縣十九保，内分三團。三場鹽課司在上海縣十七保。内分三團。

清浦場鹽課司在蘇州府嘉定縣八都，明永樂六年設。内分三團。

天賜場鹽課司在蘇州府崇明縣，宋置。場不分團，聽分逐便煎煮，以其有涉海之險也。凡各場竈户有犯應配役者，率遷調於此云。

元葉知本請減鹽價疏

臣聞漢宣帝詔曰：「鹽，民之食，而價或貴，衆庶重困。其減天下鹽價。」漢時鹽價，遠不可詳，臣以爲必輕於唐也。唐之鹽價，天寶、至德間，斗鹽十錢，是兩文銅錢一斤。自禄山叛亂，天下兵興，肅宗命第五琦轉運江淮財賦，始變鹽法，斗鹽增作一百一十，是二十二文一斤。至德宗急于聚斂，相盧杞，用陳少游，加賦于民，斗鹽增至二百七十，召天下之民怨，啓朱泚之亂階。此則陳少游之罪也。順宗初立，即減鹽價，憲宗又減，大貴不過五十文一斤。宋之鹽價，比唐尤賤，斤鹽八文，貴至四十七文而止。唐宋用兵，仰鹽供給，其價不得不貴。今天下一統，四海息兵，無宿師轉餉之費，萬邦貢賦，俱入王府，無用度不足之憂，而爲政者但思今日增鹽額，明日增鹽價，必欲困竭江南之民財，斲喪國家之根本，臣不知其用心何如也。歸附之初，鹽價中統鈔十二貫一引，該錢三十文一斤。至元十五年，初定鹽額，兩浙運司歲辦作二十二萬引，當年辦至中統鈔二萬四千八百六十餘定。至元二十四年，桑哥作相，滅里虛檯鹽額，作四十五萬引包辦，以此誆罔朝廷，營求運使。此時兩浙人民尚富，滅里到任，肆其威虐，止辦得三十四萬八千餘引，得中統鈔一十一萬八百七十餘定。次年蒙都省明見滅里虛誕，奏減一十萬引，定作三十五萬引爲額。以鹽價言之，自十二貫爲始，一次增作十五貫，第二次增作二十五貫，第三次增作一定，則是歲辦三十五萬定矣。唐時江淮鹽課四十萬緡，代宗用劉晏，善於經理，初年二百萬緡，至大曆年間，歲得六百萬緡。當時天下租賦歲入一千二百萬緡，而鹽利居半。六百萬緡，準今一萬二千定也。除淮鹽一百萬引外，臣只以浙鹽言之，已收唐時三倍之利，比德宗時一歲租賦，已有九百萬定之多，至此亦可止矣。大德年間，又增鹽額十萬引，又增鹽價十五貫。至大四年，又增鹽價十貫，續又增二十五貫，通作一百貫一引。是官價二百五十文一斤也。較之唐宋最重之價，增多四倍，民何以堪！價既取二百五十文一斤，官豪商賈乘時射利，積塌待價，又取五百文一斤，市間店肆又徼三分之利，故民特一貫之鈔得鹽一斤，賤亦不下八百。瀕海小民，猶且食淡，深山窮谷，無鹽可知。陛下登極，聰明睿智，遠覽古今，天下臣民，想望至治。臣意前日聚斂之臣所爲害民之政，陛下必能革除以結人心，固邦本也。皇慶二年，忽又增兩浙鹽額十萬引，差撥竈户，害及附場百里外之民，怨忿亡身者有之。延禧二年，又增鹽價，每引一定。臣不意陛下以聖明之君，而左右大臣猶行此剥民之政也。使臣遇德宗盧杞之時，臣不敢言。今陛下聖學高明，獨不能如漢宣帝乎？此臣所以惓惓有言。臣願陛下痛減鹽價，使天下之民皆無食淡之苦，然後選任運官，設檢校所，限官豪買引，復附場百里賣鹽，另置魚鹽局，以便海島小民，均撥灘場柴蕩，以優恤新撥竈丁。如此處置，皆太平快活條貫也。願陛下注意行之，勿爲聚斂之臣所誤。

正德三年，沿海富家言水鄉蕩價内白塗銀無徵，遂割民間已入黄册科鈔分補不足，再加縣糧耗米包補，謂之白塗蕩價。自是民户歲代各場補納鹽課矣。

隆慶三年，丈田均糧，富家將水鄉蕩或報爲科糧民田，以絶竈户之告分，或指爲濱海丁蕩，以拒縣人之丈量，俱該場姦人受賄而除富家之額也。

按林御史商人折支例，顧文僖言每引折與銀三錢，似未詳也。弘治九年，令浙西鹽課折銀七錢者減爲六錢。又弘治二年，令兩浙水鄉竈户每引銀六錢。嘉靖中，中丞周用亦言松江分司每引折銀六錢，一半解部，一半給商。然則給商三錢，而解部者復三錢乎？一引也，既取於商中，復取于丁課，言利亦已悉矣，沈淮所以深病之歟！

按萬曆季年，猶有給商之課，則成、弘改給折色，以足商人引額，法尚在也。天啓而後，無所謂給商者。商人納引，官取其税，如榷關然。迨執引買鹽，與竈丁相市，聊别於私販而已。嘉靖十四年，兩浙每正鹽一引，連包重二百五十斤，原定四錢者，減作三錢五分，餘鹽通融二百斤爲一引，屬嘉興批驗所者引五錢。

按引四百斤者，正也。自大引改爲小引，於是一引分爲二引，引二百斤矣。迨餘鹽亦入引額，而正引稍益斤數以優商，故有連包索二百五十斤之例。若兩淮有每引五百五十斤者，正餘鹽俱入數，又不同於兩浙也。

陳志云：鹽取精于日，成形于火。霪雨沙淡，久陰沙濕，不能成鹽，價亦時踴。其産鹽之地，自寶山至九團謂之窮海，水不成鹽，鱗介亦鮮。自川沙至一團，水鹹可煮，亦有海錯。惟南匯沙嘴及四團尤饒。按濱海鹽場，每場畝許，用削刀平沙，如灰鋪匀，擔水澆曬，晡後用板推夾，成一長埂，以防夜雨。明晨翻開，仍曬如前，漸成鹽花。盛夏二日，秋冬四日，曬力方足。嚴冬西北風，殊勝日曬也。倘將成而值久雨，則復無用矣。先此築土圈如壘，名曰㮀。旁鑿一井，以竹筒潛通之。俟沙力既足，乃取短木鋪㮀底，冒以稻草與灰，然後聚場沙置㮀上，再覆以稻草與灰，挑水潑之，使水由竹筒滲入井中，是曰滴鹵。驗鹵之法，以石蓮肉投入，浮者爲真。其雜以水者，味薄不堪煮，石蓮亦沉矣。煎法：一竈四鑊，首鑊近火，末鑊近突，以次遞熱，運至大鑊，取惜薪也。煎週日而始成鹽。煎時鑊上撈起者曰撈鹽。白而乾潔，鹽之上者。每鹵二大鑊，俗呼一盪，得鹽可二百觔。大較鹽之盈縮繫乎雨暘，貴賤視乎薪價。近者内蕩既皆成田，而海薪復絶，況商紀頓貧，各竈鹽壅，爲力勞而獲又寡，煮海之民始瘁矣。另有甃磚作場，以沙鋪之，澆以滴鹵，曬于烈日中，一日可以成鹽，瑩如水晶，謂之曬鹽，價倍于常。惟盛夏有之，不能多得。

【原注】

注一　秀野橋跨此南接秀州塘。

注二　凡夏税、麥豆、絲綿、户口、食鹽、馬草、義役、軍需、顔料、逃絶、積荒、田糧、起運、脚耗，悉于此支撥。其後視歲豐凶及會計多寡，或減或加，率不出此數。

注三　俗名輕齎。

注四　白熟秔糯米每一石。準平米一石二斗。已上於輕則民田上照糧均派。

注五　自是荒蕪開闢，秋糧加耗，每石減至陸斗，又歲積餘米數萬。

注六　會典：正統四年奏準蘇、松等府官民田地因水坍漲，在處有司丈量漲出者給附近小民承種，照民田例超科，坍没者悉與開豁税糧。

注七　先是潮汐由吴淞口入，朔望率以子午爲信。萬曆八年，潮決李家洪，去故道南二十里許，潮汐遂早數刻，帆船出没尤便。

注八　初，錢氏國除，田税尚仍舊畝税三斗。太宗命王贄爲轉運使，來均雜税。贄悉令畝税一斗，至今便之。吴郡志。

注九　實録：洪武七年五月，上以蘇、松、嘉、湖四府近年所籍之田租税太重，特令户部計其數，如畝税柒斗伍升者除其半，以甦民力。十三年三月壬辰朔，命户部減蘇、松、嘉、湖四府重租糧額，舊額田畝科七斗五升至四斗四升者減十之二，四斗三升至三斗六升者俱止徵三斗五升，以下仍舊自。今年爲始通行改科。

注十　自周文襄釐定賦額，于税糧之外設耗米，以充綱運及雜供諸費，至鄭元韶均糧，猶倣此意，故萬曆二年税糧起運存留正數尚可考也。其後會計止分平米本折，而税糧正耗雜派，淆亂莫辨，非賦法之舊矣。

注十一　元年復建青浦縣。

注十二　遼餉銀一萬四千八百六十六兩九錢六分。四十八年，户部劄付又加三釐五毫，兵、工二部又坐派一釐。天啓元年炤徵。院、道于内扣銀買米與漕船帶價外，實解部銀二萬四千二百五十二兩三錢三分。

注十三　新志：自官吏貪窳，或受勢豪掩庇，或經賄賂免差，則應役者少，役少而工多，則費益增。且賄重則派段少而近，賄輕則派段多而遠。繼而泥頭包攬，不饜不已。或塘長貧不能應率夫開濬，則催趲之，委官督押之，衙役索勒萬端，費更數倍。至天啓年間，將無工開濬，圖分派納銀若干，名曰納曠。或偶行修建，别工而大半飽官胥之腹矣。

注十四　成化十八年，都指揮郭鋐築城周三里。嘉靖四十五年，奏建參將府，移鎮海衛中千户所領軍一千名防守。萬曆初，改游擊七甲港把守官軍營。南沙守禦官軍營，嘉靖十九年，南沙盗平，奏置。

注十五　州志作「六」：茜涇、楊林、紘字、十里、茋字、秋字。

注十六　新志云：今屬劉河千户所者，平夷、破倭、丁涇、新塘、七丫港、雙鳴涇、浪港、鹿鳴涇、唐茜涇、錢涇十一墩在太倉界，遺失一墩。黄浜、白茆港二墩在常熟界。内推甘草司四墩在屬，餘裁去。三巡檢司所遺二十二墩，竟不審何屬，而甘草司四墩外，凡九墩又與三巡檢司舊墩名絶不相蒙。兵防之不修，即掌故無稽，可慨也。

注十七　其後柴價改徵爲米。

注十八　又載宋景定中黄震請罷華亭分司狀，又論復祖額在恤亭丁，又論榷禁；元延祐中，葉知本陳減鹽價，俱可採。

【校勘記】

〔一〕故必於陳錢山丁興馬跡寺山會集　「陳錢山丁興馬跡寺山」，萬曆嘉定縣志卷一五兵防考上同，敷文閣本作「陳錢羊山與馬跡等山」。案清姜宸英湛園集卷四海防總論云明總兵俞大猷言倭寇「遇東北風，必由下八山陳錢、清水、馬蹟、蒲嶴、丁興、長途、衢山、楊山、普陀、馬墓等嶴經過，然後北犯金陵，西南犯浙江」。疑「寺」乃「等」字之譌。

〔二〕人人得而陵之　「陵」原作「淩」，據濂溪堂本、敷文閣本改。

〔三〕淳化中　按下文「田制爲三品」至「十收其三」見載於宋史卷一七三食貨志上一農田，爲至道三年太常博士、直史館陳靖上言。此言「淳化」，當誤。

〔四〕替他每回來　「他」原作「地」。案：敷文閣本作「替他們回來」，明王鏊姑蘇志（文淵閣四庫全書本）卷一五國朝役制作「替他每回來」，明錢穀吴都文粹續集（文淵閣四庫全書本）卷二七馬頭利病呈稿作「替他回來」，是知「地」乃「他」字之誤，據改。

〔五〕令北平等處衛所官軍不支草束　「支」原作「知」，據敷文閣本與明會典（文淵閣四庫全書本）卷二一三諸司職掌改。

〔六〕孰是户漕　「漕」，敷文閣本作「曹」。

〔七〕近者金花銀不過一石九斗　「近」原作「金」，據濂溪堂本、敷文閣本改。

〔八〕蘇松常州嘉湖五府　敷文閣本無「州」字。

〔九〕東事各急　「急」，敷文閣本作「告」，疑是。

〔一〇〕然後承役　「後」原作「役」，據濂溪堂本、敷文閣本改。

〔一一〕官豪擄宦　「擄」，敷文閣本作「勢」，似是。

〔一二〕朝野同惜　「野」原作「夜」，據敷文閣本改。

〔一三〕則奪其羶慕　「慕」，敷文閣本作「募」。

〔一四〕故軍校不得脅勒　「校」原作「較」，據敷文閣本改。

〔一五〕六七月從衛河而直抵張家灣　「家」字原脱，據讀史方輿紀要卷一二九及明史卷四〇地理志一補。

〔一六〕直以顧氏貼銀一項辦之足矣　「氏」，敷文閣本作「民」，疑是。

〔一七〕期無苛期　「苛期」，蜀刻本作「苛刻」。

〔一八〕右哨分守六公鎮　「右」原作「左」，「鎮」原作「填」，據江南經略卷三下劉河新堡城池考改。下「鎮」字同改。又「六」字，江南經略卷三下劉河新堡城池考作「陸」。

〔一九〕或迎而犁　原作「迎而犁或」，據濂溪堂本、敷文閣本及江南經略卷八下復當道問兵務劄子改。

〔二〇〕能占上風　「占」原作「戰」，據敷文閣本及江南經略卷八上水操法論改。

〔二一〕旗前亞聞鼓則進　「則進」原作「進則」，據宋曾公亮等武經總要（文淵閣四庫全書本）前集卷一一戰船乙改。

〔二二〕勘給草蕩灰場　「給」字原脱，據正德松江府志卷八田賦補。

〔二三〕□日可集　敷文閣本作「一日可集」。

〔二四〕以□士夫　敷文閣本作「以賄士夫」。

〔二五〕宋建炎中置　「建炎」原作「建元」。案宋代無「建元」年號，大清一統志卷五八松江府云：「下沙鎮在南匯縣西。九域志：華亭有鹽監。府志：宋建炎中置。兩浙都轉運鹽使司，治下沙場，兼置下沙鹽場。元遷周浦鎮。明正統二年又遷於新場鎮。」據改。

常鎮備録

武進縣志

額賦

宣德七年注一，欽賜禮部尚書胡濙原抄没孫昂入官田壹千叁百伍拾畝，房屋壹所，門面内房共貳百零捌間，基地拾陸畝，奏奉聖旨，房錢税糧都不要你納，户部隨給常字叁百叁拾柒號勘劄行文撫按，將税糧差役盡行蠲除。

宣德八年注二，巡撫、侍郎周忱請立均徵加耗法，大略謂：蘇、常諸府税糧，自洪、永以來逋多待免，大户及巾靴游談之士例不納糧，納無贈耗，椎髻秉耒小民，被迫累年拖攪不完。據蘇州一府，自宣德元年以來，積欠米麥至柒百玖拾叁萬陸千玖百玖拾石，松、常等府莫不皆然。今議諸府税糧，各連加耗并船脚使用等米，壹總徵收撥運，又將𢉺倉蘆蓆并作囤稻草取勘見數，仍以加耗餘米留存賑濟，或與人户包納夏税馬草農桑絲絹等項。于是諸府錢糧始得清完。

建濟農倉：看得蘇、松、常三府，土壤雖饒，民生甚困，耕耘灌救，修築疏濬，無有已時，類皆乏食。又其轉輸糧税，或罹風盗之患，未免借貸貴豪，倍厚酬息。攘奪益急，兼并日盛，以致農民棄其本業。膏腴之壤，漸至荒蕪，地利削而國賦虧矣。臣於宣德八年區畫設立水次倉厫，連加耗船脚壹總徵收，并先奏準，節省耗米陸拾萬石，見在各處囤貯。今欲於三府屬縣各設濟農倉壹所，收貯前米，遇後農民乏食，或運糧遭風失盗，俱於此給借賑濟賠納，秋成各令抵斗還官，免其倍息舉債，以資兼并。

立京俸就支法：先是蘇、松、常三府歲運南京倉米壹百萬石，以爲北京武職之俸，每石外加盤用耗米陸斗。然前俸既可以南京支取，獨不可於三府就取乎？是歲，減耗米陸拾萬石。

正統二年，復請立馬役：看得洪武間北地被兵，民艱買馬當站，兵部議於江南人户凑合民糧伍百石以上，買上馬壹疋，肆百石以上，中馬貳疋，叁百石以上，下馬貳疋，分撥北京等處當站走遞。俟後土民復業，僉發替回。永樂初，如令以三年更替爲限。時因民糧不敷，又將大小人户官糧編凑，每疋馬有編貼肆伍拾家，多至貳、叁百家者。路遠費繁，有馬死，或馬頭事故，移文勾補者，有舖陳什物損壞，借債置買，回家追賠者，有馬頭消乏告贊，里胥賣富差貧，每壹馬事故，壹夫被勾，貼户數家，俱無寧息。雖連年買補起解，隨即棄馬逃還。看得各處馬驛所在有司，俱有孳生馬疋，可以選補驛馬，各驛附近衛所旗軍，可以選撥當站，約計洪武間借編江南驛馬，不過貳千餘疋，若令照數撥贊，則占用在官、軍馬不多，可免江南數萬家徵斂勾擾之苦。舖陳什物損壞者，坐派江南府縣置辦送驛應用，如此則在官有走遞之實，小民無追擾之患。

正統六年，復立買納馬草。蘇、常諸府歲供南京馬草，泝江西上，風濤阻惡，最爲患苦。今令賫價就彼地方易草而納。俱奉旨行，至今賴之。

嘉靖七年，宜興知縣丁謹疏請，内開府屬武、無、江、宜四縣前代稅額，每畝征伍升叁合伍勺。至正丁酉，武進、宜興先附天朝，無錫、江陰附近蘇州，尚爲叛賊竊據，天命征勦，苦戰十年，我軍乏食。至丁未年，權于武進、宜興預借次年秋糧，民田每畝伍升叁合伍勺，併作壹年起科，遂徵至壹斗柒合。至戊申爲洪武元年，常州知府趙良貴以無錫、江陰稅糧俱照舊額，獨武進、宜興，撫臣失于申請，併舊額及預借之數概作實徵，未曾分豁。宣德間，巡撫周忱獨憐二縣糧重，奏乞金花銀陸萬肆千兩，每兩折米肆石，官布捌萬疋，每疋折米壹石，儘派二縣。歲遠政更，金花銀每兩折米貳石捌斗，省出之數，反包别用。官布捌萬疋，亦爲松江、嘉定二處分去叁萬疋。二縣雖有銀布之名，殊無銀布之利，賦役之苦，其來如此。乞轉行巡撫衙門，金花每兩照舊折徵，官布爲松江、嘉定分去者，照舊復還分派，仍將例歲派耗米，比照江陰、無錫減半科徵，以補二縣重額之數。行勘間，本府知府張大綸勘得無錫之糧得與江陰同，宜興、武進反不得與無錫比，委係不平，然舊額卒難擅改，但取彼之餘，包此之耗，此又善體文襄之意，而權不戾經也。每畝得減耗米叁升伍合，本縣共免米壹萬捌百石有奇，永爲例。

嘉靖十六年，知府應檟謹議，常年會計，奉户部開坐税糧馬草起存各衙門本折色數目到府，派屬徵運，原未立有法程，故輕可那重，重可那輕，奸弊百出，莫能查考。本府錢糧，有白細粳糯米，次等白粳米，有糙粳米，有金花，有白銀，有官布；田地斗則，有柒斗、陸斗以下，有伍斗、肆斗以下，有叁斗、貳斗、壹斗以下。前周文襄公立法，柒斗至肆斗，則納金花、官布輕齎折色，貳斗、壹斗，則納白糧糙米重等本色。因田則輕重而爲損益，法非不善也，但法久弊生，官司以情奉金花，姦富以均則無獨累之苦，簡則小民無欺蔽之私矣。

隆慶二年，鄉民比例均科，將官民田壹萬肆千貳百玖拾壹頃壹畝壹分叁釐，每畝均科平米貳斗壹升伍合壹勺伍抄捌撮壹圭柒粟陸顆叁粒，民山蕩如故。自是官田之則遂廢，而民田每畝爲賠米貳升壹合叁勺矣注三。

先是嘉靖三十二年，無錫知縣王其勤丈田，竟併官民田地均爲三則，吾邑亦遂倣而行之。不知官田者，抄没入官，朝廷之田也，民間止是佃種，未嘗納價。其每年上納，止係官租，原非税糧。凡爲民間平田佃種者，率完租米壹石，官田重至七斗，其高低民田佃種者率完租七八斗，官田輕至四斗，其視佃民田者已屬輕額矣。故當時奸頑之民敢於拖賴錢糧者，多佃官田，良民不願也。説者不察，目租爲糧，遂病其重，一概均于民田，令其賠貱，將朝廷入官之田，無價而白與頑民，將原額所納之租，無辜而重害平民，非理非法，殊爲可怪。即當時籍口，不過爲則多，人易爲奸，然當是猶止官、民二則，近爲平沙高低，或三則、或六則矣。三則、六則不苦其爲奸，二則反苦之乎？即欲均糧，當存其額可也。藉有如胡忠安者起，朝廷欲賜之田，將何所取？大都精于錢穀，先無如周文襄，後無如應郡侯，苟于民便，于法宜，二公當先爲之，豈止令官田自爲一則，民田自爲一則也？

萬曆十年，奉旨通縣丈量。

舊制丈量之法，有魚鱗圖。每縣以四境爲界，鄉都如之。田地以坵相挨，如魚鱗之相比，或官或民，或高或圩，或肥或瘠，或山或蕩，逐圖細註，而業主之姓名隨之，年月賣買，則年有開註，人雖變遷不一，田則一定不移，是之謂以田爲母，以人爲子，子依乎母，而的的可據，縱欲詭寄埋没，而不可得也。此魚鱗圖之制然也。自此制一廢，以田隨户，以户領田，户既可以那移，而田即因之變亂，毋依乎子，變動不拘，官民、肥瘠、高圩、山蕩存於利買金花，書算以官田作民田，輕則改重則，巧於飛詭，非一人一日所能查理。貧寒小民呑聲認重則，納本色，雖欲告理，而難于悉達者，勢則使然也。其夏税麥絲，每年分各會計於秋糧田上徵辦。近從民便，比照湖州府均耗事例，申蒙本院驗糧均攤，通算所屬各縣秋糧夏麥實在之數，隨糧合用耗脚，併作一次會計，共該本色米若干，折色銀若干。其白細糯粳、次等白粳糙糧，頭緒雖多，然準米科數，皆謂之本色。其金花、白銀、官布，名色雖異，然計銀扣派，均謂之折色。撮煩就簡，分爲二項，每糧壹石，驗派本色米若干，折色銀若干。救弊之法，可謂要矣。又各屬田有多寡，則有輕重，欲將合用耗脚，將本府所屬官民田地山灘塘蕩等項，除魏國公徐義莊，并衡成澗壑田地，止徵原額米麥，俱免加耗外，其各屬官民田地若干，原額米麥各若干，合用不等脚耗若干，各隨多寡加減，分爲官、民二則。官民山灘塘蕩淹圩埂，正耗另爲一則。若正米數多而耗米遞減，若正米數少而耗米遞加。如某縣官田地若干，正米若干，小麥若干，耗米若干，不論則數，每畝均科平米若干。民田地若干，正米若干，小麥若干，耗米若干，不論則數，每畝均科平米若干。官民山灘塘蕩等項若干，正米若干，耗米若干，不論則數，每畝均科平米若干。通融損益，庶幾官府易徵，小民易曉，非惟可革里書增減那詭之弊[注四]，重則之田亦樂買，貧無不售之産，積荒之田亦樂種，野無不耕之土。計畝均輸，税各歸田，尤爲均平。里甲無包賠之苦，官民兩便。然起存税糧，各縣不等。查照先今酌量處分均攤，其兑軍北運白糙糧米，派與武、無、江、宜四縣，如南運白糙米，若各衛倉糧，儘派靖江一縣，其餘各衙門本折米麥、絹草、鹽鈔、義役、馬役，均派闔屬五縣，官布折價，較諸金花，彼此相若，仍依舊規分派武進、宜興二縣，如此庶原額不失，均攤有定。籍者，特其概爾，名是而實非。於是圖虧角折之虛糧不可勝計，而縣總操欺隱灑派之權。是年丈量，嘗造魚鱗圖，聞之每圖實費數金，推求繕寫，不啻再三，總而藏之在官。未數年來，胥吏惡之，毀棄殆盡，有抱而鬻之市人之用楮者。自後飛詭復出，莫可端倪。即如萬曆三十一年，鄉民金某身爲總書，一旦欺隱田六百餘畝，灑派衆户，已則陰食其糈，而令一縣窮民代之税。後同事者訟其奸，竟爲一二縉紳所護脱。即一以推其餘，弊亦何可窮詰也。且其時畏法者尺土不遺，奸頑者連阡多漏，欲求其策，必如縣令馬君汝璋開濬法乎！其法以一百八十丈爲一里，每里總該田五百四十畝，内再逐一分丈塘溝若干，圩埂若干，基墳若干，河街若干，以其細數合其總數，然後總概縣若干里而合算之。是或一道也。聞近日江陰丈田，邑侯郝君敬用此法而加密，諸奸喪氣，惜役未畢，而郝以左遷罷。今日足國裕民之大計，無如清税法。清税法，無如窮總書。總書之窟穴非一日，智計非一人，影射片時，推掩歲月，然而不難察也。第得一嚴明之令，如隆慶間上虞謝公，而奸窮矣。而又嚴立魚鱗圖之制，專責典守于户房，著爲令甲，有如損一圖者坐不赦，爬搜剔抉，其庶幾乎！竊嘗謂令武進者能窮户籍胥史之奸，而爲民造福不淺矣。

唐荆川先生答施武陵書曰：方田一法，不難於量田，而最難於覈田。蓋田有肥瘠，難以一概論畝。須於未丈量之前，先覈一縣之田，定爲三等。必得其實，然後丈量，乃可用折算法定畝。如周禮一易之田家百畝，再易家二百畝，三易家三百畝。此爲定畝起賦之準。亦嘗觀國初折畝定税之法，腴鄉田必窄，瘠鄉田必寬，亦甚得古意。今茲不先核田，便行丈量，則腴鄉之重則必減，瘠鄉之輕則必加，非均平之道也。量田之難，全在乎此。至於丈量法，其簡易者具之九章算法中，利之所在，蠹之所叢，苟非强察之吏爬搜剔抉，則上取其一而下費其十，奈何望其不涸不竭也。其最繁於輸者惟本色，以軍運者曰軍儲，幾二石而致一石；以民運者曰白糧，内官供用光禄及涇、景、福三府之入是也，幾五石而致一石；運至南京衛倉者，則以一石五斗而致一石，迺其最省者也。折色則以辦金花、官布、漕折、輕齎、馬草、農桑、鹽鈔、硃漆、茶蠟、箓笋、牲口、料價、段疋、胖襖、馬役及光禄粳糯之折，府部南北公侯禄俸之折，鳳陽、壽、亳、淮、揚、鎮江諸倉之折，至南京之山川壇祠祭署、供用庫、酒醋局、光禄寺之蜂蜜砂糖，皆有折焉，蓋不勝其瑣細也。嘉靖初，賦額既懸，會計無定，蓋自畝七斗六升以至二斗一升，不下十有餘則。周文襄公忱乃權以本折之難易，以求其平。至歐陽撫公鐸始以本府應公槶議，裒多益寡，通融爲一。惟官田、民田不容紊易，各爲一則而已。正耗本折，以時會計，雖在輕額者不無苦於頓增，然賦有定額，會有定時，吏胥不得低昂，貪暴不得横徵矣。故吾常之民，無問知愚，至今頌烈焉。然清賦額猶易，清田額更難。蓋有有田而無賦者，有有賦而無田者。其原起於富家之宕子，急於售産，不暇推收，久之而推者無所歸，里胥之奸軌，巧於飛灑，久之而納者不知其自，下困貧民，上虧國賦，延至萬曆初年，勢窮當變。江陵奉旨遍宇内而丈焉，初意止期均賦，不期增額也。奉行太過，悉求增以爲功。然圍築開墾，爲日已久，從實步之，未有不增者。始虞其無增，則嚴刑峻法，山場溝蕩悉丈爲田，增額過當。及至歸户，則上行其私，下恣其弊，所增之額，全不在官矣。故畏法者取盈虚丈，仍有賦而無田，巧法者陰縮增額，終有田而無賦，於今二十年來，積弊日增。大抵西北之田，視之雖平，沙磽難肥，矧其高者。東南之田，視之雖下，土饒易糞，矧其平者。山陵時墾，咫尺荒鬮，未足深據，須兄自明此意乃可。若付之下人爲之，不無弊也。

萬曆十一年，改科田。

據經賦册開靖江縣縣治濱江，其田土多係漲沙積成，故稱曰沙。然而坍漲不一，坍則宜豁其糧，漲則宜加之賦，以故舊例每五年清丈一次，除以漲抵坍外，不足，則以概縣糧額攤補，有餘，則亦概縣攤減，惟求不失原額而已。倘告坍非其時者，有司不得與理，告陞科者，暫以其米貯本縣濟農倉備賑，務報循環，以便稽查，仍伺應丈之年，方許收册算派。若頻數則亂賦法，徒滋奸人欺弊，非其宜也。今後傍邑有告坍者，宜照靖江縣例行。仍必責令告坍之人，查有新漲田土，方許代豁。

是年去丈量僅一歲耳，而紛紛告改科，何耶？聞當時科之高低，以田主之强弱爲低昂，故往往沙得平，而平反入于高下之則〔一〕。其後歷年告改，抑或由此。大率告陞告改，多出于西北沿江諸民。灘沙積散不常，歲月轉陞靡定，而人情巧詐亦叵測。萬曆三十年，奸民中言利之旨，中官下勘，勢張甚，地方洶洶，賴當事者委曲調停，得以無患。今黄山脚諸處日漸漲成田，民争利之。鎮江志云：王端毅公撫江南，議以各處臨湖濱江，東坍西漲田地，名曰新增，實非舊額，將此等錢糧不入黄册，另爲白册，以補小民之包賠。意可師也。

唐鶴徵曰：予嘗總計吾邑之賦，當洪武初，畝田課米伍升，後以漸增，至乎十年，墾田玖千叄百餘頃，冬夏賦以拾肆萬石有奇。宣、成間，墾田壹萬伍千餘頃，冬夏賦以貳拾叄萬石有奇，幾一百二十年增三之一。然墾田幾倍之，賦似增而實減也。萬曆年來，合田地山塘蕩等項，止壹萬柒千餘頃，冬夏賦額遂至叄拾壹萬伍百石有奇，亦百二十年又增三之一矣。然田增至貳千頃，以增校舊賦幾倍也。何前增之寡而後增之多乎？語云：滄海不能實漏巵。矧非滄海乎，截長補短，方肆百捌拾餘里，山陵湖蕩幾半之，烏足以供？且邊灘圍築，一成菑畬，終有可期，尤當少爲劑量焉耳。具録起存款項備查。

秋糧本色起運：兑軍儹運糙正米，内官監白熟細正米、白熟粳正米，供用庫白熟粳正米，光禄寺白熟粳正米、白熟糯正米，景府、涇府養贍禄白粳正米，府部等衙門糙正米，犧牲所糯稻穀準糙正米，南京各衛倉糙正米。

秋糧本色存留：存恤孤老口糧米。

秋糧折色起運：京庫米折金花銀、闊白棉布折色布銀，府部等衙門米折銀，宗人府米折銀，公侯禄米折銀，甲丁二庫硃漆料銀，供用庫本色蠟茶銀、折色黄蠟銀，光禄寺筞笋料銀、牲口料銀，工部四司織造料銀、箭枝料銀、磚料銀、歲造段疋銀，南公侯駙馬伯府部等衙門俸米折銀、禄米折銀，南光禄寺蜜糖料銀、柴薪脚價銀，南户部茶課銀、馬役銀，揚州府倉米折銀，鎮江衛淺船料銀，江北河工米折銀、輕齎銀、過江水脚銀、蘆蓆銀。

夏税折色起運：京庫麥折金花銀、農桑絲折絹銀、户口食鹽鈔價銀，公侯麥折銀，南山川壇籍田祠祭署正麥折銀，揚州府倉、淮安府倉、鳳陽府倉、壽州倉、亳州倉、鎮江府倉各麥折銀。

馬草折色起運：京庫草折銀，南供用庫酒醋麵局草折銀，南户部定場草折銀，鎮江府草折銀。

衙門歲用起運：修河米折銀，甲丁二庫硃漆舖墊銀、官布舖墊銀，山川壇耗麥折銀，白糧車脚銀，貼役解扛銀。

衙門歲用存留：府縣官吏兩學師生吏折俸銀，練兵并新增兵餉銀，蘆灘課粒銀。

另解進秈銀米。

以上惟兑軍、輕賫、水脚、蘆蓆屬軍運，餘俱民運。

里徭

國朝役法注五，以編民壹拾壹户爲一甲，每甲推擇丁田多者一人爲長，是爲田甲。甲領中産拾户爲甲首，其丁産不任役者帶管甲後，是爲畸零。十甲爲一里。每年輪一田甲應役，謂之里長。管攝十甲，催辦錢糧，勾攝公務。以里而派者，謂之里甲。以田而派者，謂之均徭。其初差有銀力，重輕煩簡不等，民甚苦之。弘、正以前不可考。

正德間，本府同知馬□議將通縣田地均分十段，别造十段文册，每年編審一段。初甚便之，而後造册之時，富民巧爲規避，人户消長參錯，多有産去差存者，訟牒紛紜，官民病焉。

嘉靖元年，巡撫羅□議將里甲均徭，俱行三則編審。以家資富盛及丁田居上者爲上户，丁田數少、家道頗可者爲中户，丁田消乏者爲下户。某項徭役重大，合派上三則人户，某項徭輕省，合派中、下人户。一户或編一差及數差，或數户朋一差。務期酌量貧富，定擬差役，輕重適均。

嘉靖十四年，知縣馬汝彰據里書開報輪審人户丁田數目到縣，對覈徵黄二册，多有奸民賄通里書，以田地那前移後，花分詭寄，潛避差徭，今議將概縣官田壹千叁百玖拾陸頃陸拾貳畝柒分，每伍畝折民田壹畝，共折民田貳百伍拾玖頃叁拾叁畝伍分，實在民田壹萬貳千玖百伍拾捌頃捌拾壹畝肆分，山蕩柒百伍拾肆頃柒拾捌畝，每拾畝折民田壹畝，共折民田柒拾伍頃肆拾柒畝捌分，人丁拾貳萬肆千叁百玖拾捌丁，每丁折民田壹畝，共折民田壹千貳百肆拾叁頃九拾捌畝，四項共折民田壹萬肆千伍百伍拾柒頃伍拾玖畝柒分有奇，内除第壹年、貳年審過外，民田壹萬壹千陸百肆拾陸頃柒畝柒分玖釐貳毫，畫爲捌年，每年輪民田壹千叁百叁拾頃柒拾伍畝玖分柒釐肆毫伍絲，攢造文册，刻立石碑，每年以一段編僉。此所謂十段册也。

嘉靖十六年，知府應檟議立里甲均徭。議曰：力併則易疲，事分則易辨。里甲均徭分爲二事，凡以便民也。奈何本府田糧，每歲推收，奸徒得以計避？申蒙本院議準通縣算編，則其事分，其力愈省矣。但里徭有異，而丁糧無二，若仍二次編審，亦不免於煩擾。今將各項合用數目總會而併徵之，仍查照舊額，各以類分，法雖簡而實不廢也。其見年里甲每里出夫一名，專一投遞及不時做工而已。官吏人等俱不得免。

嘉靖二十一年，巡撫、都御史夏邦謨劄付：均徭舊規，十年一編，本有一勞九逸之宜，緣何建議更改？即今一年一編，似有衆輕易舉之便，緣何民不樂從？二者之間，要見何者便民？何爲病民？何者經久可通？何爲窒礙難行？不許泛爲兩可及避嫌遷就，以貽民患。其以前役過自第六甲至十甲人户，若與以後未役第一甲至第五甲人户一概以十年輪編，則役過者似有偏累之虧，而未役者不無輕省之倖，務須裒益得宜，酌處停當，俾人心允服而經久可行。巡按舒汀條開均徭之害：舊規十年一編，得九年安息。近用概縣通編之法，聞其輪年均徭之役，亦所不免，遂有大均徭、小均徭之説，弊端甚多，催徵不息，是否前弊，應否復舊，合行勘擬。知縣徐良傳議得均徭一款，十年一編，出銀雖多，而百姓有九年之空。一年一編，出銀雖少，而百姓無息肩之期。况田野細民投櫃銀兩，或假手於見年之里長，或包納於積年之歇家，多收少報，美入惡出，其弊滋甚。不若先年十段册，將概縣丁田分作十段，多寡之數，大略相等。一年一段，較若畫一，可以革舊時那移之弊，可以免近年騷屑之患，官民兩便，經久可行也。舊時均徭之弊，那移出甲，十甲之内，不着一差。十段册之法，正爲革此弊而設。何也？人户之消長不齊，田地則一定不易，故十段册專以田地爲主，不以人户推收爲主。如一縣有田十萬頃，分作十段，則每年該得一段，爲田一萬頃，官司惟據此一萬頃之田點差，中間人户推收，縱有不齊，而田地固自若，官司亦不必復問之矣。出甲之計，將安所施？故曰可以革舊時那移之弊。又此法一定，百姓皆得豫爲之所，商賈之貿遷，工匠之執技，閒民之轉移執事者，亦將歸而計九年之贏，爲一年之役，既役之後，又將熙熙而樂，東西南北，無不可者，鼙鼓之召不復驚，里胥之席不復設，故曰可以免近年騷屑之患。有此一便，至於秋糧帶徵，則又有可講者。夫有田則有租，税糧是也。有身則有庸，徭役是也。徭役而盡爲銀差也，雖併入税糧可也。一年徭役，銀力若干，而力差又有重有輕，如斗級庫子之類，倉庫出納，動經數年，非有司臨時遴取殷實良善之家，而一概付之無心之會計，萬一亡賴之徒肆爲侵盗，此其當講者一也。常年會計在秋冬之交，而徭役百需，則自入春正月朔日以來，即無一事一人可闕，勢必預爲一年之計而後可，此其當講者二也。税糧自功臣田土之外，無弗上納，而徭役則有全免者，有免其半者，有免其十之二三者，分更分漏，會計將益難矣，此其當講者三也。終不若十段册之爲簡便周盡也。本縣上自大夫，下至閭閻小民，羣然以復十段册爲善。及據無錫、江陰、宜興、靖江縣申各相同。呈府轉詳巡按周□批，據議委曲詳盡，着實舉行。

邑人編修唐順之與蘇州守王儀書曰：執事所病於均徭舊法之不可行者，其説大概有五：大户之詭寄也，奸猾之那移也，花分也，賄買也，官户之濫免也。大户之詭寄，起於官户之濫免，則此二弊者，其實一弊也。夫濫免、詭寄之弊，謂某官例得免田千畝，而自有田萬畝，或自無田而受詭寄田萬畝，則散萬畝於十甲而歲免千畝，實則萬畝皆不當差也。其説是矣。然雖其以萬畝而散之各甲，以歲歲倖免千畝者，必非各甲皆是本官真名與皆注本官者也，必將田甲詭爲之名也。使其田甲皆是本官真名而不詭爲之名，則一人而十甲，其爲奸固易破矣。若必是一甲爲真名，而諸甲詭爲之名，遇其真名與注官之甲則免，其非真名與注官之甲不得免，即十年亦止免一年耳，安得歲歲倖免也。不然，均徭册外别置一册，注每歲所當蠲免之數，如某官例免田千畝，而一甲内已免過田七八百畝，縱或二甲、三甲有田，許撞足例免之數，數外則役。如此則雖甲甲免，歲歲免，亦止得一甲一歲該免之數，又安得以千畝影免萬畝也？此法在一彊察吏執之，雖真是官户之田，亦不得覬額外濫免，況詭寄乎？至于移甲之弊，則執事所謂只據黄册或十段册足以革矣。而又病於黄册與十段册之不可據者，則固以爲與每歲推收之法相礙也。夫每歲推收，宜於賦，不宜於役。十年定册，宜於役，不宜於賦。役主户，賦主田。賦則隨田流轉，役則依户擬注。是以賦法則既凖之每歲旋造之徵册，所以便民之灌輸，役法則宜凖之十年併造之黄册，所以便民之點差。即此兩法，本不相絓，而執事又疑於據定册編差，或有田既賣而差仍累者，則編差之際，其人必自言於官曰：吾田已賣之某人，而某人宜頂吾差。于是官爲之按其實，而以某人頂某人差。如此，則是以虛名編差者，故賣主也。以實力頂差者，新買主也。故賣主以虛名編差，可以無亂乎定差之籍。新買主以實力頂差，可以無累乎鬻田之人。且夫役法上下其户以差，其甲之錢，聚則稍重，而散則稍輕。花分者，只可花分子户以移稍重而就稍輕，其實不得花分鬼名以移絶有而就絶無也。且十年輪編，不能禁人之花分，而一年一編，又安能使人必不花分？則在嚴之於攢籍之始，而非所以較於編差之際也。賄買一説，曩時輪歲編差，則豪民以賄避力差而請銀差。今時歲歲編差，則豪民以賄避差頭而請貼户。曩時輪歲編差，則户胥之家，一年而集一甲豪民之金。今時歲歲編差，則户胥之家，一年而集一縣豪民之金。大抵論詭寄、賄買兩弊，則繫乎令長之彊察與否，不繫乎輪年與不輪年也。論花分、移甲兩弊，則繫乎册籍之精核與否，不繫乎輪年與不輪年也。法無全利，亦無全害。以輪年一編爲全害乎？而可使小民一歲忍苦出錢，九歲晏然坐食。以一年一編爲全利乎？縱可以盡革詭寄、賄買、花分、移甲之弊，而不能不使窮僻小民歲歲裹糧集錢，奔走城郭。此其利病亦自相凖。古有之：「利不百，不變法。」先時有司激於官户豪家之暗損小民，然却不就舊法中調停裒益，而驟變之，以收一切之效，以爲此足以裁損官户豪民而已，不知小民亦竟受其病。今之萬口訩訩，喧然稱不便者，未必盡出於官户豪民，而往往多出於窮僻困阨之小民矣。請試言小民之所最不便者，大概亦有數説。且如一邑丁田以十分爲率，往時一歲編審一分，其爲數則狹，令長耳目差易徧，持籌而算之差易辦，縱有弊焉，而差易以察。今一歲盡審十分，則其爲數頓闊於往時十倍，令長一人耳目、籌算所缺漏處必益多。耳目、籌算缺漏益多，則户書里胥之權益以重，奸民益得以輸金於權之所重，以爲規避。小民無金可輸，則歲受苦役，益無所訴，而令長則益不能覺察。若此者，非曩之令長多精彊，而後之令長多鶻突也，其繁簡闊狹之勢寔然。而執事乃謂輪年則胥猾多得售奸，不輪年則胥猾多不得售奸，豈别有説耶？不然，何其與吾所聞異耶？又如一力差約銀拾兩爲率，往時十年一編，正户約銀伍兩，貼户約銀伍兩，則貼户伍而足矣。人數既寡，故其裒而斂之也不難。今一年一編，則曩率出銀壹兩者，今減而出十分兩之一，曩用貼户五者，今必增而用貼户之爲五者十，人數既廣，其勢必散，有差頭終歲物色，尚不能徧識貼户之門者，何況能盡斂其錢？是以往時所病，正户饕餮貼户，今時所病，貼户耗損正户，小民不幸被點正户，則破家矣。若此者，非曩時之正户皆彊梁，而今之正户皆愞弱也，其聚散零摠之勢亦必至此，而不足怪。又如銀差，曩之法，歲摠納銀壹兩，則今之法，歲零納銀壹錢。納多者其倍家費八九百，不能當一年之役，累六七載，不能了一年之差。至于河下斗級供應，亦令庫役預借支給，是以一縣重差，取足于三四人之身。爲民父母，何忍虐使其子至此也！今後各府州縣掌印官，庫子止令看守庫藏，不許仍前濫派，及接受拜見公堂之費，果事有不得已者，動支官錢，禮有不可廢者，申明上司。與其虐取于民，孰若公出于官；與其斂怨于下，孰若分謗于上。違者重論究不貸。嗣後并禁祇應。

隆慶二年，巡撫林潤劄開：徭里雖係兩途，丁田實出一事，故民間疾苦，所係惟均。據嘉靖十七年書册出入有稽，未嘗不善，奈何法久弊生。或用坐派之頻仍，編立空役；或因原議之太狹，私自加增；或經一事之申允，輒爲舊規；或以衝途之浩繁，另立名色。查盤之所不及，書册至不相蒙。又如朝覲賓興等銀，三年帶徵以供一年之用；導河夫備用等銀，節年常徵以應不時之需。與凡一切不急之費，經收利其可緩而任意侵那，官吏交代不常而漫無稽考。及臨期不敷，非提編下甲，則另派百姓矣。仰將里甲一應公費，參酌地方繁簡，斟酌的確議報等因，隨該本府知府許嶽議，得各屬里甲，如慶賀、表箋、祭祀、鄉飲之類，詳備無議外，惟科貢考校公費供應，修理城垣衙門，新官到任器物，使客禮儀備用等項不敷，幸有另派總甲、里長、夫役等銀數千，互相濟用。近蒙裁革，益苦不足。今議應因者因，應革者革，應增減者量行增減。四縣俱以均徭輪段丁田算派，人每丁折田二畝，山塘以十折田之一，總計一年合用之銀，原共銀八千四百三十七兩二錢零，每年共增銀二千八百八十九兩三錢，然實減總甲、夫役等銀共六千二百六十餘兩矣。編定銀數，遇用申支，三年帶徵科貢等銀，按季解府候給，永爲遵守。

是年，巡撫林潤又劄開：均徭者，必丁田齊一，輕重得宜，乃均也。今查十段册，如丁田多稱之數必重。納壹兩，縱倍之叁兩而奇，足以納矣。納壹錢，非倍之肆錢、伍錢，或至捌、玖錢，不足以納也。此其總納則費固輕，而零納則費固重也。不獨如是而已。以壹兩總納之一年，則是爲壹兩之銀，一遍赴官守候交納，一遍往來盤費。設或交納不時，公人一遍下鄉需索而已。今以壹兩而散納之十年，則是爲一錢之銀，亦一遍赴官守候交納，一遍往來盤費。設或交納不時，公人亦一遍下鄉需索。是今日壹錢之累，並不減於壹兩。而曩日一年之累，乃浸淫於十年。其爲便耶，其爲不便耶？其最不便者，其爲坊郭之豪民耶，其爲窮僻之細民耶？此其爲病不可枚舉，恐不特如執事所謂似涉騷擾而已也。則今法之當變，理在不疑。秋糧帶徵之説，既格於復除之無定數而不可行矣。惟用十段册法，則可以革詭寄、移甲諸弊，而無一歲一役之擾。然執事因黄册之不可行，而疑於十段册之不可行者，則亦有説。夫黄册之不可行者，黄册之法敝也。黄册之法敝，而邑之丁與田大半不登焉。故十段册者，爲之括其欺隱，以補黄册之不及，以均平力征而已。使黄册果無弊乎，則徑用黄册編差可也。使黄册不能無弊乎，則爲之十段册以補黄册之不及而編差焉，可也。因黄册之不可行，而併疑於十段册之不可行，則過也。執事又謂常州賦稍輕，蘇州賦稍重，則其法不可畫一。故常州自宜從舊法，蘇州自宜從新法。夫賦自重輕，而人情之好逸厭煩，好省厭費，則胡人度之越人，固有不甚相遠。執事其試察之，竊恐蘇之民之情不甚遠乎常之民之情，而法之可行於常者，未必不可行於蘇也注六。

嘉靖四十三年，巡撫陳瑞查得庫役專司看守，非供應役也，迺近來有司以庫子爲舖户，有花段卓席之煩，有收支賠貺之苦，他如公堂拜見、紙筆下程、各衙油炭、椅卓、日用、果菜之類，無不取給焉。是以千金之而優免又少者，則人户編銀即少；丁田少而優免又多者，則人户編銀即多，以致規避成風，多寡懸隔。此銀差之不均也。力差中如州縣總解户、斗庫、船頭等役，所費十倍，極重；民壯巡攔等役，費一二倍，稍輕。今以田力富饒之家，反得輕役，而瘠薄中人之産，反得重差。此力差之不均也。甚者奸猾之輩，輪甲將到，而預跳別甲以規避，投靠托勢。力差既避，并銀差得以概免。富者日强，貧者日累，何以均徭爲哉！合無行府弔取各縣十段丁田逐一查理，裒多益寡，務得其平。除已應役外，其未輪年分，各候該年，即有過割，不得聽從規避。一年止編一段，即有別故，不得擅提下甲。應優免者，照舊例填發，不得狥勢豪增減。應銀力者，照田力編審，不得任里役輕重。寄莊人户，不許市恩冒免。本處官户，毋得分門重疊。上户不得討占銀差，下户不得混編重役等因。隨該本府知府許嶽議得本府所屬武、無、江、宜四縣丁田舊規，一例十段輪流編審。近該本府知府李幼滋查得力差賠費頗重，議從田起，銀差納官頗便；議從丁起，其田不及二十五畝者亦編銀差，每年輪審一段，輪段人户闗領官銀，照役出力當差。又查得向來優免太濫，小民苦累。宜照近議題奏事例，優免十年止免一年，一年止免本户，不得分外加增，及各段各户混免。仍將免過丁田分註輪段之下，以便稽查。

隆慶四年，巡撫朱大器行條編法。先是江西諸郡行條編法，人皆稱便。至是兵憲蔡國熙廣詢而力行之。其法先總概州縣每年銀差若干，其力差應出雇役銀若干，其繁苦而應加增者明爲加增，共該銀若干。次總一州縣實在丁田若干，除優免外，將一歲合用之數均派丁田，併入秋糧徵辦。應解者官自發解，應雇者官自給值，并里甲每田一畝，大約共輸銀一分五釐有奇。百姓不知有徭里之差矣，至今永爲例云。

隆慶六年，巡撫張佳胤、巡按李學詩議前項徭銀，派入秋糧會計帶徵。

唐鶴徵曰：萬曆初，兵道廣平蔡公倣江右條編法，將行之，詢於鶴徵，鶴徵笑曰：「差不便於士紳爾，齊民則誠便已。然以私計之，毋迺身爲士紳之日寡，子孫爲齊民之日久邪；毋迺士紳之不便輕，而子孫之長便重邪！」蔡公笑曰：「請從其久者重者。」蓋先是優免雖有制，京朝官常得全免。即以入粟拜光禄、鴻臚者，田至一二百頃，率得免焉。齊民一僉重役，旦夕破家。詭寄冒免之弊，時方盛行，余故云然。條編者，大略與歲編同。概一縣之役，計銀若干，科一縣之田，畝銀若干，第不分銀力，率附正賦而徵之。既徵銀入官，官爲之雇募應役者也。一時民情翕然稱便。既而有行之山東者，齊、魯之民羣起譁焉。蓋條編主田爲算，而每丁折田二畝。江南地土渥饒，以田爲富，故賦役一出于田，賦重而役輕，以輕麗重，且捐妄費，安得不利？齊、魯土瘠而寡産，其富在末，故賦主田而役主户，賦輕而役重，以輕帶重，田不足供，安得不困？户科都給事中光懋，山東人也，概請罷條編法。會江南諸郡金花愆期，時有御史方巡按江南還，司徒詰其故〔二〕，御史實不知故，謬言曰：「以行條編故，輒混金花于他項支銷。」户部以爲實然，因覆奉旨：「金花銀兩原不在蠲免之數，依擬着另項查徵，以後再不許拖欠，致虧國用。前累有旨内外諸司，凡事一遵祖宗成憲，不許妄行更改。近來通不遵守，好爲生事擾民。依擬再行申飭，着各撫按督率各有司，各將田糧、差役、里甲、驛遞本等職業實心幹理。如舊法有弊，只宜補偏振廢，通變宜民，不許妄生意見，條陳更革，反生弊端。違者定以變亂成法論。」既而余鶴徵亦以使還〔三〕，謁司徒，因請曰：「條編法甚善，何部覆若斯之嚴也？」司徒曰：「金花且爲淆奪，何言善也？」余駭問故，司徒曰：「御史言然。」余曰：「非也。」司徒曰：「有司事御史實知之，子未之知也。」余曰：「鄉曲事鶴徵實知之，御史未之知也。」司徒曰：「何以徵之？」余曰：「條編法行以癸酉，金花之負在癸酉後，御史言是。負在癸酉前，鶴徵言是。」司徒入覈之，果在癸酉前，因曰：「子言良是。然何以知之？」余曰：「額賦總徵亦曰條編，所稱善者，以緩急之權操之有司云爾。額賦孰急金花者？姑以武進論，折徵八萬餘金，金花居二一。即善逋，有不輸其二一者乎？

有二即金花解矣，烏得他支？且先是額賦款目實繁，未有紊亂，胡增一均徭，遽至淆奪也？」司徒曰：「子姑悉言之以貽我，我將更覆之以謝其便法者。」余退爲書，大略曰：語云：「法無全利。」斯言非也注七。條編之法，其全利者乎？議者何其紛紛也？余不知他省，姑就江南言之，不嘗歲概一縣之田而均之役乎？銀力正貼之低昂，有司耳目勢必不周，奸胥黠吏上下其手，是歲集一縣之賄賂于奸猾也。甫徵正賦，復課均徭，是歲兩叢一縣之追比於有司，兩勤一縣之勾稽於百姓也。奚其可？不嘗十分概縣之田而役其一乎？然令中下之家，積十載待一朝之需，不能也；以一年而併十年之額，不任也。即富有力者，既盡其田而編之至數十差，又舉其重而責之至數十倍，其倖而瓦全者，吾見亦罕矣。至乎雇役，則雇者與受雇者交相病也；貼役，則貼者與受貼者交相病也。于是乎巧詐百出以逃役，挾貴交者則詭寄以幸免。不亦銀差爾，通奸胥者則爲移甲，爲花分。移甲則移未審編之户入既審編之甲，十年俱不役矣。花分則以千畝之家下同于百畝，百畝之家下同於數畝，避重而就輕矣。雖有神明之宰，安能爲然犀之照哉！惟條編，則以一縣之役，課一縣之田，責之輕者減編，役之重者加算。昔之什百於一家，通融於一縣矣。有田者遵額輸銀，執役者於官領僦。昔之力差，悉爲銀差矣。額則徭賦分科，徵則徭賦併比。昔之終歲比而不竟者，悉以十限畢事矣。歲概一縣而徵之，安能移甲？歲概一縣而銀差，安事花分？奸猾何所操其權，勢要無庸受其寄，無十年併役之艱，無終歲再徵之苦。百畝之家歲輸一金有奇，千畝之家歲輸十金有奇，鼓腹而遊，高枕而卧矣。蓋併之賦額，似乎稍加，問其徭役，則不免而免已。曩者百姓所祠廟而求而不得者，今坐而得之，有司所盜賊而禁而莫止者，悉過而不問，謂之全利，誰曰不然？安得以一孺之傷飽而廢嬰兒之乳食，一夫之偶覆而棄没人之操舟也？書具，一以奏司徒，一以移江南巡撫胡公。司徒遂更爲覆曰：「如有地方便於條編者，請從民便。」報可。次年，余以使事過句曲，胡公出謁，謁起曰：「江南條編，可無變矣。」

優免

按正統元年，詔定在京文武諸官，除里甲正役外，一應均徭雜役全免，外官半之。

正德十六年，巡撫、都御史羅□案驗内開：今後隨朝文職内官内使，俱如舊例全户優免，其餘見在方面之家，各免丁十丁，知府免八丁，同知以下至知縣等官各三丁，八品至雜職、省祭、舉監、生員、吏典例各二丁，著爲例。

嘉靖八年二月，詔在京文武官員之家，除里甲正役外，其餘一應均徭雜派差役，照依正統元年例行。如有詭寄田糧，靠損小民者，聽撫、按參奏治罪。

嘉靖十年，禮部尚書汪□題準：其有丁多而糧少者，則以丁準糧；丁少而糧多者，則以糧準丁。户内丁糧不及額者，止免實在之數，俱以本户自有丁糧照免。凡有分門遠族，毋一概混冒。例載于後。

二十二年，巡撫喻茂堅查照部劄，各該大小衙門凡遇審編徭役，悉遵先今原議優免之例。錦衣衛指揮免丁七，千户免丁五，鎮撫百户免丁三。内外文臣大小，一如嘉靖十年例。二十四年間題準，例載于後。

萬曆十年，部議清查冒濫，復如嘉靖二十四年例。其見任、居憂、聽用、聽調、聽降、聽勘者照數免，以禮致仕者免十之七，閑住者半，墨敗削職、編户除名者不許。官故即行停免，任子者即照任子品級叙行。其退學生員及納銀儒官、義官、遥授教官、王府典膳，至吏承加納官帶不願出仕者，止復其身。

十四年，河南道御史傅光宅題準照品免糧，照糧免田。每田壹畝，準免叁升爲率，人每丁準田貳畝。有丁免丁，不者以田準。有田免田，不者以丁準。例如左。

京官一品：嘉靖十年，免糧二十石，人二十丁。二十四年，免糧三十石，人三十丁。今糧準田一千畝，丁如舊。

二品：嘉靖十年，免糧拾八石，人十八丁。二十四年，糧二十四石，人二十四丁。今準田八百畝，丁如舊。

三品：嘉靖十年，免糧十六石，人十六丁。二十四年，免糧二十石，人二十丁。今準田六百七十畝，丁如舊。

四品：嘉靖十年，免糧十四石，人十四丁。二十四年，免糧十六石，人十六丁。今準田五百三十五畝，丁如舊。

五品：嘉靖十年，免糧十二石，人十二丁。二十四年，免糧十四石，人十四丁。今準田四百七十畝，丁如舊。

六品：嘉靖十年，免糧十石，人十丁。二十四年，免糧十二石，人十二丁。今準田四百畝，丁如舊。

七品：嘉靖十年，免糧八石，人八丁。二十四年，免糧十石，人十丁。今準田三百三十五畝，丁如舊。

八品：嘉靖十年，免糧六石，人六丁。二十四年，免糧八石，人八丁。今準田二百七十畝，丁如舊。

九品：嘉靖十年，免糧四石，人四丁。二十四年，免糧六石，人六丁。今準田二百畝，丁如舊。

外官半減。

教官、舉監、生員：嘉靖十年，各免糧二石，人二丁。二十四年，如十年例。今準田四十畝，丁如舊。

雜職省祭、承差、知印、吏典：嘉靖十年，各免糧一石，人一丁。二十四年，如十年例。今準田二十畝，丁如舊。

致仕者免十之七，丁田準前數。

閑住者半，丁田準前數。

徵輸

嘉靖四十五年，知縣謝師嚴立徵糧一條編法。先是夏稅秋糧，派徵項款繁雜，設有縣總分派。其間不無緩急，縣總陰操其權，與各糧長爲市，以致侵欺賠賍不均之甚。不惟糧長率至破家，而積逋亦無由追償。徵輸之弊，于斯極矣。至是悉燭其弊，盡革縣總之分派，不問緩急，總征在官，悉令貯庫。時又立總由以嚴比較，設直總以督里甲，分收解以平苦樂，均官民以杜那移，製實徵册以防隱漏，皆前所未有。吏胥無欺尅之權，里甲無逋負之竇，糧長得以有其家身者，皆自此始也。其總由給當年總催里長，製倣青由，而所載則一圖十甲丁田銀米之數。如某甲丁田若干，算共該糧徭銀米若干，分定限次，每限應完若干，註其定數，已完若干，未完若干，空其款數，時一開徵。即將總催隨比隨註，查對嚴追。今法雖與謝同，而下之奉行，則不及遠甚矣。

唐鶴徵曰：稅糧之中，款項甚繁，除本色外，有金花、義役、穀草、公侯俸禄、本折布疋、揚州淮安壽亳等州鹽鈔馬役等銀，以時加增，則又有練兵，有大工，有貼役，總之皆征於秋糧者也。自隆慶以前，各以分數派之糧長，總十分爲率，如金花居十分之幾，各項各居十分之幾，則亦無論糧長收之多寡，而各十分之，幾爲金花，幾爲各項。法非不善也，然朝廷所需有緩急，故有司起解有遲速，其數浩繁，有司不能一一親爲均派，不免設縣總以司之。于是縣總得以操其盈縮而遲速之矣。糧長之奸猾與之通者，則可緩者常多，而當急者常少，甚而全不派其急者有之。其純實而不與之通者，則當急者常多，而可緩者常少，甚而全不派其緩者有之。急者常多以至全不派其緩者，則所收常不足充其所解，於是乎出己貲以補當解之數，當解之數完，則有司之事畢矣，孰能更爲追征以償之乎？補之少者費產，補之多者傾家，是不與縣總相通之累也。緩者常多以至于全不派其急者，則所收常不必辦其所解，于是乎以官錢爲妄用之需，妄用日久，則侵欺之物盡矣，何以抵補原數而完官乎？侵之少者餘產猶或可償，侵之多者傾家則已無及，是與縣總相通之累也。然欲侵欺錢糧之輩，率非經營積貯之人，其所妄用者，非特衣飾飲食，淫蕩賭博，靡所不爲而已。始而欲縣總之爲奸也，則爲縣總所勒。視其人之奸愚爲所勒之多寡，二八分者有之，三七分者有之，中分者有之。而輸納者又因其所需之急，不復望數之完也。常以半銀抱利而易全串，則是有侵欺百金之名，常不過五六十金之實。既而有司之追攝也，力不能盡完所負，則身不敢自對公庭。今日勾稽者至，附一二十金以完官，明日勾稽者至，附二三十金以完官，而别賂吏胥以緩其餘者又稱是焉。而勾稽者且計其所負尚多，不敢以證之官也，又多以所附爲己利。則是陸續所出者或浮于百金之外，而侵欺未完者，常盈其百金之數。此輩之喪身亡家誠不足惜，國課亦何自而完也？自上虞謝侯至，始革縣總，一例征之，不問其孰爲急，孰爲緩，收之小民，即貯之官庫，雖奸猾者不得擅之以浪費。有急則解，不問某糧長之該出若干也。緩則貯官庫以俟，雖純實者不必傾貲以豫補。始而糧長之收也有廒經，一毫不得以小民既納之數爲小民拖欠之數，既而縣庫之貯也有庫收，一毫不得以糧長既完之數爲糧長未完之數。江南十餘年來，糧長之所以不至破家，國課之所以不至虧損者，職此故也。説者謂其病有三，曰：已征在官，偶遇蠲免，贓吏得以竊而有也。一概混征，雖有蠲免，小民不得以知其數也。一時總征，民力且有不堪也。嗟夫！是俱概其名而未覩其實也。夫征收有廒經，以防糧長所收之不盡報官也。防縣官收之而不盡報于上司，則令府縣各印一廒經，俱給之糧長。糧長一有所入，即兩註之，隨收隨註，收完之日，一以繳府，一以繳縣，則銀雖在縣，數常在府。收銀者不能昧數，據數者不能取銀，又何慮其入于贓吏也！況江南監司故多，查盤如織，侵匿在庫之銀，或者非禦人於國門之外者不爲也，欲小民之悉知其數以蒙蠲免之惠乎？則于青由之中，細分其款，某款該銀若干，今蠲若干，某款該銀若干，今蠲若干，人執一紙，則人得一數，何疑其昧于蠲免也？以一時概征，虞民力之不堪乎？夫有餘之家不待言矣，不足之家，其所需以辦糧差者，不過待其田之所入。其田既入，則辦之而已，雖稍遲之，亦未必別有所入也。苟欲寬之，則定以殘歲十一月完米，新歲二三月完銀，則上不悮有司解銀之期，下不失小民賣米之候矣。況江南未變法之先，糧長亦何嘗不勒小民以銀米齊完乎！惟先年爲有司者，但恃彌縫，不爲實事。徵糧之初，宜徵小民也，惟比較糧長以索完呈，則小民奚畏而輸之糧長；起解之時，宜追糧長也，惟比較總部以速批迴，則糧長奚爲而輸之總部。蓋惟知追糧長、追總部之省力，而不知爲糧長、爲總部之煩難，所以有報完之名，多累賠之實。況加以迎送使客花段下程之妄費，與供應有司飲食衣服之橫需，故一編糧長，無家不破。謝侯又能立法嚴比，使納户不敢更負升合，潔己奉公，而差用不及絲毫。及今延之，雖時有補救，皆其良法耳。

萬曆五年，巡撫宋儀望令行圖運。於時武進知縣茹宗舜、無錫知縣周邦傑皆久於其事，悉知其不可，力止不行。惟宜興知縣丁懋建新任，求知於上，始立圖運法。本縣三百六十里，里爲圖，圖審其人户田多殷實者爲十甲，甲輪爲十年糧長，以三百六十人代三十二人之役，以十年紓五年之勞。錢糧遞相交納，官户運自縣頭，而又每畝加編貼役銀一釐有奇，以帖通縣煩役有差。則運輕於衆，力均於分，交納不得愆期，勢家不得逋負，小民無攀累之虞，糧長無傾家之累，法莫善於此矣。獨寄莊無籍，囤户無人，點解者止論區額，不論丁田多寡，稍有偏重，而上革貼役，運稍稱煩。

唐鶴徵曰：每年審編，奸民輒以圖運法紛紛告擾，余止之者屢矣。或問曰：以圖易區，人之多寡不等，以十年易五年，力之勞逸不等，曷爲圖運之不可行也？余曰：五年一編審，子其謂上户尚有役之所不及者乎？抑已盡上户而概及中户，間及下户矣乎？或又曰：焉有上户而役不及者？實已盡中户而且波及下户矣。余曰：據宜興之言，謂歲以三百六十人代三十二人之役，審然，則以圖易區，其所役之人已十倍于昔，以五年易十年，其所役之人不二十倍于昔乎？夫以一番編審，已盡上户而及中、下户矣。今且欲二十倍其人，不盡藉下户以充之，一時上、中户將從天降、將從地出邪？或又曰：運輕于衆，力均于分，雖以中、下户充之可也。余曰：是誠昧之昧矣。謂之運輕于衆，則明知運者之衆矣。運者之衆，安能悉得其力之勝任者？以中户任解，即分輕而亦重矣。今有百鈞于此，以烏獲一人舉之而有餘，令衆懦舉之而不足，乃均烏獲于九懦之中，而人令舉十鈞焉，謂之均，可乎？雖三尺孺子知其不可者。是人非不衆也，本懦，則人雖衆，派分雖輕，亦不能舉矣。或又曰：富區富甲，或一甲而幾解，業當糧長之實。貧區貧甲，止于催糧，不失下户之常，何至令烏獲與懦夫均力也夫！曰富區富甲，一甲而幾解，業當糧長之實，信矣。然編審時之上户可當糧長之實者，供伍年而不足，乃圖運時可當糧長之實者，供十年而不乏。雖以儀、欈駕説，鬼魅漲空，欲掩借中户以代上户五年之勞，不可得矣。若貧區貧甲止于催糧，則何縣何州不責經催，而獨于圖運乎？或又曰：糧長之害，不過勢家逋負，民運重繁。今官户自運，貼役過饒，即害亦輕。獨小民畏糧長如猛虎，甘爲魚肉，無有已時，至無安食之家。余曰：夫言糧長之害，即害亦輕，既已明知糧長之利矣。言小民之畏糧長如猛虎，甘爲魚肉，不知自攀報之時言乎？抑自徵收之時言乎？自攀報之時言，則必其索詐所費不及充役之費，而後任受索詐，求免充役耳。此擇禍莫若輕之説也。苟索詐之費甚于充役，人胡不任役而甘于索詐也？且索詐所及，亦必在可充可釋之間，萬無及于繿縷襏襫之理。編審之用人少，則此輩猶可以賄求免。若圖運之用人二十倍于編審，此輩之必不倖免可知矣。以前擇禍之道揆之，其得失何如也？且既行圖運，則十年審圖，其求免亦何異五年之編審，謂其獨無索詐可乎？自徵收之時言，則糧長之抑勒加耗，誠苦小民。曾聞里甲獨能視納户如子乎？其以錢糧之名，挾里長之重，抑勒需求，數倍于糧長，恐未已也。或又曰：圖運行，則交納不得愆期，勢家不得逋負。余曰：此尤不情之甚矣。夫圖長何力能壓勢家使不逋負？且謂之勢家，必官户也。子不言乎，官户既已自運矣。則圖長所壓之而使不敢逋負者，何等勢家也？交納不得愆期，則在有司之追比嚴與不嚴耳，其在圖長、糧長乎？據余所見，除前諸害，其不可者尚有五焉。中人之家，猝有水火、疾病、盗賊、訟訐，奄然替矣，五年一編，猶有始任而卒不任者。矧以十年，則其消長奚啻天懸，寧復任役？其不可一也。圖運必十甲輪運，十甲之長，焉得等富等貧？間有富者，其收九甲，直其家所輸之奇零餘羡耳。貧者輸收，耗羡稍有不足，其何以兑？況一鄉獨富，必多土豪。其餘里甲，曾不敢望齒其僕隸。强弱相凌，何所不至？其不可二也。曩者屢禁里甲之團收，猶恐不能盡禁。今特令之主收，其有侵欺花費，誰得而禁之？官一追比，貧者有逃而已。即令捕獲，豈能以其虀粉充我國課？勢不免復責之九甲矣。其不可三也。編審總部，則其所解必多。多則人轄一舟，總部爲政而舟人聽命，其避風波而急完納，理所必然。圖運則其所解必少，少則衆共一舟，舟人爲政而圖長聽命，其任風波而不恤，利俄延以侵盗，事且疊見矣。故十年以來，獨宜興守凍者三，他縣總部，一未之有也。每一守凍，則舉縣加銀三四千兩，孰非民膏而若此横費哉？其不可四也。上户素習于運，猶易集事。中户乍任其役，則途路之風波，歇家之播弄，内監之脅詐，籲天無地，欲不破家，不可得已。其不可五也。或又曰：然則何宜興之曹言其利也？余曰：是何難見哉！言而能達，達而能諍，必富有力者也。富者利于以五年之中户代其十年再役之勞，安得不稱便？宜興船户皆有定額，率有力者之舟，不亦有力者之所挂名者也。一年之運，獲數百金。其尤貪横者，運户不敢附其舟，則以有司之勢迫之，甚而已附他舟，中途猶飛檄迫歸其舟，非以獲利之重，奚爲而然也？又甚而貧甲運户不能自行，船户因而包攬，傾家貼之，途有疏失，仍累運户，幸而完解，則執批需索，至有鬻子女償之而不足者。船户之横如此，有力者安得不稱便也？大都富有力者之言易聞，貧甲受苦之言難達。余具爲難達者達其情，不敢復顧富有力者之紛紛已。

宜興秦侯清賦碑曰：始者糧長之難，難在上等之民。邑侯某審察其弊，變而爲甲運。甲運者，以三百六十人代三十二人之役，率十人而一役，十年循環，中有八年之間，傜輕于衆，力均于分。時則有輪將而無廢箸，以故人人稱甲運便。法久弊滋，富者能拚富以爲貧，貧者以不能拚貧而埒富，寬富急貧，不堪命矣。此其難難在中、下等之民。上人以爲難下民，不若難上民，于是又稱糧長便。秦侯至而維本末，慮久遠，擇便宜，搜蠹弊，廼作而嘆曰：糧長豈能善甲運哉！顧弊有所從來矣。總宜興田萬有千頃，而異郡囤莊去十之三，係箸縣頭，率有户而無籍，世家巨室去十之二，蒙其租户，率有田而無人，齊民以十五而勝全邑之傜，奈何能均？十五之中，上户詭爲中户，中户詭爲下户，甚者上户竟等下户，而下户更過之，以貧民而代富民之役，奈何能均？總縣之凡，貧鄉鼎富，不若富鄉之貧者。第論區派運，是以貧鄉而等富鄉之傜，奈何能均？故避運莫巧于囤莊巨室，掩富莫甚于詭計花分，均傜莫善于限田。于是令民自歸田不罪，罪其不歸田而民告訐者。不旬月而民如令，寄莊者令著籍，世家者令著户，其饒者以填運，縉紳學士大夫免各有差，有羡者以填運，以貲出身從富民之例。富鄉應役，即人户而與點解同科。貧鄉不應役，即甲首但以催糧充役。有成法矣。廼總一縣之籍與其賦年而彙之，輕重而等之，先後而次之，命曰虎頭鼠尾，著爲令甲。而豪有力者羣起而撓，寄莊者曰願貼役，侯曰：籍不著，將惟正之無供，何役之貼爲？巨室者曰願自運，侯曰：若自運，誰當運者？又歲申花詭，令民得訐舉代役。于是貧富信，規避絶，徭役均，僥倖杜，寓糧長于甲運之中，行限田于編年之内。行之三年，而民不知徭，所稱百世永賴者非歟！

十六年，知府譚桂議得該府秋糧，在元延祐中，止四十九萬六千餘石，麥、絹等額尤廉。入國朝，洪武二十六年，除絲綿、鹽鈔、馬草外，歲徵夏稅正麥一十一萬九千三百二十石，秋糧正米五十三萬三千五百一十五石。弘治十五年，除絲綿等項外，歲派正麥一十五萬四千三百八十七石有零，正米六十萬六千九百五十四石有零。俱見會典。又按府志，宣德十年，米已六十萬零。續加之數，莫識其因。今户部坐派，悉照此數。而該府會計每年實徵秋糧平米一百五萬三千五百餘石，較之部額，多四十四萬六千五百餘石。此何以故？部之坐派者，正額也，而軍運之蓆耗、輕齎，民運之加耗、春辦、夫船車脚等費，皆户部及撫院題準，載之漕運議單及賦役等書者。及禮、兵、工各部錢糧不入户部會計。而夏稅馬草、鹽鈔，雖亦户部所派，原係另項，非糧數也。今俱於糧内派徵，以故不得不取盈于耗米也。夫是不特常州已爾，蘇、松皆然。但蘇、松科則極重，耗米之數從來差少，故平米一石，以伍錢算派。常州科則亦重，然視蘇、松微異，而耗米之數從來原多，故平米一石，本折不過四錢也，縱有增，增亦在釐毫之間。然蘇、松耗米視正額得四之一，常州之耗，視正額幾及其半矣。夫耗以彼其重，而正額不但異於延祐，且視國初有加焉。故延頸寬減之恩者，不下蘇、松云。此常郡賦法大較也。部文秋糧止稱曰米，此中言平米者何？國初官田每畝科米三、五斗，遞而上至一石者有之。民田每畝科米五、七升，遞而上至一斗，或一斗餘者有之。應知府櫝書册云：田地斗則，有六斗、七斗以下，有五斗、四斗以下，有三斗、二斗、一斗以下。此科則之不得其平也。洪、永時，國法森嚴，即豪右烏能於徵輸行其私！迨後則豪有力者止供正額，而一切轉輸諸費，其耗幾與正額等，乃獨責之貧民。此耗之不得其平也。文襄周公撫江南，乃令官、民田並出耗，凡科則極重極輕者，於耗米稍稍示裒益，且强弱智愚皆有耗，毋能獨苦貧民。此平米之說也。故凡隸賦額者曰正米。正米之外，飛輓所必需、歲用所難已者曰耗米。正、耗並舉，而嘿祛偏累之弊者曰平米。當文襄時，平米不太逼窄。蓋以備凶荒意外之虞，則又有餘米。餘米之敝也，不以急公家而以滋私費矣。故今兩院盡革之。此稱名之異，而有土者亦欲循名得其意也。文襄於官、民田之耗既調劑祛偏累矣。然耗不能以勝額，則所爲累者猶在也。於是又請輕折，如金花折銀二錢五分，官布準銀三錢之類，計該府共得三十萬餘石，以蘇息小民。復以所謂輕折者派於極重之則，其他如白糧糙糧重等本色，派於極輕之則。此皆以求其平也。顧此法自公行之，可謂曰平。嗣公而後者，高下輕重之間，其故難言矣。應知府櫝書册云：周文襄公立法，田則七斗至四斗，則納金花官布輕齎折色；二斗、一斗，則納白糧糙米重等本色。因田則輕重而爲損益，法固善也。但法久弊生，官司以情奉金花，姦富以利買金花，後人勢得金花，遂皆賄買金花，貧民于是輸重賦矣。嘉靖中，歐陽公定賦法，於是汰去則數之繁冗者，統之爲官、民二則。所謂極重極輕之田，視文襄時益多調停，而本、折二項，又俱照糧並派，畝畝有之，人人有之，不得復以意指某田派某糧矣。此法之變而加密者也。然而官田、民田猶自角立，嘉靖末，則以官、民田併言之，無復差别，而止以平坦極低極高分則派徵。蓋又法之變而加密者也。唐鶴徵曰：官、民一則之説殊爲可恨，何也？官田者，朝廷之有，而非細民之産，耕之者乃佃種之人，而非得業之主，所費者乃兑佃之需，而非轉鬻之價，所輸者乃完官之租，而非民田之賦，惟奸宄之徒，則據以爲業，良民不敢有也。不揣其本而齊其末，以租爲賦而病其過重，俾民田均而任之，是上奪朝廷之田以惠奸宄，下又苦純良之民代任其租也，是遵何説哉？藉令可行，何應公之智不及此也？又藉令有宣力竪勳者起，朝廷將錫之土田，于何取給乎？即不能遽復其賦額，而其田額終不可使之澌滅也。然官府之議法日詳，而民間視會計稱弊藪焉，何以也？議法之牘與派編之牘殊，而有司不能察也。今兩院乃令盡括一郡起存錢糧，備載部派額數及正額之外有歲用見之令甲者，俱註其由，驗派各縣，於是纖悉畢見。而此籍之外，别無派法，官既不勞而事集，民亦不惑而志定矣。此又法之變而加密者也。起存錢糧，俱括一府原額，照糧驗派。惟靖江縣地瀕江海，物力既薄，轉輸更難，故先年儘其派解南運糧米，不足，方派之各縣。若北運者，悉派之武、無、江、宜。此公平之道異而不害其爲同者也。又棉布止於武進、宜興而不及他邑，金花止於武、無、江、宜而不及靖江，蓋皆計銀派徵，原無差别。若棉布坐派二縣，文襄公必有深意。以國初借徵一年，後遂爲例，獨武、宜受害之故。今解布之役，亦頗繁難，仍其舊則相安，故今無變更焉。該府錢糧，向無浮冗在於民間，但糧額繁多，苟稍緩如存留鹽鈔，可以免編。及已經題免，如由閘及關稅之類，應行減編者，俱逐一清出。共減本色米五千二百二十一石有奇，折色銀二千五百七十七兩有奇。此其數亦微眇。然大較以清賦爲主，而不能取必於減賦也。又按蘇、松二府，俱明言平米一石，以五錢扣算，或減米若干升，而本、折在中。其減編總數，則云共減米若干萬石也。常州則止以本、折分言，而不必計總扣算矣。

十七年，湖廣道監察御史林□具題，大略謂：

供用庫、酒醋局、內官監，乃蘇、松、常、嘉、湖五府歲供白糧，額派二十餘萬石，關係最重。頃上納艱難，耗外加耗，墊外加墊。夫較米一斛五斗，此定數也。今踢斛淋尖，已多米五六升矣。而盛以簸箕，務多斗餘，不滿不算五斗之數，不亦甚乎！如法篩簸，無可言也。今稀篩狂篩，已非法矣。而篩出二斗，止作一斗，每石折罰三斗，不太酷乎！賃房堆放，抗脚打包，費猶不可已也，而御道有錢，遮闌門官有錢，事出何名？堆頭包脚、報數籌架，費本有定額也，而大小呈樣之使用，巡路探筒之使用，取何無厭？此猶其大者也。至於篩揀之糜費，拋撒之狼籍，校尉書辦之勤取，家人兵番之嚇詐，種種難以枚舉，視萬曆九年題準規則，費多數倍矣。如前年米一石，不過加耗五升耳。今無分正、耗米，每石加至四斗、五斗。前年米百石，不過派鋪墊脚價等銀七兩八九錢、八兩六錢耳，今百石而鋪墊及無名等費加至十四五兩、二十餘兩。夫此白糧也，自彼處運至京師，率數石而致一石，民已不堪。及至京上納，而復遭此無端之需索，愁苦悲酸，誠所謂一米一珠、一粒一淚也。乞復前規，以甦民困。奉旨：白糧解役，苦累可憫。各庫局如有分外勒索等弊，只着司禮監查革戒飭，該部知道，因移文各監知會。

一、内官監先題準每正米一百石加耗米五石，鋪墊堆房進房出房、篩米打包、車進紅黑門擡杠上庫、脚錢堆錢、門籌坐門并歇家火食，該銀七兩九錢，其餘無名多費盡行禁革。今據糧歇私議，每米一包足六斗之數，已非正法，姑聽曲處，此外不許勒索升合。

一、供用庫每正米一百石加耗米五石，鋪墊等銀七兩八錢，其餘無名多費盡行禁革。今據糧歇私議，每米一包足六斗之數，此外不許勒索升合。

一、酒醋局每正米一百石加耗米五石，鋪墊等銀八兩六錢，其餘無名多費盡行禁革。今據糧歇私議，每米一包足五斗七升之數，此外不許勒索升合。

一、鋪墊及各項使費，每石不許過一錢，内官監加一分。

一、正米足數外，不許指稱糠碎，勒加折罰。

一、量米務炤鐵斛爲式，不許擅用私置大斛。

一、北安門内原用車運，見有書册可查。其門上官軍人等，不許指稱碾壞御路，抑勒攔阻，及捏稱撞傷木栅，恐嚇索詐。其西安門及櫺星門裏外，一體禁革。

一、該城兵番專以緝訪奸盜爲務，與糧解毫無干涉，不許詐稱名色，索取財物。

一、廠衛旗校及巡路人等不得妄生事端，指稱索詐。

一、該庫寫字長班斛長等不得從中撥置，刁難勒索。

一、各衙門書吏馬皂人等不得需索常例。

一、行糧處所遇有棍徒，或各衙門員役索詐糧解歇家者，着落該城兵馬緝拿解究，如有通同縱容情弊，一併治罪。

一、糧米及鋪墊銀兩，俱要當官明寫議單，照數交付歇家，同進完納，不得推調取究。

一、議單數目已從寬處，此外歇家不得多勒升合。如違，以誆騙論。

一、各糧解務將各本地方潔净好米交付歇家完納，如與户部樣米不對者重究。

一、糧解挂號之日，每名各領憲票一紙，敢有故違明旨，抑勒索騙者，許即填註項下，候銷號繳查，以憑參究。如無原票，或朦朧不實填報者，查出重責。

是歲，省民間粟六萬餘石，常亦沾惠焉。

無錫都給事中侯先春書民運事宜考後曰：東南財賦半天下，而蘇、松、常、嘉、湖五郡又半東南。乃民運白糧二十餘萬石，又天下所無，而五郡所獨也。五郡之民泰苦矣。惟自高皇帝定鼎金陵，則此五郡者旁並輦轂，故當時屬之民運，以爲地近而用力少也，豈虞有今日之艱難哉！今京師在西北上游，道路迂徐三千里餘矣。于是沿途有阻滯之患，淤淺有盤剥之費，暑濕有浥爛之虞，風波有喪失之險，關津有船料之税、帶磚帶瓶之煩，船户有抑勒之害，水手有索詐之擾。夫裏糧儲粟〔四〕，操艅艎之舟，漫瀾于江、淮、河、濟之間，邅迴困頓，日與死爲鄰，而復耗費無算。舟抵丁字沽，已脱萬死一生之幸，而白河之剥船，通州之過壩，其狼戾于船夫之手又無算。自大通橋抵京，以至投解内府各監局庫，其奸枝弊竇益又無算。民命幾何，而不燋爛于灌輸之役耶注八？夫白糧一石，加耗夫船車脚，已費米九斗六升、銀八錢，通正米四石始當一石，則此二十餘萬石，實爲八十餘萬石矣。又每石在途，費民間米三石而少，在京一石而餘，共四石，通計前八石始當一石，則此二十餘萬石，實爲一百六十餘萬石矣。五郡之民，獨何辜而偏蒙賍累之極至此也？議者謂當破拘攣之格，以白糧寄派運艘，則可以免解役之破亡，而寬東南百一之費。其説果行，誠萬世利，然而未易言也。顧民運之費，浮濫不經，利不歸于國，而害獨叢于民。如前所云者，獨不可一起而裁省之乎？嘗考内府錢穀，皆有臺省監收，垂二百年，而白糧隸巡視十庫之臣，投解完銷，必嚴關白之令。隆慶間，當事者以言得罪，遂罷去不用，而權悉專于中人之手，謾無稽制矣。故事白糧投解，有僉家爲之主辦，諸所鋪墊等類，非僉家弗効也。僉故宿猾，而與中人左右胥吏，又都市無賴少年豪，内外膠結爲奸，翕張煽禍，視飛輓爲奇貨，視運民如魚肉，竭閭閻之膏脂，啗虎狼之餓喙，日甚一日，歲甚一歲，小民吞聲受痛，莫可控訴，于兹二十年所矣，又何怪乎東南民力之不支而胥爲逃亡邪？邇年田野汙萊，凋敝益甚，竊恐財賦之無從，而國家之所倚給，何以紓大司農仰屋之籌也？萬曆辛巳，侍御某公洗刷諸弊，運民便之。一歲而法遂廢。余嘗從丁亥歲上書請復，監收不報。己丑，適叨十庫之役，侍御莆田林公相與共事。每當運民至日，輒與持文而嗟，扼腕而悼，曾不得一甦剥膚槁髓、飲恨無控之民，頻然傷之。林公遂手疏先後事狀，忼慨抗論，上許可，下所司督飭之。而余與林公稍得奉揚德意，除無名之費，禁額外之征，定加增之數，革折罰之苛。于是夙昔胥吏豪猾及中貴人，亦稍稍勉就約束，不敢肆。是歲，省民間粟五六萬石，一時運民懽呼鼓舞，誦聖天子之寬仁。余惟除弊貴盡，變通貴漸，御事在法，而任事在人，余狗馬力不足以效馳驅，姑于其所積蠹僅僅汰十一二耳。若夫盡螯儈家之奸，建復監收之例，歲湔洊雪，漸銷其朘囓之毒，庶幾五郡之民可望復甦，而東南財賦不終乏絶，弗貽後日無窮之慮矣。兹以行過事宜編列成册，以竢將來之同志者。

二十九年，知縣晏文輝立收放稽查錢庫法：

一、款目糧徭册。每年奉本府會計，坐派糧徭若干，責令總書除優免外，將概縣丁田地山蕩埲驗派科則，申詳府院道，仍刊簡明告示遍諭。又刊科則青由，給散田甲，轉給小民，令其輸納。第已前算派多總書等欺錯，今後俱親弔查算無差，方準刊行，庶杜增減之弊。

一、比較簿。往年比簿不填丁畝，各角無有大總，原編已未完數目，田甲名下完欠，概用浮簽，此尤弊竇。今刊式樣，每角比簿，設立大總一葉，每圖設立團總一葉，每名一葉，前寫人丁米畝，後截分列五限圖格，仍分作三截，上截寫各限應完銀數，中截寫逐日完若干，下截寫連前共完若干，未完若干，俱係實填，浮簽禁革。仍令角總將田甲名下原派已未完數填入總内，務要以甲合圖，以圖合角，以角合縣，庶角總無虛填完數之弊。

一、新立糧徭派簿。往年田甲名下糧徭，悉係角總派算，每有多科少派，漫無憑考。今另設派簿，填寫丁畝，除優免外，照依科則派算銀米。每角一本，印縣存查。本縣仍不時掣吊稽核，使不敢犯，庶角總亦無多科之弊。

一、銀頭收銀流水簿。往年流水簿因無刷刻式樣，串票又不鈐印，悉據銀頭填註，多有侵弊。今設立刊刻號簿，并三連串票，責令銀頭編號，同三串票鈐印。如遇限下收銀，隨即登簿發票，一票給人户存照，一票給總催，一票存縣查考。所收之銀，開數付角總登入比簿，遇晚將本日所收銀數，開單付糧房填入日收堂報簿内，次日二□銀拆封，或三五日吊比簿查對完數，庶銀頭亦無侵欺之弊。

一、日收堂報簿。本日共收銀若干，據銀頭開遞報單，糧房照單登填，遇晚判日，仍弔比較簿查各田甲完數，類算曾否相同，庶銀頭、角總無侵收虛捏之弊。

一、庫拆封收簿。本日拆過各銀頭銀兩若干，總封在庫，仍弔糧房日收堂報簿查對曾否相同。若有差錯，即提銀頭對審。又總庫有糧徭收簿，各角有拆封簿，互相稽查，庶庫吏亦無侵隱之弊。

一、錢糧放簿。凡解放錢糧，悉係本縣酌量親兑起解，糧房僉押批迴，庫房登數，並不假吏書之手。放解過者，令其填入款目册内，以便查考。

一、立稽查批迴糧徭號簿。往年起解錢糧，因無稽查，多有違限半年以上而不銷批者有之，以致那移作弊。今設立此簿，凡起解各年糧銀，僉押批迴，同號簿送進鈐印。號簿上寫限某日銷，及銷批日，同號簿送查，親寫「銷訖」二字，或三五日弔前簿查核。若過限不銷者，定行拿究，庶錢糧不致遲悮，前弊可清。

一、設日稽各年糧徭庫簿。本縣置二截簿，上截寫某年月日，放某年糧徭銀若干，下截寫放解某款銀，作何支放緣由，遇晚送堂，親自查過，方準作放，仍令填入各該年款目册内。若不登簿上者，不許作放，庶逐日稽查庫吏無弊。

一、放該年徭里庫簿。凡放解徭銀，先要該房帖文下庫，方許庫吏解放。其給各役工食，必要對查無重領者，方準給發，登入此簿，仍吊該房歲稽簿、月稽簿查對，務要相同，責令填入款目册上，不許透用，庶稽核有則，放解得清。

一、各房歲稽月稽簿。凡奉院道府及本縣放解徭銀，先開單看過，方許寫帖下庫支用，隨登入前項簿内，且不許支用過則。仍不時掣吊庫放簿查對相同，如有互異，即行查究，庶庫吏無差，諸奸惕息。

一、遠年存内庫錢糧，不許擅自借支。查得往來借支，一概作放，故多不補還。而補還者多被庫吏等役通同侵匿，弊久相沿。今已發覺追賠數千兩矣。故設立嚴禁，凡奉上司明文借支積米，俱於實在後作一借支，不許一概作放。如賣米一節，完日即令補還，庶借放絶無影射。

一、在操民壯工食，除結發外，每年大約扣存月小事故銀一百一二十兩，各兵領過工食之内，應完鹽觔等銀六十餘兩，往時庫吏從中作弊，不於各兵名下扣除，竟將月小事故銀作放。今查出追完補庫，庶放給絶無侵漁。

一、毘陵驛僱夫銀二千十六兩，又無、宜、江三縣旱夫銀七百二十兩，遇閏加編，除支放，每年大約省存四五百兩。萬曆二十六年起，至二十九年止，每年解府轉解京一百兩，後仍停止。此項省存者止報府，不遇查盤，俱抵不敷之用，此尤弊窟。今除已革忙夫牙用議抵撮忙馬疋船銀等項外，存剩者照數封入内庫，申報查盤。

一、放給各役工食、官吏俸銀、孤貧米布等項，分釐必親驗判領狀準給，庫吏方敢稱銀，於本縣坐堂時稟明面給，毫忽不容私放短少。至如木字五號、金字十號座船水手工食，遇差則計日給領，無差則扣存貯庫。往時俱各全領，今查明禁絶，不容仍前私冒。

一，查庫藏要法。大抵以糧徭會計款目爲主，先令糧房設立堂報簿，登記日收銀數，次立歲稽簿，查理該年會計款項，又立月稽簿，登填起解批迴，稽查銷繳，俱存座右。庫設拆封收放各簿，凡有收支，必弔各銀頭流水號串，互相稽核。若夫查刷積弊，必吊季報循環，與交盤庫册互相參核，庶錢糧毫無滲漏，而吏書無隙爲奸矣。

唐鶴徵曰：國初，有囤户以徵收，有運夫以轉輸，一鄉之中，遍役數十人，以爲累也。于是縣以其鄉合之爲區若干，區復分爲上、下二角，五年一編審，則角僉殷實之户，收其角之本、折者一名，名曰糧長。名以十分爲率，一人不任也，或三人，或五六人曹任之〔五〕，大都重不過五分，少乃有以釐計者。每名之中，又舉其力之最優者，職輸白粲，名曰總部。諸糧長既已兑軍，則舉其應孰爲白粲者悉輸之總部，轉輸之京師焉。是其始以百人受一邑數萬户之輸，粒米分文之逋。其責未畢，又以數十人踰江蹈河，淩三千餘里不測之險，運數萬餘石上供之糧，水漲則虞漂，水澀則虞膠，漕卒陵之，閘卒稽之，關卒朘之，視榷者稅其船料，視廠者真州益之瓶，清源益之磚，領納皆有費，迺者稅使尤所甘心。既抵京畿，幸矣。白河之轉搬，通州之過壩，不勝其狼戾。凡所有事，諸司吏卒，視如几俎，中涓歇家，相與表裏，鷹攫虎視，不滿其欲不已。天下諸役，荼螫所萃，瑣尾所窘，莫有若斯甚者。然藉藉稱破産，則惟嘉靖末年爲然，何也？開徵之始，法當嚴稽納户之完欠，第責完于糧長，納户安得不逋？起運之日，法當稽糧長之完欠，第責完于總部，糧長安得不逋？且有司無名之費，自一二金以至數百金，罔不取辦焉。若出諸不涸之倉，而折色之用有緩急，轉輸之費有重輕，縣總獨操其權。不與爲奸，則急者重者常多，收不足解，則鬻産預賠，賠而不追，其産破矣。習與爲奸，則緩者輕者常多，收浮于解，則恣意浪費，緩者終急，其産亦破矣。甚至自度其所負之重，追呼雖迫，不敢出對公庭，時附其十之一二于追呼者以緩責，而追呼者又度其所負尚重，不敢出對，且併其附者而侵漁以入已。如是而向之負者幾足償責，而逋額則猶全懸，夫課額安得無歲不虧，而糧役安得無家不破也？自上虞謝公師嚴至，一切滌除，不獨無名之費，不責纖毫，納户之徵，罔欺圭撮。縣總書既裁，有徵即貯，緩急輕重之權悉歸之官，而無所旁落。第本、折兼收，則糧長與納户猶交爲病。糧長强，則抑勒以銀米並完，何知方冬米急而銀可緩，米易而銀爲難也？則納户病。納户强，則抗拒而經年逋負，起運而糧役已畢，收銀而久役不休，則糧長病已。濮州桑公學夔析北運本、折而爲三，各有專領，不相侵越。其領折色者名曰櫃頭，即置櫃于縣門而受輸焉。折色之徵，十與之期矣。昔時緩急之利在奸胥者，今日緩急之利在萬民矣。有役田，有役米，有役銀，輕則輕貼，重則重貼。昔有重輕，而今無重輕矣。清源附磚三百四十，名曰一票。余鶴徵在水部，請于司空，悉照軍船例，舟附磚四十，不願者照輸運價銀六錢，舟可省三十金。無錫侯給事先春巡視十庫，奉旨嚴戢中外，歲省民間米數萬石，皆著爲額。于是在途、在京之苦得少甦云。第編審之初，貧富易欺，奸僞百出，應役者用賄用倖，避若誅夷，開報者挾詐挾讐，甚于椎剥。及其催科也，日比一角，則日迫而難周，吏胥得移前爲後以避比。比易一册，則愚民無所執憑，而里甲易于飛灑。法馬時易，則櫃頭有所指稱，而拆封易于侵染。至于庫吏之那移出入，黠者以之成家，蠢者以之敗事，異時追併，頗害善良，當事者宜少加之意耳。抑又有説焉。奸民每遇編審，則以圖運之説進，不過以編審則五年一役，圖運則十年一役而已。曾不思均是一縣之殷實耳，五年編審，役者尚少，猶然不足，十年圖運，役者反倍，何以取盈？勢不免借中、下不堪之户，代充五年之役。夫中人之家易于興替，五年一編，猶有始任而卒不任者，矧十年，則其消長不啻天淵，安保其必任也？役一鄉則甲之貧富懸，役一甲，則家之貧富又懸。在富甲，則稍羸之家或得倖免，在貧甲，則不必豪右，勢必僉充矣。在富家，責之今日之全名，曾不爲過，令收一圖，是烏獲而折枝也。中、下之家，不得齒富家僕隸，責之遞運，是蚊虻而負山矣。欲均平，則移役必多，貧富卒難得當，人情必苦騷擾。欲分富家而攝數甲，則田甲爲朝廷稽户口之册，非可以詭多僞增者。往者屢禁里甲之團收，慮侵慝之難訐也。直今寇兵賫糧〔六〕，何歟？往者止許三人朋一役，慮貧乏之波及也。直今憔悴代匱，何歟？且總部則糧多，人轄一舟，舟人聽命，赴納必不後期。圖運則糧少，數人一舟，莫適爲政，舟人反得主之，稽遲惟意。竊賣惟意，害何可言！至于患花詭之弊，議五年始一推收。夫花詭所以避差，而非以避糧也，所以避往時之力差，而非避今日之編差也。無論里中士紳素稱奉法，近立官户專意追比，免役多寡，悉視官品，毫不假借，寄者何利？糧不以分而隱，則里徭亦不以分而輕，分者何事？苟有利焉，一年推收可以花詭，五年推收獨不可花詭乎？徒使徵糧則新主坐視，故主受比，點差則貧者報役，富者津貼。與其臨期許之首實，孰若先事而準其收户乎？蓋法至今日，講之頗詳，行之頗習，即有纖隙，飭之已爾，萬不必以一隅之見，輕議更張也。獨兑運之權，握之漕臺。漕卒其卒也，吴民非其民也，不免見齊牛之觳觫而昧越人之瘠肥。故漕卒至水次，如梟如獍，無法無官，官贈私贈，勒索無饜，稍拂其意，鼓噪而起，縣官往往見毆，如近日吴江之劉君時俊、溧陽之徐君縉芳，悍然如蠻如髦，幾同夷狄。邇者蘄黄軍至，遽請瓜兑，謂至水次，士人尚得怙其窟，有司擅或攖其鋒也，既去其鄉，則惟其所欲耳。漕臺不察，輒從其請，賴士大夫力言而後止。彼舟順流，兩日之程，此中覓舟，誰冒虎口？嘉靖末年，江南水涸，曾兑于瓜，僅有還者，至今父老猶扼腕痛恨之。于時漕卒猶未若斯之横也。既而南來，炮虓果甚，收糧百斛，通關半之，每糧百石，索銀廿兩。監部檄至，撫臺委至，藐不爲意，人亦不敢向之吐一氣。監部疏聞，竟未知所司稍裁之不也。

征榷

唐鶴徵曰：自周禮有關市之賦，山澤之賦，征榷籍之嚆矢矣。郡有河泊所，山澤之賦乎？

税課司，闗市之賦乎？乃晏子告其君曰：「山林之木，衡麓守之。澤之萑蒲，舟鮫守之。海之鹽蜃，祈望守之。」介偪之闗，暴征其私，若病其罔少密焉，何哉？蓋聖王之設官雖甚詳，要之掌其闗市山澤之政令厲禁，而非專以媒利也。載師以廛里任國中之地，廛人斂市絘布，總市廛布而入於泉府。正所謂園廛二十而一也。角人羽人所徵齒角羽翮，即山澤之農所以當邦賦者。繇斯以譚，既非額賦之外而別有徵，又非估物之值而論其税也。至虖泉府斂市之不售貨之滯於民者，以其賈買之物，揭而書之，以待不時而買者。澤虞使其地之人守其財物，以時入之王府，頒其餘於萬民，則有無相通，多寡相益，上下間藹然家人父子矣。豈若晏子之云，利獨歸於上哉！然古者因其所有而賦之，則稱便。今者變其所有而輸賈，則稱便。去都邑之遠近異也，故河泊之税，歲徵銀六百兩而不足，税課司局歲徵銀一千三百三十兩而羡，茶引所徵銀二十五兩而羡。以一府之徵僅若此，彰彰乎聖王之寬政，遺不盡之利以與民矣。第細民興替不時，田産轉儥甚亟。諺云：「千年田，八百主。」非虚語也。契必税其百之三，不無苦重。然亦多逋税者，日偶課之，譁然而起，有司輒爲罷征矣。迺者税使四出，横征暴斂，居者行者，悉在湯火。惟江南肇事，中涓稱賢，而撫按有司力爲裁酌。常州一府，其始税銀五千兩，設闗奔牛，季以首領官一員領之，尚多缺額，往往取盈府庫，閭閻日給，騰踴百倍，不無怨苦，以視他州郡，猶稱樂土云。當事者始議加派丁田，復議取徵駔儈，余鶴徵且陳不可，止。今兹撫臺曹公時聘且併奔牛闗而裁之，上歸京口，下歸滸墅，常無税矣。日者又嘗遣中使出括税契，徽州一府徵銀至二十萬，將以例括于江南。曹公力言蘇、常賦役繁重，民已孑立，且十年造册，始稽推收，乃可税契，今過期矣。異日常州請以千二百金爲額。吾由是二者知民之利病，惟在一時當事爾。見事審，任事力，則民受其利。見事不審，審矣而朒縮不任事，民安所逃害哉！武進之西陲有米市焉，適當孔道，歲暮水涸，而米舟湊集，頗梗行者。米儈諸奸藉爲口實，買田二十畝，鑿以爲河，擬括米舟於中，石税銀四釐，歲計三千金，永以爲例。米舟實非二十畝所可括，諸儈亦不能皆家於此，不過私開一税局，攘奪鄉民爾。前此牙用明抽暗騙，鄉民已不勝病，況益以此乎！武進尹晏公文輝持之不行，且爲解其額賦，然其意不無俟晏公之擢云。余故附書之以告來者。

土貢

白熟細米五百三十石零。

洪武初，内官監白熟細米，係上方自膳，歲獨派常州府。每進一千石，武、無、宜、江四邑均輸。時定鼎金陵，常在轂下，故屬之民運，以地近而用力少。永樂間，行在北征，命隨駕起納，四縣糧長僦民船裝載運之，累歲愆期。宣德八年，巡撫、侍郎周忱請建紅船二十隻裝運，所在官司應給人力，民甚便之。弘、正間，以官司給力不無需候，各贍以撑夫工食之貲。嘉靖初，夫船盡革，加添船錢貼夫諸費，聽糧長自行僱募。初進正米三百餘石，日漸有加。嘉靖末年，加至六百七十餘石。後減至四百餘石，今歲進五百二十九石有奇。

賑貸

唐順之與武進令李畫書曰：國家之賦，其水旱可得而減免者，兑運以外之數也。雖水旱必不可得而減免者，兑運以内之數也。水旱不可以不恤，而兑運又必不可減免，於是有輕齎之法。蓋米自江南而輸於京師，率二三石而致一石，則是國有一石之入，而民有二三石之輸，若是以銀折米，則是民止須一石之輸，而國已不失一石之入。其在國也，以米而易銀，一石猶一石也，於故額一無所損。其在民也，以輕而易重，今之輸一石者，昔之輸二三石者也，於故額則大有所減矣。國家立爲此法，蓋於不可減免之中而寓可以通融之意，不必制其正賦之盈縮，而但制其脚價之有無，不必裁之以豐凶之斂散，而但裁之以本折之低昂，一無損於國，而萬有利於民。此其法之盡善而可久者也。以武進一縣言之，歲該儹運米五萬四千五百八十一石三斗四合，此其入於國之正額也。本色正耗水脚平米七萬九千六百八十三石七斗三合八勺四抄，折色銀九千一百五十一兩四錢六分五釐五毫二絲，此其費於民之羨數也。若以銀而權米，石以值五錢爲率，米七萬九千六百八十三石有奇，爲銀四萬九千八百四十兩有奇，與折色銀共五萬八千九百兩有奇。若得從輕齎之例，石折銀五錢，計銀二萬七千二百兩有奇而足，縱使加折至於六錢、七錢，計三萬七千八百兩有奇而足。則是民每歲出五萬八千九百兩有奇之中，而今出其三萬七千餘兩之數，以不失國家之定額，而實私其二萬餘之羨以自潤也。夫五錢者，江南之平價也，七錢者，折色之極則也。若使江南米貴自五錢以上，而蒙恩折色，或減至七錢以下，則其所私之羨，固當倍之且蓰矣。倍之爲四萬，則是十萬人凶年一月之食也，則是國家不出一粟，不費一錢，而爲凶年十萬人續一月之命也。爲民父母者，何憚而不以告乎？司國計者，亦何靳而不爲乎？且夫國家漕運四百萬石之中，固常定有輕齎四十萬石，以待四方之以水旱來告者矣。蓋其歲之凶與否，與歲凶所在之地不可知，而所謂輕齎歲四十萬之額，以待四方之以水旱來告者，將安用之？況自古經費，其本折之權，率視緩急而爲之操縱。今國家所以遠輸於江南，不憚二三石而致一石者，正以江南米賤而京師米貴耳。近聞京師之米直，自七錢而減至四錢，而江南米直，自七錢而增至九錢，其爲貴賤，特異常時，則是江南以二三石致一石，而又不當一石之用也。今若取銀於江南，而用銀以給京軍之當給米者，江南無遠輸之費，京軍無賤糶之困，此正今日之便宜耳。然則非惟無損於國，蓋深有利於國，而得乎操縱緩急之權者也。夫損國以益民猶且爲之，國家發内帑以賑災者，往往有之矣。況無損於國而有利於民，而又況國與民並受其利者乎！此事在不疑而必可行者也。爲民父母者，何憚而不以告乎？司國計者，何所靳而不爲乎？嘉靖十數年，江南屢告災，國家亦屢常以輕齎與之，此其近例。試求之故籍，可復案也。查得嘉靖十四年，蘇、松等處災傷，巡撫侯都御史等準户部覆準除蠲免外，兑運四百萬石内，準折銀糧一百五十萬石，兑運米每石折銀七錢，改兑米每石折銀六錢。其被災尤重者，量準十萬石於臨德二倉支運，每石止徵脚價銀一錢五分。自此而上，嘉靖十二年折兑一百萬石，十年折兑二百一十萬石，八年折兑一百七十萬八千石。無歲不有災傷，則無歲不有折兑。此其因災傷而折兑者，常例也。又伏讀嘉靖九年詔書，兑運米以十分爲率，量準五分。是時常州一府該得折兑八萬一千石。此其不因災傷而折兑者，例外之恩也。由此言之，蓋有因災傷而行支運以大寬民力者矣，未有災傷而不行折兑以重困吾民者也。蓋有不因災傷而折兑以廣例外之恩者矣，未有災傷而不行折兑以嗇於例外之恩者也。

額兵

唐鶴徵曰：江南諸郡皆有衛。吾郡城，國初第設千户所。僭亂既平，所亦遂革，謂在腹裏也。然澡港邊江，華渡邊湖，南湖西滆，尤稱浩淼。若孟河，則宛然接江之上流，而當海波之衝矣，不可謂爲腹裏也。國初，額設民壯一千二百有奇。正德間，裁其三之一。嘉靖初，又幾裁其半，而府縣役占半之。於時民俗殷富，桴鼓不聞，以司闢門之啓閉，以備武事之觀餙已爾。嘉靖壬子，海氛頓起，焚掠郊保，錦繡名邦，幾成墟燼，始議召募。縣至三千人，人費四五十金。士既烏合，將不知兵，見敵輒奔，不敢回顧，稍後則背負創死矣。流血成川，哭聲震野，乃議徵兵遠方。則青、齊之長戟，燕、趙之材官，楚之組練，韓之谿子龍淵，蜀之巴賨叟兵，夜郎百粵馳冰踏箐，彎弩洞筈之酋，罔不畢集，又佐之以吴之艅艎，未收全勝。蓋澄平日久，即彼諸兵未嘗見敵也。幸主者決筴，以夷攻夷，始克掃蕩。然首尾七八年，江南之兵迄無成效。雖繇其俗素勇於私鬬，怯於公戰，夫亦練之不得其道也。不然，破楚入越，争長潢池，吴人何以得志哉！海寇既息，兵亦日銷，縣僅存若干名。陸有總練，則以指揮充之，日以訓練，夜以扞掫。水有水兵，十里一舟，舟有五人，北至京口，南至滸墅，中自白家橋，畫爲兩總，亦以指揮攝之，以備水盗。其餘通湖通江諸港，設有兵官，皆自指揮以下軍門所委用者。迺倭入朝鮮，聲言分道入犯，浙、直、閩、廣騷然煩費，吾常亦議增兵。余爲督撫備陳往鑒，止之不得。蓋時方奉旨飭毖，儻不增兵，虞人以慢事議之也。然余意非謂慢不增兵也，謂不宜增兵，宜多積餉也。自兵興及今，所費兵餉何止百萬，曷嘗得一兵之用？今雖漸銷，吾邑歲費尚萬有二千餘金。即問諸總練，萬一有儆，疇堪戰乎？吾知其必無以應也。蓋烽烟之息四十餘年，殺戮之慘，人不復見。額兵之設，等諸役占。十金買之，歲可得工食銀七兩二錢。以其半募人應役，擅其半入己。世間子錢，疇妥於是。然爲此者率憑城社，非特總練不敢誰何，督撫監司知而弗問也。彼受募者日銀一分，自非流乞不贍之輩，誰忍就之，此可稱兵乎？水兵所泊，則士人悉爲侵攬，舟即供其私載。舟不知操，何況於戰？楫不能具，何況於戈？及以失事見督，輒借盤詰之名，恣爲擄掠，賈舶村舟，不勝其困。攝兵之官，不無私焉，即令增兵，何以異是？惟能積餉，臨事召募，則依憑之徒必且不敢前，而重賞之下，其有勇敢乎？以余論之，兵本不可豫練也，請言其凡。夫練兵之法，莫先賞罰。江南財賦雖曰浩繁，疇有錙銖可以借用，市租盡輸幕府黃金，不問出入，其能之乎？平時閱練，抶七貫三，喧然傳駭矣。孫臏之戮隊長，穰苴之斬倖臣，必不可也。賞罰不行，其何以令！武夫悍卒，血氣爲用，跳躍彊梁，不能自禁，其道然也。善訓士者，惟培此氣，有事則用之公戰，無暇爲非，無事則用之私鬭，必至扞網。有司之法，寸寸尺尺，誅之則挫鋭，不可於將領，不誅則長亂，不可於有司。大都檻豺狼，柙虎豹，必不可久之勢也。貪饕放浪，迥異流輩，方其戰勝，首功有賞，克敵有獲，足以給之，平居工食，多則三分，少則二分，不足一飽。苟請益之，則民膏已竭，可令坐靡？苟仍舊貫，則枵腹謂何，可令作氣？且練兵者，非練其技也，練其氣也。氣怯則技精猶莫之展，氣勁則制梃可以無前。平居可校，亦惟技耳。欲練其氣，非挾纊投醪別有撫循，投石超距別有鼓舞，不能也。今之將領，尅剥成風，即加重辟，未能禁止。借有嚴帥，勵己擴清，兵沾惠矣，氣可作矣。未常見敵，其勇其怯，可自信乎？素負驍勇，臨敵而靡，若冉猛之客氣，未可知也。素稱懼法，臨敵而奮，若衛鞅之獲粟，未可知也。且昔人論氣，曰一鼓作氣，再鼓而衰，三鼓而竭。夫一再鼓之間，須臾耳，有作有竭，矧延之歲時乎？作之數年之前，用之數年之後，衰病逃亡，不知凡幾。今日之所養，必非異日之所用，異日之所用，必非今日之所養矣。然則今日之養，何爲也哉？余嘗歷考往牒，悉稽成敗矣。澄平之世，倉猝有變，必無萬全。久戰之後，柔脆之鄉，亦堪驅策，何也？驟見與習見，分途遠矣。黄巾始禍，州郡失據，長吏多逃，旬月之間，天下響應。未幾而袁、孫分割幽、冀，曹、劉據有荆、兖，各逞雄兵。地即其地也，民即其民也。禄山肇亂，河北二十四郡望風瓦解，未幾而淄青、魏博、澤潞、邢洺無非勁卒。地即其地也，民即其民也。夫豈易民而練哉？驟見則怯，習見則勇也。然則惟敵實爲我兵之師，相持之久，敵之短長，我得而知，機之變幻，我得而悉，戰而北，必思改圖，戰而勝，愈足益智。此亦士卒之所謂知彼知己也。知則勇敢自生，生則氣不待練而練矣。猶之弈然，終日習譜，不若對弈之應機也。若古人所稱慮存先事，安不忘危，惟寓兵於農者能之，而非所論于兵農既分之後也。不得已而爲豫備之策，惟厚積其餉爲要耳。鄉兵之不可練，余嘗别有議焉，兹不具述。

又曰：巡司之設，以捕盜賊也。故凡盜賊出没之區，皆有巡司焉，以補軍衛之不及，國家之制密矣。國初，司設弓兵至百人。澄平日久，謂爲冗役，以漸裁革，僅至二三十人，賊至不能拒，賊去不能緝矣。不知天下之事，得其用則多不爲濫，不得其用則少亦妄費。以今弓兵，乃覆爲妄費哉？非弓兵之罪也，裁之使不給于用之過也。王翦之伐楚〔七〕，必於六十萬，史不有明鑑乎！且巡檢之官，悉出吏員，事權甚輕，當事者素已懸枉縱之疑。及其獲盜，盜借之詞，則其官必敗，其盜必脱，反一捕快之不若也。蓋捕快獲盜，則功在所司，巡司獲盜，則功在巡司故耳。間有能奮而格盜者，則下洙之禍又且隨之。進有疑而退有死，即忠義之士解體已，矧若輩乎！甚非設官初意也。苟不改絃，則巡檢可無設矣。

又曰：夫寇賊奸宄，雖至治之世，不能盡弭。然弭之之術不可不講也。吾常北濱江，南濱湖，四通八達，綰轂舟車之口，無有阻塞，故濱江則有江盜，濱湖則有湖盜，由南而至者，則浙之衢人爲甚，由北而至者，則揚之漁舟爲多。凶年饑饉，救死扶傷而起者不與也。濱江之人不知禮法，騁其雄勇，習于濟汩。望兩淮諸鹽場，盈盈一水，凌風駕濤，朝發夕返。令食浙鹽，貴而且惡，雖有密網，烏能禁之？故千石之舟，百尺之檣，一時鱗次，捩柁揚帆之夫，走死如鶩之士，中堅洞骨之器，不戒而集。蓋其始未嘗不以自禦，而乘便則以禦人，尋常以禦人于江，而伺巧則亦竊發於内地。其行劫多至一二百人，少亦不下五六十。往年劫泰興，劫金壇，且劫郡城、無錫諸富室，一夜劫宜興河橋鎮九十餘家，皆此輩也。濱湖之寇，悉在歸、烏、長興，然亦二途。歸、烏多水，非舟不行，故貧家亦具一舟，富室或至數百。小者僅受三四人，大者可百石，操之常用三十餘人，四櫓八跳，益之以槳，日可三百里。秋冬間，時有三四舟，或六七舟，經行各郡縣，不問晝夜，唱號鳴鑼，無所顧忌，遇舟則劫舟，有導之陸亦登陸，登陸則以夜。往時白晝殺人于宜興西氿，殺巡檢于夏渚，劫郡城東南緣湖諸富家，則此輩也。長興多山，徑路叢雜，即久居者數迷焉。貧者無論，即巨室無他業，惟習爲盜以爲生計。間有不願爲盜者，有司急捕之，則衆執以應，蓋借是以除異己者，俾後之人不敢有兩業也。適與宜興接壤，宜興獨受其毒。往長興臧氏與宜興蔣氏争田，訴之縣，臧氏不勝。時方棲稼于畝，一日，臧氏千人奄至，數頃之禾，瞬息席捲而去。其以夜劫者不可勝計，時劫婦女以取贖。其行劫率以竹爲梯，越屋而入，至其欲劫之所，如取諸寄。被盜者明知其人，罔所控訴。蓋以隔屬故，即有司間移文捕之，適爲彼中有司及應捕人役促賄耳。吾役往，亦頗有厚贈，卒不發一人也。更急之，則群盜出而以枉控彼撫按，又其黨出而保給之，更移文于吾有司，捕人以相抵，則其所恃以必不敗之術也。衢州之盜，多以行貨爲名，熟伺諸藏而後發，不用衆而用寡，多不過二十餘人，常以雨蓋爲炬，以長柄斧爲械。視其扃不固，則舁石撞之以張威，扃固，則踰垣而入以掩其不及。其斧所擬，無堅室矣。揚州漁船，春秋兩至，舟亦可受五六人，然常聯舸數十而至，以西湖及宜興諸氿捕魚爲由，土人漁舟往往爲之向導。遇客舟則數舟攢之，雖有勇者，不勝其四面受敵矣。邇年遊方僧道，更多爲盜，然亦非有土人和之，不能獨騁也。衢盜似久不至，惟日劫宋典者類之。漁盜亦不能爲大害，即禁之俾不至，無難也。獨瀕江瀕湖之盜，弭之不易耳。嘉靖末年，江盜猖獗，諸當事頗以爲憂，設法剪除，二三年間，誅戮流竄，幾無遺類。既而長子養孫，復守其業。蓋習以成俗，勢不能革。

迺者永生洲拘官縛卒，幾至大亂。其焰之復熾可知已。歸、烏水盗，往嘗一創于哨官姚恕矣。時恕以捕盗功新任哨官，督兵華渡。恕亦多募吴江水兵自隨，湖寇適至，謂往時水兵爾，甚易之，迎敵，見恕兵便習，器械犀利，遂爲奪氣，不數合，殺死一人，生擒九人，餘悉棄舟遁。恕復用類推迹其所過抵，因而捕獲者又十餘人，餘黨唱言大舉入報，恕亦備之惟謹。然諸盗實有勢豪爲淵藪，會勢豪父子相繼死，家敗衆散，亦不復至，郡境稍寧。惟長興之盗日熾。議者謂江盗勢不能除，莫若有所用之，湖盗勢不能捕，莫若有所攝之。緣江諸盗，有不可與爲善者，亦有可與爲善者，令得録用，被冠服之榮以誇炫其閭里，所至願也。今水不設耆民捕盗乎，即以此輩充之，廉其可用。俟其有勞，則稍進之爲哨官，爲千總，其有勇健家丁，即録爲兵。狼子野心，卒不收拾，則戮以儆衆。即有未及收録而竊發萑苻，責成此輩，朝發而夕擒矣。傳曰：「御失其道，狙詐作敵。御得其道，狙詐作使。」此之謂也。毋論收一人得一人之用，且收一人減一人之賊矣。先是撫臺趙公嘗以倭儆問計，余説云然，趙公頗採而行之。不久，以擢去，事竟寢。然此非撫臺不能也。國家於省會之交，無不設官兼統，俾得聯屬，大則如鄖、贛，次則江西九江道之轄湖廣興國等十四州縣，湖西道之轄福建崇安等六縣，再次□□□則府衛相通，如德州衛之屬河間，嘉興守禦千户所之屬蘇州之類是也。惟長、宜兩興則絶不相蒙。先是烏鎮同知嘗屬江南撫按，吴江一縣亦受其要束矣。既而法紀漸弛，文移遂絶。宜興史孟麟在省中，目覩其害，疏請常州特設二守一員，專于宜興烏溪住扎，兼管長興。銓部以二守權輕，恐不能行，即倣江西九江諸道帶管閩、楚州縣事例，專設一道爲宜，下所司議之，湖州守巡竟格不報。爲今之計，惟江院兼攝，勢無窒礙。何者？撫按司道，浙、直原有定轄，不能相借。惟江院原主捕盗，彼中無與抗衡，以江兼湖，何辭之有！既不繁于添設，又不苦于遥制，令可必行，捕無不得矣。獨頻年饑饉，斬竿揭挺、探囊胠篋之盗，在在有之。應捕人役，例納其賄，爲之護持。捕牒未下，彼已先期滅跡矣。萬一捕獲，則令攀陷平民。窩盗之害，有不忍言者。第有司能如龔遂之治渤海，上也。不然，即于諸應捕皆知其能之所宜，盡力與否，俾其輸寫心腹，無所隱慝，如趙廣漢可也。求得其偷盗酋長數人，把其宿負，令致諸偷以自贖，如張敞可也。江陵當國，捕盗條格甚嚴，時亦稍稍斂戢。今且朦朧玩愒，懼督責而不以聞，聽縱横而不加詰，採左右之言，持可否之見，抑强爲竊，抑竊爲妄，知而不捕，捕而輕縱，致使被劫者不敢以首，勝、廣之變，恐必由之矣。

内運河有常鎮巡河指揮一員，自白家橋上至京口，皆其信地。

西滆沙子湖哨船，萬曆十年設，委武舉官一員哨守。

華渡哨，東南去城六十餘里。其地河道叢雜，溧陽、宜興米麥貨船欲渡蘇、湖往來，必由此河。盗船多自湖州渡湖入港，假充哨船，每至輒有五六隻，每船一二十人，結艅行使，多入下埠，以進内地，或由無錫徑越宜興、溧陽，白日公行劫殺。萬曆十五年，添設兵船，委哨官一員往來巡守。

南太湖哨，萬曆十六年添設兵船。

正統八年三月，漕運總兵官、都督僉事武興、巡撫侍郎周忱等奏：常州府武進縣民言漕舟出夏港，泝大江，風濤險阻，害不可勝言。常州城西有德勝新河，北入江，江北揚州府泰興縣有北新河，中間有淤淺者，俱宜浚之，以避大江險阻。浙江都司署都指揮僉事蕭華言：永樂、宣德間，漕舟自常州府孟瀆河出江，入白塔河，江行不踰半日。今孟瀆河淤淺，請浚之。廣東按察司知事黄武、浙江處州衛指揮使牛通皆以爲言。事下臣等計議，華等所言皆有據，請先浚孟瀆河。其白塔河有四閘，可於其中大橋閘築壩，候運河水泛，則開閘行舟，水落則仍閉塞。德勝河亦宜脩浚。惟北新河計當役一十五萬五千人，一月方完，比者連年災傷，不可興大役，請俟浚理孟瀆河、白塔河、德勝河完再議。上從之。

宣德四年八月，御史陳祚言：揚州府邵伯閘壩，舊設官二員，民夫二百三十人，置盤車輓過舟船。今高郵湖堤及儀真瓜洲堤岸高固，河水積滿，舟經邵伯，皆是平流，閘壩官夫，盡爲虚設。而白塔河上通邵伯，下注大江，凡直隸蘇、松、常州及浙江諸郡公私舟楫，以孟河至瓜洲，江濤險惡，多從白塔河往來。然河既淺狹，且有不平之處，若遇少水，未免艱阻。如以邵伯閘壩官及夫移於白塔河，稍加疏浚，又置閘積水，以通浙江、蘇、松之舟，實爲利便。上命行在工部勘實，果利便則從之。

六年九月，直隸武進縣民奏：閩、浙官民船隻及今漕運，必由本縣孟瀆河出，逆行三百餘里，始達瓜洲壩，往往爲風浪漂溺。縣舊有新河四十餘里出江，正對揚州府泰興縣新河，入至泰州壩一百二十餘里，至揚子灣出運糧大河，比今白塔河尤爲便利。第歲久泥淤，難通重載，乞加修濬，實爲便利。命平江伯陳瑄、侍郎周忱審計〔八〕。

天順元年十二月，尚寶司少卿凌信奏：江南運糧者，泛大江至瓜洲壩，有風浪之險，宜從鎮江府裏河。而裏河自新港至奔牛一百六十餘里，河道淺狹，又有三壩，大不利車盤，七里港口又有金山橫阻，江水不得入，以故糧舟多冒險損壞。宜通七里港口，引江水灌入，濬新港至奔牛一帶爲便。奏下，工部覆奏，宜令管理糧儲河道官僉都御史李秉及郎中沈彬提調附近有司通濬，從之。

正德二年九月，復開白塔河及江口、天橋、潘家、通江四閘。先是總督漕運都御史洪鍾言：蘇、浙運舟，由下港口，并孟瀆河，泝大江以達於瓜洲者，遠涉二百八十餘里，往往覆於風浪。惟孟瀆河對江有夾洲，可抵白塔河口，舊設四閘，徑四十里至宜陵鎮，折而北，即抵揚州之運河，於舟行甚便，請開濬如舊。至是成。

無錫縣志〔九〕

險要

無錫南據太湖，北距大江，東鄰于海，其要害有二焉：百瀆、小渲、雙河、高橋、東亭、五丫浜，内一險也。四河口、五牧、斗山、宛山、蕩口、顧山、望亭、獨山、白茆山、閭江山，外一險也。戰守有方，水陸有備，攻掠之患，吾知免夫。

獨山在無錫西南三十里，梁溪之水至此入太湖，盗艘必走處也。謂宜添設巡檢，嚴其守禦，太湖内外之寇可以無患矣。

雙河口在縣治西北五里，南通太湖，北達高橋，高橋爲武進、江陰要道。賊自江陰來者，必出高橋，過雙河。自太湖來者，必由西溪過雙河。雙河者，四塞之衝也。高橋雖設巡檢，而羸脆卒僅足以供巡邏之用。若多壘之日，而不以重兵於雙河控扼，非萬全之策也。

望亭在縣南五十里，與長洲分界，巡檢司在焉。其地東通蠡湖，西通太湖，號爲賊藪。嘉靖甲寅，倭自滸墅來過此，聞新安有土兵，以爲苗兵也，轉而南，縣城賴亡恙。謂宜加增備禦，以遏賊北行之衝。

團保之法：每家三丁則出一丁，十人爲甲，甲長統之。五甲爲保，保長統之，而皆聽於團長，書爲一牌，懸於團長之家，自備器械，註於名下。在鄉則各村各鎮，在城則一坊一街，擇有材勇爲衆所推者爲團長。於寺觀場圃之間，習爲戰鬪擊刺之法，分番較覈。無事則農工商賈，有事則鞭弭櫜鞬。其臨事畏縮者治之以法。大約一鄉一團，或大市雄鎮，居民稠密者，結爲大團，偏坊僻聚，村墟曠遠，則自爲一保。倭夷往來要害之地，或十里、五里而一團。當關喉舌之路，跨河襟帶之區爲一團。星羅棋布，脈絡相連。一團受敵，鄰保相率以合圍。官兵出勦，各鄉因之而嚮道。

田賦

桑絲綿絹後俱併入秋糧夏麥内徵收，最後則惟存秋糧平米一項，而不復有夏麥名色矣。國初糧額，抄没田最重，官田次之，站田又次之，民田最輕，無慮數十則。前巡撫周文襄公忱立法，原額四斗以上則納金花白銀輕齎折色，三斗以下則納白糧糙米重等本色，視田則輕重爲損益。法非不善也，但因田則太多，書算巧於飛詭，陰受富民之囑，則以官作民，暗行掊克之術，則移輕作重，愚民無知，莫能究詰，虚税日積，貽害浸深。至嘉靖十六年，本府知府應檟議查原額田糧，正米數少者耗米遞加，正米數多者耗米遞減，裒多益寡，將合縣田糧，均爲官、民二則。官田每畝平米三斗三升二合，民田每畝平米一斗五升九合六撮九圭，仍逐年會計，每平米一石，驗派本色米三斗八升，折色銀二錢四分八釐。其白細粳糯米，次等白粳糙米，皆準米科數，謂之本色。其金花白銀，皆計銀扣派，謂之折色。撮煩就簡，較若畫一，使百姓易曉，而書算無所施其術，富民無所售其奸。申呈巡撫歐陽鐸詳允遵行，於是民困少甦矣。

國家承平日久，土田多未覈實，墾闢者不行開報，而鬻田者每存虛額。故或有田而無糧，則坐享其利以至于富。或有糧而無田，則日受其害以至于逃。逃户之糧，累及糧長里役，民間嚣然不寧。是以尚書顧鼎臣於嘉靖間三次奏請清查蘇、松、常、鎮、杭、嘉、湖七郡錢糧，然能行之者，惟蘇州知府王儀，而他郡之受害如故。應公之法雖善，然但可以革區書紊亂之弊，而不能救小民賠償之苦也。至嘉靖三十二年，邑人侍讀學士華察倡義捐貲，俾耆老諸人赴京引例陳請，世宗皇帝準令户部議處，覆行撫按，轉行督糧參政翁大立專委本縣知縣王其勤丈量，嚴立隱匿之禁，痛懲稽緩之徒，三閱月而畢。仍將新量田土分爲三則，共覈出無糧之田一千六百餘頃，剗去無田之糧八千餘石，非惟賠賊者得以蠲除，而通邑賦額亦得以輕減矣。

練兵

嘉靖三十三年注九，會計坐派海防銀四千九百七兩三錢九分九釐徵收備用。三十八年，巡撫翁大立批開原派海防養兵等項名色一切革去，仰縣即於實徵平米上每石徵銀六分，俱作練兵。是年該銀一萬四千七百二十一兩有奇。此後數目大略相同。隆慶元年，減派銀七千二百十三兩五錢。六年，減派銀二千四百八十七兩九錢四分。以後年分兵銀遞減，會派徵解。

按練兵之銀，始因禦倭而設，本非得已，而亦未見實有可用之兵也。況寇熾之時，止徵四千有奇，寇平之後，反增一萬，誠爲無據。乃今郡邑以撫字爲職，撫院重邦本之思，遞年減派，豈亦有裁革之漸邪？

工科

常州府書册，通計五縣每年於秋糧折銀内扣義役銀二萬兩，專備各部料價不時坐派之用，原無定數。至嘉靖三十六年，爲三殿災，會計坐派本縣工部四司料價銀五千三百七兩二錢有奇，即於秋糧平米内每石加增銀二分一釐六毫二絲，徵解本府，轉解工部，分解工部四司。

按工部題派料銀，蓋因舊徵不到而新立額定之數。今有司既遵新額另徵，而義役之徵如故。況大工已完，此銀未革，當事者獨不爲小民軫念耶？

貢課

巡鹽察院立法，定令本縣巡鹽民壯弓兵四十二名，每名一月限獲鹽百觔，以一歲計之，通共該鹽四千二百觔，計納銀一百六十九兩四錢四分，遇閏加銀十四兩一錢二分，名曰欠獲鹽船銀兩，俱扣巡檢司弓兵名下工食銀貯庫，解府轉解運司充課。

論曰：任土作貢，王政之所不廢也。今郡邑不以方物獻而折銀徵解，已非禹貢之初意矣。若鹽課不足，乃於巡兵工食内扣充，奈之何巡兵不爲鹽蠹也，左亦甚矣注十！

江陰縣志

起科則例

舊額官田每畝科麥一升至二斗六合九勺止，科糧五升一合至四斗一升七合一勺止，凡一百七十八則。官地每畝科麥二升至一斗二升止，科糧二升五合至二斗八合止，凡九則。民田、地俱每畝科麥三升，各一則。民田科糧五升一合至一斗八升九合九勺一抄六撮止，凡四則。民地每畝科糧五升一合，凡一則。官山每畝科糧五升至一斗六升止，凡三則，另一則每畝科租錢二文。民山每畝科租錢二文，一則。官灘每畝科糧四升五合，一則。民灘每畝科糧一升，一則。

嘉靖十六年，巡撫、都御史歐陽公鐸奏定官田地、民田地各爲一則，夏税入秋糧，抵斗同徵，正耗加耗，通算均派。官田地每畝科平米三斗，民田地每畝科平米一斗六升二勺七抄八撮，官民山灘每畝科平米四升一合三勺，另官民山一則，每畝科錢二文。

徵收則例

官田地止徵正麥，民田地每石加耗麥一斗二升。官田地每畝加耗米二升，民田地每畝加耗米九升。山灘塘蕩及灘轉新田，俱止徵正糧。

歐陽公例見上。

文襄公事蹟

一、立綜核田糧法。蘇、松諸府流民棄田，爲豪猾侵據，貽累細民代供税賦。乃令每里選强力者五人，或十人，充田甲，分主棄田耕之，而輸其賦。由是野無曠土，民免横征矣。宣德六年。

一、奏立部運細米法。蘇、松、常三府上供細米，民自轉輸，勞困無度，累歲愆期。乃奏每府造黄船二十艘，令民運而官督之，所至官司應給人力。宣德八年。

一、立水次倉。先是諸處税糧，俱里胥糧長就私家征索，推斂無藝。乃於附城水次設倉，總徵並蓄，而時出之，令民徑自送納，較之往昔省減二分之一。宣德八年。

一、立均徵加耗法。云云清完。宣德八年。

一、奏立濟農倉。奏疏以爲蘇、松嘗云云兼并。詔可。宣德九年。

按：先王制邑以里，里有疆畝，其可墾不可墾，賦一定而不可易也。漢志郡縣則壤成賦，必先舉其户若干萬、口若干萬，著之以爲數也。垂法之意深矣。國初，定墾田幾一萬頃，賦額可稽。自成化以來，田數稍加，而賦日增廣，豈未墾之土，民盡墾之若是其廣乎？説者謂未科之田，弊端滋多，其概有二：書手之家暗尅徵收人户，積分成畝，積畝成頃，遺諸子孫，私食其利。一旦異心，旁有私怨，首入於官，盡爲公賦矣。又有亡業之人，當其乏絶，本無田宅典質，將祖父遺有未科，或本無未科，詭言實有，出售富家，收其虛糧在户，如貸本出息，然不久告歸本户，官發其奸，則又升科矣。境内之田，惟有此數，虛數在官，則實病在民。有圖欠，有陪糧，有虧畝。民耕一畝之田，僅得九分，其嬴者不過奇數而已。惟新堪田畝〔一〇〕，係是邊江浮土，有漲有坍，勢不可常。宜另爲一則，定其段落，築以田圍，溝以限之，石以識之，明籍在官，引丈可驗，不使告升者以多作寡，告坍者以寡作多，則虛實相當，利害不偏，升除各得其故矣。其姦猾隱税之家，善匿而未露，亦可因是而根究也。昔人論前代最户口、定墾田大數見減益之差，以明政化，其意蓋並行而不悖也。

姚文灝導河夫奏議

臣惟蘇、松、常、鎮沿江近海洩水港浦，潮沙之積有常，而疏導之功不繼，所以患多而利少也。前代或設撩淺之夫，或置開江之卒，專一濬治，不限時月。近歲役夫皆臨期取於里甲而無經制，小民勞擾而吏緣爲姦。富者有累年而不役，貧者無一年而不差。查得今江北運河撈淺等夫，及嘉興府海塘沓石等夫，俱是均徭派撥，事體有常而公私不擾，緩急有備而功緒以成。臣欲乞朝廷下各府，將導河夫役悉炤運河及海塘夫，每年於均徭内定撥，專一疏導，循環不已，庶幾無患。報可。

於是又以爲民有耄稚、富貧、壯病不齊，不可並驅於力役，乃令每里僉夫一名，每夫辦納工食銀三兩，内地州縣俱輸濱江官司收貯，遇有興作，給散役民，計日論功而償其直。不惟使民見利忘勞，而貧者因得以售食其力。於是公私稱便，而歷古之積患，一朝都除矣。

河防記

江陰南挹太湖，北遶楊子江。太湖之水由無錫入于運河。運河之水，自五瀉堰入者，達于經河，出夏港而入江；其東自高六堰自轉水河入者，達于東境之河港而入江；其西自洛社河、自横林河、自七市堰、自丁堰、自黄汀堰入者，達于西境之河港而入江。

江陰之水有二注十一：北自黄田港流注諸河，達于境，謂之江潮。南則太湖梁溪之水，溢于無錫之運河，自五瀉諸堰而來；西則丹陽練湖、白鶴諸溪之水，溢於武進之運河，自黄汀諸堰而來達于境，謂之河水。夫水之來也有所受，而後水能爲利；其溢也有所泄，而後水不爲害。是故四境之内，其在東也，凡爲溝港涇者十三，鰣魚港、趙婆港、白沙港、石牌港、石頭港、西雷溝、東雷溝、蔡港、私港、范港、谷瀆港、令節港、界涇。惟谷瀆港、蔡港、石頭港爲大注十二。其港身袤四十餘里有差，口北通大江，腹裏南通應天等河，跨崇仁、寶池、清化、化成、白鹿五鄉，資溉民田最博。横河貫其中。今既窴淤，水絶壤斷，諸港不通，雖有江流之入，中遏而不逝，歲受旱患者也。其在西也，凡爲河港者九，夏港、流皮港、新溝河、申港、蘆埠港、利港、立埭港、五斗港、桃花港。惟申港、蘆埠港、利港爲大注十三。其港身袤三十餘里有差，南通武進綱頭河，北口通大江，跨永陵、良信、來春三鄉，民田多賴爲利。中有順塘河横亘其間，梗塞不通，歲旱益甚。其崇溝河長十六里，隷來春，沿秦望山下，通南山塘河，河闊水溢，山水迸發，田没無救，旱時又以田低於河，罷人力，穀不易熟，此則水旱並患者也。桃花港近利大河，與武進半之，通則分受其利，塞則均害焉。其在西南，則青暘一鄉，有前渟塘、九頃圩、後渟塘、三尖圩、謝莊村等處最爲窪下，多被水災。其次塌水港河口淺隘，中流微細，遇旱稍患之。餘壤沃肥，種秔稻，歲入畝可一鍾，旱患不及。其在東南，是爲東順、西順、長壽、鳳戈、金鳳五鄉，田多高卬，湯村、東新、南新、李岸、官禄、倪塘、清溪、太清、長壽、直塘諸河聯絡其中，疏之則治。其馮涇河約袤十里，界蕭岐、花塘、高岸、上廟堂四處，河身狹小，西通經河，東通長壽河，流波俱不能納，此則水旱俱患者也。傍有黄天宕，地形下，土性疏惡，水至瀰漫，其害尤劇。凡高卬者利江湖之灌注，凡低窪者苦湖水之泛溢。江潮由諸港以入，而衆河爲之接引，湖水由諸港以出，而衆河爲之受瀉，此其大較也。支分而委治之，則存乎其人。前輩鑿河穿渠，縱横曲直，灌注輻輳，各有條理，廢一不治則害生，盡廢而不治，則害成不可圖也。漢人有言：通溝瀆，畜陂澤，所以備旱也。觀地形，令水工準高下，開大河，洩暴水，築田圍，所以防澇也。江陰河港潮沙易壅，勢不能久，近者一二年，遠者四五年，通治之，勞民不可殫紀。凡沿江去處，宜設閘座，以時啓閉。每春撈淺，理其閘外，工減數倍矣。其横河往嘗設閘，力不能守，終至於廢。又懼勞民，數年而不一濬，棄地爲河，棄河爲草莽，其利害大小何如也！潮沙之淤以漸而積，疏濬之功當有次第。如某河某港淤淺，宜五年而一開，某河某港淤稍深，宜三年而一開，計用夫力若干，工食若干，每歲徵收導河夫銀兩，不得别項支用，畫以一定之數，立爲循環之法，而官所不足者，臨時復責之近便得利人户，則開濬之役歲有而不爲勞，民饒而少害，豈非興利除害，皆可豫見定計者乎！

姚文灝修築圩岸事宜

一、圩田内外所作横塘直浦大岸小塍，亦是古人井田之遺法。古之井田，賴溝澮封畛以備旱澇。今之圩田，賴塘浦岸塍以備旱澇。但井田之溝澮封畛多且闊，圩田之塘浦塍岸少且狹，所以古之水旱易備，今之水旱難防。然嘗考其故蹟，又知塘浦岸塍初作之時亦多且闊，所以狹少者，乃後人惰於修濬而壞之。當思百姓欲飽食，必須盡力於塘浦岸塍之役；官府欲足民，必須盡力於塘浦岸塍之事。大抵不論低田高田，俱以十分爲率，低田以一分爲堤岸，高田以一分爲溝池，則餘九分可以永無旱澇。

一、五等圩岸式。田低於水者，底闊一丈五尺。田與水平者，底闊一丈四尺。田高於水一尺者，底闊一丈二尺。田高於水二尺者，底闊一丈。田高於水三尺者，底闊九尺。面闊比底各減半。高亦以水爲準，外面各離水八尺。若溪湖衝激去處，願增者聽。

一、各圖圩岸，俱著排年分管。若本圖元有十圩，則每甲一圩。若不及十圩，則將大圩分轄之。若十圩以上，則并小圩兼管之。分管既定，然後立封牌爲志。

一、封牌以石爲之，長五尺，闊四方各一尺五寸，皆竪於圩南。上二尺五寸四面刻字，前云某字圩，後云某縣幾都圖幾甲排年某人，左云官民田若干，右云糧若干，下二尺五寸培而築之。

一、應修圩岸，該管排年量田高下，照依五等岸式，督率圩户各就田頭修築。不論有田多寡，但以田頭闊狹爲則。假如田頭闊五丈者，即修岸五丈，闊十丈者，即修岸十丈。或有逃户田頭及溝頭岸，則衆共修築。其圩心田户，若有徑塍者自修徑塍，無徑塍者與衆同修逃户及溝頭岸。排年則管修一圖圩岸，糧耆則管修一區圩岸，各縣治農官則提督一縣，各府治農官則提督一府。若一圖圩岸不修，罪坐排年，一區圩岸不修，罪坐糧耆。等而上之，一縣一府，責各有歸。

一法不論田頭闊狹，但論有田多寡，照田出人，照人分岸，一總修築，亦可。

一、有等極低圩岸，又係貧難及逃絶户田産者，治農官務要督令該管糧、耆，將概都或概圖有圩人户，照田起倩借力，併工修築。

一、高鄉溝渠，亦須併工開濬。其法亦令糧、耆將概區人户照田起倩，通作一處，會同里老相勘本區該開河渠幾處，某渠爲急，某渠次之，某渠又次之，議定依次併工開濬，周而復始。工程小者，或今年開幾渠，明年開幾渠。工程大者，或今年開半段，明年開半段。

一、低鄉有等大圩，一遇雨水，茫然無救。該管人員，務要督率圩户，於其中多作徑塍，分爲小圩。大約頻淹去處，一圩不過三百畝，間淹去處，一圩不過五百畝。

一、圩田外有等坦田，往往被災而不敢作災，深可憫惜。今後俱要築爲圩岸。

一、低圩岸内再幫子岸一條，高及一半，如階級之狀，老農謂之抵水岸。

一、圩岸上俱要砌内外車場，高低水洞，不得因車水放水，輒便掘岸。

一、凡邊臨湖蕩，圩岸外須種茭蘆以禦風浪。其狹河宣洩去處，却不許一概侵種以遏水勢。

一、高鄉田畝去水寫遠，無從車灌者，令田户於田内開塘蓄水備旱。或所開之塘滲漏不蓄水者，於他處挑取黏土和灰築底，自然蓄水。

一、近山高田無水車灌者，令得利户於山拗田尾共買地開塘，以收蓄泉源及雨水，亦可備旱。

一、高鄉河埄臨水二三丈間，不許人番耕種蒔，以致浮土下河，止許栽芰茅桑棗等項。

一、近時水道大半築塞，官府憚於修橋，則築塞沿塘河口，百姓懶於修圩，則築塞通水溝頭，小利大害，上下不知，必須漸次開通。若是洩水隘口，雖盗樁魚斷，亦不宜概釘。

一、凡緊要洩水河内，但依古人建造水橋，宣洩快便，不得輒造石橋，遏束水勢。

趙錦書江陰縣志後

郡縣分土而治，其政若易也。而川谷異制，民生異習，則其所以爲休戚者，亦因以異而施之於政，緩急亦不能以皆同。以不能皆同之政而雜然施之，此郡縣之治所以未易言也。江陰素稱殷富，爲國家財賦之區，而地多高卬，民常苦旱。昔人並開諸渠，皆自江以達於運河。議者因謂以洩震澤之水，使入于江，而不知其正欲引江之流以便乎農也。惟其潮汐往來，沙渾易積，疏濬未幾，而湮閼如故，故言水利者莫急於江陰，而言治水之難者亦惟江陰爲甚。其東私港、谷瀆之間，接乎常熟之慶安，去縣九十里而遥。其地枕江以爲險，其民負鹽以爲利，法制既疎，習染遂惡。小者揭竿黨聚，肆行村井，而大者治舟航，挺矛刃，公肆鈔掠於洪濤巨浪之中，至抗衡官兵而莫之懼。吏捕者少則不能得，多則遂遁而入於海。故江陰素稱多盗賊之擾，而言弭盗者亦卒無良策。夫其急與擾也，則政莫有先焉者，而其難與無良策，則亦以因循曠廢之餘而欲得夫久安永逸之道爾。蓋爲政之道，猶之治心。治心者日省察之，而後私僞無所容，而本體常明。爲政者日飭治之，而後釁孽無所萌，而民生常安。今或積數年不濬，而一旦欲諸渠之並通，居常無以稽察其出入，先事不能逆折其萌芽，而欲寇竊之不作，此雖下濕素安之地，尚亦不可，而况欲以是得之於江陰乎？故爲政者誠加之意，時而考之，毋忽其安，歲而計之，毋畏其囍，則施之有序，事固無不可爲者。故治水難矣，而計畝以授功，分年以治事，所謂導河夫銀者又爲之歲畜以待需，則官府爲歲舉之常而無并集之擾，百姓以彌月之勞而獲十年之利，即諸渠亦未嘗不可通也。至於盗賊之變，雖無常形，而先事立防，則若保甲之法，編集提督之有方，會哨之舟，彼我往來之無間，則亦可以消其未形之惡，褫其不肖之心，而即不幸有變，亦不至於滋蔓而難圖矣。蓋崇本以清源，因時以制變，賢哲之士自有良圖，而天下之事則未有無序而可行、懈弛而可幸於無禍者也。此其大端也。予之始從政於此也，睹民物而惻然，視案牘而茫然，徒切焦勞，罔裨治理。今而後知江陰之政，其先且大者寔在於是，則又以積廢之餘，未能兼舉，而且自惟鰥曠罪深，莫克是終之爲懼。於是丁未十有二月，江陰縣志成，邑之事，巨細既有載矣，而於斯二者，則予不能不深致意焉，以竢後之君子也。邑故有志，今志作於大司成水南張公。其遺文故實多採諸舊志，而提綱以示之準，糾繆以協於貞，芟蕪以歸於核，蒐逸以入於詳，使燦然足以信今而傳後，從政者有所干稽，則公所自得者居多。其共繕之費，取諸歲會之餘，而公自授館汔于告成，盡謝廩庖之餽，省金凡若干兩。同修邑志者五人，亦多所謝卻。而劉生珪、林生文煥中以病亡，蔣生龍復與計偕，孜孜夙夜，克相厥成者，則多徐生鳴玉、吴生胤之功焉，皆讀志者之所不可不知也。

靖江縣志

靖江之田賦，與他縣亦略異。他縣賦有恒數，則田有恒額，酌其肥瘠而畝科幾何，雖百世不刊也。靖邑之賦，定於五萬三千六百，而田有漲坍，時多時寡，不逾年而輒易，則科賦之輕重因焉。其言曰：坍則通縣包賠，漲則闔户霑惠。蓋則壤之成，不得緣坍而減，自不得緣漲而增也。

故他縣册稱「鐵板」，靖册獨稱「魚鱗」。魚鱗者，參時勢而先後次之，非一成不易之則也。司牧者誠有意民嵒，是不可毋詳審焉。

郡判吴紳軍籍聽原籍充伍議，略云：解查補伍〔一一〕，費神費牘，勞民傷財，而逃隱買補之弊，終莫能革。每見審併一軍，動擾排里，本管悮脱，刑累傷生，攢造册籍，歲無虚日。及其已解在衛，徒靡口糧，一遇征發，恐有失利，不敢調用，仍募民兵。夫當無事，民既出力以養軍，及其有事，民又出身以代死，均之赤子，一捐一憐不同若此者何哉？法使然也。若止本籍當軍，無絶無逃，無查無勾，私家軍莊，足供常膳。有事赴戍公家，重資其行，民壯不必别審，而卒伍自有定分，軍衛不必紛錯，縣令足以統制。或就其軍數多寡，調委武員一二，協同所在丞簿帥領操練，總轄於附近衛所。雖或臨陣有傷，餘丁自甘充補。彼利常餉行資之厚，誰肯認缺？此則一舉而百省者也。竊聞正德初年奏行事例，凡軍逃者許就逃至處所自首，即於其地收伍，原衛開除。願留原衛者聽，不復原籍勾查。新犯者自當照例問遣。此亦順民情以求實用之一端。今查靖江見在併户存軍六百二十四名，差合近年募兵之數，若以排年編户輪年操備，又不若即軍籍者尤爲便利也。深惟民兵、衛兵，天下行之久矣，孰不知衛兵虚名、民兵實用之辨，第衛兵生長行伍，習戈矢如耒耜，民兵取於畦畝市井間，訓練有難易耳。若取吾説行之，則可無二者之慮矣。

江陰李詡戒菴漫筆

余邑有匠班銀匠户，每名出銀四錢五分，此定于國初，而户籍一成不變。夫銀以匠名，爲其有匠利而課之也。今其子孫不爲匠者多矣，猶可責其辦者承租户，而力亦勝也。中間有絶户，有逃户，則里甲賠貱出于無辜；有零丁，有乞丐，遇每追併，必至于盡命。何無一人以通變之法聞于司牧者乎？排年十年一編審，可炤例行也。核見在匠作均派之，當無難者，留心民瘼之君子當亟行之矣。

靖江縣志

靖之田賦，與他縣略異。他縣田有恒額，則賦有恒數，雖百世可不刊。靖賦定于五萬三千六百，而田有漲坍，時多時寡，科賦之輕重因焉。坍則通縣共加，漲則闔户共減。故他縣册稱「鐵板」，靖册獨稱「魚鱗」。

邑之田有官田，田所入，以供官府盈詘之需，但不缺國賦，而不服雜徭者也。有民田，聽民自爲種佃，而供上之課，服上之徭役者也。有沙田，如積荒沙田、飛沙田、灘初成而轉科之沙田，或官或民，其賦徭俱如上，而税額則稍輕矣。有灘田，濱江漲處，已出水，未出水，俱謂之灘，亦有官民之别。其賦與徭俱極輕。有山田，惟孤山之十五畝，歲課鈔錢三十文。有土官莊田，嘉靖四十一年，鴻臚序班鄧欽承奏其祖尚書鄧明係安南國輸忠納款人員，久有賜土，清出孤山等處田十頃十三畝，抵補坍没田十頃，賦徭原三升三合，至萬曆初年，奉例起科附籍甲外，仍不許子孫擅賣，坍者令告明抵補，有碑刻幕廳。

沿江要害，西有圌山門、永生洲，屬鎮江。在江北則黄家港，屬泰興。江南則俞塘等港，屬武進。而邑之小沙團、太平、夾黄等港逼之。東有巫子門，係海口。江北則狼山，屬通州。江南則福山，屬常熟。楊舍，屬江陰。而邑之永慶團、青龍等港逼之。防上流，須守小沙團、太平等港。防下流，須守永慶團、青龍等港。其西北接壤維揚處，則有鎮海市、生祠堂、永定營、陰沙等處，爲江南、北叢雜之地，最易生姦。

本縣信地，南自皇都港至天生港，計里三十。東南自天生港至青龍港，計里四十。東北自青龍港至孤山港，計里四十。北江自孤山港至侯家港，計里三十有奇。各以兵舡布列。

按：小沙、永慶兩團去邑最遠，奸宄易生，而黄家港、俞塘港與夫劉家沙、唐沙等處，尤爲盜藪，亡命逋兒，日飛帆出没于烟飈波浪中，聲勢不相犄角〔一二〕。謂宜于小沙團設一重兵，兵舡分置太平、夾黄等港，與隔江孟河相聯，則上流截矣。復于永慶團設一重兵，兵舡分置青龍等港，與隔江楊舍相聯，則下流截矣。今計不出此，總司兩哨俱安坐邑治，而兵舡數隻俱集瀾港，徒取便宜，不顧要害，亡論東西有警，鞭長莫及，亦豈固一隅以衛金陵之意哉！況斗大一城，倉庫巡警，自有巡捕員役，卒有不虞，居中策應，復有總司，是宜斷斷改圖者。至西北永定一營，向爲争界設。今連年寇氛，江淮爲梗，關係更重。第土兵百名，不當一旅，且不諳步伐，不習止齊，耰鋤數事，信可刮干戈鋋乎？是可不爲綢繆陰雨計也？

總練司，萬曆十九年，以倭警設。統練水陸官兵。水陸營哨官各一員。除汰革外，實存水營官目兵二百二十五員名，陸營官目兵一百八十五員名。

永定營，天啓七年設，在靖、泰分界處。統轄哨官一員，識字一名，百長一名，哨長五名，土兵一百名。官廩兵糧，地方有田人户出。

朱得之曰：國初懲倭之詐，緣海備禦，幾於萬里。其大爲衛，又次爲巡檢司，大小相維，經緯相錯，星羅棊布，狼顧犬防。故所在制有數百料大舡、八櫓小舡、風尖快舡、高把稍舡、十槳飛舡凡五等。至如定海、昌國貢道所經，切近彼島，則舡數倍蓰他處，而以時出哨，各有限準。至各港次要所，又設水寨營栅以止舍之。所以制禦之者綦密矣。歲久人玩，法去盗生，二十年來，山頹瀾倒，當事者見不可用，遂别募以充，遠徵以禦，改造巨艦，一切從宜，而舊法因廢不講，則亦懲咽之過矣。愚竊謂衛所軍壯、巡司弓兵之類，宜因舊法，務足故伍，或抽羨丁，或僉壯士，而以其半哨守，其半團練，更迭肄之，俾皆可戰。或慮一時未習，不足應猝，則量留舊募與新調之選以備緩急，久之或可盡罷，一守石浦而循焉。雖然，此特治標云耳。若夫約己裕人，宜民酌損，修明法紀，變易風俗，力挽衰頽黷冒之習，務敦忠實節愛之政，是謂自治，是謂先爲不可勝，則存乎其人焉耳矣。

陳侯函煇議：靖江三面臨江，東北通圌、狼，東南接江陰，戰艦艅艎，久宜日習。若陸行出西門，延袤而北，通泰興不過六十里耳。其間別無險阻可憑、關河足恃，惟是泰、靖交界之地有河一線，劃分南北。原有永定一營，民兵百人屯集其地。使此河不塞，固壘深溝，儘可界限戎馬。奈連年淤塞，僅存河形，不獨旱澇無資，封豕長蛇，不猶枕席過乎？更二十里，則有鎮曰生祠堂，係北來便道，爲鹽盜出没之地，關切尤近。于此設立營堡，因林就藪，可以設伏。稍折而東，則孤山一壘，亦可乘上臨下，處處伏兵，所謂守在藩籬者也。

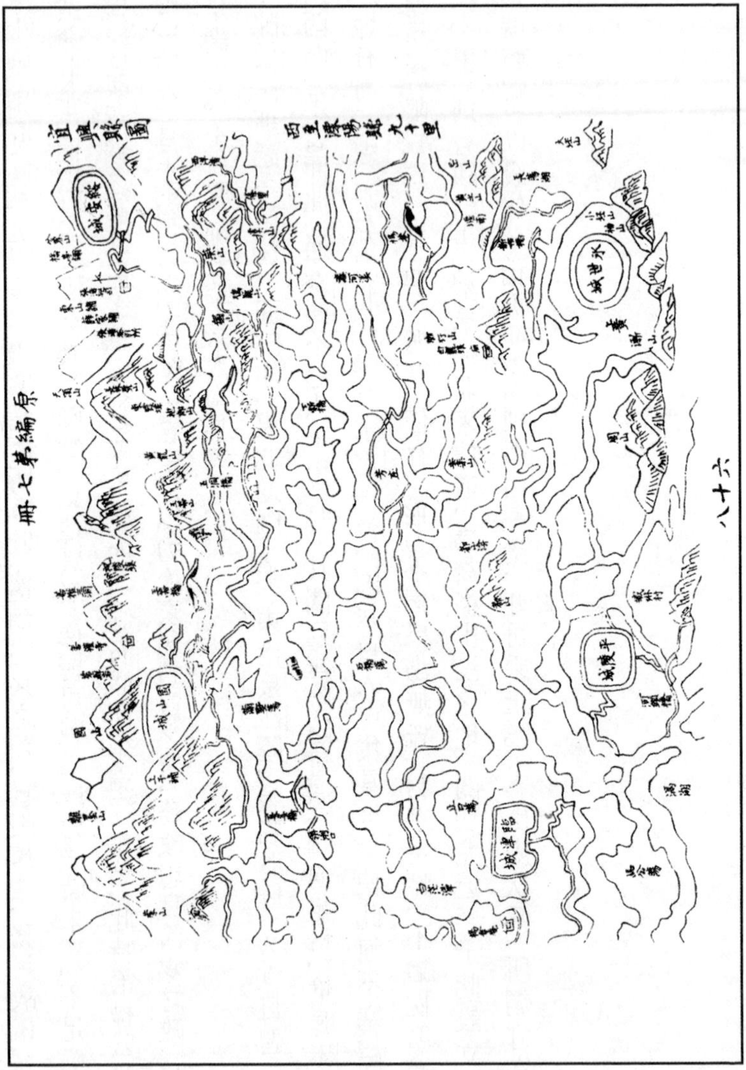

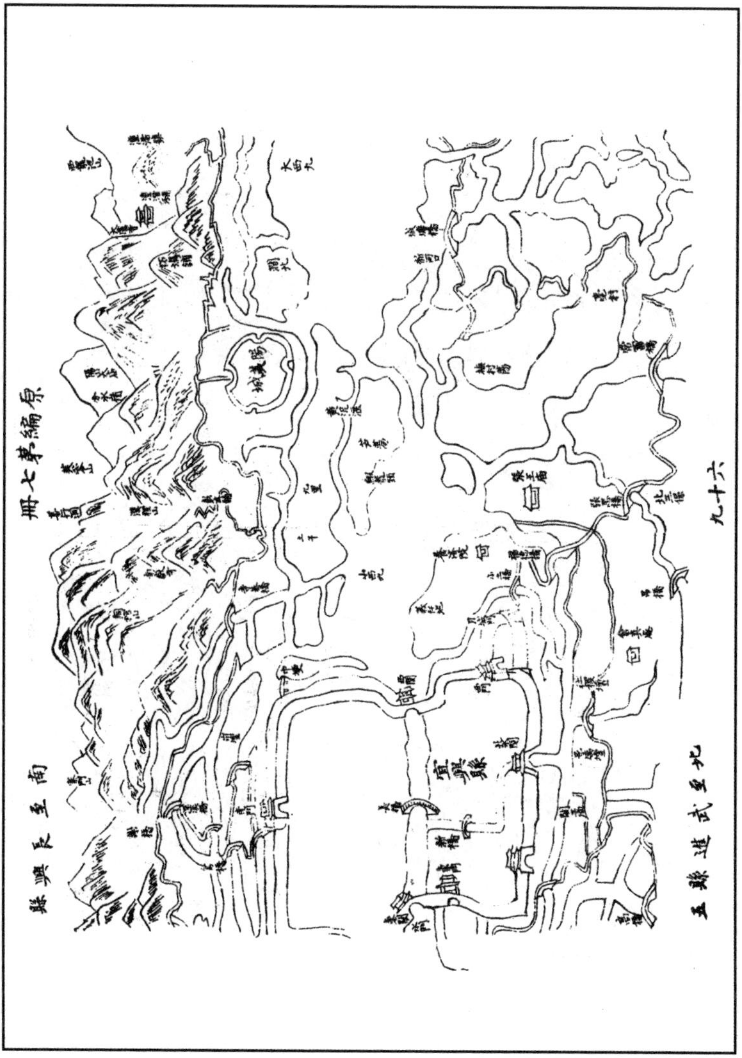
原編第七冊
南至長興縣
北至武進縣五
九十六
陽羨城
宜興縣
張王廟

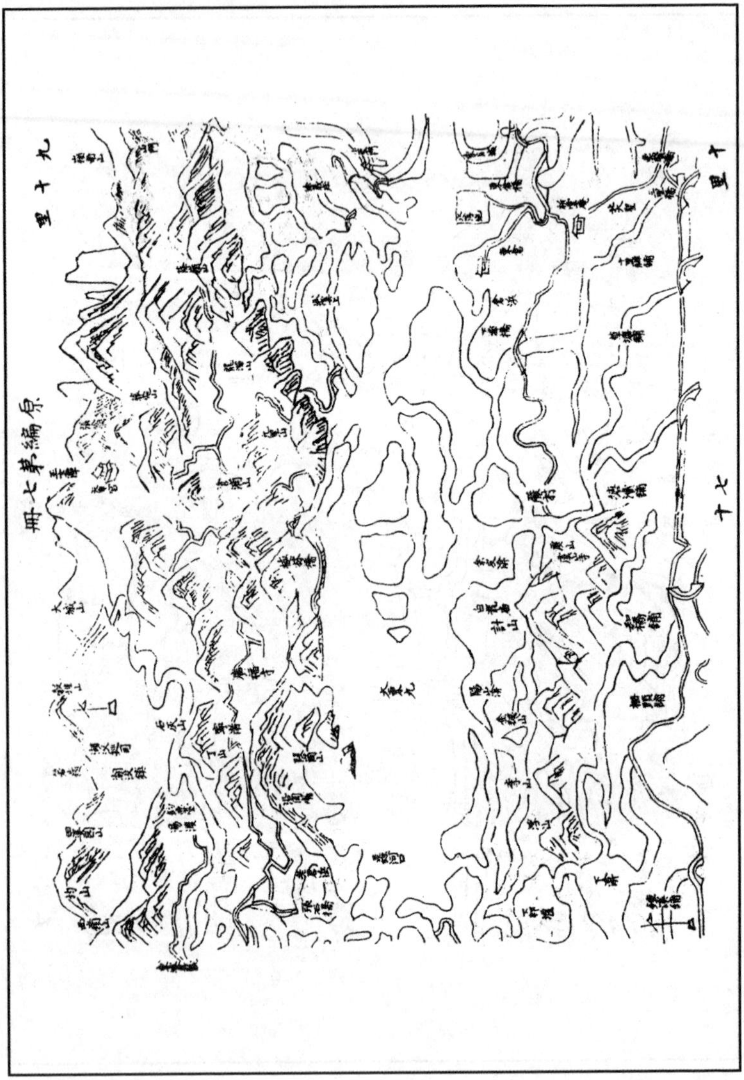
原編第七冊

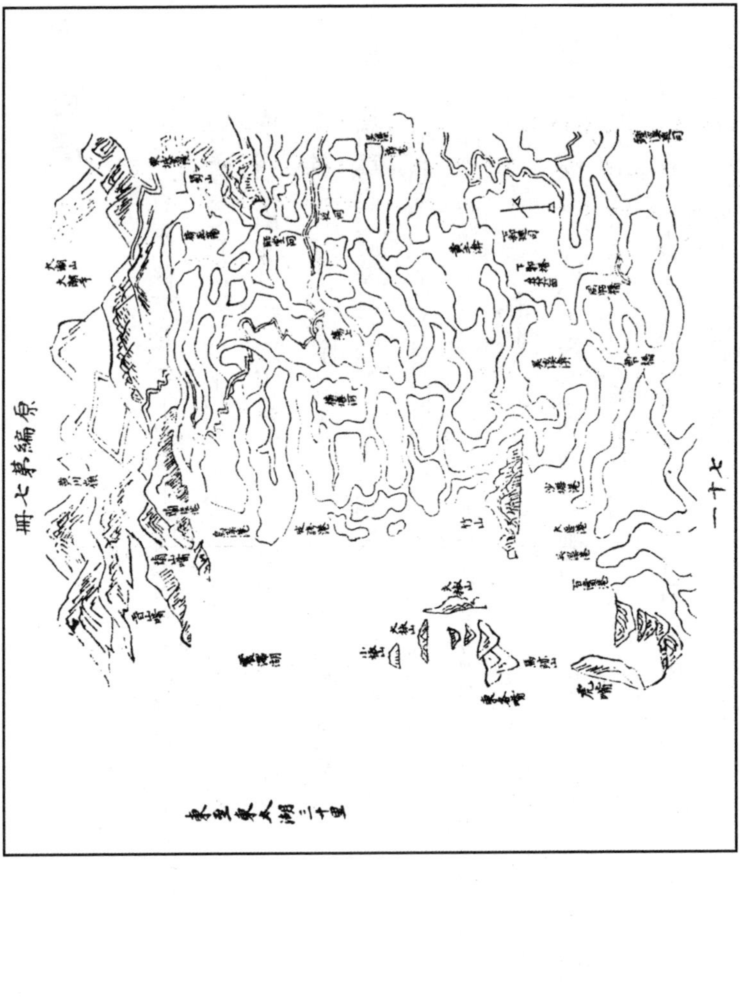

宜興志　百瀆

在縣東南五十七里爲上瀆，在縣東北五十里爲下瀆。舊以荆溪居數郡下流，遂於震澤西沿疏爲百瀆，以分其勢。雖總謂之百瀆，而有上、下之别。又開横塘袤四十里以貫之，瀕湖畝畝皆通焉。方輿勝覽云：「横塘直南北以經之，百瀆列東西以緯之，疏分溪流以下震澤。」宋治平中，令樓閌嘗浚四十二瀆，餘多湮廢。單鍔水利書云：自蕪湖、溧陽伍堰達吴江，猶人之一身，伍堰爲首，荆溪爲咽，百瀆爲心，震澤爲腹，蓋爲脈絡相貫也。舊志載瀆名七十有二，率在本邑。然晉陵新塘鄉雅埠村實號百瀆口，亦有隸其間者，獨闕不書，今亦詳疏於後：

陳莊瀆、北津瀆、中津瀆、南津瀆、吴瀆、五干瀆、伍賢瀆、牛路瀆、馬巷瀆、歐瀆、褚店瀆、龔師瀆、李莊瀆、新曹瀆、彭瀆、許墓瀆、俞家瀆、寺莊瀆、高莊瀆、毛瀆、吴溪瀆、臺莊瀆、趙莊瀆、北朱瀆、趙瀆、後師瀆、梁新瀆、南朱瀆、王塔瀆、師瀆、湯師瀆、許家瀆、高徑瀆、李家瀆、徐瀆、符瀆、葛瀆、墓瀆、黄瀆、前黄干瀆、鴨含瀆、官瀆、朱瀆、臼瀆、龔瀆、新瀆、大浦瀆、歷瀆、茭瀆、社瀆、廟瀆、蛇瀆、馬家瀆、鄭瀆、握瀆、盛瀆、湯瀆、土瀆、西市瀆、魏瀆、凌瀆、吕瀆、塢瀆、虞瀆、何談瀆、岸瀆、蔡瀆、須瀆、蔣瀆、後黄干瀆、定跨瀆、河瀆、竹門瀆。已上七十二瀆屬本縣。

永昌瀆、苦丈瀆、前塘瀆、新塘瀆、陳埭瀆、堵墟瀆、楊巷瀆、甑箄瀆、大墟瀆、長令瀆、沙塘瀆、古龍瀆、丫臼瀆、莊墅瀆、陰陽瀆、無口瀆、市橋瀆、梅塘瀆、烏瀆、山瀆、蠡瀆、胡瀆、蘆瀆、草瀆、杭瀆、雙瀆。已上二十六瀆屬武進縣。

周瀆在縣荆溪南一里，與荆溪接。

東湛瀆在縣東北十五里，西通運河，東入横塘。

西湛瀆在縣北十五里，通湛瀆，入運河。

草塘瀆在縣東北二十五里。

黄瀆在縣北四十五里。

樓公瀆在縣北五十里，宋熙寧間，令樓閲所開，故名。

湫瀆在縣西北二十七里，北入洮湖。已上七瀆俱見郡志。

今考鄉都所隸，有在百瀆數外，亦名瀆者，并附於後：

蒙瀆、孤瀆、公瀆、繆瀆、魚瀆、良心瀆、旱瀆、祖瀆、李瀆、稍瀆、禮瀆、上角瀆、馬瀆、省瀆、卞瀆、鍾瀆、涣瀆、妙干瀆、韓瀆、上百瀆。

宜興縣志

國初，民田每畝起科五升，止帶七耗，以備鼠雀。此其經制也。其官田則抄没入官，科則各異，此其變制也。若宜興、武進，則又以伐吴兵餉不給，預借一年，併徵一斗七合，此其權制也。是時無錫尚爲張士誠所據，江陰雖已歸附，以當兵衝免借。及吴平定賦，無錫、江陰俱照舊額，惟武進、宜興守臣不敢申明預借情由，只據併徵爲額，畝科一斗七合，此則因權而遂失其經也。及宣德間，巡撫周忱以皇都北徙，糧運艱苦，建議官、民田並令加耗，其田則重者耗少，田則輕者耗多。官田額重，坐派每金花銀一兩，折米四石，併徵糧多，坐派每官布一疋，折米一石。諸凡上供下用，一切取給餘米，賦外更無科斂，此又善處權變而默寓反經之意也。至嘉靖戊子，知縣丁謹具減賦奏。

直隸常州府宜興縣知縣臣丁謹等謹奏，爲開闢荒田以給貧民事。臣謹仰蒙聖恩，叨授兹職。自嘉靖六年十一月初一日到任以來，夙興戰競，圖惟補報。切見本府屬縣武進、無錫、江陰、宜興前代税糧，額設每畝實徵五升三合五勺。至正丁酉，武進、宜興先歸天朝，無錫、江陰附近蘇州，尚爲叛賊竊據。天命征勦，苦戰十年。大軍乏食，至丁未年，權于武進、宜興預借次年秋糧，民田每畝五升三合五勺，併作一年起科，遂徵一斗七合。至戊申爲洪武元年，常州府知府趙良貴以爲無錫、江陰税糧俱照舊額，獨武進、宜興則併舊額及預借之數，概作實徵，未曾分豁。宣德年間，巡撫、尚書周忱獨憐二縣糧重，奏乞金花銀六萬四千兩，每兩折米四石，官布八萬疋，每疋折米一石，儘派二縣。歲遠政更，金花銀每兩折米二石八斗，省出之數，反包別用，官布八萬疋，亦爲松江、嘉定二處分去三萬疋，是二縣雖有銀布之名，殊無銀布之利，賦重之苦，其來如此。又況本縣地方，西南連長興、廣德山隴，山水時發，衝成澗壑，東北接沙子湖、太湖水鄉，湖水時漲，没爲沙渚。加以災傷疊遇，田漸抛荒，三分有一，地利尋縮，正税仍舊。民不能堪，逃亡日甚。見此民困，罔不痛心。臣伏覩嘉靖六年二月十三日詔書内一款，各處荒白田地，小民豈無願開墾耕種者，亦由官吏里甲逼其認糧當差，不敢承種。有司即便出給告示曉諭，但係久荒田地，許諸人告官承種，免其差役三年。三年之後，如果成熟，方纔量納輕糧。及奉詔書内一款，板荒、積荒、抛荒田地遺下税糧，派民陪納，所在官司須出榜召募，不拘本府、别府軍民竈匠，儘力墾種，照數出與由帖，永遠管業，量免税糧三年。欽此欽遵。臣隨出榜諭，凡荒田圖分，責令里老、排年詳開某户下田若干，及田主之存否，荒蕪之情由，據實呈報。臣即隨地踏勘，每圖委公直一人往來勸課。凡願開墾，除力能自爲之家，其餘無力，俱於導河夫銀項下計費量支。其不自具農器者給以農器，其乏米糧者，許里排保結，於濟農倉内多寡給與，仍限秋成照數輸倉。成功之後，遵承詔書，仍免糧役三年，每户給帖以照，且刻石縣門，逐一開名，俾世業其田。備由於嘉靖七年二月二十一日，申蒙巡按、直隸監察御史劉景宇批，參申盡心民事，新政可嘉，除另行外，俱依擬行，工完具數造册回報。臣益加招諭，隨據成任等鄉二十四等都民史綸、李旦等陸續願告開墾，臣隨踏勘明白，估計工力，督責以底成功。通計給過銀二千三百二十六兩四分，鍬鋤六百六十九把，米六百六十九石九斗，開過荒田二萬二千一百八十七畝，算過埂塍三萬四千六百一十八丈六尺，高阜去處，開過半荒田五千四百六十七畝。除洪水衝成澗壑、不堪耕種外，猶可開墾而無人承佃者甚多，仍出榜曉諭，若有所在軍民人等願復業開墾者，一體照例施行。切惟聖朝財賦盡出東南，而宜興實東南之鉅邑，人民寥落如此，不亦甚爲可憂也耶！幸蒙皇上恩詔下頒，恤民以及於力本，仁哉皇心，民皆感激，協力開墾。故本縣久荒之地，多成可耕之業，信乎皇上感民之誠，萬民應上之速也。臣顧目前之利雖已興，日後之弊尤當究，誠恐開墾之田糧，積年之久，不能常如初賦之輕；豪强之人户，見利之興，不免妄起紛争之訟。又況各户舊積抛荒之逋，既遺里甲代輸之患，今援三年免税之例，應減里甲代輸之難。於本年四月二十九日備將前項緣由，并工完數目造册，申蒙巡按、直隸監察御史劉景宇批開參申閲册，處免有方，防弊遠圖，恤民至計，具見初政之善，但事干税額，必須請奪，仰縣徑自具奏施行繳。臣遵行奏請，伏乞皇上勅令户部詳加議處，將前項所招之民各開之田，轉行撫按着落有司刻石註名，俾永執業。業既有主，不聽豪强之争，如或有争，治以强占之罪。所免三年之賦，暨衝成澗壑之田，悉作輕賫。或將本縣餘米，或將差徭剩編等項官錢，查支包補。及思金花銀兩、闊白綿布輕賫，原係奏請以給宜興、武進者，亦乞轉行巡撫衙門，金花銀兩每兩照舊折米四石，官布爲松江、嘉定分去者，照舊復還，儘派宜興、武進。仍將年例歲派耗米，比照江陰、無錫，減半科徵，以補二縣重額之數。如此，則本縣失業之田變爲成業之田，重輸之賦均爲薄輸之賦，民食日充，國賦易足，臣與萬民不勝感戴之至。

行勘間，本府知府張大綸勘得無錫之糧得與江陰同，宜興、武進反不得與無錫比，委係不平。然舊額卒難擅改，但議取彼之餘，包此之耗，此又善體文襄之意而權不戾經也，宜民其少甦矣。嘉靖丁酉，知府應檟議查前項田則弊多，奏允將合縣田糧均爲官、民二則，本、折二色。此其立法簡便，使百姓易曉，弊端潛銷，而奸民不得售其術矣。至甲子，知縣郁言於丈量之後，又總官、民爲一則，而本、折色仍之，法益簡便。但民田原税一斗八升奇，今加二斗奇，裒官以益民，似也。若蕩塘灘淹，原税三升奇，今加三升九合奇；山脚地五升奇，今加五升九合奇。又田地每畝虚增二釐。夫蕩灘等通縣加税，宜均糧之輕也，而反益重。田地通縣無糧者查出，宜補糧之實也，而反加虚。豈丈量之際，委托匪人，不能仰體長民者之德意，而或誣上行私以致然耶？尚俟留心於民瘼者一加察焉。

國初，每户各給户帖，備開籍貫、丁口、産業于上，軍匠籍例不分户。每十年一造册，其丁口添減，田産開除，皆照見額，法已密矣。但歲久人玩，弊端漸生，或有户無人，花分之弊。或有人無户，詭寄之弊。或載丁不實，謂已死無以爲賂，則不開除。或實丁不載，謂已成丁而受其賂，則隱不上册。其户口之或多或寡，册俱不足憑也。爲今之計，務在申明脱漏之條，兼倣隋人貌閲之法，不論土著寄莊，本縣富室，多有借托他處顯宦，捏作寄莊，以隱蔽自己田産、冒免差役者。然他宦既於其本所獲優免矣，此處田産縱委自置，豈容重免！一以律施之，見丁立户，盡革花分、詭寄之私，據户編甲，勿縱因仍、謂失除丁。躲閃謂失收丁。之計。夫如是，則即甲可以稽户，即户可以驗丁，一整核之下，永無虚丁、空丁之弊矣。錢糧何患於逋追，役使何憂於偏重耶？

鎮江府奉旨增造座閘記

姜寶

我鎮江府丹徒、丹陽兩縣所通舟之河爲漕河，河綰東南運道口，地形高於常、蘇不啻三四五尺，每冬月水輒東西瀉。西以江潮冬枯，則瀉而西入於江，常、蘇霜降水落也，則又瀉而東下如建瓶。然西下，京口閘之板謂可防水西走矣，東注，則無可奈何。以漕舟之艱於行也，往往議挑河。兩縣河身亘長百五六十里，不問河流淺深，率多爲壩以戽水。河淺深不一，又亘長難于水之去。比挑未及半，而漕舟首尾相銜至，輒又停工以放運水。既戽去時，則又難於來。每年循習如此，國計民生兩有妨。所司每相襲爲故常，狥工吏及營求督工員役之言，偏開挑圖抵塞，而不知往蹟之有可尋由來，玩弛又如此。萬曆十年，前撫臺龍渠郭公思極謬採及蒭蕘，下所司令覆議，憲副及泉李公頤檄行府，府太守文臺吴公撝謙悉心力蒐訪而劈畫議以上，郭公是之具疏得請。于是量地遠近，添造丹徒之大犢山、丹陽之黄泥壩與陵口先所造凡三閘，各委官設夫以司啓閉。議如誌書所載，每年蓄練湖之水以濟運淺當撩濬者，如丹徒之夾岡、猪婆灘，丹陽之黄泥壩、陵口、青陽等處，兩三年間或一修舉，部議著爲令甲，永不許大開河爲民病。民感三公恩，舉手加額，焚香誦功，德遍兩縣。兩縣新令長馬公邦良、周公應鰲恐久而或致寖格也，請於新太守見復范公世美書來請記。予嘗統論我鎮江諸閘由運河直達者七：丹徒自京口閘、南閘東至于大犢山所增造閘凡三，丹陽自吕城閘、陵口閘、尹公橋閘西達於黄泥壩所增造閘凡四。丹徒傍出而臨江爲新建閘、爲丹徒鎮閘，閘凡二，丹陽麥舟橋南去金壇者閘凡一，與夫吕城鎮青龍橋外一壩，皆防其水之去。丹陽之支河則陳家橋、太平河口閘凡二，皆藉其水之來。是於歲漕計所並宜究心者也。又嘗籌之黄泥壩所新造，其初南實而北虚，虚則裂頽且崩矣。後即改而爲，今他閘得無有似之者乎？法當審核而實其虚。前此陵口閘出在水面者，徒取閘形具而中，兩傍不如式，板不得入於函，其下蓋有漏巵焉。後即亦改而爲，以督理匪人也，難保一無瑕而全，然兼并他閘得無亦似之乎？法當審核而堅其瑕。吕城鎮閘與武進縣奔牛鎮之上、下閘底初均平，後來武進之新閘廢，而拆爲書院石料也。冬月水消滅，奔牛兩閘底遂高，漕舟並稱不便。常郡守龍峰穆公煒是予言，亟深兩閘，底水瀉去，而我吕城閘底愈高。無已，姑且于其傍近别造一小閘以通運。然終非長便計也。法當如奔牛上下閘、底如本鎮小閘底。深其底之高、諸閘之啓閉，冬月不可不如期。貴顯人每乘舟來，不如期而輒啓板，板不可不如期啓也，則怒而責及守者，甚則擕板去。河側有禁牌，然故事也，投而棄于江，往往以勢逞，所司不敢呵問也。不知嘗奉嚴旨，閘規不可不守，是所當理諭而力阻也。守閘諸員役私通狥，不知有官法而輒擅放行，往往以賄啓，以私情啓，所司或不能盡知也。閘禁不可不嚴，是所當密察而深懲也。丹徒之新建閘丹徒鎮閘，既放漕舟難，徒開弊竇，謂當遂塞之可也。丹陽麥舟橋水西走，金壇之漏巵也。陳家橋、太平河口二閘，兩河各亘長四五十里，蓄其水可以濟河水之不足。是三閘者並所當冬閉而春啓者也。吕城鎮青龍橋外一壩，虞水南走而洩於吕瀆河，故當築。然民間通舟楫資灌溉之要區也，嘗得請于都水使而開，不可遂築塞，是亦所當冬築而春開者也。他如蓄湖水惟謹，俾湖水涓滴皆河有。束河水惟謹，俾河水涓滴皆漕用。吏胥之言不可惑，河水不必全戽，河亦不必全挑也，則府議臺疏與部覆備矣，余無庸於言〔一三〕。

復蓋君之學素精脈理，其浮沉盈縮之數貫徹幽微，故用藥出群醫意見之表，而疾病疕瘍求以全活者，户外之屨籍籍也。今觀其濟急拯危，身任其責，則有體物之仁矣；精診切而權變其藥，則有達理之智矣；不以貧富爲報施，則有輕財之義矣。由其道，雖未與越人、郭玉、宋清者等，其去今之醫也不亦遠乎！吾又見君謙虚退讓，循默恬雅，有儒者之風。今之儒者自負其道，每見醫者輕之，一旦居士大夫之任，視民疾苦，漠然無動於中，而惟知黷貨爲身家計，是反醫之所不如矣。夫若然，則何君之覽非但優於醫也已〔一四〕。

唐順之鎮江丹徒縣洲田碑記

古者與天下爲公，而泉布其利，然山川林麓天地之産，金石、鉛錫、萑蒲、鹽蜃、鳥獸、翎革之瑣細，莫不爲之厲禁。而名山大澤，雖封諸侯不以及者，非自封植也，懼夫利孔不窒而争訟滋繁，則是以其利人者爲人害也，其慮可謂深矣。丹徒環江爲邑，沿江上下多有蘆洲，其爲利甚鉅。而新故之洲，時没時長，故不入版籍，而人據以爲私。每一洲出，則大豪宿猾人人睥睨其間，畢智殫賄，百計求請，或連勢人以摇官府，必得乃已。及不可得，則讐其得者，而相與爲私鬭。甚者搆亡命，挺矛矟，陰賊公鬨於叢葦高浪之間，相殺或數十人。官司逮捕，輒反覆解脱，獄案滿筐篋，積十數年，不可詰絶。故洲之争未已，而新洲之争又起。於是丹徒之視蘆洲，如懸疣枝指之著體，非特其懸與枝而已，且痛連於骨體而怵於心，畜爲瘇蠱，不治日深。而丹徒綰水陸之口，厨傳日費數十金，謂之班支。郡邑公私筵燕，諸所狼籍，歲費且數千金，謂之坊支。閭里騷然苦焉，不可以已也。莆田林侯既涖郡，日夜問民所利病，除所不便，深知班、坊苦民，而未有以處也。適會有洲田之訟，於是慨然諗於衆曰：「吾欲祛兩害，以興兩利，可乎？且夫古者山澤之利，其權一歸於上，而今擅於下。古有遺人掌客，道路委積賓旅廩餼之奉，其費一出於官，而今役乎民。權宜歸於上者而擅於下，則孔漏，孔漏者啓奸而人以殃。費宜出乎官者而役乎民，則斂重，斂重者積蠹而人以貧。今若一切反此二敝，使擅乎下者歸之於上，役乎民者出之於官，塞其漏孔而蠲其重斂，因天地之贏以濟人事之乏，收豪民之腴以代貧人之瘠，是蘆洲之果爲茲邑利也，而又何病乎？」衆讙然曰：「侯議是。」侯又以丹陽水陸之衝，與丹徒同，而並練湖田爲豪民所擅，與蘆洲同，思推所以處丹徒者處丹陽也，乃并二議以請於巡撫公，巡撫公是之，請於巡按公，巡按公是之。既得請，於是痛繩其豪之争洲者與其侵湖者，而歸之官，而兩邑廢寺之田附焉。總洲與湖田、寺田之所入，而勾其贏縮，以代故時班、坊之所出。裁其濫而存其不可已者，於是出入之數大略相均。以嘉靖癸卯九月而計籍成，如其籍而行之，遂以爲故事。邑人既深德侯，而恐後之人不能守侯之法也，而又恐豪者惡是之病己而欲壞之也，相率請於邑令茅君，而鑿石以記。凡洲田與寺田之在丹徒者，爲畝共五千三百九十五，歲入租二千九百石有奇，易金可若干兩，蘆薪歲易金可百兩，山薪歲易金二十六兩，以代故時班、坊之所出，定其額，凡爲金四百兩而羨。凡湖田與寺田之在丹陽者，爲畝共三千四百五十有奇，歲入租千七百石有奇，易金可若干兩，湖魚歲易金可二十兩，以代故時班、坊之所出，定其額，凡爲金四百兩而羨。藏其羨以待收歲之所不及，而間出其羨以賑凶饑。自癸卯九月至乙巳五月，總羨金九百八十二兩，米千五百九十石有奇。其纖悉列之碑陰，其區畫出入，則計籍具存。林侯名華，字廷份，篤志古道，爲政一本經術。余嘗爲序其口義者，其惠愛在民多可書，茲以記洲田也，故不及。

鎮江府志

均田法

人民之丁産事業，官府必有册；土田之鱗次櫛比，鄉里必有圖。按圖以稽其荒熟，爲某人見業，則田不可隱。按册以稽某家某户占田若干，坐落某處，則税不可逋。嘉靖九年，大學士桂公萼嘗建議清圖清籍，該户部看得。圖者地圖也，所以圖其地畝坐落之形。洪武二十年，覈實天下地土，遣監生丈量，畫圖編號，名魚鱗圖。籍者册籍也，所以籍其丁産多寡之數。我朝十年攢造一次，名爲黄册。前列里甲格眼，後開人户丁産税糧，分别舊管新收，開除實在、已爲定規二項合行，各該巡撫官查照施行。

按凡丈量田地，必如國初之制，造爲魚鱗圖，始可以杜絶姦弊。蓋古者田爲母，人爲子，故易考。後世田不爲母，反以田繫户，户有升降，田有轉易，過割之際，欺隱之弊由之而生。田土者不動之物也，而可以飛灑、可以隱没税糧者，隨田者也。而或有田無税，或有税無田，則以惟在里書之筆端，官府無可按據以知其實也。魚鱗圖者，田仍爲母也。田有區段，各有四至，内開某人見業。鄉有封界，又有大四至，内計爲田若干，自一畝以至萬畝，自一里以至百里，各以鄰界族次而往，造成一圖，則一縣之田土，山鄉、水鄉、陸鄉，洲田與沿河有水利常稔之田，其間道路之所占幾何，皆按圖可見。故周禮地訟以圖正之。可見圖之與册相須，而不可無者也。圖者以土統人也，所以立砧基册者；以田歸户也，所以稽常税而定科差。桂公清圖清籍之請，朝雖不果行，而其在武康、成安二縣，皆嘗正圖籍，均里甲，民皆稱便。有司者師其意可也。

國初承兵亂之後，所在蕭條，人聚者地始闢，人稀者地亦荒。地無主則丘墟，邑無人則空城，故州縣不得不計户以定里。如江南華亭大縣也，計八百里。四川遂寧亦大縣也，纔十四里。皆非其疆界之實數也。邑既計户以定里，故册亦以田而繫户。自是相因之道在有司，得其人則欺隱之弊自無。縱有丈量，必得其實，而浮糧自豁。惟丈量一事，須聰明、强力、耐勞而肯盡心，又習知方田之法者，始能究竟其事。事究，魚鱗圖歸户册，縣總者收貯在庫，官府掌之，鄉總者收貯在鄉，里老掌之，皆丈量官用有印信專官以掌之。縣鄉相對，總散相符〔一五〕，前後相付，不使姦人得以磨滅改易，則在在之田賦常清矣。

田賦有定額，不可加損。朝廷豈不知後來有新墾獲利者，例當陞科起稅，而寧以與民，使得以贏補乏，不缺朝廷之常額足矣。昔王端毅公巡撫江南時，以各處臨湖邊江濱海田地東坍西漲，名曰新增，實非舊額，將此等錢糧，不入黄册，另造白册，以補小民之包賠。此意可師也。

量田者欲以覈實也，覈實者欲使小民不當虚糧，國家不失舊額也。詎以增額爲功，當事者或誤聽人言，慮其虧折，乃短小其弓步，侵至于道路，不空留其田外之溝塍，是豈朝廷覈實之初意哉！雖然，膏腴墝瘠，苦樂相懸，覈實調停，尤須加意經賦册一款云。比見丹徒西南一望荒山，舊亦起糧，計一千九百三十頃。彼其原無種植，徒以荒草供額賦，亦足悲矣。丹陽、金壇亦然。但其山不加于丹徒，故如是者少耳。夫二邑荒山雖少，而望水賠糧之荒田亦不爲鮮。姑舉金壇西北建昌圩積板荒田言之，數及五千八百七十三畝六分三釐五毫，地勢低窪，而水時盈尺，土脈沙瘦，而草不及寸，莽無畛域，照甲攤糧。謂荒山以荒草供額賦，而荒田以清流供額賦，其害等耳。但丹徒荒山逼近大河，故上人目擊而悲，建昌圩荒田僻處遐陬，故小民向隅而泣。荒内間有百之一二附田，可墾成熟，陞科者不與除荒，額外增熟。熟田尚難一田兩税，荒田詎可重復科徵。似此情由，不容不動上人軫念者也。

馬政

按種馬，凡馬壹兒四騍爲小羣，五十疋爲大羣。每疋僉殷實者一人爲馬頭，每騍馬一疋養之者十五丁，兒馬一疋養之者十丁，均出草料銀七兩二錢貼與馬頭，作爲養馬之費。但馬頭百般搜索，祇充私囊。馬雖枵腹不顧，及馬倒死，又斂馬丁銀買補，指一科十，民不勝苦。其備用亦係馬頭類收輸官，于羣之内擇有力者一人爲羣長，以典一歲備用上馬等項銀兩。又每羣設獸醫一名，其工食，羣長給之。

又按舊種馬俵養于民，計歲科駒，擇其尤者解京，給散軍士。後因道遠馬斃，民苦賠償，某年間奏準免其本色，歲納折色，名曰備用。每兒馬一匹徵銀二兩五錢七分二釐，騍馬一疋徵銀三兩八錢七釐二毫。凡兒之一，騍之四，共銀二十四兩，作馬一疋，解太僕寺。其備用銀俱出于馬丁，每丁二錢五分有奇。然亦貧富衆寡，或數人爲一丁，或數户爲一丁，非人各爲丁也。

國初，惟人丁多者養馬，故有「糧逐水田丁逐馬」之謡。

嘉靖十六年，巡撫歐陽公賦役册開馬政二事，一曰種馬，二曰馬價，三曰場租。

十卷清屯種引兵部尚書胡世寧一條。慎募調引兵部尚書楊博一條。十二卷徵解庫藏事宜。

沙田 巡按路御史疏

户部題覆巡歷已周等事。奉聖旨常熟、江陰新漲田糧派給學公用、夫馬工食外，充餉無幾，明係借題消靡，併江陰包補老區，嘉定詳抵坍糧，俱未明悉，着該撫按確查具奏。其泰興沙田畫界已明，即起科充餉。蘇、松、常三府屬先經勘定，銀米自七年起登入會計，作速解部交納。

江陰縣詳：沙田一項，不知起自何年。查嘉靖二十九年縣志内，載有「新堪田畝，係江邊浮土，漲坍不常，宜另爲一則，定其段落」數語，至海都院建議。此項田畝皆屬江心浮土，倏忽滄桑，不可定爲正供，必須另立沙田一項，五年一丈所繇來也。至萬曆二十九年，郝知縣以各院道衙門經臨居民等役編派坊里承值，答應煩苦，始列款請編于沙田内支用，以省編累。申稱本縣每年坊里供應之費，該銀八百七十兩八錢有奇。今自徭編法行，不容復派之民，而此項苦無所出。查有沿江新漲沙田一帶，舊爲豪民墾占〔一六〕，獲利甚厚。節稱消長不常，其賦税半不入會計，奸猾乘此影射規避，有司難于查比。今查實在陞科沙田，除已編入會計外，其餘未入會計申報院道支用與未申報本縣支用者二項本、折色合之，每歲可得銀六百二十四兩三錢有奇。合無即將此項徵抵前費，尚少銀二百四十六兩五錢有奇，仍于二十七等年已徵在庫沙田銀内支凑，蒙院道準如議行，勒石垂示。後因新設學院、兵道海防廳移駐江陰，一切鋪設，新增各役額無正派，查有績漲沙田，加至二千五十一兩七錢七分九釐，今奉明旨盡裁充餉。但各役原食沙糧，難令枵腹供事，若欲加入徭編，勢必難行。合無止照崇禎四年奉文查汰各役工食，併餘米銀，共四百一十四兩五錢零，登入會計，其餘仍抵各役工食，則惠此江民曷其有極矣。

常熟縣詳：富龍沙原報陞科米二百一十八石有零，折銀一百九兩三錢三分四釐。崇禎元年，奉各院批發蘇州府學爲養士之需。至崇禎六年六月二十五日，烈風驟雨，前田隨潮坍没。查天啓七年原田一十七頃三十五畝有零，今僅存六頃七十二畝，原草灘四十二頃，今僅存一十二頃，原水灘二十頃，今僅存七頃。先經該沙佃户自陳赴告，蒙學院甘御史批仰理刑周推官轉行本學教授朱萬壽親詣富龍沙踏勘，減徵銀七十二兩九錢。廳卷可據，委無别項欺隱。

嘉定縣詳：本縣沙田蒙前院饒御史具題奉旨清查，已經前任來知縣躬親丈勘，勉將沿海一帶五、七等都地方原額田蕩共該三千七百一十七畝零，上如二斗原則，酌加五升不等，共陞米一百五十石二斗。又吴淞江漲盈沙田蕩三十八畝七分七釐不等，科糧九石一斗七升零，具詳兩院會疏。自七年爲始編入會計，解部充餉，無容别議。止因部覆有「詳抵坍糧」外一語疑似，致煩明旨覆查，不知所加之數原在于斗則，沙田上酌量加科，非以無糧之田詳抵坍糧，而以其餘者報部也。

崇禎十年七月初六日，奉聖旨該部知道。

四府荒田洲田勳田僧田

吏科陳啓新獨違時尚，直布癡忠，泣陳天下大病根，仰懇聖明大振作，力復祖制，以破群迷，急解民危，以平諸亂疏，奉聖旨奏内各款爾部覆酌，可行的着各該撫按及屯鹽御史逐一查核造册奏報，不許朦混玩延，亦不得縱役滋擾。仍將屯書全本頒發，酌量長便，有部疏未盡的另議奏奪，該部還立限去，其分路差官及借母錢等事，宜俟清查有緒再議。

巡按御史路振飛回奏：蘇屬寸壤皆賦，並無官田名色，即長、吴兩縣間有之，然亦肇自國初相沿，管業已久，誠不宜取贖，以滋紛擾。至荒田一項，吴中田土皆海濱湖濬，其間坍漲靡常，寧無微溢？然其賦税之出，則因肥瘠爲高下，不能比而同之。即如遼餉初興，該銀三萬二千五百三十五兩八錢零，部中原照萬曆六年會計録計畝而派，乃在該府則惟遵奉部坐銀額，將闔屬田地山蕩高低派徵，共足應解之數而止。嗣後一加再加三加，悉依此法通融酌派。是以上不虧于餉額，下不苦于荒區，原非膠于一轍，概派一分二釐，亦非敢于徵多解少，纖毫侵没那移于其間也。至于地畝較溢而糧數如常，又因坍者皆久沿重則之田土，漲者秖新陞升合之蕩灘，此之曰頃曰什，僅抵彼之曰什曰畝，故每歲所陞總亦無幾，得以補直概縣積坍荒糧，苟不失部派原額爲幸耳。內惟吴縣稍餘一斗七升七勺，又已詳抵欽葬墳糧，别無可供搜括。其洲田一項，襟湖帶海，地薄土疏，洲渚湖濱，易坍難漲，間有陞糧，隨即詳抵坍課。頃自崇禎二年奉文清查，原無餘税可徵。今惟常、嘉二縣新漲洲田，亦經丈勘起科，造入爾年會計，别無隱漏。牧馬草場原無建設，僧田惟龍興寺有欽賜，坐落長洲、嘉定二縣，國初以來，歲輸租糧解寺。頃自崇禎二年奉文照依民田起科，已將加科銀兩造入會議，款下解部光餉，無可復議。勳田唯長洲縣有西寧侯禄糧田一項，計歲米一千一百石，先年欽賜已久，非干私種。

松江土狹民稠，寸壤皆登賦籍。荒田一款，自洪武年間舊有定額，歷弘治十五年而一減，萬曆六年而又一減，迄今實在四萬二千四百七十七頃三畝三分八釐五毫，會典志書具載，及節年會計册可考，並無積荒可以開墾。至于洲田，實無新漲，間有河灘成熟蕩田，俱已陞入會計，歲輸糧税，别無隱漏。其牧馬草場、僧田、勳田俱無。

常州府並無官田、荒田、洲田。

鎮江原無官田、荒田，其洲田唯徒、陽二縣所有新漲沙洲預先告佃，五年一次，例蒙蘆政親臨丈勘，以抵坍没，每有虧額不敷，委無隱匿。至牧馬草場，每年輸納草場租銀，載入考成，俱係全完解部。僧田，徒、陽、壇三縣有欽賜金、焦、甘露、鶴林、萬壽、崇禧等寺，納糧不當差，田土係歷來刊入全書册內，每年會計可稽。勳田，府屬三邑有徐、李、趙等府莊田，遵奉欽賜例應納糧不當差，並無投獻。

皇莊田地，唯徒、陽二縣籽粒洲田，每五年一次，蘆政分司親臨丈勘，遇漲陞科輸納，籽粒遇坍除豁，並無隱混。

崇禎十年七月初六日，奉聖旨：該部知道。

【原注】

注一　此欽賜田地之例，故録之。

注二　此以下周文襄事蹟。

注三　嘉興志：嘉靖二十六年，知府趙瀛炤蘇州府均科。

注四　□□志：景泰□□右僉都御□□泰繼周文□□撫知前免□詔恩未□□乃推廣調□□令以五升□□倍其賦而□□之重者止□□額。

注五　無錫縣志：里役：國朝編氓，以一百十户爲一里。在城曰坊，在鄉曰里。每十一户，擇丁田多者一人爲首，謂之排年。領人户十人。今謂之甲首。十户之外，謂之畸零帶管。每年輪排年一人爲總甲，譏察地方争鬬盗賊。次年爲里長。在城曰坊長，勾攝公務。里長之中，每鄉擇丁田近上者一人爲鄉長，或有三四人朋充者。今謂之鄉頭。又次年爲糧頭，催辦錢糧。又次年爲書手。攢造册籍。每里選年高有德者一人爲老人。責以勸善警惡、厚倫正俗。近年乃令催辦錢糧，而良民羞爲之矣。二十二鄉，以税之多寡分爲十三區，每區設糧長二人，徵收解運。塘長二人。修築圩岸，督民務農。書手之中，每區選二人爲區總。分管一區户籍。合縣有縣總一人。掌管通縣錢糧數目。均徭：舊法每圖人户分爲十甲，故均徭里甲，亦十年一編。然十甲田地多寡不等，故徭役亦輕重不齊。正德間，本府同知馬某議將通縣田地均分十段，別造十段文册，每年編審一段，民頗稱便。然造册之時，富民多爲那移躲避之計，況人户消長不一，或有産去而差存者，訟牒紛紜，官民俱病。至嘉靖十六年，本府知府應檟議將各縣丁照黄册田照實徵歲□通編，每丁銀二分，每民田一畝銀七釐。然以丁銀太重，小民多稱未便。且每年十甲盡編，比舊止編一甲者，户産數目頓增九倍，官府編審亦難。嘉靖二十一年，本府知府張志選行本縣知縣萬虞愷查議，仍照舊規十段分編，申蒙巡撫夏邦謨詳允遵行。隆慶四年，復奉巡撫朱大器明文，議將均徭總作一條編法，將合縣田地每畝派銀一分六釐四毫，每丁派銀二分二釐八毫，此外又有小人丁銀五釐九毫三絲。徵銀貯庫，當官募役，惟府縣斗級審點力差自行應當。共該銀差銀一萬六千八百五十六兩九錢，力差銀二百兩，十甲均編，歲歲輸納。又於隆慶六年，奉巡撫張佳胤、巡按李學詩明文，會議前項徭銀，派入秋糧會計帶徵。按均徭一條編法，徵銀顧募，善則善矣，但秋糧帶徵，累及糧長，而丁銀歲派，不便小民，爲有司者須別爲議處可也。

注六　先是一應庫貯紙價贓贖等項銀兩，俱責架閣庫吏經收。嘉靖十一年，巡撫陳令每歲于均徭人户内審編庫子收掌，遂爲均徭第一弊政。

注七　淮安府志：一條鞭法，蓋取宋人雇役之義而神明之。其法盡括州縣一歲之役若干種，費若干，一因户定則，因則徵銀，隸不下鄉，民自投櫃，當官給取，役無指名。詳在成規中，□而行之，實自□山陽往上上□多規脱，其不□者即遞年□役，歲至六七□金而止，而別□飛差下下户□□，歲亦不下□金。乃今丁三□而止，而三次□櫃均徭正役□不僉輪即□則之中。或有倒置，大都輕減矣。

池州知府王順云：海中丞行條編法誠善，然有司每不能奉行，歲增賦若干，名曰公費，代里甲而輪年，備役于官，江南有「兩條編」之註。

注八　上海志言北運輸納繁難之害，自嘉靖壬戌户科右給事中趙灼奏立禄米倉，并收各衙門巡糧，而輸納頓易。

注九　溧水縣志載：嘉靖三十五年，操江史院以扣減民壯工食爲名，坐派江防銀七百九十二兩。萬曆間，又增派兵餉銀三百餘兩。隆慶元年，户部劄付坐派濟邊銀三百八十四兩。其海防料價二項同無錫。高淳縣志：邇來額外之征，歲增不已。如江防海防、工部料價、兵部草料供應、機房備用等銀，則自嘉隆以迨今未止也。如營兵牙兵、内監柴夫煉灰各役工食、綱司水脚等項，則近年加編者沓至也。夫一時應卒暫爲權宜之計，民圖望其事已則止也，孰意一增遂成定例，又孰意紛紛名色科斂者，且日煩日益，一至此哉。

注十　上海志：魚課本出河泊所，自革衙門縣課鈔，填入户繇，徵米入倉，後多逃絶，遂以派之里甲，于是納魚課者皆有田之人，而漁户不輸一錢矣。

注十一　黄田港東引長河，西至九里河口，折而北貫城中，出黄田閘北入江。夏港南引五瀉堰，過青暘，北至山塘河口，折而東過□鎮，出蔡涇閘北入江。

注十二　石頭港自定山南三河口導長河而東北折，經横河出鎮山東入江。蔡港在白龍山北，自白塘橋西引長河，北至恩莊折而西，又北折經横河入江。谷瀆港在縣東六十四里，自北角引長河，北經横河入江。

注十三　申港在縣西三十里，自王山石堰北行入江。蘆埠港在縣西四十五里，自武進順塘河、鄭瀆北行二十五里入江。利港在縣西五十里，自順塘河鬼涇口東北行二十五里入江。

【校勘記】

〔一〕以田主之强弱爲低昂故往往沙得平而平反入于高下之則　敷文閣本作「以田主之則其後其後歷年故升升沙得

平而平反入于高下之則」。

〔二〕司徒詰其故　「詰」原作「喆」，據敷文閣本改。

〔三〕既而余鶴徵亦以使還　「既而」原作「而既」，據濂溪堂本、敷文閣本改。

〔四〕夫裹糧儲粟　「儲」原作「褚」，據敷文閣本改。

〔五〕或五六人曹任之　敷文閣本作「或五六人曹任之」，似是。

〔六〕直今寇兵賫糧　「今」原作「令」，據敷文閣本及上下文義改。下文同改。

〔七〕王翦之伐楚　「翦」原作「剪」，據敷文閣本與史記王翦白起列傳改。

〔八〕命平江伯陳瑄侍郎周忱審計　「平江伯」原作「平伯江」，據濂溪堂本、敷文閣本與明史卷一五三陳瑄傳改。

〔九〕無錫縣志　此四字原闕，據敷文閣本補。濂溪堂本作「無錫縣」。

〔一〇〕惟新堪田畝　「堪」，敷文閣本作「勘」。

〔一一〕解查補伍　「補」原作「補」，據濂溪堂本、敷文閣本改。

〔一二〕聲勢不相犄角　「不相」，敷文閣本作「互相」。

〔一三〕自下「高」字至段末原闕，據皇明經世文編卷三八三姜寶鎮江府奉旨增造座閘記補。

〔一四〕本段文字原接上段「奔牛兩閘底遂」之後，但其所述乃某豎家之事，顯與上文述水利座閘之事不合，當係抄手錯簡誤抄至此。

〔一五〕總散相符　「散」原作「撒」，據敷文閣本改。

〔一六〕舊爲豪民墾占　「墾」原作「懇」，據濂溪堂本、敷文閣本改。

江寧廬州安慶備録

〔江寧府〕

南京

都城

六朝舊城，近北覆舟山，去秦淮五里，至楊吴時改築，跨秦淮南北，周迴二十里，近南聚寶山。皇明定都，大建城闕。城之域，惟南門、大西、水西三門因舊，更名聚寶、石城、三山。自舊東門處截濠爲城，開拓八里，增建南門二，曰通濟、正陽。自正陽而北，建東門一，曰朝陽。自鍾山之麓，圍繞而西，抵覆舟山，建北門，曰太平。又西據覆舟、雞鳴山，緣湖水以北，至直瀆山而西八里，建北門二，曰神策、金川。西北括獅子山於内，雉堞東西相向，建門二，曰鍾阜、儀鳳。自儀鳳迤邐而南，建定淮、清涼二門，以接舊西門。而周九十六里，外郭西北據山帶江，東南阻山控野。闢十有六門：東六，曰姚坊、仙鶴、麒麟、滄波、高橋、上方；南五，曰夾岡、鳳臺、馴象、大安德、小安德；西一，曰江東；北三，曰佛寧、上元、觀音，周一百八十里。京城圖志。

皇城在都城内之東，鍾山之陽，前與正陽門直對。正南門曰洪武，内曰承天門、端門，端門之北有左右闕門。洪武之東曰長安左門，西曰長安右門。東近北曰東華門，内曰東上南門、東上北門。西近北曰西華門，内曰西上南門、西上北門。北曰玄武門，内曰北上東門、北上西門。近子城東曰左闕門，西曰右闕門。京城圖志。

大内六門：正中曰午門，左曰左掖，右曰右掖，東曰東安，西曰西安，北曰北安。午門之内大殿之前曰奉天門，左小門曰東角，右小門曰西角，東西隅有東西角樓，東角之南曰左順門，門之南曰文淵閣，西角之南曰右順門。奉天門之内大殿曰奉天殿，東曰文樓，西曰武樓，殿之左曰中左門，殿之右曰中右門。大殿之後曰華蓋殿，華蓋之後曰謹身殿。由左順門入東曰文華殿，由右順門入西曰武英殿。謹身之後爲乾清宮，宮後曰坤寧宮，又二殿曰柔儀、春和。京城圖志

舊内在都城内大中街，元南臺地也。國朝取建康，始宫于此。

天地壇在正陽門外之左，初建圜丘、方丘於中都洪武門外之東，分祀天地。按京城圖志云：聖祖宸斷，以王者父天母地，無異祀之理，乃建壇于此，合而祭之。以仁祖淳皇帝配享，左右列壇，以日月星辰、嶽鎮海瀆、風雲雷雨、山川太歲、歷代帝王、天下神祇、城隍之神從祀。每歲以正月中旬行郊禮。自是年穀順成。

社稷壇在端門之右社街門之内，亦聖祖謂五土生五穀以養民，乃合祭于一壇。

太廟在端門之左廟街門之内，初設于中都皇城内。

龍江壇在金川門外。圖志云：國朝新建，爲行幸出師，親王之國祀于此。

功臣廟在雞鳴山南，祀國朝開國元勳，功在社稷、澤及生民者。

孝陵在南都外城内鍾山之陽。懿文陵附于其側。

長安左門之南，列宗人府，次吏部、户部、禮部、兵部，至工部而止。後設詹事府、翰林院、太醫院。長安右門之南，列中軍都督府，次左軍都督府、右軍都督府、前軍都督府、後軍都督府，至太常寺而止。後設通政司、錦衣衛、欽天監。列鴻臚寺、行人司於長安右門之西。以刑部、都察院、大理寺爲三法司，設于太平門之外。以國子監爲成賢之地，設于雞鳴山之陽。光禄寺、尚寶司、六科，禁官也，設于禁内。以太僕寺典牧，設于江北之滁州。五城兵馬指揮司防捕之官，設于都城之内外。三十七衛，散設于都城之中。其隸屬諸司，不詳載也。

棕園、漆園、桐園並在鍾山之陽，園各植萬株。初海運作海船，防倭作戰艦，所需甚繁，故植之，免取于民。

花菓園在城南，薑菜園散在城隅，香稻田、番麥廠並在城東，以享廟。

靛園在城西北，紅花地在城北，供絲染。

鰣魚廠冰窨在城北，臨大江，以充時貢。

琉璃窯、石灰窯並在城南，石土廠在城北，紅土廠、竹片廠、甎廠、瓦廠並在城西，以備工作。

黄船廠、寶船廠、撥船廠並在城西，以充運載。

苜蓿園在城東，以處牧放。

職官

都御史五人：北臺四人、南臺一人。總督漕運兼巡撫一人，治淮安。國初舳艫侯朱壽、航海侯張赫領海運，又置漕運使。永樂中，罷使職，專命武臣總之。景泰間，始命尚書，或右都御史，或侍郎、副僉都御史，總督漕事，兼撫淮、揚、鳳、廬、徐、滁、和七郡。以侯伯充總兵官，挂漕運印，兼鎮淮南，錦衣指揮充參將，協同。近都御史或惟副僉，總兵惟都督，參將惟都指揮者。總理糧儲兼巡撫一人，治京府。統制太平、池、徽、寧國、安慶、廣德、松江、蘇、常、鎮江，兼理浙西杭、嘉、湖税糧。總理儲賦一人，近巡撫治，專督三十六衛軍儲出納，及浙江、江西、湖廣、直隸芻穀。督治江防一人，即南臺治。見戎備總志。總理河道一人。治濟寧，以工部侍郎兼都御史總理漕河，自儀真直抵衛河。近或無工部銜者。

監察御史十有一人：北臺五人、南臺六人。巡按郡縣三人，一治太平，按六府一州。一治泗州，按四府三州。一治蘇州，按四府。提督學校一人，治都城内，按畿内郡縣諸學，以作多士。治鹺法一人，治揚州，察鹺奸，禁私販。治屯田一人，南臺任之，察諸衛屯種之弊。清戎二人，無常任，多以南臺任之。江防二人，以南臺分治，一治安慶，一治鎮江。見戎備總志。監儲一人。以南臺者督治鳳陽諸郡倉儲。近監催。

户曹主事五人：監督三人，一治徐州洪廠，一治淮安清江廠，皆北曹。一治浦子城，以南曹者任之。榷税二人。一治揚州，一治蘇州滸墅，皆設闗，徵算商舡料鈔，歲輸于京。

刑曹主事一人：司理一人。治淮安，理督漕臺院之刑。

工曹郎中一人、主事七人：總理漕河一人，治高郵，非定治也，以郎中任之。漕艎廠一人，治淮安，司造艎料。治洪閘四人，一治徐州洪，一治吕梁洪，治漕艎之險，一治沛縣監閘，皆北曹。一治淮安板閘，兼算商舡料鈔，以南曹者任之。甎廠一人，治儀真，江南造城甎積于此，每公私舡過閘壩，計舡爲多寡，借運于京師，以南曹者任之。榷木税一人。治蕪湖，取商木之税歲輸於京。近以南曹者任之。

按察分司治畿内者四人：浙江按察副使治兵備兼治水利一人，治太倉州。山東按察副使治兵備一人，治徐州。河南按察僉事治兵備一人，治潁州。江西按察副使治兵備一人。治九江。並見戎備志。

南京宫殿

南京新宫，吴元年作。直洪武門，門當輦道，設欞木，止車騎中突，進之設下馬牌，則大明門。循皇城而北，長安左右門。其直大明門曰承天門，門内左太廟，右社稷壇。廟門左右，皆樊松竹雜灌，内廡左右，各有井亭、左右角門。過石梁明庭，上須彌座，座凡三重，皆可路。廟九楹，簷際皆有網絲，中設靈座，南向一，東西向各三，皆設靈衣。後寢殿各有靈床，床左右懸燈，床前素壁，壁前各設方木椅，藉黄褥，列以裳衣，椅麓設履。廟左神宫監、社稷壇，按五方色，自前門入，北有行禮殿、具服殿。其直承天門曰端門。進至午門，兩觀雄麗，俗稱五鳳城樓也。左置鐘鼓，下承以甎亜，高帝御槍及他鎖子革紙鎧甲在架。樓窻繚絲，日映其上，尤奪目。傍爲左、右掖門，進之三殿。奉天殿直午門，大朝會之所，有東西角門，中左、中右門，兩廡左文樓，右武樓。奉天門外兩廡，曰左順門、右順門，後文華、武英二殿。中華蓋殿，後謹身殿，進之乾清宫，又進之坤寧宫。初大内填燕尾湖爲之，地勢中下，南高而北卑。高皇帝後悔之，二十五年祭光禄寺竈神文曰：「朕經營天下數十年，事事按古有緒，維宫城前昂中窪，形勢不稱，本欲遷都。今朕年老，精力已倦，又天下新定，不欲勞民，且廢興有數，只得聽天。惟願鑒朕此心，福其子孫，云云。」皇城自長安左、右門北，又東、西安門，北玄武門。

吳人黃省曾嘗記大內，略曰：循城之東，經八寶庫、古今經籍庫、東華門内，觀太孫宮、東宮之前多梅，宮各有寶座龍床，床皆五彩雕鏤，前階三梁以上，凡宮隔以衖壼。入文華門，殿制頗小，西觀奉先殿，殿亦有靈床座，如太廟寢室，以歲時薦享，不在是，多塵。又觀興慶宮之前除，積水幾尺，宮内藏衣扇等物箱千餘，各繫標牌，有彩金龍鳳紅箱七八座，列于中。又觀大善殿在小城之上，由左門入北轉上，至南殿，有網絲門凡六，云聖祖覽誦之所。其後有石假山，下通石梁、石山、鈎闌。下山循而入，爲望江樓，高際霄，已不可梯。樓後爲九五飛龍殿，間凡九，除多萱草，底宮有天宮，壁藏佛龕。轉至内花園，中有亭，亭四面各有五色琉璃石臺一座，可以登游。臺峙玲瓏古石各五[一]，中峻次卑。臺之兩崖，各函石缸二，缸水清，燭鬚眉。園内多梅竹松栢，百卉俱足，晶瑩特異塵世。又觀西宮，柣以黑金爲之，往往用馬[二]。宮後有御用厨竈，爲銅甎所疊。宮間五，中設沉香寶座，兩間門相對，門疊虎頭于楔上，各有龍床，床各含小床，可以周迴布席，床面朱華格眼，或剔地起突，雲龍盤鳳。宮之前，窻皆四斜，毬文格眼，或龜背羅文疊勝，門鈕皆絡膝紅金爲之。左右箱宮凡十四。又左右翼十二院，院各宮三間，左右爲房，房有壁箱八，朱龍金鳳爲飾，皆左右啓。傍屋三間爲厨，咸銅竈。厨北有小屋三間，厨前石井宮除。前又殿五間，中有沉香寶座，座有金椅，左右有龍床。出宮是爲棕殿，鴟吻簷脊，皆棕所成，四週爲格，凡四十，壁粘黃綾。又經武英殿至大庖，大庖祭器皆木，色咸朱。凡祭，列于紅几，几上咸刊定薦物品位，祭則攜几以往，由西華門西上門以出。

舊内城，六朝舊都，元之南臺，當京城中，國初駐此。吴元年，作新宫于東城，接鍾山之麓，右珍珠橋，歷竺橋，南出大中橋，古白下橋。入秦淮，西達三山門。

談遷棗林雜俎曰：崇禎中，太監劉若愚著酌中志，有大内規制，已盡宸居之概矣。今孫侍郎北海春明夢餘録間本劉氏約之，予又爲删潤焉。

吴譚

范守己

漢書吴縣云「南江在南，東入海，揚州川」，毗陵六「江在北，東入海，揚州川」，蕪湖云「中江出西南，東至陽羨入海，揚州川」，是孟堅所謂三江也。今案南江即婁江，在崑山縣南，中江即宜興之西九水，與溧陽、高淳、當塗水相流通者，今築東壩絶之，使不東下矣，北江即揚子江。禹貢云「三江既入，震澤厎定」，意或指此。蓋震澤所包者廣，凡揚州之湖陂俱是，不獨言太湖也。今人專以太湖爲震澤，而謂吴淞爲南江，婁爲中江，白茆爲北江，誤矣。

後漢書云震澤在吴縣西，「後名具區澤」。案周官職方氏，揚州藪曰具區，川曰三江，浸曰五湖。則澤自澤，湖自湖明甚。爾雅云「吴、越之間有具區」，郭璞曰「吴縣南太湖」也，是以太湖爲具區矣。豈震澤即太湖耶？若爾，則揚州之藪即揚州之浸矣。多草木曰藪，多水曰浸，合而一之，可乎？

郭璞曰：太湖中有句山，山下有洞庭穴，潛行水底，無所不通。今謂之包山。又謂洞庭山，誤矣。

郭璞曰：陽羨縣有張公山，洞密有二堂。今宜興東南有張公洞，予與韓克一曾入其中，信爲瓌奇，然不知孰爲二堂也。縣西北又有善卷洞者，上下二重，若堂室然，豈璞以善卷爲張公耶？

越絶書曰：毘陵縣南城在荒地，上湖中冢者，季子冢也，名延陵。皇覽曰暨陽鄉。今案季子冢在江陰縣西南，不知漢時毘陵城在今何地，去其冢當不遠。今謂武進爲毘陵，誤。

吴、越之地，秦置會稽郡，治吴縣，領縣二十六，北至曲阿、丹徒，南至富春，東至鄞、句章，西至陽羨、烏程。西漢因之，項羽殺會稽太守殷通，在今吴縣。後漢順帝時，移會稽郡于山陰，以其地置吴郡，割富春、餘杭以北十三縣，屬之丹陽郡，漢初爲故鄣郡治。故鄣郡在安吉州北，武帝更名丹陽，移治宛陵，領縣十七，東至句容，南至黟、於潛，西至蕪湖，北至江乘，内有丹陽縣，不知今何地。晉改爲丹楊，以城西有山多赤柳故，當不在句容東也。唐置丹陽縣於丹徒東，不知何據，考之乃古曲阿縣地。孫吴割會稽、丹陽地，置吴興郡，治烏程，其臨安、餘杭、武康、於潛、故鄣、安吉皆屬之，與吴郡、丹陽，謂之三吴。

丹陽郡舊有石城縣，漢書云縣有「分江水，首受江，東至餘姚入海，過郡二，行千二百里」，是漢時江水曾分流東南入海也。未知何代湮塞爾，其縣不知在今何地。案晉史，建鄴秣陵江乘屬丹陽郡，石城屬宣城郡，則非今石頭城可知。今謂石頭城爲石城，誤。

故鄣郡，漢初所置，高帝封吴王濞，王會稽、豫章、故鄣三郡，是也。武帝元封二年，改故鄣爲丹陽。漢書原無「秦置」字，范曄後漢書妄云，秦鄣郡，武帝改名。蓋見鄣郡上有故字，遂謂非漢郡。不知故鄣自是縣名，漢高以之立郡爾。故鄣縣在今安吉州境内，古鄣地也，非謂故時之鄣縣。晉書承訛，遂大書云秦始皇并天下，置鄣郡，大誤。案秦分天下爲三十六郡，無所謂鄣郡者。劉敞謂故鄣非郡名，亦未是。

陳沂金陵圖考云，秦并天下，以金陵地屬鄣郡，改楚金陵邑爲秣陵縣，及東遊會稽，過吴，從江乘浦渡，置江乘縣，皆統于鄣。鄣郡不詳治所，志云在石頭城地，史載吴興郡西，金陵本吴興西境也。案孫皓割會稽、丹陽地，置吴興郡，治烏程，領十縣，西北至於潛、故鄣、安吉而止，距金陵不啻四百里，謂金陵爲吴興西境，可乎？史謂吴興郡西，正指故鄣縣，非石頭城也。

文獻通考云，吴主孫權初鎮丹徒，謂之京城，後都于秣陵，改爲建業。金陵圖考亦云，建安十三年，孫權領丹陽郡，自宛陵還治秣陵，改秣陵爲建業郡，在淮水南。案吴志，建安五年，曹公表權爲討虜將軍、會稽太守，屯吴；九年，權弟丹陽太守翊爲左右所害，以從兄瑜代翊；十四年，劉備表權行車騎將軍，領徐州牧；十六年，權徙治秣陵；明年，城石頭，改秣陵爲建業。是權未嘗領丹陽郡，亦未嘗鎮丹徒也。徙治秣陵，爲建安十六年事。

宜興縣有東九水、西九水，居人不識其義，加「水」爲「氿」，郡縣志、水利考諸書，俱作氿字。案氿音軌，側出泉也，豈得音九？漢書地理志云，北江從會稽毗陵縣北東入海，中江從丹陽蕪湖縣東北至會稽陽羡縣東入海，南江從會稽吴縣東南入海。水經及荆州記云，江出岷山，至潯陽分爲九道，東會于彭澤，經蕪湖，名中江，東北至南徐州爲北江。金陵志云，中江舊經溧陽州界今永陽江，亦名九陽江，在州西北三十五里，即其遺跡。前漢地理志、桑欽水經皆云，出蕪湖縣西南，東北至陽羡入海。開元間，蔣日用作宜興城隍記云，此縣南壓中江，風波不借云云。景福三年，楊行密將臺濛作五堰，拖輕舸饋糧。其遺跡在溧陽界銀林、雙河東壩之地。蘇東坡奏議云，溧陽縣之西有五堰，所以節宣九陽江之衆水，直趨太平州蕪湖。後之商人，販賣簰木，東入二浙，以五堰爲阻，因紿官中廢去。五堰既廢，則宣、歙、金陵九陽江之水，或遇暴漲，皆入宜興之荆溪而入震澤矣。時元祐六年也。是時中江尚通。其後東壩既成，中江遂不復東，惟九陽江水入荆溪耳。據此，則東九、西九，正所謂九陽江也，何得爲氿乎？

秦淮，舊云秦時望氣者言，五百年後金陵有天子氣，始皇於是東遊以厭之，乃鑿方山，斷長壟，爲瀆入江，故曰秦淮。案桑欽水經言淮水出陵陽縣東南，北入大江。實録注亦云，本名龍藏浦，有二源，一出華山，經句容西南流，一出東廬山，經溧水西北流，至江寧方山埭而合，西注大江。則非始皇所鑿明甚，故昔人多云淮水，不云秦淮。祥符江寧圖經云，淮水去縣一里。山謙之丹記陽云，建康有淮，源出華山。輿地志云，淮水發源華山，在丹陽之界。徐爰釋問云，淮水西北貫都，吴時夾淮立柵，宋元嘉中浚淮，起湖熟廢田千餘頃，是也。惟孫盛晉春秋云是秦所鑿，不知何據。或曰，方山西瀆三十餘里，秦鑿也。

金陵圖考云，孫吴都城在淮水北五里，據覆舟山下，周迴二十里十九步。今據覆舟山南距淮水僅五里耳。案方圓圍徑法，周二十里十九步，方五里有餘也。豈當時都城北負覆舟山，南臨淮水邪？又何以云在淮水北五里也？又云都城之正門曰宣陽，又南五里至淮水，有大航門。豈古時里數狹小邪？抑淮水遷徙無常邪？

江乘地記云，石頭城山，嶺嶂千里，相重若一，游歷者以爲吴之石城，猶楚之九疑也。山上有城，因以爲名。建安間，孫權修理，改爲石頭城，用貯軍糧器械。案今石頭城山不二里許，所謂千里相重者，豈以沿江諸山盡名石頭城邪？

金陵志考證曰：案宫室記，吴遷都建業，有曰太初宫者，即長沙王故府，有曰臺城，蓋官府之所寓也，有曰東府，蓋丞相之所居也，有曰西州，蓋諸王之所宅也，有曰倉城，蓋儲蓄之所在也，皆不出都城之内。蓋臺城在宫後，即吴之苑城。宋元嘉二年，于臺城東西，開萬春、千秋二門。侯景攻臺城，燒大司馬門。大司馬門，宫府前門也。則臺城與府宫爲一可知。又案宋書，徐羨之住西州，高祖嘗思之，即步出西掖門往見焉。則西州似在都城内。又案晉書，謝安鎮新城，欲須經理大定，「自江道還東，雅志未就，遂遇疾篤」，上疏乞返旆，詔許還都，聞當入西州門，自以本志不遂，慨焉自失。及薨後，有所知羊曇者，輟樂彌年，誓不由西州路，嘗因石頭大醉，不覺至門，左右曰此西州門，曇悲感不已，因慟哭而去。則西州門又似都城西門也。又案晉安帝義熙十年冬，城東府，在青溪東，南臨淮水，去臺城四里。則東府不在都城内矣。

輿地志云，石頭城環七里一百步，緣大江南抵秦淮口，去臺城九里。若爾則石頭城在都城西，别爲一城矣，何周札開門迎王敦入石頭城，而都城遂不復守也？使當時嚴守都城，則敦雖據石頭，亦未必旬日能陷都城，何至使敦軍劫掠，内外官省奔散，惟有侍中二人侍帝邪？豈石頭城即都城之門户，别無城隍可守邪？則所謂西陽等門者，又何門哉？

東萊呂氏十論

吴論

孫權起於江東，拓境荆楚，北圖襄陽，西圖巴蜀而不得。北敵曹操，西敵劉備，二人皆天下英雄，所用將帥亦一時之傑，權左右勝之，而後能定其國。及權國既定，曹公已死，丕、叡繼世，中原有可圖之釁，權之名將，死喪且盡，權亦老矣。世人謂權之所以爲固者，東南之地，所以爲强者，東南之兵。此大不然。夫東南之地，天下至弱，而孫氏之地，又爲六朝最弱，獨權守之而固；東南之兵，天下至弱，而孫氏之兵，又爲六朝最弱，獨權用之而强。長江而上，達於江陵，轉江陵之南，阸於巫峽，上下千里，可航而渡者凡幾？可阸而守者凡幾？道路坦然，非有潼關、劍閣之阻也。自廣陵而渡京口，自歷陽而渡采石，自郗城而渡武昌，易若反手。江陵破則上流無結草之固，濡須破則江上不知所以爲計，地之形勢，可謂弱矣。權之兵衆，皆江南舟子，綿力薄才之人，區區捃拾盜賊〔三〕，驅獵山越，以寬行伍〔四〕，兵亦可謂弱矣。然權用之如此之固且强，何也？蓋權之所以自立者，有謀而已。不獨用其臣之謀，而又自出其謀，内以謀用衆，外以謀應敵。所以地狹兵少，處天下之至弱，而抗衡中原，成三分之勢者歟！

始權之初立，曹操下荆州，移書吴會，舉國震駭。權聞魯肅之言，翻然而悟，聞周瑜之議，奮然而起，一舉而走曹操，存劉備，基王伯之業。此用周瑜、魯肅之謀也。及劉備借荆州而不反，關羽頡頏於上流。權謂養關羽使北吞許、洛，全有江、漢，回舟東下，誰能禦之？欲圖之，懼曹操之乘其弊也。乘羽北逼許、洛，曹公以朝命見招，權乃上牋擊羽以自効，使吕蒙、陸遜一襲而得之，全有荆楚，西閉劉備於三峽，北釋曹公之患，以安江東。此用吕蒙、陸遜之謀也。方曹丕已禪漢，天下憤怒切齒之時，權知劉備必報關羽，恐曹氏掎其後也。乃於是時釋其憤切之心，而稱臣於魏，受其爵封，擊備而走之。此權之謀也。及魏責任子而權不遣，西患未解而北患復起，權之計宜乎窮也。權知劉備以復漢爲名，而曹操篡位之罪甚於殺關羽，備亦欲結己爲與國，而專意北圖。於是遣使講和，以中備之欲，遂得息肩於西，而專意於北，拒魏而退之。此權之謀也。方曹操之反自烏林，憤權而東征，謂權恃水以自固，故以舟師下合肥。權若拒之於江南，則曹公水軍入江，權軍不戰自潰矣。故逆拒之於濡須，使操雖水軍無所施，步騎雖多，瀕阻江洳，春水方生，義無所用，操嘆息而退。此又權之謀也。操既還，自他人觀之，大則追軍逐北，小則自足稱雄。今權不然，反請降於操。蓋權料操之内憂尚多，北有未定之河北，西有未復之關中，操欲伐之而慮東南之變，非大定不往也。故稱降以少厭其意而安之，使操不復虞東南，而盡力西北，已得於其間益繕戰守之備，以待其再來。此權之謀也。方曹丕之責任子不得而南征也，權見丕不知兵，不如其父，而老臣宿將亦不盡力如操之時，始却之於濡須而再來。權之意以謂丕不知兵，非使之深入疲竭上下之力，則不止，非使之臨江而反，則丕必不休。故開而致之瀕江而不與之戰，挑之而又不應，使之力盡而自還，又小發以警之，魏自是不復敢南出。此又權之謀也。權又以爲兵久不用，則士氣鈍，疆埸久安，則人心逸，且使敵人晏然，積以歲月，坐以成資，非計之得也。故兩譎淮南之將，致而擊之，所虜獲足以自資，而敵人之資又爲之破壞。此亦權之謀也。

權又以謂所用多南兵，便於舟楫，短於陸戰。故用兵未嘗一日捨舟楫而乘勝逐北，亦不肯遠水以逐利，雖有大舉長驅之計，亦不敢行以僥一時之幸。故曹休敗而不敢追，殷札獻言而不敢用。此亦權之謀也。權之受封吴王也，盡恭以受其爵命，使其國中知己爲百姓屈也；與邢貞爲盟，陰以怒其群下，方且爲進取之計，而自卑屈如此。此亦權之謀也。故權之爲國，自奮亦用謀，自屈亦用謀，勝亦用謀，負亦用謀，動無非謀也。故能以一江爲阻，而與曹、劉爲敵。

然權起非仗義，徒知以割據爲雄，不能興漢室以傾天下之心。使當漢末大亂，權能招徠中原之士，廣募西北之兵，輯馬步之鋭，挾舟楫而用之，鼓行北出，水陸並進，孰能當之哉？當曹丕之立也，權又能求漢室子孫而輔之，出師問罪，劉備必亦連衡而掎角，中原之士，挾思漢之民，必有起而應我者矣。權不知出此，徒自尊於崎嶇蠻夷山海之間，故雖力爲計謀詭詐，然基業僅足以終其身，而無足以遺子孫，僅足以保其國，而不足以争衡天下。惜哉！然使權不爲計謀以自立，則雖其身不能終也，況子孫乎！其國不能保也，況天下乎！何以言之？權没未幾，諸葛恪一用之而僅勝，再用之而大敗，孫綝用之又敗，江淮之間，惴惴而已。上流藉陸抗之賢，挾以重兵，僅能支襄陽一面，抗死則亦惴惴然矣。藉使孫皓不爲暴虐，亦豈能久存也哉？後世不察權以計謀自立，而區區欲効權之畫江爲守，是不察夫形勢甲兵之最弱也。古人唯陸抗知此。抗言於孫皓曰：「長江浚川，限帶封域，乃守國之常事，非智者之所先。」審抗此言，則當時之形勢爲不足言，而所謂智者所先，則有道也。抗可謂善論孫氏形勢者矣。

晉論上

東晉之始，形勢與吴相若，然吴北不能過淮，而東晉時得中原之地，吴旋爲晉滅，而晉更石勒、苻堅之强，終不能破。其君臣人材，去吴遠甚，而其固如此者，晉以中原正統所繫，天下以爲共主故也。以正統所係，天下共主，而百餘年不能平天下，雪讎耻，恢復舊物，晉之君臣，斯可罪矣。詩美宣王曰：「内修政事，外攘夷狄。」齊威公、晉文公、越王勾踐，皆國中已治，然後征伐。今夫晉室南遷，士大夫襲中朝之舊，賢者以遊談自逸，而下者以放誕爲娱，庶政陵遲，風俗大壞。故威權兵柄，奸人得竊而取之，小則跋扈，大則篡奪。士大夫雖有以事業自任者，亦以政事不脩，財匱力乏，而不得盡其志。可勝惜哉！易曰：「君子藏器於身，待時而動，何不利之有？」夫政事已脩，任屬賢將，而待可爲之時，時而進焉，則無不成矣。晉既内無政事，外之任屬又非其人〔五〕，雖有中原可勝之時，而我無以赴之，雖赴之而敗矣。故褚裒北伐，蔡謨曰：「今日之事，必非時賢所辦。」殷浩之再舉北伐，王羲之曰：「區區江左，固已寒心，力争武功，非所當作。」又曰：「雖有可喜之會，内求諸己，而所憂乃重於所喜。」由是觀之，晉之政事不脩，任屬非其人，雖有中原可乘之時，亦無能爲也。然謨之言大抵謂任屬非其人，故曰：「非上聖與英雄，自餘莫若度德量力。」羲之之言大抵謂根本不固，故曰：「保淮非復所及，長江以外羈縻而已。」二君雖相當時之失〔六〕，然盡如二君所言，則東晉未有復中原雪讐耻之期，端坐江左以待衰弱滅亡而已。此知其一而不知其二也。

夫東晉之初，其强弱何如三國之吴、蜀？當時有志之士，尚能欲自强而不肯休，諸葛亮、諸葛恪之語最善〔七〕，然亦知其一而不知其二也。亮之言曰：「先帝知臣伐賊，材弱敵强，然不伐賊，王業亦亡。惟坐而待亡，孰與伐之？」孔明之治蜀，可謂有政，蜀之任孔明，可謂得人，然未有可乘之時。恪之言曰：「今所以敵曹氏者，以操兵衆於今適盡，司馬懿已死，其子幼弱，未能用計智之士。今伐之，是其阨會〔八〕。」恪之言，知可乘之時，而不知所脩之政，而自量其材，與夫所用之人也。是故孔明無成，而恪卒以敗。觀蔡謨、王羲之與諸葛亮、恪之論，正相反而各得一偏。世之人好興作者，必以孔明、元遜之言爲先，而安偷惰者，必以蔡謨、王羲之之言爲是。酌厥中而論之，「藏器於身，待時而動」，「内修政」而「外攘夷狄」，聖經之言不可易也。後世亦曰：「事貴乘釁。」又曰：「上策莫如自治。」蓋急急自治，政事既修，恢復之備已具，事會之來不患無也。一旦觀釁而動，將無往而不利矣。若内雖有自治之名，而無自治之實，徒爲空言，玩日引歲，端坐而守，而待賊虜之自滅，非愚之所敢知也。苟不相時，先事妄發，小者無功，大者覆敗，一旦機會之來，事力已竭，不能復應。東晉之事，如此者多矣。

晉論中

孟子曰：「入無法家拂士，出無敵國外患者，國常亡。」夫無敵國外患者，謂國安可也，乃曰常亡，何哉？蓋既無法家拂士，又敵患不至，則君驕臣縱，入於危亡而不自知，東晉之末是也。晉之始也，敵國雲擾，强臣專制，上下惴恐，如處積薪之上而火然者，故君無驕泰之失，而臣下自以危亡爲憂。是以内雖王敦、蘇峻反叛相尋，桓温擅權廢立，外則石氏之兵，三至江上，苻堅淝水之役，江東幾至不保，然當時人主恐懼於上，而王導、温嶠、陶侃、謝安、謝元之徒，足以盡其力，故至危而復安，將亡而復存也。及桓温既死，苻堅復亡，上流諸鎮皆受朝廷號令，非有間者跋扈之人也。姚氏自守於關西，慕容相踐於河北，非有向日邊境之憂也。君臣上下，自以江東之業爲萬世之安，心滿意足，孝武漸生奢侈於上，道子之徒竊威柄於下，謝安、謝玄至以功名自疑矣。安、玄既死，其政愈壞，甚於已危將亡之時，泯泯靡靡，不自知也。已而君臣兄弟之間，争權植黨，上流之患復開，不待外敵之强而國遂亡矣。聖人於無事之時而爲持盈守成之戒，可不信夫！況東晉讐耻未復，遽以無事自處，不其愚哉！

晉論下

杜牧謂宋武不得河北，故隋爲王，宋爲伯。愚謂不然。并吞海内之形勢，關中爲重，河北次之。關中者，周、秦、漢用之，河北者，光武用之，皆用之以取天下也。曹操、石勒以河北取關中，苻堅以關中取河北，三人者皆吞海内十有八九而不能并。東晉之後，元魏以河北取關中，後周以關中取河北，隋、唐以關中取天下。以此論之，用關中并天下者五而不得者三，用河北并天下者一而不能者三。則關中爲重，河北次之，顧不信乎？宋武帝非獨不得河北，暫有關中而已，何嘗得之哉？宋武起於布衣，身經百戰，戰勝攻取，髣髴曹操，司馬懿而下不可比也。舉東南至弱之兵，練而用之，踐西北至强之虜，前無横陣，旁無堅敵，逆河而上，開關而入之，用之如建瓴破竹之易，可謂奇矣。然得關中而不守，翻然東歸，失百二之地於反掌。暮年慷慨，登壽陽城樓，北望流涕而已，可不悲哉！

愚謂宋武之失關中，其罪有三：一則好殺伐而不得中原之心，二則急窺神器而不能快中原之憤，三則倚南兵而不能用中原之人。夫宋武下廣固，欲盡阬其父老，韓範力諫，猶誅王公以下三千人，没入妻孥。前賢論之，以謂舉事曾苻、姚之不如，有智勇而無仁義，豈不當哉！其一失也。宋武帝之不爲晉室藩輔，天下所知也。然輔晉而行，能仗大義，使中原知爲晉雪百年之憒〔九〕，天下其孰能議之？其子亦不失天下。今急爲篡奪，大業不終。曹操猶能曰「天命有在，吾爲周文王」，終身輔漢而不取。宋武識慮，不及操遠矣。其失二也。宋武之北伐，魏主以問崔浩，浩嘗策之，以爲必克而不能久。裕之取燕取秦，西北之人未嘗據連城、舉大衆來附之者，裕獨用南人，轉戰山河之間，往返萬里。使裕收燕之後，選用燕之豪傑，廣募壯勇以傾三秦，得秦之後，選用秦之賢傑，廣募壯勇以傾河北，分爵裂土，以功名與衆共之，攻伐元魏，則中原盡得矣。東掃慕容之餘燼，西剪赫連之遺種，以裕之智勇，王鎮惡、檀、傅、朱、沈之徒爲爪牙，而謝晦之徒主謀議，何爲而不成？裕之施爲，既已不能選用燕、齊賢傑，廣募壯勇，而區區用遠客之南兵，縱無所練之士卒，南兵獨用，已敗不可支。其失三也。

蓋南北異宜，攻守異便，南兵不可專用有三：雖勇而輕，一也；利險不利易，易困難久，二也；易亂難整，三也。項羽之破趙，一以當百，高祖征黥布，張良戒毋與楚人争鋒，然羽、布皆爲高祖以持重困之。此雖勇而輕也。吴王濞之反，有田將軍者請急據洛陽，曰漢車騎入梁楚之郊則事敗。此利險而不利易也。吴、楚屯聚數日，無食而潰；裕軍至長安，已謳歌思歸。此易困而難久也。裕軍至長安，日暴市肆。此易亂而難整也。裕既無中原之衆，欲以南兵守關中，人無智愚，皆知不可也。裕之東歸，世以謂劉穆之死，急於篡取。愚以謂正以南兵不能守關耳。裕見已所行事，已失中原之情，欲全軍共歸，則惜關中不忍棄之，欲不歸而守，則南人思歸既甚，將潰而歸矣，裕之首領未可保也，況關中乎？數十年之得，一朝失之，古今所惜。然則後之欲恢復者，得中原之郡縣，可不以裕爲深戒哉？

宋論

宋文帝以河南之地爲宋武帝舊物，故竭國家之力，掃國中之兵而取之，卒無尺寸之功。史稱文帝之敗，坐以中旨指授方略，而江南白丁輕進易退。以愚言論之，文帝不用老將舊人，而多用少年新進，使專任屬，猶恐不免於敗，況從中以制之乎？鋒鏑交於原野，而決機於九重之中；機會乘於斯須，而定計於千里之外。使到彦之輩御精兵，亦不能成功，況江南白丁乎？然江南之兵亦非弱也，武帝破燕破秦破魏，則皆南兵也，何武帝用之而强，文帝用之而弱也？南兵不可專用，豈無北方之人可號召而用之乎？蓋武帝失之於前，而文帝失之於後也。

自古東南北伐者有二道：東則水路由淮而泗，由泗而河；西則陸路越漢而洛，由洛而秦。自晉南遷，褚裒、殷浩、桓温、謝玄，皆獨由一路以進，至於武帝，則水陸齊舉，故能成功。今文帝專獨用南兵，而專恃水戰舟楫之利，雖嘗使薛安都等盡力於關、陜，而孤軍無援，形勢不接。此三者，文帝之所以敗也。使文帝得賢將而任之，屯於淮外，委以經略，不獨用南兵，而號召中原之衆，不獨恃舟楫，而修車馬之利，則雖未能堅守河南，亦不至於一敗而失千里之地，再敗而胡馬飲江也。文帝修政事，爲六朝之賢主，而措置之謬如此，可不戒哉！

齊論上

天下之情，艱難則勤，承平則惰，勤者雖弱小而奮，惰者雖盛大而衰。夫元魏以夷狄之强，據中原之地，士馬精健，上下習兵而喜戰。道武以來，戰勝攻取，未嘗少挫，幾并天下。然至孝文之時，議舉兵伐齊，而在廷之臣皆以爲不可，雖驅之以威，莫肯行也。與間者習戰之俗，何其相反哉？蓋自道武没，更以母后幼主持政，群臣皆生長安佚，非復昔日馬上之士也；稍備朝廷宫室之美，非復昔日計牛馬錐刀之利也；美衣甘食，冬温夏涼，非復昔日習饑餒之勞也；高談徐步，可以致大官，取卿相，非復昔日競戰國攻取之勳也。故雖夷狄而流爲承平無事矣。夫以中國禮義維持，而承平無事日久，猶且以驕淫致亂，況夷狄上下無禮義之維持，稍稍無事則志氣滿矣，制度侈矣，子女盛矣，土木興矣。此蓋以夷狄天資驕淫之性，而入中國紛華之域，必至於此。此慕容、苻、姚所以不能久也。元魏居於雲中，未甚變其俗習，然猶上下厭兵畏戰，國主親在行間而不肯前，至於遷洛之後，其國衰矣。切譬之夷狄，鷙鳥也，去其利爪而傅以鳳鳥之羽，則無德可昭，無威可畏，取死於虞羅必矣。然元魏既衰之後，宋氏多事，齊氏享國日淺，梁武謬於攻取，待元魏至於國分爲二，然後自斃。若使南朝有英武之主，智謀之士，蓄開拓之備而伺其隙，則元魏豈能據有中原如是之久也哉！

齊論下

齊氏享國日淺，雖無境外之功，而疆埸之間亦無失矣。太祖初立，魏以劉昶爲主入寇，高宗之篡，魏又入寇，皆有以爲辭矣。然是時魏之入寇，無他奇策，而齊禦之者亦無高計，勝負相當。魏不能渡淮南，定漢、沔，齊之大鎮無傷焉，齊亦不能追擊，魏全軍而反，然魏得沔北數城，齊不能復取也。齊之君臣，度未足以開拓，故亦不敢深爲報復之計，待其通使於我，然後歸其俘而納之，亦計之是者也。然夷狄無常，和好不久，高祖與之講和五年，而以明帝篡立爲辭，分道入寇。夫魏孝文豈專爲名義者哉？求土地之穫而已。使齊氏自通好以來，邊備不修，一旦變起，國中未靖，外難又至，豈不殆哉？夷狄和好之不可恃，自兩漢以來然矣。

梁論上

陳慶之以東南之兵數千，入中原胡馬强盛之地，大小數十戰，未嘗少挫，遂入洛陽，六朝征伐之功，未有若是之快者也。然卒以敗歸，理亦宜然。何以言之？夫孤軍獨進，不能成功，自古以然。當時梁武使諸道並進，乘魏人上下崩離之際，分取郡縣，河南之地必可取也。慶之既至洛陽，縱士卒暴市里，此豈吊伐之師乎？當時能整軍陣，宣布梁德，取不樂爾朱氏之人而用之，改立魏主，則河南之地雖不版圖，必當爲附庸之國矣。南人善戰伐而少馬，慶之能鏖北兵於平原曠野，使挾騎而用，胡可敵哉？自入敵地，務廣騎兵，使不樂南之人，與南人善射參用之，縱不能守洛陽之地，多得騎軍，猶足以歸壯國勢，且安得有嵩陽之敗哉？然慶之與元顥更相猜忌，則廣兵之計，顥必不行。以此觀之，慶之進退專之可也，顥之成敗不可任也。恤顥之成敗而不恤軍旅之衆寡，非計之善者也。夫慶之固奇才，未易議也。著其所不及，以俟有慶之之才者試觀焉。

梁論下

梁之亡也以侯景。武帝納景，得禍也速，受禍也重。元帝僅能滅景，而卒不能振其國家。悲夫！昔馮亭以上黨輸趙，平原欲受之，趙豹曰「聖人甚禍無故之利」，太史公曰「利令智昏」。武帝之納侯景是也。夫景自以猜疑不容於高氏，反覆南來，既非吾兵威之所加，又非吾馳説之所下，忽以三十州數千里之地來歸，斯可謂「無故之利」矣。武帝思慮，朝臣諫説，非不詳矣，始疑而卒納之，可謂「利令智昏」矣。趙之與梁，得地無異，而受禍相似。趙致長平之師，幾至國亡，梁致臺城之陷，亦至於亡國，是禍又甚於趙也。趙有強秦之敵，摧之以致禍，梁氏既無強秦之敵，而獨一侯景，已足以致亂，是又出於趙之下也。然則在武帝勿受可乎？曰：方高氏、宇文制東、西魏，與鼎立三分，地廣兵强者勝，如之何勿受？受之有道乎？曰：景之初叛，先降西魏，二人已覺其詐，于謹則請加爵位而勿遣兵，王思政則請因而進取。乃使思政與李綽、趙弼赴之〔一〇〕，故已制其肘腋矣。已而思政入潁川，逐景出之，則已傾巢穴矣。而又召景入朝，則伐其姦謀矣。景既不入朝，思政遂據景七州十二鎮之地，是魏因納景，不血刃而取千餘里之地。武帝施設羅網，略無西魏之一二，何爲而可納？武帝既信其姦詐，而以羊鴉仁應接，鴉仁非景敵也，不足以制景，一失也。又信朱异，捨鄱陽王範，而以淵明爲帥，卒有寒山之敗，致軍折於外，景益無所憚，二失也。景之地不得尺寸，既失景地，何用於景？不殺而廢之可也，反豢養於邊陲，三失也。方景之未來而貳於宇文，説辭自辯，不能逆折其情，則曲意爲詔以安之。既而奔亡入境，不能制畜，遂捨鈐鍵而縱之，盜據邊疆，則又從而與之，跋扈不遜，則又虛辭而説之。高氏以淵明爲間，則又不能推大信於景而欺之，謀反已露，則又不能逆擊而討之。梁之失也如此，其所施之方略，所用之將帥，與西魏何相萬萬也！故非獨不得景尺寸之地，而又不得景絲毫之力，而受丘山之禍，由梁武所用非其人而制置失其宜故也。夫無故之利，無時無之，方略制置，尚鑒茲哉！

陳論

陳之形勢，不足道也。視吴又無江陵，自峽口至海，盡江而已。使孫權復生，且不能守，況叔寶之淫昏乎？蓋自晉以來，習於水戰，以江自恃，初不知我能渡，敵亦能渡，何足恃哉？以愚觀之，江若大河之比耳。大河猶有悍湍之虞，若江則順風登舟，一瞬可濟。雖有京口、采石、潯陽、武昌、巴陵，號爲控扼，豈秦關、劍閣之比哉？守江之計，必得淮南以爲戰地，荆楚控扼上流，又有舟師戰於江中，然後可粗安。孫權之拒曹操，東晉之拒苻堅，宋之拒魏太武，齊之拒魏孝文，是也。若曰亡淮南、荆、襄，而獨憑恃洪流以爲大險，豈不可笑也？今陳既失淮南，又失江陵。吴阻長江，又有南郡，一旦王渾之師入自淮南，杜預之師入自襄陽，王濬之師從江而下，沿江鎮戍，不能禦也。陳阻長江，又失荆州，一旦賀若弼出淮南，秦王俊出荆、襄，楊素之師泛江而下，沿江鎮戍，能禦而不能破也。蓋無淮南、襄陽，則自廣陵至於峽口皆可渡。吴、陳三世之後亡國已幸矣。唐末楊行密據有江、淮，既死而李昪取之，建都金陵，以孫權自處。方其有淮南諸郡，則闊步高視，東攻二浙，西取湖南，南取閩、越，南方莫强焉。及淮南爲周世宗所取，則自窘以至於亡，亦失淮南則不能守江南之明驗也。王羲之云：保淮非所及，不如保江。蓋見吴之能守，而未見若陳若南唐不可守者也。後之智計君子，既有見焉，謹勿割棄荆、淮而爲守江之論也。

山堂考索

兩淮山勢由少室而來，至于桐柏而愈大，自桐柏而降，危岡斷塹，纍纍相屬，接于巢湖幾一千里。淮東川澤之國，凡小洲大渚沙嶼石磧，水勢環繞，人所不到之地，皆水寨也。自謝楊、縣楊、石鏡、老鸛、新開諸湖而言，凡四十餘處，而相通之寨九。淮西山林之地，凡崒嶺峭拔，上平下險，無路可登，人所難到之地，皆山寨也。自六安、信陽、舒城、南巢、廬江諸沿邊而言，凡九十四處，而外有無水之寨六。

唐氏曰：自古天下裂爲南北，其得失皆在淮南。晉元帝渡江，迄於陳，抗對北虜者五代，得淮南也；楊行密割據，迄於李氏，不賓中國者三姓，得淮南也。吴不得淮南而鄧艾理之，故吴并於晉；陳不得淮南而賀若弼理之，故陳并於隋。南得淮則足以拒北，北得淮則南不能自保矣。

江防

徐孚遠〔一一〕

長江自蜀峽而下至于瓜、儀，首尾數千里，國家無處不設守兵分守地，然特以備小偷出没，期于會哨無大警而止耳，不足以當巨寇也。何也？沿江之守，聚則不少，分則不多，扼險不過數處，而分地乃有百千，宜其無所恃緩急也。承平既久，武備日弛，近者流寇發難，往來攻掠，無所禁禦，而自長江以南，限以一水，僅而自完。然賊之欲窺此非一日矣，蘄、黄之間爲其孔道，不足復言，又嘗下至淮浦，上遡井絡，竟長江所極，無地不控，一處不牢則所至靡爛矣。然不據我要地，示以形勢，而緣江爲守，此正宋臣汪立信所言，長江七千里，百里萬人，當七十萬乃足也。即國家安得此兵力哉？

愚嘗考之，自漢以來至于國朝，緣江而渡與扼江而守之事，而後賊所欲渡之處，我得據嶮以制之，緩急輕重之勢，可驗而知也。賊今者分半自鄖、房而至洋、梁，將入夔州，使蜀人拒之不得入峽，則乘江而下，其一道也。劉先主伐吴，令將軍黄權督江北諸軍，而自率諸將自江南巫峽而出；晉人伐吴，王濬、唐斌以巴蜀之師由峽江；隋伐陳，楊素以舟師下永安出蜀江；唐討蕭銑，李靖自夔州順流東下峽江；吴曦舉蜀降于金，約以舟師繇嘉陵東下，是也。既已出蜀江，則繇荆門、夷陵而至江陵，其一道也。魏文帝伐吴，吴將朱然守江陵，時江水淺陿，魏將夏侯尚作浮橋以攻城；晉伐吴，杜預向江陵；宋南郡王義宣、荆州刺史沈攸之皆自江陵下；西魏伐梁元帝，于謹渡漢，自黄華四十里至江陵；隋伐陳，荆州刺史劉仁恩出江陵；唐伐蕭銑，李靖自荆門宜都進至江陵；黄巢在荆門爲曹全晸所敗，收衆渡江；宋太祖伐江南，遣曹斌自荆南發戰艦東下；元伐宋，伯顏已東下，宋將高達以江陵降，元主喜曰「荆南既定，守鄂之軍可以無憂」，是也。繇江陵北至襄陽，其一道也。晉杜預鎮襄陽以圖伐吴；梁武帝自襄陽起兵；隋伐陳，秦王俊出襄陽；元伐宋，圍襄陽數年而後下，是也。自襄陽至竟陵出漢口，其一道也。隋伐陳，秦王俊屯漢口節度諸軍；梁武帝遣王、曹諸軍自漢口濟江；元伯顏繇襄陽入漢，聲言取漢口渡江，遣奇兵襲沙蕪口奪之，因同漢口開壩引船入淪河，轉沙蕪口以達江，是也。谿漢陽北至黄州府，循西陵舊迹以下，其一道也。陸抗表吴主曰，西陵國之藩表，既處上流，若一旦失之，敵便順流星奔電邁，此安危之機也；元世祖南伐，至黄州，漁人獻舟爲鄉導，世祖登香爐山俯瞰大江，元將董炳文言于世祖曰，長江宋所必守，臣請嘗之，率艨艟鼓櫂疾趨，北軍遂渡江，是也。既已渡江，即抵武昌，其一道也。魏武帝臨江，周瑜住夏口；宋荆州刺史沈攸之南下，齊高帝以夏口衝要，乃以柳世隆行郢州事以拒攸之；梁武帝起義，自圍魯山以拔夏口；黄巢渡江攻下鄂州；元人渡江亦先取鄂，是也。夏口既下，或順流至九江，其一道也。沈攸之南下，齊武帝曰尋陽地居中流，密邇畿甸，乃留屯湓口；梁武帝拔夏口，即緣江上道至尋陽，江州刺史降；金兀术南寇，一軍自蘄、黄犯九江，是也。既至尋陽，即直指石頭，其一道也。宋孝武之討元凶，桂陽王休範之起兵，皆自尋陽抵石頭，是也。至蕪湖據姑熟，其一道也。梁武帝受江州降，遂至蕪湖，是也。或掠江西，亦一道也。黄巢渡江掠饒、信等州，金人渡江由大冶趨洪州，是也。如我軍固守襄、漢，賊無順流直下之勢，復從蘄、黄步來，則廬州其一道也。吴人時從合肥以攻魏，而作堰濡須以自保，魏武軍居巢，吴大帝守濡須；隋伐陳，韓擒虎出廬州，楊行密在廬州，自銅官渡江襲宣州；金人自柘皋河入寇，劉琦拒之于此，金主亮南侵入廬州，是也。和州，其一道也。蘇峻自歷陽反，陶回請庾亮守江西當利諸口，亮不從，峻濟自横江登牛渚；宋元嘉中，魏主南侵，遣永昌王仁出横江；侯景攻拔歷陽，自横江濟采石；陳高帝秉政，梁任約等自采石徑向石頭；隋伐陳，韓擒虎自横江宵濟采石；隋輔公祏自歷陽渡江，取丹陽；宋曹彬自采石以浮橋渡；金兀术南寇，分一軍自滁、和入江東；宋虞允文舟師敗金主亮于采石；開禧搆兵，金人進圍和州，屯于瓦梁河；我太祖自和陽渡牛渚磯以拔采石，是也。太平其一道也。王敦反，舉兵姑熟；蘇峻襲破姑熟，以取鹽米；梁武帝東下，據姑熟；侯景自采石襲破姑熟；韓擒虎自采石進攻姑熟，半月拔之；金人乘杜充無備，渡江拔太平；元人敗賈似道于池之丁家州，太平遂陷；陳友諒陷我太平，奄至石頭，是也。揚州及瓜、儀，其一道也。魏文帝伐吴，親臨廣陵者再；桓玄簒晉，劉毅等襲斬桓弘于廣陵，即濟江；宋文帝元嘉中，魏主南伐，遣魯秀出廣陵，魏主自出瓜步；宋廢帝之亂，崔慧景自廣陵濟江；隋伐陳，賀若弼于廣陵濟江；金主亮南侵至瓜州，臨江築臺；李全謀反，欲取揚州以渡江，既聞二趙入揚州，攻之不克，是也。通、泰，其一道也。唐江淮都統遣將鄧景山，自海陵濟江趨常州以拒劉展；金人南下，宋高宗在鎮江，問群臣去留，吕頤浩欲留，王淵言鎮江止可捍一面，若金人自通州渡江以據姑蘇則奈何，是也。既已渡江，不趨金陵而趨京口，亦一道也。宋崔慧景渡江至京口，徐州刺史開門納之；唐劉展邀節鉞舉兵，自廣陵渡江，襲下蜀，陷潤州，而後攻昇州；孫儒舉淮、蔡之兵渡江至潤州，而後南攻宣州；虞允文已破金人，謂李顯忠曰，敵入揚州必與瓜州合，京口不可無備，顯忠分兵允文還鎮京口，是也。

凡此諸道，自來入江之事，備其變矣。要而論之，則有二焉：自荆楚入江者順流而下，全乎用舟楫者也；自淮甸入江者截流而過，不必預謀水師，掠舟而濟，濟則棄之可也。從荆楚而來者，彼則聚衆而進，我當量遠近而爲之備。遠則鏁絶襄樊，已過則立栅溢口，近則屯守梁山，又近則保石頭，據新亭。此江左立國守禦故事也。從淮甸而來者，彼則無所不攻，我則無所不守，當宿重兵于淮南，就其緩急而爲之分配，使我常有出而向之之勢。昔韓世忠屯兵八萬于山陽，而金人不敢南下，保江之要，無出于是也。若退而自保，則形勢與敵共之矣。葉適知建康上言，孫氏嘗以江北守江，自南唐失之，今乞兼制江北，宋朝從其言；趙范上書史彌遠曰，敵若有淮，則長江以北港汊蘆葦之處皆可潛師，江面數千里何從而防。即此知守于江外，不當守于江内也。從荆楚而來者，非有强敵，即大將握重兵而輕下流者也。如其來也，勢必重大，未有偏師出不意而至者也。故不宜輕與接戰，須扼險以老之。昔之善守者，每避其始至而擊其惰歸，斂我實力而聚于堅城也。從淮甸而來者，則不當以勢力多少論也。自曹氏父子及苻秦、元魏，擁衆百萬而不能渡江，而蘇峻、侯景之徒，輕兵數千，徑至京邑，莫可控御。故扼嶮而不進，雖衆不足，越嶮而卒至，雖少有餘。我太祖既渡江，謀下集慶，或有以晉、隋之事諫上以兵力不足者，上曰我已控上流，可遂克也，卒不煩攻而下。此二路用師多少之數也。荆襄遠而乘水竟下，則似遠而實易；淮甸近而水陸兼進，主客相持，則似近而實難。昔郝經爲元世祖謀下江南，欲以輕兵綴襄漢，而别出二軍，一軍出壽春，一軍出維揚以渡江。以虚用襄漢，而以實用淮揚者，遠近之勢也。然其後伯顔南伐，自率大軍繇襄陽入漢，令劉整一軍出淮南，整白伯顔欲自揚州渡江，伯顔不可，而遣阿术遡流至青山磯渡江，遂入鄂，劉整以功後阿术爲恨。此則淮南渡爲難，而襄漢渡爲易也。

今觀流賊烏合乞活之徒，飢則四掠，飽則他徙，乘瑕而進，遇堅而退，非有牽此出彼之奇，非有用實擊虚之勢。其所賴梟賊，皆以騎取勝，則一意用騎，雖從賊之人所在如雲，然不能整練步兵爲一軍，使步騎兼濟，而况能釋鞍馬而事舟楫，以與我争江湖之利也。唐末之亂，劇賊黄巢始自淮南渡江入宣、浙，至湖南沿湘江而逼荆襄，復渡江而西，大掠諸州，又自采石渡向北，且水且陸，時北時南，豈嘗豫蓄舟楫臨渡而用之乎？則其寔有過人之材，能因勢而設奇也。今此流賊，其不能已可見矣。特其在楚既久，窮困無所掠，或欲沿江東下，以延旦夕之命，江湖群盗及舟師賈客，可掠以載者，所在不乏。如其順流緣道，乘隙登岸，西則饒、信，東則宣、歙，無向不可。我豈得坐守石頭，不爲之所哉？愚以爲禦荆楚入江之賊，當于樊、襄二口，練治水軍，張設形勢，斷其來路，如宋人之所以拒元師者，則賊必不敢舍長用短，窺我江道矣。不然而縱其入江，從下拒之則氣奪而易潰，從上邀之則已過而難及，未見其得算也。雖然，江南之立國，自上流下攻者九，而成事者三而已，若自歷陽、姑熟而至者，往往一舉而破石頭。秦、畢、孫、楊之時，江淮雲擾，南北無復障蔽固其所也。至于王敦、蘇峻之徒，京邑清閟，藩鎮森立，而一旦發難，遂已不支。然則金陵之守不足恃也。賊若自淮而窺江，則江外重地，上自壽春、合肥，下自真州、瓜步，必得精兵數萬分隸其間，自爲首尾，往來擊應，而又先搜巢湖之水賊，練通、泰之鹽徒，安插溧水、陽羡之怨民，無使從賊，爲之接濟，則雖有强敵，猶不能不臨江嘆息，況于此輩蟻聚豕突，能爲我患乎？宋自瀛公之時，元人勢重，然其謀臣猶謂不當一路進軍，欲下襄、樊，必出淮南以牽之，欲下淮南，亦先絶襄、樊之援。然則使荆楚之賊不臨江漢，則雖突至江北，未敢遽圖截江，使江北之守，屹成重鎮，則在楚者亦未敢肆志南下也。

守江猶守邊，惟當扼其險要，不能尺尺寸寸爲守也。賊不知大勢，豈能出古人用兵牽制之法以困我？但方今江、楚二省皆大阻飢，萬一内變小動，便枕席上渡賊矣。故重兵鎮要害，固是長策，而有司撫綏之功，尤至急也。

長江天險，雖限南北，然必待人而守。不然投鞭而渡，直易易矣。請于古今形勢而鑿鑿出之，譚江防者，應無能出其右。

建康論

周弘祖

建康，古揚州地，六朝舊都也。祖宗創業，實基於此。江限南北，古今恃爲天險。江北則徐、潁二州，地跨中原，瓜連數省，并稱雄鎮。故淮安特建兵府，守以文武重臣，雖職司轉運，亦示控扼之勢焉。江南則安慶當長江委流，西控全楚，爲江表門户。其十衛陳列江北者：浦子口五衛，和陽、龍虎、應天、横海、武德，直當龍江下關，處東西之中；江淮衛設江浦縣，潘陽右衛設和州，以防上游；英武衛設紅心驛，飛雄衛設池河驛，廣武衛設朱龍橋，當鳳陽、滁州之中，以防北衝。儀真之東、鎮江之北，有揚重鎮在焉，不爲慮也。○都金陵者，宜守淮以防外庭，守武昌、九江以蔽上流。守淮之勢，東固淮安、泗州，自丹陽而揚州，而淮安，而泗州，乃全淮之右臂也。西固鳳陽、壽州，自采石而和州，而壽州，乃全淮之左臂也。東無淮安，雖得泗州而不爲用；西無鳳陽，雖得合肥而不爲用。上游之勢，沅、湘諸水，合洞庭之波而輸之江，江西諸水，與鄱陽之浸，匯於湓口，則九江爲之都會。故九江所以接武昌而蔽金陵，若用於天下，則徐、邳、臨清，淮安之應也，荆州，武昌之應也，而襄陽又荆州之應也。固荆州可以開蜀道，固襄陽可以控川、陝，固臨清可以通燕、冀，固洛陽可以制潼關。其西南守江西以運百粤，其東南守浙江以治閩、吴，皆金陵之門庭藩藏云耳。

劉季裴曰：自古守淮，莫難于謝玄，又莫難于楊行密。謝玄以八千人當苻堅九十萬之衆，清口之役，楊行密以三萬人當朱全忠八州之師。衆寡殊絶而卒以勝者，扼淮以拒敵，而不縱敵以入淮故也。

張虞卿曰：歷考前世南北戰争之地，魏軍嘗至瓜步矣，石季龍嘗至歷陽矣，石勒寇豫州，至江而還，此皆限於江而不得騁者也。然江出岷山，跨郡十數，備之不至，一處得渡，皆爲我憂。使我斥候既明，屯戍惟謹，士氣振而人心固矣，恃江爲阻可也，雖兼長江之險亦可也。苻堅百萬之衆，馬未及一飲江水，謝玄八千鋭卒破之於淮、淝，豈非其效歟？不然，伍巢以奇兵八百泛舟即渡〔一二〕，吴人有「北來諸軍乃飛過」之語，韓擒虎以五百人宵濟采石，守者皆醉，遂襲取之。由是觀之，徒恃江而不足與守〔一三〕，鮮克有濟矣。曹操初得荆州，議者曰：東南之勢，可以拒操者，長江也，操既得荆州，蒙衝戰艦浮江而下，則長江之險已與我共之。獨周瑜謂捨鞍馬而仗舟楫，非彼所長，赤壁之役，未有成功〔一四〕。至於羊祜之言，則以南人所長，惟在水戰，一入其境，長江非復所用，他日成功，略如祜言。故臣以謂，有如瑜者爲用，則祜之言，謂之不然可也；無如瑜者，則祜之言，不可不察也。彼爲説者謂敵人以馬爲强〔一五〕，而江流迅急，渡馬爲難，敵人便於作栰，而江流迅急，非栰能濟。是未知侯景以馬數百，一夕而渡，王濬自上流來，未嘗作栰也。州縣一也，有最爲要害者；津渡一也，有最宜備豫者。苻堅自項城來壽陽，侯景自壽陽移歷陽，孫恩自廣陵趨石頭，王敦渡竹格，蘇峻泛横江，侯景渡采石。考前世盜賊，與夫南北用兵，由壽陽、歷陽來者十之七，由橫江、采石渡者三之二，至於據上流之勢以窺江左者，未論也。

宋之論邊防要害者有曰：自古倚長江之險者，屯兵據要，雖在江南，而挫敵取勝，多在江北。故呂蒙築濡須塢，而朱桓以偏將卻曹仁之全師；諸葛恪修東興堤，而丁奉以兵三千破胡遵之七萬。轉弱爲强，形勢然也。淮甸郡縣，不必盡守故城，各隨所在，擇險據要，置寨柵，守以偏將。敵來仰攻，固非其利，若長驅深入，則我綴其後，二三大將，浮江上下，爲之聲援。敵之進退，落我計中，萬全之策也。又有曰：無爲軍巢縣之濡須，及東、西關，山川重復，蓋昔人尺寸必争之地。大率巢湖之水，上通焦湖，濡須正扼其衝，東、西兩關，又從而左右輔翼之。䑸舟既已難通，故雖有十萬之師，未能便寇大江，得逞其志。淮西雖號地平，而水陸要害，皆可戰守，稍加措置，未易輕犯。又有曰：若金重兵出淮西，則池州軍出巢縣，而江州軍出無爲軍，便可爲淮西官軍之援。又有曰：自建康至姑孰一百八十里，其險可守者有六：曰江寧鎮，曰碙沙夾，曰采石，曰大信口，其上則有蕪湖、繁昌，皆與淮南對境。其餘皆蘆荻之場，或碕岸斗絶，水勢湍險，難施舟楫。又有曰：采石渡在太平州界下，馬家渡在建康府界上，宣化渡在府界下，采石江闊而險，馬家渡江狹而平，相去六十里，皆與和州對岸。昔金人入寇，直犯馬家渡，杜充以萬衆不能捍，亦嘗分兵犯采石，太平州以鄉兵禦之，遂退。雖杜充處置有未盡善，亦形勢使然。馬家渡比采石尤爲要害。又有曰：和州烏江縣界，可自江北車家渡徑衝建康府馬家渡，滁州全椒縣，可自江北宣化渡徑衝建康府之靖安。兼泗州盱眙有徑小路，由張店、上下瓦梁、盤城，亦可徑至宣化，不滿三百里。兀术曾於此路來至六合下寨，并自上瓦梁下船，直至滁河口，可以入江。宜於靖安渡、碙沙夾相對三處防守。所有北岸滁河口、宣化兩處來路，應和州東地分，宜嚴切隄防。又有曰：昨來金人自黃州張家渡渡江，由湖北鄂州武昌縣上岸，方入興國軍大冶縣界，取山路以犯江西，宜於興國軍大冶縣通山等處擺布防拓。又有言曰：漢陽沌口，係漢江下流，湖北帥司所隸，尤宜嚴切隄防。

嘉靖二十九年，定沿江信地，責令將領防守。南湖觜守備，南岸自城子鎮至馬當，北岸自龍坪至小孤山，二百六十餘里，領原設兵船，而以九江一衛屬之。安慶守備，南岸自香口至池口，北岸自小孤山至六百丈，二百九十里，領水兵五百名，而以安慶一衛屬之。新復荻港把總，南岸自池口至大信，北岸自六百丈至西梁山，三百二十里，領水兵六百名，而以建陽一衛屬之。遊兵把總，南岸自大信至高資，北岸自西梁山至黃天蕩，三百三十里，領水兵一千二百餘名，而以遊巡軍兵相兼分布。圌山把總，自高資至安港，一百五十里，領水兵、民壯八百名，而以鎮江一衛屬之。儀真守備，自黃天蕩至新港，一百四十里，領水兵三百名，而以儀真一衛屬之，瓜洲鎮巡江衛總操江水兵亦屬焉，仍與揚州府江防同知協同防守，本鎮民事則同知理之，守備不與。三江會口把總，自新港至廟港，一百五十里，領水兵八百名。南湖觜守備駐劄湖口，安慶守備駐劄雷港，荻港把總駐劄荻港，遊兵把總駐劄上新河，儀真守備駐劄儀真江口，圌山、三江會口各駐劄本處，不許仍前住居城市。

建炎南渡，司諫吴表臣上疏言：大江之南，上自荆、鄂，下至常、潤，不過十郡之間，其要不過七渡。上流最急者三：荆南之公安、石首，岳之北澤；中流最急者二：鄂之武昌，太平之采石；下流最急者二：建康之宣化，鎮江之瓜洲。此七渡當擇官兵守之，其餘數十處，或道路迂曲，水陸不便，非大軍往來徑捷之處。

武弁襲替疏

南京兵部署部事、南京工部尚書臣丁賓等謹題，爲留都武弁窮極堪憐，乞賜議處，以彰國恩，以恤祖功事。武選清吏司案呈，照得每年春秋二季，遇有各衛指揮千百户老年病故，其弟男子姪，具告襲替通狀到部送司，行衛拘集告舍親管保官鄰族人等，研審明白。又行該府查勘，果無違礙，本司仍詣山教場比試各舍弓馬，得中者取具官吏人等保結前來，備由案呈本部具奏。

又將原來情節分别類另咨文，連人起送兵部，查對先年貼黄功次來歷相同，類送中軍都督府，候欽差内官，同五府、錦衣衛、給事中等官比試，開列等第，送回兵部，方行具本連人引奏。欽准選授祖職，給憑咨回南部，通行各官到任支俸，此從來舊例。近有南京和陽衛舍人褚維藩父故業已三年，因貧不能赴襲，每起送屆期，即稱往返多費，揭借無由，屢告案候，催至今春，始得起送。又查有興武衛舍人劉汝存、龍江右衛舍人張國相、江淮衛舍人李文元、金吾左衛舍人戴志德等，俱在京貧苦身故。府軍左衛舍人周時縉、孝陵衛舍人劉世文、飛熊衛舍人湯執中、興武衛舍人王存仁等，俱選回在途貧苦身故。爲照南京各衛軍官，俸薄差繁，日損月瘠，食無半飽，身無完衣。每值赴北襲替，盤費無措，或指俸米而揭借，或向親友而哀求，或賣房屋以充費，或鬻兒女以營資，萬苦千辛，痛心酸鼻。至于在北聽選守候，動經數月，多因資斧罄乏，饑寒莫救，而隕命異鄉者，歲歲有之。亦或分文難辦，稱貸無門，甘棄祖廕，終世不得襲者，衛衛有之。此輩始祖皆高帝與文皇帝開國靖難之功臣也。以汗血之勳勞，無罪而一朝絶之，深可憫也。且使留都武臣漸就凋零，而衛所空虚，亦可虞也。本司職專選法，若不急爲區處，恐失祖宗酬功至意。再照南都各衛軍官，俱從國初陞授官職，世系貼黄，版載南都，較與在外省直衛所，及都司所屬者不同。具本部每春秋二季保勘，其稽查功次，至詳且慎。若照北部事例，會同各衛門官比試，具由類奏，即移咨北部，候命下准襲，不惟可蘇武弁之困窮，而且可全功臣之世爵，此亦聖朝之至仁厚澤也。查得國初南京總小旗補替，至北京併鎗。正統二年，兵部左侍郎鄺埜題請，改于南兵部會官監併。南京各文職官，往時考滿，俱赴北京。萬曆四十一年，吏部尚書趙煥題請，改于南吏部類咨考滿。夫旗役之勞費可恤，何獨疲乎軍官？文臣之間關當念，何難曲體乎武弁？合無題請下兵部覆議，以後南京襲替舍人，具告通狀到部，聽本司研審明白，仍復查勘考與貼黄功次來歷相同，果無違礙，照依北部事例，會同守備及五府、錦衣衛、給事中等官比試，備將對比過緣由，及應否承襲情節，照例具奏，仍將取具衛所官吏人等保結各舍供圖，及各祖父原領號紙，移咨兵部查選。候命下之日，該部移咨給憑前來，遵照選過員數，行令各舍授職，望闕謝恩，免其赴京。其中若有應查應駁者，聽兵部照例查駁，著爲定例。其在外省直衛所，務照舊例赴京聽選，不得援南都爲請。庶京衛貧弁得以稍蘇，而國家恩典愈以彰著，其于邦政亦有裨益矣等因。具揭禀堂，奉批准具題。奉此案呈到部，該臣等看得南京各衛所官，年來貧苦極矣，每襲替北上，必須稱貸而行，即約扣俸抵償，故有到任數年，不得食糧者，有無親戚可借，終身不得襲替者，以至勉强出門，飢寒相迫，死于京師，死于道路者，且比比也。赴闕受恩，自是成例。但此輩入選無資，日就消耗，二祖有靈，亦必憫舊功而加惠者。法窮則變，此其時矣。夫京衛皆洪、永世臣，且貼黄在南，原不同于外衛，况南北事同一體，既經臣部詳審勘結，仍照例會同多官比試類奏，即移咨兵部，候命准襲，似亦恩不妨法者。司所引補併考滿二例，委果事體相類。伏乞勅下兵部覆議施行，則五十一衛之窮官，共載百千萬年之厚澤，所以上廣聖祖酬功之仁，下激武臣效忠之義者，匪淺鮮矣。原係留都武弁窮極堪憐，乞賜議處，以彰國恩，以恤祖功事理，未敢擅便，爲此具本，專差千户張本固齎捧，謹題請旨。萬曆四十三年正月十八日南京兵部署部事、南京工部尚書臣丁賓，武選清吏司郎中臣王宇，主事臣都任。

兵部爲留都武弁窮極堪憐，乞賜議處，以彰國恩，以恤祖功事。該本部題武選清吏司案呈，奉本部送兵科抄出南京兵部署部事、南京工部尚書丁賓等題前事等因。又該南京兵科署科事、南京户科給事中黄建中奏爲留都窮弁當憫，襲職事例可援。伏乞聖慈速賜酌議，以恤世爵，以廣皇仁事。俱奉聖旨：兵部知道，欽此。又該南京河南道監察御史郭一鶚揭爲留都武弁困極，襲職事體宜酌，懇乞聖慈霈發，速賜議處，以恤苦弁，以廣國恩事等因，各到部送司，案呈到部。看得南京兵部署部事、南京工部尚書丁賓等題稱留都武弁窮極堪憐等事，要將南京衛所指揮千百户等官襲替，聽南京兵部查勘明白，會官比試具奏，部類選，比照總旗併鎗文官考滿事例，通免赴京。又恐本部執泥成法，酌議除指揮而獨免千百户等官。南京河南道御史郭一鶚揭稱留都武弁困極等事，謂南京衛官襲替，責成南部類咨，此例通免赴京。其便有四。各一節爲照衛所指揮千百户等官襲替，在各省直者，本舍親齎該都司該衛保結投部，在南京者向由南京兵部查勘明白，類咨連保結送部，待人到齊送五府，會同内臣錦衣、兵科等官比試具奏，本部通引大選，此舊例也。但衛官多貧，衣糧匱乏，或有資斧難措，遲延過限而廢職者，或有飢寒奔走，在京在途而畢命者，誠可憐憫。今南京兵部與科道連疏，乞將南京五十一衛所官襲替，責成南部查勘明白，送南京五府會官比試具奏。仍咨部類選，比照總旗併鎗文職考滿事例，免其赴京。蓋軫念留都根本之重地，保全祖宗創業之功裔。疏中描寫艱難困苦之狀，令人鼻酸腸碎，何忍泥成法而困窮弁？況南京衛所，皆洪、永不滅之功，視各處續添虛冒新功者不同。南部有黃選可查，從來憑其咨送，兼有五府、内外守備、錦衣衛科臣可以比試，與各處漫無統屬者不同。及查總旗先年赴京併鎗，後議改南，文職從來赴京考滿，近亦議改南，人人稱便。揆之事例，委果相同，既經南京兵部與科道題奏具揭前來，相應依擬覆請，合候命下行文知會。以後南京五十一衛所指揮千百户襲替，及該優給優養者，俱免赴京，聽南京兵部備細查勘明白，送南京五府，會同内外守備及錦衣、兵科比試具奏。該部將各舍保結號紙咨部覆覈類選，發給文憑，填寫號紙，行令到任。中間如有例應駁查者，照舊駁查改正。各省直無黃選可查，無府科等衙門可比試者，不得援引爲例等因。萬曆四十三年三月十九日，本部署部事、吏部左侍郎李誌等具題。二十三日，奉旨，依議行。

火甲條編疏

南京都察院署院事、右僉都御史臣丁賓等謹題，爲地方總甲未經官顧，積害多年，懇乞比例條編，徵錢募役，以甦軍民重困，以了衙門未完事。臣于萬曆三十四年間，奉命蒞任操江，兼署堂印。隨據南京五城居民李自新、劉鳴曉、張應登、金之鍊、康恩、焦蕃、陳邦彦、林浹等，將前事呈稱地方編派總甲火夫等役，勢所不免。但留都地廣人多，編派清查更難，向來優免房號，雖以萬曆十四年海都御史題請簡可照繁册爲準，其衙門差役，雖以萬曆十六年兵部都察院題請地方夫差册爲準，總屬兵馬衙門人役，在于民間私自科派，私僱總甲，非當官僱募也。乃行法既久，諸弊叢生。其私僱總甲，本身既已冒濫工食，且又通同吏胥，夤緣爲姦，諸凡賣富差貧，改移定限，兼之飛差四出，虚增卯酉，又或遇火盗人命等事，乃私僱總甲，仍報排門正身總甲出官，無論正身家道或貧與富，輒便一混牽累，拘縻歲月，破家亡身，而正身總甲受禍慘毒，不可勝言矣。先年居民張文學等呈請舉徵錢僱募之法，蒙海都御史劄付巡視王御史等查議。彼時下情未能一一上達，而海都御史止將五城濫差夫役題請禁革，其徵錢僱募事體，尚在中止。後蒙都察院辛都御史奉旨題覆。内云南京王御史等比例徵銀僱募，似應依擬，乃稱查審衆情，一時尚未徧協，合候移咨南京都察院，再行五城御史虚心酌議。如果召募可行，人心共願，則將徵收優免，及一切應行事宜，議處停當具題等因到院。奈向來猶未行城覆查，以致大小軍民，受害日甚一日，如在湯火之中。仰望捄援，莫如僱募。伏乞早賜舉行，恩德無量。上呈等語，臣等以爲事干通都，未可輕舉。至三十五六七等年，除各縉紳屢次具揭，請行僱募外，其五城居民又屢次連名累牘訴告，往往有泣下者。且云僱募之事，問之富人則富人願做，問之貧人則貧人願做，通都大小軍民人等，無不稱便，何不舉行？臣又謂外府州縣舉行條編，尚有田地山塘男丁女口册籍可查。若南京十三門内外人家，幾十餘萬。臣等雖曾效法先臣王守仁編派十家排門牌册，以爲防守地方之計，其中間門面似無滲漏，然而竟無各家貧富等第册籍，則官府何從憑據議編僱募？乃有居民劉鳴曉、李自新、康恩等禀稱，身等向來私僱總甲，原有出錢數目，今既恐無憑據，身等願將三十六年分一年之内，各城各鋪大小貧富人家，各出錢數，公同會衆各鋪，寫册一本，名爲五城鋪册，送官以備查考。夫公同寫册，既不敢減少，又誰肯寫多？官府得此，寔有憑據，庶幾可以行事。蓋身等所慮不在出錢，特以錢不經官收支，難免飛差橫禍，大小人家日夕憂惶。故欲將額定錢數納之官府，以期杜絶諸累耳。不幾日，五城鋪册約千餘本，居民劉鳴曉、李自新等公同各本城大小貧富人家，一齊送至臣處。又各鋪册一本，分頭呈送五城御史。乃五城御史曾陳易、蔣貴傳、宗皐、王霖、王萬祚公同到于臣處，稱説通都百姓纔説鋪册，遂翕然抄寫，一齊送至公庭。且求早賜行事，則往歲所云半願身當，半願僱募之説，必爲從中陰欲阻撓者所誤，斷非出于小民之口矣。假令不與舉行召募，非但先臣海瑞題覆内云再行南京虚心酌議一節，終屬未完，而大小百姓屢屢成羣泣訴，度量事勢，必竟不肯停止，所當亟爲俯從。臣乃將各城所遞鋪册分開日子，每鋪點出公正人役，并貧人富人共三四人，先期約定某鋪某日到于都察院，當臣之面稽查鋪册内人户，有無房屋門面隱漏，并相應優免人數，及細問三十六年分册上所開出錢之數虚寔。又將三等九則規條，每鋪較量，時爲增減停妥。似此稽查甫畢，隨將各城原遞鋪册，并臣面審情節，一併書寫在册，劄付各城御史，令各到于會同館，覆查前項有無隱漏濫免，併出錢不均，併不合等則，并有不願出錢各情。臣又先期徧出告示，曉諭五城貧富百姓。内云民間所遞鋪册，本院雖已面審一番〔一六〕，仍恐中間尚有未盡事宜，復令五城御史在于會同館覆審。你們大小百姓，如有不願納錢者，許到會同館當官告明。本院即爲俯從，免派役錢。乃五城御史覆查完日，並無有隱漏濫免，併出錢不均，併不合等則，併不願納錢者。臣等猶不敢自信，乃復會同大小九卿六科，在于會同館，號集遠近人民千餘人。惟時九卿及科臣，親問納錢僱募之法，便民與否，乃合口稱便。又將百姓中之最貧者，直令上前，問其納錢僱募，便民與否，亦合口稱便。諸臣又各各細問爾等窮人，原無身家之累，何必要行僱募。又回云身等雖無重大家私，平素亦在排門之列，未免輪當正身總甲，與富家一同受累，且身等受累之日，光身到官，既已無錢使用，而妻兒在家，飯食缺少，又無人照管，其情更苦，以故情願額定納錢，用圖安静等語。臣又對五城御史云，僱募之事，從來未曾舉行，且南都地廣人衆，中間容有咨訪不到，未可信爲停妥。乃各御史又將會同館各所查各鋪内，有貧窮孤寡者，各自躬親至于其家，細訪端的，因而沿途徧問民情，稍覺可憐者，無不從寛派錢。臣乃收取各御史審定名錢數鋪册，復令書算手會集一處，督令細算五城見該出錢總數。隨即模倣前任題准簡可照繁册，併地方夫差册，細查五城今日合用總甲火夫，併當更夫活撥上陵等項燈夫，併各公用家火器皿，各該錢總數，較之前項所定鋪錢，尚有贏餘。隨即會同五城御史，將前各鋪所派各家錢數，各行儘錢照減，務使今日所派錢數與今日所用錢數，一一相同，乘此杜絶衙門多取，以防嫌弊。隨照各花名所減錢數，各鋪寫長單一張，徧示大小人民。臣又喚集五城原呈父老諸人到院，問云徵錢僱募一節，應否舉行。各對云，但得官府徵錢僱募，則衙門人役，既不得重科妄派，且一切在官事體，俱是僱募總甲自行承當，別無正身總甲名色，民間何等安静。當此之際，即使比照三十六年分私僱等項錢數徧派，身等亦自甘心。況今蒙將三十六年分私僱錢數内，家家户户查據餘錢，盡行照減，尚有何處不便于民？懇乞早賜舉行等語。臣于是乃喚集書算手，到于公衙，將各鋪減錢長單，照數填寫細户由票，分定日期，令各細户到于都察院，將由票親領完畢。遂于五月初一日，各城御史曾陳易、蔣貴傳、宗皐、王萬祚、容大德，相約開櫃，各收夏季銅錢。小民各遵日期，各照由票，踴躍争先，納錢如市，絶無拖欠。隨經該城御史給發各甲夫工食等項，種種支銷，明立文案，用備稽查。自後各季收錢支錢，俱係一體行事。其每歲或有新增優免，與事故之家，相爲伸縮，或將房屋折卸，與新增之房相爲伸縮。中間一切查錢事情，五城御史時時會同，嚴加覺察，務須通融計算，登時伸説明白，不得少容欺隱。即前原呈内所稱人命貽害地方最苦一節，已經嚴革夥詐牽累捏詞代告各衙門諸弊。臣猶設處于三山門、神策門、鳳臺門外，各建造檢驗廳一所，庶幾事有歸宿，民間愈無騷擾云。爲照爲政固在安民，而安民莫要于除害。先年兵部、都察院所定簡可照繁册，并地方夫差册，向雖遵奉通行，俱屬兵馬衙門人役私派私僱。況又地方人民寬廣，縱有飛差賣放、連累正身等害，其何能除？乃今額徵房錢，在官僱募，併人命不許夥詐，頓使前害一朝革去，則既可以下慰通都仰望素心，而先年都察院移咨南京都察院轉行五城御史，將召募事宜再行議處停當具題公案，從此可以歸結矣。緣係地方總甲未經官僱，積害多年，懇乞比例條編徵錢募役，以甦軍民重困，以了衙門未完事理。理合據寔具題，庶便遵奉刊刻書册，歲查收支登報循環，永遠舉行。爲此具本，專差千户朱世科齎捧，謹具題知。

火甲

太祖所行火甲，良法也。每日總甲一名、火夫五名，沿門輪派。富者顧人，貧者自役。有鑼，有鼓，有梆，有鈴，有燈籠火把，人執一器，人支一更。一更三點，禁人行，五更三點放人行。有更鋪可蔽雨雪，可拘犯人。遇有事，則鋪之甲乙，燈火相接，鑼鼓相聞。凡刀鎗兵器與救火之具，一損壞，有修鋪家整理。獨飛差與人命事，種種弊端，皆總甲當之，甚至數年不結局。此最害事，所當急急更張者。都察院都御史丁公洞察其苦，變其法，以三等九則徵錢，官行顧役總甲火夫，何其簡便，實成祖北京所行法也。但夜間鑼聲一過，不復再聞，尸聚一處，便于抵换，此更當一加意也。

足兵訓武疏

巡視南京營務兼管巡倉、監察御史王萬祚題爲留都營伍日凋，虚文操練無益，敬陳足兵訓武之寔。懇旨振飭，轉弱爲强，以備緩急事。竊惟金陵王氣，紀自先秦，我朝開基，遂成豐鎬。海内無事則已，一朝有事，則宫殿廒倉，草澤英雄競覬，祗樹敵資。宗廟園陵，神聖在天有靈，豈能自守？故命大臣練重兵兹地，所以擁陵寢，保河山，聖子神孫兢兢爲首務。二百年來，設立教場大小營、神機營、巡邏遊巡營、新江口營，邇因闗白之亂，添設陸兵水兵營。又以妖變，添立標營。星列碁布，制豈不詳且周哉？顧兵也者，養之于無事以待有事，先爲不可勝以待敵之可勝者也。我兵先寡，將何以禦敵衆？我兵先弱，將何以禦敵强？京營兵舊十萬有餘，後乃日朘月削。今大教場見存兵止六千三百有奇，小教場九千一百有奇，神機二千五百有奇，巡邏遊巡三千六百有奇，新江口五千八百有奇，總之不盈三萬。内則徒手寄操居十之二，老稚疲癃居十之九。所恃者止陸營之一千八百，水營之一千七百，標營之一千三百餘人，而邇亦弱壯相參，非其舊矣。且逃亡住糧，詞訟作缺，避勞就逸，隨時掣去，有缺無補，一去不復，數年之後，寧復有兵？江北門户，浦口營兵二千，池河三千，名在寔亡。去歲稍傳倭警，營官神慘色沮，膽戰心慄。語曰：無恃其不來，恃各有以待之，而今所以待之者安在哉？正德年間，劉賊以殘敗之餘，三過江上，如履無人之境。嘉靖年間，倭奴以五六十人入櫻桃園，殲我將士，血污紅門。況今日兵又遜昔時遠甚，而災變頻仍，民窮思亂，正盜賊蜂起之時，倭奴敗琉球，困朝鮮，垂涎中國金帛子女，嶺夷内訌，方搆引爲亂哉？營弊百端，未易悉數，若死病當醫，在救營伍之凋耗耳。惟凋耗，故欲拔選鋒，而選鋒何處可拔？欲汰弱兵，而弱兵將何補代？欲教武藝，而所教原非其人；欲明賞罰，而賞罰明于何地？祇令各衙門重之工差昔三人朋一差者，今一人倍應，典衣賣甲，顧募不敷，辱及營總，預爲揭債。貂璫使者，計日算錢，認人斂直，月糧操賞幾何，安得不逃？又責之養馬，家有妻糧，便號殷寔，口食不給，飼料安出？玄黄藥染，畜疾時生，道路僵仆，賣子鬻妻，安得不逃？夜巡緝賊，職固宜然，但奸穴淵藪，椎埋競伏，野曠人稀，白晝殺人，入夜恣行，寥寥孤卒，姑保性命，進則畏賊，退則畏官刑，安得不逃？如此之類，皆由兵寡。當者愈苦，苦則逃，逃則愈寡矣。萬曆十一年，兵部于每營題補，至一萬一千。三十五年，題准選壯丁以充缺伍。而當行不行，耗而益耗者，又五年于今，急在燃眉，禍不旋踵，寧得坐視爲靡文，苟延歲月乎？臣竊謂目前之計，必會司馬、司農，合而爲一，以營法、衛法，分而爲二，而後其病可痊耳。今司馬不選軍，則諉曰户部無糧，然而額定歲輸，粟紅貫朽，自在也。司農不給糧，則諉曰兵部無軍，然而生齒浩繁，翹奇待充，非乏也。兵老不選，其禍至于藉寇兵；糧腐不給，其禍至于賫盗糧。倉皇窮迫，而緩不及事，孰若室未雨而共計綢繆，車未敗而合謀益輔之爲得哉？夫衛所有正軍，有餘丁，有祖充，有投充，種種分別，毫不得混者，此衛中明伍之法；正擊刺，善騎射，陸搏虎，水斷蛟，十中選一，百可當千者，此營中選武之法也。今動稱案藉，拘例引嫌，千百户乘機挾取肥囊，積年軍識，營爲龍斷，准頂者未必宜兵，宜兵者未必准頂，無錢進身，即韓、白、李、郭，有老死溝壑耳，國安得壯士而用之？獨不思民間亡命，盡人皆可爲兵，獨于真軍，反多忌諱，臣誠莫得其解。爲宜盡捐腐陋之局，痛懲刁勒之奸，查出十一年舊額，將五十餘衛軍，不論正餘，盡數挑選少年膂力壯健、心神樸茂、精彩焕發者，儘作營兵。最上爲選鋒，次即爲常伍，有餘則補作駕船守門諸役。于各營内汰出惴懦矮小力差弱年未衰者，充大小衙門官府跟隨導衛之用。其耳聰目明，手持足行，儘足操弧負箙，執矛荷戈，何必壯丁。法行自上始。舊有伏財營窟，投托隱占者，勛功卿第，各自清查，但係衛軍，送還本兵，一體審發，少壯入營操演，殷富責以圉牧。定案如山，不容生端再掣；訟庭兩造，不得住糧誤操。用此法選補，于大小教場，各宜補足一萬一千，神機合巡邏遊巡亦然，新江口縱不復舊額一萬七千之數，亦宜選足一萬二千五百人爲一師。

赳赳桓桓，彪虎成羣，都城内外，氣象自别。浦口池河，一時不能滿萬，亦先選各五千，連絡犄角，聲勢相援。至于孝陵，原額二千，今亦宜于本衛軍餘，挑選足一千，寄操諸軍。此空勢應撤回，彼空自爲簡補，枹鼓雖驚，松楸不動，則祖陵何地，尚不寒心。每營仍預取壯丁二百名爲聽補軍，遇有事故，兩營按籍取補，無煩拮据，捍外衛内，策無踰此。或者曰：水陸召募之兵，堪以敵外，數萬金錢之養，費于浙兵，京軍皆擔夫菜傭，奚取徒多爲？是大不然。祖宗執府衛爲兵，戰則領符，散則歸衛者，爲子孫練兵之良法也。即月米爲餉，正軍一石，餘丁六斗者，爲子孫省餉之良法也。即各營精兵六萬，陸營、水營亦各補足二千，則彼此協力，共□雄威〔一七〕，合成一體，既不至露弱偏枯，啓驕悍要挾之端，又不俟他郡召募，取增餉坐索之擾。不然，則僅僅兩營浙卒，豈有倚仗克敵之理？而蚩蚩易種，有怒相攫，能保無狙詐作敵之憂哉？借兵以護兵，舍餉而營餉，久長之計，正不爲是耳。補伍而後，當議者四：一曰蠲雜差以示優恤。營軍不備戰守而備工差，臨操不比技藝而比工錢，當事寧盡糊心眯目乎？自今伊始，勅下内外守備衙門，正差撮差，一概禁革。龍袍神帛、銅器青菓、板方甎石等槓，原設錢糧盡寬，内監動支顧募，工部銷算，即各船護送不得離汛地，看守不得過晨宿，少蘇困軍，可也。一曰勤訓練以養寔材。今輪班進營，逐日走隊，金鼓旂幟，非不可觀，跳躍起伏，傀儡兒戲，侵辰而入，抵巳而出，歲歲如是，責之對敵，茫然無知。不若另立爲練法，每五日以一日走陣，四日演藝。如火器千人，必千人精也，弓弩千人，必千人精也。某技大良，某技次良，衛總分試，把總輪試，坐營抽試，皆躬較而心體之，舉名則知其技，舉一則知其百。庶隊無不精習之士，而營無不知兵之將，臨敵則有所恃無所畏。有所恃則奮勇而直前，無所畏則神全而氣定，何敗之有？一曰給器械以助軍威。查得三十二年，兵部每軍給弓銀三錢，又鳥銃數千。以後徑催自備，鈍戈敝甲，斷弦絶羽，狼筅枯株，銃眼噴藥，甚至三人共執一器，深可憐憫。乃内庫所藏，畜積頗多，國初鑄造鋼鋒勁利之器，置之無用。宜擇良有司暫領其事，各就庫部，領出修理。再不足用，照先年事例，每兵量給價銀，督令自備。鉛彈火藥，匠作刻期，早辨早散，勿致休班，乾没無算。庶器與人相習，有一器，濟一軍之用矣。一曰增戰船以防水攻。長江天塹，舟戰爲上。高檣巨艦，駕用多人，旋轉不便。若沙唬二船，沙船面闊底平，可貯正兵，唬船形尖身疾，可貯奇兵，爲用甚亟。舊制十年一造，五年一修，然而旋壞旋修，則兵得船之利，而官亦省造之費，似不必盡拘年限。新江口船舊四百有奇，今存者百十隻耳。作頭圖侵，恣意延閣，風雨朽壞，薄板稀釘，竟難衝浪。水營兵船，多不滿百，貪弁染指，柳質易腐，近更修飭，載兵無幾，篙師舵工，手疏目炫，膠舟可虞。合無以造船職掌，總屬兵曹，專督歲修，江海之濱，舟操若神者，寔繁有徒，與兵偕選，雙輪激水之類，并考形同造，此水軍之急務也。更有宜議復設者，諸營外列江口最要。成祖屯重兵江上，以文武重臣統率之。舊例官軍住宿，早晚點閘，跬步難離。今厭薄險遠，如禦魑魅，官棄伍而家居，卒捨舟而城處，纜舟漂泊，寂無人知。詰其所以，則江岸傾灘，營場圮壞，將臺軍壘，湫淋瀉湍，重鎮軍機，廢弛至五六年矣。徼天之幸，時不再得，亟宜培拓疊基，容畜操衆，疏開兩河，停泊舟艪，修復窩鋪，頓插巡軍，卯酉如故，舟師箭射火攻，逐様演習。把總六員，縋舟畫地方分守，仍與水營、遊兵營，繩貫聯爲常山蛇勢，以六分中守，以四分爲兩支，同水遊兵，防觀音港、河口、龍潭諸處。而哨官帶領，一出哨于粱山，與荻港營兵會，一出哨于天寧洲，與儀真兵會，上下江往來搜捕賊窩，更番迭出，首尾交錯，血脈流盪。汛地遊兵營，亦期會適中處，隨衆習操，免致抛零，武藝生澀。庶江險爲我兵所據，而敵不得乘耳。又查嘉靖年間，兵部因事預防，有四面營盤選鋒伏場之建，南如石子崗，東如土山，西如望江樓，北如仙鶴觀、麒麟鋪、東山寺等處，墩臺纍纍，一以控扼地形，一以埋伏人馬。承平日久，或土民侵占，或荒蕪積草。今西尚有，而東南北三面曠然失陷，舊趾可尋。可不亟行查覆，整立守望，春秋閲視，播威武以攝不軌之民乎？新江口抵江浦驛，三十里程耳。近聞新河相望頗近，一葦可渡，宜有重險，以限長流。得無新江口船額，告復其舊，分支船以衛浦口，東西兩岸，對守戒嚴，賊從水則夾擊之便，從陸則摧遏之易乎？浦口一營，逼近卧榻，廒棟遼遠，庾廩露積，不患無糧而患無兵，不患無兵而患無法。青衿里中豪翼庇軍伍，偷惰驕玩，誹謗告訐，持將吏短長，即守禦莫敢誰何，安問其他。一水僅隔，法令頓殊，至于池河，相去彌遠，指股同大，冠履倒置，軍民概處，風俗澆漓，莫可挽回。蓋由武臣權輕，彈壓無人，末流至是。合無比户部例，專差兵部司官，駐扎滁州，巡守二處，賞罰號令，一出其手，圉牧屯糧，亦令帶轄。豪强姦黨，武斷窩訪，剥軍擾官，把持營衛者，或闕會京營拏治，或徑移法司究罪。然後軍法不撓，操練不虚，外營庶其有瘳乎！今衛民防倭，旦夕難緩。奉有諭旨，而兵、工、户三部相視莫敢前者，莫如浦口之城。夫諸臣豈不知百萬生靈，藉城爲捍，敢易視哉？第波浪漂蕩不常，恐爲有力者所負，閭閻折毁不便，誰與無辜者爲讐，萬不得已之計。竊以爲宜循萬峰門城牆，舊人難得，顧智謀勇略，足濟寔用何如耳。今在藉老成名將，豈盡無人？有身經戰伐，夙著勳名，偶以病歸者；有一眚掛彈，抱負寔奇，桑榆可收者；有據鞍矍鑠，渭水堪奪，金城可圖者。與其閑置于林下，孰若儲養于留都；與其以好爵靡土木藻繪之形骸，孰若以重禄優禦侮干城之耆碩。出可搴旗，卧堪借箸。懇乞聖明特諭本兵，搜求宿將，起任南京五府，鎮守江南，亦可以備西北不時之需。則得大將一人，賢于十萬師矣。臣營差幸竣，目擊營務衰弱，寔切深憂，敢獻芻蕘。伏乞陛下電覽下部，再加查覈。如果臣言不謬，乞賜舉行，其于京營，不無少補矣。臣不任惶悚待命之至。

夏曹紀事

兵部惟武選司不預錢糧，三司歲入頗多，往年任支銷無考。武選鄭郎中因建議設總庫，委一主事專管，凡有支放，俱説堂給劄，方准發。三司惡選司倡此論，因議管庫不得委選司主事，載之職掌，至今仍之，亦可笑也。

衛所襲替舍人，舊例屬府衛分。武選司移文該府，勘結回照，乃五府首領胥役，故意遲延，致悮咨送，諸舍人苦之。武選郎王宇始查照邦政題准事例，説堂免行府勘結，禁各衛不許申府，一聽本司行衛查勘明白，將府結部結，類送該府磨對，限五日内粘照過部。如結内字跡可疑，該府止移文選司改正，不許徑自駁查。其或回文過限，及違例行查，府吏徑送法司究問。諸舍人受德無窮矣。

祖制各衛軍政官，擇材受任，故官名武選，典名黄選，非令循次而補也。萬曆三十五年，南武選馬郎中苦請托難絶，更定新法，止就本衛挨補，不問人地，不論當否。至使譾才司大屯大運大印，以敗乃事，而長才往往置無用之地。乃如興武、鷹揚留守後官員衆多，聽用數十年不得補，其他官少衛分，黜革未幾，旋進管事，衆論閧然不平。致四十二年，南管屯御史陳玉輝疏參，下兵部覆議，南武選司始申明舊制，更正職掌 凡軍政員缺，本衛有賢能官，則以本衛補，本衛無官，或官未必賢，則選别衛調補，務使人地相宜。從此官司留心知人，而軍政亦稱得人矣。

國初起運漕船，皆造于南京龍江關提舉司。永樂年間，省直糧米，民運至淮，派撥軍船，因改建清江廠于淮安。宣德間，各省糧俱改本地交兑，船亦撤回團造。惟南京軍船不過江，止寄泊瓜、儀二壩。江南糧米，仍民船裝至壩交卸，故船仍在淮成造。至萬曆元年，改瓜洲壩爲通江閘，南京軍船徑過江直抵水次領兑。漕運都御史王廷瞻題請工部覆議，遂將南京各衛運船復歸龍江廠修造。緣各衛軍住南京，費出南部，木由南關抽分，以便就便，故費省而船堅。二十八年，淮廠匠作鑽謀運總條議，改歸清江廠，木價既多，且匠作不堅，板薄釘稀，不久輒壞，兼以軍士守候經年，運官監督不便，而空船回塢，看護尤難。南科祝世禄隨疏其苦，下部未覆。邇年丁甲，疲累日甚。萬曆四十三年，南大司馬黄鍾梅公乃上疏請復歸龍江廠，聽南工部自造。此誠甦軍救運之急務，乃命下工部，竟置不覆，衆所稱便，而廟堂之上，若不與之便，所未解也。

年來運務，廢壞極矣。船缺甲疲，苦累運官，降革監禁、破家亡身者，相望不絶。每遇選用，即赴湯火不啻畏也。萬曆四十三年，武選郎王宇議將各衛船甲，酌量丁力，通匀增減，以救之。蓋諸衛運船不齊，有多踰百六十隻者，有小不及二十隻者，向原隨丁力而派，日後人户消長，衛事變更，昔繁今簡者，雖增之不病其厲，昔殷今乏者，非減之莫甦其困矣。況增者僅數隻，而減者間至數十隻。酌盈濟虚，實急救運困第一議。大司馬黄公慨然舉行，乃移咨漕撫。值人言杜門，遂高閣置之，抑亦運衛之不幸也。窮則變，變則通，以俟後之賢者。

南京屬府衛所官，最苦者莫如夜巡差。緣京都裏十三門，每夜設長巡鎮撫二員，點閘門軍，一員在鼓樓守發令牌，每門短巡官二員，每員帶軍十名，赴鼓樓領令牌，往門上撞鎖，次早赴中府經歷司回話。五府屬五班更番，共用夜巡官一百三十員，食糧正軍一千三百名。後因留都缺伍，掣去正軍，將各衛餘丁充役。餘丁差繁人少，俱責各官僱募。且非止供前差，該府挑運柴米，及勢豪婚喪借用，日不暇給。各官賠累不堪，皆寧願辭任，不願管事。萬曆四十三年，大司馬黄公准武選、職方二司條議，將夜巡軍減去其半，驗定六百五十名，每名月給口糧三斗，凡勢豪婚喪借用，一切禁止，每官遇上直五日，量給油燭五分以恤之，而苦累庶乎其少甦也。

應天府志〔一八〕

萬曆三年奏准。國初里甲之設，以催攢勾攝，且十年一役，九年空閑，于民甚便也。後有司一切私費，盡科里甲，於是不得已，乃爲十甲徵銀朋當之計。里甲之費，于秋糧内帶徵，坐派少則謂之派剩料價。初意派剩存積，以待不時之徵也。久則那移支用，不可詰問。有一縣派剩十兩以上者，一遇加派，仍行科斂，甚至一年暫派而次年停止者，則開稱該縣徵收作正支銷，以愚百姓耳目。上、江二縣，與宛、大二縣相同，乃派走遞夫，百司所集，安能應付，民困極矣。巡撫歸併龍江遞運所，小民稱便。二縣又巧立小夫名色，且勒二甲朋當，歲派銀幾二千兩。今遵詔除去秋糧内帶徵里甲銀兩，扣算通縣丁糧編派正數，無復派剩銀兩。又裁革二甲朋當小夫，應該夫馬於驛遞應付。其六合縣夫出自排門，輪流科斂，爲弊更甚，亦編定名數以絶弊端。原額里甲該銀一萬六千四百五十三兩有奇，今將各項雜派歸併里甲，共編六萬二千餘兩，其實里甲項下止徵銀八千七百三十三兩六錢四分四釐七毫八絲四忽。又奏准各縣均徭原有定額，嘉靖十六年書册已非初制，然不若今之冗濫也。銀力二差，俱有定數。銀差者，謂以差編銀，不復雇役也。力差者，派與銀數，自當雇役，悉聽其便，非於所編之外縱民過取也。自一條編行，有司於門皂斗庫獄卒，狥情加添工食，有至三五十兩者。浚民膏脂以潤左右，深爲民病。且祖宗舊制，役民不過里甲均徭。應天所屬，又巧立十丁夫名色，凡不時之徵，則派十丁夫，弊不可言。今遵詔將十丁夫查革，凡各衙門一應銀力，俱以書册爲據，查復舊額。切見應天府所派差徭，俱于各衙門應役，往往執留批迴，額外多取，小民受累。乞勅該部查議通行。

江寧縣志

社學。洪武中每坊廂各建一區，以學行者舊爲之師，其子弟悉令通孝經、小學諸書，誦讀之聲相聞，其俊秀者選入郡學。鄉飲酒禮既舉于學，又每坊即社學爲會飲之地，以禮一方高年，行禮讀法如儀，後漸湮廢。嘉靖中，學使楊宜稍簡諸生堪教習者，與爲社學師數處，至今相襲，其後又廢。萬曆中，督撫朱大器移文脩復，未幾遷去，後無復舉行者。今除諸生所居及居民佃者入租于官，其他多爲豪猾侵占，不能盡考云。

上元縣志〔一九〕

版籍

古者聖王建國，什伍其民，下制恒産，上制國用，靡不征斂有藝，費出有經，而天下定。上元固昭代建國首邑也。厥初租調永蠲，恩踰法外，其後稍加賦役，以當經費，雖失聖祖初意哉，而惟正之供，亦所安焉。迨至正、嘉之季，外繇蝟集，民病而不知恤，職生厲階。頃者幸際清明，屢荷司牧者調停湔刷，稍復治世之舊。謹籍户口田賦之數，及其入出之防，正使民庶持籌而算之，萬不失一，吏特奉行文書，無所隱其慝，故令行而民不疑，爲象魏縣焉爾。往歷利病，敬附於篇，備司牧者考焉。按圖籍，嘉靖末年户口尚及正德之半，而今纔及五分之一。非必人户流亡至此極也。大都賦役日增，則逃竄日衆。又國初里甲什九注一，坊廂什一，本田什九，寄莊什一。其後田賦日增，田價日減，細户不支，悉鬻於城中，而寄莊滋多。寄莊田縱千畝，不過户名一丁，後或加一二丁，人且以爲重役。其細户田既去則人逃，即不逃而丁日削，勢固然也。蓋積歲漸減以至於斯，近始審編，新增千九百餘丁，而丁銀亦攤減云。

田賦

昔者石江歐陽公之撫留圻也，逮諸守宰，究心民瘼，殫精國計，作書二册：一摘略節，與民周知；一詳欵目，官府備照。大綱有四，曰以八事定税糧，以十有二事定里甲，以二事考均徭，以六事考驛傳。垂爲定則，無所容姦，民受其賜頗久。世遠人亡，其書銷毀，而父老所傳僅存抄本。今其細目雖已增損不同，大都不越綱要之外。是用綱仍其舊，目準諸今，作田賦志，亦俾前賢遺意不終泯焉。

初洪武十八年，恩詔念應天五府州爲興王之地，民産免租，官産減租之半。官産者，逃絶人户，暨抄没等項，入籍於官者也。初半租多寡不一，嘉靖中，均爲一斗五升，而雜徭不與焉。其更佃實同鬻田，第契券則書承佃而已。大約官産什二三，民産什七八。雜徭惟併於民産，而國初雜徭亦稀。厥後大吏創勸借之説，民田畝科二升，名曰勸米注二。後以供應稍繁，加徵二升，名曰勸耗。延及正德，則陞科至七八升矣。十甲輪年，照宇内通行事例，未始不安於法制之内。

而正、嘉以來，事日增，役日繁，在小民利於官產，而官產則少，在優免人户利於民田以省雜徭，而買者賣者或以官作民，或以民作官，以各就其所利。於是民田減價出鬻者日益多，而差役之併於細户者日益甚。猾胥乘之，恣詭寄花分之弊，而惟時不急之征，無名之費，一切取責於現年，現年竭產不足支一歲之役，而所索於花户者，每糧一石至銀四五兩。蓋宇内盡然，而南都爲甚。維時一條編法已行於數省矣。隆慶中，中丞海公巡撫，計以官田承佃於民者日久，各自認爲己業，實與民田無異，而糧則多寡懸殊，差則有無互異。於是奏請清丈，而官民悉用扒平，糧差悉取一則，革現年之法爲條編，考成料價，一應供辦，俱概縣十甲人户通融均派，而向來叢弊爲之一清，優免之家，不失本等恩例，而細民偏累之病，一旦用瘳。於是田價日增，民始有樂業之漸矣。至於四差分合輕重之數，尤有可述者。往周文襄公巡撫時，以丁銀不足支用，復倡勸借之説，以糧補丁。於是税糧之外，每石加徵若干以支供辦，名里甲銀。若秋糧之外，則有夏麥、農桑、絲絹、馬草等項，色目繁雜，諐易混而奸易托。嘉靖十六年，石江歐陽公巡撫，悉舉里甲諸項併入秋糧，名曰均攤，事則簡便矣。以其總總帶徵，會計不得不寬，支銷不盡，謂之派剩。初制派剩存積以待不時之徵，及抵下年正數減派久，則那移支用，不可詰問，諉曰作正支銷，淪胥乾没。萬曆三年，京兆少泉汪公繼之奏請扣編正數，無復剩派。又請裁革諸濫差，條列正辦，刻諸縣賦役册，以通曉所部。又載諸府志，蓋每歲省派五千餘金，維時縣令莆田林公克承厥志，今復繼以賢牧，隨時酌量，雖微有出入，而概不越更化以來法制之舊。回視疇昔嗷嗷，不啻霄壤矣。

以八事定税糧。前四稽入，後四稽出。

一曰以原額稽其始。田土總若干，凡爲田若干，畝科平米若干。地若干，畝科若干。山塘雜産若干，畝科若干。二曰以事故除其虛。前總内除欽賜若干[注三]，荒田若干[注四]，荒地若干，實該正田若干，地若干，山塘雜差若干。三曰以分項別其異。秋糧之内帶徵五項[注五]：一夏麥若干，二絲綿若干，三農桑絲若干，四馬草若干[注六]，五户口鹽鈔若干，各准米若干。秋糧之外，陞科蘆地若干，改荒蘆地若干[注七]。四曰以歸總正其實，實該平米若干[注八]，荒白米若干。五曰以坐派定其運。兑軍正米若干，改兑正米若干[注九]，各耗若干，南京光禄寺黄荳若干，稻穀若干，南京光禄寺正麥若干，耗麥若干，太倉銀庫正麥若干，南京各衛倉正麥若干，南京庫絲絹若干。六曰以運餘撥其存。本府俸給倉正耗米若干，儒學倉正耗米若干，本縣俸給倉無耗正米若干，龍江驛正耗米若干，江東驛正耗米若干，存留草若干，存留正麥若干。七曰以存餘考其積。撥剩米若干，撥剩銀若干，以待額外之費，積餘則入下年正數減編。八曰以徵一定其則。

以上種種徵需[注十]，一准於米，計畝而分，歸於一則。故令不煩而民易信，事易集焉。夫信令必准諸由票，由票必溥於細户。早溥而信洽，糧亦易完。若奸胥敝里，必慢於由票，且倚爲市而不計大事之不集也。

以十有二事定里甲。謂以四事考歲辦：一曰國祀之用，二曰國慶之用，三曰供應之用，四曰諸司之用。以二事考歲派：一曰内府坐派，二曰工部坐派。以六事考歲費：一曰祭祀，二曰鄉飲，三曰科貢，四曰恤政，五曰公用，六曰備用。備用銀一百兩，以待不時之需，不足申府動支，有餘作下年正數省編注十一。

以二事定均徭。一曰銀差，二曰力差。自條編法行，悉從顧役，兹僅存其舊目，不分列焉。

以六事考驛傳。一曰會糧以派徵，二曰内除以協役，三曰兼外以定實，四曰分例以定則，五曰類費以從驛，六曰類費以從所注十二。

坊廂賦役注十三

維高皇定鼎金陵，驅其舊民而置之雲南之墟，乃於洪武十三等年，起取蘇、浙等處上户四萬五千餘家，填實京師，壯丁發各監局充匠，餘爲編户，置都城之内外，爰有坊廂。上元坊廂原編百七十有六，類有人丁而無田賦，止供勾攝而無徵派。成祖北遷，取民匠户二萬七千以行，減户口過半，而差役實稀，獨里甲聽役於縣，後且立鄉頭色目，供應寖繁。正統二年，府尹鄺公埜奏革鄉頭，併上元坊廂爲四十有四，坊有十甲，甲有十户，視其饒乏，審編櫃銀，每季約三百兩，析坊廂之應辦者任之，以均里甲之不足，季輪一甲，率三十月而一週。然其時人户充實，應辦簡嚴，庫貯櫃銀，該吏支銷，坊民聽役，民不見勞而事不廢，立法未始不善也。然以支取如攜，公私交征，法漸以敝，正額常什三而外繇常什七。於是人户流亡，更謀脱籍，櫃銀滋少，官憚其難，吏辭其責，改令坊民自收自用，而陰責其賠貱。每一上季，則僉收頭派差者一人，曰總坊。僉殷實之家，囊金聽用，不問多寡者數人，曰當頭，名活差。其次減定銀數，貼貱當頭者，名死差。其下户，則僉撥接票、催夫迎送等用，名力差。又撥供應器物等用者，名借辦。並聽總坊指麾，而總坊以是恐喝營私者又什八九。且自弘治以來，又添撥九庫八關五城夫役，又代工部買運光禄柴薪四十餘萬斤，又太常九種進鮮重取什物銀兩，又各衙門行取書手工食，并修理衙門。嘉靖十八年以來，又驟添應付衙門八處，至於讌席節物花燈諸供餽，抑又不貲而大小使客時行火牌，徵脚力口糧，迎送鼓吹，靡不應付。加之百司吏胥恐嚇需索，而大柴讌席爲尤甚。至是傾敗相繼，自經自溺者日聞，而民不堪命矣。維時父老間陳民瘼，而狐鼠寔繁，旋行旋沮。庠生趙善繼者，不忍家難離披，邦國困弊，疇咨同類，從者如水。適撫院方公、按院黄公稍因父老條陳，下府勘覆，而沃洲吕公新任京兆，諸生稍爲陳説，蒙諭公議出於學校，可以文言代之。於是盡疏其辭，刊梓分遞，而諸司各爲之動，第見施行矣。會給事麓池郭公抗章奏革，於是額外之繇，不經之費，如前所陳者什去八九，民若更生，然諸色目尚在，病源未塞也。隆慶改元，陽山宋公莅撫院，加意剔蠹，委其責於通府望沙陶公集議，以爲坊長聽役在縣，人目以爲奇貨。於是更名坊夫，悉還正統初法，其買辦借辦，衹行顧役，而當頭以下諸色目，悉行剗革，上下稱便。然猶歲徵銀千四十八兩外，每季流夫庫夫六十二名，歲徵銀二百八十五兩有奇。陶遷，吏胥以雇役不便，乃令坊夫聽役於縣，抑令私賠，舊弊浸復。維時趙生物故，張生崇嗣輩言之京兆東泉鄔公，議照里甲扒平，改櫃銀爲丁銀，定爲三等九則，納之庫，不僉頭，不輪甲，止令排年十人催徵，以聽該吏雇役支銷，夫還於坊。嗣是復有翻覆，賴撫臺岣崍張公復之。萬曆三年，少泉汪公爲京兆，吊查二縣支銷册，不過供應各司下程刑具辦酒餽禮之費，而二縣一切私費且取辦焉。此官所以樂於申請科派而他不恤也。爰計順天府事皆奏請，仰荷宸斷。兩京事體相同，乃酌其應需因革之宜，定徵坊夫丁銀歲五百四十兩。具奏下部，覆奉欽依。此外錙銖不得私行科派，陰令坊夫賠貼。凡修理紙劄刑具，動支自行贓罰。其里甲已編者，不得重派坊夫，每歲終巡視科道造册奏繳。時東瀛林公爲縣令，協心節省，爲能不誤公事，而猶有徵羨。林遷去，春季未滿，而該吏與雇役已支過五分之四，復倡告民還役。坊民爲譁，奔告所司。除將本縣他項銀酌補支應外，該吏擬罪，法始復初，今更十八祼矣。頃年邵公爲京兆，而今確菴程公爲縣令，尤一德一心，加意節愛。嘗減徵百金而事不廢，爭革九庫流夫，裁定夫役二十三人，上元分給十有二人，第照徭銀徵解，令自雇役，而事遂定，無復向來踐更抑索之苦。嗟夫！縣猶故也，或數千金而不足，或數百金而有餘，則以有父母於斯，即百計加恤而民用安，無父母於斯，即百孔叢出而民用危。然民之安危，即國家所從隆替也。諒司民社者有深念焉矣。

條議上元縣事宜四款

前任知縣程三省

一定會計。照得錢糧之不容不會計者，謂法制未定，經用浩繁。不會計，則徵輸不均，徵輸不均，則小民告困。故立爲會計之法而著之册籍，俾民按籍遵守焉。非謂規制既定之後，年爲之計也。上元縣錢糧，先經欽差、巡撫、都御史汪刊定賦役書册，勒之貞珉，每石平米該納本色若干，折色若干，每丁石該條編銀若干。彼其時雖使五尺之童赴納，莫之或欺。法久寖移，時窮事變，每年税糧條編，俱待會計而後定。然會計不常，遲速靡一，比及會計單下，則小民先已照舊上納，倘有加編，則重復增添，即或稍減，徒爲里排積歇充私槖爾。且數多增益，無從覈實，蓋吏書非會計，則工費無取，就中或增一無名之征，彼下吏小民，誰敢爲之辨虛實哉？合無查照原奉石刻書册，除見徵外，令後分毫不得增改。即有不得不增者，須奉詳允明白，方行編入，年終不復會計。庶小民易於遵守，而積猾不得高下矣。

一均供應。照得太常、光禄内府進貢等項銀兩，事干重典，非獨上、江二縣當辦，即直隸諸州縣，皆應有之。乃近年以來，一一取足兩縣，加編□千餘兩有零〔二〇〕。查得前編賦役書册内開每石平米止編二錢七分，今則三錢二三分矣。江寧地稍肥饒，猶或可支。若上元則近城膏腴田地俱屬軍屯，僻遠山鄉始爲民土，且低者濱江坍没，高者瘠磽不堪，一概加編，何從措辦。即如龍袍扛夫銀兩，每年編銀一百三十八兩，今且借支一百四十八兩，他項稱是，年復一年，何所底止。蓋外縣徵解不前，兩縣催督難緩，故因仍苟且，莫可究詰也。又有甚者，齊庶人之喪禮銀兩，年年會編，侯伯之棺木邺典，取足兩縣。神京赤縣，獨不可均攤外郡乎？合無查照賦役書册，除舊編外，凡近年新增者，均照外縣丁糧，一體攤派〔二〕，庶都邑之民稍得蘇息，而於陵寢重地裨益非小矣。

一改漕糧。照得兑運乃惟正之供，漕糧實國儲攸繫，事體重大，上、江二縣難應獨免。但人臣謀國，惟擇便宜，事苟利民，無嫌易轍。使外郡之糧不運南都，則上、江兑糧無從抵補，仍舊可也。查得各省糧米歲運南倉者不下百萬餘石，而上、江之糧復從北兑，無論常例有費，耗折有費，水次有費，以至淋尖踢斛等弊，刮盡民膏，即過江蘆蓆楞木脚價之需，總計十分有六。倘以在京之糧實在京之儲，前項皆可省也。若外郡糧米則不然，既已運至南都，仍復搬至倉所，耗費不貲，兑運尤便。矧上元平米正副不過二萬有餘，以彼易此，甚覺輕便，亦何所禁而不爲之一轉移哉？先經大司農山西王公條奏事宜，曾議及此，竟以事件頗多，概未議覆。今若擇其相當者一更易之，亦萬世之利也。

一免重差。照得上、江二縣條編銀兩，已奉明文一則均派矣。每年仍有各衙門庫斗諸役工食，取之條編，差使則令親役，每一入直，則有常例，有買辦，有守候，無名之費，諸難枚舉。群閹户之老稚，傾舉室之積貲，僅足以償，間有庸駑愚朴、不諳事體者，則顧募積猾以充，工費十倍，猶且嗷嗷稱苦。蓋名雖親役，實則積棍包當，騷擾甲户，牽扯幫貼，彌月積歲，漫無休歇，不至於吮盡膏脂不止也。且每一編差，夤緣請託，遍及要津，一失關防，衹足供吏胥之賄免爾。殷富坐享膏腴，窮民甘受苦役，奈何正賦之外，復有重賦如此哉？第事干各衙門，相沿成套，有司一議及此，受謗受累，莫敢誰何，非奉明文，難革夙蠹也。合無請乞曲爲調停，立爲經久長法，寧厚工食，仍行應役，庶小民免重役之苦，而閭閻霑法外之仁矣。

丁糧議

大名守姚汝循

國朝賦役二法，斷自聖祖宸衷，然亦監於唐、宋以來制度而損益之者也。大都有丁則有役，有田則有賦，即唐租庸調法之遺意，雖三代盛時不過如是，特繁簡輕重有不同爾，甚良法也。奈何時久則事增，事增則役繁。至巡撫周文襄公時，始創爲勸借之説，以糧補丁，然不過十之二三而已。至巡撫歐石江公時，事益增，役益繁，而人丁益不能支矣。於是有均攤米，與人丁均編，而賦役二途遂合而一。雖一時權宜救敝不得不然，而實與祖宗創制之初意寖失盡矣。乃至今日編差，則人丁止居四分之一，而糧石反居四分之三，是本末倒置甚矣。夫議法不求其原，終非盡善。今雖無可奈何，而安可不少示存羊之意耶？故首議丁糧，以俟將來議法者考焉。

寄莊議

前　人

今夫一里十甲，一甲十排，一排十户，此正法也。十户之外有奇零，則謂之奇零户。至若寄莊户，則人非版籍，徒以田産置在各里而得名者也。其人或爲流寓，或繫鄰封。此等通天下皆有，而惟南都爲最多。蓋南有三十六衛及各衙門、欽天監、太醫院等役，又四方流寓之所萃聚，皆得置買田土，故視他方爲多。然此寄莊皆富室，乃貧民之所依，可有而不可無者也。何則？往昔田糧未均，一條編未行之時，有力差一事，往往破人之家。人皆以田爲大累，故富室不肯買田，以致田地荒蕪，人民逃竄，錢糧拖欠，幾成敝縣矣。賴巡撫海公均田糧，行一條編法，從此役無偏累，人始知有種田之利，而城中富室始肯買田，鄉間貧民始不肯輕棄其田矣。至今田不荒蕪，人不逃竄，錢糧不拖欠，而價日貴亦由富室買田之故也。蓋貧民種田，牛力糞草不時有，塘池不能濬而深，堤壩不能築而固，一遇水旱，則付之天而已矣。今富室於此等，則力能豫爲，故非大水旱，未有不收成者。況富室不能自種，必業與貧民。貧民雖棄産，而實與富室共其利，收一石則人分五斗，收十石則人分五石，又牛力種子出於富室，而錢糧又辦於富室，時有水旱，則富室又假貸而濟之，貧民惟出力耕耘，坐享其成焉。故曰寄莊富室，乃貧民之所依，可有而不可無也。今議者動欲借口恤貧民而遂抑寄莊，每至審編，凡寄莊則論田以報丁口。夫人户當以版籍爲定，寄莊各自有本籍，即有丁當附於本籍，而又因田以報丁，是一身而二役矣。貧民既謝糧於富室，與富室共享田中之利，而又因田去而脱其丁，是爲漏籍户，有身而無庸矣。與祖宗時因田起賦、因丁受役之意，不尤失之遠耶！恐議法者覽此，亦不可不加意也。

改兑議　前人

國家兩都並建，於是糧運有南有北。南糧皆來自湖廣、江西、浙江等處。至於上、江兩縣，則又有過淮米而付軍兑運。查得兩縣改兑正糧，上元止該三千六百七十石，江寧止該三千二百七十石。因兑與軍，於是有過江脚價、船價、蘆蓆鋪坫加耗等項。於是上元共該本色米四千八百五十餘石，又折色銀一百七十二兩，准米三百四十五石，江寧共該本色米四千三百一十餘石，折色銀一百五十三兩，准米三百七石，幾增三分之一矣。若使將二縣之糧盡改爲南糧，則加派可免，而官軍又可免役，一歲所省，亦不貲矣。或曰過淮有定數，改此則將何以補之？查得嘉靖庚申年分，因南糧不足供軍，蒙總督、侍郎黄公奏將湖廣等處過淮糧，改爲南糧若干名，卷案尚存。惜乎當時議不及此，而兩縣又不以上聞，遂使良法美意湮閟至今。今若將原改之數，照舊仍令過淮，而以兩縣運數抵之，豈不兩便乎？上、江兩縣乃國家根本重地，其差糧雖與各處等，而雜役則倍之。蓋有内府及各衙門人役供應，皆取給兩縣，此他方之所無而此方之所獨者。今既不能減免，而借此一轉移間少蘇其困，豈非不費之惠乎？矧今諸司建白紛紛，苟有利於生民，廟堂無不采而行之，顧未有議及於此者。倘不棄芻蕘，以之轉聞焉，地方曷勝幸甚！

糧里議

前人

糧、里二役，名爲重差，而實亦不同。糧長主收一年之錢糧，凡有力者皆可爲之，不必寄莊與土著也。若里長乃祖宗以來版籍户役，不惟寄莊不可頂替，即别圖别里亦不可那移。蓋其間有逃軍逃匠，一亂其版籍，則此等何由稽查？如果丁盡户絶，只可先儘本甲及本圖，再不得已，惟有併里而已。又果丁雖存而貧難無力，或里中米少而寄莊米多，只可照米量行幫貼。況此役止於催辦錢糧，勾攝公事，答應卯酉，原與糧長關係不同，少得津貼，且有樂從之者矣。顧近來有等奸頑，見别里别圖，或寄莊富厚，欺其良善，動輒告更里長，因而嚇詐取財，官府一爲准理，即不與更而得利已多矣。故當事者宜知糧長可以照力僉編，而里長未可輕聽更替，則小民安生矣。

荒白米議

陳以代

夫曰荒白者何？虚田之税也。曰虚田者何？濱江坍没，存其虚數故也。存之者何？國税有數，不可縮也，則減半而徵之，復爲之均攤於一邑之田共出之，是爲虛田之稅也。已而有叢弊焉。叢弊者何？夫江水之有噬嚙，其常勢也。丁之者不得不鳴於公家以均其稅，而力弱者則不能鳴，力强者未必當鳴而鳴焉，即使縣官親勘之，猶不得實。是故有倖免者，有不得免者。夫邇年田數，視國初則有間矣，安在其不可減也。往者吾不聞矣，頃年海院丈量，魚鱗而籍之，誰得指東爲西、冒彼爲此？使當此時除其虛數，第舉國稅之防而均之見田之中，何不可者？而當時猶存其名，是後則漸增而未已也。諺曰：三十年河東，三十年河西。言其長於彼則消於此，長於此則消於彼，常勢然也。今二百年來，但見其消而不見其長，攤免者纍纍，而陞科者寥寥，則何爲其然也。往又聞攢造之歲，司委之官，以荒白爲豪家之餽，令其享無糧之田，而概縣爲之出稅，豪家亦受其私恩而不辭，則鄙夫者之爲之也。甚哉！荒白之難覈也。後有鳴者，宜致謹焉。

清軍議

前人

郡縣之不能無軍，殆遍寰宇，求其配所有定業，軍常著伍，子孫代替，至令原籍之家，年遠無勾，而忘其本籍之有軍者有之，此其幸者也。然軍罪本下死一等，役之苦者莫甚於軍，則樂逃者亦莫甚於軍。每解一軍，爲之買妻，爲之僉解，爲置路費，以一人之故累及數十人者有之，乃解而輒逃，逃而復勾，勾而復補。逃之本籍猶可稽也，逃之他鄉，而本籍之詰捕者不勝其擾，至以嚴急之故，復解一人者有之，此通弊也。又勾軍疏數，往往視時緩急。往隆慶中，嘗特差監察御史清軍，而本縣勾軍一科書手，至一十有六人。事過而人不遣，蠶食無出，則每歲本縣自召軍户清審一番，每一勾攝，候者彌旬，里胥索瘢，無端廢業。後以父老應召陳利害，然後減去，至於軍解必僉其户丁，户丁人乏，始及同甲，同甲人乏，始及同里止矣。而往者捨同里而僉諸概縣殷實之家。夫捨同里而僉別里，無理之甚，人得攀援辯釋，及得辯釋，而展轉數家廢業，私囑者又不知其幾矣，然後仍役同里之人。此亦一十六人者之爲之也。弊則往矣，陳之，杜宿株也注十四。

句容縣志〔一二〕

萬曆二十九年知縣茅一桂議爲咨訪水利事宜以圖民生永賴事〔一三〕

照得本縣王氣龍興，神皐巨麗，固國運之發祥而萬年之根本也。但萬山環結，鄉有高低。其高者曦暘數日，即如沃焦，則憂在旱也。其低者霪潦彌旬，輒成巨浸，則憂在潦也。兹欲調停於高低二鄉，而使田無旱潦之災，世享豐亨之業，豈終無一善策乎？嘗按高鄉北枕河口、龍潭八十餘里，不通舟楫。本縣所需北貨，車遷擔負，力疲價倍。又竹園潭至黃堰壩五十里而奇，地勢凹凸，水之盈涸無常，合無相地置閘，謹啓閉，時畜洩，則五十里間，既無車遷擔負之勞，又得積水灌溉之利。此高鄉之當議者也。低鄉謂本縣自北而東南，並高岡峻嶺，其山水會同於秦淮一河，西行五十餘里，復逆折自北而西，合流於三汊河上元界，逶迤二百餘里，始洩之大江西南，爲赤山湖。名雖湖，其故時皆沃壤也。水涸之日，湖高秦淮數尺，莽翳數百頃，僅屬於牛馬之芻牧，而不得其半菽之用。夫水未有無瀦而能常聚者，亦未有任其莽溢而不爲害者。此湖形勢既高，而自諸山發源以連秦淮，復屈曲如羊腸，伏秋雨積，即衝射決嚙，爲田畝之災。以故崇德、茅山、承仙、臨泉等鄉，十年之中而淹没居五也。今考赤山湖志，前代計築隄百二十里，建二斗門以爲疏閉之節。蓋所資灌溉之利益普，今廢久，半爲居民楹楝之所壓，額不可復。而獨秦淮以西，蘇培橋以東，相距數里，若濬爲一河，自可直達。仍東西置閘，防其壅涸。且即所濬之土爲隄，而從中經紀其陂池，鱗次其塍隴，其上腴者以播秔秫，其稍瘠者以植蔴枲，其道旁以樹棗栗，其最窪者以蒔芰芡，以畜魚鳧，因勢利導，疇非華實之毛。此在低鄉之可議者也。則又有疑濬河之役，非日役千夫、月靡千金不可，安所經費而得無庚癸之呼哉？是豈不聞邊鎮屯田法乎？合無募民願爲工者，許以計工，而即三倍給其田，如能濬一丈以上給十畝，仍預給工食及畚鍤襏襫之費，當必有星馳川鶩者。總計河工約五千餘丈，而隄内田不下五萬餘畝，一勞可永逸，暫費可永利。惟無間於浮言，無𢡟於煩劇，則句邑之甌脱，皆爲隩區也已。司馬長卿云：非常之原，黎民懼焉，及臻厥成，天下晏如也。蘇子云：三千年間無一人能興水利者，其學亡也。今日之水利，誠非嘗可懼，然數年後必可獲晏如之福。然本縣知其梗概，未得其條目。至其中有某地宜田，某地宜塘，夫役何起，水閘何置，則惠徽通邑之父老，及鄉達賢豪之經濟，悉心揚搉，俯賜指南。他時倘得變湖水爲桑田以施錢鎛，句民業且不朽。

萬曆二十九年知縣茅一桂建閘説略

竊按句容形勝，於金陵爲左肩，北負大江，接儀真，俯瞰溧水、溧陽、高淳三縣，勢處最高。而縣之北爲冑王山、石龍洞、亭子山、崙山，各有泉經流而南十里許，至舖頭地方，匯成大溪，爲竹園潭，即今秦淮河發處也。自舖頭屈曲南行約五十里至縣東橋，自東橋西南行十里至南橋，自南橋十五里至黄堰壩，又十五里至赤山三汊河，入秦淮，通大江，皆大溪闊潤，廣可七八丈，深可二三丈，居然一河也。先是宋有居民許溱捐資起築黄堰土壩，瀦積水利，澆澳福祚、通潯等鄉官民田地萬餘畝，歷元至正七年，與我明洪武十年，俱給有告示尚存。自黄堰壩以上至縣南橋，可通舟楫，民賴以灌溉。自南橋以上八十餘里，溪身高下相懸，以故諸山水發，即泛濫盈溢，而開霽未浹旬，則一瀉殆盡，淺塞不通。小民苦旱，僅僅尺寸築土壩以蓄其水，顧所留涓滴，亦濟幾何？往往水災之後即憂旱魃，職是故也。本縣憑士民請，謂宜略倣北直隸潞河至京之制，即自鋪頭起至三汊河中間，相度地形，建閘三四重，以時啓閉，以蓄洩其水。水勢盛，開閘以聽其去，水勢殺，閉閘以捍其流。則諸山之水，不至一發而洩盡無餘，縣自東迤北官民田地，皆可賴以灌溉，食貨田肥，皆可便於舟行。即本縣之兑運本色米三萬三千餘石，皆可由三汊河入閘，水運至鋪頭起陸，以達龍潭倉，省車脚費約八九十里，石計一二斗。溧水等四縣歲運食鹽三萬餘引，由儀真渡江新河口起陸至鋪頭入閘，水運至三汊河以達各縣，亦省車脚費約八九十里，計四錢零。此其明效大驗也。且河不假開鑿，水不假穿引，識者稱天造地設之利，句容有焉。士民之請建閘，其略如此注十五。

官解志

句容徭役之法，自條編而外，爲目三十有九。其歲額所需，故事並以民解，最寡者一名，多者至十七名，而首事者輒稱頭役云。大較名之多寡，視其解之輕重爲差，而民解百餘年來，或傾其蓋藏。及鬼薪城旦相籍，則以蚩氓起閭閻，不盡諳於事，闇於法。其孱闇者握算無所縱横，乾没於倩代之手，以身罹其辜。其悍黠者染鼎爲奸，科斂窶細以充其數，而間至尚方之供，中貴奇貨視之，逗遛其收納而骫髒其歸程，不饜其谿壑之索不止，及返而越限也。更坐以侵漁法無貸，甚則追呼逮繫，蔓連株引，斃桁楊、縶犴狴者踵相望。先後良有司明知之，而叢弊遞承，法無敢施久矣。當萬曆之癸巳，嘉禾陳公至，首詢疾苦，知其狀，迺召集通邑耆老於庭，計輕重，揣煩簡，確有定裁。而尤謂中貴及各部寺之所易齮齕者民，而不能横逞者官，盡革一切頭役。立官解法，多則以官，少則以掾。其或最重鉅而官所不及兼轄者，輒命胥史爲輔。謂官吏習知度支，且愳觸文罔，可必無私橐橐，而彼懾於所解之非民，必不敢馮其胸臆以逞恣睢。公之於奸弊，至洞晰也。然官與民兩利則法便，利民而累官，則官且廢革阻抑，而奸民必搆連胥史以撓其制。所稱鏤脂刻冰，袛餙觀望，奚經久實用之與有。公又從中議時日之久近，增水脚諸費，即於丁糧均派，總之千有三百九十餘金。以至投領各署文檄，動經旬月，解官不必親候，聽其遣役爲代。仍移文各署，務期以通邑之力輸通邑之賦，歲所計節省浮費八千而羸。碩鼠斂於廥庾而傾貲殞命之禍不起，躭逐戢於中貴而叫囂科醵之毒頓弭，飛輓安於簿尉而拮据鞅掌之勞無累。公有大造於句民，當何極也！先是議未定時，故嘗窟穴於諸賦者，譁然稱不便，幾爲梗。公燕居深念，得其計密而捷，遂請之諸臺使者下其令，衆心即嗛之，莫能格〔一四〕。以此見公之慮事遠而爲謀周，苦心如此。已又恐窮簷介特未及徧曉，復鐫碑於邑門，復梓之剞劂，人頒一編。俾寓目者若揭彗炬，履康莊，下即有駭弩含沙之奸，上即有破觚斲雕之吏，固毋敢弁髦其舊而易置之也。當道下其議，應天諸縣咸倣行如例。

高淳縣志〔二五〕

韓邦憲東壩考

廣通鎮在高淳縣東五十里，世所謂五堰者也。西有固城、石臼、丹陽、南湖，受宣、歙、金陵、姑孰、廣德及大江水，東連三塔蕩、長蕩湖、荆溪、震澤，中可三五里，頗高阜。春秋時吴王闔閭伐楚，用伍員計，開河以運糧，今尚名胥溪河，及旁有伍牙山云。左氏襄三年，楚伐吴，「克鳩兹，今蕪湖。至于衡山」，今烏程。哀十五年，「楚子、西子期伐吴，至桐汭」，今建平。蓋由此道。鎮西有固城邑遺址，則吴所築以拒楚者也。自是河流相通，東南連兩浙，西入大江，舟行無阻矣。而漢、唐來言地理家者，遂以爲水源本通。桑欽水經云：「中江在丹陽蕪湖縣南，東至會稽陽羨入于海。」前漢地理志於丹陽蕪湖註云：「中江出西南，至陽羨入海。」應劭、顔師古註溧陽云「溧水出南湖」，後漢郡國志：「蕪湖中江在西。」孔穎達書義疏亦引漢史爲證。蓋皆指吴所開者爲禹貢「三江」故道耳。後不知何時漸湮。景福三年，楊行密據宣州，孫儒圍之，五月不解。密將臺濛作魯陽五堰，拖輕舸饋糧，軍得不困，卒破孫儒。魯陽者，銀林分水等五堰壩左右是也。壩西北有吴漕水，言吴王行密所漕也，至宋時不廢。故高淳水易洩，民多墾湖爲田者，而蘇、常、湖三州承此下流，水患特甚。宜興人進士單鍔採錢公輔議，著吴中水利書，以爲築五堰，使宣、歙、金陵九陽江之水不入荆溪、太湖，則蘇、常水勢十可殺其七八。元祐中，蘇軾稱其有水學，并其書薦于朝。時用事者方欲興湖田，未之行也。故永豐等圩[注十六]，官司所築，無慮數十萬，而固城、石臼、丹陽之間大抵多圩田矣。宣和中，待制盧襄奏罷湖田，及言開銀林河爲非切務。于時田方屬蔡、秦、韓諸將相家，及隸行宫，不便塞河，卒未行也。乾道中，周益公南歸録尚謂由鄧步東壩銀樹，可通舟至固城黄池。景定建康志及祥符圖經，亦謂瀨水西承丹陽，東入長蕩湖，足可徵胥溪河尚通云。元伯顔攻臨安，三道並進，參政阿剌罕攻破銀樹東壩，至護牙山，敗宋兵，實出此道，而河流亦就塞。明興，高皇帝定鼎金陵，以蘇、浙糧自東壩入，可避江險。洪武二十五年，復浚胥溪河，建石閘啓閉，命曰廣通鎮，設巡司、税課司、茶引所。當是時，湖流易洩，湖中復開河一道，而尚阻溧水臙脂岡，乃命崇山侯鑿山通道，引湖水會秦淮河，入於江。於是蘇、浙經東壩，直達金陵，爲運道云。崇山侯者，李新，濠人也。初以建孝陵功封侯。焚石而鑿之，費油麻不貲，石盡赤。岡脊本易通，有嚴氏者慮損其田，以女賂侯，故迂其路，侯坐極刑死，時洪武二十八年也。明文皇帝遷都於北，運道廢。永樂元年，蘇人吴相五以水之爲蘇、常患也，引單鍔議[注十七]，奏改築土壩，增設官吏，歲僉溧陽、溧水人夫各四十看守。自是宣、歙諸水希入震澤矣。而壩猶低薄，水間漏泄，舟行猶能越之。正統六年注十八，江水泛漲，壩大決，蘇、常潦甚，國稅無所出。周文襄、楊賀一大集夫匠重築之。欽降板榜，如有走泄水利，淹没蘇、松田禾者，壩官吏處斬，夫鄰充軍。十二年，張惠等奏復故河道，勘行屢歲未決。成化四年，施普奏阻之。十二年，牟都御史俸、溧陽令靳璋又議復，常民張湍又奏阻之。大抵利塞者壩下諸郡，利開者壩上也。後車夫與商爭，利於陸行。正德七年，給都御史俞以故例，乃令鎮江判齊濟舟督責增築壩三丈。自是水盡壅，高淳之圩田日就圮矣。顧其時愬辭往復在開壩，未有言減税者，里甲頓耗其半。嘉靖初，宫保李公充嗣奉勅徧詢水利，有白子俊者呈復壩河，乃命治中周、通判吕勘行開濬。會歲歉止，歐、夏兩撫臺時，程儀鳳再愬之，然意在通舟耳。三十五年，倭入寇，商旅由壩行者絡繹不絶。沿壩居者利其盤剥，復自壩東十里許，更築一壩，即古分水堰處。兩壩相隔，湖水絶不復東。今壩官及溧陽壩夫俱不存矣。蓋余他日按輿圖，原本山川，金陵地脈，歷閩、浙，踰東壩，至茅蔣，勢本聯絡，秦、漢以前，高淳固魚龍之宅也。自有胥溪河，三湖東歸震澤，民始得平土居，稍稍墾湖田爲業。宋時煙火最盛。今冬春水涸時，湖中往往見磚石井冢，蓋舊民居云。自築壩以來，水勢壅遏，田漸淪没多矣，而賦額日增，户口視前僅十之三，則惟壩之故。嘉靖戊戌覈田，致虚懇米八千。由今而後，田之將圮爲湖者，未有紀極也。父老言湖底與蘇州譙樓頂相平，假令水漲時壩一決，蘇、常便爲魚鱉。當庚申、辛酉間，大浸稽天，淳民紛紛欲掘壩。會下壩偶決溧陽、宜興而下，勢若懷襄。有以聞於華亭徐相國者，會方令沂入覲，召諭重禁之。余時在京師，韓子曰：廣通壩者，所以障宣、歙、金陵、姑孰、廣德及大江之水，使不入太湖者也。自前代皆云中江故道。近内閣王鏊記太湖，以此一源最巨，爲蘇、常患。而伍餘福著三吴水利論，亦諄切言之。嗟乎！以蘇、常、湖、松諸郡所不能當之水，而獨一高淳爲之壑，其至于洪漲而廢田也決矣，而税又弗捐，民何以堪之？自蘇軾、單鍔之言行，所以爲壩下諸郡者甚善，而未有爲壩上發明者。余觀淳民之日耗，且困於虚糧也，作廣通鎮壩考。

清丈官民田糧緣由

淳邑膏腴地，宋時多屬勳戚中貴賞賚開墾，名官田。永豐圩田十萬餘畝，哲宗賜蔡京，後高宗以賜秦檜，以三等則派租獨重，自抄没後科税悉視租額，故有一畝一石以至一石五六斗者。及我太祖定鼎金陵，念畿輔供助獨勤，屢行蠲減，然不爲定例也。嗣後民困徵輸，欲鬻田以辦税，竟無受者，而富者惟利民田。于是業官者僞作民田售之，田歸富家，糧遺本户，由此不勝逋積，逃亡接踵，則又有所謂逃糧賠米，貽害無極矣。嘉靖戊戌，庠生陳九思搤擥建言于歐陽撫臺，陳寃憤激，因而感悟。遂委本府于通府丈量，清查官民額數，除豁虚糧，官田每畝科一斗六升四合三勺三抄，民田每畝原科驛遞米二升，今勸加四升三勺二抄。至隆慶四年，復行均丈，始爲官民一則矣。又曰：恭讀吾太祖高皇帝御製大誥前篇之十二章曰：應天等五府，爲是興王之地，久彼差徭，特將夏稅秋糧，除宋元入官之田，及我朝没官之田，民田全免，官田若是全免，民難消受，所以減半徵收。其免糧去處如此。至宣德間，從巡撫周忱議，民田每畝徵馬草一斤。成化間，從巡撫王恕議，民田每畝徵勸米二升。嘉靖十六年，又加派夏税、馬草、里甲、鹽鈔等項。至隆慶四年，丈量均糧，官民一則矣。

改折漕糧緣由

丹陽、固城、石臼三湖之濱，民多築圩成田，地本窪下。國初于廣通鎮置閘，以時啓閉洩水，田皆有收。永樂元年，因蘇、常水患，改閘爲壩，水猶東注，不爲田害者，壩不甚高也。至正德七年，又因蘇、常人民奏准加高三丈，設以厲禁，于是涓滴不洩，湖水汎溢，圩埠崩圮，田成巨浸矣。于時當事者莫爲查請。嘉靖十六年，巡撫歐陽改科賦役，但據原額田畝，照例加派夏税、馬草、里甲、物料、鹽鈔等米，刊册追徵。十七年，庠生陳九思痛憫田廢民逃，糧額愈重，呈懇撫院委官丈勘。而水深難丈，乃丈見田，始知淹廢額田十萬五十畝，虚懇米八千五百石，然未有爲之區處者。至二十一年造册，不得已乃于概縣見種田産中加派賠補。隆慶四年，邑民陳均等奏請開壩，開壩不得，請乞除糧。府尹鄢議云，一壩之築，利及於蘇、常固大，貽累於高淳不小。夫事必無偏累而後可以安衆。今使之廢已業以拯鄉鄰之溺，已非人情，又欲其納虛米以供公家之賦，則淳民縱有恭順之心，無能爲之力，不轉徙溝壑，則相率以挺刃矣。失今不處，將來莫知所終。及查節年坍江事例，已經題請，得除糧額。又查得所屬每年會派，各有撥剩存留餘米，可以通融抵補。請每年於會計單内除豁前米原額，其虧欠之數，聽其於各屬存留撥剩米内扣數抵補。巡撫陳具題部覆。奉旨除豁本縣撥剩米八百六十一石八斗，其兑軍漕糧改折，省除二六過江席木等米五千三十二石二斗三升。然止隆慶五年一年，未爲後例。士民諸文獻等又呈申府。巡撫張、巡按向會題部覆，除本處存留米内量行豁免外，起運兑軍等項米七千六百三十餘石。訪得各屬府分，有新漲田畝及江湖灘蕩，量行起科以補高淳虛米，亦未舉行。至萬曆二十□年〔二六〕，邑民王爣復告，繼以鄉宦張應亮、舉人魏成忠、庠生趙邦彦等具呈巡撫趙，俱批本縣知縣丁查勘，備申歷年事由。本府議云：欲照坍江事例除豁，未免有虧正賦，欲查各府新漲田蕩賠補，割肉醫瘡，終成畫餅。惟有改折一節，正賦不虧，民力易辦。又兵備張議云，看得廣通壩之築建，起自永樂年間，經今累代，不爲不久；廢田十萬五十畝，虛糧八千五百石，不爲不多；士民陳均等五次之告奏，不爲不切；兩院委官七次之勘議，不爲不慎；府縣勘官十數番之查議，不爲不詳；及查原額人户七十六里，今併爲四十一里，不爲不耗；田畝原科六升六合，今加至八升六合，不爲不重。蓋以築壩之後，田廢人消，産去税存，此其彰明較著者也。但此壩既不可輕議，而虚糧又不可蠲除，坐見淳民賠糧蕩産，朘骨逃亡，萬一日久難支，潢池嘯聚，將何術以消弭哉？議將該縣漕糧，准其永遠改折，則正額既不虧，而軍儲亦不缺，裕國澤民，計無加於此矣。巡撫趙因會同巡按綦議奏，謂有田則有糧，國家制賦之義也。前項田畝，因築壩以捍蘇、常等府水患，遂皆盡没於湖，致令淳民供無田之賦，以貽無窮之累，非惟事有所不堪，抑情有所不忍也。今壩斷不可復開，而田又不可以復種，民生蕭條愁苦之狀，見且聞者莫不蹙額傷心。前此户部議免存留八百石，暫改漕糧一年者，聊甦目前之急，無救長遠之苦。夫除豁既已不可，議補又所不能，惟改折一節，仰之不虧國課，俯焉少濟民艱，尚屬可爲。合無將該縣正改兑漕糧一萬六千八百五十石，准其永遠改折，一如近日嘉定縣之例。而高淳虚糧賠累，視之嘉定止是地土瘠薄者，又稍不同，必須正兑每石徵銀六錢，改兑每石徵銀五錢，庶幾民力尚足支持。寬一分，豈止民受一分之惠。惟兹士庶感朝廷浩蕩之恩，自後獲少逋負，則國家之所以收效者固甚溥也。奉聖旨。又曰：高淳原係溧水之分邑，里不及溧水三之一，田地止得十之八，而錢糧反多四千餘石者，何也？蓋初分縣時，止據糧數，不論田畝，而永豐圩係前朝官家所築，永寧鄉抄没吴相國田米萬有八千，俱照民間租數起科，分在高淳地方。故高淳官田多而糧亦多，溧水官田少而糧亦少。今溧水官民一則，平米不過七升，而高淳以一則科之，則九升有奇矣。

成化十八年，巡撫、尚書王恕奏准將官田減耗，民田勸米，以補官田原額。嘉靖十六年，巡撫、都御史歐陽鐸會議派攤田賦，始秋糧帶徵里甲米注十九。隆慶三年，巡撫、都御史海瑞奏行一條鞭法。萬曆三十五年，操江都御史丁賓檄行里甲一當九空法。先是巡撫王公恕以民田糧輕，官田糧重，富家利買民田，而官田多累貧户，奏將官田減耗，民田勸米，以補官田原額。官田每糧一石，減耗二斗五升，共減米一千六百四十石六斗四升，民田每畝勸米二升，共勸米若干，除補官田米數，多勸米七百九十四石九斗七升。

條編之法，一切差役，計丁田而收其庸，稱最便矣。第丁多苦貧，田易取辦，故萬曆十五年以後，議丁止徵銀二錢，其加意窮甿非渺。獨計田有惟正之供，乃差徭加派日益月增，雖歲會額用不得議蠲，而衝疲供應，民不堪命，視他邑數倍矣。

蘆洲，本坍江沙土淤漲，生長蘆柴。初本縣每里各立場砍，充里甲供需，名均工洲。成化中，邑民告將新生洲撥補坍江田地，名地畝洲。又有西江巡檢司先年設弓兵四十名，砍蘆納課工部，名弓兵場洲。弘治三年，工部郎中毛科奏將均工洲、弓兵場洲并續漲洲，悉赴工部起科納課。故今地畝蘆洲外皆爲納課。蘆洲沙洲一帶，皆崇德鄉地，則蘆洲之利，皆民利也。内巡檢司弓兵場洲雖屬工部，蓋亦無多，餘如均工洲原屬江浦爲里甲之費，俗所謂「心紅紙劄洲」也。其續漲新生洲，亦以補坍江之稅糧，自弘治間，改納工部課。遂令勢豪之家，窺見水影，即告部陞科，窮民至疾視而誰何？不思坍江之地，浦地也，則方生之洲，浦之洲也。吾民受坍江之害，而豪家獨享新洲之利。洞民隱者，寧不一惻念哉？以吾民本有之利而盡屬之部，在國計不啻滄海之一涓，在吾民失此有不啻餓餘之剥膚矣。

兵防

論曰：浦之城池如斗耳，使捍患者有人，猶曰可恃，乃以民兵寥寥守此關堡，而號曰兵防，其視棘門、霸上所謂兒戲者復何如？且試籌之。將以足兵，必先足食，益一兵即廢一農，而一農之賦，又不足以當一兵之養，則召募之直安出也。欲以安民，必先輯軍，非比屋而保甲之，則勢不一，比屋則勢不行，則畫一之法安措也。衛屯之設，凡以爲民。今衛在浦口，屯散諸鄉，平居勢不相援，有警計將安出？則守望之相助，誠不可不講也。兵之武場，猶百工之肆。今邑止一場，鄉分六鎮，捕盗有官之名，子弟無兵之實，則講武於農隙，誠不可不爲之所也。有民社之司者，固宜悉心，而非總軍民食貨之權者借箸於下而趣之行，即空言奚補哉？

溧水縣志〔二八〕

正德、嘉靖二志皆云，溧水者瀨水也，吴音譌「瀨」爲「溧」耳。溧陽之名，以其在水之北，而溧水又析於溧陽，名遂因之也。議者爲「溧」「瀨」相懸，譌至是耶？按春秋魯昭公四年楚伐吴，「遂滅賴」，賴即今之瀨也。公羊、穀梁二傳並以「賴」作「厲」，「厲」則去「溧」甚近而譌之易矣。人知「賴」之不能譌而爲「溧」，而不知其固嘗音「厲」也，由二志未詳耳。但二志之説，莫考其何自來，諸史及他書皆不載，而史記伍員傳註有「溧陽」，則司馬貞竟音「溧」爲「栗」矣，豈自昔已譌之耶？自昔譌之，則二志何從而正之耶？又前漢地理志「溧陽」，應劭註云：「溧水所出，南湖也。」今宣城有南湖，若應註指此，則以賴爲溧者大謬矣。應天、溧陽二志皆述應註爲證，而顧省其「所」、「也」二字，而解愈晦。應註本以「溧水所出」四字根上溧陽爲句，「南湖也」三字自爲句。其義謂溧陽有溧水，即南湖也。若竟云溧水出南湖，則「所」、「也」二字何義？應天志云溧水一名賴水，似與二志差近矣，而又引南湖證之，莫究其旨。至於溧陽志則直指高淳遊山之北有二峯，原名溧山，水經其下而南流入湖者爲溧水，溧陽舊縣正在其北，而縣名實起於此。其説又若强合應註以正二志之譌耳。而在應註，亦未嘗謂溧水出而入南湖也。若果水以山而名，則凡稱溧者，宜以山水並著矣，何司馬貞史記索隱及杜佑通典皆指溧爲水名，晉史及前應註皆云溧陽「溧水所出」，而概不及山耶？又謂溧陽至唐方徙於賴，而其始固在固城，名無取於賴也，則固城獨非春秋時賴渚邑乎？而其名又何取耶？及考南湖亦未嘗有水，從溧山來者即有之，必湖中一細流耳，何足取以名縣而爲諸家代稱之？戰國策范環有云「南察賴湖」，則賴在當時亦嘗稱湖矣。賴與南湖皆去固城百餘里而遥，而亦在固城之西，則應劭所指南湖者，未必非賴水也。而司馬貞之音「栗」，或但音「溧」一字之本音，而他未暇詳，未可知也。賴之名甚著於春秋，宜乎秦以此名縣，而後亦以此稱縣。且秦之設縣於固城者，仍賴渚邑之舊址耳。址仍其舊，則名亦仍其賴而已。皆未可知也。正不必如二志所謂縣在賴水之北而始名賴陽也。意者如前所謂溧即賴也，「賴」嘗作「厲」，「厲」譌爲「溧」云云，似有可信者，然吾終莫考其何自來矣。誠未敢臆斷，姑詳諸家之説而稍酌之，以備後考云。

溧陽縣志

嘉靖十七年，知縣吕光洵通括概縣田土而丈量之，裒官民之重輕，各爲一則。其法令民自量，畫圖造册，里長類總送縣查算，謂之手實册。官産麥米正耗均攤田，每畝科米壹斗陸升叁合，地每畝科米壹斗，山塘澗溝每畝科米壹升伍合。民産勸米、馬草、鹽鈔、里甲、物料、雜辦均攤田每畝科米肆升，地每畝科米壹升伍合，山塘溝澗每畝科米叁合。右均攤之政舉，經量之法行，那移之弊絶，而賠貱之患抒矣。一舉而四善備焉，誠呂父母無窮之澤也。惜乎内召之速，奸民遂得上下其手，虧額平米捌千餘石。

嘉靖二十年，知縣沈鍊欲行覆量，圖畫經界，已有可觀，以調任去，志弗克就，識者恨之。然其法頗善，今存其概。其法先畫一邑之土地爲東西南北四區而定之域，各擬其形似而爲之圖。禮選邑之大老四人，謂之區老，各授一圖，令其遍行區中，或十里或數十里爲一坂而定之域，亦爲一坂之圖，復規其大小形似，會其總，區圖之中，若魚鱗然，通歸之官。官收其區之圖，復於區中僉報誠實能幹若干人，如坂老爲丘謂之坂老，亦人授坂圖各一，令其遍行坂中，或一里或半里爲一丘，形圖如坂圖。選人如坂老，爲坵老，人亦授坵圖各一，令其於坵中備查田地山塘段數，一一填補，坵圖之中有滲漏者罰之。是法也，已次第行之，未幾以調任去，不究其終，惜哉！夫經量之法，首之以沈之分方，則經界正矣；繼之以呂之手實，則井地均矣。雖有神姦大惡，莫能隱漏，豈非經量之大成已乎？

隆慶三年，知縣鄒學柱量田。適當隆冬之時，低窪田水深至數尺，只因催督甚嚴，承役人不及沿坵丈步，止將草繩繞塍圍轉，便將丈尺計之以見畝數，殊未的確。且將官弓改小，每畝田多丈壹分，以通縣計之，則百萬畝之田，先已透十萬矣。揣度其意，無過恐有虧欠，即此可以補數。豈知作弊者田連阡陌而無升斗之糧，奉公守法者反將小弓以割本分之業，此謂投赤子以啖貪狼，冒虚名以貽大患也。報申巡撫朱洞見此弊，駁提量田人役，將詰其非。知縣親押赴院，則人人願保自家，莫肯出一言以蹈危機，竟成溧陽之寃穽矣。通將官民合爲一則，每畝均糧捌升有零，刻成碑石以示永久。其後紛紛自首滲漏未報者，及有被人詰首欺隱者，則石碑已定，不敢聞諸兩院，皆置之不問，坐收無税之田。此其不均者一也。且溧陽官民之田，與别府州縣不同。大明會典開載應天府爲興王之地，民田一例蠲免，官田減半征收。故宣德間，巡撫周文襄派納貳升，止曰勸米。嘉靖間，巡撫歐陽止將官民分爲兩則，不至混一。蓋以令甲在前，不敢輕動。況本縣西北鄉高阜多民田，所入差薄，故其税輕。東南鄉肥饒多官田，所入頗厚，故其税重。合官民而一則，將不利西北之民。乃以開墾餘田加贈之以厭其意，或以二畝折一畝，或以三畝折一畝。又將荒白銀盡數派與，每石米折銀貳錢伍分。夫東南鄉民每畝納米捌升，況先以小弓預割一分，則九分之田納米捌升矣，西北鄉民二畝折一畝者，每畝納米四升耳，三畝折一畝者每畝納米二升七合耳。兼以荒白計之，則四升者每畝納銀壹分耳，二升七合者每畝納銀六釐五毫耳。東南鄉既不折田，又無荒白銀，則每畝實納米捌升准銀四分。雖其所入有厚薄，豈如此大相懸絶耶？此其不均者二也。況東南之居民，亦有田落西北鄉，只以東南論，不復問其田之在西北，是以薄田而承重税矣。西北之居民，亦有田落東南鄉，今只以西北論，不復問其田之在東南，是以肥田而承輕税。此其不均者三也。雖然，言之無及矣，姑志此以見溧陽田賦之始末云耳。

通縣種馬捌百伍拾匹，舊俱俵養於民，歲責其駒解京。因道遠馬斃，民苦賠償，某年間，奏准免其本色，歲納折色，名曰備用。每騍馬一匹徵銀貳兩伍錢柒分貳釐，騍馬徵銀叁兩捌錢柒釐貳毫，凡騍之一、騍之四，共銀壹拾捌兩，作馬一匹。通縣共銀叁千陸百兩，解太僕寺。其備用銀俱出於馬丁，每丁貳錢伍分有奇。然亦貧富衆寡，或數人爲一丁，或數户爲一丁，非人各爲丁也。國初惟人丁多者養馬，有「糧逐水田丁逐馬」之謡。至嘉靖二十一年，知縣姜博始議民糧每石出銀二分六釐，減丁之數而裒足之。近因邊方多事，兵馬緊急，至一歲而預徵二年之入。又加之大工進銀，咸取給於備用，則馬一匹增其三分之一矣。

〔廬州府〕

和州志

隆慶六年知州康誥丈田方略十款

一議自丈量以免騷擾。查得本州并所屬含山縣田地，共計六千一百七十二頃六十畝九分有零，中間兼併欺隱偏

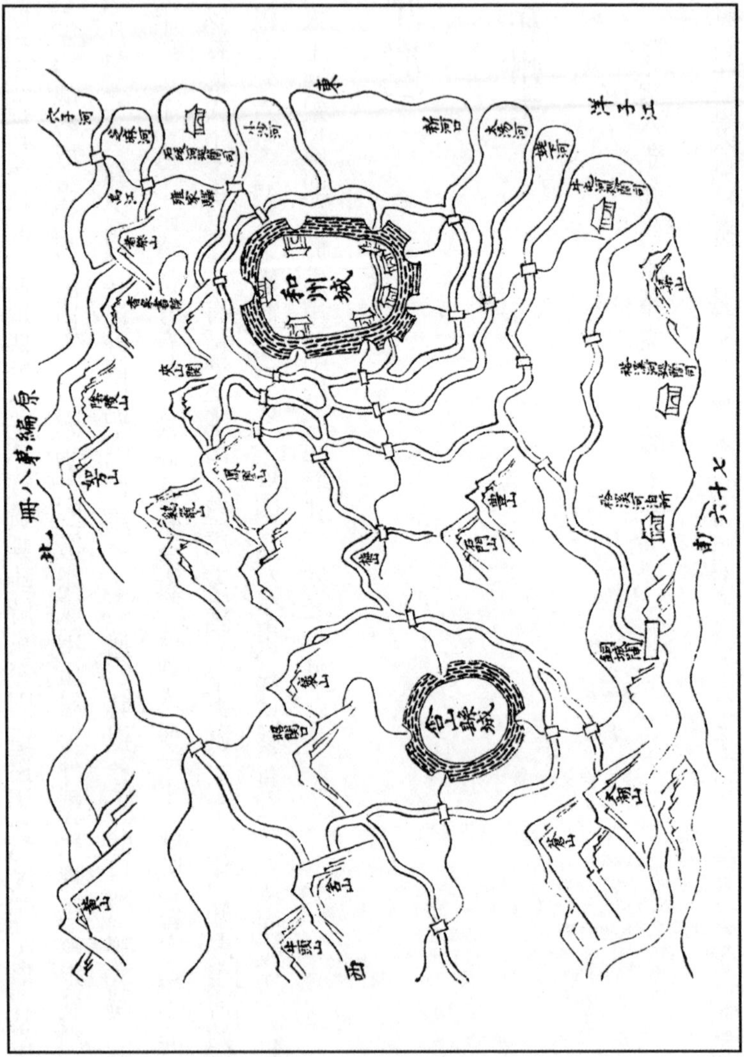
和州城
含山縣城
東
西
北

累情弊，不可勝言。丈量之法，勢不可已，如必逐畝親量，未免稽延歲月，若或分委失人，未免增滋弊端，且騷擾小民，廣開騙局，徒糜費民財而無益於事也。爲今之計，似不必本州及委官沿坵履畝細量，惟責之各里都親管排年老人，各令田主佃人，同本都書手、算手二人，執弓如法，各自丈量。如一户某田幾坵，量得横若干弓，直若干弓，該田若干畝，東西各至某田，南北如之，俱明白標記，插立標樁，不許欺隱分釐，填入册内。限一月内各具繳報，以憑本州先委官沿坵掣量回報，候本州親詣各田，隨意間抽掣量，如或中有欺隱，掣量得出，即將前田没官。如此，庶丈量刻期可完，而民亦不知量田之騷擾矣。

一議立總圖籍以便稽查。竊照丈量之法，未易稽覈，宜於每里每都各畫一總圖，備載本里都田畝山圩民房橋道之形。如本州四十一里，造册四十一本，首各畫一圖，具四十一圖，圖開各鄉名於册，首畫某鄉民人田坵畝段。其所造册，須刊刻一板，用薄竹紙一張印刷，上書某里某都民某，民田或官田一處，坐落某地名，東至某田，西至某田，南北亦如之，明白開載原田若干畝，用價若干買到某田，或承佃某絶田，或係祖遺田業，餘空半幅，書畫田形。丈量之日，步算已明，即於圖下書弓口畝數，後書年月日、四至、佃户里老書算姓名。庶不混淆，易於復量矣。

一議定等則以均田糧。查得本州原額有官田、民田、養馬田、兵部草場田、太僕寺馬場租田、河泊所漁課田，名色不一。除草場、馬場、漁課另議，其官田、養馬等田，大約有二，非山田即圩田。山田畝窄，收獲頗少而憂於旱，圩田畝寬，收獲頗饒而病於潦，則其丈量等則，宜各分派。今議量山田則用弓口，視田肥磽，各分别上中下三等規則；量圩田則用篾簹，亦視田高下腴瘠，各分别上中下三等規則。務令里老、書算手，責令田主、佃户公同親報。如有以上爲中，以中爲下，及隱匿坵畝，捏作屯田、馬場等田，查訪得出，定將前田没官。立法必嚴，而後民不敢犯也。因其田地高下等則，定爲賦税輕重，庶無偏重之累、偏輕之弊矣。

一議攤糧税以便輸納。查得本州并屬縣田地，除馬場、圩租、漁課外，該載秋糧米二萬四千六百八十八石三斗零，夏麥一千四百二十七石四斗零。今田既丈明，分立三則，而田畝近有開墾，或衝崩，未免有餘不足，似略相當。若將量出起科，民益增怨。今議合將本州及縣田畝數原額税糧各若干，如法分派。山田、圩田上則若干頃畝，該載税糧若干石，中田若干頃畝，該載税糧若干石，下田若干頃畝，該載税糧若干石。負郭之田與山鄉之田，寬窄不同，在山之田與在圩之田，廣狹不同，量加盈縮，儘田分糧，不拘年額糧税若干，只約見量頃畝分派，但要饒乏相因。凡有糧無田及田少糧多者，今皆去其虚浮，使不至於偏重；有田無糧、田多糧少者，今皆加以正額，使不至於偏輕。務令强暴不敢復肆乎侵占，積猾不敢復恣乎影射，糧里無容或逞其飛詭。庶錢糧之催徵易完，小民之流移可復矣。

一議嚴界限以杜欺隱。查得本州地方廣袤，大約一百六十里，東至江浦，北至全椒，西至巢縣，南至大江，四方相去不同，莫不各有界限。宜各於分界去處，竪立大木牌一面，刻定過此係某縣某里某人田地，或以何者爲界。務令經界嚴明，不許紊雜欺隱。至於各衛屯田，如政理鄉則有水軍左右衛屯，東梁鄉則有廣洋及瀋陽右衛屯，遵教鄉則有驍騎右衛、鷹揚衛屯，翔鸞鄉則有留守前衛、虎賁右衛屯，懷德鄉則有留守左衛、鎮南等各衛屯，含山縣銅城鄉則有江陰衛屯，梅山鄉則有廣洋、瀋陽右衛屯，移風鄉則有鎮南衛屯。中間民田不無間雜，若不嚴立界限，民田或欺隱爲屯，軍屯或侵占乎民，弊害愈滋。今議合請撫院并屯院嚴立禁約，行各該衛所管屯官知會，督令各軍先期各執由帖，比對四至，插立樁標。如屯一莊，田若干頃畝，總立一木牌，書各田頃畝。責令軍民各具甘結，如有欺隱侵占民田，許諸人呈首，及查訪得出，務以軍法從事。庶軍民田地不至混淆，可以杜埋没之弊矣。

一議定弓口以立丈則。查得丈量之用步弓，勢所不免。但據士夫、里老告稱本州田土薄瘠，地方頗闊，如照洪武鈔尺每五尺作一步弓，似未免稍刻。合無比照蕪湖縣依先年繁昌縣量田步弓，以六尺五寸爲度，先打鐵弓一把存州，另製木弓一百餘張，每里都排年各製一張，俱用鐵包裹印烙記號，以防增損换易等弊。至於圩田寬曠，丈量或用篾簟一條，條可十弓爲則，首尾各用鐵線纏記，隨捲隨長，似於丈量更覺便易也。

一議均攤田以免兼併。 查得本州有夏稅，每畝科正耗麥三斗二升一合。秋糧，入官田每畝科正耗米三斗二升一合，没官田每畝科正耗米二斗四升，民田每畝科正耗米五升三合五勺，新增田每畝科正米三升三合。秋糧有犧牲所米、滁州永盈倉米，存留本州倉米。有種馬免徵田，每二頃養兒馬一匹，三頃養騍馬一匹，每匹本色徵銀三十兩，折色徵銀二十四兩。此外又有起存馬草、馬站、驢站、牛犢、璽角、料價、農桑、絲絹、户口、食鹽、帶徵軍餉等項。誠如撫院所謂名色衆多，頭緒不一，各件催徵，日日追呼，民不安生。今議丈量明白，今後查照江南事例，每田一畝，該秋糧若干，夏麥若干，免徵若干，馬站若干，馬草若干，食鹽桑絲若干，逐一攤派，共該本色米若干，折色若干。凡該田地所出錢糧，盡數通攤。如一户某，户丁幾丁，田地若干，共該秋糧若干，夏稅若干，免徵若干，馬草若干，馬驢站糧若干，塘麻若干，牛犢若干，總出給由帖，派定規數。每年收獲之餘，一下派徵，陸續徑自完納。庶一免頭項之多，民可依期而完納矣。

一議處承佃以昭均平。 查得州縣故絶田地，多爲豪强□□□存虚糧在户，無人承佃，節該本□□□承佃耕種輸納糧差外，但正户之田，原有□□□佃之田，原無價值，計今丈量之後，經界既□□□攤派適均，在置買田地人户，止存本等苗□□□者勢減不至偏重，但承佃人户向之苗糧□□□亦照衆適均，若不預處，似未免無價而享□□□利矣。今議承佃人户，分派停妥，合無量議□□□築城之費。庶斟酌劑量不偏，而人心亦自安矣。

一議定畫圖以杜影□。 □□田有定所，變價不一，使徒丈量而不畫圖，則方圓形體莫知，人易欺隱。今欲量田，必令田主、佃户量畢，照依原契田畝坵段若干，四至某田，各填於前刻之内。仍畫一圖於紙後，或係方田，或凹田，或斗田，或凸田，或靴田，或蛇田，或月牙田，或豕角田，或牛角田，或長灣，或一字，形狀不一，務須明白書寫，横直各若干步，積算該若干畝。此即國初所謂魚鱗册。如此詳悉，庶幾田畝易別，查算有方，阡陌具在於目前，積猾難肆乎欺隱矣。

一議清攢造以垂永利。竊照目今大造之年，歷年黄册，體式有定。今議丈量，田既均平而糧亦均派矣。若造册仍舊，不行清查，將來積弊復滋矣。合無定議丈量完日，將草册起造，務另立册式，如一户某人原田若干畝，以前養馬、秋糧、夏稅若干爲舊管，今定均派田糧若干爲新收實在。照此納糧當差，永爲定規，庶可垂無窮之利矣。

田之目三：曰上，曰中，曰下。糧之目五：曰夏麥，曰農桑絲，曰秋糧米，曰馬草，曰馬驢站糧。

本州蘆洲場計二十九處。洲有漲出新生，有坍塌荒地，有熟地，有基地，有光灘，有水影，有稀蘆，有密蘆，有草地，名色不一。大抵利歸於豪右而害貽於窮民。即今清查，課或有增無減也（注二十）。

滁州志

洪武十一年，改建太僕寺于州南郭門外二里。先是以江北諸郡縣限于長江，馬至京難。又滁多山，山下故多曠土饒，薦草莽，水泉利，可牧。六年夏四月，建寺城中龍興寺東，董牧事。令滁軍民户養母馬一，或母牛一。馬母歲課駒一，牛歲犢一。至是以其隘甚改建焉，設卿一、少卿二、寺丞四、主簿廳一，及滁陽等八監、驌騻等十八羣，諸郡縣馬印烙點視悉至滁。二十三年，更定五家養馬一匹，駒同前，牛户如故，亦歲課一犢，如駒不足，罰鈔貫七伯。二十八年，省牧監屬有司，置管馬官。於是州縣民若滁州衛中右後三所土著軍，牧養馬牛，有常額田免租。建文中，改定官制，陞寺丞爲五品，又改其首領官職名而陞其品級，又增設録事及典廐、典牧二署。永樂初，一反前政，制惟舊。每歲少卿寺丞分巡江南北、淮東西，督視馬政，馬印烙仍至滁。弘治四年，言者論其非便，馬遂不復至滁印烙。末年，裁省冗官，有司奏罷寺丞二員，餘悉如故事。説者以諸郡縣馬既不至滁視，卿丞又更巡，而留都諸營操騎，又時時當買補督發，官寺仍當置留都便。斯則固有司存，而非愚慮之所及也。

滁衛五千户所，内中右後三所，人多土著，與民雜占田無限。其後户部奏言民田計畝科賦，軍田免租，悉籍使牧太僕寺母馬牛，歲課其駒犢上供。左所人主遞人走牘守城。二十五年，調鎮江衛人置前千户所，使屯荒閒田，人不足，至取中所一百户軍續焉，凡五百六十户，聽種食，亦不給糧，而以其贏入永盈倉，備他用。法至美，後稍廢。永樂初，詔明申諭，令天下屯置紅牌一面，刊諭置牌中，使傳觀守。又慮寖久或陁廢，設賞罰格創劭之。軍户須餘糧十二斛得免罰，然無賞，踰石上者，自都指揮下至百户賞有差，不及石以上者，罰亦自百户上各有差。法甚備。然滁屯軍至滁暮，民固已雜占，所餘率磽确，軍又好出游服賈，不治農，田雜廣武等衛屯，或民地時見侵，甚者其監臨官，乘軍亡或孱弱，陰受民貲私買賣，軍即求，又淆籍書詭其處，至不可詰問，田徒具在所，鏄靡施，蠹弊甚。其後屯田張僉事行屯，滁屯軍麻起愬具言其情，法又不得即免，乃覈其中亡耗户益見存户，户再兼户一，使其取盈輸官。是時地已滑亡半，軍又偷窳怠心，治不如其私，因又失糧，常逋負無入，至發屋質子不能償，益逃徙死耗。官不得已，至取他户羡丁强抑配，有持空田牘而不識田畝，若黄盧白黑亢鹵墳隰者，即有之，又不可易，以是富者貧，貧者逸，逸即不歸，率死。蓋陵遲至是極矣，斯亦仁人之所隱也。夫爲政如張琴瑟，昔人具論列矣。故變通改革，匪人弗濟也。悲夫！故生息耗而馬政亡，竄易繁而伍符弊，操切急而鹽筴蠹，文致煩而學政衰，都肆弛而兵制銷，侵耗衆而漕事壞，賣鬻行而銓法壅，法制闊而藩封滋，贖赦輕而刑比疏，繕治勤而賦調重，罰賞貿而功令陁，流漸積而陲圉敖。斯其弊所從來遠矣，是豈惟屯田哉？然而屯田甚矣。頃余聞山西屯田蔣僉事患屯田法壞，亟清焉，通籍其衛所屯田子粒數，户勘詣，已乃辨田異賦，第令毋失額，屯用大清。仲尼所爲興嘆於方策，致志於損益者，意在斯哉！意在斯哉！固知神而明之，存乎其人也。

知州王邦瑞脩復滁州衛軍器庫記

曰：滁州城中西北隅，舊有滁州衛軍器庫云。予初視滁，求其故不得。召耆老而問之，或曰國初時遺器也，庫而藏之。或曰衛歲造也，藏之以豫，罔適主。因竊歎曰：軍器，國家大計也，遺而藏之，是干舊典；歲造而豫，戒不虞也。今乃棄莫省，滁其何恃乎？遂聲其事，繕屋以貯之，設人以典之，立籍以昭之，而又欲恕已往之究，謹將來之交。於時巡撫、都御史高公，巡按、御史劉公咸報曰可。乃會蔡指揮勳同視，得軍器數若干，間閱槍箭，或書紀年，遠之則有宣德四年造者，近之則有成化十三年造者，然後知爲歲造無疑也。蓋衛中每歲必造軍器，弘治以前則存貯各境，即此是也。繼後定運京之制，故無貯焉。初予之廉其事也，聞有謝清者曾典守，盜取無算，拘之則逋，既而獲之，方訊其狀。未幾，南都有犯盜銃者，至銅數百斤，曰自清來。巡江御史朱公按其事，檄下問庫始末，責有司之疏，并索清，而予已先發其事，隨繫清往。朱公遂上疏，以爲軍器重多，請移置南都。命下，高公轉下予議。議曰：滁州爲南都屏蔽，不可無守，留滁便，遂留滁。諸甲葉鐵又請每年給衛造器，少寬科派，則又設守者二人，俾宿食其中，計是可無虞也。嗚呼！兹庫也，更數十年，藏數萬器，軍民之膏脂不少也，而皆塵土，何成之難而棄之易也，豈不可惜乎！晁錯曰：器械不利，以其卒與敵也。况夫不備，豈不可慮乎？予爲是惜之慮之，故脩復之。復慮後之視今猶今視昔也，故刻之石。

廬州府志〔二九〕

水利

楊循吉曰：合肥前奠平陸凡百里，左湖右山，而後亦廣野，故有塘有圩。舒則南西皆山，尤多美田山泉之利，號稱膏腴，獨不濱湖，故無圩，以近山，故資堰，以地兼平衍，故有塘。廬江有山，東濱湖，而平田居其七八，故有塘有堰有壩有蕩，湖山並資以爲灌溉，由是歲鮮不登。無爲雖多山而近江，其地平夷，與江水相低昂，又爲巢湖諸水之所出，故多圩田，其大者有十，皆引河渠爲灌，其所利不啻萬頃，而江流泛漲，亦蹈其害。巢西濱湖，東通大江，多圩田，其南多山，則亦有堰有壩，而塘之大小雜然相望，然當隴坂之間，爲塘以灌，皆民私力自潤，僅僅不足，旱則耕農先憂之，大率其田視諸邑爲瘠。六安皆山田，故多塘堰而無圩，其民不專事樹藝，若山谷所生菓藥蜜漆之類，舉足以自給，其利又多在山。英山山益多，惟有堰田。霍多山，其半爲平田，有湖有堰有塘。

江防

本府所屬無爲州東南濱臨洋子江，上接桐城六百丈巡檢司，下距和州裕溪巡檢司，計二百三十餘里，江心與銅陵、繁昌等處爲界，沿江原設土橋、泥汊、奧龍河三巡檢司官兵巡緝。邇年江洋多事，萬曆元年，操江都御史、洛陽董公堯封建議題請注二十一，以本府同知兼管江防，併改無爲州同知移住泥汊司專管其事，仍以徽寧兵備道督理，增置兵船，分布防守。土橋河巡檢司上自石灰河起，下至鯉魚口，共七十里，中有化魚口、宋家灣，對江十里爲楊林洲，與江南信服洲、白沙洲相近，號爲三江口，蘆葦叢生，乃盗賊淵藪。泥汊河巡檢司上自鯉魚套起，下至薛家灣，共五十里，中有小河一道，通本州及廬江船隻往來。奥龍河巡檢司上自薛家灣起，下至奥龍墩，共八十里，中有小河一道，通本州船隻。

廬江四辯

太守盧藩 注二十二

凡作事必法古，名地者必求於古，地而不古，失其地矣。秦一天下，破國爲郡，名地者惟求於禹貢與山海經。故始皇二十六年，以揚州之地爲九江、鄣郡、會稽，九江、會稽出禹貢，鄣出山海經。按海内南經云「三天子鄣山在閩西」，注云「在歙縣東，淛江出焉」。海内東經云「廬江出三天子都，入江，彭澤西」，注云「即彭蠡也」，今彭澤縣西是也。經又云「一名天子鄣」，江南之鄣，由此名也。廬山在彭蠡西涯，因廬江以得名。項羽封英布爲九江王，盡有揚州之地。漢高改九江曰淮南，即封布爲淮南王。十一年，布誅，立皇子長爲淮南王。孝文八年，長死，徙封長子安爲淮南王，賜爲廬江王，勃爲衡山王。應劭曰：「廬江，古廬子國也。」考尋載籍，古無廬國之名，是劭以廬江爲廬戎之地也。按左氏傳，廬戎亦曰廬，在宜城西山中。劭誤以中廬之廬爲廬江之廬，後人因迷而不悟。按漢書諸侯王年表「北界淮瀕，略廬、衡爲淮南」，顔注云「廬、衡，二山名也」，衡即今霍山。按東漢地理志建武十年，省六安國，以縣屬廬江郡，郡十四城，有舒、潯陽、襄安，郡南有九江，東合爲大江。大江之南與彭澤相接，既得潯陽，潯陽有廬山，廬山因廬江而名，古矣。廬江之地，包江南北而有之。周景式廬山記云，匡俗，周威王時人，生而神靈，居於山上，世稱廬君。則是俗因山爲號，不因俗爲廬而名山。爲西域法者曰惠遠，作廬山記，不知所始，乃曰匡俗出殷、周之際，結廬山上，因名山曰廬。其謬甚矣。按豫章舊志言：俗父與番陽令吴芮佐漢定天下，而亡，漢封俗於潯陽，武帝南巡，封俗爲明公。是山不因俗而名愈明矣。余故曰事必法古，名地者必求於古。廬江自山海經所謂「出三天子都」者是也。今山在彭蠡之上，亡其所謂廬江者，時移事古，名與地改故也。又按經云「淛江出三天子都，在其東」，地理志云淛江出黟縣南率山，東入海。率則歙，今淛江是也。今率山在歙州南，連延而西曰淛嶺。淛水實出其陰，又西走彭澤，凡三百里，并水出山陽者，皆西流匯於彭澤。廬江遠乎哉！是必一水也。又按今潯陽在江州大江之南，古潯陽在大江之北，名地爲國者，豈限江之南北哉？求於古而已矣。廬江之國，自山海經而名者爲是。右辯廬江注二十三。

同食館不知名於何時，咸謂「自廬以往，振廩同食」，因以爲名。按左氏桓十三年傳「楚屈瑕伐羅」，「羅與盧戎兩軍之」，杜注云「盧」亦爲「廬」，廬戎南蠻也。文十六年經「楚人、秦人、巴人滅庸」，注云「庸，今上庸也」，今房州上庸即其地。傳云楚人出師，「自廬以往，振廩同食」，注云「廬，今襄陽中廬縣也」，「振，發廩倉也；同食，上下無異饌也」。「次于勾澨」，「楚西境也」。「使廬戢黎侵庸」，「戢黎，廬大夫也」。又按漢書地理志，當陽之中廬，「在襄陽縣南，今猶有次廬村」，顔注云「隋室諱忠，故改爲次」。又按楚莊王時都郢，即今之江陵，由郢而伐西北密邇之庸，安有發東北數千里之廩，上下同食哉？此非廬江之廬明矣。噫！夫命名者不詳國地之本末，俾後世地因名而生惑。余今以廬江所治，故六地也。六與蓼皆滅于楚，已滅而臧孫辰歎曰：「皐陶庭堅，不祀忽諸，德之不建，民之無援。哀哉！」足以爲後代鑑。因更是館名曰建德。

右改同食館名。

漢書淮南王殺開章，「葬之肥陵」，肥陵，肥水之上也，在壽春。應劭云「夏水出父城東南，至此與肥合，故曰合肥」。今按肥水出鷄鳴山，北流二十里所，分而爲二。其一東南流經合肥縣南，又東南入巢湖；其一西北流二百里出壽春，西投于淮，二水皆曰肥。余按爾雅，「歸異出同」曰肥，言所出同而所歸異也。是山也，高不過百尋，所出惟一水分流而已，其源實同而所流實異也，故皆曰肥。今二州圖記皆不見「夏水」與「父城」，惡睹其謂夏與肥合者乎？合于一源，分而爲肥，合亦同也，故曰合肥。而云夏與肥合者，亦應氏之失也。右辯合肥。

按圖記，今冶父山在廬江東北，即左氏所謂「莫敖縊于荒谷，群帥囚於冶父」，茲山是也。余按杜注及地理志、荆州記，皆云冶父城在荆州，荒谷西北小城，即「冶父城，莫敖縊于荒谷，群帥囚於冶父」是也。廬非廬戎之地，同食異振廩之所，安得復有冶父哉？後人妄加之明矣。矧囚於城，豈囚於山乎？余按今冶父山實有鐵冶，乃作教告縣，更名曰冶山不疑。右辯冶父山。

地理辯

高誨

馬氏輿地考，廬爲「古廬子國」，予疑其治當在今廬江或無爲，而今之府城，是即秦時合肥縣治也。漢以其地分爲廬江、九江二郡。按廬江所屬，爲縣十二，若舒、居巢、襄安、潯陽、皖等處，皆在今邊江及江南一路。九江所屬，爲縣十五，若壽春、浚遒、合肥、歷陽、鍾離等處，皆在今淮以南一路。至晉改九江曰淮南，并廬江爲二郡，其合肥仍屬淮南。使合肥即爲郡治，則當屬廬江而不當屬九江暨淮南，豈有倚郭之縣而分屬他郡耶？又晉史載袁真爲廬江太守，攻合肥，執南蠻校尉桑坦，遷其百姓而還，則郡縣之分，遠近之勢，彼此較然矣。至梁改合肥爲合州，而隋復改爲廬州，則移郡治於肥，當自隋始也。唐因之爲郡，領縣五，曰合肥、愼、巢、廬江、舒城。觀今日所屬，即隋、唐遺制也。

廬江地理辯

王萬年

廬江，漢應劭以爲古廬子國，蓋先王所建萬國之一，非所謂中廬，亦非所謂匡廬也。馬氏輿地考直以廬州當之，但知今之廬而不知古之廬也。郡人高誨氏辯其當在廬江，而曰或無爲，言亦未決。蓋見今之無爲而亦未求諸古也。今無爲地曰臨湖、曰襄安、曰居巢，在漢、晉時並列爲廬江屬縣，隋始併省，至宋太平興國二年，方即巢縣城口鎮置無爲軍，古之廬在此乎？然廬江於漢、晉郡縣中何在？按郡國志云「凡縣名先書者，郡所治也」，當在舒。及考三國志孫堅策權列傳，皆如玉海「在皖」之言，則非舒也。又按蜀建興十年，吴人擊魏廬江，都督滿寵曰：「權舍船二百里，懸軍深入，恐其走不及耳。」皖城去江不數里，而寵云爾者，又似不在皖矣。蓋先此曹操遣廬江太守朱光屯皖，大開稻田。吕蒙勸權破之，遂以蒙爲廬江太守，豈濱江自皖以南皆屬之，而魏之廬江固自若歟？皆不可考也。然以意義逆之，前漢在舒，後漢之末在皖，南朝之治在灊或龍舒，至隋大業間，始遷郡治於合肥，乃併省灊、龍舒地置今縣，而仍以廬江爲名。景泰庚午，修學築牆，得宋建隆二年脩縣治碑於土中，祝況記曰：「廬江，春秋廬子之國也。晉、宋以還，庸爲列郡，隋大業中，改爲縣。」況，邑人，其言未必無據也。輿地考并唐書，皆謂廬江，漢龍舒縣，隋改今名，固矣，而併灊云何？蓋考歷志吾郡者，皆列屬縣名，至隋以後，止有廬江而無灊與龍舒，亦猶止有襄安而無臨湖、居巢者，其併省爲一可想也。一統志以灊城古跡在廬江南三里，左傳註「廬江六縣西南」，而六城在舒城東南六十里，且灊川又爲邑名，則灊之併爲廬江益明矣。況今大城金牛城，濠隍儼然，形勢亦壯，安知其非廢址歟？但班固漢志註「灊，天柱山在南，有祠」，范曄後漢志亦曰有天柱山，似皆指灊之在安慶者言。固雖掌圖書，長史學，然館閣編摩之下，豈皆一一經歷者耶？神禹治水，跡遍天下，而紀九河水道，尚有與今不合，而況於固乎？曄以後皆蹈襲，不足言也。抑廬江之灊，名自春秋、戰國，其在六安者，梁時始改。而安慶本漢皖城，後爲懷寧縣清朝、玉照二鄉，宋人於此立四寨，元人立野人原寨，及至治三年，始析置縣，名曰灊山。安得以元人所置所名者而紊之耶？且二縣俱以山名，又非止曰灊也。不然則灊江之灊，於灊之灊，皆可言灊矣。噫！世遠跡荒，漫無稽考，吾惟會其理而已矣，烏敢盡信書哉？

〔安慶府〕

安慶府志

序

汪漢

漢聞之先生曰：書紀言，春秋紀事，古史也，然皆出於周公、孔子，故後世作史者莫及焉。漢興，司馬氏世爲太史，乃創爲史記。記有紀、有表、有書、有世家、有列傳，雖與書、春秋不盡合，然貫穿經傳，馳騁古今，後世作史者又莫及焉。故自班固而下無慮數百家，皆不能外司馬氏以爲史。宋季學者欲便於考索，類爲方輿諸書，故撮其要，標其目，於是有沿革、有郡名、有風俗、有形勝、有山川、有亭臺館榭、有人物、有題詠，凡作詩文者不必旁求，可一覽而得其概，固便於考索。然亦類書爾，其視司馬之史法，不啻倍蓰矣。近世作郡縣志者，咸又宗之，無問遠近賢不肖，皆不能外此以有作。吁！亦惑矣。夫郡縣之有志，猶魯之有春秋史也。曾謂分門立類可以爲史乎？曾謂撮要標目可以爲史乎？歷代國史，亦既宗司馬氏以爲史矣，而郡縣志獨不然。然今之郡縣，古小國也。曾謂小國不視國史以爲志乎？先生作安慶志，乃獨本之司馬氏、班氏而摹之國史。此亦非先生之獨見，衆人之不能見也。是故安慶志有二記、有二表、有十二志、有十二列傳。有識者必知其爲古史而不爲今志，無復標目立類之規規也。先生守是郡，早作而暮不輟，事且劇，路且衝，先生懃懃懇懇，日不暇焉。其爲是志，或秉燭夜中，或携囊馬上，越三閱月而始成。故先生之意，每自不滿焉。然自諸門弟子視之，則是志之作，命意立義，或放諸周禮，或放諸綱目，或放諸山海經，而其大要則放之史記、漢書，固良史矣。至於辭嚴義正，理備事核，出自先生之心者，又本之魯史焉。謂爲一方信史，信哉！

胡纘宗曰：郡縣立而封建廢，守令設而諸侯微，此三代之所以降而爲漢爲唐爲宋也。然漢重郡縣，守令因之而尊，唐次之，宋又次之。馴至我朝，大都因宋之舊，而近又與國初異矣，視郡縣日輕，視守令日卑，而勢日下。嗟乎！古以牧民，今以役民；古以守官，今以寓官；古以宣上，今以奉上；古以逮下，今以取下。其不重而尊也，誰之尤也？然苟欲撫御天下，當今之勢，舍郡縣其奚以哉？

太湖縣志

徭役

按古者有力役之征，而孟子曰「往役，義也」，則後世之征徭，夫亦義使之當然耳。然古用民之力，歲不過三日，乃後多疲於奔命者，曷故也？古者應務簡而民數明，故役均而易辦，後世則簡者煩而明者汩矣，是以有不均之役而苦於難供也。三代而下，漢之更，唐之庸，宋之差雇二役，班班可考。明興，籍民以里甲，而力征則用宋法，差雇兼焉，曩蓋十年一撥，近或變爲五年，今改爲一年，取通力不偏重之意，然率視其邑之衝僻爲繁省矣。太湖有庶人在官之役，而又祗應兩京八省馳傳往來供億之費，絲毫皆取之於民。近奉例行條編法，令民户丁出銀，不足，又計田准丁，悉輸之官以免役，而諸役盡官爲召募，蓋較若畫一而稱兩便。然而民情猶有可軫者，則以出錢而放免者，有豪户之漏丁也，有弱户之鬼納也，又貧户之艱于金而願輸力者不得遂也。

至受直而應募者，則或一役而三四人共之，或一夫而應二三夫之役，或一馬而供八足十二蹄之奔走。大概市魁豪右專其利，而又有賣募買募頂頭之錢，民貧而任負荷者，不得竄入其列。其中必有可以無募而願充者，有可以裁長雇之額而參用短雇之法者，有可於短雇内先儘不能納金之户而以其力抵之者。凡此皆湖民之隱而不得一一上徹者也。故條編之法，固有不可不一者，亦有必不可一者，殆亦此類是與！雖然天下之法，未有有利而無害者，第操其大體而時伸縮之，斯得法外之意而善之善矣。故曰有治人，無治法。

霍山志〔三〇〕

吴儀部云：吾霍僻在一隅，東界桐城、安慶，南界潛山、太湖，西界羅田、麻城，北界商城、固始，阻山帶河，路達三省。如縣西六十里棠梨塄山，如西八十里萬人愁山，如東南八十里東流河，如西一百八十里梅河，延袤連亘五百餘里，險隘之區，盜賊之藪也。

【原注】

注一　實録：洪武二十八年十一月甲子，徙直隸蘇州等府、浙江等布政司民于京師。國初驅胡之後，徙浙、直人户填實京師伍厥廬井，凡置之都城之内者曰坊，都城之外者曰廂，隸上元者爲圖百七十有六。十四年，定有圖□。永樂北建，大半隨行，後復流移于是，併爲四十四坊。江寧志：坊廂凡三十有五。在城曰坊，在郭曰廂，在野曰鄉。初各有長以統攝賦役，厥後在城苦役至更名曰坊夫，在野苦役更排年爲條編，江寧人户視國初什不逮一。自洪武中已撥沙洲鄉民隸籍江浦，永樂中又分調於北京。是後徭賦滋多，逃亡愈衆。嘉靖中年外繇日增，田價日減云云。

注二　溧水志：洪武十八年至正德五年税糧，民田全免，官田減半，附入大誥。宣德間，從撫臣議，每民田一畝，徵馬草一觔。弘治間，舊志作成化。從撫臣議，每民田一畝，勸出米二升。

注三　自隆慶扒平以來，無復官民之稱矣。惟欽賜功臣田土照舊科糧，故仍稱官民云。

注四　江寧志：荒田畝科荒白米七升五合五勺有奇，灘田畝科荒白米四升，荒地畝科荒白米四升，外荒地畝科荒白米二升。每米一石折銀二錢五分，均攤于概縣帶徵，是名荒白銀。

注五　秋糧之外，舊徵三項：曰夏税，曰絲綿，曰農桑絲。嘉靖中，題准均攤于秋糧内一則帶徵。

注六　江浦志言：自宣德間，都御史崔建議，每民田一畝徵馬草一斤。

注七　各畝科若干。

注八　除功臣平米暨優免人户外，實該當差平米若干，里甲均徭驛傳銀共若干，荒白銀若干。

注九　如遇歉歲，奉例改折正米銀若干，徵解户部聽折糧支放。加耗銀若干，解淮聽河工支用。

注十　以上量所出爲所入，計畝起科。如前所載畝科若干，若干歸一，則云據上種種徵需。歲有定則，第本折進退外繇增損，每歲微有差殊，故府有會計，縣有由票。由票之設，所以取信于細民，俾心服而樂輸者也。頃年奸胥敝里，或靳而不發，以恣横需，有終歲口傳而不見由票者。信民者能不一督察出。

注十一　府志：時賦役繁雜，澤奏准秋糧總徵，民頗稱便，但里甲額辦雜派等項，已徵米在官。其後科派重出，所徵米如故，自減去里甲外，尚多米七萬餘石，不知其所從來。萬曆三年，奏以里甲秋糧帶徵。本欲便民，但銀既在官，隨意支銷，遇有經費，仍復重派。今將諸項還歸里甲，減去原額平米，以杜侵漁。

注十二　江寧志：合均徭驛傳，統名里甲銀，每平米一石徵銀一錢九分五釐有奇，內里甲銀無優免，每石一錢三釐有奇，共銀若干。均徭驛傳銀，每石九分一釐有奇，除免外共銀若干。合前丁銀，以待後開。諸供應登報循環文簿，聽稽于監司，支銷有餘，名曰派剩銀，入下年會計。減編不足，明著户由，除定則外，因某項加編若干。

注十三　昔自洪武定基，於凡金陵舊民驅置滇南，而別取浙、直上户四萬五千餘家，填實京師。凡置之都城之內者曰坊民，置之都城之外者曰廂民。江寧坊廂蓋百四十有二，此皆有丁口而無田賦，聽勾攝而無徵派者也。永樂北遷，隨行大半，户口大減，而差役實稀，維時諸役多併于里甲。正統初，府尹鄺公埜思稍平之。于是審編坊有十甲，甲有十户，凡三十有五坊，酌民業饒乏賦銀，納之縣庫，名曰櫃銀。分任諸司應付，以均里甲之不足，屬吏支銷，坊民領辦，季輪一甲周則更番。立法未始不善。是後外繇日增，賠貱漸夥，吏不能支諉，令坊民自收自用，而陰責其賠貱。于是公私百需，悉取辦焉。維時上季諸役立諸色目，有總坊派差，有當頭供辦。其當頭上户無定數，名「活差」，次户有定數，名「死差」，下户聽奔走，名「力差」，賃什物名「借辦」。上之人，但見其如取如攜，視爲京邑之膏腴，而不知下之人日朘月削而莫之告。弘治中，又添撥九庫、八關、五城夫役。嘉靖以來，又代工部買運光禄柴薪四十餘萬斤，又太常九種進鮮，重取付物銀兩。又各衙門將取書手工食，并修理衙門，又驟添應付衙門八處讌席交酬費，輒不貲加之，總坊饕食，胥徒恐喝，不可勝載，而民不堪命矣。父老時時陳説疾苦，視爲故常。忽蒙撫院方公、按院黄公受之，下府覆勘。時汶洲呂公新任京兆，諸生趙善繼等寔坊甲子弟，因旅見一從史之蒙諭公議出于學，較可爲調達其詞，以冀上人之聽，從者如水。善繼慷慨發憤，相與鐫梓徧投，而諸司漸見裁復矣。會給諫麓池郭公抗疏上請，于是諸夫役删革略盡，雖餘蠹反覆其間，然民瘼自是得上聞矣。嗣隆慶初，更坊長名坊夫，盡削諸色目者，撫院陽山宋公委通府望沙陶公集議者也。以坊長諸色目，人所黯聞而争攖之者也。嗣改櫃銀爲丁銀，夫還于家，惟令該吏雇役者，京兆東泉鄗公也。以僉頭輪甲聽役于縣，未免啓前日之弊也。至萬曆初，減歲徵千三百金，定爲三百有六十。奏請議覆永奉欽依者，京兆少泉汪公也。以予查二縣供簿摘所應供其數止此也。至今事亦不廢而民用安，亦賴賢父母相承節約，成斯美政。追惟嘉靖之季，傾敗相仍，倘不有大君子轉移于後，意外之變，所不敢知。尚賴皇仁覆庇，羣賢夾輔，始有今日。故述先後利病之故，不厭繁複焉。

坊廂應付。坊廂應付之數，直市肆記同耳。然而必煩紀載者何？明有定額，弗容渝也。與里甲司存有別，弗容以相代也。越此則爲額外之需。若曰志所不載，則思以裁之，弗容濫也。中有日辦，有月辦，有歲辦，有三歲而一辦，有定有不定，大都通三歲之例，不越入出之數，是謂費出之經也已。

萬曆三年，奏准上、江二縣里甲之外，又有坊夫，乃洪武十二年取蘇、浙人户填實京師，原無田産，不當差役。正統二年，府尹鄺埜始徵櫃銀，以助里甲之不足。十里甲捐有定數，而坊夫輪季出銀，每年五里明當，上、江二縣至派銀三千餘兩，不過支應縻費，甚，至里甲已編又重派，坊夫坊民受累，逃移過半。今遵詔查照坊夫丁口，每年上元縣定編銀五百四十兩，江寧縣三百六十兩，此外分文不得私行科派，暗令坊夫貼賠，凡修理紙劄刑具動支，自行贓罰應該二縣出辦者，方行支取，其二縣里甲已編者，不得重派坊夫。止照

注十四　原編銀數逐一查議，主照定規，每年終巡視科道，造册奏繳，不致流離轉徙，以虚祖宗填實京師至意。

江寧志：吏户禮兵刑工六房，户房有户口科、税糧科、田土科、錢帛科，禮房有承發司，兵房有遞發科、勾軍科、馬政科，刑房有重刑科、相視科、刑雜科、工房有工雜科、工匠科、鋪長司。蓋以京邑煩劇，故建設視外邑有加。

注十五　東新閘在縣東北五里小干橋南。黄堰閘在縣東南十里，舊有土壩，今建石閘。

注十六　在縣西永豐鄉，宋宣和中以賜蔡京，又以賜韓世忠，又以賜秦檜，後撥隸行宫。

注十七　應天府志：永樂元年四月，設溧水廣通鎮閘壩，置官一員。初，溧水民言溧陽溧水田地窪下，數罹水患，乞于廣通鎮置閘，以備瀦泄。命工部遣人視之，還言二縣水由固城湖上納寧國、廣德諸水，每遇霖潦，即注縣境，且臙脂河與石臼湖諸水，不入長江，而奔注蘇、松，皆被其患。宜于臙脂山、廣通鎮及固城湖口二處，築閘壩，設官掌之爲便。從之。

注十八　正統五年三月，築溧水縣葉家橋壩、濬燕脂河。初，溧水縣廣通鎮之西有固城湖，入大江，鎮之東有三塔堰河，入太湖。東西之間陸地十五里，水不相通。洪武間，鑿通固城湖水，入三塔堰河，舟行甚便。後水溢爲災，築壩於廣通鎮以禦之，而三塔堰河水不能至壩下，故復改築壩於葉家橋。臙脂河自溧水入古秦淮，蘇、松船皆由此達南京，近爲沙石壅塞，故濬之。

注十九　會典：嘉靖二十三年，題准應天江浦縣坍江田地該徵糧數，比照海門縣例改納輕則。

注二十　會典：弘治五年，奏准九江、安慶每畝好蘆地科銀三分二釐，稀蘆地二分二釐。池州好地三分五釐，稀地二分五釐。應天、揚州、太平、鎮江、廬州、和州等府州，好地四分，稀地二分七釐。各處每畝熟地三分五釐，軍屯熟地并灘田灘地各三分，低窪熟地二分五釐，荻草地二分，草場一分五釐，草蕩一分。其起科納糧者，免徵柴課。

注二十一 疏言太平、池州、廬州、安慶、九江等府同知宜令兼管江防，按月巡歷點查，遇有盗賊，嚴行緝捕。其無爲州、和州距潁州兵備道近千里，遥制不便，一應江澤防禦事宜，責令徽寧兵備道督理。

注二十二 唐文粹作「潘」。

注二十三 廬江辯：知府朱鏞。按祝氏著方輿勝覽成于宋理宗嘉熙三年己亥，馬氏著文獻通考成于元武宗至大元年戊申。馬氏考廬之所自本左傳、漢書，以爲古廬子國。祝氏以舊經爲非，謂左氏「自廬以往」乃中廬之地，去合肥遠矣。今按左氏文公十四年傳曰：「楚莊立，子孔、潘崇將襲羣舒，伐舒蓼，廬戢黎誘之」，杜氏註：「廬，楚邑；戢黎，廬大夫也。又按宣公八年「楚人滅舒蓼」，汪氏曰：「今安豐路霍丘縣，舊名蓼縣。」又按左氏文公十六年傳曰：「楚大饑」，「庸人帥羣蠻以叛楚」，「楚人謀徙于阪高，蔿賈曰不如伐庸」，「自廬以往，振廩同食，使廬戢黎侵庸」。按庸地，襄陽之竹山也，中廬又襄陽之別邑，由前言之，則舒蓼于廬爲近，由後言之，則中廬于庸爲近。然左氏惟曰廬不曰中廬，不知祝氏何據，輒以中廬爲廬而辯應劭之非。又按前漢書地理志以中廬係之南郡下，後乃繼以廬江郡，註引應劭曰故廬子國。由是言之，竊恐漢儒亦非不知而漫言者。今詳著于篇，以俟考者自擇云。

【校勘記】

〔一〕臺峙玲瓏古石各五 「峙」原作「時」，據敷文閣本、清抄本改。

〔二〕往往用馬　「馬」，敷文閣本作「焉」。
〔三〕捃拾盗賊　「捃」，敷文閣本作「招」。
〔四〕以寬行伍　「寬」，敷文閣本作「充」。
〔五〕外之任屬又非其人　「之」字原闕，據敷文閣本補。
〔六〕二君雖相當時之失　「二」原作「三」，據敷文閣本、清抄本改。
〔七〕諸葛亮諸葛恪之語最善　「善」字原闕，清抄本空格，今據敷文閣本補。
〔八〕是其阨會　「阨」原作「危」，據敷文閣本改。
〔九〕宋武帝之不爲晉室藩輔天下所知也然輔晉而行能仗大義使中原知爲晉雪百年之憤　自「不爲」至「爲晉雪」二十七字，敷文閣本作「時公室皆輔晉人所知也然能輔晉而行則仗一時義勇之氣爲晉洩」。
〔一〇〕乃使思政與李綽趙弼赴之　「使思」二字原倒，據清抄本乙正。
〔一一〕徐孚遠　敷文閣本、清抄本無此三字。
〔一二〕伍巢以奇兵八百泛舟即渡　「伍」原作「五」，敷文閣本作「黄」，今據晉書卷三十四改。
〔一三〕徒恃江而不足與守　「江而」二字原空闕二格，據敷文閣本、清抄本補。
〔一四〕未有成功　「未」，敷文閣本、清抄本同，案景定建康志卷三十八、至大金陵新志卷十均作「果」。
〔一五〕彼爲説者謂敵人以馬爲强　「爲」字原空闕一格，敷文閣本、清抄本無此字并無闕格，今據景定建康志卷三十八、至大金陵新志卷十補。
〔一六〕本院雖已面審一番　「面」原作「而」，據敷文閣本、清抄本改。

〔一七〕共□雄威　「□」，敷文閣本作「皆」。
〔一八〕應天府志　敷文閣本、清抄本無「志」字。
〔一九〕上元縣志　敷文閣本、清抄本無「志」字。
〔二〇〕加編□千餘兩有零　「□千」，敷文閣本作「數十」。
〔二一〕一體攤派　「體」，原空闕，據敷文閣本補。
〔二二〕句容縣志　敷文閣本、清抄本無「志」字。
〔二三〕萬曆二十九年知縣茅一桂議爲咨訪水利事宜以圖民生永賴事　敷文閣本無「議爲」「以圖民生永賴事」九字，并列爲篇題。
〔二四〕莫能格　「格」，原漫漶；據敷文閣本補。
〔二五〕高淳縣志　敷文閣本、清抄本無「志」字。
〔二六〕至萬曆二十□年　「□」，敷文閣本作「一」。
〔二七〕江浦縣志　敷文閣本、清抄本無「志」字。
〔二八〕溧水縣志　敷文閣本、清抄本無「志」字。
〔二九〕廬州府志　敷文閣本、清抄本無「志」字。
〔三〇〕霍山志　「志」，敷文閣本、清抄本作「縣」。

鳳寧徽備録

〔鳳陽府〕

鳳陽新書〔一〕

賦役篇〔二〕

文新曰：余不佞，作賦役篇。户口有土編之數，里甲有新舊之額，田地有起存之徵，税斂有南北之分，輸納有投櫃納錢之便，凡五則，而鳳陽之賦役盡于此。雖然，賦必有土，而役必有力也。今鳳陽之民力，額失者什之九，厥土則反增二之一。實户者也，散而之四方；詭寄者也，潛而入于國中。此安得不十徵而九虚哉？夫民有定居，不擾之焉可也；畝有常額，不履之焉可

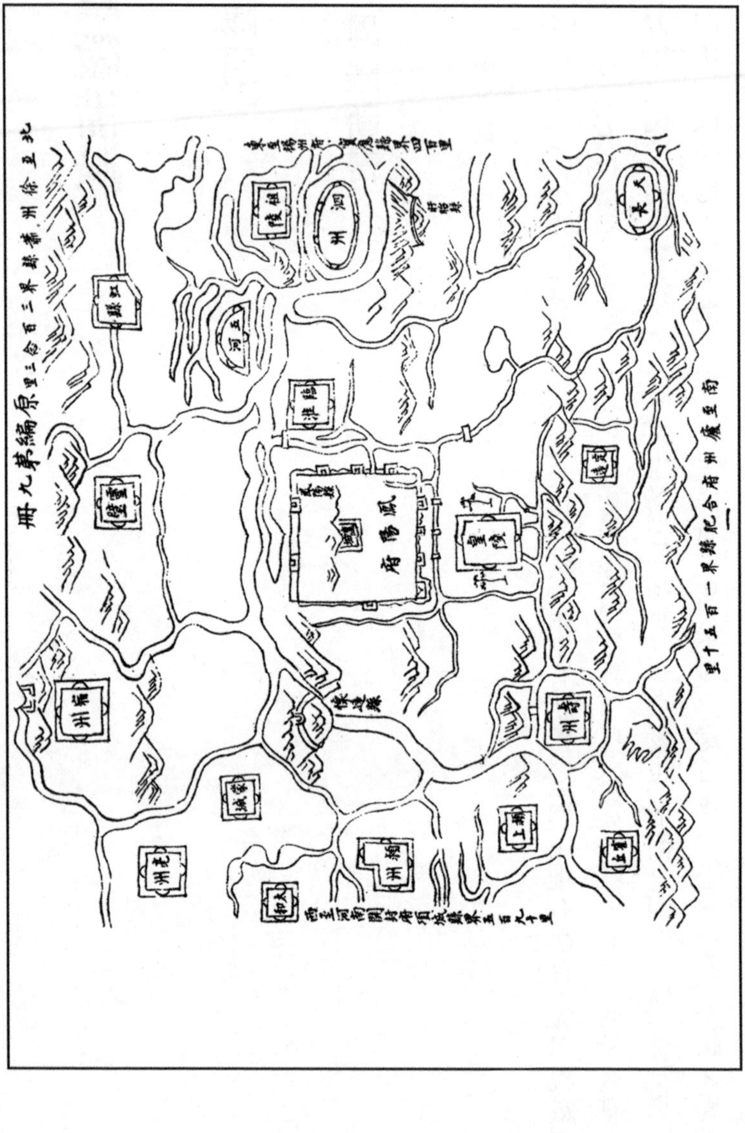
鳳陽府
皇陵
祖陵
臨淮
五河
泗州
虹縣
天長
定遠
壽州
潁上
霍丘
潁州
太和
蒙城
宿州
靈璧

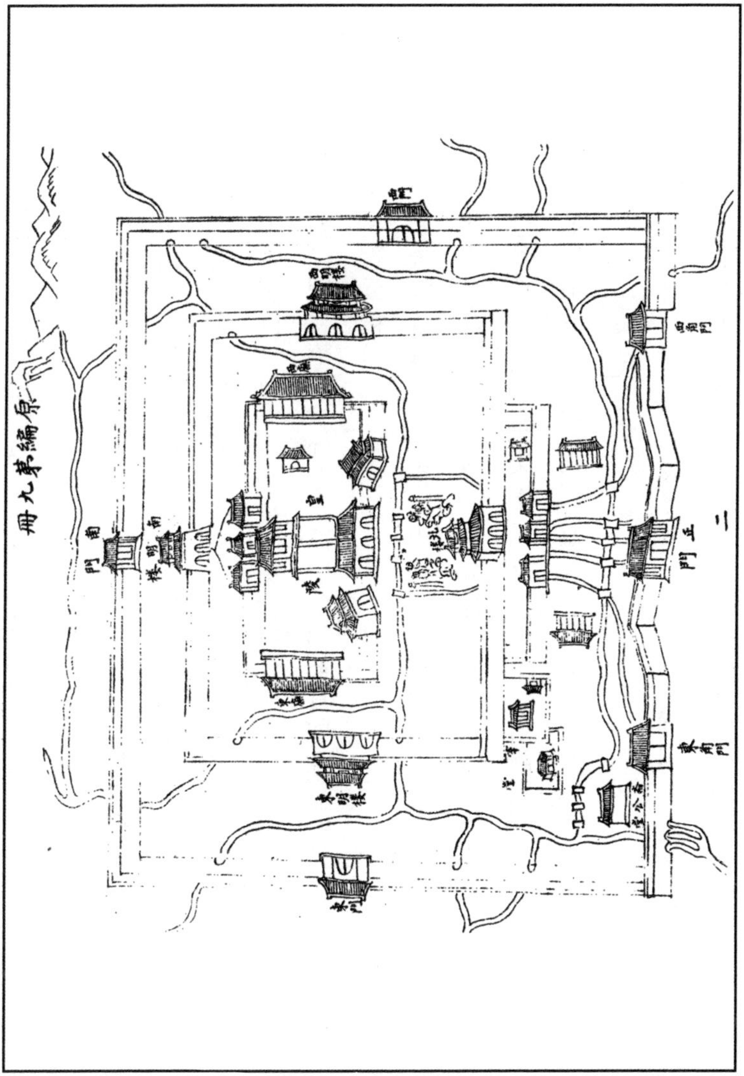
原編第九冊
南門
南明樓
正門
東南門
西南門
東明樓
西明樓

也；商有旅次〔三〕，不籍之焉可也。然而邑之流耗在前，擅難卒復。余故諄諄謹裁其應復之事三，附于賦役之末，以俟君子。

其一曰：民丁失額宜復。洪武之初，編民十有四萬也。自時厥後，舊志尚載丁口四萬七千八百五十餘口，萬曆六年則僅一萬三千八百九十四口，歷今四十餘年，編民止存老幼四千七百口。里雖有二十六里，而有一里止存四五甲者，有一甲止存一二口者。此其勢非駢逋則株連，合無急宜歸併，將見在編民仍以一百一十户爲一里，推孝弟力田者爲一長，而總其十輪爲役。其或里不足二十有六之數，則急招徠于外方，無田與地，無食與陳，無種貸之新，庶幾國初之原額可復，而新朝之元元可聚云爾。

其二曰：田地濫增宜減。萬曆六年，官民田地一千六百三十七頃一十三畝，歲辦夏秋麥米五千餘石。萬曆九年，清丈令奉江陵相惟謹，編民黄儒立斃于箠杖之下。佐史豪猾偵令意，遂將山崗湖波古荒獐走行魚之地〔四〕，一概丈量，則又出一千三百頃焉，而分注于二十六里之編民。嗚呼，民又復何堪加此不毛之田地乎！合無軫念新丈之田原非額田，當將新加糧馬，分别應革，應減應停，此實身痌瘝乎乃民者也。

其三曰：客户詭寄宜清。鳳邑爲王畿之地，故勳戚、衛所、官舍無差，甚盛典也。其後勳戚、衛所之樓房、鋪舍、田地産業，漸爲外方行商者有之，往往假名借姓，冒作一家。又有外州縣民居城中，原籍則隱射。是此兩輩獲地方之利，而不當地方之差，則詭寄之奸宜杜。

三者復，而後民可得而聚，地可得而開也。嗚呼！苟得即復此三病，以與民更始，則文新也，便宜從事，亦何敢讓未遑寄空言云乎哉！

農政篇

臣惟職任鳳陽之地，地方東西七十里，南北九十有五里饒。陵寢、郡邑、蹊道、祭田、賜田、屯田、牐粉田外，餘有西南郡一帶，皆山崗磽確，土石伴錯，谿谷流水無有，山林藪澤無有，里雖儉有百，而穀土不能處二一。議者皆謂罷任足重，民苦不能負租税，故逋逃。輒欲減額更編，甚至議停議還，此皆不可必易之數也。鳳陽地有餘利而民不足力，有地而不耕而謂糧少，與有可耕之地而無民而謂差煩，罪皆不在民，而在司民者無法以教之耳。夫糧少者，耕食不足也；差煩者，民散不聚也。使耕地盡闢，則糧不患無餘蓄；民力盡聚，則役不患無餘任。以朞月已可之政，易不可必易之數，是不減而減，不更而更乎。今職仰體而思，設身以處地，條有五款：一區田兼樹畜，二居民在徹糧〔五〕，三聚貨，四行水，五積産，六招徠〔六〕。此就鳳陽之地而均度之也。

一、區田

鳳陽地少川源溪澗之水，則止水、蕩水、均水、舍水、瀉水之法無所用之。惟是一望高燥阪原，此謂之旱田。旱田之制，其疆有二：曰區田一也，其次圍田。天下之大索三：中州河以南，江以北，西華以東，至于岱疆，皆謂之周索，皆區畫灌沃以爲田疇，非若戎索山多可以畜牧，越索川多可以畜水者。鳳陽惟區田最宜，而區田之法，創自伊尹，因湯七年之旱，故作爲區田，教民糞種，色水澆稼〔七〕。其法雖山陵傾阪及田丘城上，皆可爲之，但民力貴聚。按法，地一畝，闊一十五步，每步五尺，計七十五尺，每一行占地一尺五寸，該分五十行；長一十六步，計八十尺，每行一尺五寸，該分五十三行。長闊相接，通二千六百五十區，空一行種一行，於所種行內，隔一區種一區，除隔空外〔八〕，可種六百六十二區。每區深一尺，用熟糞一升〔九〕，與區土相和，布穀均覆，以手按實，令土種相着〔一〇〕。苗出看稀稠存留，鋤不厭煩，而每畝掘一圓井〔一一〕，以代方塘。鳳陽之泉，其施七尺，冬涸之時，四七其尺，則夏秋可以不乾，旱則引弔烏汲水澆灌。結子時鋤隴土，深壅其根，以防大風摇擺。此漳南凡無川水之地，皆如此播種。依此法布種，大率一家五口可種十畝。

且又按志，鳳陽稻、秫、粟、稷、三麥、五豆、二麻、絲綿俱有，五瓜、四菜、茄、瓠不無，而妙在不責成一收，家一穀田則一蔬園。穀田之種，正月立春後則燒苜蓿，二、三月種稷、山藥及芋，三、四月種粟、黍、芝麻及大小豆，七、八月種蕎麥、大小麥及豌豆。節次爲之，不可貪多雜種，各有區畫。蔬園之制，又在于高其種。正月壟瓜田，二月種茄、瓠、三瓜、芥，三月薑藍、木棉、紵麻、靛，五、六月蘿蔔、蔓菁，七月菠菜，八月蒜、薤、葱、韭，九月油菜。如此用力省而功倍，不必于犁〔一二〕，但毉钁貇劚，最便貧難。田家八法：區田、園田、架田、梯田、塗田、沙田、代田、徹田。而區田爲首，寔救貧之捷法，備荒之要務，而已試之明效也。今職親勘焦山一員地，約率二十家，家四廬於其田上，一家五口，受田五十畝，五家二百五十畝，而中公五十畝以代官耕，則五家通力合作也。而親導之以開貇，上爲園，下爲田，中掘一井。以三月俶載修農具，四月法種尚及時，以爲民先。惟我同寅，協事田畝，不過于一日二日則同寅至，不過于五日六日則親至而勞之。

區田既成，種樹次之。按志，榆、柳、棗、杏、桑、柘及槐外，而栗、棃、榴、李、桃、柿、松、柏皆有。今職亦先率此二十家之民，使畝之上有廬，廬之上有山林，亦家一畝，而皆樹之以十五色本〔一三〕。正月立春後修種諸果木，栽榆、柳，二月接桑果，三月移石榴，五月移竹嫁棗，種桃、杏、李、梅、核，六月鋤桑，皆有其時，依時行之。惟我同寅，亦又如初，則鳳樹漸包，一可以佐穀蔬，二可以改燧火。此種樹之要利，故次區田。

二、居民

區田種樹之條既設，不爲之定居民則民不聚，民不聚則田園山林復歸于墟。今職以二十家爲率，家約五口，五家連廬，四廬連畝，畝家五其畝以十，五五二百五，四其五五而千。家一以粒官，則有二十之收官。公此二十，則不私其二十家之畝，而定爲口分永業之制，使老而傳，餘而闢，新而收，絶而續。歲耕種者爲不易上田，畝當其畝；休一歲者爲一易中田，畝二當一；休二歲者爲再易下田，畝三當一。則二十家有此五其畝之世業，樂歲足以自給，凶年免于死亡，雖引之使流移逃匿不爲也。而又選其家之五口，一人焉而少，俊秀教之學文，果敢教之擊劍，二人焉而長，其一人習百工技藝，其一人貨貿遷有無，其壯强者，二人居要，偶相耘鋤。如此習以成風，勿失其信，此「足食足兵，民信之矣」之道也。則縣二十家而通之二百家，縣二百家而通之二千家，二千家通之二萬家，雖縣此百萬家，皆無不樂其樂而利其利，未有不相與襁褓而來聚，負荷而向耘矣。

鳳俗不積糞，爲其民之寡也，地之荒也。民寡則糞少，地荒則不積。今職既教民區田，利在糞種，不糞種而區田，又無所用之矣。約二十家，兩總於四路都圖，若舖店村集之所，五家同茇一厠土三，其合深五尺，修廣各三尺。廛之家厠五，取以供廬之家畝二，其利相掩也。而野有鄰，五鄰長爲里，城有比，五比長爲坊。里不率于鄰，坊不率于比，不過五日六日，余則西路一至焉。鄰無厠而責之里，比無厠而責之坊。總不催，于總其罪同，則有罰，一厠不茇，出穀一石。于是乎，鄰里比坊則無不厠〔一四〕，可得而糞矣。而後約二十家之廬。鳳陽之廬，廬于南者其向北，廬于西者其向東，廬之上有林，則廬之下必有塘。塘家半畝，五家而連二畝之半。及今三月修隄防、達溝瀆時也，協力旋旋掘下，歲一濬，深一尺，積十歲之深，而塘者爲澤，則無旱乾之患。

而後縱以鵞鴨鳧鷖，收以鯉鯽鯿鰱之生，而漁者利于塘矣。二十家之畜，一馬二牛，足以引重，里群其羊，足以資貨，而牧者利于野矣。家以犬豕雞豚，而老者利于堂矣。余以二十家爲先，教之種而導之畜，庶幾將來旱田之富，其無越於此矣乎。

三、聚貨

民居既煩，不爲之聚貨，則民無所安生。鳳陽創自國初，爲湯沐重地，建立城基之始，本取南門外山澗來水。西一流由西華門外，轉右甲門外古澗，繞城東北，入淮河。東一流自大通橋古澗，由朝陽門外，入臨淮縣淮河，與西一流水合。因淮水離城太遠，故設小閘河一道，緊承前東西二派來水，爲玉帶之形，以聚風氣。此河未淤以前，科第頗有，民亦富庶，既淤以後，人窮財盡，文運且索然矣。議者欲復國初嘉、隆之盛，非濬此小閘河不可。然難之者又以白塔墳來脈所關，濬之則有傷，故遂不果。職思鳳陽與廬、淮、揚並隸爲四府，廬州河接城下，淮、揚河達城中，各有聚商馬頭，所以民豐財裕。即本府西懷遠縣、東臨淮縣，亦有聚商馬頭，故二縣較鳳、定、靈、虹爲獨富〔一五〕。彼三府二縣皆得河利，獨此首府首縣，反水陸隔絶，非創建之不善也，實年久淤塞所致。今欲此迹于三府二縣之庶，河道以策之。職因往十里程涉淮，見舊有小溝，長百餘丈，闊二丈餘，問之里人，乃舊泊船所也。莫如從此現有舊趾，稍加疏導，使深一丈，廣四丈，便成通濟。況值時荒，建此興作，民皆就食，上得其力，下需其養，勝于捐賑，旬餘告成。此其易于爲力矣，然又不可不知也。先是，運船商船直抵北門，四方之貨湊集焉，河道何以能塞哉？蓋厥後當道作豺，漁獵于貨，甚于算船，嚮者未沾其利，來者已受其害，爲此商船不至，而長、淮衛卒，家作隄防，以曲私利，而運道閘河，遂爲旱壑。今欲濬其塞而疏其口，事亦關風氣之所轉矣。以蕞爾之邑，出之帑則無餘，徵之輸則誰何？籲之四鄰，四鄰其于我乎何與？無已，其捐己之俸，能盡如二十家之種畜，則繇家而鄰，繇鄰而里，繇里而鄉，繇鄉而都，繇都而縣，地雖儉于百里，民可封而聚也〔一六〕。邑民既聚，而復役其三日之力焉，是不亦「庶民攻之」而「不日成之」者乎？君子有志者，何患事不竟于成。職將公畝畝而遂以及溝洫，此亦鳳陽之時之勢則然也。語詳在申文。

四、行水

古者一夫爲遂四，其十爲溝一，其十爲洫則一，故九洫一澮，而一井之田可「南東其畝」也。自井田廢，民不知有溝壑之法。然如秦鄭、白，魏西門豹之鑿渠，楚孫叔敖之堤芍陂，國與民兩受其利〔一七〕，漢、唐以來循吏，尚有加意此者。今鳳境南苦旱而北苦浸，則地勢然哉。設令無行水之法，溝澮不如西，洫川不如北，而欲其疆場之翼翼，黍稷之彧彧也，不可得矣。故鳳陽之爲湖五，方丘湖、白湖、月明湖、華皮湖、東西湖，而善用湖者以佐溝。其澗十，曹山澗、陡山澗、遺碑澗、魯山澗、青山澗、水流入淮。獨山澗、魯山東澗、魯山西澗、射子口澗、龍子口澗，而善用澗者以佐川。其爲塘二十有八，泉塘、柴塘、側塘、清流塘、東官莊丁塘、官塘、樊家塘、石塘、曹塘、薛塘、虎山塘、神仙塘、門塘、老公塘、神仙黄水塘、石窟塘、茹家莊小塘、上周塘、下周塘、老婆塘、李八公塘、菱角塘、長春塘、定寧塘、金魚塘、九里塘、焦山塘、窑塘，而善用塘者以佐洫。其溝三，界溝、東官溝、西官溝，溝則非有原之溝耳，不可以畜水瀉水。六水之道不傳，民雖竭力以耕，天則不可以常恃，欲其大旱之不槁，大澇之不浸，不可得矣。詩曰「我疆我理，南東其畝」，此治田行水之法也。使洫川北匯則其畝南，溝澮西行則其畝東。故能知此，而田可方可直可梯，可以四不等形，可斜可中廣中狹，可以廣狹不等，可曲尺可凸可凹可圭可半圭可抹角，察其地勢而無所不可矣。

五、積産

積産穀爲先。穀之屬六，最宜爲麥。麥有大小二種，大麥𪎊，小麥來。大麥爲五穀之長，然不如小麥美，小麥無殼，麥熟以仲夏，種以白露。介于夏秋之交者，爲黍、爲稷、爲粱。夏種，其候椹赤，鳳謂之蘆。稌爲秫，秫可作酒，國初惡酒，故常禁種。爲豆，豆有五色，青黄赤白黑。種最蕃爲稻，稻數十百種，歲易爲良。總之米紅者與秈秕稗類草，鄉夫亦收食之。不種糯稻，爲米以釀酒。穀之可油者芝蔴，夏至種之，小豆亦然。大豆榆筴時，有雨期。豆之以春夏熟者，有蠶豆，有豌豆。麥之以秋熟者，有蕎麥。蓋穀類多不可勝紀，紀其在鳳者與農，則農師可積而貯也。

蔬次之。蔬之屬四十有五，白菜種最多。惟春初黃芽最美，韭黃、紫花菜次之，辛者爲芥、爲葱、爲萊菔、爲蔓菁、爲蒜，香者爲芹、爲紫蘇、蒔蘿、爲茴香，最益人者山藥，餘爲莧、爲茄、爲菠、爲瓠、爲葫蘆、爲姜豆、爲扁豆、爲冬瓜、爲菜瓜、爲王瓜、爲秋黃瓜、爲絲瓜、爲苦瓜、爲胡荽。樹而花生者爲黃雀菜，三月黃，可採食。生于道旁者爲杕杜，一莖三葉，葉青帶滑，三月花，實類完目。故唐風曰「其葉青青，其葉湑湑」，小雅曰「有睆其實」，爲其生于道旁，故以起興而賦行道之人也。朱子「杕」解作「特」，「杜」解作「赤棠」。水中生者，有水旋葉，類甕菜，空莖，可鹽作和食，亦沼沚蘋蘩之類，皆可薦鬼神、羞王公也。生于水而可蔬者，爲茭白、爲蒲筍。附于木者，爲木耳、爲櫟莪[一八]，二種産于皇陵者爲最多。雨而土生者爲蘑菇[一九]、爲雷菌、爲黃莪。不種而野生可采者，爲香蒿、紅花菜、黃花菜、筆管菜、蕨、合花、白合數種，皆産南山中。又有楸花，樹生，蔓如葡萄，其花類黃雀而紫，三月花。果又次之。産于鳳者，含桃最早，其次杏、梅、李。李有紅、黃、青三種。桃種亦多。貧婆果、花紅、林檎、葡萄、梨、棗、栗、柿，柿一種大者如杯。石榴有數種，有銀杏。産於地而可當果者西瓜。水生而可供盤具者，藕、蓮實、菱、芡、葧薺。米屬凡十有九。蔬與果，勤農事者不廢。

木於民用，最切宮室器具材焉。鳳土所宜木柏、檜，惟松少。然禁城圓丘中，松大十餘圍，如虬龍鱗甲不異。南中槐、榆、柳最多。榆、柳之條，可以爲斗斛。榆别有一種葉小而文理細者。栗次之，椿、朴、黄楝、楝、樗、檀、棠、梨、白楊、青楊、皂角、楮。鳳地甚宜楮，然不能爲紙〔二〇〕。烏桕近亦有爲油者。又有一種蠟樹，生蟲作白蠟，可于田岸遍插，三年，歲收其利甚普，有荆條可以編筐籃，作糞具，亦農家之所需也。可蠶者桑、柘。植園圃中爲觀者，梧桐、梓、垂楊、石楠、冬青、黄楊、楓。在鳳惟魏國祖墓大半皆楓。木屬凡二十有九。竹有青竹、有斑竹、有紫竹。青竹最多，可爲器。有黄金嵌碧玉竹、碧玉嵌黄金竹，有鳳尾竹、東坡竹，此二種高不過二三尺。箭竹、箬竹，近亦有植者，數品多植花圃間。有一種名天南竹者，非竹類，實大如桐子成穗，冬春朱實離離，俗傳能禳火。竹可以筍則爲蔬，可以編則爲籬，可以漚則爲紙，竹之利亦溥矣哉。故凡木與竹二者在鳳與工，則工師可積而貯也。

鳳産藥七十二種。其上藥者，雲母、鍾乳、槐實、榆皮、牛膝、菖蒲、菊花、薯蕷、松脂、辛夷、桂柏實、藕實、女貞實、兔絲子、充蔚子、車前子、蛇床子、蒲黄、天、麥二門冬也。其中藥者，石膏、五加皮、括婁實、苦參、玄參、牡丹、桑根、白皮、茅根、王瓜根、地榆、澤蘭、梅實、桃核仁、杏核仁、蓼實、吴茱萸。其下藥者，青箱子、附子、半夏、覆盆子、楮實子、芫花、凌霄花、柳花、郁李仁、夏枯草、蒠實、薤、商陸并大戟。其餘神農之所不經，有蓷，益母草也，有何首烏、香附子、紫蘇子、蓮蕋，産南山中，靈芝、黄精、柴胡、桔梗、遠志、天花粉、艾草、烏、前胡、蒼术、山查、扁竹、貫仲、牽牛、金銀花、馬兜鈴，皆療病之要藥。舉其大數在鳳者與醫，則醫師可以積而貯也。

羽之屬三十有三。惟天鵞鳳以上供者出河北〔二二〕，然不常有。其字於家而常畜者，鵞、鷄、鴨、家鴿，野而鬻於市者雉，水者凫，稱珍錯者鵁鶄、青鶴。間有蓄者，野禽則鴈、鵓鴿、黄鸝、鴛鴦、鷺、鸛、鸜鴿、鷹隼、賀鷄、鷀老、鵲、雀、鳩、鷲、秧鷄、竹鷄、白頭公、百舌、鴉、鸇、鸕鷀，其臘嘴黄雀以春至，翡翠亦間有，多穴巢水涯間。獸之屬十有八。鹿、獐以活供，綿羊、山羊、貛、獺以皮供，牛有水牛、有黄牛，用以耕者，乘者有馬、有騾、有驢，且以負載。犬以守，猫以捕。畜而祀者猪、羊，穴而祀兔，以毛取者狐、貉。貛有兩種，有猪貛、有狗貛。爲物害者狼。故有鳥獸之在鳳者與虞，則虞師可積而貯也。

魚在鳳，淮産惟白魚，其出冬秋至春正月，惟鯉最稱珍品，魴、鯽次之，刺魚次之。春及夏出鰣，少陽魚間一有之，青魚、鰱、鯶、鮎及他雜魚不可名者多有。莊子所觀儵，今不知何魚。鰻、鱔、蝦之屬，亦多有之。介惟蟹爲珍，八月不食，九月乃食。鼋及鱉産淮水中，龜在處俱有，螺蚌河港積水有之，亦有長似蟶，圓似蛤蜊者，人罕食之。故有魚鱉之在鳳者與漁，則漁師可積而貯也。

他如蟲豸至微，有全蠍則有壁虎以制之。蟲如螻、蟈、蚯蚓，此四月節氣之初候也。螳螂、蜩，此五月節氣之初終候也。蟋蟀、螢爲六月節氣之二四候。雖無用，而得其氣候，亦不可不紀。然凡物皆可貨也。日中不市，有無不遷，何以國爲民利？蠶桑爲上，而鳳昔稱蠶富國，今也失之不蠶。絲少，木棉花種者少，桑不以溝渠故亦少。故鳳衣披冠履，率以重直取之南北賈人。藍紅、藍花、小藍頗有，種者終少，不足爲利。今而後余撫南方，人而復興焉，鳳其有衣乎。鳳俗家不釀酒，不沽可也。醬酪家有之，可不沽也。豆、芝蔴、菜子俱可油，然概取之市貨。其爲鳳產而他所不得同者，爲明角帶。明角出東廣，至鳳爲帶，瑩潤如玉，取洪戒寺右井水煮之〔二二〕，非此水，色澤不耐，出刁家者尤佳〔二三〕。其次乳餅〔二四〕，其次黑墨、紙扇、蒲扇、白蝎、皮履、麥薦，鳳以之貨〔二五〕。

六、招徠

招徠在不憚勞，不後時，不爽信。職近蓋伏讀天啓皇帝詔書，內云近京各州縣及各省開墾水田，往往既墾成熟，被勢豪及經管地主混占告奪，以致人無固志，地利不開。今後再有前項情弊，許被害諸人奏拿重處。地主如未受價，止許改正糧貼，量斷荒地價值，永令開墾之人就產管業。職惟此詔正切中鳳陽情弊，所應急維持而禁革者也。西莊之聚，聚在西華門外焦山之陰，爲房五十間，中建因利堂，郡主太守李公之所額焉。左房右巷，房之左九間，巷之右十間。前大門，朝于馬丘，左右兩間，各十間。後則建終善倉于堂之背，左右垣其倉。倉之右十間，其左三間而虛，其左有廁室，四圍環牆百堵。其中前其右，則坊里地主之民居之，凡四家；其中前其左，則間居舍餘及招徠顧役也，亦四家；其後其右，則客懷遠之民居之，亦四家。合居者十有二家，于不嘗居者十有二家，二十家爲區田之民，四家爲雇役之民。爲田爲地區千畝，則四爲民，一爲官而助不税，官則歲予以種，其雇役而耕者，謂之代田。代田一百五十畝，則官食其力，而代官耕官收以自貯。合區田、代田凡一千二百五十畝，粒一千二百五十石，而皆爲里去其租税，完之自官，不以累民。其中爲溝五，爲遂七，爲池一，可以畜水瀉水止水矣。其土惟塗泥，其施六尺，六六三十有六尺，而及于泉，是爲淮之水，其水在胃甘且洌。有庵焉，曰八蜡庵，前後各三間，左右各一間，西圍環垣。此則余友柯子過此教民耕，捐行資助建，以爲二十家者社。歲十二月爲蜡祭之供，則于代田處十畝而于以供，供蜡祭者，在此内也。此莊之聚二，聚一在關城舖，一聚王莊。爲房在關城者，其前迎道十間，中蓋官廳以問農，左右茇舍，左之左、右之右，各四間。其後會溝水逆龍潭房十二間，皆招徠之民居之。其隔橋七間，則關城地主之民居焉。其在王莊者，聚于王莊之後，溝環其外，中屋七間，有場有圃，皆以聚招徠之民。其招徠者，閩中謂之畬，善開山，旅十有二人，倩十有二人，合居當役舊家八人，凡三十有二人。皆以一人候其主，而左右伯四。其亞主者誰？余友焉。伯者誰？省祭張志信、馬如麟。是爲南路之溝，溝三百八十六丈，而麥于是種。是爲北路之溝，溝四百六十有八丈，而大麥、小麥于是焉種。此伯馬如麟之功也。種凡得十石。而張志信則伯于西莊，亦得四百五十畝之大、小麥而種。其徠十有二人與居六人，皆如西莊。區民四，官一而助不税，官則歲予以種。此猶今年開而明年種，可以人百畝，以四水六田之利，而收五草三麥二稻，亦得千有二百畝，粒千二百石，而皆爲里去其租税，輸之自官，不以累民。其土惟白壤，其施五尺，五五二十有五尺，而至于泉，是爲澮之水，其水在冐鹵而菱。有倉焉，復闢城倉者，而徙之于王莊，以其在市，可以積貯。中一廠廳，左右卧房，前牆門内，兩翼各三間，皆九屋，牆門出左，茅屋一列五間，可以居守者。凡三所，皆卜十有二人者居，使就産管業，自食其力而耕焉，且斷以荒地價值也。二莊之民，而余皆爲之請於府主，用給印帖，所以防經管地主之混占告奪。皆以「日月光天德，山河壯帝居，太平無以報，願上萬年書」，二十家爲火，火二數也爲丁，丁十爲甲，則二十爲火。以二十之火耕，火以傳火，家家相照，而鳳地無遺利矣。耕種黄牛，西莊牛帶犢四十有四頭，犍牛四十頭，牸牛四頭。其犍以予民，牸歸之官。北莊牛帶犢二十有二頭、犍牛二十頭、牸牛二頭，而里民得其八，徠民獲十有二。凡以與民耕而已。凡以與民知有地之利而已。昔人單父爲令，有師事、有友事、有事我，故入疆而土地闢。今余不敏，得友事、事我之助，庶幾無愧于明詔之加意勞來，其勿予禍適矣乎！

柯仲炯上太守李公書

今中都編民，十去其七矣。其故民之易逋而難復者何？地視河北，非不廣也；斂視江南，非不薄也。而民乃至履地若墜淵，受田若桎梏者，上何知？曰地廣、民稀、土瘠，此謂入孔之弊三。曰力煩、積乏、移累、倍算，此謂出孔之弊四。曰里無長，此謂當孔之弊一。此雖自淮以東，河以南，凡周索殷墟而皆然，然不若鳳陽之孔之甚也。鳳陽之地，土有井授之方。鳳陽之民，里無三夫之衆。民終年之耕，不過家地五十畝而殫焉。誰不知地勝其民則事來，而來之事以道何？夫以三夫而耕九百畝之地，民無税焉，民欲不逋，不可得也。田上則者，歸之軍，歸之功勛矣。中則者，土民括其一，佃户括其一。惟留下則處瘠，乃得以實編民之耕，瘠則利用糞矣，而民之貧也，糞之用以力何？夫以瘠土而無力以糞焉，土無所得毛，民欲不逋，不可得也。地居孔道，猛于鸇逐，民當農時，方將舉趾，朝爲轎夫矣，日中爲擯夫矣，暮爲燈夫矣。三夫之候勞而未止，而又爲縴夫矣。肩方息而提隨之，稍或失御，長鞭至焉。如此而民奔走之不暇，何暇耕乎？奔走猶或可不肖，近見五舖裁得七家，七家力能役者，猶不滿七人，而五舖之地方十里，無餘夫焉以耕，耕借此七家之夫也。時而遇佐貳過焉，過客過焉，買爵者過焉，自十里城遞，而地方肩以輿焉。輿四夫肩，則二夫扶，一夫張蓋，二夫扛擯，一夫前呵。十夫之來，五舖惟七夫，少其三夫，則何敢不輸錢而僱募焉？坐肩輿者曲其股，豈知七夫之足蹶，賣衣不問，稍或一夫失至，而皂隸板朴隨之矣。此盜賊耳。夫五舖惟七家，地方此七家也，舖兵此七家也，農夫此七家也。夫以一日三其七而當二十一家之夫，時或一日而轎擯燈縴並役，是又四其七而當二十八夫也。夫以一日一家而當七役，仍且不免于鞭朴，民欲不逋，不可得也。又見稻田不知旱則鑿瀆，旱地惟是緌種，無有井渫，無有弔橰，無有翻車，但靠天時雨則稱之年，地無污漫，則二麥之候，遇大雨，當大旱，而民争食樹皮也。一歲之收，惟二麥三豆，而家無前蓄。方幸麥之獲也，而豆種無有，必計麥之直，而後有豆之種。及五月六月不雨則可，時雨至而五月者麥朽，六月者埸泥，一歲全家枵腹待哺者，一旦而坐亡于時雨也。官何知？見二麥之收可以速科斂，竹板不決不快也。夫以一歲之全望而坐亡于一旦，見科斂若牛頭，敢不泥門，民欲不逋，不可得也。又其甚者，他郡邑地荒户絶，民徑得而升科占耕，耕一畝得收一畝之食，故今日絶一户，明日里之長即補一户惟恐後，今年荒一田，明年甲之户即升一科而非難。鳳陽不然，里有十甲，而逋者八九，存者一二，地有千頃，而荒者十九，耕者十一。以僅存一二之甲，而兼此十九之荒，即人有十足，亦不能偏踏而耕。而爲民上者何知？惟是問其甲之田，而不問其人之亡、土之荒也。勢亦不可問也。一令而血地百里，十有八州邑而血地千八百里矣。夫民見此逋者累己，不若己亦逋，民欲不逋，不可得也。又其甚，山間之愚民，竭力一年之耕，而見役者虎噬至也，今年輪甲一算；其徵蠶食至也，明年輪乙再算；其餘獺驅至也，又明年而輪丙三算。其耗一不與則係累其頸，再不與則倒懸其軀，三不與而妻子者移易于他室。民即籲九天，而堂上萬里，豈能聞此莫愬之小東乎？夫惟堂上萬里，而里虎噬人，是速之逋也。民欲不逋，不可得也。且鳳陽編民皆零丁四散，無有全圖大户，歲遇册造，則朋名僉當一里十甲派田地，竟千里而結其身，納無糧之租，追急則蹻，不借而走耳。問其長爲誰，即向之轎夫、揁夫是也。叩其户若干，或一丁焉，或三五丁焉，未有一里而十甲全居，未有一甲而百畝完種。夫無十甲之居，百畝之種，而欲納十甲之粟，完千畝之輸，民欲不逋，不可得也。不知國家于鳳陽祖宗根本湯沐遺黎之地，田畝派八釐三毫，地畝派一分二釐六毫四絲六忽四微，比江南十分之一，亦不爲不薄。已而民乃來不能聚，聚不能富者何？八孔之弊，莫有能除之耳。故仲炯以爲，欲使中都聚民來而不去，去而復來，最先在除其煩役，使地方無夫里之役，過客自有驛夫之供，佐貳自有騎馬之給，豈容其騷擾勞民，當此卧榻之内不禁，孰當禁者？誠發示禁止之，而民得以安寢食，暇庸作，自然一夫之耕，則得九夫之食矣。然後發出僱募招徠之令，歲食如其常，種如其畝，我令皆給之。一夫授田百畝，稻田終三十畝，牟麥田終三十畝，畦田、場圃、牛田注一、馬田二十五畝，居宅五畝，桑田十畝，則一夫六十畝之耕，十畝之織，耕者桑者，歌閒閒而卒歲矣。彼又得其畦場牛馬之餘利，夫又誰不念及七月而「躋彼公堂」乎？一夫耕有六十畝之收，畝米一石，即得六十石。十夫六百，百夫六千，千夫六萬。姑以首縣計之，鳳邑實徵麥不過二千九百四十七石，約銀九百兩，米不過四千九百五十六石，約銀三千兩，馬餉各色不過銀八百六十四兩，歲上共四千七百六十四兩。今夫千得石六萬，麥石三錢，萬石而得三千兩，三其六而萬有八千兩。以四千七百六十四兩徵上額，而餘萬有三千二百二十六兩。除千夫之給，夫歲三兩八錢，夫千而三千八百兩，除糞種初年約五千兩。除其八千八百兩之費，餘剩四千四百二十六兩，可以爲民代舊輸，可以積貯，可以行賑，可以完城池，美疆土，惟所行之耳。此皆國家留以待公臺也。行之一年而千夫有其方，行之三年而萬夫勇于從而順。令千夫成行，萬夫成城，而何憂郡之饑饉？何畏四鄰之師旅乎？況乎一邑之費，不過出八千八百帑，而遂徠千夫耕六萬畝，一年之間，粒萬有八千兩，速莫速于此矣。聚民之道，來民之術，切莫切于此矣。一邑以千計，十邑以萬計，公臺有五州十三邑，而餘其七萬九千。故生財大道，生之者衆，此其説也。故神農稱神，神于無食予陳，無種貸之新。職此之故，所以二年成邑，三年成都也。漢兒寬但以收租税，裁闊狹，與民相假貸，而遂得民，至于大車小擔，繦屬不絶。若此而況公臺施神農之德，被及萬民，雖欲不爲神君，不爲召父，不可得也。

拾地遺〔二六〕

唐杜佑通典云：鍾離縣東四里有古鍾離城，魯昭公四年「楚城鍾離」即此。余叨令鍾離，按圖籍考之，或以載臨淮，或以入定遠。總之，足跡所未及經，徒據紙上之陳言，稽之不覈。余因登南山，覽諸形，得故實。太平鄉有舊城焉，即古鍾離城也。秦漢以來皆縣之在鲁山東，晉太康五年始移城於魯山西，改名爲魯城縣。故太平鄉又有西魯城村、東魯城村，故山亦因而分西魯山、東魯山。此其跡雖磨，而名則不可泯，鄉與山故皆存焉爾。臨淮之鄉無魯城村，亦無西魯山、東魯山。

通典又云：鍾離縣東一里有小東城，秦始皇二年築之，以鎮濠口。若云鍾離縣爲臨淮縣，而兩濠在臨淮縣西，則宜云西不宜云東，宜云鎮淮不宜云鎮濠矣。蓋鍾離城自古在濠西，秦始皇所築小東城在濠東一里許，即今舊城是也。梁天監五年置臨豪郡，復即舊址築焉。此隋志可考，故曰臨豪云，言城西臨于豪也。自此以後，遂有東、西二城，城在魯城者謂之西城，城在臨豪者謂之東城，而東、西二城界于豪之兩間。故宋志連南夫作守，謂豪水界于兩城也。至我太祖元年初，臨濠府因舊基修砌爲中立府，七年又復遷府于鍾離、魯城之間，鳳皇山之陽，而改名爲鳳陽府，故又有舊城、新城之別名。以今觀之，曰東城、曰臨濠，是爲臨淮之舊名，曰鍾離、曰魯城、曰西城，是爲鳳陽之舊名矣。蓋鳳陽之四境，本分于臨淮，故臨淮志多龍食，濠梁舊志而因循不改，鳳陽志初編無有明于山川地里，不及考證，遂溷沌而亦莫紀別焉耳。決濠水徑達于淮，不使從故道，而徑從臨淮縣南而來，以達于淮，是豈水之性哉？所以久之，東豪水又復從故道出，西合于西豪，兩濠會合，而復北流入于淮焉。蓋昔鍾離之名，以東有鍾乳，西有離山，故名。

東漢書滕撫傳：當塗有馬丘聚，陰陵人徐鳳反于此，燒東城。漢書項籍傳：籍至陰陵，迷失道，復引而東，至東城。括地志云：陰陵在濠州定遠西北六十里，今鎮鄉山南，址存周二里。余讀梁志韋叡傳，魏攻鍾離，叡自合肥徑陰陵大澤，遇澗谷，輒飛橋以濟。乃知陰陵是在鎮鄉山南。故自定遠觀之，陰陵在定遠西北，而自陰陵觀之，則東城在陰陵東，故曰「引而東，至東城」也。東城之名，本漢元朔中封趙敬肅王子劉遺爲東城侯國于此。及至東漢，則又爲鍾離侯國，至梁則又爲臨豪郡，隋開皇二年又改爲豪州。曰鍾離者，從山而得名，曰臨豪、曰豪州，則從水而得名。自煬帝分爲四縣，有定遠。後至南唐開運，置定遠軍。定遠之志，遂以東城屬定遠也。東城不明辨，則馬丘無所安之。夫東城使在定遠，則馬丘何得在當塗？漢王粲浮淮賦「望馬丘之高峙」〔二七〕，是明淮上見丘也。馬丘之爲馬鞍山無惑，則陰陵之不在靈璧，又何知塗山穿淮，又宜在鳳陽矣。

張耒臨淮縣主簿廳題名記

四方之舟車，其之乎東南者，十九出於泗，而臨淮者又據汴〔二八〕，凡往來於泗者必之焉。淮南之衝，以重法禁盜賊者三郡，而泗之臨淮，宿之虹，地大而多藪澤，與豐、沛接，其民驍悍而慓輕，於三郡之盜居多焉。其豐年無事，則寇盜爲之少息，而其悖戾之氣，發於嚚訟爭鬭，欺妄詭詐，而不畏法。故臨淮爲泗之劇，而吏於泗者，於臨淮爲最勞。

泗州

今州治在疆域之極南。史謂唐長安四年，始析徐城南境，置臨淮縣，開元二十三年，徙州治焉，是也。然可疑者六焉。按春秋吴「伐徐，防山以水之」。今故城，昔徐都也，去淮水可三四十里。淮北無山，下流至清河亦無山。闔廬雖强，未如梁武。梁武不能因浮山堰上流以灌壽陽，闔廬詎能無因而曲防之以灌徐乎？今盱眙陡山在淮南岸，逼城下流，勢可因以防水。自城東南抵東北，隄岸綿亘，地形皆高，似是「防山」遺跡，則今城之即徐可知也。凡郡縣以水名者，必近水涯，如臨潼、臨汾之類。故城去淮甚遠，今城則淮在城外，且漢時臨淮郡附郭縣爲徐，則今城之爲徐，亦可知也。今城前代郡治左，俗傳有孟姜女樓。按東漢孟嘗曾爲徐令，蓋嘗女所居之樓，訛爲姜耳。今城之爲徐，又可知也。後漢以臨淮郡地合下邳，而徐縣仍列所領外縣之首。六朝之徐，雖所屬有或在臨淮，或在淮陵，或在下邳之不一，然又有大徐城戍，蓋以别爲縣之徐。是故城爲偃王之徐，今城爲子宗復封之徐矣。今城之爲徐，又可知也。三國志謂魯肅射獵于南山，即今盱眙諸山也。范史指肅爲東城人，後世遂以肅爲定遠人，不知定遠之無南山也。知臨淮近南山，爲徐舊都，則今城之爲徐，又可知也。六朝沿革有無，地志最爲難考。然以徐城名縣，實始于隋，宋初廢爲鎮，即今之徐城廟，非故城也。六朝郡以高平、平陽爲名，今徐城廟及古吴城舊址，高出故城遠甚是矣，然在當時不以徐城名也。既有大徐城，則必有徐城與之並立矣，果何在乎？唐書泗州臨淮郡縣四，其一曰臨淮，長安四年析徐城置，其四曰徐城。蓋今城廢於六朝，至唐復置爲臨淮郡耳。今城之爲徐，又可知也。並觀六者，則徐國之爲今城，皆有證據，孰謂無可疑哉？如曰季札掛劍徐君冢上，其地在故城北，去今城爲遠，一也。史記、漢書數以徐、僮並稱，而正義謂徐在僮東，則故城爲近，二也。春秋、戰國以來，凡會盟兵争，但有盱眙，而不見隔淮有一城爲敵兵所争，三也。六朝之際，凡攻奪盱眙者不一書，而徐獨不見，則以故城即大徐城，去盱眙百里而近，亦未必有今城，四也。然古今冢墓，不必皆近城郭。今城、故城，皆在古僮縣東，六朝之際不言徐，蓋淮北遭五胡亂後，遺民皆流徙南渡，城郭爲墟，且下邳、南徐、東徐、東楚皆徐也。況今城地勢阨塞，自古要害，豈有無城之理，安□□□□以來史傳所書之徐〔二九〕，非今城乎？今宋之徐城鎮，即徐城廟。遺址見存，狹小殊甚，偃王後霸之時，朝諸侯者三十六□，未應以此爲都也。況故城遺址，見今數偃□徐城廟，而乃以徐城廟爲徐都乎？即今耕夫往往於故城拾得金寶古器，而徐城廟則無，益見故城之□徐都，而徐城廟之非矣。故知徐城廟，隋、唐之徐城縣，而故城，偃王之都也，今城，偃王子孫之都也。廟斷非都，故城斷非縣，今城亦斷非肇于唐也。或謂故城既爲偃王都，則及今二千年矣，而城壁與門尚未平夷，今城不始于唐，則史傳一無所見，何也？不知故城在六朝尚爲大徐戍，則廢城者僅千年耳。今城于史無見，安知不如愚所疑也？故前志不書徐城縣所在，而又以徐城廟爲徐都，且史言今城肇建于唐，恐皆非也。姑志所疑，以俟知者。

熙寧洪澤河

四年八月四日，命發運副使史公弼修泗州洪澤河。初，公弼言漕運涉淮，有風濤之險，請開是河六十里。五年正月十七日，畢功。錫公弼銀幣。九年五月二十六日，王子京修運鹽河，自泰州至如皋百七十餘里。元豐二年八月十三日，浚淮南運河，自召伯堰至儀真十四節，分二歲用工，從漕臣請也。六年八月六日，發運副使蔣之奇請開治長淮洪澤河，命都水丞陳祐甫視之，役民夫九萬二千，分二歲開浚。元符元年三月五日，修楚州河，賜名通漣河。先是天禧三年十二月，命張宗象相視，開楚州運河。乾道七年二月，命漕臣開龜山洪澤運河。元豐四年四月，河決小吳。七年七月，決冀、洺及北京。八年十一月，志在七年十月。王令圖議復大河故道，命李常視之，常言不可，遂罷，時元祐元年正月也。九月，命張問規度，請開孫村口河，分水勢。二年三月，安燾建議，回河之役遂興。四年正月，罷其役。五年二月四日，命都水使者吳安持修減水河。七年十月十二日，大河東流，賜安持三品服。八年正月三十日，中書侍郎范百禄言水官託以分水，實欲回河，夫壅防百川，古人所忌，周太子晉諫壅穀、洛是也。紹聖元年十月十四日，謝卿材言河流稍行北，無可回之理，上河議一編。二十九日，都水使者王宗望言上稟成算，斷北流，除河患。熙、豐，河溢者四十一，決者一，大決者二。

泗州志

洪武初年，本衛原設左右中前後五所，每所額設百户十員，每百户所額總旗二名、小旗十名、正軍一百名，共一百一十二名，内多歸附夷人。繼因故絶無籍勾補，以致軍少額數，併爲左中前三所，裁革右後二所。至洪武十六年，爲降民事，調發廣東廣州府番禺等縣民人爲軍，以實中都，添設左右中前後中中六所，給田屯種。連前共九所，一體派設官軍，額該旗軍一萬八十户。近多陸續逃亡，今止現存正軍四千六百四十一名，外無糧軍約有數百名，總止五千以上。

軍政

衛所官襲替及諸軍政，悉上中軍都督府〔三〇〕，以達兵部，每年撫按兩院暨兵備道，察其賢否而用舍之，閱五載一簡汰而更易之，謂之考選軍政。其掌印及領運管屯、管操、管局、管城、巡鹽、巡捕、巡山，各以一指揮領之。惟其人，無論使同僉事之品級，並謂之管軍管事。不預此者，止得支俸，而不得管軍管事，謂之帶俸差操。歲以一人齎捧表箋，入賀萬壽聖節。其鎮撫則掌衛之獄禁，經歷則文職流官，得以文法吏事，綱紀衛政。千百户考選軍政，管事管軍，與指揮同。百户缺官甚多，皆以他百户或千户兼攝之。

屯田

洪武年間，軍士初下屯時，每軍給田三十五畝，作爲一分，歲輸子粒，夏税小麥二石，秋糧粳米四石。正統年間，薛侍郎於每分田撥補一十五畝，共計五十畝，亦止照前額納糧。其實草昧之時，地廣人稀，軍强民弱。方初下屯時，所占田地，原無限制，且未丈量，未經撥補，田亦有餘，既經撥補，田益增羨。是以軍三所近城之屯，猶逾制未甚，屯六所遠鄉之屯，則過額實多。故今屯田一分，少者不下百畝，多則數百畝。以每畝受種一斗計之，少則受種十石，至少不下七八石，多則數十石也。其有受種甚少者，則後未撥補畸零之數。故屯田一分而坐落數處者有之，雖有能正經界者，不可較也。

備遺曰：屯田頃畝，由四千二百二十八頃有奇，降而爲二千五百七十六畝有奇，而又降而爲今頃畝之數，止二千三十八頃五十八畝。此其情弊，殆有不可曉者。屯種之軍，初爲名七千五百一十有四，降而爲名四千三百三十，又降而爲名三千五百三十，今又降而爲見在名數。此其屯田之修廢，户口之登耗，較然甚明，豈不大可寒心也哉？

論曰：備遺所疑屯田頃畝漸少于原額之情弊，此不難曉也。不過衛所之占種，旗軍之侵隱、盜賣，三者而已。占種之禁甚嚴矣，然屈指今衛所之官，何官不種軍田？何官盡輸子粒？侵占之弊，有多至十數分者，而又不納糧。其軍包賠至極，則因而以有作無、以熟作荒者多矣。寧犯憲典而不敢犯世官，一也。侵隱之弊，已非一朝。正軍既逃，則屯田皆爲長物。總旗營長之役，以爲包糧在己，則歲侵月蝕，莫可致詰。本管百户，亦無由知。稍久則以逃軍所遺畸零之田，名爲荒田，亦作正數，而原額遂失，二也。盜賣之弊，旗軍見逃絶軍田不成分數，相去稍遠者，或雖係原額一分，而勢難兼併者，率貨視之。始猶以幫運幫操爲名，每民典當于農民，而坐收不貲之利。久則直以爲己物而立券賣之，雖得半價，且甘心焉。或姑留少許以備稽查，或歸罪田鄰以遂乾没。凡所伍無不皆然，而遠鄉屯營，尤無忌憚，三也。三者並行，則其原額焉得而不日耗一日哉？若鄰田農民侵削之弊，則千百之什一耳，萬一有之，無不爲其所訟而退還者。自昔農民世業，猶見誣奪，而況侵削軍屯乎？故屯田耗减之病，世官其膏肓也，旗軍其骨髓也。未見膏肓骨髓之病而醫能療之者也。有清理屯政之責者審諸。

又論：泗人毋論大小人户，專以買種屯田爲利，取其價之廉也。而一買之後，視之不啻若世業。然開墾條築，殫力經營，若將謂生且息於其中，子孫可永保而無失也。豪軍旁伺，一見膏腴，不借口於同伍之絶業，則駕言於頂差之額屯，公然争奪，而不究其價直工貲之若何。彼業茲土者，不敢顯言曰買，而必托爲佃種以自解。若然，則底價尚不可知，而語及於開修之費，蓋亦難矣。泗人亦何所利而爲此耶？故下則當以違禁典買爲戒，上則當以斷償工價爲主。是則息軍訟而安軍民之一端也。

桑棗園

國初衛所屯田外，每伍又有桑棗園，或一處或二處，給與軍士栽桑植棗，以代冬衣布花賞鈔之賜，永不起科。雖原稱荒瘠薄地，然亦多可耕者，歷年既久，無復稽查，旗軍視爲己業，不爲牧放之所，則皆典當爲公費之資矣。

屯糧

論曰：屯糧之弊，端緒最多。佃種之户多于正軍，完糧之費近於額糧，佃種者豪强，則旗軍斂手而包賠，佃種者孱弱，則旗軍借口而科攫，雖正軍不獲免焉。此屯卒之所以多流徙，而屯田之所以多污萊也。抵兑例行，正軍之力少舒矣，乃承佃者亦因而逋負焉，則舛矣。折色例行，輸納之費少省矣，乃應給者遂因而絶望焉，則戚矣。故優恤屯種之軍，與優恤食糧之軍，事嘗相左。然則徵收屯糧與給放月糧，不倣初制，皆苟道也。噫！弊也久矣。權時之宜而酌處以救之，則存乎其人焉爾矣。

泗無巡檢司，故無弓兵。雙溝鎮左湖右淮，中止岡壟數里，南北喉襟，最爲險阨。往時山東、河南響馬賊騎，皆於西北陳家冲、竇家冲、上塘集等處禦人，追捕難獲。謂宜於上塘、雙溝等處，特立巡檢司，以司盤詰追捕。又云泗、虹之界，多苦劫盗，半城、滄湖之間，多苦鹽徒，青陽鎮亦宜設立巡司，以防禦之，其于地方不無小補云。盱眙縣東北清水溝都管塘，及泗州衛軍屯之王店古城一帶，宜量地添設巡司，以控制寇盗。澗溪、津里、浮山、大義之間亦然。天長縣西北汊澗鎮，亦爲險阨要衝，而鎮之軍民雜處，商賈輻輳，縣以老人管之，殊非事體。亦宜設立巡司以防寇盗，以地形事體，較之城門鄉尤爲要也。或謂：子欲于三城增置巡檢司，必有所見矣。然一司之設，官吏俸給，弓兵徭役，所費頗多，貧民豈堪重累哉？愚曰：不然。夫先王體國經野，設官分職，無非事者。今巡司之設遍天下，而莫多于南方。究極其爲兵衛民利，似未有急于三城者。古人抱關之吏，無處無之。今之巡司，古之關也。若病其爲費難處，則遞年州縣無名之徵，何止千數？少裁抑之，雖一境置數司可也。興化府志曰：巡尉職邏警，定四封，非冗官也。又按宋置巡司弓兵，多至百五十人、百二三十人，洪武年間亦百人，弘治以後稍裁爲七八十人，其後遂裁爲五十人，又其後更裁爲二十五人。今見役者纔十許人，餘皆解部解軍門焉，何以爲捕盗防寇之資？然則二縣之巡司，其亦虚設也已。

審編丁則

户口已載之黄册矣，此外復有審編丁則者，以江北稅役比江南不同。江南田地肥饒，諸凡差徭，全自田糧起派，而但以丁銀助之，其丁止據黄册官丁，或十而朋一，未可知也。江北田稍瘠薄，惟論丁起差，間有以田糧協帶者，而丁常居三分之二。其起差重，故其編丁不得不多；其派丁多，故其審户不得不密。期以三年爲限，而法以三等九則爲準，有不足九則者，亦不妨變通之以便民。此審編之大較也。

條鞭

隆慶六年，漕撫都御史臨海王公宗沐照依江南役法，除夏秋稅糧并京庫等稅，爲田地常賦，其餘賦役雜項不等，合田地户口，或主于糧而以人丁協助，或主于丁而以田畝協助，通融均派編銀，凡里甲、均徭、驛傳、民壯四差銀，以此支解，另立科條五年一審，謂之一條鞭，下其法于州縣，遵行將及十年。今按奏議等文字，皆謂之「一條鞭法」，而文移册籍，乃皆謂之「一條法」，「鞭」字甚爲不典，似當更訂爲宜。

民壯

民壯者，景泰以來設立之鄉兵，寓兵于農之意也。而後來乃供衙門之役，又徵其銀而用之，各有名色，寖失初意遠矣。無名之徵，此其大者也。

軍餉

軍餉之徵，前此未有也。昉於嘉靖丁巳倭警之後，一時軍兵主客，芻粟靡供，犒賞無措。時撫院李公遂疏請于各項賦役内，量行起科帶徵。自後因而不改，遂爲兩淮惟正之供，亦江、浙、閩、廣之通患也。

馬價

泗州原無免徵田地牧馬草場，故糧皆全徵，獨不養馬。相傳以爲陵寢在上，不欲養馬作踐，理或然也。宣德中，因江南高注二、溧二縣水災，暫將種兒馬一百四十匹、騍馬五百六十匹、應用犍牛二十六隻、牸牛七十七隻，發州寄養。其後久而不歸，遂爲泗民子孫世世膏肓，添設管馬判官一員而無印記，設有點馬廠六所。至成化間，應天府尹季姓名綺者，因二縣無馬，乃將原籍寶應縣馬匹，奏發收養，而泗州之馬，遂爲定額。

税課

備遺曰：税課鈔局，所利甚少，其解州非上供之數，止爲折色俸給而已。往年未經裁革之前，巡攔集頭人等，姦蠹橫生，小民困抑，不知幾十倍于此也[注三]。廷訓嘗以告于巡按郭公，公曰：子言泗州課税爲患則然矣，然予聞他州邑先有税課局，而小民契券與貨物之投税也，皆易且便。蓋其官卑勢親，則民樂與焉。及其裁革而代辦于州縣，則有司賢否不一，科取愈多，因之以市民營充巡攔，投托罔利，是不若存之爲愈也。

水利

論曰：河湖溝澗，天設之水利也。池塘堰壩，人爲之水利也。有能興舉而疏濬之，其爲田功利孰大焉？或疑淮、汴不可以灌田，是但知其爲害，而不知其爲利者也。「涇水一石，其泥數斗，且灌且溉，長我禾黍」，夫涇尚有水利也。甘肅、寧夏，西北極邊，引河灌田，稻穀豐美，是黄河尚有水利也。安在清淮枯汴之不可言利哉?乃若湖溝之利,人固無不知者,特莫爲之倡焉耳。無論大江以南,今天長濱河一帶之圩田車田,又在境内可見者也。泗田六千四百餘頃,而湖溝之水,乃不得升斗之用,至于塘之足以灌田者,僅七十頃,況久堙未經修治者,又居其半,是田之得水利者,未及十分之一也。欲以備旱荒而利收獲,蓋亦難矣。或謂北方之田固多高亢,其民生未嘗不裕。是不知中原地雖高亢,實則膏腴。今無北方膏腴之田,而坐望北方收獲之利,其能常幸矣乎?又前志載泗之塘田,在洪武二十八年以前者既如彼,在洪武二十八年以後者又如此,則是其塘皆在祖陵興建之後,曷嘗有不許挑塘築壩之令哉?聖朝寬大之恩,固未嘗設禁厲以妨民生也。自前志以迄於今,新築之塘,間亦有之。或又謂前志所載,俱在禁例之前,所未載者,幸不犯于有司云耳。不知洪武初年南京禁例,亦不過禁城内外之開池鑿塘深過五尺者,成化之禁,亦不過申明此禁例而已。今環京城内外,未嘗無塘,而孝陵之旁,則觸目皆是。豈皆開築于禁例之前者哉?故知律設大法,禁其不法者也。若置湯沐邑之民,而使枵腹于宫牆之外,恐非聖朝之所樂爲矣。乃奸人豪勢,動以禁例借口而脅制良民,謂之何哉?

民累志

天下道路,有往來絡繹,而奔走供應之役,至食不得下咽者。乃泗、盱雖衝,未必若此,但所患不專在衝，在衝之遠而不信，又不專在遠，在遠之騷而無節。彼濠梁、王莊等驛，乃中都號爲最衝路者，然相去不過六十里，則無迢遞奔馳之苦。夫馬抵驛而後换，則無遲悮稽候之苦。迎送額有定路，凡非正途而索夫馬者，必不濫以應其役。應付額有定數，凡非正數而額外欲加夫馬者，必不輕以徇其求。若泗州，則西南有濠梁一百八十里，西北有虹縣一百八十里，正西有五河一百三四十里，間有桃源一路一百七八十里。盱眙則東北有淮安一百八十里，東南有天長一百五十里，正南有六合一百八十里，正西有定遠一百八十里，間有來安一路一百六七十里。天長南有揚州一百二十里，西北有盱眙一百五十里，間有六合一路一百餘里。接送動以數日計，則與各驛之朝暮可往還者異矣。傳牌遲于鋪遞，則迎候不及期，若不責鋪役而徒以責州縣，未免甘受遲慢之罪。發牌依乎時日，則迎候不爽信，若不果來而來又過期，未免徒糜工食之費。不患遲即患早，則與各驛之抵門而换者異矣。如泗之五河一路，方發牌由陸路，一見風順而又欲乘舟，方發牌由水路，一見風阻而又欲起旱。或至雙溝而仍要旱行，或至舊縣而仍要水行。如泗之桃源，盱、天之六合等路，若以爲衝，則非上司必由之所，若以爲不衝，又爲使客間行之路。至定遠一路，到舊縣則盱諉于泗，過舊縣則泗諉于盱，間雜匪定，遵守極難，則與各驛之接送有定路者又異矣。轎夫二班已足，因路遠或由三班而加至四班。擡夫二名已足，因路遠或由三名加至四名。承舍之馬宜也，而吹手旗號，徒步則不雅觀；書吏之馬宜也，而巡捕執事，地行則必稱苦。甚者公差加馬折乾，而又需索借馬錢；長隨亂鞭損夫，而必科索押損錢。供奉少差，罪謗易起，則與各驛之應付有額數者又異矣。是州縣雖不及各驛之衝，而苦則過之。況祖宗陵寢之地，則以禮朝謁者頗多，按院駐劄之所，則以事參見者不少。故正夫工食外，又編雇募銀。如遇當道叢聚，即費數十金，遍雇鄉村而猶不足用。馬匹草料外，又編雇募銀。今雖禁止外幫，但派至數千兩雇馬走遞，而猶稱役苦。在答應諸人，則不止祗候之民皁，而又報義民以充官，不止侍奉之門厨，而又報農民以粧吏。在供應諸費，衙門除泗水驛供給不足，而又助以支應房，道路則一處中火未完，而又加以別處。事雖官理，錢實民出，故曰民累。

論曰：路衝誠苦矣，而調停救濟，其惟添設驛遞乎？按唐、宋泗之爲屬邑者四，而地止比今泗、盱之境，乃設七驛，即永樂前尚有水陸四驛，水曰泗水驛，陸曰楊莊、臨泗、淮原三驛。後因水漲路阻，乃改路裁驛，而僅存泗水之一，若洪澤以上之水驛，則所裁者有五焉。豈知虹路終捷，而南北星軺，有假道于斯者，豈謂犯禁而遂不應耶？計今當於適中之地，添設四驛，雙溝則復龍窩舊驛，而查家渡、月城、張公鋪各增驛焉。而夫馬供應，則上下地方，互相朋出。即今泗、盱夫馬，仍當專隸泗水驛。若謂額徧不足分，添驛另有費，則永樂以前之四驛，洪澤以上之七驛，未見稱累，而況州縣之協濟外驛者，不下數千金，獨不可改還以充本地方用也。此改革之大計，似難輕議。無已，其惟信傳牌之令，嚴枉道之禁，裁無益之費，清暗索之弊，則疲苦州縣，亦藉有榮施矣。

城河按自古王公設險，未有不築城而鑿池者，是國且藉之以守，未聞城池之反爲累也。然泗之所稱累者，不在乎城，而在乎城之河，不在城之外河，而在城之內河。本州在前代時，東西各爲一城，而汴、泗河經其中。至國初始統爲一城，其汴水、泗水，由北關入城河，仍由南關流出，與淮水合。時城內積水，莫不以汴、泗河爲路，以南城關爲門，而旋長旋涸，並不停蓄，是城固未嘗受河之患，而河亦安能爲民之累耶？嗣是至隆慶、萬曆年間，淮水大漲，終年不得消，以致隍水內壅，終年不得洩，前街後市，處處沮洳，官署民廬，在在破壞。故下則架閣水面，而上則棲止城頭，近則奔避盱山，而遠則散處鄉井，此居者之苦也。水深則爲之操舟乘筏以通往來，水淺則爲之褰裳濡足以便出入，此行者之苦也。而市民累矣，于是不得已而議車水。其起夫非不衆，然竭夫數日之力，而耗不見多，集一朝之雨，而盈可立待，是財力以車水而竭也。又不得已而議填城，其領米非不多，然米有限而鋪墊則無幾，米已盡而工役尚未休，是財力以填城而竭也。而鄉之民又累矣。此若可爲一勞永逸之圖，而將來之累，尤有不知所終者，以病在河身之日高故也。蓋城河之水之洩，止恃南關盈尺之口耳。今據土人言，舊時城關，深在今關之下，曾掘之數尺，而終莫覓其故處。凡以經年停注，則泥沙日淤，是淮河之身之高也。況今黃河由堌口而下，萬一衝渦入淮，則河身之在外者，不將增之高乎？高則閘口漸淤，而水無由洩矣。凡水之性，地廣則散而旁溢，地狹則積而上壅。今據土人言，街道逐年鋪高，而水勢不見其減。凡以積糞淘沙，日久堆積，是城河之身之高也。況今填街多係浮沙，萬一驟雨洗蕩，盡没水底，河身之在内者，不將益之高乎？高則容受無地，而水爲泛溢矣。此内河之所以爲民累也。推而至于外河，其環遶非不稱險，但終年淹没而不得疏濬，積沙淤塞而易至騰湧，是外河亦未始不爲民之累也。又推而至于城，其高堅非不可恃，但或以浸久而難免傾頹，又或以淹深而難爲修築，是城亦未始不爲民之累也。

論曰：城河之爲民累，固病夫河身之高矣。兹欲亟去其病，必也復故道以遏南徙之衝，修淺政以杜上壅之漸乎。此治黄、淮之第一策也。而于内河，則惟令植柳舖磚以防其崩潰，禁淘沙積糞以防其淤塞，而又間責成漁舡，使備撈淺之用，再加開閘口，期廣洩水之門。庶容受有地，而無患于身之高，放洩有路，而無憂于腹之積矣。此亦可救内河之萬一，而有城守之責者，尚其究心焉。

河防

禹貢：導淮自桐柏，東至于泗、沂，東入于海。按淮源出南陽平氏胎簪山，經流于桐柏始大，歷信陽、汝寧、潁、壽，挾七十二山河之水，激蕩于荆、塗。鯀鑿山通道，下濠梁、五河，又會淝、渦、漴、沱溪湖諸水，至雙溝，曲轉三岡龍窩舊縣黄岡，而後匯于泗州，爲祖陵明堂，盤旋義河灣，迴繞龜山嘴，蓋億萬年王氣所聚也。淮北岸則由曹劉溝、護軍溝、高家溝、興高集、洪澤驛而東，至清河縣南，又稍北自淮安府背襟安東縣南入海。泗水則自山東兗州泗上發源，經徐、邳而下，至清河縣會沂水，趨于淮，順流入海。沂水出泰山郡蓋縣艾山，經邳州，至清河縣，稍東而南，會于泗以趨于淮，同入于海。此禹貢東瀆大淮之正派也。瀆者，獨也，以獨入于海也，曷嘗受河患哉？

河自西域崑崙發源，脈行地中，荒遠不可詳。禹導自積石，至于龍門，東至于底柱，又東至于孟津，東過洛汭，至于大伾，北過洚水，至于大陸，又北播爲九河，同爲逆河，入于海。自周漢以來，遷徙不常，故道湮没。我朝東經天津衛入海，後山西沁河南衝，決斷黃河，黃河決斷汴河，自朱仙鎮東潰，南經留城，趨徐、邳，亂洸、沂直下，其勢淜湃，不能復東，過清河縣北，乃徑決縣西，而南會于淮以趨海。此淮、黃會合之端委也。後黃强淮弱，勢不能敵，不但吞泗，抑且吞淮。由是彭城而下，人不知復有泗水，清口而下，人不知復有淮水。故凡宋後彭城而下之稱泗，清口而下之稱淮者，仍宋前之稱也。淮爲黃扼，只得由大澗口、施家溝、周家橋、高梁澗、武家墩等處，散入射陽白馬草子、寶應、高郵等湖，由湖迤邐入江。孟子所謂「排淮、泗而注之江」者，此也。此淮之支流也。至隆慶六年，淮大溢，適黃猛相逼，不得直下，沙隨波停，遂將清口淤塞，所稱門限沙者是已。止存大澗口等處舊道，由湖入江，散漫淹衝，上下俱害。萬曆二年，淮又溢，督撫王公宗沭恐，始議築大澗口，爲高家堰。至萬曆三年，總河潘公季馴議黄、淮已不敵，若再分散，其勢益弱，須築堰束淮，借全力以衝刷清口，俾沙隨水滚，不濬自通。故用龍尾埽堅築，然所築僅止大澗口一處，淮猶可洩。後陸續將小澗等口，凡入湖舊道，盡築隄防，自是清沙日高，淮水益弱，遇阻即回，何能衝刷。繼而張福隄又築矣，上而遥隄、縷隄、歸仁堤又接連築矣。下流壅塞，勢不得不久豬旁溢，汪匯浩蕩。始猶淹漫兩岸，會合諸湖，繼而夏秋泛漲，一望無涯，洗蕩龍沙，震驚陵寢，而泗州之禍，歲烈一歲矣。至萬曆八年，淮又大溢，州城幾危，得郡人常公三省，以法塞南門免。時祖陵下馬橋水深八尺，舊陵嘴水深丈餘，淹枯松柏六百餘株。常公揭諸撫按，潘公懼以浸漫陵寢獲罪，來就常公議。時常公往滁陽謁按院陳公，商榷禦水事。潘公疑不出，即先劾奏高堰石工將興，鄉官阻撓甚力，爲水會天心之説，刻淮黄交會之書，仍題准改石堤，上自月城，下至梁家廟，一百二十里，屹然金湯。而常公始削籍杜門矣，然猶遍揭當道，力辯其非，至數萬言。潘公持議益堅。此曰淤漫玄宫，彼曰關係運道，此曰久災泗民，彼曰恐害高、寶。萬曆戊子，浦守朝柱欲入覲面奏，卒以此改官去，他尚何敢言哉？幸督撫周公寀回部辭陵，親見丹墀儀從，水深三尺，不能行禮，惻然具題，權開周橋，少洩陵水。欽天監博士汪一元亦奏可開。廟堂始悚然不寧，特遣給事中張公貞觀，來會督河舒公應龍勘議。時有言漕運不便者，有言鹽場不便者，有言淮、揚、高、寶不便者，以故紛紛莫決，止委汪守一右開清口門限沙。公不避勞苦，胼胝一年，卒開三岔新河，至今便之。誰謂神沙不可挑也？張公亦掣肘，不能力主破隄壞堰之議，第請開上流張福數口。又奏開腰鋪分黄，令不逼淮，計費帑金三十六萬。適值倭警，遂不果成。自是水患益甚，州城沮洳，民不可居，士民强半避居鄉村，所存者惟州衛官數員，及守城卒役數人而已。然猶出入舡桴，巢居城阜，聽斷於隄邊館驛，審比於城上門樓。于是有議州遷盱，盱遷舊縣者，有議州遷盱，以盱爲附郭者，有議郭家嘴地爲州城者，紛紛聚訟，終莫能決。後舒公以遷州之議，揭之閣部臺省，給事楊公其休駁云：泗州可遷，祖陵獨可遷乎？議遂寢。始議填州城，而苦取土無地，止增外堤，與冬春督夫車水而已。增堤不過盈尺，而車水歲費民屯財力以千計，稍退絲髮，一雨即盈，終無救于水患也。至二十一年，按院牛公應元來，目擊不忍見，先開金家灣芒稻河，泄湖水入江，繼議開周家橋，洩陵水入湖，反覆論辨。時潁道李公驥千以歸養行，亦捐贖鍰千金助開。舒公爲淮揚過計，不遽從。牛公始命工書祖陵無水、有水二圖以進。皇上震怒，重罰河臣，差給事中張公企程來，會新督河楊公一魁、督撫褚公鈇、按院崔公邦亮、鹽院楊公光訓、漕院唐公一鵬勘議。時有御史夏之臣，以郡人進士李當泰言，題請開堰。而潁道李公弘道，亦奏洩陵水莫如開堰便。後未果上。郡士民父老常公等投揭千言，王守陞亦不避忌諱，言于諸當道甚悉。楊公灼見淮水壅溢，病在黄逼，乃先開武家墩，以少殺其勢，後定計分黄。又知腰鋪地勢不若黄家口爲便，乃奏留張公監督，大發河南、山東、江北等處民夫，自黄家口而下，直至漁溝、朗舍、由安東北，俱疏爲河身，歸五港口，使獨入海，不趨清口逼淮，令得縱出。督撫褚公又見導淮功尤切近，乃力主導淮。先有金家灣、芒稻河，以爲湖水入江之路，又開子嬰溝，由射陽湖入海。下流既通，始建武家墩閘，并開高良澗諸口，而以周家橋獨委泗、盱開濬。州王守陞率州夫七千有奇，盱眙丁尹汝彦率縣夫五千，王守續具五難揭，准添揚王墳户夫四百，靈璧縣夫五百，減存泗州衛軍夫一千名，通共濬長九千一百七十八丈五尺，深二三丈不等，闊七丈，築隄五千四百五十四丈。又慮淮水直趨淮、揚、高、寶爲害，委府判趙公宗禹建周家橋閘，而于高良澗等處，俱各建閘，以時啓閉焉。又濬清口門限淤沙二十餘丈。又于冬春間大開通濟等閘，以洩淮水。而分導之役，始以成功奏矣。兹役也，首事于萬曆二十三年冬，至二十四年夏始得告竣。役夫數萬，騷動三省，外府内帑，費金錢不下數十萬。時閣部院道司府郡邑，各被恩典有差。按分導後，淮水較往歲不甚漲，即漲亦易涸。如二十五六年間，其水僅漫及隄根而止，城闕不開者十餘年，而今至冬春，亦得依時宣洩。陵園如舊龍嘴等處，經年不覩平土，而此時惟止伏秋一漫。二十年來，每慮城爲沼而民爲魚，一旦有兹景象，泗人亦云幸矣。説者或謂天運使然，而不知所得於分導者實居多也。但勢雖漸小，而患未盡除。如久没糧田，終不能使之墾菑畬而勤耕播焉。譬之病夫，雖幸旦夕粗安，而心腹膏肓之證，猶然未愈，奈何不大爲之計耶？憶昔平江伯畫河防之策，止令募夫撈淺，勿俾淤塞，而今且移其力以事隄防矣，以故河身日高，尾閭難洩。兹欲盡弭淮患，必也其復淺政之舊乎。設舡名曰淺船，募夫名曰淺夫，而撈淺器具無一不備。然後于雲梯關、草灣等處，大闢之以通淮路，於黄家口、五港等處，常濬之以通黄路。而清口門限尤爲喫緊，即移守隄之夫，改爲撈淺，一遇水涸，仍加夫挑闢。倘歲歲如此行之，則下無所壅而上無所停矣。次之則開大澗口。所云開者，非謂盡掘之使直下也。亦於隄内開小河一道，俾通寶應諸湖，而兩岸再築隄束水，勿令旁溢。若慮衝決爲害，不妨建閘相時啓閉。又次之將周家橋加闢數丈，于出口接湖之所，另爲深濬，使徹底與湖心相通，四季水行如一日。又高良澗、武家墩二閘，非不可洩夏秋漫漲之水，但閘高湖低，通流不久，當于閘内各開引水小渠，令湖水常有通閘之路。而高良澗三十里下原未深濬，宜再隨地開渠，以接寶應。第諸閘地方，盡屬山陽，若聽土人啓閉，則開河終于泗陵無裨。須請設管河大使一員，上自周家橋，下至清口，凡河渠之通塞，閘防之開閉，與濬沙撈淺，咸聽職掌。衙門設之清口，而列銜支俸則在州。又於下流金家灣、子嬰溝等處，亦歲加撈濬，如上清口法。有閘則節宣由人，已無一時湧決之害，而況常濬通江入海之道，則上流下洩，而運道、鹽場，淮、揚、高、寶，不得言累矣。而又深濬張福口，時開通濟閘，以助導水之所不及。如是而泗、盱之間，不漸覩平成之舊者，吾不信也。此守臣一得之愚，後督理河防者，尚其採蒭見而裨閎議焉。

歸仁隄去州治幾二百里而遥，去州境亦近三十里許，似若利害無關。不知本州疆土，北枕、睢、桃而通宿、虹，實當埠子等湖、白洋等河之衝，而貽麥堂以東，直射青陽、掛劍等鄉，由安湖合淮。若非此隄爲之障蔽，則東南一派，悉匯爲湖，而陵宫、州城，其受浸漫之害，又不知何如烈也。特志始末，以備日後考鏡云。

歸仁隄西自本集，迤東至桃源之于家岡，約長五十七里。此雖虹、睢、桃等處地方，而實泗之脊背也。考之貽麥堂記，内稱古汴河受白鹿等湖水，通白洋河，東流與黄水會。其曰小河口者，又上流之支派也。時徐、邳以下，河身卑窪，以故湖水隨漲隨涸，間漫及泗境，尤爲害不甚，從來固未聞有議及建隄者。自黄水徙蕭縣義安山，合永堌湖水，流入宿之符離溝，歷邳之睢河，與宿、虹白鹿、埠子、藕湖等水，匯爲巨浸，時由拖犁溝，南流入泗之安河，會淮水爲患。一遇伏秋，倒灌小河口、白洋河，由歸仁集直東横闊四十里，淜湃而下，合淮湍激，而泗陵自此歲受患矣。至萬曆七年，督河潘公季馴洞見歸仁集直東地方與高堰隄相爲表裏，若不築隄禦水，縱使南下，匪直淹漫陵寢，魚鱉泗城，而高堰一決，即淮、揚且不保。乃檄兵道朱公東光相所爲隄，委官督修。自是諸水悉由白洋、小河口故道，復入于河。即遇伏秋波漲，其隄足當一面。二十年來，泗東之稍得安土者，多此隄之力也。嗣是山東單縣黄堌口衝決南徙，時決口不甚大，而諸行河使者，咸謂堌口分流，一可殺黄水之勢，二可免鎮口之淤，悉聽之不爲理。後逐年衝決，經虞、夏、蕭、碭、宿、睢、靈、虹，濱河田廬，甚大苦之。萬曆二十年七月間，隄東轉北新接小土隄衝漫，自岳家莊入大橋口，由黄家堰，過六師院，接安河，幾七八十里，俱被淹蕩，居民奔竄。舒公應龍悚然不寧，題准包石隄三千餘丈。楊公一魁亦以高堰停砌之石，相繼增修。時分導工緊，未暇議及此口。萬曆二十三四年間，黄堌又大決，而徐、沛正河，日漸淤淺，至膠漕舟不可行。楊公方題修小河口、白洋河，引湖水濟運。督撫褚公鈇慮堌口南決，且爲祖陵憂，意見稍相左。乃下鹽、漕二御史楊公光訓、馬公從聘勘議。先檄揚州府二守劉公不息，同王守陞勘報，見本隄地形北昂南下，建議加隄。至萬曆二十六年，按臺周公盤事竣駐泗，又委張判守纓重勘，有請建遥隄之説。卒之督河感悦，欲上其事。卒因奉旨回部，不果上，似不能無待于後之當事者焉。

按泗士民無人不慮水，亦無歲不言水，竟未聞有片言隻字譚及歸仁隄者。此何以故？大都以淮河之患，近在城下而易見，歸隄之患，遠在境外而難知。不知陵山迤北，雖稍有岡阜可恃，而東鄉左腋，横闊數十里，全值其衝。且隄外湖身反高，而隄内陸地，勢漸南下，一有潰決，亡論田廬盡廢，即奔突避水者，欲遠就高阜以求免沉溺，不可得矣。是淮水漸漲，不過增本有之水，而其患特苦旁溢。歸堤突決，平地加原無之水，而其患尤苦直衝。此其害之大小，已自有辨。況南北合流，上下兼溢，其爲陵城之害，真慘然有不忍言者。如塞堌口以止其源，濬正河以分其派，與歲修白洋、小河以引其流，此醫家治本之説，余未敢輕議也。不得已，權爲治標之計，其必加培舊隄以當外衝，新修重隄以固内扃，然後可少紓不測之萬一乎。

勘科給事中張企程疏

查得周家橋北至高堰五十里，見有支河，下接草子湖。若并未挑三十餘里，大加開濬，一由金家灣入芒稻河，注之江，一由子嬰溝入廣洋湖，達之海，則淮水上流，半有宣洩矣。武家墩南去高堰十五里，逼鄰永濟河，引水由窯灣閘出口，直達涇河，從射陽湖入海，則淮水下流，半有歸宿矣。第周橋浮流尚漫，稍俟水涸，便可刻期用工。而武家墩已于七月初六日決口，即今滔滔東注，陵泗積水，從此可漸洩去。

巡按牛應元開河公議

勘得周家橋至丁林莊三十里，原有山陽縣挑開小河一道，伏秋水流，冬春即涸，應合再加濬闊。自丁林莊至上聖寺，至草子灣三十餘里，係寶應縣地方，因士民告執，未經挑挖，故伏秋水亦通流，冬春隨復乾涸，合應大加開濬。

查勘清口闢沙議

黄河從西北迤邐而來，自老黄河淤塞，至清河縣南直西東流，至清口水頭，復借淮道繞環，向東北趨海。淮水自西南迤邐而來，至清口直南徑下，從黄身背旁衝入，隨流同向東北趨海。自萬曆二年，一時伏漲，諸湖水溢，以致清口稍有空缺，黄水漲溢，餘波從旁漾上，直至十餘里之外，沙隨波停，遂將此口盡行淤墊，今稱門限沙者是也。

原任湖廣右參議今爲民常三省上北京各衙門揭帖

祖陵基址本高，今水入殿庭前，深踰二尺。舊陵嘴者，相傳熙祖梓宫在焉，水深四尺以上。近陵護沙，如龍灘嘴、鄧家嘴等處，日衝蕩風浪中，傷毁甚多。神庫紅瓦廠金水河兩岸松柏樹木，共淹枯六百一株。黄河出口處，勢甚湍急，惟自此以上里許，地名三里溝者，便是泥沙淤塞處。三省曾自往看，皆細碎石屑，擊之堅硬有聲，蓋浮沙蕩去，惟此質重者存爾。上下經過，闊二百餘步，兩岸横闊，可三四里，俗所謂門限沙者是也。此處水深者一尺七八寸，淺者但一尺四五寸而已。過此以上，則水深四五尺不等，直至洪澤地方，又復有淤淺處，較之清口，猶爲減半。夫有此淤沙横亘中流，雖其勢不甚廣闊，然淮流亦安得通暢快利不爲阻滯也。淮水自桐柏而來，幾二千里，中間溪河溝澗，附淮而入者，亦且千數，當夏月水漲，浩蕩無涯，而必以海爲壑。往者一由清河口洩，一由大澗口洩，兩路通行無滯，猶且有患。今泥沙淤則清口凝，高堰築則大澗閉，上游之來派如此其湧，而下流之宣洩如此其艱，則其騰溢爲患，尚可勝言。此陵寢之所以侵傷，而百姓之所以困極者也。伏惟朝廷之上，尊祖安民之道，至隆極備，誠念祖陵之重，不容一日被水，而民生之流離漂泊，又極可憐。乃奮然決堰，加意濬淤，恢仁孝之聖心，復淮流之故道，則膚功膏澤，被格上下，固不勝萬幸矣。如或以爲堰不可動，亦必須多建閘座，以通淮水東出之路。如大澗口闊，可建閘十餘座，高良澗窄，可建閘五七座。蓋水勢甚大，閘少則宣洩不及，故必至十數座，始得一面建閘，一面挑濬清口以上淤塞。嘗見此處淤塞，本不甚闊，不甚難濬。但原指謂衝刷已通，故置之不濬。又前此雖濬，亦未甚力，遂至一向爲梗爾，若使當此春暖水淺之時，一力挑濬，其功效自可立見。俟至夏月水發，如果挑濬已通，可盡洩水，則閘雖設，自可常閉。如或清口挑濬尚未疏通，或雖已疏通，尚不能盡洩大水，則隨時酌量水勢高下，爲啓閉板多少，水高則多啓閘板，水下則少啓閘板，要在不至侵犯陵寢与傷害地方而已。如水未發，或雖小發不爲害，則閘板俱不必啓。往後年分，率視此以爲常，庶堰不動而害可銷，固亦衆議之僉同者也。要之大澗、清口，實淮流不可缺一之道，而處高堰濬壅淤，亦今日不可缺一之功。誠使兩加處治，俾淮水通流，於以措時宜而弭深患，則雖便于鳳、泗，實亦不病淮、揚，不惟拯救民艱，實亦奠安陵寢。伏惟體恤而留意焉，則幸矣。

陸游盱眙軍翠屏堂記

曰：國家故都汴時，東出通津門舟行，歷宋、亳、宿、泗，兩隄列植楡柳槐楸，所在城邑，行千有一百里，汴流始合淮以入于海。南舟必自盱眙絶淮乃能入汴，北舟亦自是入楚之洪澤以達大江。則盱眙實梁、宋、吴、楚之衝，爲天下重地。

馬政

養馬各處不同，或兼丁糧。惟本縣别有免徵田地，騍馬一匹，每二年該孳生駒一疋，其後所生之駒，交俵不過，每四户買馬一疋，而馬價出於種田之家。其解也，守候日久，交兑艱難，攬頭醫獸弊端百作，解户破産。近日泗州、泰州奏乞免解本色，止解馬價。其亦寬民之事乎。

按國初設羣牧監，管理孳牧廠場。有得勝廠草場，有在城廠草場，有小河廠草場，有羔羊廠草場，有昌平廠草場，有萬安廠草場，有楊村廠草場，共七處。後監革廠廢，其場佃於民間，田地共二十五頃三十七畝九分八釐六毫二絲，每年該租銀八十六兩六錢二分一釐六毫，徵收貯庫，聽候荒年買馬備用。此先日之制也。

後又種馬計一百二十疋，兒馬二十四疋，騍馬九十六疋，縣免糧三萬三千四百八十五畝，每免糧三百畝，派養騍馬一疋，免糧二百畝，養兒馬一疋。隆慶三年，奉例變賣六十疋，止存六十疋。萬曆九年，奉例盡數變賣價銀三百二十四兩解部，歲徵馬價銀六百六十二兩四錢，草料銀一百二十兩，馬畝軍餉銀一百四十一兩一錢二分，原係免糧馬頭徵收。其實民間無所謂免糧田地，一奉文到，馬頭人户，那移求脱，重賄吏胥，偏輕偏重，而馬頭執帖徵收，鄉民甚苦。萬曆十三年，知縣楊州鶴申請均派概縣，併入條鞭，止令馬頭領文赴府交納，民稱便焉，尋廢。三十年，知縣袁敬又請復之。

按國初田地，未墾者多，故令養馬，所孳之駒，即以俵解而免其糧，此善制也。今無地不糧。隆慶間，太僕于輔具奏，變賣種馬，徵銀解部，變之又善矣。然草料各項銀兩，猶然不減，三年一次，坐派俵馬數疋。本縣原非産馬之地，而大户賣馬，府縣驗勘，業已煩費，至間關千里，水草不服，又以羸瘦斥回。蕩産傾家，莫此爲甚也。

天長起運秋糧，原額一千一百餘石。自國初以來，例該運軍，依期將船就本縣城河民倉交兑。在彼則爲順行，在此則無枉道，兩得便宜。乃至嘉靖年間，管運官軍需索常例不遂，乃徑往淮安，行文坐提。而縣官無力，遂令裝米赴淮，雇船覓夫，盤纏浩大。時當沍寒，鑿冰而進，一遇風波，事猶不保，幸而抵淮，則刁難百端。故收糧之時，不得不重取於納户，則加二加三，又何怪哉。此爲天長民之大患也。

宿州志

宿之諸河，惟睢河爲大，巨艦恒輳集焉。東流至靈壁北境，則謂之小河，以其通于宿遷大河，故以爲小。澮河至靈壁之固鎮，其流始大，亦可通巨舟。餘俱漲涸不常，而靈壁之汴、沱、蠏、汶，則又淤塞過半，惟可以瀉湖水耳。宿之諸湖，亦多淤而爲地，軍民雜耕有年矣。然潦則無收，故未盡徵其賦。自睢河至澮河，南北相去五十餘里，運糧二溝界其中，因故道而開濬之，則二河舟楫可抵州城。宿之軍民欲舉是役者衆，以用力少而爲利多也。或謂睢水泛溢，恐有灌城之虞，故當事者未敢主議云。

〔寧國府〕

寧國府志〔三二〕

明興二百餘祀，税法凡三變焉：初一曰額税，次二曰勸征，次三曰丈均，次四曰條編。

額稅之法凡四：一曰歲賦，二曰歲貢，三曰歲役，四曰歲費。

歲賦之目三：曰夏稅，曰秋糧，曰馬草。夏稅麥。凡夏稅起存，並以銀折，每麥一石，折銀四錢。惟國子監用本色，故耗麥重。秋糧米。洪武初，寧國與應天諸郡，高皇帝追念存卹，盡蠲民田租，復其世世。惟宋、元以來没入官田，稍徵其半，故夏麥秋糧，並賦諸官田，以其起存皆本色，故耗米差多。馬草。民田糧麥既免，稍取總秸之意，賦其藁禾。每田一畝，科草三觔，每草十觔爲一包。京庫折以銀，太平以米，定場用本色注四。

歲貢之目十有二：曰物料，曰野味，曰鹽課，曰稅課，曰魚課，曰稅絲，曰雪梨，曰木瓜，曰芽茶，曰官瓶，曰黄連，曰緞疋。物料十三：銀硃、黄蠟、蜂蜜、肥豬、肥鵞、藥味、藥材、鹿皮、烏梅、箭枝、掃箒、曆日紙、活鹿。凡額辦歲有常數，而部又不時坐派，府常酌本年徵數，轉派六縣。又有山羊、松木、黑鉛、金箔、猫竹、絲線、綾紬、脩理家伙等料，皆屬增派，或間數歲一徵云注五。右物料本非方物，殊乖任土之義。部責辦於郡，郡斂財於民。其法取闔郡之丁與田而籍之，别爲十歲，歲一斂焉，謂之軍需。物料坐派，既有贏縮，官吏科率，或生軒輊，徵收起存，又分緩急。于是吏書收頭之弊日滋，而侵欺逋負無所分矣。嘉靖中，通判李默常建議定爲每歲審徵之期，尋亦廢格。野味十一：天鵞、鵓鳩、斑鳩、兔、鴈、野雞、獐、鵁鶄、麂、活鹿、玉面貍。凡野味非必地產，亦惟徵銀。初折以鈔，鈔又折銀。天鵞、活鹿，輸直于工部，餘輸府庫，備歲費焉。鹽課鈔。凡鹽鈔賦諸丁口，本折色中半，並以銀折。本色鈔每貫折銀一釐一毫四絲三忽，折色鈔每貫折銅錢二文，每錢七文，折銀一分。洪武中，以鹽給民，故徵鈔。今官不給鹽而鈔徵如故，鈔額亦以洪武爲準，丁有登耗不稽焉，以其半輸京師，餘資歲費。稅課鈔。有商稅鈔、門攤鈔、酒醋鈔。凡稅課賦諸商賈，本折色中半，並以銀折。如折鹽之法。屬稅課司者，輸于府庫。宣城附府省，餘五縣儲之縣庫，歲費取給焉。魚課銅鐵膠翎，佃場鈔。凡魚課賦諸漁户，料與鈔並以銀折。每銅一觔，折銀八分，鐵一觔，折銀一分二釐，魚膠一觔，折銀七分，翎毛一根，折銀五毫。鈔貫本折色中半，如折鹽鈔之法。所置催首輸年司之，以其半輸工部，餘輸府庫，資歲費焉。桑絲，稅絲。初桑絲賦諸蠶鄉，稅絲賦諸漁户，以漁網用絲也。並以銀折，每觔折銀八錢五分。惟京庫折絹。每絲二十兩，折絹一疋。但户額以洪武爲準，逃絶十之七八，惟取足於見在漁家，令賠貱充數，而漁户病矣。桑絲本派自應天府牛首山，山籍宣城，稅遂歸焉。不屬蠶鄉，不派通邑，而獨累漁户，實弊政也。雪梨四十觔。貢南京禮部，太廟薦新，以立秋後五日。初雪梨除薦新外，又進貢京師。嘉靖中，巡按御史王完奏免之。附略：查得按屬宣城縣每歲貢梨四十觔，進太廟薦新。又用四千五百觔解赴禮部，轉進内府，分賜各衙門食用。此以下奉上，非泰也。第嘗考之會典，止開南京貢薦，未有進北京之文。臣聞前梨，其色味固與諸梨同也。士民矯揉其色，名之曰雪梨，實欲賈虛譽以罔市利。聖祖定鼎金陵，每歲僅擬梨四十觔。宣城近在畿服，任負可至，雖多取將不爲虐，則寡取之。我聖祖愛民之仁，蓋欲節其力而不盡也。於時如直隸、河間并山東等處，亦有脆白等梨，香美甲於天下，而不以紀貢者，地遠民勞，無益而有損故也。厥後遷都冀北，於河間等處最近，亦猶宣城之於金陵，又何舍近圖遠，尚爾取辦於宣城之雪梨乎？況此梨者，每二十觔，計可一簍，一簍之費，雖百錢未了也。顧舩七隻，支銀一百二十六兩，官一員部之，給盤纏銀三十兩，園户四名，盤纏百倍于官，較其梨價，纔十分之一耳，果何益哉？幸而抵京，則經該内官，生事需索，少不如意，動輒指摘解領之失，往往逮繫，庾死于獄，無所抵告。吁！以一梨之微，偶因獲薦庭實，而其流之禍至於如此。君門萬里，其誰赴愬之哉？臣思此梨專爲薦新而設，寧神之道，莫大於得四表之懽心，今以一貢而宣民疲於奔命，勞民傷財，鑄爲怨府。伏望皇上遠祖三代慎德之道，近守祖宗仁義之法，毅然賜罷，永爲蠲除，以培我國家仁壽之脈於億萬斯年，豈非一盛德事哉！奉聖旨：「是。南京太廟薦新，照舊辦解進貢，到京的既過時朽敗，以後不必進。禮部知道，欽此。」木瓜。歲貢禮部，以顆計。霜降後一日進木瓜。雪梨獨出宣城，凡園户共瓜梨者，量復其役。上三項今更議概縣丁田派徵。芽茶、葉茶。宣城茶户採納。官瓶。一十二萬箇，内一十二萬五千解儀真抽分廠，轉解工部，五千箇解南京工部。宣城窑户造納，復役與園户埒。今更議同瓜梨桑稅。黄連二十觔，解禮部，太平縣採納。緞疋。初本府織染局自行織造，後不如法，貿易以充，局廢。舊有織匠、絡絲匠，除逃絶者盡蠲，見存匠户，每丁出銀四錢，幫補市買。六縣農桑絲銀，亦充價焉。

歲役之目五：曰均徭，曰民兵，曰夫馬，曰驛傳，曰孳牧。均徭。南京直堂皂隸，府縣祗候馬夫、儒學齋膳夫、進表夫、部糧夫、解緞夫，皆謂之銀差。府縣各官門子，察院、儒學、公舘、祠宇、書院各門子，府縣皂隸、快手、庫子、倉斗級、獄禁子，巡司弓兵、橋渡夫、舖兵、解户，皆謂之力差。初均徭十年一編審。弘治以前，每田一畝，審銀二分有奇。後增至五分不足，乃易以五年一審。凡銀差無耗，惟供兑解之費。力差視難易爲等，有倍蓰什伯者，至傾家焉。民兵。初與江淮衛水夫，並十年一審。田一千畝審一名。後水夫止解民糧銀赴南京兵部散給，民兵亦照均徭同編。夫馬。凡夫馬取諸見年里甲，以備過賓將送之役。前時里出長夫短夫各一名〔三二〕，凡五里馬一匹。比歲以丁田編審，夫踰數百，馬則三里一疋，數增而用猶不足。蓋驛使交馳，輜裝繁重，江行迂險，趨捷陸程，邑當孔道矣。其能不爲民勞乎！驛傳。歲解南京兵部給江淮衛馬夫工食，會司舘馬頭工食草料，江東驛馬頭工食，龍江遞運所水夫工食，代給高淳縣驛傳銀。右驛傳本協濟諸驛遞，以本府初爲僻且簡爾。今過客百倍于昔，而協濟他驛所如故，甚亡謂已。郡舊有宛陵驛，編有水夫工食，今驛廢夫革，一切取辦宣城，代高淳驛傳爲馬政，惟南陵以養馬不與焉。孳牧。南陵舊牧種馬七百五十疋，騍馬一百五十、騍馬六百。凡牧法，兒馬十疋、騍馬四十疋爲一羣，羣置長一人，每馬一匹，牝用十五丁，牡用十丁。丁不足則以田擬之。南陵歲課駒二百疋，存否孳育不問也。正德以後，並收折色，歲徵銀三千七百兩，牡馬一疋，銀二兩八錢，牝馬一疋，銀三兩六錢。種馬倒死，賠償不恤，重爲民困。嘉靖四十三年，上用言者議，下兵部行府下縣，知縣郜永春將孳生馬六百八十七疋變價解部。該銀八千二百四十四兩。隆慶二年，奉恩例變賣種馬三十一疋，解價三百一十兩，止存牧馬三十二疋。第減牧養之勞，仍輸備用之數，然視昔羣長科派，印烙供應，倒死賠償諸費，則少紓矣。

歲費之目十有二：曰諸司供用，曰春秋祭祀，曰鄉飲酒禮，曰科貢盤纏，曰運船料價，曰解扛脚價，曰江海兵防，曰孤老衣薪，曰里甲供應，曰春牛桃符，曰決囚公費，曰器物案衣。諸費，宣城以附郭費繁，諸縣大約相準。公務爲供饋過客而設，并縣中雜費亦取給焉。本取諸見年里甲，常視縣令昏明清濁，以爲所費之贏縮。協濟本非額派，嘉靖末，倭寇三吴，海防告警，軍門權派以資兵用，遂爲歲額。

右郡之額税，止於此矣。行之百年，無大因革。成化中，通判陳紀始因官糧多逋，郡秋糧本賦諸官田，而官田又多在圩鄉。成化中，水災相仍，秋糧多逋。議將六縣民田，每畝勸徵一升，以蘇官田，內將官田耗重者減免之。謂之勸米。嗣是遂爲常額，民田無糧而有糧。此爲賦法之一變。洪武初，官租雖減半徵收，而耗米實重，甚有每石加耗六斗六升者。當時糧長利之。後任事者稽核減耗，民不受益，而糧長困矣。議者每欲扣減諸耗，盡免勸米，以復祖宗全免民田之舊。嘉靖初，南、寧、旌、太四縣免盡，惟宣、涇勸米尚存。故通判李默議申免之，卒未果行。

初官田糧重，民間白佃以輸公賦而已。久之，貧人貪價，改則以利鬻，富者得業，準券以就輕，加以豪家隱漏，胥史詭飛，馴致兼併者安享膏腴，逋逃者哀鳴中澤，税糧虧額，里甲包賠，總書恣其神姦，糧長因之困累矣。嘉靖壬子，知府劉起宗議舉覈田之令，所部六邑通行丈量，俾富而强者田必有賦，貧而弱者糧無虛賠，誠利民蘇困之一善政也。第當時任用非人，仍滋欺隱，兼以官民均爲一則，恩怨卒成二途。乃高皇帝二百年湯沐餘澤，地方千萬世豐芑遺思，斬然無存，議者不能不重惜焉。此又賦法之一變也。

國制，凡夏麥、秋糧、馬草，量縣設區，宣城十五區，南陵三區，寧國三區，涇四區，旌德三區，太平糧少不設。區點糧長一人，部降勘合，給之徵解，其貢費諸銀，各以收頭大户數人徵解。如之每歲按籍僉充，殊滋煩擾。畏事者規避，亡賴者營求，弊穴姦囊，大爲國蠹。里甲則復苦徵目猥繁，催科頻棘。至于夫馬徭役，市人藉之以噬鄉民脂肉，尤有不勝言者。隆慶壬申，推官王藻遵奉臺檄，立一條編法，惟秋糧仍以糧長另徵，夏麥、馬草軍需、夫馬公務而下，凡以銀輸者，括爲一目，革去已前收頭名目，悉以里長經收，輸縣支解。杜侵盗之姦，免僉點之擾，祛横索之弊，絶科派之私，上下之間，並稱良便，當世守而不易者。此又賦法之一變也。

宣州衛屯田子粒五千三百二石五斗七升四合七勺五抄，初田爲四則。洪武初，凡正軍，人給田四十畝，歲徵其半，餘存自食，謂之原額。田一百二十頃，每畝徵糧一斗五升，共糧一千八百石。歲終比較，一名比較屯田。法惟承佃，不得易賣，其軍舍自墾。成化初，奉例丈量者，謂之起科；指揮千百户下舍餘空丁，無差加米，謂之改科；隱漏不報，丈量後清出者，謂之今清。已上三則，法得私相佃賣，與原額不同，歲徵子粒，悉輸府軍儲倉，出以廪軍。是時任力領輸，頗稱良便。嘉靖中，屯田御史張鑑以原額屯田，多爲豪强兼并，鋭意清理。所司具報失詳，遂以升改今清三則，法得佃買之田，概充募軍承領之數，號爲案撥屯田，户無限數，軍多詭名。繼復軍民互訐，追奪紛紜，由是荒蕪益甚，逋負積多，官與軍皆病矣。噫！法當通變而政貴宜民也。諒哉！

軍衛

凡指揮，並世襲，凡蔭襲及軍政，悉報上右軍都督府，以達于兵部。每歲撫按察其賢否，五歲一廢置之，名曰考選。軍政，一人治衛事，謂之軍政掌印，一人掌操練，一人督屯糧，謂之軍政僉書。又一人巡捕，一人治軍器，一人領漕運，謂之見任管事。並以選充，不惟其品。不與此者，謂之帶俸差操，歲委帶俸一人入賀。凡鎮撫世襲掌衛之獄事，經歷則用流官銓授于吏部，使以文法吏事，綱紀衛政。千户以下並世襲，一人掌印，又一人僉書注六。

〔徽州府〕

徽州府志〔三三〕

郡城内東南近而尊曰烏聊山，一名富山，有越國遷郡舊址。郡治舊址，乃越國遷自休寧萬安，萬安遷自黟縣。自烏聊山北至于萬山，山稱幽奇。由萬山東北，曰斗山，曰東山。斗山一名七星山，山岡聯七，纍如貫珠。郡之大川，歙之豐樂水自黄山，績溪揚之水自龍從山，南會于練溪，襟帶郡城。又休寧率水自率山，婺源浙源水自浙源山，祁門大共水自大共山，黟横江水自武亭山，入于歙浦，同爲新安江。按蔡氏曰："禹之治水，隨山刊木。"其所表識諸山之名，必其高大可以辨疆域，廣博可以奠民居，謹而書之，初非有意，推其脈絡之所自來，若今之葬法所言也。故今志山，惟倣山海經，隨東西南北之方，類以志之，而脈絡之所來，信其所知，其所不知，則闕文焉，不敢妄述也注七。

黄山、練水惟歙縣。縣之東北近而尊曰玉屏山，一名駐蹕山。高皇帝取徽，駐蹕山椒，故名。縣東二里曰問政山，爲歙治屏，爲東鎮山。縣西三十里曰篁墩，曰黄羅山。篁墩一名黄墩，有晉新安太守黄積丘墓。黄羅山崒起蒼莽，爲西鎮山。縣北二十里曰飛布山，一名主簿山，扶輿磅礴，爲北鎮山。北八十里曰蒻嶺，富資之水出焉，嶺極高峻，越國鑿道有二，一通旌德，一通太平，皆地阨塞。北九十里曰黄蘗山，支發蒻嶺，布射之水出焉。縣西北三十里曰靈山，大、小母揭之水出焉。西北一百二十八里曰黄山，一名黟山注八，北掎九華，西拓彭蠡，南接廣信，左挾浙河，右起桐汭，以盡海壖，皆支隴所分，爲歙鎮山，厥峰三十有六，豐樂之水出焉。圖經云：惟翠微、仙人、望仙三峰屬太平縣。縣南九十里曰危峰嶺，支發休寧白際。危峰之東方昊嶺，石門之水出焉。縣東南百二十里曰昱嶺，嶺當阨塞，爲趨杭通衢，元嘗置關以遏寇亂。歙縣大川，西績溪龍從之山揚之水注九，出績溪龍從山，經砂崖凡六十里至臨溪，注于周潭，匯于油潭，會于布射、富資二水，又南會于大、小母堨、豐樂三水，入于練溪注十，一名徽溪。潴于注十一魚梁注十二。又南注于歙浦注十三，歙名邑以此。會休、婺、祁、黟四水，同爲新安江。新安江自桐廬以上抵歙浦皆是注十四。又西靈山之山大小母堨水，過百花臺，匯于龍王潭，南爲練溪，過浣沙岸，在縣南一里。餘波溉于田畝。又西黄山之山豐樂水，南迤于曹、院二溪，過僊人臺，溢于昌堨，匯于狀元潭，又溢于吕堨，入于練溪。又東南過注十五吕公灘一名車輪灘，善覆舟。唐刺史吕季重募工平之，今爲安流。入于歙浦，至于浙江，餘波溉于田畝。又東績溪佛論嶺之山綿溪水，東南會于鳳池，入于深渡，餘波溉于田畝。又南深渡之水，南逾于街口，又東會于金華諸水，入于浙江。又北翦嶺之山富資水，南逾于昉溪〔三四〕，過任公釣臺注十六，入于跳石，去城三十五里獅潭，注于豐口，會布射水，南逾富、堨雙溪，會揚之水，入于練溪，餘波溉于田畝。又北黄蘗之山布射水注十七，南會揚之水，東爲新安江，餘波溉于田畝。又西南篁墩之湖水，南入于歙浦，匯于深渡。又西南休寧捎雲之嶺武洪之水，過武洪村，又南會揚之水，入于新安江，餘波溉于田畝。又東南苦溪之水，南會于揚之水，入于新安江。苦溪從揚之水下抵深渡，名曰八十里苦，其旁多苦竹云注十八。又南柳亭注十九之山昌溪水，東南至于雙溪，會于揚之水，入于浙江，以至于海，餘波溉于田畝。

率山、率水惟休寧。縣之高山，北十三里近而尊曰松蘿山，峰巒攢簇，如列屏障，爲北鎮山。縣東北二十三里曰捎雲山，武洪之水出焉。縣西二里曰靈烏山，一名鳳凰山，以唐中書舍人吴翚之居改名。山趾方頂平，爲海陽縣治舊址，吉陽夾溪之水經焉。西四十里曰白嶽山，爲西鎮山。中峰四起，石壁五彩，狀若樓臺。由白嶽西北曰齊雲山，一名齊雲巖，有勑建玄天太素宫。嘉靖壬辰改「巖」爲「山」，至丙辰勑建太素宫。西一百六十里曰張公山注二十，一名率山，界履休、婺，登高眺遠，廣信、南康咸在指顧，鄱陽、浙江之水出焉。山之陽水入鄱陽，山之陰水入浙江。昔有張公隱山煉丹，因名。羅鄂州新安志曰：寰宇志引山海經云，浙江出三都山，在率東，蓋此山也。而郭璞亦云，三都山在歙縣界，浙江出焉。漢書地理志云，浙江出黟縣南蠻中，東入海。唐盧潘引此以解山海經中率山。今地理志「率山」乃作「蠻中」，不可曉，是古有浙水之源，皆由率山出。而酈道元注水經云，浙江水出黟縣南蠻山中，北徑其縣南博山，又北歷黟山，又北徑歙縣東，與一小溪合水，出縣東北翁山，西徑故城南，又西南入浙江。蓋其詳如此。然酈道元引「率山」三字爲「蠻中」，故失浙江所發之源，而直據黟縣爲文。取黟縣側石鼓山爲驗，縣側之水雖入浙江，然未嘗歷黟山，黟山之水自別流入歙，則道元蓋誤也。率山之水出休寧界中者，至歙縣南歙浦，然後合揚之水，下而爲浙江。率水未至時，歙縣揚之水所併支川已多，勢自足以達矣。要之此郡之水，皆下爲浙，故自歙縣言者出黟山，自休寧者出率山，自績溪者出大鄣山，自婺源者出浙山。故黟山與大鄣山，皆有三都山及鄣山之名。此其發源之著者，餘小水不可勝數。而唐盧潘作盧江四辨，以山海經盧江亦出三都山。蓋潘嘗爲歙州刺史，其所説亦必有據。然言山陽、山陰之水皆入彭蠡，則未爲當。大抵二山之水，東南流者皆下爲浙江，西流乃入彭蠡耳。「浙」或作「淛」，或作「漸」，大義並同。朱大同率水辨略曰：今以休寧之水源考之，最遠而大者，無踰于張公山之源。張公山即古率山，居婺源、休寧之間，實爲鄱陽、浙江二江之大源。山海經之所謂三都山，酈道元所稱黟南蠻山中，即其地也。西一百六十一里曰黄竹嶺，地亦阨塞，昔嘗置司，以譏姦宄。縣西南十五里曰靈山，一名鳳凰嶺，發脈黟縣頂遊峰注二十一，連于錦堂山注二十二石人巖，盡于響山注二十三，率水、吉陽之水會焉。縣西北四十一里曰石圻山，厥山中圻，夾溪之水出焉。縣東十里曰萬安山，一名萬歲山，一名古城巖，爲東鎮山。山麓有歙州注二十四郡治，海寧、休寧邑治舊址。縣南八十里曰德勝嶺，一名塔嶺，爲休、婺界山，實地阨塞。有邑令唐侯戰走洞寇，蔽遮郡城。唐侯名勳，正德中大敗姚源洞賊。南八十五里曰白際山，脈發五嶺，東連古歙，西接遂安，復履開化。有元萬户吴訥與胡大海戰地。南一百十八里曰方源山，一名黄土山，一名馬金嶺，支發五嶺，東連白際，分支雞籠，方源、璜原之水出焉。羅鄂州誤分黄土、方源爲二山，朱大同考訂爲一山云。休寧大川，西張公山之山率水注二十五，張公山至浙江有灘三百六十。疏望僊巖之流，而東過馮村梅溪，會于流口茗洲，入于祁門界，會於孚溪。又高湖尖注二十六之水，逾于大連、小連，注于汪村溪，過桑園，溢于彭護坑口，東至于海口。又會于梅溪、孚溪、璜溪三水，東入于江潭溪注二十七口，會于漸溪，漢書地理註曰：漸水出黟南蠻夷中，東入海。今浙嶺屬婺源，而溪屬休寧，古皆屬黟。漢書功臣表曰：陳嬰定豫章、浙江，都漸。顔師古曰：漸，水名，在丹陽黟縣南蠻中。又北會于率水，匯于歙浦，餘波溉于田畝。導流而西，過饒州，匯于彭蠡，至于揚子江。又西北石圻山之山夾源水，南會于吉陽水，東迤入于新安江，餘波溉于田畝。又南馬金璜原之水，與東白際珮琅之水，會于汊水，汊水一名紫雲溪。過岐陽山注二十八，又北會于率口水，過富登釣臺，入于歙浦。又南方源之山璜原水，一名方源水。山陰之水，北注率山之江，至于歙浦，山陽之水，東别爲遂安，西别爲常山，會于金華，入于浙江。西鹿髀注二十九之山原坑水，過篁墩湖，入于歙浦，餘波溉于田畝。又西南當注三十之山南當水，東注于歙浦，餘波溉于田畝。又西五嶺之山、顔公注三十一之山五城之水，會于龍灣溪口，過漁灘，一名張公灘。入于新安江，餘波溉于田畝。又西婺源浙嶺之山漸溪水，東流會于率水，匯于歙浦。又東黟縣吉陽之山白鶴溪水，東流至于斷巘雙溪，會于夾溪，入于夏紋溪注三十二、瑠瑘潭，又東南至于屯溪注三十三，入于浙江，以至于海。

浙源山、武溪水惟婺源。縣之西北近而尊曰軍營山注三十四，高峻椒夷，有五代屯兵營址。山麓舊爲西湖，今成闤闠。五阜起伏，如布五星，復類蚺蛇蟠結虯繞，昔稱蚺城，縣治立焉。縣北六十里曰寨山，阸塞可以避寇。山麓夷衍，是爲清華，舊立縣治。北九十里曰鳳凰山，北百里曰廬嶺注三十五，北九十里曰五龍山，磅礴迤邐，折西曰回嶺，趨郡捷徑曰覺嶺注三十六。覺嶺迤北二十里曰浙源山注三十七，一名浙嶺，有戴公三嶺，有霓源九灣，亦趨郡捷徑，武溪注三十八浙源之水出焉。婺源注三十九諸水多西入鄱陽，惟浙嶺東水入浙，故名浙源注四十。浙源山蜿蜒，曰大連山注四十一，曰大廣山注四十二，曰高湖山注四十三，曰平鼻嶺注四十四。大連山險，昔人避寇，保聚山中。大廣山一名尖山，婺源之水出焉。平鼻嶺爲祁注四十五、黟間道注四十六，北百里曰張公山，一名率山注四十七，扶輿磅礴，脈原閩、信，界限休、婺，爲北鎮山。縣東北八十里曰朗山，西連回嶺，趨郡捷徑。縣東八十五里曰芙蓉嶺，一名靈山，走郡險道。東一百里曰大鏞嶺注四十八，閩、信入境，茲嶺權輿，地當關阸。東百十五里曰塔嶺注四十九，一名德勝嶺，支發大鏞，水分饒、浙，江東諸山，繇茲縷脈。縣東南七十里曰小歙山，小歙之水出焉。縣西南注五十百里曰濬源山，一名遊山注五十一，蜿蜒奥曠，梅山注五十二濬源之水出焉。婺源注五十三大川，北浙源之山浙源之水，東會于休寧，祁、黟諸水，又東入屯溪，又南入于歙浦，導流而南，爲武溪水，至于縣界，入于鄱陽，餘波溉于田畝。又北廬源之水，西別爲鄱陽，匯于廬山，朝宗鍾山，入于海。廬源匯廬山以名，一名龍川水。又北浙源之山益陽水，一名浮溪源。西南至于三溪村，別爲樂平，餘波溉于田畝。又東斜山注五十四之山斜水，南流九十里，會于婺水，別爲鄱陽，餘波溉于田畝。又東小歙山之山小歙水，南流四十里，西南入于邑之下流，西南至于鄱陽，入于楊子江，餘波溉于田畝。又東屏障山注五十五之水，潴于鱅溪，入于鄱陽。又東大鱅之山大鱅水，其西流會于中平注五十六，入于鄱陽，其東流至于衢州，過蘭溪，入于浙江注五十七，餘波溉于田畝。婺源名邑，以大鱅水流入婺州，故名。又西⿰山樂崌之山曹溪源注五十八水，過烏龍潭，注于曹溪，西入鄱陽。⿰山樂崌山之東玉帶水，亦西入鄱陽。又西張公之山霍口大溪之水，其流而西入于鄱陽。又西梅源之山梅源之水，東會于浙源水，西入于鄱陽，餘波溉于田畝。又西南濬源之山濬源之水，南會于吴溪水，入于樂平，餘波溉于田畝。又西北石龍之山杭溪之水，南至于杭口，入于彭蠡，餘波溉于田畝。又西北太廣之山婺水注五十九，過石門灘，石門灘在婺水中。南繞于縣治，又南會于斜水，入于鄱陽，餘波溉于田畝。又東石耳注六十、大鱅、芙蓉之山正東之水，會于中平注六十一。又東北龍尾山注六十二、朗山、回嶺、葱嶺、覺嶺之山東北之水，至于汪口注六十三，會于正東之水。又北濬源、陀川、洞靈、西港之水，會于清華、武口，又會東北二港之水，逾于蚺蛇港，同爲繡水，繡水在城北門，大溪自北轉東，迴南而西，繞城三面，凡合諸港，其紋如繡。逾于縣治，又南會歙溪水，又北會于福陽水，又南會于銅川水，又北會于太白、環溪二水，入于彭蠡。又西南灃溪之水，注于山谷，會于衆流，入于鄱陽，至于揚子江，朝宗于海。

大共山、大共水惟祁門。縣之高山，東北一里近而尊曰祁山，扶輿蜿蜒，三面石壁。縣東五十里曰榔木嶺，爲東鎮山。水分東西，東水入于錢塘，厥灘三百六十，西水入于鄱陽，厥灘三百六十，浙江、彭蠡之水出焉。縣北五十里曰大共山，曰禾戍嶺。大共山爲北鎮山，聯接石埭，大共之水出焉。禾戍嶺嶺連太平，柏溪之水出焉。縣西四十五里曰武陵嶺，嶺極險陘，昔爲險巇，今爲坦途。唐邑令路旻鑿險爲平。西八十里曰歷山，西聯石埭，爲西鎮山，大北港之水出焉。西一百里曰赤嶺，舊名血嶺，刺史馮宿改今名，其水西入浮梁。西一百里曰櫸根山，迤連建德，小北港之水出焉。祁門大川，東魚亭之山赤溪之水，其流而東入于屯溪，注于歙浦，餘波溉于田畝；其流而西會于大共水，過閶門灘注六十四，閶門灘兩大石對峙如門，極險，善覆舟。唐邑令路旻開斗門以平其險，人號路公溪。後邑令陳甘節、宋令陳過亦加疏導，邑人汪瓊捐金平之。別爲鄱陽。又北大共之山大共之水，至于秀溪、霄溪。又北王九嶺之東水過石際，又北西源之水過和溪，俱會于霄溪。又北禾戍嶺之水至于柏溪注六十五，俱入于彭蠡。西石門山武陵之嶺東西之水，其流而東過路公溪，其流而西過鳙溪，會于大共水，别爲鄱陽，餘波溉于田畝。又西欅根山注六十六、九峰山、西峰山注六十七、五龍池注六十八之山小北港水注六十九，東會于大共水，入于彭蠡，餘波溉于田畝。又西王九嶺、赤嶺、良禾嶺、歷山之山大北港水，東會于大共水，入于彭蠡，餘波溉于田畝。又西新安注七十之山新安水，至于小北港，會西峰五龍池水，又會于大共水，入于楊子江。又東南梅南注七十一之山盧溪之水，迤曲而流，會于大共水，入于浮梁，餘波溉于田畝。又東梛木嶺之水，其流而東至于休寧屯溪，會于歙浦，其流而西至于城南，會于大共水，入于彭蠡。又北武亭鬼嶺、塔峰之山諸水，會于霄溪，又會大共水，過靴石、相公、松樹三潭，逾于閶門灘，會大北港水，入于鄱陽，餘波溉于田畝。又東蛇坑泉、玉嶺諸水，至于城南，會于大共水，入于鄱陽，餘波溉于田畝。又東婺源張公山之水，過李源，會休寧望仙巖水，注于率溪。又東赤橋之水，至于大溪，會張公山水，至于歙浦。又東南王公峰之水，過暘源，會于大共水。又大具嶺之水，會裏堂菴之水，至于石門，又會大共水，入于彭蠡，朝宗于海。

吉陽山、吉陽水惟黟縣。縣之高山，西北八里近而尊曰碧山，北連盂山，南面靄峰，爲黟鎮山。西北二十里曰章山，章水之水出焉。縣東南二十里曰石門山，鑿石爲門，下瞰溪潭，沿巖鑿路，以爲棧閣。縣南三十五里曰魚亭山，爲南鎮山，發支縷脈自梛木嶺。宋時每歲江西魚船至祁門，泊山之東，因名。南三十六里曰復山，一名復巖，一名阜巖，石壁四絶，五硍二礫，支發魚亭山，椒有泉可以避寇。縣北五十七里曰牛泉山，爲北鎮山，扶輿磅礴，聯邑太平，支發休寧石圻，爲漢往丹陽郡捷徑。縣東北十五里曰三姑山，一名吉陽山。山有三峰，峰有瀑布，爲黟大源，有三姑磨石，吉陽之水出焉。縣西南十里曰林歷山，四面牆立，山徑嶮巇，瀑布懸巖，有「僊人棋臼」怪石，有東漢陳僕祖山二萬户營址。三國志曰：二萬户屯林歷山，爲吴將賀齊所破。漢書地理志曰：黟縣有林歷之山。西南十八里曰武亭山，聯于祁門，武陵之水出焉。黟縣大川，西南武亭之山横江之水，東會于章水，過魚亭，入于休寧屯溪，至于新安江，餘波溉于田畝。又北章山之山章水，東南注于縣界，又東南會于横江水，入于歙浦，餘波溉于田畝。又北牛泉之山牛泉之水，逾石鼓山注七十二麓，東南會于吉陽水，注于新安江，餘波溉于田畝。又東北吉陽之山吉陽之水，東過于噎潭注七十三，又東至于白茅渡，會横江水，同爲新安江，餘波溉于田畝。又南魚亭之山魚亭水，東至于魚亭口，會吉陽、横江二水，又東會于休寧率水，入于新安江，以至于海。

巃嵸山、揚之水惟績溪。縣之高山，東五里近而尊曰石照山，陰崖翠壁，石壁明瑩，鑑人毛髮，有白水泉。東五十里曰績溪嶺，爲浙界。東六十里曰大鄣山注七十四，一名鄣山，一名玉山注七十五，勢匹終南，雄配太白，爲邑鎮山。其中嘗產銀鉛，今絶。先秦置郡，名因于兹。山海經注曰：鄣山今在新安歙縣東，浙江出其邊。祥符經云即鄣山。鄣山，「鄣」或作「都」。顧野王以爲今永康縉雲山，或以爲廬山，而婺源靈巖三洞，亦以當之。惟此山有鄣名，而盧潘又以丹陽郡舊名鄣郡者由此，又與故鄣亦不遠。鄣有平、去二聲。此山直去聲。愚按率山、大鄣二山，均爲新安郡山，山海經分爲海内東、南二經，殆不可曉。大鄣山相連有湖田山，浙江之水出焉。東八十里曰遥遥巖，爲通杭小徑。縣東北二十九里曰龍從山注七十六，山稱險阨，一夫守關，千人氣縮，昔嘗立寨。東北八十餘里曰借溪山，東接寧國，西連龍從，登水出焉注七十七。縣西北十里曰徽嶺山，一名翬嶺山注七十八，一名大尖山，西北相連新嶺之山，東接僊人之巖，南絡大鄣之山，水源有二，陽水别爲歙浦，陰水别爲旌德。西北三十里曰新嶺，稱阨塞，宜立關鎮，以遏寇盜。舊有鋪舍，正統正移于翬嶺。西北四十里曰蘆山，錢塘、揚子二江之水出焉。西北四十五里曰古塘山，一名葛蘿山，聯絡植、蒿二山，界限旌德。西北五十三里曰蒿山，乃山之首，聯黄石坑，乃山之尾，蟠古塘山，界分旌德。縣北二十里曰徽山，徽水之水出焉。縣西三十里曰界坑山，界限歙、績。西五十里曰大會山，爲西鎮山，晴登山椒，遠眺三州。三州：宣、池、太平。績溪大川，北黄蘗山之山常水，南會于揚之水，又南匯于練溪，注于新安江，餘波溉于田畝。又北植山注七十九之水，西注于黄石坑，别爲旌德，入于蕪湖。又北龍從之山揚之水注八十，西南入于臨溪，會于大鄣山水迴流水，迴流水在縣南，自西流轉東，縈迴于北，復東南流。又會歙西、歙北諸水，入于歙浦，入于浙江。乃龍從之山陽水，逕叢山關，過寧國横溪，注于徽溪，入于蕪湖。又東北借溪之山登源水，南流九十里，至于象山，會揚之水，入于練溪，餘波溉于田畝。又龍從注八十一之山揚溪水，南流而東，受乳溪水，東流而南，受徽溪水，會縣南鄉諸水，入于歙界，離而復合于績溪。績溪在縣東，其水離而復合如績，故名縣。又北大坑之凹乳溪之水，東流十里爲浣紗溪，入揚之水，溪厓有浣紗石，過臨溪，入于練溪〔三五〕。臨溪石在縣北三里溪岸上〔三六〕，溪水甚宜浣紗，數里婦人悉來，遂績其旁以守之，縣名取此。又南登嶺注八十二之山登源水，西流過臨溪橋注八十三，又西流入于歙界，會布射水。又西北蘆山之山，左水東流過旌川，入于揚子江，右水南流過縣界，注于歙浦。又西北徽嶺之山徽水，陰水注于旌川注八十四，陽水過來蘇渡，南入于績溪，過脩仁鄉，又南入于常溪，又西會于清溪，注于練溪，至于新安江，朝宗于海。

形勝

徽之爲郡，在山嶺川谷崎嶇之中。王荆公碑孫抗墓。東有大鄣之固，西有浙嶺之塞，南有江灘之險，北有黄山之阸。即山爲城，因谿爲隍，羅府教記徽城。三面距江。太宰倪岳記漁梁壩。自睦至歙，皆鳥道縈紆，兩旁峭壁，僅通單車。方臘之亂，兩崖駐兵，下瞰平路，雖浮蝣可數，賊亦不敢犯焉。見府志拾遺、方勺泊宅編。水之東入浙江者三百六十灘，水之西入鄱陽者亦三百六十灘，石之林立，勢之斗下。錢融堂記石梁。

歙之爲邑，東有昱嶺之固，西有黄牢之塞，南有陔口之險，北有蒻嶺之阸。陔口歙、睦要津，溯流而上，懸灘狼石九十餘里。唐白雲序雲山樵詩。浦口嵌巖峭峙，兩港合流，僻處一隅，屹如保障。唐白雲碑浦口藺將軍廟。歙居山間，無大陂澤，其溪流秋冬清淺，春夏潦水則深。羅鄂州新安志水族。

休寧之爲邑，東有古城巖之固，西有黄竹嶺之塞，南有白際山之險，北有石坼山之阨。高山浚川，長林沃野，民居之稠，物産之夥。見程黟南序。新安奠諸郡之中，而休寧居諸邑之中，山水爲奇觀焉。汪一麟記提舉司。

婺源[注八十五]之爲邑，東有五嶺之固，西有梅源山之塞，南有大衢山[注八十六]之險，北有回嶺、石門之阨。窮僻斗入，重山複嶺，百年以來，異材間出。朱子跋滕南夫集。

祁門之爲邑，東有榔木嶺之固，西有歷山之塞，南有梅南山之險，北有大共山之阨。重岡列岫，四外繚繞，黄國諭記方貢孫邑宰。對峙巨石，夾以峻流，以閶門之地，爲控扼之方。張理評碑吴仁歡廟。

黟之邑，東有石門之固，西有頂遊峰之塞，南有魚亭山之險，北有牛泉山之阨。自墨嶺兩石對峙，如蜀劍門。地利坡隴左衺，壑谷右浚。吕左史送程德章序。

績溪之爲邑，東有大鄣山之固，西有大獒山[注八十七]之塞，南有石照山之險，北有叢山關之阨。境界宣、徽，叢巖複嶺，四顧渺然。學士程敏政記曹渡橋。又當宣、歙之交，尤爲阨塞險絶。程黟南送揭主簿。

風俗

郡有三俗。附郭爲歙，歙之西，接休之東。其俗富厚，備於禮，身安逸樂，而心矜勢能之榮，操其奇贏以相誇咤。然其人貌良而衣逢整齊，緣飾文雅，爲獨勝焉。白嶽山而上，此休西鄉也。其西爲祁，其西南爲婺。俗好儒而矜議論，柔弱纖嗇歸本，比者稍稍增飾矣。然操什一之術，不如東南，以習儉約致其蓄積。休之北爲黟，地小人寡，纖儉大類祁、婺，戔戔益甚焉，頗有稼穡之業，質木少文，有古之遺風。烏聊山之北，爲歙之南、東二鄉，及績邑也。其俗埒於黟，而縉紳之士過之。六邑之語不能相通，非若吴人其方音大氐相類也。郡之地隘，斗絶在其中。厥土騂剛而不化，高水湍悍，少瀦畜，地寡澤而易枯，十日不雨，則仰天而呼，一驟雨過，山漲暴出，其糞壤之苗，又蕩然空矣。大山之所落，多墾爲田，層累而上，指至十餘級，不盈一畝。快牛利剡，不得田其間，刀耕火種，其勤用地利矣。自休之西而上，尤稱斗入，歲收茧不給半餉，多仰取山谷，甚至採薇葛而食，暇日火耕於山，旱種旅穀。早則俱出，扳峻壁，呼邪許之歌，一唱十和，庸次比耦而汗種以防虎狼，夜則俱入，持薪樵，輕重相分。

徽州府四境，境皆阨塞。大鄣、昱嶺雄其東，浙嶺、五嶺峻其西，大鱅、白際棄其南，黄山、武亭險其北。蓋有一卒舉礧，千夫沈滯，一人負戟，三軍莫抗云。歙縣治城墉，四面依山，頗稱峻絶。東南百二十里有王千巡司，乃昱嶺關，爲巡司重門。南一百里有街口巡司，西北百二十八里有黄山巡司，北八十里有箬嶺關。寇之由睦來者，警先歙注八十八，街口、昱嶺爲正道，連嶺、危峰嶺注八十九爲間道。（時議賊出西安者，由遂昌龍鼻頭至嚴剥巡司，經洋口嶺頭俱通關，遂直抵休改。）休寧縣治城，四門皆爲通衢要地，西一百六十里有黄竹嶺巡司，今徙東南五十里[土太]厦，南六十里有白際、仰山二嶺爲要，餘境則守在歙、婺、祁、黟爲固，是休寧爲五邑之中，都會之區。（時議開化一縣，西鄰德興，南連玉山，北際休寧，東北抵遂安，與歙縣接境，西北至婺源，四通五達。）婺源縣治，三面距河，一面依山，其近南距河，陸水有三路通饒，爲尤要地。東八十里舊有大鏞巡司，衢寇之所必由，爲六邑要衝。西八十里有太白巡司，西北七十里新設嚴田巡司。二地皆饒寇門户，然嚴田不如太白之要。寇之自衢來者，警先婺注九十，大鏞嶺注九十一爲正道，白際、連嶺爲間道。乃大鏞嶺界南三十里爲衢黄岡，又四十里爲雲霧山，尋流合河爲尤溪口，尋河合官道爲華埠。由華埠順流一百三十里，爲西安之銅山，銅山者，礦山也。是故華埠者，盗之集也；尤溪口者，盗之窩也；雲霧山者，盗之大巢穴也。昔嘗建巡司于大鏞嶺，盗頗爲衰。（太守何公議復大鏞嶺巡司弓兵，防守要害。）國初嘗設淛江按察僉事分司于婺源、黟縣，又設守禦千户百户所，豈無意哉？分司與所，合無議復。邑南七十里太白潘村有牆堡，周圍五里，建立三門，隱然城墉，防遏鄰寇。（嘉靖中，潘村潘氏以地鄰鄱湖，奏允自築牆堡。）祁門縣治，一面依山，三面距河，厥宜築城，若擇險而守，東之華橋，西之夾耳嶺，北之石欄杆，南之潤溪口，皆爲要地。西一百里舊有良禾巡司，東五十里有榔木嶺，西五十里有武亭嶺〔三七〕，南九十里有倒塢，北五十里有大共、禾戌二嶺。寇之自饒來者，警先婺源，次則祁門西界注九十二，七里亭、祁門倒塢爲正道，演坑鋪注九十三、長降嶺注九十四爲别道。黟縣四境峻絶易守，東二十里有東文嶺，西十五里有武亭嶺，曰西武關，南三十里有榔木嶺，北四十里有羊棧嶺，曰黟北關，東南二十里有棧閣嶺，頗稱天險。寇之自池來者，警先黟注九十五，故羊棧嶺爲正道，大共嶺爲間道。績溪四境之險，西北三十里有濠寨巡司，東四十里有佛嶺關，東南三十里有梅嶺關，西北二十里有翬嶺關注九十六，二十里有新嶺關，北三十里有叢山關注九十七。寇之自宣來者，警先績注九十八，故叢山關、新嶺關爲正道，箬嶺關爲間道。

强兵

强兵之由，由于將之强也〔三八〕。今人多云西北兵强，東南兵弱。乃漢高帝用祁門人梅鋗伐秦〔三九〕，入函谷關，東漢馬成用黟、歙兵擊李憲，宗資用黟、歙兵討琅琊賊勞丙，唐吐突承璀用歙州兵討王承宗，裴度用歙州兵討吴元濟，南唐陶雅用歙州兵西禽饒州鍾傳，南禽杭州錢鎰，東執婺州沈夏，又西襲信州危仔倡。乃知兵在將强，將强則兵强，又何憂乎勍敵哉？

義兵

新安古昔稱材武，或扼腕倡義，或應募勤王，務爲高行奇節，其天性然也。然耻於自薦，多潛伏山谷。守土者能如吴玠激厲蜀士，必有如海寧程靈洗之拒侯景，績溪汪華之平婺寇，休寧程澐、祁門王璧、鄭傳之扼黄巢，歙錢嵒、蔣果之破金虜云。

虞御史民兵疏略注九十九〔四〇〕

曰：今之軍伍，即唐開元末年之府兵也。弱亦甚矣，不變不可，變之又足以啓亂。竊謂不待變法而可以濟弱爲强者，計獨有民兵耳。民因田而出兵，閭閻不知有徵兵之擾，兵自食其田，官府不聞有餽兵之費，所司既得以時料簡，而老弱難容，役者又許其隨田更代，而額數常足，此制法善之善者也。然拘儒云云〔四一〕。近年有司注一百，罔尋舊典，徒欲務爲減損。如宣城原編八百名，既減而半矣。今則一歲之中，又以四百分爲兩班，僅給銀四兩，是則應官者不過二百而已。於其中又大半役於府縣，其苟殳以備非常者，恒不滿百人。民雖利于減銀，兵實疎于防患。以時考之，知必不可。謂宜急復往年之數，每歲給銀七兩二錢，而使皆聚于邑。若民病于銀重，即當下令，凡户出兵者，量蠲他役以恤之。兵不可以恒聚，春夏秋三時，則許其分番赴操，使盡力農畝，有事召之，仍令畢集。冬月則併班操習，猶必合數邑之兵而大閲之。至於選兵之法，要當責其土著，試使負重行百步外，能二石者爲中式，不及者黜。不然，以强弓勁弩連發試之，苟資其勇健，不當較其爲親丁與否也。遴選既畢，則登其年貌于册，書曰某也代某，某也自役，常以二十受役，六十而罷。每五年則徧加閲視，而用前法汰補之。如此則不惟兵收精鋭，而一方惡少，盡入我網羅矣。兵强士鋭，統馭爲艱。故事每百人爲一隊，隊設總、小甲各一人，而統於巡捕之丞。然丞不常任，或兼攝於縣令，或别署以他官。號令不一，人心携二，猝有緩急，誰能用之？臣愚以爲治兵之法，貴簡而嚴。謂宜稍倣軍制，每縣四百人以上者分爲四哨，三百人以下者半之。哨必置總，名曰哨總。每哨分爲四隊，隊必置甲，名曰小甲。兵統於甲，甲統於總，合諸總而約束之，非置長不可。唐法，兵數百人者爲團，其官名曰團長。統領征調，督率工役，合一邑之兵以聽巡捕之號令者，皆團長職也。團長必於出兵之家，擇富力信義，爲鄉里所推者授之。其次者爲哨總，應役必以親子弟，兜鍪衣甲，必遞加表異，取其服衆。體統既定，然後以時教訓。兵有短長，各令專習。冬月則操三歇五，餘時月操二日而止。兵有衆寡云云[注百一（四二）]。而濫役者，請如弘治事例坐之。如此則兵有餘勇，其臨敵也，必争先請戰矣。若夫旗幟器仗，舊皆衆兵自給。臣謂受直之兵，不宜重困，請量徵免編之田畝銀一分。舉一縣積之，多者可得千餘金，少者亦不下數百。即以編審之年，斂之于官，而使縣巡捕掌之，稍取以治資裝，後有彫敗，兵自治之，餘銀則以葺教場，犒勇士，備不時之需。

凡遇動立，縣巡捕以時申府巡捕，府巡捕爲之轉達，得請而後下之。蓋以十年之中，不復糜費公帑，而軍容亦得以常肅矣。疏上，大司馬以爲計便，頒其法于諸郡。

國朝歲賦之目有五：一曰夏税之賦，二曰秋糧之賦，三曰農桑之賦，四曰課程之賦，五曰食鹽之賦。五賦之中各有目云。　夏税。其一爲存留之麥，目有二：曰本府永豐倉麥，曰本府撥剩麥價。其二爲起運之麥，目有四：曰京庫麥，曰光禄寺麥，曰南京倉麥，曰南京内庫布麥。其三爲南京承運庫收絲絹。其四爲帶徵茶。　秋糧。其一爲存留之米，目有五：曰本府永豐倉米，曰本府慶積庫收折銀米，曰本府儒學倉米，曰各縣儒學倉米，曰各縣存留倉米，曰本府撥剩米。其二爲起運之米，目有四：曰京庫折銀米，曰供用庫芝蔴，曰南京衛倉米，曰改解太倉銀庫米，曰改解安慶米。　農桑絲絹。其賦納南京户部。　課程。一曰茶株課鈔，始于洪武。二曰酒醋課鈔，始于永樂十年。三曰房屋賃鈔，始于洪武。四曰花椒課鈔，始于成化。五曰果木花利課鈔，始于成化。六曰桐油課鈔，始于成化。七曰里窑課鈔，始于成化。八曰油榨水磨課鈔，始于成化。九曰水車磨課鈔，始于成化。十曰茶引繇課鈔，始于成化。十一曰税課司局課鈔。　户口食鹽。

歲供之目有三：一曰歲辦之供，二曰額外坐派之供，三曰不時坐派之供。舊志云：不知其始，大段起于永樂遷都營造之時，有額辦，有額外派辦，每年皆六縣里甲辦納。至弘治十四年，始有不時坐派城磚等項。嘉靖間，額外不時坐派數多繁重。今以嘉靖十七年以前歐陽巡撫書册所載額派里甲者爲歲辦，以後坐派丁糧者爲額外暫徵，事已停止者爲不時云。

歲辦之供，其目有三：一歲辦户部軍需之供，其一爲户部坐派光禄寺應用：菜笋、茴香、葉茶、核桃、銀杏、蜂蜜、火燻猪肉。其二爲户部坐派甲丁二庫料價：百藥煎、靛花、二硃、槐花、烏梅、生漆、桐油、生銅、錫、水牛皮、牛筋、黄牛皮。其三爲南京户部坐派物料：黄蠟、白蠟、葉茶、芽茶。其四爲南京户部坐派供應：蜂蜜、黑砂糖、銀硃。二歲辦禮部軍需之供，其一爲禮部額派供應牲口：肥猪、肥鵞、肥雞。其二爲南、北二京禮部額辦藥材。三歲辦工部軍需之供。其一爲工部額辦顏料：槐花、烏梅、梔子。其二爲工部額派歲造段疋。其三爲工部額辦歲造解京弓箭弦。其四爲南京工部額定糧長勘合紙。其五爲南京工部額辦歲造解京軍器。其六爲新安衛改造運糧淺船。

額外坐派之供，其目一：工部額外坐派之供。其一嘉靖三十六年，工部題派四司料價。其二嘉靖三十一年，工部題派磚料。

不時坐派之供，其目有四：一户部不時坐派之供，其一嘉靖三十年，户部坐派防虜軍餉。其二嘉靖三十九年，户部坐派協濟江防軍餉。其三嘉靖四十二年，户部坐派協濟海防軍餉。二工部不時坐派之供，其一工部坐派城磚。其二南京工部坐派青筆竹、青猫竹、黄藤。其三工部坐派織造龍衣，自正德三年始，率二三年一派。其四工部坐派木植，正德十年營建乾清、坤寧宫，嘉靖六年營建仁壽宫，三十六年營脩大朝門殿，凡有大工則派。其五嘉靖三十九年，工部坐派四連工料(四三)。其六嘉靖四十年，工部坐派冠頂儀仗物件。其七嘉靖四十一年，南京工部坐派生漆、桐油等料。三撫院不時坐派協濟他郡之供，其一嘉靖四十年，協濟池、安二府迎接景王之國。其二嘉靖四十四年，協濟池、安二府迎接景靈回京。四撫院不時坐派備邊之供。嘉靖三十四年，撫院周牌行本府，將三十五年應編均徭人户，提編一年，不分銀力差役，俱編銀兩，解貯松江府，聽候軍前備倭支用。

婺源志載：萬曆二十九年，坐派包納礦銀若干，至三十三年止。四十七年，加派遼餉若干。嘉靖中，南北多故，土木繁興，歲賦軍需之外，多不時科派，自工部四司裁爲定額，餘派出不時者，事已停罷。今行一條編法，一切軍需，四司總稱物料，如新例採礦採木諸色，猶系曰不時，遵舊典也。

歲用之目有七：一曰俸廪，係秋糧内出。二曰祭祀，三曰鄉飲，以上係均徭内編銀。四曰收恤，係秋糧、均徭二項。五曰公費，派里甲該年丁糧及均徭内編銀。六曰供應，出里甲該年自辦。七曰樂育。原該院田出給。

歲役之目有八：一曰均徭之役，二曰里甲值月之役，三曰新定糧長之役，四曰新定收頭之役，五曰解户之役，六曰軍户之役，七曰匠户之役，八曰獵户之役。

婺源志論曰：予稽令甲，何其額外之目紛紛也。雜税起于熙寧十九年，蓋均輸手實之法，師桑、孔之故智，而愈多愈甚。相襲之久，視如故常，即藎臣謀國，按籍而取之，曰歷代定額固然耳。邑里蕭條，元元叩心，惟在上之人加意哉。

徽州府夏税派納南京承運庫絲折生絹八千七百七十九疋一丈一尺四寸。按弘治壬戌志載，國初乙巳年，歙縣夏麥比附元額，虧欠正耗脚麥九千七百餘石，合將本縣輕租民田地三千六百四十六頃，每畝科絲四錢補納元虧麥數。此舊志之説也。見有甲辰、乙巳二年增減麥數可考。及睹大明會典徽州府南京承運庫人丁絲折絹八千七百七十九疋四尺三分三釐二毫，與舊志之説異焉。據會典則徽之絹爲人丁絲絹，非補麥絹也。且順天八府俱派有人丁絲絹。據舊志則歙之絲絹爲補甲辰舊額，元虧麥數審爲虧麥，即宜科麥補之，不應以絲絹折補也。且歙既已科正麥矣，不宜加重如是。矧絲非歙産，安得舍所産之物而責有於無耶？就令虧麥九千七百餘石，以今官則准之，每石銀三錢，約銀三千餘兩而已。乃補八千七百七十九疋之絹，絹疋銀七錢，總銀六千兩有奇，多寡之數，遠不相當。司國計者，不宜有是式也。今歙之夏税與秋糧相等，歙民之不支久矣。成化間，黟民訴官田則重，即蒙裁減。有能緣此例以上聞，未必不蒙裁減之惠也。敬録會典、舊志，參以鄙見，著之于篇，以俟後之觀者稽焉。

萬曆四年，歙民帥嘉謨具奏：大明會典内開載徽州府人丁絲絹八千七百七十九疋四尺三分三釐三毫，遞年户部勘合，遵典劄府照前數徵解。既無專派歙縣字様，亦無免科五縣文移。歙民枉代五縣賠納。事下撫按議，以絲絹一節相沿已久，遞難更變，合于歙縣各項均平之内，減銀三千三百兩，以派五縣。則歙縣雖未減于偏累之絲絹，而已減于歲辦之均平。五縣雖量加于可增之均平，而實未改于二百年之絲絹。户部尚書殷正茂，歙人也，覆議以人丁絲絹，此六縣之所告争者，歲徵雜派，則六縣之所相安者，與其抽減于所安之中，而無以杜將來之釁，孰若即此抽減之數，以絶百年不絶之争，而六縣雜派仍照舊徵派，則其名尤正，其言尤順，其事尤易，而彼此之心允服矣。得旨以人丁絲絹三千三百兩派五縣，而婺源、休寧相繼聚民，鳴金豎旗，幾成大變。撫按不得已，行拿帥嘉謨究問，以謝五縣。而後廉得婺、休二縣之爲首者擬辟，于是絲絹仍歸歙縣矣。

徽州志

胡編較記取礦之害：凡取礦先認地脈，租賃他人之山，穿山入穴深數丈，遠或至一里，礦盡，又穿他穴。凡入穴，必禱于神，或不幸而覆壓者有之。既得礦，必先烹煉，然後入爐。煽者、看者、上礦者、取鈎沙者、煉生者，而各有其任，晝夜番换，約四五十人。若取礦之夫、造炭之夫，又不止是。故一爐之起，厥費亦重。或爐既起而風路不通，不可鎔冶，或風路雖通而鎔冶不成，未免重起，其難如此，所得不足以償所費也。

造紙之法，率十分割粗，得六分浄。溪漚灰盦，暴之沃之，以白爲度。瀹灰大鑊中，煮至糜爛，復入淺水，漚一日，揀去烏丁黄眼。又從而盦之，擣極細熟，盛以布囊。又于深溪用轆轤推盪潔浄入槽，乃取羊桃藤擣細，別用水桶浸按，名曰滑水。傾槽間，與白皮相和，攪打匀細，用簾抄成張，榨經宿乾，於焙壁張張攤刷，然後截沓。其爲之不易如此。

論曰：徽郡保界山谷，土田依原麓，田瘠确，所產至薄，獨宜菽麥、紅蝦秈，不宜稻粱。壯夫健牛，田不過數畝，糞壅緶櫛，視他郡農力過倍，而所入不當其半。又田皆仰高水，故豐年甚少，大都計一歲所入，不能支什之一。小民多執技藝，或販負就食他郡者常十九。轉他郡粟給老幼，自桐江，自饒河，自宣、池者，艦相接，肩相摩也。田少而直昂，又生齒日益，廬舍墳墓不毛之地日多。山峭水激，濱河被衝齧者，即廢爲沙磧，不復成田。以故中家而下，皆無田可業。徽人多商賈，蓋其勢然也。其人並省嗇爲生，無兼歲之積，猝遇小灾，便大窘。故由唐以前，貢賦率輕下。唐世歙州賦不過蘇苧，兩税法莫可考。自陶雅刺郡，兩税之外，別起三色雜錢，又以鹽博軍衫布，而此州之賦遂重於天下。自吳楊氏及南唐李氏，皆偏據一隅，軍興上供費不貲，故征斂無制。宋興，蠲正方鎮税外多取之弊，令甲江東税絹重十二兩，獨歙州只十兩爲定，惟雜錢及軍衫布未蠲。紹興中，守臣章僅力言請減。乾道中，鄭升卿乞將雜錢折絹減半。然南渡仰給惟江、淮諸郡，酒課茶税重甚，真德秀、袁甫、彭方嘗以爲言。元賦以田畝起税錢科税糧，後以絲綿實非土產，折納輕賫，賦雖不加於宋，而額外有金鐵之課，民甚病之。國朝稽古定制，貢賦皆有常額，而額外無名之徵及諸榷場，一概革罷。永樂遷都時，始有軍需之派，遂歲爲常額。其後稍稍額外增加。嘉靖以來，又益以不時之派，一歲之中，徵求亟至。其弊孔之開，由一二大賈積貲于外，有殷富名，致使部曹監司議賦，視他郡往往加重。其實商賈雖餘貲，多不置田業，田業乃在農民。賦繁役重，商人有税糧者尚能支之，農民騷苦矣。

歙志〔四四〕

風土論

國家厚澤深仁，重熙累洽，至于弘治，蓋綦隆矣。于時家給人足，居則有室，佃則有田，薪則有山，藝則有圃。催科不擾，盗賊不生，婚媾依時，閭閻安堵。婦人紡績，男子桑蓬，臧獲服勞，比鄰敦睦。誠哉！一時之三代也。豈特宋太平、唐貞觀、漢文景哉！詐僞未萌，訐争未起，芬華未染，靡汰未臻，此正冬至以後、春分以前之時也。尋至正德末、嘉靖初，則稍異矣。出賈既多，土田不重，操資交捷，起落不常。能者方成，拙者乃毁，東家已富，西家自貧。高下失均，錙銖共競，互相凌奪，各自張皇。于是詐僞萌矣，訐争起矣，芬華染矣，靡汰臻矣，此正春分以後、夏至以前之時也。迨至嘉靖末、隆慶間，則尤異矣。末富居多，本富盡少，富者愈富，貧者愈貧。起者獨雄，落者辟易，資爰有屬，産自無恒。貿易紛紜，誅求刻覈，奸豪變亂，巨猾侵牟。于是詐僞有鬼蜮矣，訐争有戈矛矣，芬華有波流矣，靡汰有丘壑矣，此正夏至以後、秋分以前之時也。迄今三十餘年，則夐異矣。富者百人而一，貧者十人而九，貧者既不能敵富，少者反可以制多。金令司天，錢神卓地，貪婪罔極，骨肉相殘。受享于身，不堪暴殄，因人作報，靡有落毛。于是鬼蜮則匿影矣，戈矛則連兵矣，波流則襄陵矣，丘壑則陸海矣，此正秋分以後、冬至以前之時也。嗟夫！後有來日則惟一陽之復，安得立政閉關，商旅不行，安静以養微陽哉？

婺邑五年一徭，十年一役，後改爲均平。均平者，見役里甲，賦錢於官，給一歲用也。既輸此，甲首歸農，里長在官，專事追徵勾攝。其法自隆慶三年巡撫都院海奏行一條編例始，歲用分爲四款：一曰歲辦，謂每歲必用之常也；二曰額辦，謂二三年一用者也；三曰雜辦，謂儲用無常待不時之需也；四曰雜役，謂併力差於銀，悉從顧募者也。其銀則徵收貯庫，臨期支給云。

兵防論

夫徽在萬山間，繚延嶮峻，較之平原廣野，防禦宜易。然當宣、睦、衢、饒、池陽之中，界聯三省，山寇竊發，數百爲群。士人聚族而居，不習兵革，一聞小警，挈家逃避，近邑者避城郭，遠邑者避山谷，所遭焚掠亦甚慘矣。乃其從入之道，大要可覩。由宣來者警先績，次則歙之北界，故叢山關、新嶺關爲正道，箬嶺關爲間道。由睦來者警先歙，次則休之南界，故街口、司昱嶺爲正道，連嶺、白際嶺爲間道。由衢來者警先婺，次則休之南界，故大鏞嶺、小歛山爲正道，連嶺、白際爲間道。由池來者警先黟，次則祁之北界，故羊棧嶺爲正道，大共嶺爲間道。由饒來者警先婺，次則祁之西界，故婺之七里亭爲正道，梅林鋪、長降嶺、平鼻嶺、莒徑爲間道，祁之倒塢爲正道。然此亦大較言之，若論緩急，其重惟婺源乎。夫婺源當浙江之衝，爲一郡藩蔽。今縣東大鏞嶺界南三十里爲衢黄岡，又四十里爲雲霧山，尋流合河爲尤溪口，尋河合官路爲華埠，順流一百三十里爲西安之銅山，銅山者，銅礦山也。合金、衢、嚴、處、紹、徽，荷戈採鑿，常數千人，歲久脈枯，礦幾爲竭，亡命之徒不足以糊其口，乃始集華埠爲盜。故銅山之禍，機潛而勢緩，猶蓄毒也。華埠當通道，有市店，逆流由馬金渡休及歙，順流捷通衢、金，會徽之水路於嚴州，陸横出德興，過玉山，岐多而難緝，盜恒出没於是。故華埠者，盜之集也。尤溪口塞羣山之隘，多坊店之居，盜於是泄有而通無，交通之久，坊店利其有，而間爲之居停。故尤溪口者，盜之窩也。雲霧山當萬山之會，外崑而中衍，蓬居之民，不下二百餘家，猿溪鳥道，連絡諸郡。故盜恒據之，始則山客與盜猶相忮忌，既而通貨賄，狎婦人，更相與爲奸利，而羣居之矣。故雲霧山者，盜之巢穴也。黃岡山密邇大鏞嶺，盜之行劫於大鏞嶺者，率先日居之，晨趨行劫，暮轉宿於黃岡，次日乃得散去。故黃岡者，盜之停驛也。諸皆環婺而近，婺尚可得而安乎？婺不得安，則歙、休之守不固，而事愈可憂矣。至於郡邑卒伍之制，則猶有可議焉。國初之郡，止以衛所之軍拱保障。迄成化間，大司馬馬文昇始因衛兵耗脆，更置民兵，而衛兵幾爲虛設，既而民兵亦敝。嘉靖乙未，御史虞公因宣事復加區處，奏請行之，可謂實矣，尚無明效，何也？比閭族黨之法廢，一切支吾，皆苟道也。試以今事明之，羣盜之興，非盡異郡，要必内蠹先爲之地，内蠹窺伺已熟，乃始勾引外賊。此非周法之廢，民無職業之明驗歟？遠恃衛兵，則請調遲閣，無以急民患；近賴民兵，則遷延逐避，無以摧敵鋒。兵民既分，情勢之趨，固如此也。宜倣王文成十家牌法行之，庶乎盜可弭而民可安矣。

【原注】

注一　牛田、馬田即菜田。

注二　宣德中安得有高淳？高淳自弘治中設。

注三　州判姓侯。

注四　廣德州志：太祖下江南，廣德率先歸附，遂令民糧全免，其馬草亦以憲臣建議而然，亦非上之制也。其田畝米亦憲臣獻議所定者。自永樂至天順間，悉一畝納一升。成化中，都憲王公恕再加等升以損官糧之一。後都憲何公鑑因生員彌鉞等上章，謂非高皇仁民之本意，遂照舊畝科一升。今至每畝一升二合者，蓋有司以每歲灑派未給，乃因而加之，非定制也。

注五　廬江志：以上逐年派取買辦，或此或彼，初無定規，而或多或少，亦無定數，其價之輕重，則隨時低昂，從部所定，謂之歲派。

注六　凡所置管軍百户十人，並以選充，其餘皆帶俸如指揮例，管軍百户缺，則以所鎮撫代。

注七　徽志：新安江源一出歙之黟山，一出休寧之率山，一出績溪之大鄣，一出婺源之浙嶺。四水皆達歙浦，會流至嚴州，合金華水入浙江，爲灘三百六十，水至清，深淺皆見底。

注八　一作「黝」。其山盤據，宣池江、浙諸郡，而爲鎮于徽。

注九　揚之水出績溪巃嵸山，西逾于朱砂崕，過臨溪、荆溪，注于周潭、油潭，而繞于神砥，神砥石在郡西北域趾下，地設巨石，以擇洪瀉。與前二水會，而匯于練江。其與揚之水會者，一曰武洪水，水出休寧捎靈山之半壁，過武洪村；一曰昌溪水，水出柳亭山，過雙溪；一曰黃溪水，水中亂石磯磯，洪港斗折，淙流騰激，其疾如箭，亦名「八十里苦」是也。其別流而不與練江會者，綿溪水也。出績之佛論嶺，東南過于鳳、池，與篁墩湖之水，共匯于澤渡，注于街口，合諸水，下嚴瀨，入于浙江，以放于海。

績志：揚之水源出績溪巃嵸山，南流合大鄣山水，入歙縣界，直抵府城，而合黃山諸水，是爲練溪，南達于浦口。

歙浦在縣東南十五里，乃新安諸水會聚處。

注十　邑之大川曰練江，其衆流所匯，不可勝紀，要皆發源于崇山，下赴于大壑，襟帶于郭西，注于漁梁，下于歙浦，會休、婺、黟、祁之水，同爲新安江。其受黄山之水，則統名曰豐樂，派于賈溪、阮溪、容溪、浮溪，直于汪溪、滐溪、龍擺溪、筀溪、琴溪，四合于仙人臺，溢于昌堨，注于狀元潭，迤于昌堨，與大、小母堨水會，逾于沙漠、源渡，過百花臺，及于龍王潭南，又與富資、布射、揚之水會。富資水出箬嶺云云，布射水云云。

注十一　過吕公灘。

注十二　府南三里。

注十三　浦在縣東南十里。

注十四　南流百五里入嚴州界。

注十五　畿志：縣南十二里。

注十六　府北四十里。

注十七　流至縣北三十里。

注十八　在縣東百十一里，接嚴州界。

注十九　南百里。

注二十　婺源志：此山爲廬、浙二水發源之祖。自絶頂飛瀑，流至仙側，所謂「仙人跨磵」，此浙源也。山南之水，自清風嶺之巔，石罅泠泠，出非一處，流爲金砂磵，繞須彌菴之左，經白雲菴前，趨龍湫，此廬源也。

注二十一　黟縣西南十里。

注二十二　縣南七十里。

注二十三　縣東南三十五里。

注二十四　隋大業中，汪華築郡城，自黟徙治于此。

注二十五　山之南爲婺源，其水南下而西流者，過饒州匯于彭蠡。山之北，水源有二，皆山巔瀑瀉而下。一自望仙巖流出梅溪口，入祁門界，合孚溪水，東南流入休寧；一自高湖尖流出彭護坑口，東與梅溪、孚溪水會，又東至江潭溪，浙溪之水赴焉。浙溪水出婺源浙嶺，東流縣南一百三十里，一名漸溪。

注二十六　高湖山在縣西一百二十里。

注二十七　邑西七十里。

注二十八　邑南五十里。

注二十九　縣西一百五十里。

注三十　縣西三十六里。

注三十一　縣西南四十里。

注三十二　南門外一里。

注三十三　府南五十里。

注三十四　在城内西隅。

注三十五　水左右分流，合武口入鄱陽爲盧江，故名。浙嶺西。

注三十六　縣北九十里。

注三十七　縣北九十里。

注三十八　婺源諸水皆入鄱湖，惟此水東派入休寧達浙，故名。其西派則匯鏞水。

注三十九　此山之水東會休寧、祁門、黟縣諸水，至歙浦又會績溪、歙縣諸水入浙江。
注四十　縣志：自浙源東脊出者爲浙源，自浙源西脊出者爲廬源。
注四十一　縣西北百二十里。
注四十二　縣西北九十里，婺水出焉。
注四十三　縣北爲一十里，東界休寧。
注四十四　縣北百里。
注四十五　與休寧接界。
注四十六　西北百二十。
注四十七　東南界婺，北界休寧，西界浮梁。
注四十八　接開化縣界。
注四十九　爲休、婺界五嶺，此其一也。初驛道自中平經大阪達休寧之黄茅，沿澗曲折，谷水暴發，則橋道皆壞。宋汪紹捐貲闢路，從吴蓉、山在縣東八十五里。葑鏡、嶺在縣東九十五里。畢聞、嶺在縣東一百五里。塔嶺直抵黄茅，較舊近十五里，且無水患。元院判汪同復開拓之，今爲通衢。扶車嶺在縣東一百二十里休寧界。
注五十　西百一十。
注五十一　西南接浮梁、樂平界。
注五十二　在縣西一百二十里，一名那山。梅嶺去梅山十里，爲徽繞通衢。
注五十三　縣志：縣水西北從鄣山大廣之南出爲婺水，東南流二十五里爲□徑水，四十里合施村水，至清華合月嶺水，又合浙源、沱川二水，過思溪合新嶺下源由水，至出溪會東北汪口合流之水，至石門灘南，繞縣治，入鄱陽湖。北從浙源山東出爲浙源水，東流五十餘里，至休寧界，會休、祁、黟諸水，東入屯溪，又南入歙浦，歸于浙江。北從浙源山西出爲浙源西水，西南流十五里，至雙路口合盧源水，至沱口合沱川，入于清華，會于武溪，繞縣治。北從盧嶺山出□盧源水，南流五里爲盧坑，至雙路口合浙源西水，入于清華，會于武溪，繞縣治。東北從龍尾朗山四嶺、覺嶺出爲東北水，其發源四嶺、覺嶺諸山，而西北來者爲段莘，龍尾水發源對鏡、辛闞諸山，而東南來者爲外莊溪頭水。四水前後合于武口，出于汪口，會于武溪，繞縣治。東從石耳、芙蓉之山出，爲正東水發源屏障山，流十里西合濟溪水，又合鯆溪水，西過旃源水，至于中平鎮，過江灣，東合東北諸水，于汪口會于武溪，繞縣治。東從大鯆之山出爲鯆水，東至衢州，過蘭溪、入浙江，其西流者二十里，合濟溪水于鎮頭，入于汪口武溪，繞縣治。東從斜山之水出爲斜水，南流九十里，合婺水，繞縣治。東從小斂山出爲小斂水，南流四十里，西南入于邑之下流。西北從福峰之山出爲桃溪水，南行三十里，東合考川水，過嵩安，繞于扶喬尖，至福陽，南入于邑之下流，入鄱湖。西從梅源之山出爲梅源水，出角子尖，行十里，合船槽嶺水，過湖山李白渡，合于官會坑，至福山，南流七十里，至太白，南入于邑之下流，福陽在邑西十里。西北從石龍山出爲杭溪水，南流五十里，至于杭口入邑水。西從嶸岾山出爲漕溪源水，南流三十里，過烏龍潭，注爲漕溪，入邑水，至鄱陽。西面從濬源山出爲濬源水，南流三十里，入于吴溪，至鄱陽。

注五十四　縣東北八十里。

注五十五　縣東九十里。

注五十六　二十里合濟溪水于鎮頭，入于汪口武溪繞縣治。
注五十七　婺州水源于此，故縣爲婺源。
注五十八　縣西一百四十里，周回綿亘數十里，接禦平界。
注五十九　南流八十五里繞縣城，又南流四十里合斜水。
注六十　縣東南九十里。
注六十一　邑東七十里。
注六十二　縣東一百里。
注六十三　邑東五十里。
注六十四　縣南十五里，衆水所注。
注六十五　柏溪橋在縣北三十里。
注六十六　並縣西一百里。
注六十七　縣西一百二十里。
注六十八　縣西一百四十里。
注六十九　邑□九十里。
注七十　邑西一百里。
注七十一　縣西南七十里。
注七十二　邑北十五里。

注七十三　縣東南三十五里。

注七十四　績之介丘莫尊于大鄣，而察其原，實起于西北曰大會之山。是山也，南一支四十里至翬山，爲縣治，由翬山一支北至大嫠山，又東四十里至巃嵸山，伏而再起爲丈尺山，右折爲石金山，南抵唐金山，爲越國祖墓，其左折十餘里度石柱嶺北，東迤邐起爲大鄣。其山南一支走百餘里爲新安郡治，東一支走七百里爲鐘山，又東一支至錢塘爲武林。

注七十五　周一百五十里。

注七十六　中有道通寧國界，舊有寨，因呼爲叢山關。

注七十七　龍鬚山在縣東二十里，高五百仞，周三十里。

注七十八　爲走金陵通衢。

注七十九　在佛鈴嶺西北。

注八十　揚之水出巃嵸山，其北流逕宣入于揚子江，其南流四十里至大屏山，乳水自西來注之，又南五里歷靈山之麓，翬水自西來注之，南至于象山二十里，又東會于登源之水，又西會于上溪之水，合流紆繘四十餘里，入于練溪，逕紫陽山北流入于錢塘，又東入于海。翬山之陰諸水會注于旌川，至蕪湖入揚子江。績之水，此其大都焉。南流二十里爲揚溪，又南流二十里過邑東繞梓潼山麓爲績溪，一名清溪。又南二十里至凖陵山爲臨溪，又南四十里入于練溪，皆名揚之水焉，逕紫陽山入于浙江。梓潼山在縣東三里，又東爲大屏山。

注八十一　縣志：併入揚之水。

注八十二　縣志：併入登水。

注八十三　邑西南二十里。

注八十四　東南流十餘里爲徽溪，過邑西二里。來蘇渡入于揚之水。

注八十五　婺據徽、鄱之交，俯吴中，魚楚尾，窮僻斗入，重山複嶺。朱子跋滕南夫集。

注八十六　縣東南六十里。

注八十七　縣北六十里。

注八十八　次則休之南界故。

注八十九　白□際。

注九十　次則休之南界故。

注九十一　小敛山。

注九十二　故婺之。

注九十三　梅□林。

注九十四　平鼻嶺莒徑。

注九十五　次則祁之北界。

注九十六　即今太平鎮。

注九十七　即永安鎮。

注九十八　次則歙之北界。

注九十九　巡按御史虞守愚。

注一百　然拘儒俗吏，往往泥親丁之説，拘包當之短，遂使有力者輒以家奴應名，即謂之親丁，有無膂力技能，有司不問也。鄉民間有傭市民自代者，則又皆柔猾便捷之徒，有司苟利其奔走，其有無膂力技能，尤不暇問，縱有其人，又未免困于差遣，疲于送迎。然則其衰耗不振，去今之軍伍者幾希矣。安望其爲國捍禦也。

注百一　兵有衆寡，陣法亦異，要使疎密之間，足成行列。又宜倣河北、南贑攢操之法，每歲以季冬羣赴于府，府巡捕合而演之，至月終，郡守親臨大閱，旌別賞罰，而後遣事竣，則課諸縣之殿最，以報于撫按。其廢而不舉者，讓之。訓練有方，又必養其鋒鋭，操演之外，惟逐捕奸宄則役之，脩繕城池則役之，械送罪囚則役之，衛護勑使則役之，非此。

【校勘記】

〔一〕鳳陽新書　「新書」，敷文閣本作「府志」，清抄本作「府」。

〔二〕賦役篇　此三字原無，按此段文字係出鳳陽新書（明天啓元年刊本，下同）卷四賦役篇，因下文有篇題農政者，故據以補。

〔三〕商有旅次　「旅」字原空闕，據鳳陽新書卷四賦役篇補。

〔四〕遂將山崗湖波古荒獐走行魚之地　「走」字原空闕，據鳳陽新書卷四賦役篇補。

〔五〕二居民在徹糧　「在徹糧」三字，清抄本無。

〔六〕五積産以聚貨　「以聚貨」三字，敷文閣本、清抄本作「六招徠」，按鳳陽新書卷四賦役篇作「以聚貨」，以上文「條有五款」言，則底本爲是，而若以下文有「六招徠」一段爲言，則校本所改爲是。

〔七〕色水澆稼　「色」，鳳陽新書卷四賦役篇作「負」。

〔八〕除隔空外　「除」字原闕，據敷文閣本及鳳陽新書卷四賦役篇補。

〔九〕用熟糞一升　「熟」字原闕，據鳳陽新書卷四賦役篇補。
〔一〇〕令土種相着　「土」字原闕，據鳳陽新書卷四賦役篇補。
〔一一〕而每畝掘一圓井　「掘」字原闕，據敷文閣本及鳳陽新書卷四賦役篇補。
〔一二〕不必于犁　「于」，鳳陽新書卷四賦役篇作「牛」，宜是。
〔一三〕而皆樹之以十五色本　「本」，鳳陽新書卷四賦役篇作「木」，宜是。
〔一四〕鄰里比坊則無不厠　「鄰里」原倒，據敷文閣本、清抄本及鳳陽新書卷四賦役篇乙正。
〔一五〕故二縣較鳳定靈虹爲獨富　「定靈」二字原空闕，據鳳陽新書卷四賦役篇補。
〔一六〕民可封而聚也　「聚」字原空闕，據鳳陽新書卷四賦役篇補。
〔一七〕國與民兩受其利　「兩」原作「雨」，據敷文閣本、清抄本及鳳陽新書卷四賦役篇改。
〔一八〕爲櫟莪　「櫟」字原空闕，據鳳陽新書卷四賦役篇補。
〔一九〕雨而土生者爲蘑菇　「生者爲」三字原空闕，據鳳陽新書卷四賦役篇補。
〔二〇〕然不能爲紙　「然」下原衍「楮然」二字，據敷文閣本及鳳陽新書卷四賦役篇删。
〔二一〕惟天鵝鳳以上供者出河北　「出」原作「山」，據敷文閣本、清抄本及鳳陽新書卷四賦役篇改。
〔二二〕取洪戒寺右井水煮之　「取洪戒寺右井水」七字原空闕，據鳳陽新書卷四賦役篇補。
〔二三〕出刁家者尤佳　「家者尤佳」四字原空闕，據鳳陽新書卷四賦役篇補。
〔二四〕其次乳餅　「其次乳」三字原空闕，據鳳陽新書卷四賦役篇補。
〔二五〕皮履麥薦鳳以之貨　此八字原闕，據鳳陽新書卷四賦役篇補。

〔二六〕拾地遺　三字原無。按以下三段文字係出鳳陽新書卷五拾遺篇第八拾地遺，兹據補以示標目，且與上文區隔。

〔二七〕望馬丘之高峙　「峙」，敷文閣本、清抄本及鳳陽新書卷五拾遺篇第八拾地遺均同，按今本王粲浮淮賦作「湓」。

〔二八〕而臨淮者又據汴　「臨淮」原倒，據敷文閣本、清抄本乙正。

〔二九〕安□□□□以來史傳所書之徐　□□□□，敷文閣本、清抄本空闕二字。

〔三〇〕悉上中軍都督府　「都督」原倒，據敷文閣本、清抄本乙正。

〔三一〕寧國府志　敷文閣本、清抄本無「志」字。

〔三二〕前時里出長夫短夫各一名　「各」原作「名」，據敷文閣本、清抄本改。

〔三三〕徽州府志　敷文閣本、清抄本無「志」字。

〔三四〕南逾于昉溪　「昉」原作「眆」，據清抄本改。

〔三五〕過臨溪入于練溪　此七字，敷文閣本、清抄本無。

〔三六〕臨溪石在縣北三里溪岸上　「臨溪」，敷文閣本作「浣紗」。

〔三七〕西五十里有武陵嶺　「陵」原作「亭」，旁有小字「陵」，敷文閣本、清抄本均作「陵」，今改從小字。

〔三八〕强兵之由由于將之强也　此十字，敷文閣本、清抄本無。

〔三九〕乃漢高帝用祁門人梅鋗伐秦　「乃」，敷文閣本、清抄本作「者非也」，屬上讀。

〔四〇〕虞御史民兵疏略　「虞御史」，敷文閣本、清抄本作「巡按御史虞守愚」。

〔四一〕然拘儒云云　「拘儒」下原本省略，敷文閣本、清抄本有此一段文字：「俗吏往往泥親丁之説，拘包當之短，遂使有力者輒以家奴應名，即謂之親丁，有無膂力技能，有司不問也。鄉民間有傭市民自代者，則又皆柔猾便捷之徒，有司苟利其奔走，其有無膂力技能，尤不暇問。縱有其人，又未免困于差遣，疲于送迎，然則其衰耗不振，去今之軍伍者幾希矣，安望其爲國捍禦也。」

〔四二〕兵有衆寡云云　「衆寡」下原本省略，敷文閣本、清抄本有此一段文字：「陣法亦異，要使疏密之間足成行列，又宜仿河北，南贛攢操之法，每歲以季冬羣赴于府，府巡捕合而演之，至月終郡守親臨大閲，旌別賞罰而後遣，事竣則課諸縣之殿最，以報于撫按，其廢而不舉者，讓之。訓練有方，又必養其鋒鋭，操演之外，惟逐捕奸宄則役之，修繕城池則役之，械送罪囚則役之，衛護敕使則役之，非此。」

〔四三〕工部坐派四連工料　「連」，原旁注「婺源志作運」，敷文閣本作「運」。

〔四四〕歙志　「志」，敷文閣本、清抄本作「縣」。

淮南備録

淮南水利考

禹貢曰：「沿於江、海，達於淮、泗。」注曰：「順流而下曰沿，沿江入海而入淮。」禹時江、淮未通，故沿於海。至吴始開邗溝，隋人廣之，而江、淮舟楫始通也。丘文莊公云：「此則禹時已有海運矣。」愚按：常、鎮、淮、揚、金陵皆有邗溝，與江、淮原自相通，但由射陽湖屈曲多險，吴開揚城下，取其直爾。三國時以無運而塞，隋因平陳而廣之。五代時以無運而堙，周以平吴而濬之。元以兵阻而廢，洪武、永樂間以漕運而復之。以後覘前，則春秋時以無貢而塞，吴因取齊而開之，非創開於吴也。以水道觀之，六合、儀真、瓜洲、白塔河皆可達淮。設使禹果運海，不過出狼山收料角，不半日即入邗江，何必犯海濤、收淮口而後入淮、泗邪？

禹貢曰：「九澤既陂，四海會同。」傳曰：「九州之澤，已有陂障而無潰決。四海之水，無不會同而各有所歸。」注疏亦如此。愚按：禹之導川距海，先障於上流，而世只以爲疏下流也。

舜典曰：「咨禹汝平水土。」愚按：水至平也，惟土有高下。水從下而汜焉，不能赴於海爾。禹陂下而穿高，所以奏平成之績也。史記以「沿江、海」之「沿」作「均」。師古曰：「均，平也。」宋史用水工準法。又曰：「度江、淮使平。」又曰：「楚州平河之法。」蓋古人平水用於天下，而淮、揚漕渠爲尤切要云。統而言之，淮、揚之地，西高而東下。分而言之，揚之地高於江、淮，海邊之地高於河湖。平江之法，以是爲則。

益稷曰：「禹曰：予決九川距四海，濬畎澮距川。」注云：「先決九川之水，使各通於海，次濬畎澮之水，使各通於川也。」宋人分河，則濬川距畎澮矣，史氏謂其竭天下之力以治河而無益。我朝爲堰閘，距川以之海，正以防其距畎澮而傷漕農也。禹九州原有川，禹但決其壅耳，非宋人之平地穿渠也。

堯爲伊耆氏。記曰：「伊耆氏始爲蠟，有曰防者，後世隄堰之始也。」祭法曰：「禹能修鯀之功。」鯀之功，惟障而已。障即防也。禹貢曰：「九澤既陂。」陂亦防也。防固堯之法也。使鯀之障非堯之法，則試可之命，不終日而褫矣，寧俟九年邪？故堯之防，鯀之障，禹之陂，所以成疏之功者，益、夔、稷、契諸聖人論也審矣，何平當以爲經義治水有決河深川而無隄防壅塞之文？賈讓亦曰：「隄防之作，起於戰國。」無稽如此，曷足道哉！

按：禹之疏，多在河間，鯀之障，開封爲多，相去千里。假令開封浸而無障，必俟河間之疏以入海，淹以旬月，則開封之民溺死久矣。今查隄之用以裨漕溉田者，列于後方。

崔學士治河通考所載黄河北行障水之隄：

自滎陽至千乘千乘，今濱州，乃古千乘郡。而金隄在大名府之清豐、南樂二縣界内。千餘里，名曰金隄，又名古隄，歷代修築以禦河患。

自河内北至黎陽今大名二府濬縣〔一〕。爲石隄。

自汲縣築隄，東接胙城、滑縣，西接新鄉、獲嘉，東南接延津，名曰護河隄，亦曰漢隄。

宋史河渠志所載禹時黄河障水之隄：

伯禹古隄，在大伾今濬縣。南足。

雒掌科奏築今黄河南行障水之隄，有關於漕河者，列于後方。

黄河南岸舊隄，自開封府境至蘭陽縣趙皮寨止。趙皮寨東經丁家道口，至茶城，凡五百里，盡未有隄，相應築接舊隄，以絶南、射、蕭、碭、虞城之路。

黄河北岸古長隄，起自修武縣西界，東至沛縣窑子頭止。自窑子頭至茶城七十里無隄，相應築接古長隄，以遏北犯豐、沛之衝。

自河南至山東之曹、單俱有長隄，以禦河患。

右據中土之障河必用隄，則淮南之必用高加堰、西長隄以禦河、淮也，不待言矣。知中土之溉田，徐、濟之護漕河，必用隄堰陂磡，則知淮、揚之必用之以漕以溉也，不待言矣。

孔子曰：「君子之道，譬則防與。」又曰：「夫防止水之所由來也。」又曰：「以舊防爲無所用而去之者，必有水敗。」由孔子之言而觀之，則水之不可無防也尚矣。孟子曰：「禹抑洪水。」夫抑，裁也，止也，固孔門水法也。

禹有疏有防，平當、賈讓不疏不防，漢武防而不疏，宋人防自防、疏自疏，惟漢王景有塢流法。「塢」當作「堰」。周禮作「偃」，一作「匽」。築隄千里，商度地勢，鑿山阜，破砥磧，直截溝澗，防遏衝要，疏決壅積，十里立一水門，令更相迴注，無復潰漏之患，所以東漢及唐無大水災。我朝陳平江之治淮、揚運河，不止法景，又兼漢陳登、晉謝安、唐李吉甫、宋柳廷俊諸人之法，纘禹功也。

禹至今，地名更而山川不易，讀禹貢者，但據不易之山川而求之，可也。禹貢：「九河在兗，入海在冀。」文互備也。漢王橫求九河於冀而不得，遂以爲皆淪於海。夫淪海者必瀕海，九河不瀕海，何以淪焉？使皆淪，則河從淪入海，而中原無水患矣。猶有患，則橫之言不然矣。今據九河之道而言之，其三在濟南：曰鬲津者，漢志曰「鬲縣」。自商河經禹城、平原，由德平東入於海。鈎盤者，漢盤縣也，與獻縣鄰，由德州入海。馬頰者，與東光縣鄰，自濟陽合商河以入海。此三河各一枝，非黄河之所分也。其六在河間：曰太史者在南皮縣北，簡潔在南皮縣南，徒駭在德州廢青池縣，扶蘇在景州東光縣，覆釜在慶雲縣。此五河亦各一枝，與黄河爲六，同入於海。噫！濟南、河間之地在，而淪海之説行，何哉？

禹貢：「導淮會于泗、沂，入於海。」泗、沂會處，今清口也。水經：「淮水至于廣陵淮浦縣入于海。」淮浦亦清口也。若以泗、沂在山東，廣陵在揚州，豈不誤哉！大抵禹貢所指入海之路皆寬，則大伾、碣石亦必如泗、沂、淮浦之遠。九河入海，二口在濟南，一口在河間。三口同是逆河，潮汐至，推河倒流，退則河推潮汐而出，彼此相迎也。九河多湮，禹始通之，入于逆河。江、淮與海亦相迎，不曰逆江、逆淮者，非禹導也。余所言非文字間。如余所言，則河、淮之道明而水治，如舊云云，則其道迷而水不治。

左傳哀公九年，吴城邗溝注一。水經曰：「淮陰縣有邗江，東北通射陽西北至末口。」舊志云：「邗江在清河治東一十里龜山鎮後入淮，所謂末口也。」齊書謂之官瀆。一統志云：「隋大業間，開邗江自淮陰山陽至於揚子江，謂之官河。」唐、宋以來，利於轉輸。我朝侍郎王恕作漕運志，始專以運河名之。宋殷蟠等議，因舟渡北神堰外至末口，有山陽灣之險，乃開裏河，由淮陰至末口。通鑑注云：「北神堰在楚州城北五里，吴夫差於此立堰者。」蓋淮水底低，溝水底高，恐其泄也。舟行渡堰入淮。今新城洪武初創建。北辰坊「北神」，史亦作「北辰」。有北閘，亦爲末口。其堰則今五壩、西長隄，皆因夫差之意而置者。南北對境圖曰：淮陰縣北距淮五十步，此水經所指之淮陰也，末口在此。宋志云：淮陰縣在磨盤巷。今清江浦也，殷蟠所指之淮陰也，運河由此以出末口。吳開邗溝，爲取齊也。淮北爲齊地，故由此口爲正，東北口爲奇。或謂末口在江都，通六合，不能通淮，且非取齊之道也。

漢宣帝地節元年，廣陵王相勝之奏奪王射陂葑田予貧民。按志，射陂即射陽也。陂，塘也。葑，茭葦也。塘田可耕，茭葦可爨，山陽之利也。凡山陽之水西流者，由阜陵湖入淮。湖水盛，則由青州、高良二澗，循三汊河，入洪澤、白馬諸湖中閘管家湖運河，由菊花溝、十字亭溝、灌溝、辛店溝、平河、溪涇河、故城河、壽河入射陽湖。射陽湖自南而北，折而東，東而北，又折而西爲淮。西而南，南而復北，北而東，嘉定志言如此。屈曲回旋。凡濱湖之馬邏港、太倉浦等數十水，水名具嘉定八年。四面奔趨，皆會于射陽湖。由故晉口至喻口、廟灣口以入于海者，常也，水極大。亦由石䃮以入海者，不常也。其建義港、蘆溝浦，則向北以入淮。鹽城之東，其水由海浦、伍佑、新興東入于海，不與内水通。西南之水，若小海、大縱湖、馬鞍湖、魚鰾湖、得勝湖，及官河、鹽河、蘆溝河、界河、東界河、汊河、東塘河、西塘河、舊運河、新運河與新楊浦、侍其汊，其水皆西入射陽湖，至縣東北□里□□口入于海。石䃮口北距廟灣口。廟灣口地高，石䃮諸水不能至；石䃮口地高，射陽湖水小亦不能至。其間岡門、塘橋、新河、廟洋、麻港諸小渠開通，亦可以助□□之流。官河、運河，皆運鹽河也，今淤沮水不至。石䃮、界河者，與興化分界之河也。興化之水，其半由鹽城界輸于石䃮，其半由高郵入鹽城。若高、鹽之水道不通，則興化浸。射陽湖之利害在寶應者，與山陽頗同，以南無恙，故略之。又按漢志云：射陽者，射水之陽。縣治在郡城西。若今之高加堰、西長隄、漕河塘，皆陂也。陂成，故可溉可漕。若射陽湖則不可陂，縱有陂，而上流之隄堰壞，陂亦無益，故陂於山陽爲用最急。今山陽之民不講陂，而日惟市井刀錐之競，無百年之家，愚不知其説。及觀韓信傳云：「信不能爲商賈，又不能推擇爲吏。」則山陽之民貧，由不爲農，太史公已灼知之矣。

獻帝建安四年，下邳陳登爲廣陵太守，治山陽，築塘爲田，民享其利，號曰陳公塘。按史，登有威名，性兼文武。其所築豈止於真州，凡淮、揚之塘堰，必皆其遺惠也。淮安舊志云：「宋楚州司户參軍李孟傳加葺境内徐積墓，修復陳公塘，有灌溉之利。」則楚州境内亦有陳公塘矣。宋紹興九年，錢冲之所修陳公塘，李孟傳爲之記，則在真州者也。考之地勢，西高而東下，壽在西，淮、揚在東，水直瀉去，何利之有？公之爲塘，自壽而來，不止一重，水有畜洩，高卑皆得其利。三國兵争，空江、淮之地而不居。吴始經營揚州之田，魏復擾而取之。晉祖逖、荀羨、謝玄圖取中原，俱屯淮陰。謝安牧揚州，興召伯埭，以屯以漕。隋之平陳，乃開山陽瀆以備巡幸，而隄以「御」名。唐因于隋，李吉甫益修塘以通運，今運隄。李承築堰于山陽，專以溉田捍海。今山陽東有長豐堰以捍海潮。周之有事江南，亦開老灌河。

而南唐方爲白水營田，阻於多議。宋取南唐，寔用其策。畜洩之利，較昔爲詳。我朝漕艘鹽筴，軍屯民田，咸有資於水利。大抵隄堰塘壩閘洞涇亟之置，悉委之平江，而平江集古人之大成也。

白水塘在今山陽、寶應、盱眙之界，魏鄧艾築此灌田儲粟，晉亦於此屯田，以爲中原之圖。

魏與吴戰，不克而還。帝到精湖，水稍退，留船付蔣濟而先馳去。濟鑿地爲四、五道，蹴船令聚，豫作土豚遏斷湖水，引舡一時遏入淮中，乃得還。帝至洛陽，謂濟曰：「吾前決謂分半燒舡於山陽湖中矣。」愚按：「土豚」一作「土塍」，一作「土坉」。土坉注云，以草裹土築城及填水也，若今之爲埽隄，遏湖水令聚以通舩也。分半燒舡，謂不得全舡入淮，將燒其半也。宋白曰：「山陽本射陽地，晉義熙置郡及縣，因境内有地名山陽，固以爲名也。」戴延之西征記曰：「山陽，津名，在郡城之西，即山陽湖也，又名精湖，又名津湖。」蓋魏時舡行於郡城之西，其時水淺，故濟於湖中爲土豚，聚水以行舟。雖一時之法，而後人堰湖以通運舟，殆其意也。

運道逕寶應湖而北，穿河行舟，過白馬湖。自白馬湖而北，穿河行舟，至淮城之西南，泛津湖，抵板閘，穿河行舟，至清口入淮。史志皆用古地名，讀者一時難考，今直以今地名言之，今人易知耳。古地名前後各條具有矣。緣津湖多風險，宋人於湖中心築土隄。至天順間，易以石，名曰新路。舟行舟泊，安穩如堂奥，不覺其爲湖，而直謂之運河矣。其隄間有數閘，平時不令河水入湖，涸時則引湖入河。蓋自揚至淮，皆資湖以濟運。而清口以南數十里，最忌河、淮帶泥沙以入，故爲五閘以防之，猶有淺淤，穿淘不免。但運河乃國家大計，而獨役山陽之夫，所謂行夫者，日點月調，不勝其苦，倡爲由閘之説，放河、淮以入内，以苟一日之安，久之水去沙渟，河底反高於平地，益費挑濬之力而自苦也。大抵運河惟淺澀爲患。魏之土豚，宋之車畝，近時之牛牽，車畝詳後。牛牽，以牛挽舟也。蓋水涸人疲，而以牛代人也。嘉靖初年用之，既而掘地引湖乃已。運舟日行尺寸。考之洪武、永樂、天順屢濬，皆調江南之夫。正德、嘉靖以來，皆調山東、河南、江北夫。每大濬一次，輒通利數十年。今久不大濬。自清口至寶應，數有淺閣，迄今不濬，將恐寘滅。宜用漢人之法，不必多調各處，不必獨累山陽，惟募遠近貧民爲夫而不吝其值。志謂可以事諸浮食無産業民，空居與行役同，當衣食縣官而爲之作，廼兩便。正此意也。聞之故事，皆科部典其議，朝命大臣或漕臣董治之。今漕臣知而不敢言，科部又未必知，愚以國之利害，故備論其事以俟云。

水經云：淮陰縣有中瀆水，謂之邗江，亦曰韓溟溝，自江東北通射陽，地理志所謂渠水也。西北至末口，一曰北口。晉永和中，自廣陵北出武廣湖之東、陸陽湖之西〔二〕，相距五里，下注樊梁湖，東北出博支湖、射陽湖，西北出夾耶，乃至山陽。是時陳敏患湖多風，乃穿樊梁下注津湖，徑渡十二里達北口，直至夾耶。興寧中，復以津湖多風，又自湖之南口〔三〕，緣東岸二十里，穿湖入北口，自後行者不復由湖。蔣濟三州論又謂淮湖紆遠〔四〕，乃鑿馬瀨百里。馬瀨，白馬湖也。蓋徑白馬湖至山陽城西，即射陽之故城也。愚按：中瀆水又謂山陽浦，又東入淮，謂之山陽口，與邗江、築水，皆今運河也。晉以前，由諸湖屈曲多風險，至陳敏始爲直逕，謝安更爲埭，其後隋皇甫誕〔五〕、唐李吉甫、宋張綸柳廷俊皆修陳、謝之舊也。我朝平江伯修之，其制尤備。

魏侵宋淮、泗，宋主以爲憂，何承天言：「凡備匈奴，不過二科，宋都建康，以淮、泗爲邊。魏本匈奴，故承天云云。武夫盡征伐之謀，儒生講和親之約。若今追踪衛、霍，大田淮、泗，内實青、徐，發卒十萬，不足爲也。唯安邊固守，於義爲長。故曹、孫之伯，才均力敵。江、淮之間，不居者各數百里，何者？斥堠之郊，非耕牧之地，故堅壁清野，保民全境，俟其來以乘其弊。」承天之論如此。

按：晉及六朝，大農匱乏，俱屯守淮陰以備儲胥。若祖逖以卒三千屯淮陰〔六〕，起冶鑄兵，兵食足，而後能遂其誓清中原之志。謝玄先屯淮陰，次屯邳、徐，兵食足而後能捷淝水以入洛陽。其自中原取江南者，若晉之平吴，亦屯田江北以爲兵食之資。今淮之細民，惟市井是食，語及田夫，則誚讓不屑，萬一南北斷絶，倉廩空虚，民何以爲食，官何以爲守邪？我朝漕府倉司並設於淮，寔寓軍政，而塘堰閘壩諸水利尤兼屯法，士君子幸注意焉。晉之末年，人衣珠玉紈繡以死，求一飽而不得。此江、淮之共苦也。元之末年，求蛙蚌螺蛤以救飢而亦絶。此淮城之獨苦也。今淮人趨市井、習刀錐以爲世業，而不爲農，豈知晉、元人之至苦哉！

齊書云：官瀆在山陽西，一名直瀆。按：齊書曰瀆曰澗，皆今運河也。

北齊穀貴，尚書左丞蘇珍芝議修石鼈等屯，自是淮南軍防食足，少止轉輸之勞。杜預曰：「鄧艾于此作白水塘，北接洪澤，屯田一萬二千頃。」按：白水即石鼈也。

一統志云：古邗溝多迂曲。隋大業間，發淮南兵夫十餘萬開邗溝，自山陽淮陰至於揚子江三百餘里，水面闊四十步，而後行幸焉。此後世運道直徑之始也。

隋煬帝至破釜澗，適駕至而雨，乃易名洪澤澗。齊書云：「洪澤澗在淮陰鎮東。」淮陰鎮，今清江浦也。齊書又云：「割直瀆洪澤以東淮陰鎮下流雜一百户置淮安縣，屬山陽郡。」宋洪澤閘因此而名。或者誤以洪澤鎮爲洪澤閘。蓋鎮在清河南岸九十里，近盱眙界，非隋澗宋閘之所在也。盱眙志亦有破釜澗，名偶同耳。且如山陽之韓王莊有二，一在城西，乃韓信所生之地；一在城南，名偶同也。射陽縣在城西，乃漢縣及射陽侯國之所在。射陽湖在城東，名偶同也。以韓莊、射陽而例之，洪澤名實辯矣。

唐睿宗太極元年，勑使魏景倩引淮水自黄土岡以通揚州。黄土岡在清江浦北。直河，今運河也。是時清河縣南地爲盱眙界，唐書云楚州盱眙縣有直河是也。

玄宗開元初，青苗使杜佑爲淮南節度使，決雷陂以廣灌漑，斥海濱棄地爲良田，積至十萬。開元中，刺史齊澣開伊婁河。舊河在州北繞瓜州，回遠六十里，今爲運河也注二〇。

開元末，刺史齊澣以江、淮漕運經淮水波濤，運舟沉損，請浚汴水下流，自泗州虹縣至楚州淮陰縣八十里合于淮。既成，而水湍急，舟楫艱難，尋乃停廢，却行舊河。按地理，虹不通淮陰，云八十里，則淮北桃源、清河之界也。

唐堰在淮城西南九十里南店地方，乃唐人所築也。其堰中高，旁夾以二子堰，其形爲一，中有蕭家閘，蓄畜水以灌堰西之田。西疇水足，而徐灌東田，蓋因地勢以行水而爲之利也。後堰爲龍所破。因在山陽、盱眙、寶應三縣之界，故無專論之者。

肅宗上元元年，户部侍郎兼河南道水陸轉運使劉晏自按行淮陰〔七〕，達河、汴，爲通濟渠。

代宗大曆中，淮南黜陟使李承奏置常豐堰于楚州，以捍海潮，灌屯田瘠鹵，收常十倍。舊志云：去城東六十里。按：今海潮有范公隄以障之。其自廟灣口入者，每東風大發三五日，常遏海水入射陽湖，湖水漲溢，常至平河溪，溪田多浸。范公隄未築之前，常豐堰之功豈小哉！

德宗貞元四年，節度使杜亞自江都蜀岡之右，引陂水趨城隅，以通漕輓，溉夾陂田。

吕周作泗州大水記云：貞元八年六月，桐柏山水大注，東風駕海潮逆上，衝壅淮、泗，開府張公伾治之，自虹至維揚五百里，下及邳、徐，逾年而城邑復常。

貞元十八年，揚州大都督府長史李襲譽引雷陂渠，又築句城塘，以溉田八百頃，有愛敬陂水門。

憲宗元和三年，節度使李吉甫於高郵築平津堰，灌田千頃。宋平河之法始此注三。

穆宗長慶三年，開楚州棠梨涇，一云長利涇，在淮陰縣南九十里。宋河渠志云：凡泄水處，直曰涇，横曰浦。今淮揚間往往有涇浦云。

敬宗寶曆二年，鹽鐵使王播自揚州閶門外古七里港引渠東注官河，以便漕運[注四]。

昭宗景福元年，朱全忠將時溥遣兵二萬南侵至楚州，楊行密將張訓、李德誠敗之于壽河。志云：壽河在淮城東南，其水盤結如綬。本爲「綬」，今作「壽」。按：今城南漕隄之東，有渠常涸，惟兩集則流通，至平河溪，經射陽湖入海。凡潦水决水，皆由此路。

天復二年，楊行密攻朱全忠之宿州，以巨艦運。徐温以爲運路久不行，葭葦堙塞，請用小舟，庶幾易達。既而巨艦不至，而小舟達。按：此乃宿遷之小河也，古曰符離河，爲濉水之尾，今則分黄河之漲矣。嘉靖乙卯，黄河水溢，邳以上多沙阻，運船乃由小河口經高柵鎮、睢寧縣毛竹岡子、仙桐、君開河、孟山、高溝、陶溝、盧子三村、灰骨堆、符離、宋灘、徐晉口、曲河集、瓦子集、蕭縣蕭縣所南下小浮橋，入運河。若黄河水大，亦各分漲入桃源、清河、泗州之汊河諸小渠。然黄河淘渲已久，底面深闊，雖間有浮沙淤澱，明年水發，又自通利。宿、桃、清、泗諸小渠，水發時暫可行舟，水退旋即淤平，非人力之可爲也。

嘉靖壬子，邳、宿淤淺，余汎舟自徐而下，忽隨决水東至鯉魚山，舟爲沙翕不可行，越二十日，乃駕小舠，由上邳墩至下邳，其險至甚，幸而無恙。餘舟千百，皆不能出矣。

隆慶四年，邳州河決，而淺舟皆由小河，經高柵，至徐官屯，復入黄河。比時撫院階所陳公欲令運船於此北上，令余試之。余挐舟半日而達，亦一時之便也。余在舟中，望黄河在邳山之麓，高過於頂數丈，此所以常決常淤也。誠使由此，亦漕路之幸也。

右二道不免黄沙之害，若循禹貢沂、沭之道，超出茶城，則一路清流，汜舟甚利，比海運蓋千萬矣。

南唐保大中，楚州刺史田敬洙請修白水塘屯田以實邊，馮延巳以爲便。李德明因請大闢曠土爲屯田，修復所在渠塘堙廢者。白水塘在楚州寶應縣西南六十里，鄧艾所築也，今在山陽之西南，寶應之西，盱眙之東。吏因緣侵擾，大興力役，奪民田甚衆，民愁怨無訴，徐鉉以白唐主，唐主命鉉按視之。鉉籍民田，悉令還主。或譖鉉擅作威福，唐主怒，流鉉舒州。白水塘竟不成。按：楚吏多擾民，自昔已然。屯田入邊，國之大計，古人之所已行，鉉以奪田還主，以曠土屯田可也，安得一概阻格之乎！又楚多荒田，主不能耕，有耕者輒有認主，既認亦不能耕。然與其荒於家，不若屯於國，豈不聞鄧艾、祖逖、荀羡、謝玄、謝安皆屯淮陰以足國而取威於中原邪？余聞周師臨江，唐輸數百萬以求退師。鉉兄弟曷不於此時以此物酬田主，而用其人爲佃户，追踪昔賢耶？嗣是宋、元皆修白水塘以爲灌田之利，敬洙之策何可非耶！

周世宗顯德五年，上欲引戰艦自淮入江，阻北神堰不能渡，欲鑿楚州西北灌水以通其道。

遣使行視，還言地形不便，計功甚多。上自往視之，授以規制，發楚州民夫浚之，旬日而成，用功甚省，巨艦數百艘皆達於江，唐人大驚以爲神。注云：北神鎮在楚州城北五里，吴王夫差溝通江、淮，於此立堰者。以淮水底低，溝水底高，防其泄也。舟行度堰入淮，今號爲平水堰。灌水，今在楚州城西，老灌河是也。嘉定志云：太守應純之自管家湖與老灌河接處爲斗門水閘一座。按：其地當是故沙河，俗云烏沙河也。開灌水時，使者言計功甚多，帝臨視，用功甚省，此在規畫之當否而然，非刻削以厲民也。然此處開河，必其時内外水平，而姑濟一時之權。據平時地勢水勢，此地實不可開河也。

宋志云注五：初，楚州山陽灣水尤迅急，運舟多沉損之患。雍熙中，轉運使劉蟠議開沙河以避淮水之險，未克而受代。喬維岳繼之，開河自楚州至淮陰，凡六十里，舟行便之。按：沙河，今山陽運河也。

真宗天禧二年，江淮發運使賈宗言：諸路歲漕自真、揚入淮、汴，歷堰者五，糧載煩於盤剥，軍民罷於牽輓，官私舩艦，由此速壞。今議開揚州古河繚城南，接運渠，毁龍舟、新興、茱萸三堰，三堰當河中爲壩，以車盤船隻也。鑿近堰漕路以均水勢，鑿漕路爲減水閘，畜水濟漕，有餘泄之，平水法也。歲省官費數十萬，功利甚厚。詔屯田郎中梁楚、閤門祇候李居中按視，以爲當然。明年，役既成，而水注新河，與三堰平，漕舩無阻，公私大便。按：禹均江海，唐平津，宋均水，皆運河之法也。

神宗熙寧九年，劉瑾言揚州古鹽河、高郵陳公塘等湖，又天長縣白馬、沛塘，楚州寶應縣泥港、射馬港，山陽縣渡塘港、龍興浦，淮陰縣青州澗等，可興置，欲令各路轉運司按覆，從之。

元豐六年正月戊辰，開龜山運河。二月己未，告成，長五十七里，闊十五丈，深一丈五尺。用工二十八日。開新河未必如此速成，當是濬舊河也。初，發運使許元自淮陰開新河，屬之洪澤，凡四十九里，久而淺澀。熙寧四年，皮公弼請復濬治，起十一月壬寅，盡明年正月丁酉而畢，人便之。至是發運羅拯欲自洪澤而上，鑿龜山裏河以達于淮，帝深然之。會發運使蔣之奇入對，建言上有清汴，下有洪澤，而風濤之險，以百里淮，邇歲溺公私之載不可勝計。凡諸轉運，涉湖行江，已數千里，而覆敗於此，良爲可惜。宜自龜山蛇浦，下屬洪澤，鑿左肋爲複河，取淮爲源，不置堰閘，可免風濤覆溺之患。左肋是清口裏河。若泗州龜山左爲阜陵湖尾，何可鑿乎？漕河自古用湖水，此言取淮，據洪澤閘外言爾。閘內湖水自足。蓋淮水雖清，亦有泥滓，久則淤澱，費穿淘，故以閘隔之。帝遣都水監丞陳祐甫經度。祐甫言〔八〕：「往年田棐任淮南提刑，嘗言開河之利。其後淮陰至洪澤竟開新河，獨洪澤以上未克興役。今既不用閘畜水，惟隨水面高下，開深河底，與河通流，形勢爲便，但工費浩大。」帝曰：「費雖大，利亦溥矣。」祐甫曰：「異時淮中歲失百七十艘，若捐數年所損之失，足濟此役。」帝曰：「損費尚小，如人命何！」乃調夫十萬開治。既成，命之奇刻石龜山。至建中靖國初，之奇同知樞密院，奏淮水浸淫，衝刷隄岸，漸成墊缺，請下發運司及時修築。自是歲以爲常。

舊志云：「清口南岸有洪澤閘三座，經元而廢。永樂十二年，平江伯倣其制，建新莊等五閘。」則宋之洪澤以閘名，非今之洪澤鎮也。不置閘者，外有二壩。平江伯於閘外有壩，亦其意也。蓋壩以護閘，乃硬壩，非車盤之軟壩也。水發時勢傾入閘，板不能下，暫閉一時而已。又云：「邗溝去清河十里，龜山鎮後入淮。」則宋之龜山以鎮名，非泗州之龜山也。考之地理，今洪澤鎮在阜陵湖尾，阜陵湖尾浸泗州龜山之麓，至寶應、淮陰，俱無宋運河形迹，而人每以爲言者，蓋水發時平地湍流，私鹺鉅艦於此往來，而商船税料亦於此漏，小人樂之，豈知漕規鹽法課額正所禁也。

阜陵湖在淮城西四十里，水面闊二十里，長四十里，中多陵阜，泉涸時深淺不一。與淮河隔一岸，水發時，淮常注湖，黄合淮亦注湖，三勢相合，駕風而恣，東衝郡郛，西踰龜山，浸桃源，北匯清口，南刷衡陽，周圍四百里，茫無際涯。宋洪澤、龜山果在此，是舍清口之安流，無故而尋險道矣。古人用水以漕，爲國也，因以溉田，爲民也。兹湖也，不可漕，不可溉，唯用禹貢陂澤之法，使無潰決，會河、淮以距海焉爾。

徽宗崇寧二年，詔淮南修遇明河，自真州宣化鎮江口至泗州淮口，五年畢工，一名遇明河。按：宋運河在於楚州、淮陰之間，初未嘗由泗。蓋宋泗州，今清河界也。按志以前云濬真、楚運河，以後云修真、揚、楚、泗、高郵運河，則知運河未嘗由泗，而所謂泗者，真清口也。

重和元年，前發運使柳廷俊言真、揚、楚、泗、高郵運河隄岸舊有斗門水閘等七十九座，限則水勢，常得其平，比多損壞，詔檢計修覆。

宣和二年九月，以真、揚等州運河淺澀，委發運使陳亨伯措置。

三年，詔發運副使趙億以車畝水運舟，限三月中三十綱到京。宦者李琮言真州及外江綱運會集要口，以運河淺澀，故不能速發。按南岸有泄水斗門八，去江不滿一里。欲開斗門河身，去江十丈，築軟壩，用人工車畝，引江潮入河以助運水。從之。四月，詔曰：江、淮漕運尚矣。春秋時，吴穿邗溝，東北至射陽湖，西北至末口。漢吴王濞開邗溝，通道海陵。隋開邗溝，自山陽至揚子入江。雍熙中，轉運使劉蟠以山陽灣迅急，始開沙河以避險阻。天禧中，發運使賈宗始開揚州古河，繚城南，接運渠，毁三堰以均水勢。今運河歲淺澀，當詢訪故道，及今河形勢與陂塘瀦水之地，講究措置悠久之利，以濟不通。可令發運使陳亨伯、内侍譚積條具措置以聞。按運河通利，以澳閘畜水，啓閉有節之故，承平日久，權勢自由，不復知有國計，故朝廷屢有提舉澳閘、修復斗門之詔，而轉運使莫能恪守舊制。由是水不歸澳，運河淺澀。及奉詔詢問，轉運使稍得以盡職，率循舊章，且值時雨，水遂足用。於是六月，臣僚言比緣淮南運河水澀踰半歲，禁綱舟篙工附載私物。今河水增漲，其令如舊。未幾怠玩，復淺澀矣。

初，淮南連歲旱，漕運不通，揚州尤甚。詔中使按視，欲濬運河與江、淮平。會兩浙有方臘之亂，内使童貫爲宣撫使，譚積爲制置使，貫欲海運陸輦，積欲別開一河，自盱眙出宣化，朝廷下發運使相度。亨伯遣其屬向子諲視之，子諲曰：「運河高江、淮數丈，自江至淮，凡數百里，人力難濬。昔唐李吉甫廢閘置堰，治陂塘，泄有餘，防不足，漕運通流。發運使魯孝蘊嚴三日一啓之制，復作歸水澳，惜水如金。比年行直達之法，走茶鹽之利，且應奉權倖，朝夕經由，或啓或閉，不暇歸水。又頃毁朝宗閘，自洪澤至邵伯數百里，不爲之節，故山陽上下不通。欲救其弊，宜於真州太子港作一壩，以復懷子河故道；於瓜洲河口作一壩，以復龍舟堰；於海陵河口作一壩，以復茱萸待賢堰，使諸塘水不爲瓜洲、真、泰三河所分；於北神相近作一壩，權閉滿浦閘，復朝宗閘，則上下無壅矣。」亨伯用其言，自後滯舟皆通利云。

五年四月，詔東南陸路諸閘啓閉有時，比聞運綱及命官妄稱專承，指揮抑勒，非時啓閉，走泄河水，妨滯綱運，誤中都歲計，宜禁止之。五月，詔以運河淺涸，官吏互執所見，州縣莫知所從。其令發運使、提舉等官同廉訪使者參訂經久利便列奏。宋之漕規，閘有啓閉，蓋一定而不可移者。宣和間，有所謂互執，蓋轉運使守漕規之舊，而花石綱使欲亂之也。

高宗紹興初，以金兵蹂踐，猶未退師，四年，詔燒燬揚州灣頭港口閘、泰州姜堰、通州白蒲堰，其餘諸堰並令守臣開決焚燬，務要不通敵舡。又詔宣撫司毁拆真、揚堰閘及真州陳公塘，無令走入運河，以資敵用。

五年，詔淮南宣撫司募民開濬瓜洲至淮口運河淺澀之處。

六年，淮東提舉徐子寅言：淮東鹽課，全仰河流通快。近運河淺澀，自揚州灣頭港口至鎮西山光寺垛頭，計四百八十五丈，乞發卒五千開濬。從之。

七年二月，詔令淮南漕臣自洪澤至龜山淺澀之處如法開撩。洪澤，今清江浦。龜山，今清口南龜山鎮也。宋運河在此。今洪澤鎮至泗州龜山無河可通，清江浦亦不能通舟於洪澤。

八年，提舉淮南東路常平茶鹽趙伯昌言：通州、楚州沿海舊有捍海堰，東距大海，北接鹽城，袤一百四十二里，始自唐黜陟使李承所築，遮護民田，屏蔽鹽竈，其功甚大。歷時既久，頹圮不存。至本朝天聖改元，范仲淹爲泰州西溪監日，風潮泛濫，淹没田産，毁壞亭竈，具請于朝，調四萬餘夫修築，三旬畢工，遂使海瀕沮洳潟鹵之地化爲良田，民得奠居，至今賴之。自後寖失修治，纔遇風潮怒盛〔九〕，即有衝决之患。自宣和、紹興以來，屢被其患，阡陌洗蕩，廬舍漂流，人畜喪亡不可勝數。每一修築，必請朝廷大興工役，然後可辦。望令淮東常平茶鹽司，今後捍海堰如有塌損，隨時修葺，務要堅完，可以經久。從之。

孝宗淳熙八年，置都灌塘於淮陰縣西南瀆頭村以灌田，民享其利。

九年，淮南漕臣錢冲之言：真州之東二十里有陳公塘，乃漢陳登濬源爲塘，用救旱飢。

大中祥符間，江淮制置發運司治於真州，歲籍此塘灌注長河，流通漕運。其塘周回百里，東、西、北三面倚山爲岸，其南帶東則係前人築疊成隄，以受啓閉。廢壞既久，見有古來基址可以修築，爲旱乾溉田之備。凡諸場鹽綱、糧食漕運、使命往來舟艦，皆仰之以通濟，其利甚溥。本司自發卒貼築周回塘岸，建置斗門、石礎各一所。乞於揚子尉階銜内帶「兼主管陳公塘」六字，或有損壞，隨時補築，庶幾久遠，責有所歸。

十四年，揚州守臣熊飛言：揚州運河惟藉瓜洲、真州兩閘瀦泄。今河水走泄，緣瓜洲上、中二閘久不修治，獨潮閘一座，轉運、提鹽及本州共行修整，迫近江潮，水勢衝激，易致損壞。真州二壩，亦復損漏。今有司葺理上、下二閘，以防走泄。從之。

維揚志論其略曰：孟子以江、淮、河、漢爲禹功。今江合漢，河合淮，俱抱淮揚以入海。視古形勢，蓋亦雄矣。邗江半湖半溝，居淮南運渠之首，而運鹽河乃其支流，農沾溉焉。邗江之間，有湖五十四，有溪澗蕩港踰百不止。漢創陂塘以資稼而輔漕渠。第漕渠止仰天雨，而水無源泉，洩多則淺而滯舟，潦多則坼防害稼，故歷代有堰閘斗門石礎涵洞之制，以爲之節。宋廢三堰，閘無啓閉，阻運舟者久之。朝廷方議陸輦海運，陳亨伯奏復堰閘，而運舟自利。則堰可輕費而閘可妄啓也哉！瓜、儀諸壩，懸峙江干之上，若口一決，則運渠涸可立竢。故漕撫唐公龍及千户李顯皆奏置閘於三汊河上游之地，及揚之東關亦改爲閘。有事則兩閘下版，畜洩得宜，有利無害。漢人開塘，晉、唐引水，所溉者高隴岡田而已。若湖田溝洫，支分派注，未嘗濬而通也。書稱禹沿于江海，達于淮、泗，貢道導矣。孔子稱禹盡力溝洫，於農曷有間邪！江潮有漑田之利。頃海門縣田被坍没者强半，撫卿高公友璣奏蠲今年之租，而别以灘田補爲世業。育鹽之利資於海潮，而潮亦溺民。已亥之歲，所損册丁踰萬，而老稚、商賈尚不與焉。汪尹有執議令築堰以捍潮，又令居户鑿池築墩，以爲升高自全之計。凡此數端，勞費無已，豈非下策？然此策之外，又無策焉，則下策乃上策也。

光宗紹熙五年，淮東提舉陳損之言：高郵、楚州之間，陂湖渺漫，茭葑彌滿，宜創立隄堰以爲瀦泄，庶幾水不至於乾涸。乞興築自揚州江都至楚州淮陰縣三百六十里，又自高郵、興化至鹽城傍開一新河以通舟舡，仍存舊隄以捍風浪，興化、鹽城之界，在高郵漕隄之間。栽柳十餘萬株，數年後，隄岸亦牢，其木亦可備修補之用。兼揚州墟鎮舊有隄閘，乃泰州泄水之處，其閘壞久，亦於此創立斗門，西引天長以來衆湖之水，此水乃在揚州者，淮安諸湖亦濟運。起自揚州江都，經由高郵及楚州寶應、山陽，北至淮陰，西達於淮。又自高郵入興化，水不至縣，經其界爾。東至鹽城，而極於海。入海處有石䃮，非後石䃮三也。又泰州海陵南至泰興而徹於江，共爲石䃮三，斗門七。此運隄減水閘洞也。乞以紹熙堰爲名，鑱諸堅石。淮田多沮洳，因損之築隄置閘，得良田數百萬頃。奏聞，除直秘閣、淮東轉運判官。

寧宗嘉定八年，獻議於朝者，謂淮陰白水塘東至浮圖莊，南至褚廟岡脊，大堰廢而不治，今脊猶在。若復之，則與寶應、高郵諸湖相接，游波所及，如衡陽阜、三角村等處，皆浸淫至城，形勢自張。劄楚州委官相度。本州司法尤熵申言：白水塘周圍一百二十里，地涉山陽、盱眙兩縣，所堰之水通富陵河，其源出白塘山〔一〇〕，在盱眙之南，山蓋因塘得名。此山岡阜重疊，谿澗縈紆，凡四十里。水自高而下，乃至劉家渡入富陵河。而白水塘三堰，一曰潭頭下堰，二曰河嘉中堰，三曰劉家上堰。下堰至中堰十二里，中堰至上堰五里。其上又有螳浪塘在堰内。蓋三堰既制，則白塘山間四十里内外之水不得入富陵河，然後東匯爲白水塘。今修復三堰之功，不宜苟簡。若有決潰，則洪澤沿淮，受害非輕。又塘之西、南二面，皆因岡阜爲限，東北乃是古淤平地，築成塘岸，脚闊者十餘丈，歲月既久，岸脊低處，與塘面平，合先增築塘岸高一丈以上，方可瀦水。舊塘有八斗門以溉塘下田，亦合修復。塘之復有三難，有二利：民間所佃塘内上腴之田二千餘頃，廬墓莊院皆在焉，西瀦之，民必怨，一難也。塘内水盛，隄岸難測，如黄家圍一帶居民千餘家，所合遷徙，二難也。工役甚大，爲費不貲，三難也。塘下西北高亢，民田多荒，東北亦有高田，若得塘水灌溉，則皆成沃壤，一利也。盱眙之民，如兩家渡等處，可因水限隔，就高保聚，絶敵入小路，二利也。但夏、秋之間，開斗門灌注，則冬春水勢必殺，無以待敵，二者不可得兼。

而盱眙保聚，止是一鄉，不能盡杜他岐。竊見此塘本在高岡，水自高而下，下臨衡陽阜二十里、三角村三十里。果係向來邊兵經行橫趨大儀之路，可決而灌之。至於楚州城去塘百里，決水至此，勢已減殺。若敵自淮陰直趨城下，凡四十里，地勢高仰，又是水所不及。兼作塘之後，又須列寨防守，以備敵人掘堰，且常巡隄岸，以防衝決。

九年，安撫、祕閣應純之申楚州形勢，東南皆坦夷之地，難於設險，向北一隅，有地不廣，而淮河限之。惟向西一帶，湖蕩相連，回繞甚廣，四維多有畔岸，而泄水處止有數里，作一斗門，爲減水之所，則一望瀰漫，而敵人不可向邇。設使水爲盜決，泥濘深遠不能渡。平居無事，儘可教習舟師。緩急之際，又不可泊擺舡隻。此築既成，則城西一面必不可攻，庶乎一意經理東、南、北三面爲戰守之計。續申所築管家湖岸，初來相視，欲於舊運河相際淺水之處，用椿幫築。今參之衆論，見得水内築岸，工役難施，不能經久，合别開新河與運河相接，取土築壘圩岸，却使舊河與湖通連，蓋使水面深闊。遂開一河於湖岸之北，築壘湖岸，底闊四丈，高及一丈，以限湖水。又自馬家灣西至陳文莊，就湖築灘岸二百七十餘丈。又自管家湖與老灌河相連接岸處，平地開深，方圓二十丈，置斗門水閘。自此西湖之勝，相灌楚城西北，隱然有難犯之勢矣。按嘉定志：管家湖在西門外，湖中有隄，隄中有仁濟橋，自隄而分爲南、北湖。減水斗門，宋曰磚閘，在今南鎖壩。洪武間，因由城東通運而廢。湖之北築岸，今新路也。新河，今運河也。初欲因挑河出土以爲岸，後因工大，故續申之。平地斗門對故沙河。沙河，即老灌河也。水教亭在詹家墩。楚城北有淮險，西有湖險，東、南二面往往有長岡。故老云：相傳爲應純之之水櫃。南宋時以楚州爲邊防，故應監丞留意如此。

嘉定山陽志云：凡境内之瀕於淮、湖者多溝浦，故晉口而北，曰揚家溝、大倉浦、田院浦、宥城浦、邵農浦、東作浦、荆口浦、官渡浦、顧家堡、郭鈐溝、蛇風浦、三家浦、左家浦、魚濱浦、琶頭、泔溝、生溝、益衝浦、放綱溝、中心浦、南馬邏、益林浦、湯家溝、乾東溝，此濱於射陽湖向西者也。又東北至海口，則有蚌港、謝家島、桃花河渡、板溝、曹溝、避賊溝、巡良溝、吉家溝、丁溝、西新溝、上綱頭、石灰浦、廟子灣，此傍於射陽湖之三灣者也。自海口折淮而西，則有天字溝、北沙浦、塗州溝、白水溝、侍家塢、沙堽、小溝子、新涇、東溝、史魚溝、中溝子、獨家溝、白露港、林家港、故地港、蘆溝、北官莊港、嵇考峯、牛家溝、許家溝、新羅溝、小田家溝、大田家溝、蔣家溝〔二〕、李家溝、柴礦溝、交陵溝、唐家溝、青蓮浦、迮浦、武定溝、無名浦，此折淮西上而濱於淮之南者也。淮北曲折，勢復東南，則又有横溝、周家溝、蘆葥溝、孫家溝、高師浦、小淮子、馬浦、侍家上柳浦、下柳浦，此傍於曲折淮岸之間，而濱於淮之北者也。淮河至北，曲折之勢又復西南，則有柳溝子、王家溝、南溝、魚梁溝、三家溝，此又循淮之曲折而濱於淮之南者也。詢之耆老，舊溝浦之衆，蓋爲豬泄引灌之利，其傍爲良田。今則或通湖水往來，盈涸不常，或者與湖、淮相通，歲久淤塞，不相通濟。其間頗有舟楫之利者，惟馬邏港、林家港爾。水小舟楫不通，農賈始病，稍加濬鑿，利莫大焉。

元世祖至元二十三年，以張瑄、朱清並爲海道轉運使，餽運多由海道，淮、揚運河堙廢不修。至正末，遂爲張士誠將史文炳所據者十有五年。

國朝洪武三年，知府姚斌開淮安城東北之菊花溝，以通海運。是時，朝廷以淮安侯華雲龍掌淮安衛事，鎮淮安，以航海侯張赫、舳艫侯朱壽督海運供遼、薊而已。菊花溝，俗名澗河，臨河有閘啓閉，畜水以濟運船，有餘則泄之。而東方諸鄉及諸州縣之米芻貲貨亦由此通，俗號爲柴米河。是時，諸凡船隻由此車盤入淮，舊志謂一時稱爲水陸之便者也。鹽城縣糧於此兌運，濬河夫二縣分任。後鹽城兌糧徙於涇河，定于寶應，而山陽獨任其役矣。

九年，命揚州府所屬州縣燒運磚灰，包砌高郵、寶應湖隄六十餘里，以捍風濤。

十六年，儀真縣重建清江閘、惠橋腰閘、南門裏潮閘，以畜洩水利，便漕舟。致仕兵部尚書單安仁奏建。

二十三年，命起蘇、松、淮、揚丁夫修築捍海堰，以後時常修築。

二十八年，寶應縣老人柏叢貴建言，發淮、揚丁夫五萬六千餘人，開寶應直渠。即月河。初，自淮樓抵界首，沿湖一帶隄岸屢修屢圮，民甚苦之，操舟者亦甚不便。由是就湖外直南北穿渠四十里，築一長隄，長與渠同，期月而成，引水於内行舟，自是隄無潰決之虞，民亦休息，而舟行稱便。按湖外即湖東，今其渠尚存。是時不漕而且穿，今漕舟盛行，屢有風險，而渠不復，何也？

永樂二年，命平江伯督海運，由山陽之東壩入淮。時瑄爲把總官。十二年，於會通河運，始爲總兵官，總督漕運，鎮守淮安地方。是時五府重於六部，以尚書宋禮督河道，蓋副之也。

七年，平江伯陳瑄修築海門至鹽城坻隄八百餘里，築高郵、寶應、范光、白馬諸湖長隄，於高郵湖内鑿渠四十里，搆梁以便牽道。按此云高郵湖内渠，則弘治間白侍郎所開高郵之康濟渠，乃陳平江永樂時所開之舊道也。開揚州白塔河以通大江，建置新閘、潘家莊、大橋、江口四閘。江南運舡由常州西北過江，自運河至灣頭入漕河，以省瓜洲盤壩之費。其後道淤淺，反泄漕水，及私鹽舡隻從此入江，難於防捕，累修累廢，不宜重開也。

八年，平江伯陳瑄置轉搬倉於淮安。江南運舡，由五壩車盤入淮。轉搬倉，即宋之上供倉，在倉巷。歐文忠公于役志所謂遂次楚州，泊於西倉，飲于倉亭者也。後因建常盈倉于清江浦，此倉遂廢。

十三年，平江伯陳瑄疏邗溝，引舟自大江歷揚州至淮安，以通漕運。詢山陽耆民，得宋轉運使喬維岳所開沙河之故道，引水自管家湖之馬家嘴至鴨陳口，入沙河，易名清江浦。就湖築隄，以便牽挽。倣宋洪澤閘制，創新莊、福興、清江、移風四閘，遞互啓閉。或云：初議欲由滁州六合縣鑿河通運，緣河多石阻，涸則損舟，漲則尤險，於是平江伯決意復唐、宋之故道，以爲雖有湖險，人力可爲，乃罷彼行此。按：洪武時已由淮安之菊花溝通運，永樂初又於淮安之五壩車盤運舟，何緣至今而有他議也？

十四年，平江伯陳瑄奏建板閘，并前四閘爲五閘。蓋漕河全用諸湖之水以濟運舟，而五閘遞互啓閉，專爲避黄、淮之水，以其多沙泥，易淤塞也。

運河雖用湖水，而湖水或多，又於淮、揚運河東岸爲減水閘、減水洞限則，水勢七尺以下，畜以濟漕，七尺以上，減入諸湖，會於射陽湖以入海。用水有節，漕運既便，岸東、西之田皆利焉。其法在淮，則有高家堰，有西長隄，有五閘，有諸壩，以隔黄、淮之水於外，而泛舟其間；在揚，則有陳公塘，以收三十六水之利；在山陽、寶應、盱眙、天長之界，則有唐堰，以節四縣之流。湖水苟多，則自運隄之減水閘洞以下於溪，東至於射陽湖，又東入於海。揚之海口去黄、淮也遠，故皆通利。惟淮之射陽，數受黄沙，港汊葑淤，距海常緩。考之舊法，新莊閘口闊二丈二尺，則水之入者亦二丈二尺，無事閉之，有運舟而啓，舟過復閉，所入之水從減水閘洞而瀉去者，總計其口闊八九丈，至於廟灣石礶之海口，其闊又十倍之，此一定之法，永爲利者。若新莊閘常啓而不閉則水多，或堰隄潰漏，則水口之來者常千百丈，區區海口，焉能泄之！爲運道之長計者，復用湖之舊法而已。諸湖列後。

山陽縣：津湖、即西湖，在城西。白馬湖、在西南六十里。智劉湖、李皮湖、崔家湖、俱在城西高加堰内，入湖以濟漕。徐家湖。在清江浦南。凡黄、淮水發，穿阜陵湖，泛青墩，入此湖，衝運渠，其勢甚險。高堰之北，青墩至韓信城一段，當築堰者爲此。今主事張譽於浦南築隄，然必接堰，乃免大患。

江都縣：召伯湖、在揚城北四十里。晉謝安於湖濱築平水埭，田獲其利。民稱其埭與湖皆曰召伯云。樊梁湖、在縣西五十里。凡縣西之湖皆會焉。東有石堤，西風駕濤，洶湧險惡，運舟觸而輒碎。隄之東皆民腴田，每有湖患，復河復隄，奏請疏築屢矣。灑火湖。在縣西南四十里。

高郵州：新開湖、在州西三里。甓社湖。在州西三十里。

寶應縣：珠湖、縣西。白馬湖。在縣西，接山陽界。白馬潦水來自西，五閘廢水來自北，五塘廢水來自南，皆會于黄浦八淺。

右湖。

淮之隄堰閘壩涵洞淺舖爲運河而設者，難以編年，今類附於此，以便查閱。

仁字壩，舊志云：在新城東門外。洪武元年，知府姚斌建。義字壩，與仁字壩相連。禮字壩，舊志云：在新城西北。智字壩，與禮字壩相連。信字壩。與智字壩相連。永樂二年，平江伯陳瑄建。

右五壩皆軟壩也。紀事云：永樂元年，運道由江至淮安，貯於舊倉，車盤過壩，復裝舡入河、淮，至陽武縣，陸運抵衛輝，自衛河達於京師。九年，開黄河故道，自開封城北魚臺縣塌場口入會通河，與海運並行，十年，尚書宋禮因濟寧州判官潘叔正言，奏開會通河。十三年，始罷海運，專於會通河運。是年，平江伯於山陽開沙河以達清口，建五閘以出入，而無車盤之艱矣。

新莊閘口壩，即清口也。舊志云清口有洪澤閘，八里新莊閘共六座，新壩二座，皆湮廢。永樂十二年，奏建新莊等五閘。新莊之外不建閘，亦宋人洪澤之外不置閘之意。我朝新莊之外有壩，亦倣宋人新壩之制。水發時，暫築閉以遏水頭。水稍定，即去壩用閘如常。至嘉靖八年，河漕二院奏新莊閘口，凡遇水漲則閉，涸則開，而以爲常焉。

南鎖壩，在郡城西南三里，國初廢宋磚閘而爲此，又於東岸立抽分廠，於城西門外設浮橋。蓋宋於湖中通行運舡，我朝不復由湖，恐商貨船料往往由湖而漏，故設壩以遏之，設廠、橋以防之。又湖水乘時雨而漲，自西而來，直衝包家圍一帶運隄，此壩之設，又以禦湖衝而防運隄也。

滿浦壩，舊志云在淮城西北四里。宋時有閘，魏勝守楚州，調運兵糧由此。宋河渠志：向子諲奏請權閉滿浦閘，遂爲軟壩，防内水之泄也。河防議不欲開，恐黄水灌入沙泥淤塞也。

淮安壩，舊志云在淮城西七里。景泰二年，裁。其利害與滿浦壩同。二壩即今方、信二壩之地。據河渠志、河防議，凡謀國者皆以爲二壩與渠俱不可開，而牙店脚夫必欲開之。區區所得幾何，而運道之漲淤，軍屯民田場竈之淹没，歲損公私不啻百萬，故志、議之言不可忽也。

清江壩，舊志云宋洪澤閘外有新壩，我朝平江伯新莊閘外有新莊閘口壩。成化七年秋，淮河水漲，入新莊閘口，忽爾而退，自此至清江閘内二十餘里，沙淤不通舟楫，遂築清江壩以畜水，運舡由仁、義二壩車盤，又於清江浦置東、西二壩，以助不及。漕運通志之言如此。漕舡志又云：清江二壩在淮流南岸，去廠僅里許。成化七年，河院、漕司集議，設壩於此，以車運舟。近年河流數派，皆會注新莊閘口，每將閘河淤淺。若因時封閉以阻濁流，使運舡由二壩車盤，與清河對岸而渡，不惟可以避長淮之險，亦可以省閘河挑濬之費矣。嘉靖年間，漕、河二院具奏行之。

清口土山：清口洪闊，昔人築此以爲表識。又水自西北來，運舡乘東南風而至，因土山之障，風微水平，往來便云。余數汎舟其間，乃知古人精思一至於此。

高郵州蛤蜊壩。在州東北。

寶應縣槐樓三滾水石壩，在縣南，并水石壩，俱七尺以下畜水濟漕，七尺以上減以濟農也。

右壩。

清河縣新莊閘，在清口南岸之内，去府治西北五十里，俗云大閘，又云頭閘，乃河、淮之第一關也。

山陽縣福興閘，在府城西四十里，俗云二閘。清江閘，在府城三十里。移風閘，在府城西二十里。以上三閘，并清河縣新莊閘，共四閘，俱永樂十三年平江伯建。板閘，去府西十里，永樂十四年平江伯建。其時以四閘不能節水，倉卒建木閘，次年乃甃以石，鄉人仍呼板閘云。

減水閘五座。内涇河閘在府城南五十里，景泰元年知府丘陵建倉於此，以兑鹽城之運，蓋前代通海陵之饋路也。先諸廉訪爲泗寇坐困，南北不通，全籍此以爲命脈。司經理之大計者，宜留意焉。此閘洩山陽運河之漲，黄浦閘洩寶應湖之漲，漲時二閘必開其一以洩之，並開則下河之田盡浸矣。嘉靖間，水勢宜開黄浦，而寶應之民欲開涇河閘，督府總戎親至黄浦開之，二縣之田皆無傷。近因下河田户告塞二閘，水滿而溢，以致黄浦決口，二年不能閉，下河田民寔自貽害，苦至極矣。故不復二閘，非全計也。此條與復閘制書及減水閘洞兼看。

新路閘三座：詳天順年之下。通濟閘，詳嘉靖三十一年，今廢。興文閘，在城西南。澗河閘。詳萬曆五年。二閘最爲洩水之衝，其工不宜苟且，無益及害也。

舊城西水關一座、北水關閘一座，新城南水關一座。兩城中有市河，通貨即舟，行者居者皆便。節因洪水入城也，閘以遏之。因閘不堅也，土以塞之。兩城氣脈不通，士民彫弊日甚。若建堅閘而開通，則仁、禮壩運隄之内，舟貨往來，行旅便益，而地方氣運庶可復回也。此最爲便益，而人諱言之者，以利未得而先被擾也。如無擾，則善政矣。

請復閘舊制書云：板閘、移風、清江、福興、新莊啓閉有期，或二、三日，或四、五日，且迭爲啓閉。如啓板閘，則閉新莊等閘；如啓新莊閘，則閉板閘等閘。閉新莊等閘，則板閘爲平水；閉板閘等閘，則新莊閘爲平水，故啓閉甚易易也。令官舡由閘唱籌，挨幫序行，民舡悉令過壩自便。又有報水頭之制。如淮水始發，河水入河南界，所在之人必報，報必先水至。報至，新莊閘即下板，貼席實土。閘外又有土壩，亦復實築之。必俟旬時水頭已過，大勢已退，然後啓閉如常。故河與淮非異常大發，漫壩壞堰，不得入山陽。縱入山陽，平地上水不一二尺，旬時則定，濁水泥沙淤淺至通漕門，其挑撈煩費四五十里而已。近有議置通濟閘，啓而不閉，受淮之清水，省其挑撈煩費，是以經清河來者爲河，經泗州來者爲淮。事之大謬，亦至如此。典籍記載，多未暇論。按我朝河渠典云：弘治五年，從黄河南浚孫家渡口，别開新河一道，導水南行，由中牟、潁州東入於淮，又浚四府營淤河，由陳留至歸德，分爲二派，一由宿遷小河，一由亳州渦河，會于淮。河同於淮，從來久遠，豈今日清河、泗州而始分清濁邪！舊清口正在西回北顧之間，土人所謂「回溜」者也。雖在河、淮之中，獨無河、淮之險，泥沙不停，風浪不及，乃地勢水性之自然，非人工功力之所可致。清江壩置此，新莊閘又在其内，加之啓閉有制，故乖三百年無大患耳。今通濟閘正當直南射之衝，又啓閉失制，故頻年河與淮建瓴下山陽，濁水泥沙直向寶應之南，山陽北顧，劣容舟矣。

漕舡志云：永樂十五年例，凡閘惟進貢鮮品舡隻到即開放，其餘舡隻務要待積水而行。

若積水未滿，或積水雖滿，上面舡未過閘，或下閘水未滿，不得擅開。若豪强之人逼脅擅開，走泄水利，及閘已開，不依幫次，争先鬭毆者，聽所在閘官將應問之人拿送管閘并巡河官處究問。因而閣壞舡隻，損失進貢官物，及漂流係官糧米，及傷人者，各依律例從重問擬，干礙勢豪官員參奏以聞。運糧旗軍有犯，非人命重情，等候完糧回日提問。其上閘舡已過，下閘已閉，積水已滿，而閘官夫牌故意不開，勒取官舡錢物者，亦治以罪。

治河録云：嘉靖癸巳，河道潘中丞奏工部題覆奏聖旨俞允清江、新莊等閘如濟寧事例，依時啓閉。行主事徐存義欽遵施行訖。

朝宗閘，河渠志云：舊置，宣和間廢，向子諲奏復。近於水月寺邊造閘，洩漲水入澗河，亦其意也。

興文閘，在府城西南。萬曆五年，知府邵元哲建，減水入城河。城河西北地高，東南地卑，須爲隄乃可放也。

澗河閘，萬曆三年，都御史王宗沐建。

祭酒吴節爲平江伯祠堂記云：沿途揵石畚土，爲揳閘水，以時縱閉。其閘以座計者五十有奇。

揚州府江都縣新廟等十一減水閘。俱在府城北。朝宗上、下二閘，在府城東灣頭鎮。成化九年，侍郎王恕建。
新開閘，在府城東北六十里宜陵鎮白塔河口。
召伯上、下二閘，在本鎮，洪武初建。
大同閘，在府東。
通江閘。
瓜口閘，在瓜州鎮，天順間巡撫江南都御史周忱建，以閘留潮水，名留潮閘，接車運舡。
嘉靖四年，漕撫都御史高有璣、總兵官楊宏以參將張奎議，奏移建於南，改今名云。
儀真縣羅泗閘，在縣東南。
通濟閘，在羅泗閘北。
響水閘，在通濟閘北。
裏河閘，在響水閘北。以上四閘，皆成化十年管河郎中郭升重建。
新閘，在縣東北，弘治元年建。濱江攔潮閘，在縣南，弘治間，漕撫都御史張敷華、總兵官郭鋐議建〔一二〕。
東門新高樓二減水閘，在縣東南。按：宋史有修復儀真等處澳閘，則成化以來所修建者，皆修復其舊耳。

高郵觀橋上、下二閘，在州遐觀橋下。車邏、王琴二減水閘在州。

寶應縣附城南北閘、南北五里閘。

右揚州諸減水閘甚多，然莫可紀也，聊紀其有關運漑者耳。

志云：六閘既修，誠爲通州無窮之利，然其中有可論者。大率謂建閘於上而減水於下，必於下處先立隄防，使有灌漑而無淹没可也。若高下俱利，必建閘於適中之地，使旱不病於高，潦不病於下。如唐家閘及通州如臯之類。此以地勢言也。及有石港閘東之宣家壩，其水通海，多蟹族，秋深取蟹者利水之流也，恒盜決焉。其塞也，必待來歲麥熟稼事將興之時，而取鬻魚人利舟之出入，皆久然後塞。以故上流數鄉之田歲夏旱者，此之故也。較其得利甚微，而貽患莫大。宜於石港置上閘，宣壩置下閘，中閘冬春閉而夏秋啓，下閘夏秋閉而冬春啓，更視旱潦而權宜之，則麥稻魚蟹皆獲其利矣。此以人情言也。

據宋志，我朝山陽閘制，皆沿于宋而修飾之。宋城西有磚閘一、西斗門二，以接湖水，今改爲新路閘三。城東有朝宗閘一，以洩近城之潦，今改爲磚閘。清口南岸有八里、洪澤六閘，今改爲新莊等五閘，五閘遞互啓閉，以節運渠。新城有北閘，宋爲北辰閘。閘常閉，議者請開之以洩潦水。時黄、淮忽暴漲入城，城中大浸，越旬日乃塞之。大抵市人圖目前牙脚毫末之利，多輕言以自便，而不顧地方之利害，率如此，毋輕聽焉。

右閘。

高郵減水礎十五座，在州南，沿官河塘岸三；在州，沿湖隄六；在州東，沿運河塘岸六。寶應縣減水洞二十一座，俱在官河塘岸。舊有十八座，成化三年，知縣魯瓚增置五座。山陽縣減水閘洞十一座。寶應止受湖水，而塘岸之洞二十一。山陽内受湖水，外受河、淮，而減水之洞減半。殆由洞下民田，於水發之時倡言閉洞，閉洞而漲决塘岸，所傷益多。此山陽之田所以劣於寶應也。然欲保全漕、農，則減水之制尤爲切云。

右礎洞。

鹽城縣廣惠礎，一名石礎口，在城北三里。高、寶、興、鹽之澇水，皆由此入海。宋淳熙、紹熙、我朝洪武間皆重修。每海潮猛大，亦入病田，田户塞之，田益浸。萬曆四年，重修如故。

捍海堰，在山陽東六十里者，唐大曆中李承所築，又名常農隄。在鹽城界者，宋天聖中范仲淹所築，又名范公隄。興化、泰州、如皋、海門、鹽城、山陽皆有之，洪武間修築，以後常修不輟。堰下舊有洞十餘，海水入，則近洞之田傷，近洞田户請塞之，而積水經年，種不時下，又請開之。大抵水有利害，歐文忠公謂擇其利多而害少者爲之。范公留洞正會此意，塞者何哉？

山陽縣高加堰，漢建安中陳登所築，一名捍淮堰。永樂間，平江伯陳瑄、嘉靖間都御史連礦、隆慶間都御史王宗沐、知府陳文燭重修，學士丁士美有記。

北神堰，吴夫差所築，在郡城北五里，宋曰平津堰，我朝爲新城北閘。唐以前漕舡俱渡堰入淮，至宋始爲直達之法，漕舟由六閘以入淮云。萬曆四年，築西長隄，即其地也。

西長隄，自清江浦藥王廟起，至柳浦灣止，長六十里，乃合吴北神、宋平津而爲一者。永樂間平江伯陳瑄、嘉靖間都御史連礦皆修之，水輒敗，萬曆間都御史王宗沐、知府陳文燭重修。

新路隄，宋嘉定間太守應純之於管家湖中心築隄，永樂中平江伯陳瑄重築，皆以土。天順間，知府楊昶始砌以石焉。

漕隄，一名河塘，自郡城南角樓至黄浦六十里，永樂中平江伯陳瑄因隋山陽瀆御隄而修之者。隆慶六年，都御史王宗沐、知府陳文燭，萬曆四年，都御史吴桂芳、知府邵元哲俱重修。

包家圍隄，北自抽分廠，南至蔡家圍，長七里，西受管家湖、陽羡港水，至爲危險。元至正間，有包能者占佃淮陰路水田一圍，故鄉人名曰包家圍。屢因水齧圍穿，頗爲糧額所負，其田多半鬻之，而子孫厘守其半。水穿圍而下，則東方之州縣皆病矣。河道衙門每春中發銀山陽縣，調牙夫，令舡帶土，常因水發罔功。隆慶五年，都御史王宗沐、知府陳文燭發帑募夫，於農暇修築，比常更加高厚，其險處密施樁埽，始堅完矣。

清江浦南隄，萬曆四年，主事張譽新築以禦河濤、護市宅者，民甚賴之。

板閘隄，在漕河東岸，北接舊隄，南接護城隄，以禦漕河之漲水，民甚賴之。萬曆五年，主事陳瑛築。

護城隄，自南角樓起，至鐘樓止。隆慶五年，都御史王宗沐、知府陳文燭所築。自鐘樓北至板閘南，隆慶三年侍郎翁大立所築。西長隄以禦河、淮之漲水于外，護城隄以禦漕河之漲水于内，中間民始無浸而奠厥居矣。

水月寺隄，自南角樓至東仁橋，中間有閘，運河水漲，必由閘而泄。此隄不固，則漲水未泄，而隄東之田園皆浸矣，宜堅厚之。

唐堰，在郡城東南七十里，唐時所築。詳唐太極元年之後。

白水塘三堰，在郡城東南九十里，鄧艾所築。詳南唐保大中及宋嘉定中。

石鋸牙，俗云磯嘴，在滿浦坊西北。詳天順條下。

鹽城縣岡門鎮堰，去縣西一十八里。自鎮至新河，轉由侍其汊，皆有古堰址，每歲灌溉田禾，民獲其利。

大通堰，去縣治北三里。洪武二十九年，主簿蔡敘瑜創築。

徑口堰，去縣治西二十里岡門鎮，東連運河，西連馬鞍湖，通商貨，民多便之。

張岐塘，去縣治西北八十里，廣三十丈，袤三十里。其東又名高婉塘。

侍其汊堰，紹熙五年知縣徐撻之、洪武二十九年主簿蔡敘瑜俱重修。

高郵州范光湖石隄，在州西北，洪武初年造。七年修開複河，并爲隄。永樂七年重修。弘治二年修，名複河曰康濟河。

寶應縣珠湖石隄，洪武九年造，二十八年開複河，名直渠，爲土隄。後將渠南北口塞，屢奏未開。

江都縣召伯埭，晉武帝太元十年，太保謝安出鎮廣陵之步丘。步丘，召伯鎮也，在揚州城北六十里。安於此築埭利漕便農，後人思之，比於召伯，故名召伯埭。埭，隄也，淮揚人呼曰河塘。

儀真縣陳公塘，漢建安四年陳公築。上、下雷塘，句城塘。通名五塘，滋漕溉田，爲利最大。成化八年，正德十六年，嘉靖十三、十八年俱修築。此塘廢，則漕渠或涸或溢，涸則病漕，溢則迤東之田皆浸矣。

右隄堰塘。

清河縣清口以南有五閘，無淺舖。

山陽縣板閘之南有五舖，係軍夫。西岸多決，因此處通湖，有走漏商稅舡料之弊，歲歲決焉。宜加築高厚，庶無走泄漕河之患。有四舖，係民夫。城南五里舖在包家圍。十字亭舖在城南十里，灌溝鋪二十里，辛店鋪三十里，平河鋪四十里，涇河鋪五十里，黃浦鋪六十里。自十字亭而下諸鋪，有司兵，無歲辦。

寶應縣九淺，子嬰淺、瓦店淺、槐樓淺、丁家潭淺、白田淺、十里淺、白馬湖淺、黃鋪淺，每淺有鋪舍者人一名，共夫四百三十名，歲辦椿木四千三百根，草四十三萬束，樹木多寡不等。

高郵州一十一淺，王瑟淺、車羅淺、五里鋪淺、丁家灣淺、小北門淺、九里淺、廠淺、十里橋淺、張家溝淺、丁志淺、永定淺、界首淺，每淺各有鋪舍老人一名，夫四十名，歲辦椿木四百根，草四萬束，樹木多寡不等。

江都縣一十一淺，花家園淺、李家莊淺、姚家潭淺、吉祥莊淺、江家莊淺、東西灣淺、柳青湖淺、宋家淺、頭潭淺、浪蕩湖淺、辛廟淺，每淺各有鋪舍塘長一名，夫四十名，歲辦椿木四百根，草四萬束，樹木多寡不等。

儀真縣三淺，麻線巷淺、張家溝淺、蔣家溝淺，每淺各有鋪舍老人一名，夫二十名，歲辦椿木一百根，草一萬束，樹木多寡不等。運司志云：永樂中，平江伯於運河隄上置立淺鋪，添備椿草，遇有衝決，即爲補治。

按：山陽縣無淺鋪，漕河之東，自十字亭而南至平河，自涇河而北至於平河，會流入於射陽湖，每十里有木閘，有涵洞，泄水入澳，漲時反塞。今爲長計，合易以木石，多增涵洞，令人看守之。大凡隄下之人，常建議塞閘洞，惡水多也。殊不知水大必漲，漲必潰，潰則反甚，孰若徐徐而下，雖多不爲害乎？

右淺鋪。

正統初，黄河泛溢，每水一斗，其泥數升，匯於清口而爲洲者十餘里，運舟不通，有司奏上，徵數郡人徒疏濬，久而弗績。一夕，衆見平江公擁騎從行水上，若行工者然，旦日，沙徙水通，運舟大利。郡耆石士寧等率士民以狀聞，詔如江西韋丹故事，賜祠額，春秋祭享。

景泰六年，都御史陳泰修濬揚州儀真、瓜洲河道。

天順七年，淮安知府楊昶築管家湖中心隄。隄自宋應純之始，我朝平江伯修之以爲牽路，皆用土築，至是始用石砌隄。中爲三閘，旱則引湖，漲則泄之。於隄上爲淺鋪，有曰四五鋪者，屬軍衛，屢修屢決。此處即鴨陳口，可通馬家嘴，徑達南鎖壩，商舟行湖中，有漏税料之便，故築時即爲決時之計，督工者之慣也。須堅築以禁絶之。唐末諸將留賊養家，四五鋪之弊政如此。

天順間，遣都水郎督工，於山陽滿浦坊作石鋸牙。其制上布七星樁，樁上甃以石，石有笋，笋相入，縫有錠，錠三膂，灌以糯汁，砌以油灰，長千尺，俗云磯嘴。其制乃古之鋸牙，而以石爲之也。其費金蓋三十萬。大抵黄河之水入中原，半雜泥沙，急則行，緩則澱，故一激於三門，再激於吕梁，吕梁以下水勢平緩，故三激於滿浦，使之翻騰踴躍以入于海，法亦巧矣。今漫入水中者，微露形跡，或以爲護南岸之衝淘，豈其然，豈其然？

余頃在西橋灘岸之上而望黄、淮，從西北數十里直射而來，然後折東北而去，其勢奪運河而南潰，直百步爾。昔人於上流置石鋸牙，激使北去，今已沉陷，不可復作。議者欲回地形爲木鋸牙三，功與石等。此易見也，而人莫敢言者，蓋水發時歲護南岸，百凡用度皆取之民，民貧苦擾，故有開北岸沙、濬草灣河、疏海口之三説，不過嫁禍於北以自幸免爾。然運道民生所繫不小，若捐數千金自足辦此，奚以擾爲！

成化三年，定濬儀真、瓜洲二港之例。先是儀真壩下黄泥灘、直河口二港，瓜洲壩下東、西二港，江潮往來淤澱，舟不能行。是年始定每三年冬月江涸之時，發軍民人夫挑濬一次。

八年，侍郎王恕、郎中郭昇於上、下雷塘各造石閘一座，水礎二座，句城塘、陳公塘各增築隄岸，各造石閘水礎，數如雷塘。

十年，管河郎中重建儀真羅泗閘、通濟閘、響水閘、裏河閘，南京吏部侍郎錢溥記。

弘治二年，户部侍郎白昂奏以會通河之餘貲開複河於高郵湖隄之東，名康濟河，大學士劉健記，大略云：高郵州運道九十里入新開湖。湖東直南北爲隄，舟行其下，自國初以來，障以椿木，固以磚石，決而復修者不知其幾。其西北則與七里、張良、珠麂社、石臼、平阿諸湖通，每西風大作，波濤洶湧，舟與椿石遇輒壞，多沉溺。於是開河避之，自州北三里之杭家嘴至張家溝灣，長竟湖注六，廣十丈，深一丈有奇，而兩岸皆擁土爲隄，椿木磚石之固如湖岸，首尾有閘，與湖通。岸之東又爲閘四，涵洞一，每湖水盛，使從減殺焉，而漕舟往來皆安流矣。按高之複河，乃洪武中之舊道而今重闢之者，世只曰白公云。

四年，從漕運總兵官都勝言，浚揚州揚子橋灣頭河道，凡發丁夫萬餘。

弘治六年，重建儀真縣新閘，尚書王㒜有記，少參黄瓚爲之記。又建欄潮閘，學士楊一清有記。

正德十六年，管河郎中楊昶奏寶應湖極險，當倣高郵康濟河事例修築越河，免沉溺之患。

自是言者相繼。是年，漕撫都御史臧鳳奏請復修五塘。

嘉靖三年，郎中陳敏賢請於寶應、高郵湖隄建閘十座，以殺水患。是年，漕撫都御史唐龍於淮安城西北開烏沙河，築方家壩，以車舡隻，壩内建閘。其歲大饑，以此濟貧牙擔夫之急，民甚便之。初，知府葛木恐河、淮内侵，持不可，淮安衛指揮熊某同府議。鄉官都御史潘塤作河防議云：地名山子湖、連窑溝一帶，正係受水之處。此處築隄高厚，尚恐不能捍水，乃謬於此開方家壩受水。先年水湧，黄沙從新莊閘口入，猶是以口受水，不能深入，僅止於清江閘上下，挑濬無難。近數年，沙從方家閘湧入，是剖心穿腹以受之，大小支委，遠近溪河無不淤塞，而黄沙排淮、泗而注之江矣。外河去裏河溪橋近處止隔三十餘步，遠亦不過六七十步，逼近運河，不但毀閘，猶宜加土填墊高厚。自山子湖至窑溝，又須築長隄以護之。萬曆二年，漕撫軍門都御史王宗沐築西長隄，適在其處，而方壩内外沙淤，商舡遂斷，其亦天人之會歟！

國初，制置隄堰閘壩，抗河、淮而之海。今河、淮之水由方家壩南奔，而東流停緩，海口沙之議遂起。今長隄築矣，欲求清晏，惟修高家堰，復五閘之啓閉，抗河、淮以入海而已矣。噫！運道廢興，自此而分，田民貧富，由此而分，悔之已晚，不悔其焉極乎！

五年，御史戴金請浚儀真、瓜洲、寶應隄下久壅河道，若子嬰溝接潼河，長沙溝通官莊，俱入廣洋湖，劉家溝通瓦溝溪，望直溝出官河，三里溝通七里溝，出葛頭溝，寶應縣東門外起至流星溝，君師廟起至章思蕩，葛頭溝起至射陽湖，以便泄水，以通舟楫。

七年，寶應縣知縣聞人詮請於寶應縣范光湖東開築越河，就中建減水閘五座，濬赴海渠五條，使行舟皆由越河，湖水減于五閘，閘水下于五渠，則舟免風波之險，水得豬泄之宜。御史王鼎奏開内河行舟以保漕運，建閘座以固河防。是年，漕運御史唐龍奏乞于三汊河口儀真上游之地，建閘座以盡漕利。

八年，督河侍郎潘希曾奏准漕撫都御史唐龍咨稱，成化七年因漕河水涸，將新莊閘築閉，在清江閘設東、西二壩於漕河之北岸、淮河之南岸，順淮河而濬之，以爲月河出於淮。近日水漲，壩埂倏决，往來舡隻徑行。乞將河口一帶淤沙挑濬疏通，仍將新莊閘增築高廣，伺來歲水漲，即便用土填塞，以遏流沙之入。舡隻照前俱由月河往來，水消仍復開行。自後凡遇水漲則閉，水消則開，而以爲常則經久之計，庶或在此。該河院具題，工部覆奏准行。以嘉靖三年開方家壩，及三十二年開清江壩。及唐公此奏而合觀，則方壩不必開，開亦無用。河防議之説，誠有見也。

十年，御史聞人詮再奏修寶應越河，户部員外郎范韶、陝西按察使仲本俱奏修寶應越河。以地方災傷，工力重大，錢糧未敷，未暇興修。

十三年，督河都御史劉天和奉詔特起治河成功，有問水集云：議者以爲黄河汎濫中土，蓋由東海口近年漲沙下壅上溢而然，已議濬海口矣。初亦甚奇之，及觀於淮海而始知其妄。蓋東海北口實有沙，而南口更衝廣耳。又云：自板閘而下，相度地形，中道别開一支河，河口亦建閘，各高其隄防，淤則濬其一而開其一以行舟，可免停泊矣。又云：淮揚諸湖，每風險壞舟。近范光湖於隄外開支河行舟以全運事，用心仁矣。議者謂不獨范光，凡諸湖之廣而畏風者，皆可爲支河，更多開滚水石壩，壩底平舖巨石，而酌其淺深，俾湖水淺不致阻，漲不致衝岸。壩外則開渠以通瀕海魚鹽之利，民田亦賴以灌溉矣。又云：據泗州知州李天倫、留守張祐、鳳陽知府劉佐、泗州指揮張鎧、奉祀朱道光據匠役王良等量得自淮河見流水面至岸地，比水高七尺，又自岸至皇陵南湖水平面，比水高七尺，自湖水平面至下馬橋邊地高八尺四寸，橋邊地至陵門高六尺，陵門地至陵地高一尺七寸，共高二丈三尺一寸。況基運山俱土岡，百餘年來，每歲水溢，未聞衝決，俱經題奏如議云。山陽河役，獨累滿浦夫。夫家嫁禍於海口，私鹺漏舡税商税者惡堰閘，故借口於皇陵以便其私。觀此條所論可知矣。

是年，揚州知府侯秩開句城塘閘，淮安知府王鳳靈開涇河以通射陽湖，可以灌田，泄漕渠之漲，人咸便之。

十七年，都御史周金奏修寶應湖岸，濬山陽運河，自清江至十字亭，長三十里，深一丈，闊二十丈，役夫十三萬。自弘治以來始此大濬，通利者數十年，修山陽運河、減水涵、洞閘。舊爲石限，七尺以上減入射陽湖，今擬爲九尺。修新莊等五閘，嚴啓閉之節，惟通運舡，餘皆由壩車盤，運河無淤淺漲溢。是時高加堰惟募鄉夫爲之，時時補葺。後省募金歲數百，而調牙夫甚衆，堰不時修，于是決甚而工鉅矣。周公在淮六年，知漕渠水利甚悉，人至今稱之。

十八年，修雷塘。

三十一年，漕撫都御史應檟於三里溝建通濟閘。先是都御史潘塤著河防議，以黄河自徐而來，逼近新莊閘口，黄沙易入，欲於福興閘上下穿渠而南，又折而西，迂回稍遠，開新口以引清淮，多置閘座啓閉，庶隔沙淤。都御史唐龍、都督周于德用水平法凖量新口，地勢高于淮城，不可開。都御史王杲亦令山陽知縣莊滋民勘議，莊議如周，且爲宣達録，言將來若開此口，必無淮城矣。參政李元聞而是之曰：「此河防正議也。」序而梓之。未幾，潘撫河南，寔督孫家渡之役，親見黄河分流由渦而至清口，遂決意主修高加堰，不使河、淮泥滓一毫入運河矣。

按潘議謂清口河直逕，故欲添閘開河，令其迂迴屈折，免河、淮沙泥之入，省挑濬耳。應之河非潘意也。潘之意後主於堰。今人不講其已築之堰，而傳其不行之議，何哉？

三十二年，淮安知府姚虞築清江浦壩，并開月河，商舡便於盤剥。而舊時方家壩口外日淤，生理盡歸於此。先是都御史唐龍開方家壩河，時有以腹受沙之論。今壩外積沙數十百丈，豈可引之入内乎？未幾，唐有清江壩車盤之奏，而方壩自廢。

隆慶五年，都御史王宗沐修高加堰。

學士丁士美記云：山陽舊有高加堰，去府城四十里。其最關水利害者曰大澗口，堰迤西當淮、泗二水合流之衝。二水東北與黄河會，入于海。比歲河流衝決，則淮、泗汎濫，勢必由澗口建瓴下注，匯于津湖，甚者穿漕隄，入射陽湖，而山陽鹽瀆之間以及於海陵諸地通爲巨浸。間者黄河亦爲牽引，而漕渠日就湮淤。邇者郡守陳公、督撫王公發帑募民成之。胡應恩曰：堰無壞也，私鹺之家必欲其壞也。閘當啓閉也，而樂商税舡料之漏者惟恐其有閘也。利鉅而説行，何怪哉！昔唐劉晏爲度支使，以爲辦集衆務，當用士類，吏惟書符牒，不得輕出一言。余以爲士類必賢者始可倚賴，否則方且爲彼之義士，方且爲彼之忠臣矣。晏在江淮久，其言必有所試云。

夫運河爲邗江，自成周以來，史傳明白。我朝直名曰清江，又何疑乎？詳在哀公九年。或以爲盱眙曾通運，又以爲洪澤在盱眙，甚至以爲揚城以北非邗江者，何也？高加堰，淮、揚之第一防也，曰可修者什一，曰不可修者什九，何也？蓋運河至淮城之西，屈曲而北，又屈曲而西，又屈曲而西北以出清江口，中間於南鎖壩設抽分廠，於西門外設浮橋，於板閘分南署，於清江分二署，於淮北立分司，於馬頭設巡司，重關疊防，有人守之。而於鎮城之中，開府設帥，分署參藩臬，列郡縣衛所，而臺察以時察，殆以漕運爲國家之大計，課額以資京邊，稅料以助漕艘，至緊也。今私鹺之家及利稅料之漏者，以此爲大忌。夏秋之間，大浸稽天，士君子方以爲戚，而彼風帆便利，自黄浦以北，抽分廠以南，凡攔卒不到之處，任意南北，出入堰口。故以爲運河在盱眙、在洪澤，而曰非邗江，曰堰不可修，其言如此，其心必欲無閘也，無堰也，無官府也，而後快。今上司坐牙，皆彼所不顧之地，而彼所自縱之地，一切無禁。其詖邪之黨謬言日出，上之人方降顔色以來之，層疊出以詢之。噫！我懷禹、稷之虚心，而豈知其爲桀、跖之説間也。愚以爲言之不詳，則上之人無由聞知。上不知矣，安能復漕規三百年之舊而救淮、揚數千里之溺哉！

愚以爲我朝立法莫詳於運河一帶，而莫不詳於高堰之間。自高堰而北，由板閘則通淮北諸鹽場，自高堰而東，由涇河、黄浦則通淮南諸鹽場，自堰而西，則通盱眙，自堰而南，則通天長，東西二百餘里，南北四百里，其地至爲要害。中間止設洪澤巡司，豈能兼制！故高堰修，雖馱負之私未能盡絶，而巨艦連檣之大猾可斂也。

萬曆二年，都御史王宗沐、知府陳文燭重修西長隄，幫築西義橋樁岸。先是樁工皆取於民，競言岸下走沙，不可築。陳公以公帑成之，至今稱便。又修鹽城石礎海口。初士民言不便，大學李春芳力言其便，至是成焉。高、寶、興、鹽四州縣之澇，皆於此入海，士民復稱便。山陽之澇於廟灣口入海，水極大，亦於此入海，然非山陽之正路也。

王宗沐淮郡一隄記云：郡城專受淮勢，自西南歷清河而東，與南湖僅隔拳土，故自高加堰不治，而淮輒灌入，湖幾受其半，淮、揚兩郡皆困，終不治則妨漕，余惕焉。按之信然，乃檄守文燭以餉金六千，致鄉先生周君于德君表胡君効謨君應恩築焉。又明年癸酉五月，淮水溢平地，高三丈餘，而以堰故不入湖，郡之南鄉與揚皆無恙。然勢掠郡西，合黃河折而經北城，下安東則洶湧，幾齧西橋，奪漕河而出，余爲之不寢者三夕，幸而勢稍殺。則又以其氾濫四溢，出禮信壩及盔池山，民在巨浸中，至八月而始涸。余以災請，幸天子仁聖，捐米數萬石賑之，又允折漕糧。是時幸淮獨漲，使稍遲半月，與黃河並發，則事不可支矣。是年冬，余再檄余同知時保以賑之餘米一萬石，募夫築郡西長隄焉。高加堰自武家墩起，至石家莊止，計三十里而遥，爲丈五千四百。隄面廣五丈，底廣三之，而其高則沿地形高下，大都俱不下一丈許。而又於大澗、小澗、貝溝、舊漕河、六安溝諸處爲龍尾埽，以遏奔衝。自澗口以達章家莊，濬舊河以泄湖水，使不齧。工凡五十日而畢。郡西長隄，自清江浦藥王廟迤東，歷大花巷，由西橋相家灣，直抵新城，過金神廟，止柳浦灣，六十里而近，爲丈八千七百九十八。隄面廣四丈，底廣三之，高可七尺餘，蜿蜒如長虹，以障郡城之北。工凡三月而畢。余按淮安郡三城，在淮與漕河夾中，自嘉靖中年以來，無歲不被水，而其最甚，則己巳、癸酉極矣，鞠爲大浸，不見水端，民之棲樹巢塚以救旦夕，即余疏中所道，蓋其十之三四也。而二隄並峙，高加堰獨抗淮於西南，而長隄又障河於西北，蓋至是而居者田者皆有寧處，可望生全，無苦昏墊矣。顧淮水高於郡，勢若建瓴而下，使其發時與河並，則爲慮尤巨。且西長隄能障溢水，而其從下齧而崩者不能却。河故去城數十里，而今乃在城下，是其大勢漸侵而南，可覩也。開草灣以分勢，通澗河以防溢流，余心耿耿切，而力已詘，民亦告病，姑少休之以待。西長隄在新城西北，東者即宋北辰堰，歐文忠公飲于北辰，登倉北堰上亭者也。

淮郡二隄五閘，與海口利害相關，而淮南、北海口，志載不詳，今條列如左。

淮南之海口二：

山陽縣廟灣海口，在縣東北一百八十里，凡山陽之漲水入射陽湖者，自此入於海。舊口闊一千六百步餘，今闊六百步餘，水大至，則口與海漫而爲一矣。詳嘉定志。

鹽城縣石[石達]海口，在縣東北八里，凡高郵、興化、鹽城之漲，皆由此以入於海，凡射陽湖水多黃沙，亦漫至此，南至興化，舊阻今通矣。喻口去鹽城縣治東北一百二十里，射陽湖由此入淮，次於海口也。

以上諸海口，舊本無淤，近日之淤，由黄沙而然。然堰閘修，清水時下，歲久自通利，自昔然也。蓋海水潮汐日二至，每入也以二時，其出也亦二時，二時之出係入水，二時之入則海水，海水遏湖水不得流者，每日有八時，黄沙寧無停乎？故堰閘修則黄沙革，湖水清湍深闊，入海處庶無礙也。諸小口不能悉。

淮北之海口二：

安東縣張綱海口，在縣東北一百二十里，黄、淮之支流，於此入海。其各鹽場及村鎮，皆有小渠通海，然莫足數也，故不録云。

海州東海口，在州東一十五里，黄、淮之正流於此入海，凡淮北諸川皆附焉。舊闊數十里，今闊十餘里，水大至，則與海爲一矣。正口雖淤，旁口更闊，諸小口不能悉。

以上諸海口，本自無淤，而近日之淤，以黄沙而然。正口減半入傍口，傍口數十道不啻也。若修堰閘，使黄、淮水勢不南分，而合力以之海，則新沙不停，舊沙自去，而上流不爲敗矣。海水潮汐與南口同，但海水推入，如禹貢之逆河，彼一黄河猶能挾沙以入海，今更協以淮水，而力益大，沙隨水去，復何疑乎？此條之前及後，劉中丞所論皆已明白。聞之海濱之夫又曰：海之深不知其幾千萬丈，而沙出其上，人工所去，每日不能尺寸，而潮汐一至，頃刻而平，況未可施工乎？吴司空有淮不可分之説，詳在定議，與此正同。

海道自兗而北以至於薊，自揚而南以至於廣。其海口内外皆有山有島，惟淮口獨有沙，潮落微露其形，潮來則濤翻其上，勢若排天。海口之水，視堰閘之廢興以爲遲疾。蓋修堰閘以抗黄、淮，不南分而東去，東去疾，則海口之水亦疾，疾則無淤矣。

夏禹時，黄河由北入海。自周定王時，徙砊礫，南浮于淮，始由東海之口。漢武帝時，河決頓丘，經瓠子通于淮、泗。唐、宋屢決通淮，雖入東海，無幾何而復北。惟元季合淮以之東海，至今四百年而不變，此天意也，何近日之多議乎？

揚之地高，江、淮不能入，運河之漲，又多有閘洞以減殺之，吕泗、料角諸口，入海又近而無礙，故水患少。山陽地卑，去東海口也遠，黄、淮驟至，堰閘潰敗，則波及海陵矣。

三年，都御史王宗沐從知府邵元哲議，重修高加堰，又開菊花溝以泄三城之水，凡東方之米蒭舟楫皆通，民稱便焉。

五年，侍郎吴桂芳、知府邵元哲、同知劉順之、通判王弘化增築山陽運隄，皆高厚。自板閘以南至黄浦，長七十里，閉通濟閘，建興文閘，及修新莊等閘。主事張譽築清江浦南隄以禦湖水，加河岸以禦黄、淮之水，加清江閘土岸以便運舟之牽輓者。主事陳瑛加板閘漕隄，北接平江伯陳瑄舊隄，南接侍郎翁□□新堤〔一三〕，新隄因挑河出土而爲之也。

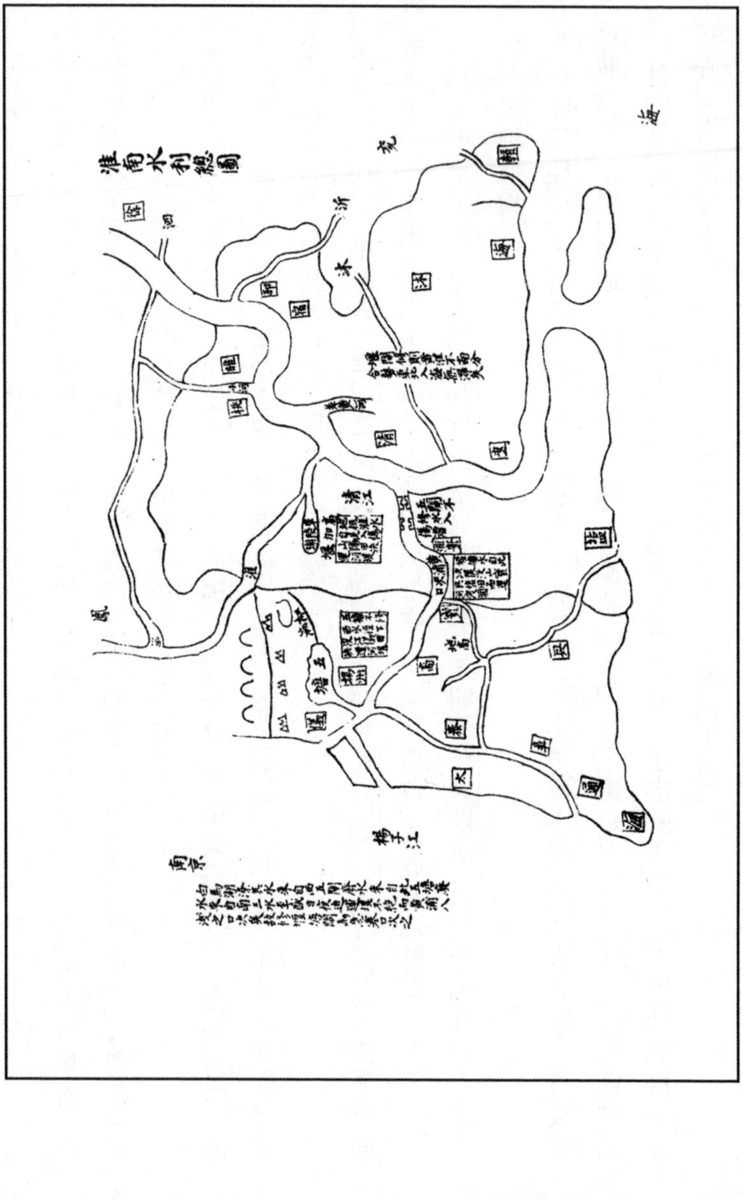

淮南水利總圖
揚子江
海
南京

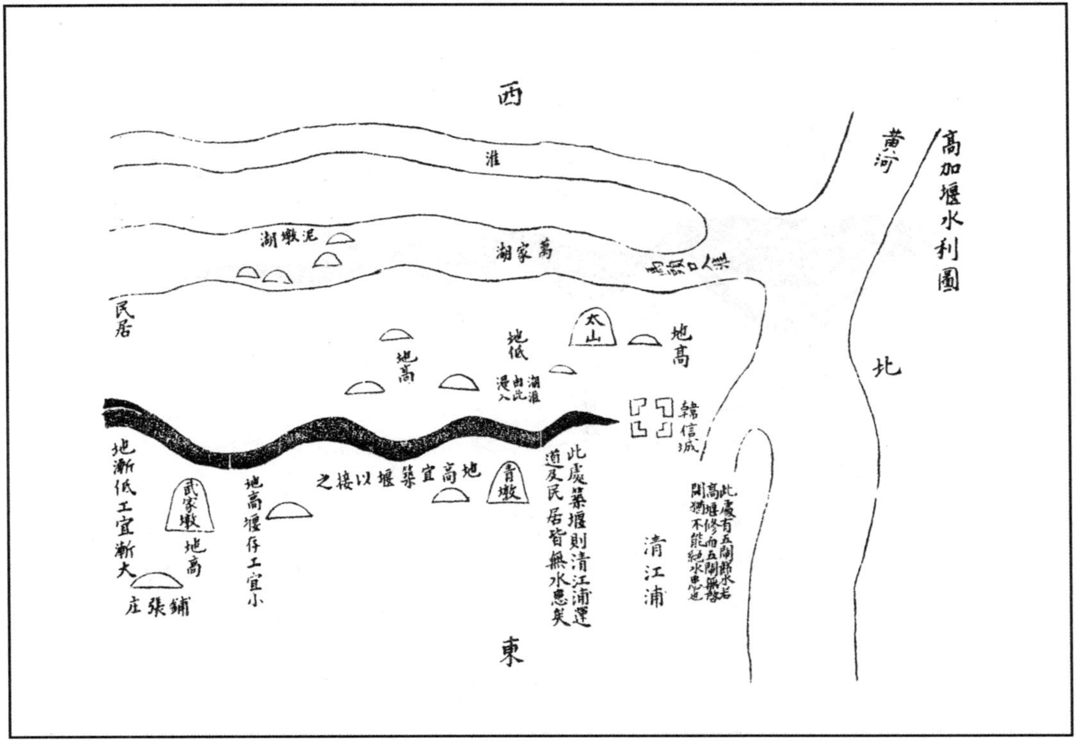
高加堰水利圖
黄河
北
西
東
淮
泥墩湖
萬家湖
馬頭口入淮
民居
太山
地高
地低
湖淮由此浸入
地高
韓信城
清江浦
此處有五閘節水若高堰修而五閘無恙閘猶不能絕水患也
此處築堰則清江浦運道及民居皆無水患矣
青墩
地高宜築堰以接之
地高堰存工宜小
武家墩
地高
地漸低工宜漸大
張庄鋪

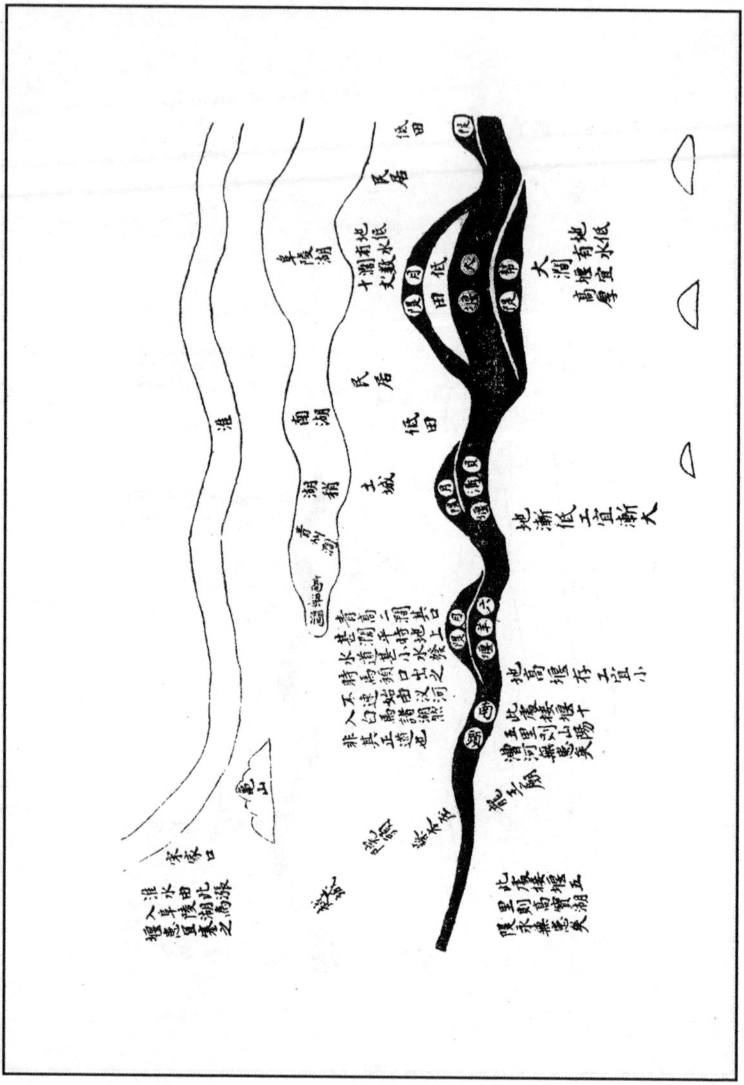
淮
阜陵湖
南湖
民居
低田
土城
大澗
龜山

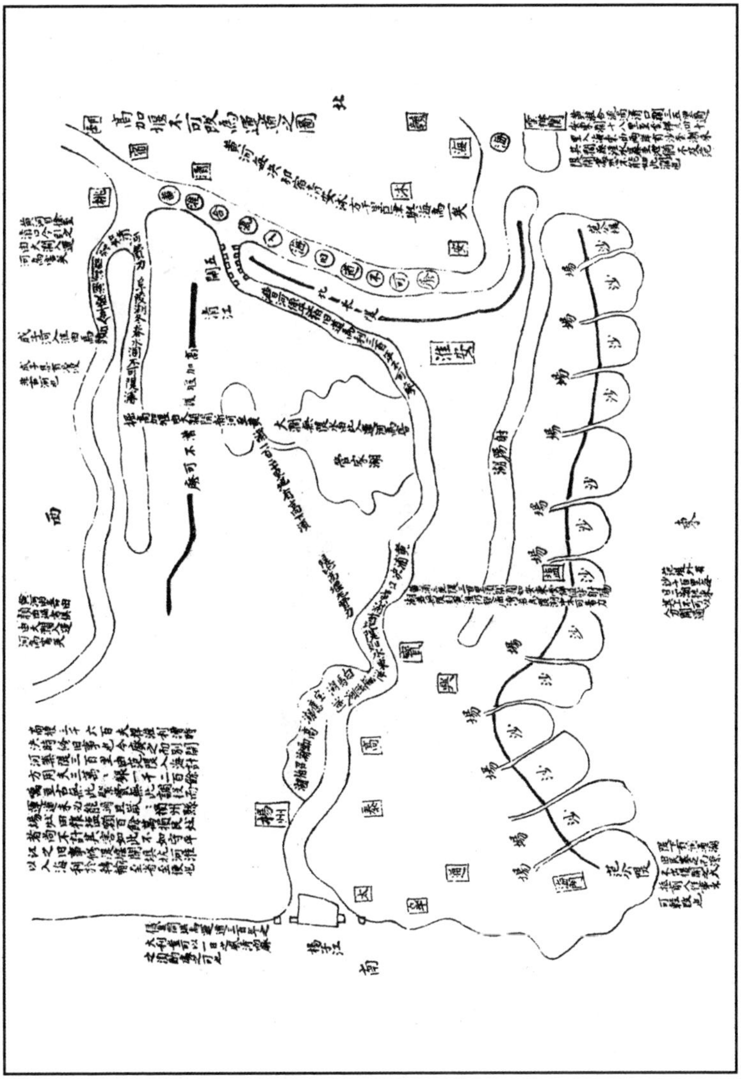

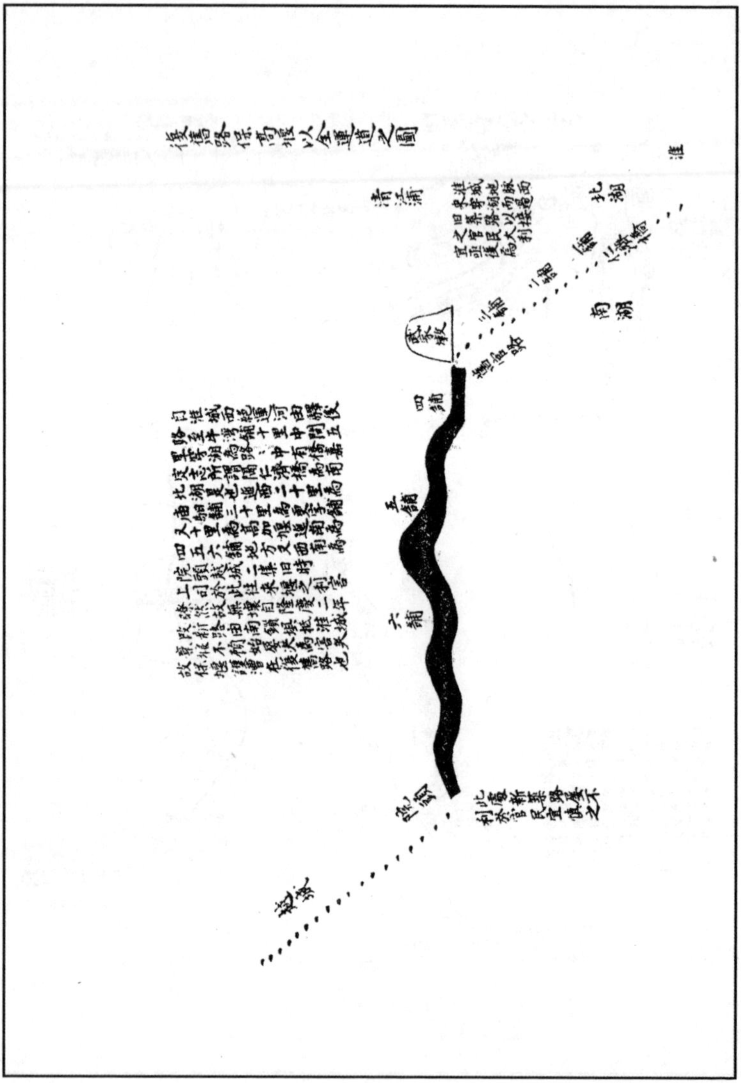
復舊路保高堰以全運道之圖
清江浦
淮
北湖
南湖
四鋪
五鋪
六鋪

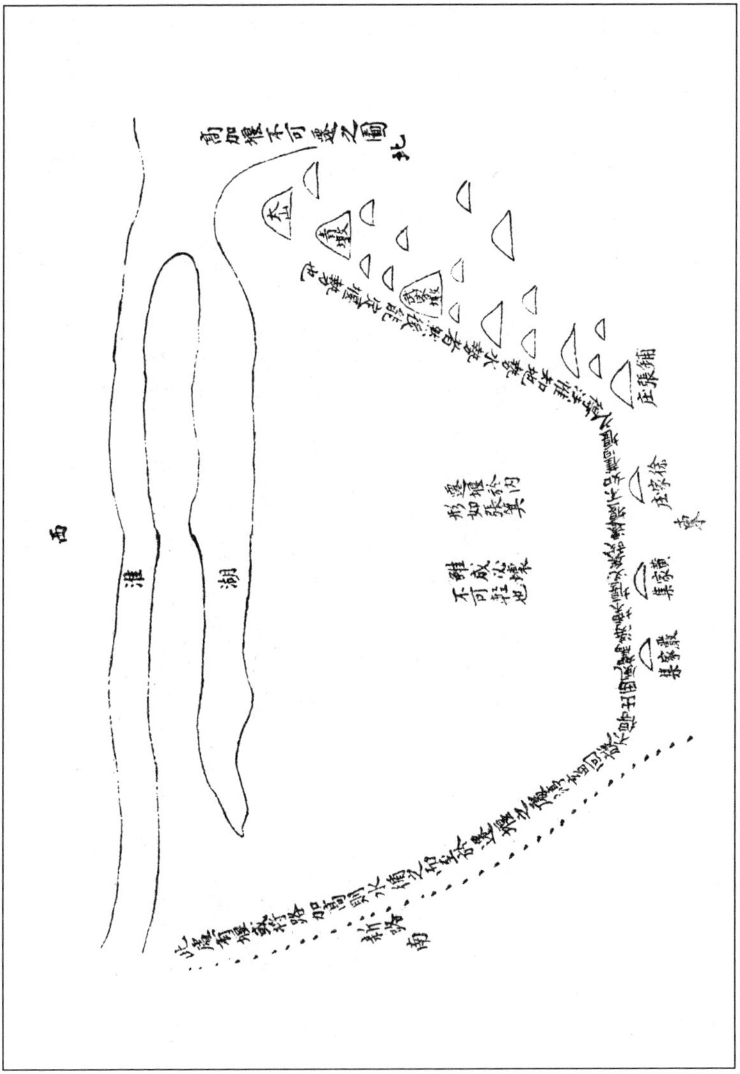
西
淮
湖
北
南

河防一覽

高堰居淮安城之西南隅，去郡城四十里。而堰内爲山陽縣之西北鄉，地稱膏腴。堰外爲阜陵、洪澤等湖，淮水自鳳、泗來，合諸湖之水出清口，會黄河，經安東縣，出雲梯關，次達于海。此自禹迄今故道然也。堰外尚存陸地里許，而淮水盛發，則及堰址。秦周以前無考矣，史稱漢陳登築堰防淮。至我朝，平江伯陳瑄復大葺之，淮、揚恃以爲安者二百餘年。歲久剥蝕，而私販者利其直達，以免關津盤詰，往往盗決之。至隆慶四年，大潰，淮湖之水洚洞東注，合白馬、氾光諸湖，決黄浦八淺，而山陽、高、寶、興、鹽諸邑匯爲巨浸。每歲四、五月間，淮陰畚土塞城門，竇穴出入，而城中街衢尚可舟也。淮既東，黄水亦躡其後，濁流西泝，清口遂堙，而決水行地面，宣洩不及清口之半，不免停住上源，而鳳、泗間亦成巨浸矣。故此堰爲兩河關鍵，不止爲淮河隄防也。

高家堰圖説〔一四〕

自青墩北至韓信城南，長五里，淮水穿阜陵湖自此漫入，相應築堰遏之，以護運道及清江浦民居。

青墩南至武家墩二十里，地勢雖高，亦近湖水，宜築堰以接之。

自武家墩南至管家莊，東有高加堰，長三十里。南北兩頭皆高，水不傷堰，略宜培補兩頭。近中地漸低，工宜漸大。中間大澗口地極低，内外多水，工宜極大。舊時築者謂此段爲大工，亦曰大堰。其北有魏家墩，南有貝溝、六羊溝，地勢水勢次於大工。堰邊惟大澗口，土遠工難，惟計日給銀，難論包工計方計丈給銀之例。其餘土極堅膩，取爲法土，厚數寸，長丈餘，闊與厚同，乃千百年草根土脈結成，入水不化，以此法土築邊二三層，用鞭棍槌打，相合爲一，勝于木石。法土下有粘土，亦有草土相結，但無硬面耳。以粘土填布堰中，用脚蹉撥無縫方可。此古來築堰之法，最爲經久。凡用夯杵，必用細碎浮土，築時徒勞，見水則化。凡工人憚于取法土之遠，樂于碎土，苟且成工，切宜戒之。

堰南頭地高，去湖遠，不能衝壞，舊堰完存。又南接堰十五里，地又高，水又小，工如南頭可也。接堰南抵官路，在蔡家莊之東、龍王廟之西，則山陽之南鄉，永無水患，運道保無虞矣。官路之南，再接七里至塘埂，地高，水不能過，則高、寶湖隄永無水患，而山陽之東鄉及鹽、興、高、寶之田皆出而可畊矣。

堰西爲阜陵湖，湖西爲淮，每淮溢入湖。湖東有堰，則從西北馬頭口低處入淮者，其常道也。馬頭口隘，出之不及，從東南青州、高梁二澗而溢，循汊河，入洪澤湖、白馬湖、衡陽湖、寶應湖，小小一枝耳。東南地高，二澗在湖邊，其口雖闊，至地上僅有尺寸，非湖流之正道，故無害。昔人棄於堰外，不爲隄防，豈無意哉！惟淮湖水極大，西風駕濤，堰潰敗，則牽引黄河從澗口之極低處注津湖，絶漕渠，穿漕隄，地皆窪下，建瓴東注，爲國計憂，而所經之鄉邑皆浸矣。然堰之利害與海口相關。嘗觀嘉靖、隆慶間，堰每壞，則海口輒淤，徐、邳之河，輒澱輒溢，始知古人之堰淮，不獨爲淮、揚之運渠，而於黄河海口亦有利焉。禹貢曰：「九澤既陂。」傳註以爲九州之澤既有陂障，則上流無潰決之虞，而後九州之河始入於海。是禹之功先於陂上流，而世只以爲疏下流也。夫知陂則知堰，知堰則知禹矣。

尚書吴桂芳復政府書

伏承下詢河、淮分流、導淮入江事宜，謹攄鄙愚，用俟裁察。夫河、淮分流，雖可分北黄河，足紓目下淮人受黄之患，然職反復思惟，至於浹旬，大抵揆之時勢，稽諸事理，竊見淮、黄有不可不合者二，淮河有不可入江者亦二。蓋前代治河，皆以民患爲急。而我朝治河，又當以運計爲先。河既從崔鎮自投老黄河魚溝浪石故道，恐將來正河漸次就淤，則自崔鎮至天妃閘八、九十里之間，正河且乾斷矣。若淮水如故，尚可委曲圖濟，故或三里五里一閘，逆挽淮流以合黃，或放運舟從天妃廟亂淮，從大河口入老黃河以濟運，無不可者。今任淮南徙，則將來委曲圖濟之計一無所施，漕輓不通，所關非細，其不可絶淮入者一也。河最濁，非得清淮滌蕩之，則海口純是濁泥，必致下流擁塞之勢愈增，旁決内灌之患轉急，故自周定王五年河南徙，漢武帝始決入淮，然猶時決時塞也。至宋熙寧中，則入淮之勢成矣。歷宋、元、我朝正德以來，幾五百年，黃河自淮入海，而不擁塞海口者，以黃河至河南，即會淮河同行，循潁、壽、鳳、泗至清河，清以滌濁，泥滓得以不停，故數百載無患也。蓋是時黃水循潁、壽者十七，其分支流入徐州小浮橋者才十三耳。近自嘉靖間，徐州小浮橋流短，徐、吕二洪屢涸，當事者不務遠覽，乃競引黃河全經徐、邳至清河，始與淮會，於是河勢强而淮流弱，滌蕩功微，故海口漸高，而汎濫之患歲亟矣。然民患雖亟，而運道無虞，入海之途尚通，汎濫之勢旋定者，則猶仗淮、黃同途入海之力也。今若永絶淮流，不與黃會，則渾濁獨下，淤墊日增，雲梯、草灣、金城、灌口之間，滄海將爲桑田，而黃河益無歸宿，此其大可憂者。其不可絶淮入者二也。淮、泗入江之説，孟子原屬誤筆。考禹貢「沿于江、海，達于淮、泗」，謂時江、淮未通，江沿海始與淮、泗達，蓋三江入海，淮、泗亦入海，故江、淮各入海，始相會合，豈嘗内地相通哉？近日淮水南注，轉爲高、寶，則其去江密邇矣。但揚州、儀真地形甚高，故高、寶五湖向來蓄而不泄。至我朝迺匯之以通運，常年湖水汎濫。如近年淮水南注，水甚加增，則揚州、儀真之間亦可開閘開壩，稍泄逾額之水。若泄至二尺以上，則揚、儀河道逐漸就乾涸，而高、寶之水涓滴不南。昨者高郵告急，大闢揚、儀通江諸途，可謂無餘力矣。迺高郵湖僅減二三尺之濤，而揚州灣頭、鈔關遂涸，回空及官民舡隻阻塞者三十里，遂復亟行閉閘塞港築汊，而後膠舟具通。此其明驗矣。故淮河入江之途，不可於揚、儀求也。必欲於揚、儀求之，則必將掘深揚、儀五七尺，盡廢閘壩，縱湖、淮二水，大與江合。顧萬一江水復溢，且引之入，則揚之患又烏有極哉！此關二百年運道成規，且亦誰敢爲盡廢閘壩之議者？此淮水不可入江者一也。考導淮入江，漢、魏、唐、宋時皆有此舉。如魏黄初元年，造龍舟，從潁至淮，入廣陵江口。廢帝時，司馬宣王伐吴，使鄧艾通天長漕。隋煬帝幸揚州，度淮水，今洪澤河尚其改名。唐魏景倩引淮水至天長，通揚州。劉晏於揚州造舡，轉江南粟，自淮、泗入汴抵河陰。宋漕河自真、揚導江，北趨盱眙入淮。訪其跡，淮自盱眙、天長達六合縣瓜埠，與江水合，今其遺址見多存者。翁見海總河時，已嘗差官備探，謂爲可行。但鳳陽皇陵正南對淮海，全以黄、淮合流入海，爲水會天心，萬水朝宗，真萬世帝王風水。若引淮從六合入江，是抱身之水乃返挑去而不朝入，大爲堪輿家所忌，誰敢任之？此淮之不可入江者二也。前所稱引淮入江之説，非惟不可行，而亦不必行矣。但當俟秋冬水落之後，議大修高加堰以堵淮之勿南，理所當爲，勢所得爲，不過如此。大抵水土之功最關利害，籌之不可不深，慮之不可不熟，新奇可喜之事，必事勢萬不得已而後可爲之。苟其舊貫可因，則尼父不貴改作。伏惟台慈，俯賜裁定焉。干冒威嚴，無任戰慄，不宣。萬曆五年六月十八日。

鄉人知府胡効謨請復閘舊制書

夫高加堰修築，後隄又已修築，草灣河今亦開浚，山陽水禍，十除其五。其未盡除者，由閘更改啓閉未復舊制也。何也？然河與淮北略山陽入于海，山陽去海不二三百里。江與漢南略通州入于海，山陽去通州不四五百里。中間有南北白馬、寶應、邵伯、高郵諸湖，幅員七八百里。山陽地勢卑下，不滿東南者，實自此始，常憂水潦爲敗。禹故沿于江海，達于淮、泗。至吴闕邗溝，沿江泝淮，毒逐中原。隋踵修之，皆非社稷完計。唐之漕運，劉晏稱最，然亦江舡達揚州，汴舡達河陰，河舡達渭口，渭舡達太倉，不必通者，通必鮮利較然矣。故我朝於儀真置壩六，瓜洲置壩十一，使江與漢南隔于諸湖，山陽置壩十，使河與淮北隔于諸湖。後又置閘五，曰板閘、移風、福興、清江、新莊。啓閉有期，或二三日，或四五日，且迭爲啓閉。如啓板閘，則閉新莊等閘，如啓新莊閘，則閉板閘等閘，閉新莊等閘，則板閘爲平水，閉板閘等閘，則新莊閘爲平水，故啓閉甚易易也。令官舡由閘唱籌，挨幫序行，民舡悉令過壩自便。又有報水頭之制。如淮水始發，河水入河南界，所在之人必報，報必先水至。報至新莊閘，即下板帖薦實土，閘外又有土壩，亦復實築之，必俟旬時水頭已過，大勢已退，然後啓閉如常。故河與淮非異常大發，漫閘壩隄堰，不得入山陽。縱入山陽，平地上水不一二尺，旬時則定。濁水泥沙淤淺，至通漕門止，挑撈煩費四五十里而已。近有議廢新莊閘，塞而不用，絶河之濁水，免其泥沙淤淺，置通濟閘，啓而不閉，受淮之清水，省其挑撈煩費。是以經清河來者爲河，經泗州來者爲淮，事之大謬，亦至如此。典籍記載，多未暇論。按我朝河渠典云：弘治五年，從黄河南濬孫家渡口，别開新河一道，導水南行，由中牟至潁州，東入于淮。又濬四府營淤河，由陳留至歸德，分爲二派，一由宿遷小河口，一由亳縣渦河，會于淮。河同與淮，從來久遠，豈今日清河、泗州而始分清濁耶？但河、淮從泗州來者，直南射高加堰，至置通濟閘之所，始稍西回，合清江口，而北向草灣，東折以入海。新莊閘正在西回北向之間，土人所謂回溜者也。雖在河、淮之中，獨無河、淮之險，泥沙不停，風浪不及，乃地勢水性之自然，非人工巧力之可致。新莊閘置此，又加之啓閉有制，故垂二百年無大患耳。今通濟閘正當直南射之衝，又啓閉失制，故頻年河與淮建瓴下山陽，濁水泥沙直向寶應之南，山陽北顧，運道劣容舟矣。或一年全河走飛龍橋，或小浮橋，自徐州徑下清河口，震電憑怒，怳惚鬼神，狠撞南岸，斗折東轉，水心丈餘，横截淮水。淮水性弱，差緩於河，水或大發，或未發，皆勒使倒流，漾滿洪澤湖。此湖幅員二百餘里，大勢奔通濟閘，灌注山陽，又支分數派，入白馬、寶應湖。故自開通濟閘，及洪澤湖支分數派入白馬、寶應湖者未塞，山陽平地常停水三四尺，南北白馬、寶應、邵伯、高郵七八百里，湖面亦常多水三四尺，西風起惡長浪打湖隄，一線客土，破碎不可收拾。自山陽至高郵，沿湖有隄，自鹽城至通州，沿海亦有隄，中間田地八九百里，大都低湖面五六尺。新又於淮隄多開大閘減水，水懸傾滚，迸瀉滿其中，與海相涵。沿海之隄淘洗殆盡，湖之餘隄爲海遊波之底柱也。海水潮汐，常高於田地之水，故田地之水，菀爲大浸，昔之膏腴稻麥良田，今乃方舟，非風不渡。每東風作，海潮翻上，瀑浪旁飛，簸掃村落，髡剔草木，萬有俱化，不但沸騰崒崩矣。今開通濟閘，山陽通河與淮矣。往年儀真置閘，近年瓜洲置閘，山陽通江與漢矣。山陽每至雨集，平地便水深丈餘，既已飲河咽淮，加之漱江吸漢，吞吐潮汐，噫噦萬里，貫串四瀆，掣曳左海，民其無魚得乎！皆由閘之更改，啓閉未復舊制也。如曰多張水門，亦治水中策，曰：舊制瓜洲無閘，儀真閘及新莊等閘各啓閉以時，必使江、淮、河、漢不得入諸湖。沿湖隄故各有䂨洞〔一五〕，不過尺寸，下諸湖運舡已過，無用之水，以濟農工，所謂「舉閘爲雲，決渠爲雨」者也。今開大閘數十，口皆丈餘，下混混不捨晝夜之四瀆於窪田以就海，盡山陽四境以爲閘，亦不能減毫毛，況萬分之一可種之田，舊時䂨洞溝洫猶存，用水栽插，涓滴不與，至秋收割，開閘放水，漂没成熟田禾，實與洪水無異。傳曰：塞水不自其源。通濟等閘，山陽之源也，況漏天不足西北十九之水爲源乎？或曰：閘復舊制，山陽、鹽城、興化、寶應、高郵、通、泰等田地，當減水三四尺，是運河亦減水三四尺，不無淺耶？曰：運河以淺爲慮者，不過通濟門至移風閘上下三四十里之間，惜民力而不濬三四十里之河，聽水瀦千里之良田，計亦過矣。水一也，或爲圖書之淵，或不由地中行，各遇其時也。舍今時而不復，更俟後時而復之，其難哉！唯採察幸甚。

南海龐公尚鴻治水，或問，云：運道自瓜、儀，則資天長諸山所瀦高、寶諸湖之水。或問：決汝、漢，排淮、泗，而注之江，今何以會黄流注之海也？曰：淮、泗未嘗不注之江也。注江之路有三，今由高郵、邵伯、白馬、草子湖從瓜、儀閘，一也；由盱眙、天長、六合，一也；由邵伯入芒稻河入江，一也。

或問：史稱隋煬帝鑿汴梁以通揚州，看瓊花，閱龍舟。渠成，剪采爲芰荷，錦纜牙檣，美人摔拽，則自汴至揚州有河無疑。世傳自天長、六合間以達揚州，觀音閣爲聚舟馬頭。今羅泗橋之西北，河身猶存，循而尋之，徑自河南分勢下洩，或直達揚州、儀真，或中出泥汊河以洩淮、泗之水，可乎？曰：此第一義也。

四明黄潤玉著海涵萬象，内載南京浦子口入六合、天長縣，有河出高郵，與湖水勢相平。只移邵伯兩閘置湖口，亦可，則漕船免儀真過壩。前陳御史具奏二次，俱被儀人囑部不行。

郭相奎蠙衣生別記云：世傳古運河從六合入天長，出盱眙，入淮，可避揚子口、黄天蕩、高郵湖、邵伯湖之險，除瓜、儀閘壩之阻。或謂其中有陸地難開者，一曰鐵牛墩，言其形之黑似鐵耳，實不止數尋。分水嶺雖界於湖中，高不滿數十尺，若冶山離河形，則五里許。爲此説者皆未睹其形，隨衆道長短耳。今細問之，應宗橋起，至楊家橋閘口，團山下石橋，六合縣界，共約水程四里，係小澗，至貴家集、西王橋、牛頭山、鐵牛墩、八伯橋、冶浦橋、關王廟、六合縣、瓜埠口、洋子江。洋子江至淮河，共約三百餘里。福勝塘起，至葉家莊、分水嶺、楊家橋、金家莊、金家壩、應家橋，共約陸程一十二里，俱軍民田地。蔡家橋起，至費家墩、西馬廠、觀音橋、七里寺、周家莊、楊家橋、隱峯菴、番閘口、張思塘、福勝塘，共約水程二十五里，俱係小澗，寬窄淺深不一。大河灣起，至胡家渡、龍王廟、得勝河、魚巷口、戴家窑、北門東南蔡家橋，共約水程二十三里，俱係官河，寬窄淺深不等。劉家灣起，至魯家塘、魯家岡、魯家衝、梁家坡、陳州塘、大河灣，共約陸程五六里，皆係軍民田地。王家壩起，至三九澗、劉家灣，共水程四里，俱係小澗，寬窄深淺不等。小澗口，至西溪、小溪、馮家莊、劉家莊、清塘、胡家壩、曹家衝、張塘、顧甫塘、戴家塘、金塘、劉家塘、王家壩，止共約陸程一十七里，俱係軍民田地，高低不等。天長縣北，至盱眙界七里店，胡家壩起，至辛家橋、瓦雪壩、小澗口止，共約水程九里，俱係小澗，寬窄淺深不等。自此。

夢溪筆談

淮南漕渠，築埭以畜水，不知始於何時。舊傳召伯埭，謝公所爲。按李翺來南録，唐時猶是流水，不應謝公時已作此埭。天聖中，監真州排岸司、右侍禁陶鑑始議爲複閘節水，以省舟船過埭之勞。是時工部郎中方仲荀、文思使張綸爲發運使、副表行之，始爲真州閘，歲省冗卒五百人，雜費百二十五萬。運舟舊法，舟載米不過三百石，閘成，始爲四百石船。其後所載浸多，官船至七百石，私船受米八百餘囊，囊二石。自後北神、召伯、龍舟、茱萸諸埭相次廢革，至今爲利。

【原注】

注一 杜注吴人於邗江築城穿溝，東北通射陽湖，西北至末口入淮，今清河縣東十里，自龜山後至八里莊淤塞不通，尚有故道。

注二 初潤州北距瓜步沙尾圩匯六十里，舟多敗溺，瀞徙漕路，由京口渡江，開河二十五里即達揚子縣。自是免漂損之患，歲减運錢數十萬緡。又立伊婁埭官，徵其入歲利百億，招還流人五百户。

注三 自杜亞疏渠浚河，益庫水下走，吉甫築此以洩有餘、防不足，漕運遂通。

注四　自閶門外古七里港開河，東屈曲至禪智寺橋，通舊官河，長十九里，以便漕運。

注五　淮河西流三十里曰山陽灣，水勢湍悍，運舟多覆溺。維岳規度，開故沙河，自末口至淮陰磨盤口凡四十里，又建安北至淮澨總五堰，運舟所至，實經上下。其重載者皆卸糧而過，舟時壞失，糧綱卒緣此爲奸，潛有侵盜。維岳始命創二斗門于河西第三堰，二門相距踰五十步，覆以厦屋，設懸閘積水，俟潮平乃泄之，建横橋岸上，築土壘石，以固其址。自是弊盡革，而運舟往來亦無滯矣。

注六　亘四十餘里。

【校勘記】

〔一〕今大名二府濬縣　敷文閣本無「二」字，「二」字疑衍。

〔二〕陸陽湖之西　原作「陸射陽湖之西」，據敷文閣本及水經注卷三〇淮水删「射」字。

〔三〕又自湖之南口　「南口」原作「南北口」，敷文閣本及水經注卷三〇淮水無「北」字。案水經注淮水原注曰：「案近刻『南』下衍『北』字。此謂津湖之南口。」據删「北」字。

〔四〕又謂淮湖紆遠　「紆」原作「行」，據敷文閣本及水經注卷三〇淮水改。

〔五〕其後隋皇甫誕　「誕」字原闕，據敷文閣本補。

〔六〕若祖逖以卒三千屯淮陰　「卒」原作「布」，敷文閣本作「卒」。資治通鑒卷八八：「逖將其部曲百餘家渡江，中流擊楫而誓曰：『祖逖不能清中原而復濟者，有如大江。』遂屯淮陰，起冶鑄兵，募得二千餘人而後進。」據改。

〔七〕兼河南道水陸轉運使劉晏自按行淮陰　「轉運使劉晏」原作「轉運劉使晏」，據清鈔本、敷文閣本改乙。

〔八〕帝遣都水監丞陳祐甫經度祐甫言　「陳祐甫」原作「陳佑甫」,「祐甫言」原作「佑言」,據宋史卷九六河渠志六改。

〔九〕纔遇風潮怒盛　「怒」原作「恕」,據濂溪堂本、敷文閣本及宋史卷九七河渠志七改。

〔一〇〕其源出白塘山　「白」原作「自」,據本卷下文及敷文閣本改。

〔一一〕蔣家溝　「溝」字原闕,據敷文閣本補。

〔一二〕總兵官郭鋐議建　「議建」原作「建議」,據濂溪堂本、敷文閣本改。

〔一三〕南接侍郎翁□□新堤　據行水金鑑卷二六河水,主持筑此新堤者爲總河侍郎翁大立。

〔一四〕高家堰圖説　「高家堰」,敷文閣本作「高加堰」。

〔一五〕沿湖隄岸故各有邗洞　「邗洞」,敷文閣本作「涵洞」。

淮徐備録

淮安府

山陽

淮河。四瀆之一，在州西南五里許，自泗州龜山東北流，縈紆淮城，北入海，周職方氏「青州，其府淮泗」謂此。

黄河。詳見河防中。蓋黄河源遠變多，不煩具論。其中原入海故道今湮，而淮安舊蹟自山東、河南諸水滙于淮、泗，今合黄河併入於淮矣。黄河自汴城至徐州，經邳、宿桃源、三義鎮入口，由毛家溝抵清河縣後謂之大河口，會淮流，過漁溝，達安東，下雲梯關入海，謂之老黄河。嘉靖初年，三義口塞，南從清河縣前亦與淮合，謂之小清口。經清江浦至草灣，轉西南過淮安新城，北達安東。萬曆四年，開草灣河成，分爲兩道，各四十餘里，復合，過安東總，下雲梯入海。十六年間，勘河常給事因淮浸祖陵，抵於强黄而不能洩，鋭意欲復老黄河三義道，知府張允濟力持不可開，乃止。

草灣河。先年海口横沙，黄、淮下流勢緩，嘗若淺涸，每水發，則有逼城之患。萬曆四年，兵備副使舒應龍議開此河，直

郡境大河運道全圖

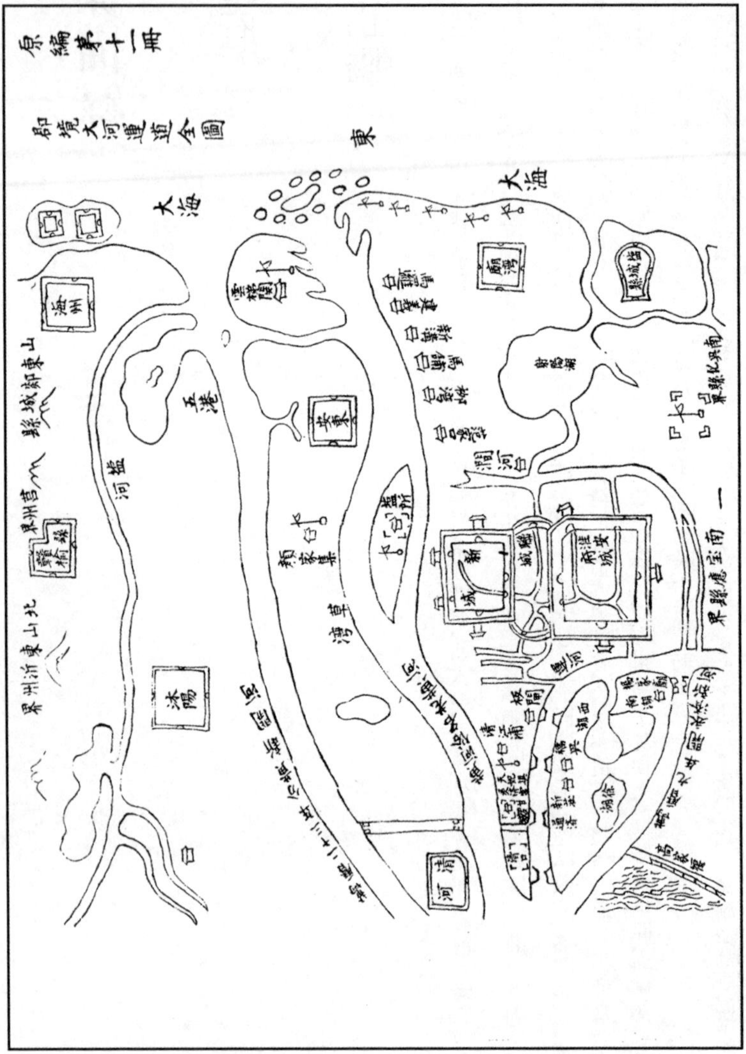

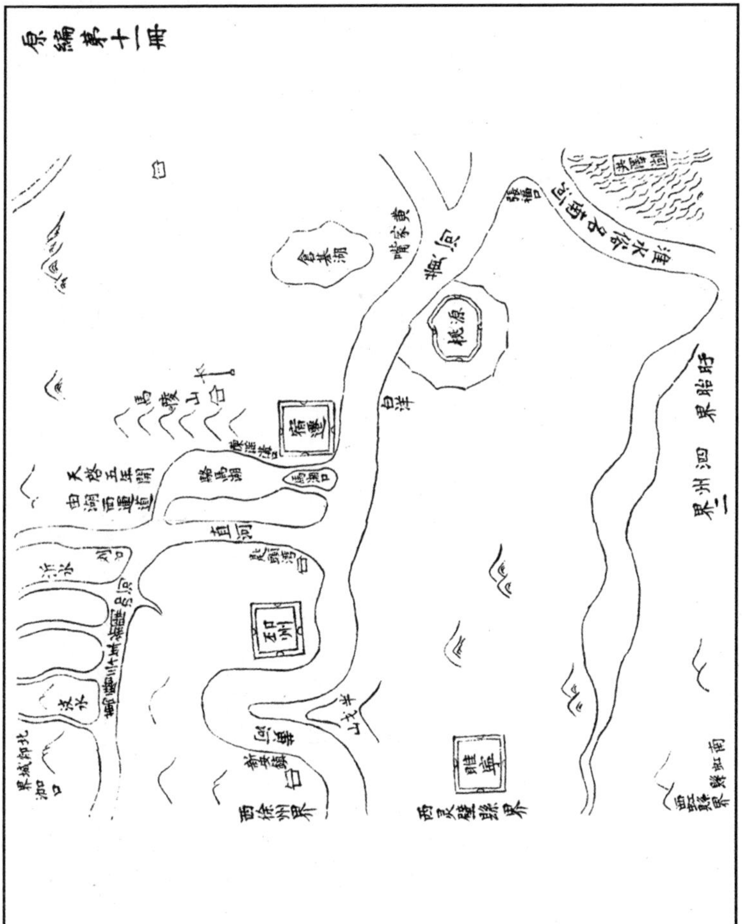
原編第十二冊
宿遷
桃源
邳州
睢寧
駱馬湖
直河
白洋
盱眙界

達安東，於是郡之水患稍紓。

運河。古山陽瀆也。隋開皇六年鑿，然吳王城邗溝，出於末口，即新城北辰坊之北閘也。三國時以無運而塞，隋因平陳而廣之，五代亦以不運而湮，周以平吳而濬之，元以兵阻而廢，洪、永間以漕運而復之。時已築新城，則又倣宋轉運使喬維嶽之制，自郡城西北逶迤轉於西南，建閘通清河口，皆平江伯陳瑄之力也。

故沙河。即烏沙河，在治西北一帶三十里，古運自淮城艮隅入淮，不免灣山陽六十里風濤之險。宋轉運使喬維嶽開此，直達清口。後蔣之奇又開濬洪澤，歲久俱淤。永樂初，平江伯陳瑄因舊渠開通，置閘蓄洩，更名清江浦。復置常盈倉於旁，積糧以備轉兑，爲公私便，共置五閘，以備蓄洩。

永濟河。治西南，自楊家廟上達清河口。萬曆九年，總漕尚書凌雲翼開挑通漕，避清江浦黄河囓堤之虞。及清江築堤，運艘仍舊由城西故沙河以出清口，而比河並存。今資以灌溉民田，中有涵洞十餘處。天啓四年加濬。

故城河。去治東南五十里，東入射陽湖，西南連黄浦。弘治間，挑濬淤塞，以達鹽城、高郵、寶應、興化等州縣，又名壽河。

涇河。治南五十里，西通運河，河口有閘，水漲則啓，洩入射陽湖。嘉靖間濬修。萬曆丁巳，南河郎中李之藻重修。

汊河。在治西南。澗河治東南，上洩三城瀦水，下通濱海舟楫，歲久湮淤，鉅工不易舉。黄流一泛，沙漫平陸。督撫王公宗沐乃環城築堤，長數十里，黄流不復入，而三城内澇，水不可洩。乃濬澗河，長三十里，東通射陽，建閘河滋，備蓄洩。及委人守之，歲取府榷金二百兩，爲繕修之費。先後莅土者加意深濬，乃食貨大通之區也。

射陽湖。治東南七十里，東通海，寶應、山陽、鹽城三縣分湖爲界，其闊約三十里，周迴三百里。漢廣陵王胥有罪，其相勝之奏奪王射陂，即此。嘉、隆間黄、淮交漲，潰高、寶隄防并注於湖，日見淺淤，因盈溢浸諸州縣。萬曆九年，總漕凌公雲翼請帑金三千委鹽城知縣楊瑞雲督開，由廟灣新豐市入海，其害乃止。

管家湖。在望雲門(西門)外。按嘉定山陽志云，隔舊仁濟橋爲南北二湖。宋嘉定間，安撫應純之申本州形勢，東南皆坦夷之地，難于設險，向北二隅有地不廣，而淮河限之，惟向西一帶湖蕩相連，回環甚廣，而泄水處止有數里，作一斗門爲減水之所，則一望瀰漫而敵人不可向。設使水爲盗決，泥淖深遠，斷不能渡。平居無事，儘可教習舟師；緩急之法，又不可擺泊船隻。此築既舉，則城西一面必不可攻，庶乎一意經理東、南、北三面爲戰守之計。續申水内築岸，工役難施，不能經久，合別開新河與運河接，取土填壘扞岸，則舊運河與湖通連，水面深闊，形勢益便。遂開一河於湖岸之北，築壘湖岸，底闊四丈，高及一丈，以限湖水。又自馬家灣西至陳文莊，就湖築灘岸二百七十餘丈，自管家湖與老鸛河相接岸處平地，開深方圍二十丈，置斗門水閘，自此西湖之浸相灌楚城，西北隱然有難犯之勢，歲久崩淤。永樂初，平江伯于湖東北畔界水築堤砌石，自西門抵板閘，以便漕運，名謂新路，又謂西湖，即仁濟橋之北湖也。

白水塘。去治南九十五里。宋元嘉末決水灌魏軍，或謂即此陂。按山陽境中陂之可考者三：射陽湖亦名射陂，在州之東南。茶陂在州之西南，魏太武自瓜步趨盱眙，則茶陂、射陽皆非其所經。故知白水塘爲是陂，闊三十里，魏將軍鄧艾所築，于此屯田積穀以制吴人，與盱眙蘆浦山破斧塘相通，溉田一萬二千頃。隋大業末，破斧塘壞，水北入淮，此塘亦涸。南唐保大中，大興屯田，楚州刺史田敬累請修塘，馮延巳以爲便。李得名因請大闢曠土爲屯田，奪民田爲官屯，民大怨咨，遣其臣徐鉉巡行，鉉矯命罷役，唐主大怒，流舒州，白水塘之役亦罷。嘉定六年，獻議于朝者謂淮陰白水塘東至浮圖莊，南至褚廟岡脊大堰，廢而不治。今脊猶在，若復之，寶應、高郵諸河相接，游波所及，如衡陽阜、三角村等處皆浸淫至城，形勢自張。劄本州委官相度。司法尤熉申略云：白水塘周圍一百二十里，地涉山陽、盱眙兩縣，所堰之水通富陵河，其源出自塘山，在盱眙之南，山蓋因塘得名。此山岡阜重疊，谿澗縈紆，凡四十里，水自高而下，乃至劉家渡，入富陵河。而白水塘三堰：一曰潭頭下堰，二曰河喜中堰，三曰劉家上堰。下堰至中堰十二里，中堰至上堰五里，其上又有鏜浪堰，在塘内。蓋三堰既制，則唐山間四十里内之水不得入富陵河，然後東匯爲白水塘。今修設三堰之功不宜苟簡，若有潰決，則洪澤沿淮，受害非輕。又塘之西、南二面皆因岡阜爲限，東、北二面乃是古淤平地，築成塘岸，脚闊十餘丈，歲月既久，岸脊處與塘面平，合先增築塘岸高一丈以上，方可瀦水。舊塘有八斗門以溉塘下田，亦合修復。塘之復有三難，塘之成有二利。民間所佃塘内上腴之田二千餘頃，廬墓、莊院皆在焉，西瀦之民必怨，一難也；塘内水盛，堤岸難測，如黄家圍一帶居民千百家，所合遷徙，二難也；工役甚大，爲費不貲，三難也。塘下西北地高亢，民田多荒，東北亦有高田，灌注則成沃壤，一利也；盱眙之民如兩家渡等處，可因水限隔，就高保聚，絶敵入小路，二利也；但夏秋之間，既開斗門灌注，則冬春水勢必殺，無以待敵，二者不可得兼，而盱眙保聚，止是一鄉，不能盡杜他岐。竊見此塘本在高崗，決水自高而下，塘下臨衡陽阜二十里，三角村處三十里，果係向來邊兵經行横趨大儀之路，可決而灌之。至于楚州城去塘百里，決水至此，勢已殺減，若敵自淮陰直趨城下，凡四十五里，地形高仰，又是水所不及，兼作塘之後又須列寨防守，以備敵人掘堰，且常巡堤岸，以防衝決。見嘉定山陽志。元初以來，建置洪澤屯田萬户府，引塘水以溉屯田。按塘之故迹，東屬揚州寶應縣，西南屬泗州盱眙縣，北屬淮安山陽縣界。

黄浦溪。去治南六十里，東南至故晉口，入射陽湖，西達三角村，入雙溝。

洪澤。去治西南九十里，舊有閘。宋魏勝運糧至洪澤，出閘入淮，即此。今設巡檢，屬清河。

蓼澗。去治西南六十五里，東連天井蕩，西入青洲澗。

青洲澗。去治西南七十里，東由雙溝入白馬湖，西入高良澗。

高良澗。治西南九十里，由清河澗沙埠橋入淮。萬曆二十四年，總漕都御史褚鐵議澗口拆堰爲滚水石壩，尋改爲閘，洩淮東注寶應諸湖。

高加堰注一。堰以捍淮，名曰「高加」者，爲護運道邑井宜加高而名之也。去治西四十里。三國時廣陵太守陳登所築。堰長三十里，中地庳而工高。北自韓信城五里至青墩，二十里至武家墩，又南至管家莊堰，西爲阜陵湖。西爲淮，每淮溢入湖，賴此堰以障之，不則徑衝黄浦口，趨射陽湖，而運道梗矣。淮不會河，則河力不能決沙入海，久且城邑虞于瀦蕩。先年堰圮，山陽罹患。隆慶六年，知府陳文燭議申督撫王宗沐，請帑鳩工修築。萬曆十四年，總河侍郎楊一魁重修。按此堤，祖陵在泗州，而淮、揚兩府在下游，所關至重，及費國帑什千萬以成功。兩傍植樹，守堰有夫，堰石以銀錠鐵榫，堰底以巨松排樁。

馬邏港。去治東北九十里，通淮運鹽船隻。今黄淮合流，經此乃成大河。蘆浦港。去治東北一百二十里，東南入射陽湖，西流入淮。

建義港。去治東北八十里，東南流通濟溝，入射陽湖，北流入淮。

邗溝。自寶應縣北流入淮。左傳哀公九年：吴城邗溝，通江淮，將伐齊故也。杜預註云：於邗江築城穿溝，東北通射陽湖，西北至山陽末口入淮，運糧之水路也。隋大業元年，發淮南民十餘萬開邗溝，自山陽至揚子入江，渠廣十步，旁築御道，植以楊柳。按邗在揚州府江都縣，地名寒江，即邗溝也，故亦名邗江。

通濟溝。治東北六十里，東經馬邏港入射陽湖，西自横溝入淮。

清江浦。在治西北三十里。原南北商貨皆從城西仁、禮等五壩車盤而過，自故沙河以上開運後，凡貨船悉由清江過壩。裏之運河，外之黄淮河，舳艫畢集，居民數萬户，爲水陸之孔道。

草灣。在郡新城東北二十里，離清江浦東南十三里，離安東縣西六十里。按淮之上流至清河口間，與泗交滙，而受黄河之全注，東趨而南下，繞新城之東，俗呼外河。在城西之運河一帶，俗呼裏河也。外或潦水泛漲，輒倒灌乎三城，而草灣地卑，屢遭潰決，則安東縣治當其下流，更可慮焉。草灣之開，分殺黄流入顔家河，但初闢時止分其半，半仍故道〔二〕，舟楫仍通，禮、信、方五壩等處生意繁集[二]，其後草灣南灘水緩淤積，逼水東北盡歸草灣，而故道幾盡斷流，裝載淺梗，鹽運阻遠艱。近年如米薪諸物，必泝清江浦搬壩，由裏河以達城西，途紆價湧。及論風水，則黄、淮在三城之北，自西而東，右水左繞，水纏玄武合局。計斯兩者，以黄仍故道爲便。若論三城利病，則因勢順導，郊郭奠安。此昔有留意欲經理黄河之説者，而必務疏通，固堤岸，良確見也。

鹽城

大海。在治東，自海浦東北出海洋五十里，古漕運自此出洋，以達於直沽。

小海。在治西，東西兩灘生蒲葦，中流行舟。其源出通泰，夏泛冬落，西北入東塘河，達射陽湖入海。

捍海堤。在治東二里許，自治東北直抵通泰、海門。唐大曆中，黜陟使李承爲淮南節度判官，謂海潮漫爲鹹鹵，雖良田必廢。具奏得請，乃自楚州、鹽城南抵海陵，修築捍海堤，綿亘兩州，潮汐不得浸淫。宋天聖初，張綸剌泰州，專圖修復。時范仲淹監西溪鹽倉，悉力贊之，謂當移堤勢而西，稍避其衝，仍疊石以固其外，舒斜迤邐如坡形焉。不與水争，雖有洪濤巨浪，豈能衝擊？天聖五年，功成，因名范公堤。長一百四十三里有奇，脚闊三丈，面一丈，高一丈五尺。元詹士龍爲興化宰，請發九郡人夫併築，十有六月堤成，延亘三百餘里。

射陽湖注二。去治西一百四十里，西南接寶應縣，西接山陽縣，中流爲界，自故晉至喻口北沙入海，詳見山陽縣志。

大蹤湖。去治西南一百里，南北徑三十里，東西廣十五里，與興化縣分湖爲界，其源自魚鯨湖，由馬長汀以達射陽。

馬鞍湖。去治西三十里，西一都環三十里，北入侍其汊以達射陽。

官河。在馬鞍湖西南，去縣四十里。源自大蹤湖南來。

鹽河。去治西五十里，自官河流入。

西塘河。去治西九十里，源自大蹤湖北，流經官、鹽二河來。

東塘河。去治西五十里。亦自大蹤湖經馬鞍湖北流而來。

蘆溝河。去治西北六十里，自東西二塘河流入，貫高姥、張岐二塘，北經侍其汊以入射陽。

西界河。治西南六十里，自舊運河達石礶口，與興化分中爲界，西北入大蹤、射陽。

東界河。治西南六十里，自通泰入定港，流爲河，興化縣分中爲界，西由東塘河入大湖。

舊運河。治西南七十里，自界河北流入運河。

新運河。治東南四十里，水自通泰北流，經五祐場西北下舊運河，注東塘河，入射陽。

封子河。治西一十八里，岡門鎮西。自馬鞍湖、運河、鹽河東北流入。

汊河。治北門外三里。自通泰北通鹽河，經五祐場，由登瀛橋下達東塘河，過侍其汊，入射陽河。

清河

大清河。小清河。二清河即泗水之末流，源出泰安州，經徐、邳至縣西北三汊口，分爲大、小二清河。大清河在治東北八里，入治西北老黄河口，遶縣北漁溝鎮一帶，出治東北大河口，達淮，今淤淺。小清河在治前百五十步，東去入淮。弘治初，黄河從徐、邳入本河，水遂濁。萬曆二十三年，總漕尚書褚鐵大加挑濬，今始疏通。

三角湖。去治西北八里，四圍高阜，積雨水泛，則開注於大清河，以殺水勢。

萬家湖。治東南一十五里，正西通七里溝，入淮河。

富陵湖注三。舊有溝通淮，宋□年富陵戰北之地，今清河之南。隆慶以來，淮漲已連洪澤，大淮穿其中。採魚船大小百十隻，每歲委官量船納料，以備魚油翎鰾之税。然歲額只二十七兩，而湖利奚啻十倍。知府薛鑾招徠逃亡，改料於里甲辦納，聽民自採，弛徵不多而施利溥焉。

桃源

泗河。去治北三百步許，源出山東，即徐、邳泗河之下流。

崇河。去治北四十里，在崇河鄉，其源西接宿遷劉老澗，東入安東漣河。

杜村湖。去治東南三十里，在吴城鄉，通淮。

倉基湖。去治南七里，積水四時不涸，水溢通新河，曲折東流五里，會丁家溝，達河入淮。

大莊湖。去治東南三十五里，積水不涸，水漲通于丁家溝入河。

黄壩新河。萬曆二十四年，分黄導淮開挑，自三義鎮上起，由毛家溝等處達灌口下海。

安東

淮河。經治南百步餘，東流五十里折旋東北入海。

中漣河。東漣河。西漣河。中漣在治北三里，河闊八十餘丈，北通官河，南通市河，下流三里入東漣，闊三十餘丈，上流三十里爲西漣，闊如東漣，源自西北大湖來，東南入淮。

市河。去治東百步餘，即大東二城相間之城壕也。自中漣流入澳河。

碩項湖。治西北一百二十里，一名大湖，西通沭陽桑墟湖，東南各有小河達於淮，袤四十里，廣八十里，海州、沭陽、安東各得三分之一。

澳河。在治東南百步許，又名龍潭，南臨大淮，爲壩以瀦水利。

東澳河。去治東一里許，通北市河瀦水。

官河。去治北三十里，源自西漣來，南通中漣，東流散入遏蠻等河，入淮，北通海州諸鹽場，舟楫之便。

大義河。小義河。大義去治西北五十里，又三十里至小義，北自沭陽桑墟湖，流入東南通漣。

古寨河。去治西北七十里，西接西漣，東南通大汊河。

大坊河。去治西二十里，西接清河澗，東流入支家河。

支家河。去治西一十五里，北自成子河流入，南通山陽縣新溝及孫村鋪入淮。

成子河。去治西北一十五里，自古寨河流入。

響水溝。去治西一里許，舊有迎宣橋，元季堙塞。洪武三年重挑，北接支家河，引沭水、大湖、中漣，南流入淮，水流有聲，故名。

蔡家河。去治東一十里，南接東漣，北通黄沙蕩。

橋莊河。去治東二十里，南接東漣，北通大飛。

涔口河。去治東三十里，西接橋莊，東流入十字河。

十字河。去治東三十里，南接東漣，北通大飛。

五丈河。去治北三十里，西自中漣河，東流入大飛。

夏口河。去治東北三十五里，西自官河，東入大飛。

朱家莊河。去治東北四十五里，西北接官河，東流入飛湖。

港河。去治北三十里，北接大湖，南通官河。

白頭河。去治北一百里，西接大湖，南通官河。

一帆河。去治東北五十里，南接東漣，北通海州伊盧山。

平望河。去治東北八十里。

遏蠻河。去治東北一百里。

白陽河。去治東北一百里。

呰河。去治東北九十五里。

七里河。去治東北一百一十里。

團墟河。去治東北一百二十里。

鹽蕩河。去治東北一百五十里。已上七河一帶相連，俱西接官河，東入一帆河，合衆流以放于海。

張網海口河。去治東北一百二十里，南接淮河，北流入海，即淮之汊港也。

五港口。去治東北七十里，當團墟河、七里河、遏蠻河、官河五水會處，故名注四。

傅湖。去治東北六十里，西自大湖流入，東通官河，袤十里，廣六里。

飛湖。去治東北六十里，西接官河，東通大飛湖，環四里，今淤爲民田，止存一河通舟。

孫村浦。去治西南一十二里，自支家河入浦，復東流入淮。

劉村浦。去治東三十里，自東漣河入浦，復南流入淮。

臧家浦。去治東四十五里，自東漣河流入。

界溝浦。去治東四十五里，自臧家浦流入。

逄村浦。去治東北六十里，西接一帆河。

鍬溝浦。去治東北七十里，自一帆河流入。

大飛浦。去治東北八十五里，自一帆河接飛湖流入。

酈溝浦。去治東北一百里，自卜家溝流入。已上七浦俱東流入淮。

沭陽

建陵山。去治西北一百里，山形南北狹，東西長，上多陵阜。《畿志》：漢立建陵縣于此。

韓山。去治東北六十里，山南有楚王廟，舊傳韓信追項羽于此，故名。今訛爲「寒」。

沭河。按《周禮註》云，東莞即青州瑯琊郡。考其故迹，西北自馬脊崓諸山澗會流而下，至縣境分爲五道：一自嚴家埠經縣南一百二十里東流入大湖，縣治在北，故以名縣。此沭水之正流也。一自高塘溝分流入桑墟湖。一自新店分流東北入大湖。一自張家溝分流入漣水。一自張家溝分流至下埠橋入大湖。此沭水之分流也。正流近因沙塞，春夏泛溢，秋冬涸乾，每歲冬常于張家溝築堤，障水東流入縣前河，以便舟楫。

碩項湖。即大湖，去治東九十里，與安東、海州各隸三分之一。說見安東。

海州

朐山。去州城南四里，一峯如削，俗呼爲馬耳峯，傍有龍潭，清甚。始皇曾立石其上，以爲秦東門。

孔望山。去治東五里，輿地要覽云，孔子問官於郯子，嘗登此山以望東海，故名。又名古城山，山畔有故城基址，地理新書以爲即古海州，南宋防胡守戍于此。

盧石山。去治東南六十里，山多黑石。漢書韓信爲楚王鎮于三盧，即此。

東陬山。西陬山。去治東南百里，東陬居海中，西陬居海隅，二山對峙。

伊盧山。去治東南八十里，上有龍祠。一名伊萊山，史記云〔三〕：鍾離眛家在伊盧。

羽山注五。去治西北百里，即舜殛鯀處。禹貢：「羽畎夏翟。」曾氏註云：山雉五色出於羽山之畝。山名曰「羽」者，以此〔四〕。

馬嶺山。去治西一百五十里，與郯城分水嶺爲界，接沂州之境。

蒼梧山。在東海城北海中，有九嶺如九疑之勢，故有蒼梧之名。一名鬱洲，一名郁洲，一名郁鬱山。

巨平山。去東海城北三十里，南接東海，北抵墟溝。又有棲雲山，即巨平之北嶺。

鷹遊山。在海中，去平山一十五里，今海運所必經處。

平山。東海城北七十里。

西石島。在海西崖，故名。

高公島。在海中，去東海城八十里。

竹島。在海中，去東海城八十里，上多竹。

薔薇河。去治西一里許，源自羽山，漫流入新溝，東流至洪門壩及獨樹浦下海。西接州城西河及石湫等處，潮汐往來，巨艦時行。

漣河。上源引沂、沭及桑墟湖之水，經石湫及黑土灣入海。

高墟河。去治西南八十里，通漣河，可行小舟。

官河。去治四十里，起自新壩，南入安東支家河。

一帆河。在官河東北，流至伊盧山，南通安東入淮。

東五丈河。西自官河流入一帆河，可行小舟。

西五丈河。在潘家河南。

龍溝河。去惠澤巡檢司南七里許。

潘家河。在大伊山南，治南百里。

永洋河。在五丈河南。

界首河。在莞瀆河南。已上五河俱自大湖東流入官河。

魯蘭河。在魯蘭城北，源自馬嶺山，東流入官河。

房山河。去治西南六十里，源自馬嶺山，流入官河，夏泛冬涸。

枯溝河。在龍苴鎮北，西通漣河，北通小伊河，東入官河，夏泛冬涸。

小伊河。在小伊山北注六，西接枯溝河，東入官河。

莞瀆河。在永洋(祥)河東，其源西自官河東北七十里入海，可行巨舟。

板浦河。去治東南四十里。

白蜆河。在大伊鎮北。

芹支河。已上三河俱自官河東流入海。

石人河。去治南一百一十五里，源自官河，流入一帆河，有二石如人，冬涸。

牛墩河。去治東南八十里，夏通冬涸。

陸里河。去治南一百三十里，通官河，東流入海。

大湖。去治南一百四十五里，西南距安東、沭陽二邑，東西四十里，南北八十里，詳見安東志。

桑墟湖。去治西南九十里，昔因銀山壩廢通海，夏則瀦水，冬爲陸地。

艾塘。在舊朐山縣西北十二里。

青龍澗。在治南朐山之麓，西流經洪門入海，長五里，在白虎山之東，故名。

小浦。在治東南七十里，源自官河流入。

于公浦。去東海城北十里，漢于公居處，俗訛爲茹公浦。

白溝浦。去東海城北十里。

大義浦。去東海城北五十里。

山陰浦。在東海城東北。

當路浦。去東海城北四十里。

溪雲浦。去東海城北六十里。

社林浦。去東海城北六十里。

臺浦。去東海城北八十里。

徐瀆浦。去東海城東北四十里，上接巨平諸山之水入海。

宿城浦。在東海城東北七十里，四面俱山，舟楫遇風宿此。

沃壤浦。去東海城北七十里。已上諸浦俱通海潮，舟船漁鹽之便。　按洪門堰壩上接官河、新溝，下通獨樹鹽倉舊基，堰上人行道，由洪門築。此壩蓄水通漕運，滋農田。自王信攻張氏圖海，開決此堰，移鹽倉於獨樹浦，遂廢此壩。

贛榆

吴山。去治西北四十里，昔有吴姓者居此。

夾谷山。去縣治西五十里，山之北有徐山，與此相對，故名。

阿夜山。去治東北七十里，與欄頭山相對，山之東有觀音寺，屬山東日照縣。

堯水。去治西南八十五里，源自沂州，東流經縣界入海。

腰帶河。在縣城外，源自沂州，西經上堰村，末流入海，以其環繞縣城，故名。

清口河。去治東南一十五里，東流經縣南入海，潮汐往來。

廟灣子沙河。去治南五十里，通海潮，源自郯城，東流入海。

臨洪河。去治南六十里，通海州銀山壩，元末湮塞。景泰二年，知府丘陵疏濬，以通于海。

荻水鎮河。去治東北七十里，發源莒州，東流入海，潮汐往來，民居稠密，有巡檢司。

邳州

葛嶧山。去州治西北六里。尚書：旁通云嶧山。在下邳縣西。禹貢「嶧陽孤桐」，謂出此山之南者。今名岠山，以其與沂水相距也。

磬石山。去治西南八十里，與泗水相近。書云「泗濱浮磬」，或以此山爲古取磬之地。

艾山。去治西北一百一十里，山多産艾。左傳齊侯會于艾，即此。

泗河。在治南二里，即泗水，出山東泗水縣，源有四泉，因名。西南過彭城，又東過下邳入淮。

城子河。去治西北五十里，源自沂州蘆塘湖，流入經營河，入武河。

曲吕河。去治東七十里，源自壩頭，入洪河，會直河，入泗。其流縈迴，故名。

沂河。去治西一里許，自山東沂州南流至下邳，西南入泗河。

西泇口河。治東北一百五十里，自沂州抱犢崮泇溝考究泉入營河〔五〕。萬曆三十一年，總河侍郎李化龍大闢通漕運。

武河。去治西北五十里，源自山東嶧縣馬旺山許家泉，經流偃武鄉，故名。入蛤湖，至乾溝口入泗河。

直河。去治東五十里，自本州沭纓湖分派，南流入泗河，直而不迂，故名。

洪河。去治東南三十里，自曲吕過直河，入泗河。

營河。去治北一百里，自西泇口河流入武河。

蛤湖。去治西北一十五里，源自武河，流入停瀦，延袤五十里，由乾溝口泄流入泗河，多蛤，故名。

宿遷

峒峿山。在北人鄉峒峿社，去治北百里，高五十丈，週圍一十五里。漢名縣曰司吾，山因縣而得名。上有石洞，洞口鑿石爲螭，水自螭口濆出，四時不涸。宋紹興末，首領張榮屯此山以拒金。

馬陵山。治北二里，高一十五丈，周圍二里，岡阜如馬。

小河。去治西南一十里，其源出汴，入泗，以其淺狹，故名。

皂河。去治西北四十里，源出本縣港頭社，下流入泗，水底泥黑，故名。

駱馬湖。去治西北一十里，由溝口入泗。

土丘湖。去治東五十里，由新溝入泗。

上泊水湖。去治南三十里，由武家溝入泗。

白鹿湖。去治西南五十里，由小河入泗。

通濟新河。天啓五年開，自劉口起，北通泇河，南經駱馬湖，西出陳窑溝口，達大黄河，離縣二里。

睢寧

睢水。在治西南，自宿州靈璧界東流，環治後又東四十里，引芹溝湖入泗河，水勢小而長流。又按睢水有二：一在徐州一百二十里，即楚、漢交鋒之地；一即此水。因並紀之。

合湖。去治西北七十里，合邳州沂水，南會于河，故名。一云近葛嶧山，故名葛湖。

峯山湖。一名淘河湖，去治東北四十里，舊不通河。後因澇，洪武中主簿陳世能疏通，以去水患。南北四里，東西八里。

芹溝湖。去治東一十五里，流于睢水，東西二里許，南北二里許。

府舊城。晉時所築。宋金交争，此爲重鎮。國朝復加修築，周一十一里。

新城。去舊城北一里許，山陽縣北辰鎮也。元末張士誠僞將史文炳守此時築，土城臨淮。洪武十年，指揮時禹增築，以寶應廢城磚石撤建之。西瞰運河，東南接馮家蕩，北俯長淮，周七里二十丈。

聯城。在兩城之間，嘉靖三十九年，倭寇犯境，時漕運都御史章焕題准建造，聯貫新舊二城，故曰聯城。

廟灣鎮城。在府城東一百八十里，海上廟子灣在射陽湖濱，淮北鹽運分司所屬。場爲淮郡極險門户，諸場適中之區，海舟鱗集，商貨阜通，海寇覘望之所。去鹽城、寶應、海州皆百八十里，舊無城堡。嘉靖三十六年，倭寇駐蹕一月，居民焚燼。三十八年，又據四十八日。軍門畫建城池，以無貲而寢。萬曆十九年，倭奴沸騰，警報日甚，軍門題設遊擊一員統兵駐守。二十二年，鄉官耆民復請巡撫李戴會議，建於原任軍門唐順之所畫基址。題奉欽依，築成，周四里。又題設海防同知一員，與遊擊協守。

版閘鎮注七。城西十二里，運河之北，多人家，有鈔關，南户部主事衙門駐劄，管收船料。

清江浦鎮。城西三十里，古名公路浦，又名淮浦。運河由此出清口，上黄河，水陸孔途，商貨叢集，夾岸人居二十餘里。河之南有管倉户部、督造漕船工部、東西河船政二同知、營繕所、税課司、河北主簿各衙門駐劄，實重地云。

西湖嘴市。在運河東岸，舟楫停埠，商貨聚集。

雲梯關。治東海口，墩臺十座，大河衛指揮一員，百户五員，領軍五百八十名防守。

仁字壩。義字壩。俱在新城東門外，東北自城南引湖水抵壩口，外即淮河，遇清江口淤塞，運船經此入淮注八。壩東爲縴路，西即城基。

禮字壩。智字壩。信字壩。俱在新城西門外，西北引湖水抵壩口，外即淮河，遇清江口淤塞，則官民商舶經此達于淮。

清江壩。去治西北三十里清江浦之東，正德六年開，遇清江口淤塞，即經此達淮。然近歲瀕連水患，淹築轉移不常。

滿浦壩。郡城北門外四里，地接窑溝版閘，歲澇不常，長堤爲障。

南鎖壩。治西南一里，往寶應路。

上關渡。在來遠坊西。

下關渡。舊淮陰驛後。

望亭渡。在楊興村。

桃花渡。在永豐村。

平河渡。故晉渡。俱故城村。

侍家溝渡。西南百□十里侍家溝，盱眙官路。

清河渡。西五十里天妃廟黃河。

顏家河渡。黃河自清江浦東下十里草灣，分而爲二：其南舊道繇鉢池山過淮安府城，下安東；其北自草灣分流，過朱家嘴新河口，共十五里，至顏家渡，又二十五里頭舖，與舊黃河合流，又十里抵安東縣。

清江浦渡。上下多處。

鹽城

沙溝海口寨。即今沙溝營分兵防守。

朦朧渡。治西北一百三十里。

石磋口渡。東門外一里。

廣惠磋。在縣治東門外二里，舊捍海潮，名曰波湫，遇運河水溢，則從此決入海，以殺水勢。每夏秋海潮浩大，則自此衝入，傷田苗。每築捍堤，隨即衝決。宋淳熙六年，教授劉煒攝邑，始甃磚石，名曰廣惠𥔲。紹興五年，知縣徐挺之重修。洪武二十九年，主簿蔡叔瑜重修，今又壞。

大通𥔲。縣治北門外三里，洪武二十九年，主簿蔡叔瑜創建。

岡門鎮堰。自岡門至新河，轉至侍其汊，皆有古堰，每歲春塞秋開，以便灌田。

徑口堰。縣治西二十一里岡門鎮西，東臨運河，西達馬鞍湖，以通商賈。

侍其汊堰。縣治西北一百里長三都，歲旱則閉塞之注九，以資灌溉，遇潦，則決之入射陽湖。

范公堤。一名捍海堰，去治東門外二里，南接泰州海門，北至仁一都沙浦，延袤七百餘里，隸本縣三分之一。宋天聖四年，范仲淹監泰州西溪鹽稅，建議修築，以却潮汐衝擊之患。

安東

顔家河渡。縣治西三十里，河闊溜急，南北要津。

古淮堤。即范公堤，去治東十五里起，依淮岸以東直接海一百四十里，用防淮水泛溢。按宋名臣言行録，通、泰、海州皆濱海，潮汐日至城下，土田斥滷，不可稼穡。范文正公監西溪，建白于朝，請築捍海堤于三州之境，以衛民田，朝廷從之。以文正爲興化令，發通、泰、楚、海四州之民築之，至今享其利。

漣水壩。去治東南二百五十三步，吴元年平舟師征進西海建此注十。

海州

萬金壩。去東海城東北七十里，南北長四里，東西闊三丈。隋開皇五年築，以其利民者多，故名。後廢。國朝洪武二十七年重築。弘治十六年，知府才寬大修築之。

銀山壩。去治南二十里，自青州穆陵關發源，合沂、沭水，由九洪橋入海，其勢奔迅易涸，故築壩以瀦清流，爲農田利，且隱然城守之險。宋元之際，賴以抗敵，常加修護。元季爲張士誠所據，恃此防守。王宣父子欲侵海州，決堤堰以便步鬬，從此遂廢。而州南鴨子蕩數處污下常澇，利于壩之不修，常軒輊其間，然較夫大利害，則是壩之修利于官民居多，故詳載之。

新壩。去治南四十里，舊有銀山壩以捍海潮，則漣河之水由此入官河，以通安東支家河。今海堰既決，始于此築壩，故名。

官河壩。在新壩、漣河之南，洪武二十七年修築，州西諸河之船由此達漣河。

洪門堰壩。去治西北三里，上接官河、新溝之水，下通獨樹浦鹽倉舊基，堰上人行道。由洪門築此壩，積水以通漕運，以利農田。自王信攻張氏圖海州，開決此堰，移鹽倉于獨樹浦，壩遂廢。

沙灣河堰。在治石湫之南，洪武二十七年築，蓄官河之水以便舟楫。永安堤。去治東二十里，北接山，環城七里以捍海潮。唐開元間，刺史杜令昭築。

宿遷

羅家口堤。新縣三里。新堤。自羅家口至古城，約長六十里。

睢寧

廟灣渡。縣西北二里，睢水南北之衝。

欽差總督漕運提督軍務巡撫鳳陽等處地方兼理海防户部左侍郎兼都察院右僉都御史注十一。初制總督漕運軍務巡撫都御史駐劄郡城，與鎮守總兵共理漕運，提督江北鳳、淮七府州軍務，歲八月同總兵官赴京會議明年漕事。嘉靖五年，以巡撫兼理河道。十八年，專管漕撫，另差都御史一員總河務。後因倭警，兵部請以軍務巡撫事宜分差都御史一員駐揚州，兼海防倭事。萬曆初年，仍併漕運，駐淮安。十八年，題准都御史免赴京，止與總兵官會議，六月内馳奏。二十年，倭犯朝鮮，當事者循往例題准分差都御史李誌駐泰州，以漕運歸併總河。三十一年，東事寧，將接任都御史李三才仍併總漕兼理海防，復鎮淮安。

管倉户部分司。府治西三十里清江浦，舊設提督常盈倉，萬曆四年兼督淮安(六)。

督理淮安鈔關板閘南京户部分司。府治西北十二里板閘。宣德間鈔法不行，廷議歲差御史一員徵收商民船料，後易以户部主事。

漕運理刑刑部分司。府治西南，萬曆十年復差仍舊。

督理清江漕船工部分司。府治西三十里清江浦，督理船務開座，抽分釘鐵等船料。

抽分廠。府城西南，地名南鎖壩。

舊清江提舉司。在移風閘西，抵閘東，專造漕船。提舉一員，副提舉一員，典史一員，隸漕運衙門提調，帶銜州同一員，儀真衛經歷一員，長淮衛經歷一員，邳州帶衛吏目一員。以上提舉各官，萬曆四十年都御史陳公薦題裁。

船政廠。在清江浦，凡四總，共計每年該造糧船五百四十八隻五分。

東河淮安府同知管造南京、山東二廠。南京廠：旗手、驍騎右、龍江右、興武、府軍、虎賁右、府軍右、水軍右、羽林左、廣洋、錦衣、瀋陽右、應天、金吾後、龍江左、龍虎、鎮南、横海、武德、豹韜左、留守中、豹韜、金吾前、留守右、羽林右、府軍左、神策、鷹揚、虎賁左、留守左等衛，每年一百二十五隻五分。山東廠：臨清、徐州、徐州左、東昌、濟寧、任城、東平、德州、德州左、平山、濮州、天津、天津左、天津右、通州左、通州右、神武中、定邊、南京、江陰、龍虎左、水軍左等衛所，每年一百三十六隻九分。

西河揚州府同知管造鳳陽〔七〕、直隸二廠。鳳陽廠：懷遠、淮安、長淮、宿州、鳳陽中、鳳陽右、潁州、大河、鳳陽、留守中、留守左、武平、洪塘等衛所，每年一百四十一隻三分。直隸廠：廬州、六安、壽州、泗州、滁州、邳州、揚州、儀真、高郵、興化、通州、泰州、鹽城等衛所，每年一百四十四隻八分。

繕工所。所丞一員，駐造船廠，萬曆四十年，都御史陳公薦題設，承管催工刷卷。

濬海工部郎中。駐劄安東縣，管理疏濬海口一帶淤沙，分黄導淮，黄壩、新河，萬曆二十二年，奉旨添設。郎中樊兆程疏濬黄河北岸百一十里，沿安東小河直達五港口；疏通鹽航河，外築堤以障黄水。至今堤之内外皆成腴田，安東之湖淤成沃壤，民獲膴利。河工告成，二十六年裁省。

管理中河工部郎中。駐劄吕梁，管理邳、徐一帶水利。

南河工部郎中。駐劄揚州府高郵州。

漕儲道。隆慶元年設，專管漕務，督理糧儲兼巡視河道山東布政司參政。

淮徐道。淮安府城、徐州併設二處，原管揚、滁府衛州縣，自嘉靖三十三年添設海防，遂將揚州事務分屬之，以滁州事務分屬潁州道，而本道不相遥制，然水陸兵馬仍專屬於海防道。萬曆二十四年，題准淮安沿海各州縣兵馬城池專責本道。天啓二年，白蓮猖獗，題准分邳、宿、睢并徐州所屬共八州縣屬本道，而以海、山、清、桃、安、鹽、沭、贛八州縣添設淮海道管理。

淮海道。天啓二年，白蓮妖亂，淮徐戒嚴，五院題允添設兵備道，分理海、山、清、桃、安、贛、沭、鹽八州縣營衛事務、兵馬錢糧。

海運道。駐淮安，萬曆四十八年添設，料理淮料海運，既而海運事寢，專理省直遼餉往來淮津等處，駐天津。

海防道。徐州舊設兵備副使一員，分管淮徐吏治刑名。嘉靖三十三年，海防兵備副使一員，分管揚州一府吏治刑名，而淮、揚二府水陸兵馬則專屬海防一道。萬曆二十四年，題准將淮安專責徐州兵備道，有事則兼淮北監軍，將揚州專責海防兵備道，有事則兼淮南監軍，永爲定制。

監軍道。副使一員，駐府城。萬曆二十一年，倭警孔棘，巡撫李公奏請添設。二十三年，事寧裁減。

營田道。萬曆五年設。九年，以開墾無效，將史副使革任，以營田事務分屬各該兵備兼理。

水利道。駐淮安，萬曆四年設，巡海濱，疏鹽河港汊。五年，添設水利副使，六年裁，以河道分屬各道。

漕河道。駐淮安，萬曆二十三年添設，三十年裁減。

淮安府清軍同知。一員，管清軍驛傳馬政，駐劄本府。萬曆八年，移駐甘羅城，兼管清河、桃源并山陽高加堰、柳浦等河。十一年，復駐本府，專管清軍驛傳馬政注十二。

邳宿河務同知。一員，管邳、宿河務，駐劄宿遷。先年原設管河通判，後因同知兼管，邳、宿四處捕務歸邳州同知，止管河。萬曆八年裁。以駐徐州同知移駐邳州，兼管徐屬河務。二十一年，改駐徐州，仍設一員駐劄邳州，管理邳、宿河務。

東河船政同知。一員，管理東河船政，駐劄清江浦，督造漕船，萬曆四十年題設。

通判。巡捕事務原屬管糧通判，其後題准將山、鹽、安、沭、海、贛六處捕務仍令通判管理，而以邳、宿、桃、清捕務分屬邳州駐劄同知，以睢、徐、蕭、沛、豐、碭捕務分屬徐州駐劄同知，後復總歸通判管理注十三。

淮安府志　河防

按淮之源，西自桐栢，東經鳳陽、泗州，稍北經清河縣南，又稍北趨郡後，襟安東縣入海者，其本體也。其北自徐、邳，經清河縣北，稍東而南趨于淮，則山東泗、沂諸水合流南行，淮所受支河也，本皆清流也。黄河則西源崑崙，東經天津衛入海。汴河則西源河南滎陽，東經千乘，今青州樂安縣入海。固河、汴之本體也。後山西沁河南衝，決斷黄河，黄河決斷汴河，自朱仙鎮東潰，南經留城，超徐、邳，亂洸、沂，直下，其勢奔湃，不能復東過清河縣北，乃徑決縣西而南入于淮以趨海，故直謂之黄河與淮敵體，非復泗、沂之舊，清河以東之淮身，亦皆黄流，而支河反爲主矣。加以南接運河，穿塞代變，土脈水汛，鬬囓有由，何怪乎水患日甚耶？以淮之運河言之，胡元故道，由揚州直北經郡東入淮，雖達海有遮洋之險，達徐有清口之險，然兩運並行，各有利害。國朝海運寖廢，專力漕渠，平江伯遂改經郡西，提管家湖、西湖，鑿通清河縣南之淮河，設河口壩，建新莊閘，接黄河口，爲運道出入。又自淮安至寶應以南，作涵洞數十餘處，以時啓閉，乾不病餉，潦不妨農，一時稱便。然黄河勢高，南趨益順，而東流之勢洊殺，郡後大河北岸淤漲，洊徙南偏，春夏水盛，不惟郡西之南入運河者勢不可支〔八〕，其遡大河而東者，緣北岸勢高，障之使南，南岸勢低，舊堤堋塌，更無攔阻。郡城迤東，漫焉南侵，故大河之委流益障，入海之故道益微，郡之東、西、南三境歲有水患，淤梗無常，此之故爾。頃年議者因運河壩口北接黄河口，春夏黄流汎溢，及其水消涸，流勢緩，淤沙衝射，直入運河，歲煩挑濬，遂築塞之。稍却而東，乃南鑿三里溝，西接南來之清淮，建通濟閘，爲運舟出入之口，以避黄河之淤沙。似矣，殊不知運河之水，必賴黄河以充，乃使黄河之水西入清淮，接通運道，其勢西分，則東流益緩，自郡北而東入海故道，僅可以舟，遂致闗套所在，萑葦積沙，牢不可破，而尾閭幾於不洩。且黄河俯就淮河，其勢不盈咫尺，雖高卑之形有定，然自黄河來水，多四五月發，鳳泗來水，多七八月發，則消長之時不齊，故河長固當潰淮，淮長則亦潰河，不可以定形求之。顧其交蝕，傷而未痛。至若泗州河身，視三里溝運河高餘一丈，自高趨下，其勢陡激，以區區之漕渠爲鳳泗之歸宿，故輒令決岸壞廬，横逆四出而莫之或禦。其或潰運河而北，則必崩五壩，掃河頭、湖嘴諸市[注十四]，復與淮爲一矣。此則泗河獨發之害，猶可言也，倘黄河並發，南北交潰，於是桐栢之委，沁、汴、泗、沂、黄河諸横流，湯湯滔天，勢不能南越維揚之高而入於江也，其不渟洄淹灌於全淮之境乎？其水郡西有管家湖、西湖，滿而易溢；郡南東有射陽湖，廣三百里，東接廟灣，亦入海別徑也。然射陂雖大，淤斥已多，土人障之，截回西流，水小溢則不能滿其量，大溢則不能容。不滿量，則不能接廟灣而入海無徑；不能容，則廟灣亦復漲溢，而其下流又爲范公捍海堤所持。故水無問大小，至淮南而止，聽其自落，勢使然也，豈有海高於淮之理哉？使海而高於淮也，是海之量有限矣，烏能納百川哉？此濬海之説所爲迂也。蓋淮水今日之大較云。或謂山陽水患莫切于清江口，莫急于北河之老岸堤舊口。寔平江伯創挑運河，運河即今裏河。至惠濟祠南，鑿開以接北河，北河即今外河。其法全仗水平。清江口自新莊閘而下，因其卑高，遞爲五閘；板閘而下，取淮陰驛，至平河橋，南抵瓜、儀，堤湖鑿渠，置閘設洞，水各相平，以時蓄洩。又慮北河溢漲，則南侵漕河，於是堤北河之南岸，起清江浦[注十五]，沿鉢池山，過新城柳浦灣，迤東長四十餘里，以護漕河，而石甃雞嘴於草灣對岸之衝以護堤。慮南河漲溢，則北侵漕河，南河即泗州來淮河。於是築漕南之高家堰[注十六]，起武家墩，經小澗、大澗至阜寧湖，迤南長二十六里二分里之半，以護漕河，而磚甃涵洞於高卑有辨之界以護堰。一防北河黄流入口，不免泥淤；一防各閘啓閉無時，不免淺涸。故運河只許糧船、鮮船應時出口，都漕遣官發籌，或三五日一放，運船過盡，口即築塞。五閘匙鑰掌之都漕，口之出入，監之工部。其大小官民船隻，悉由仁、義等五壩車盤以出外河、清江、瓜、儀口子，有敢私擅出入者，罪至重。而嘉靖初年，士大夫過淮尚盤壩云。乃今有大不然者，議者不察，遂塞舊口，開新口，且不究水平法度，大約水與通濟閘齊，則皇華亭前已深三四尺矣。而南河北趨之勢，反却流而南。夫南河，主也，自黄河南潰而北河始大，又使南河却流，兼引北河，變同趨于海之性，而同注於漕渠。即兩河無事之時，東流勢緩，海口淤洄，加於昔時。或南河水發，則盡入新口，洶湧奔湃，往往衝閘決堤，漫湖壞壩，不掃河頭、湖嘴諸市而潰入北河，則南出高家堰，席捲湖蕩，破諸涵洞，而越包家諸圍。北河岸堤，撼齧頹圮，日甚一日。時或北河水發，其西則注南河，破運道，汎濫於高家堰；而其東，則薄北河，撼鷄嘴，破堤岸，汎濫於鉢池、河頭、湖嘴諸市，此則南北獨漲之患也。時或兩河並溢，則上至清河、邳、宿，下至高、寶、鹽城，蕩然一壑。故舊口宜復，閘鑰宜謹也。又謂郡城之西，漕渠之北，就老岸之堤，築五壩之口，以復車盤之舊，濬五壩久塞之渠，通官民舟載之便。因濬出之土，夷零積之沙，以實堤内之窪，則生意庶見繁盛。又謂郡城之南，漕渠之西，有涇河注十七，有管家、西南諸湖，湖滿則入漕渠。渠東岸堤自城南包家圍至寶應界，可六十里，有涵洞，有平水閘，水滿則過閘入洞，洞外有溝，接受閘洞餘水，會諸圳洫，不妨田疇，且資灌溉，與涇河並横走而東，並入射陽湖，洎鹽城縣南，出朦朧口以入海。郡城之東，有澗河，有馬邏、建義諸港，各順趨南下。澗河則鹽城兑糧舊道，兩縣貨物所通。馬邏諸港，則東偏諸鄉落高阜回流所經，中間各有田疇，各有溝洫，或順澗河，或順諸港，各入射陽湖，由廟灣洎鹽城縣北，出捍海堤，以入于海。河港閘洞溝洫之蹟所宜修復，此一説也。或謂宿遷而下，河流汛溜，蓋黄河上流，往自歸德出沛下徐，地形高卑，不甚相遠，雖泛濫可支。厥後黄河徙出蕭、碭，直下徐、邳，地高勢猛，衝淌新堤，不啻拉朽，所衝堤缺，滚爲深淵，下埽植樁，百計難塞。幸而堤就，雖能束水在堤，其實水行地上，急如建瓴，則故道宜講，此一説也。或謂清河縣北有老黄河，本洙泗東趨赴淮入海故道也。治河者誠能又開此河，赴海必勇，雲梯關下淤套葦場當自蕩滌，而海口廓矣，桃、宿以上不憂停淤，此一説也。或謂邳州下流有鋤頭灣，河流二十餘里，行緩沙留，故邳、徐漲塞。然鋤頭一灣，又係邳城風氣所鍾，不可改易。當于黄河水落之時，姑截住上流，任其漫散，直須從邳州以上，力濬河身之積淤，河中必見老底，兩傍必見老岸，則水由地中，而缺口自出。河底既深，則老岸即堤，岸外即田矣。直以築缺之力而濬老底，以打堤之力而清老岸，此一説也注十八。

天啓六年，自六月并閏月，南旱北霪，淮涸黄漲，黄高於淮數尺，倒侵逆淮三十餘里，而通濟閘外出口之處，泥淤壅塞，幾不可舟。上下焦慮，於是條議紛紜。有云開天妃閘、開烏沙河傍舊渠以通黄河者，但細覈嘉靖以前，水由裏河出清口而入外河，形勢内高，故建新舊清江等閘，蓄高、寶諸湖清水濟運。既而黄流淤墊，河身日高，水由外河進清口而入裏河，故淮城、高、寶常患泛溢，而三閘反爲搪水之關，是水反注而閘亦反用也。黄水漫衍，凡裏河一帶漸致積淤，年勤撈濬，方能疏利。既因黄、泗交駛，而天妃口閘不便受汪洋之入，遂將口閘改建於南河嘴上，避黄流而就清淮，蓋藉淮以刷黄之沙泥，似爲永賴。時遇淮强黄弱，猶見順導，稍黄强淮弱，仍有倒灌之梗，抵遏泗水，淹侵皇陵。又開桃源黄家嘴新河一道，分黄導淮，而入安東潮河下海。憂低處逼近易決，又開草灣河口，分洩於顔家河，是分殺之法，周防具備矣。但黄漲每發四五月間，往歲糧船春往冬旋，重運北竣，於六月初一日將口閘塞閉，以避黄灌裏河。其外口雖淤，此時不用行船，待伏秋水退，九月開閘回空，冬深水消，挑濬河道，以備新運，此昔日之兩便也。邇來糧運愆期，秋去春回，六七月正在盛行之際，閘座不得及時啓閉，河道烏能及時濬闢？口閘開而不闔，任其倒入，水緩沙停，泥塞淺阻，理必至也。天啓三年，通漕加濬未久，值今天亢淮耗，仍患淤淺，運船艱澀，旁皇拮据。遂有議棄黄流，而就上源武家墩開通一口，引清水入永濟河行運者。但出口雖便，而南河湖口猶是倒塞，不能入黄，此不通之論，必不可行也。若在下源酌通一口，則闔郡百萬生齒所繫，往狂瀾陡發，先有金河黄舖之決，後有湖西南門玉露庵前之潰，雖藉澗河宣洩，但衣帶容受亡幾，卒難尾閭寬縱，三城魚鱉莫免，此亦必不可行也。若天妃閘、龐家灣地勢，裏外河隔只十餘丈；若烏沙河傍渠數支，達仁、義、方、信等壩，裏外河隔只百十丈。開闢非難，但古時此渠設爲天妃閘，閉時備空船車盤徑路，原未嘗通水通舟，正慮一通則洪流汎濫不支，此皆不可行也。還仍河口故道，及時疏瀹爲長策耳。至七月初一二，滂沱連澍，西南風迅，淮流驟湧，沙壅盡滌，運艘飛渡，誠河伯之著靈，亦爬撈之底績也。

開草灣河。黄淮會清口，經清江浦東至草灣，舊時轉折西南，從淮安新城外，由安東縣前，達雲梯關下海。海口横沙作障，水緩河淺，新城一帶，深不過五七尺，草灣地卑，屢從此決，欲奪安東之後，從金城五港下海。因縣治攸關，屢決屢築，後自灣之迤東又決一口，旁溢爲患。兵備副使舒應龍、行郡守邵元哲、水利同知劉順之、管河通判蔡玠會議，近年黄淮交漲，爲安東而塞潰決，遂又復決一口，雖可稍分水勢，然旁溢之流不過十之一二。相度地形，改議草灣舊口之西，王山家之東，開挑新河一道，以迎掃灣之溜，其勢直射，最爲順利。議上，巡撫侍郎吴桂芳題奉欽依興舉。

經略兩河。嘉、隆年來，黄淮兩河遷決靡常，漕運民生兩受其害。語變遷，則河從茶城改繇小浮橋出；語潰決，則徐邳縷隄、太黄長隄、桃源、上下崔鎮諸口二十九處，而淮以東，有高家堰、朱家口、黄浦口三處之旁決。隄防既潰，正流漸緩，黄淮不併力以東趨，自清河口至海口，俱有停沙阻截，入海不快，而河南、淮陽、徐邳之間，遂成巨浸矣。議論盈庭，有謂諸決難塞者，有謂隄堰難恃者，有謂黄河合流難約束者，有謂疏海口復老黄河爲急務者，有要停運斷流大挑河身者，有謂造平底方舟帶鐵爬以去沙者，有欲復濬草灣河以開廣者。人持一見，終成築舍。上厪神廟宵旰之憂，乃革去總理河道衙門，特簡右都御史兼工部左侍郎潘季馴總理河漕，以重事權。受事之初，躬親河上，荒度受害之由，力主塞決合流衝沙之説，同巡撫侍郎江一麟，命管理河道工部郎中佘毅中、施天麟、張譽，参政龔大器，副使林紹、張純、章時鸞，僉事朱東光，水利僉事楊化，督同知府管河官宋伯華等會議。大率謂水性就下，以海爲壑。向因海壅河高，決隄四溢，運道民生胥受其害。故今談河患者，皆以濬海爲上策。今海口尚有七八里至十餘里，深皆三四丈。欲另鑿，潮汐往來，茫無着足，工力艱鉅難成，是海無可濬之理。惟當導全河之水以衝之，即濬海之策也。然河又非人力可導也，必固隄，則水由地中，沙隨水去，即導河之策也。潰決諸口，皆因浮沙之故。議者以築隄爲下策，豈通議哉？惟當取老土以築堤，必令高厚，勿惜其費，讓遠而勿與争地，於是乎隄可固也。諸口既塞，則兩河水力必專，自有控海之勢。草灣河置而勿復，專復雲梯以還故道，暫塞清江浦，而嚴司啓閉，以防内奔，則黄淮全河之力，涓滴悉趨于海，下流積沙自去，上流之淤墊自通。恐伏秋水發傷隄，置滚水壩以殺其勢，自豐、沛至海口共長千餘里，自清江至儀真長三百餘里。議上，潘都御史會同江侍郎於萬曆六年題奉欽依興舉。

開永濟河。總理河漕尚書淩雲翼議：平江伯開濬清江浦一帶運河，利直達以省轉般，制甚善也。先是，河趨東北，隄外沙灘離河甚遠，邇來水勢南薄，衝涮運隄，萬一有虞，不惟城郭民生不保，而運道咽喉大有所慮。議於淮郡城南運河之旁，自窯灣至楊家澗一帶三十里，原有河形，又自武家墩迤東至新莊舊閘一十六里，開河一道，直接運河通濟閘出口，漕艘最便。仍建閘二座以備蓄洩，將舊運河新莊閘下攔築大壩，使水入閘口者，轉由新渠，自北而南，仍歸淮城迤南運河，每歲築壩車盤啓閉之法，悉倣其舊。於萬曆九年題奉欽依興舉。**修高加堰**。年來黄淮暴漲，涮損高加堰石工兩頭土隄，衝決范口隄岸，浸及鹽、興、高、寶諸州縣，一望沮洳，黄淮正河淤洩。總理漕河侍郎楊一魁慮高堰乃淮揚門户，今土隄衝涮將半，脱有崩潰，禍可勝言！正河既淤，將來必尋他道，誠非細故。乃行河南郎中羅用敬、淮徐兵備参政莫與齊勘議。河淮有曲折，地形有高下，隄防有緩急，雖修守如法，但堤潰於衝激之餘，地易於陵谷之變，所以衝隄淤河，有由來也。宜濬草灣河分殺水勢，以保淮城，砌遺惠莊、禮字壩、范家口石工以垂永圖，築柳浦灣、金家、張家、蒯家諸窪并馬家湖童堤，以防未然。議上，一魁會同御史陳遇文、劉懷恕題奉欽依興舉。

分黃導淮。黃河身高，會淮于清口，而黃性常强，淮性常弱，門限沙墊遏淮流，使不得急下，而淮之上流積泗、盱間，高堰又無閘壩洩水，遂浸及祖陵，淹枯松栢，泗、盱乃成巨浸。神廟焦勞，在事臣工慮罰且不測。總河尚書楊一魁專主分黃，而淮安府知府馬化龍言分黃有五難，上之總督漕撫尚書褚鈇，而褚鈇力言分黃不若建高良澗諸壩閘以洩淮爲便。大率謂治河猶治病，急則治標，緩則治本。若病作胸腹而治其肩背，宜消導而投以滋補，欲病之愈，不可得已。淮泗薦災，道殣至以澤量，豈堪大役？若將高良澗建壩，壩外濬河築堤，仍將周家橋、速佑茅塘港掘通，金家灣再闊十丈，芒稻河疏濬深闊，子嬰溝并涇河一一亟疏，則淮水一洩，三月可就效，正其對症之藥，急則治標之説。乃司道會議開黃家壩六十里新河，此緩則治本之説。此機一失，則泗水無日可洩，何以安祖宗在天之靈，釋泗人昏墊之苦？況導淮之役，夫不過數千，銀不過十萬；分黃之役，夫十萬，銀百萬。導淮則計日可成，分黃則下流水占，上有油泥，下有走沙，挑挖極難，加以天寒日短，恐半年未必可成，他日亦難保不淤。夫至十萬，始也鳩集之難，繼也安插之難。米柴鍋舖，一不夙備，皆足以叢怨而階亂。時工部亦從分黃之議，兼議導淮，而楊一魁先行南河郎中詹在泮、中河郎中袁光宇、海口郎中樊兆程、淮揚海防參政曲遷喬、徐州兵備參政徐成位、潁州兵備參政李弘道會勘，分黃已有成議矣。萬曆二十三年，一魁會同尚書褚鈇等會題奉欽依興舉。

開通濟新河。即駱馬湖河也。天啓三年間，王家集、磨莊等七十里，有十三大溜阻運，漕儲道朱國盛行邳宿同知宋士中詳勘，上總河朱，總漕呂，中河趙，本道宋、楊議于董、陳二口入駱馬湖，抵泇六十里，遂從馬頰口至陳家溝達宿遷縣北，西出大河，以上接泇流，下避劉口等險，運行比舊道近捷而坦便云。詳見記中。

防守：

一曰晝防。隄岸每遇黃水大發，急溜掃灣處所，未免涮損，若不即行修補，則掃灣之隄愈漸坍塌，必致潰決。宜督守堤人夫，每日捲土牛小埽聽用，但有涮損者，隨涮隨補，毋使崩卸。少暇則督令取土堆積隄上，若子隄然，以備不時之需，是爲晝防。

二曰夜防。守隄人夫每遇水發之時，修補涮損隄工，盡日無暇。夜則勞倦，未免熟睡，若不設法巡視，恐寅夜無防，未免失事。須置立五更牌面，分發南北兩岸協守官並管工委官，照更挨發各舖傳遞，如天字舖發一更牌，至二更時，前牌未到日字舖，即差人挨查係何舖稽遲，即時拿究，餘舖倣此。隄岸不斷人行，庶可無悞巡守，是爲夜防。

三曰風防。水發之時，多有大風猛浪，隄岸難免撞損，若不防之於微，久則坍薄潰決矣。須督隄夫綑紮龍尾小埽，擺列隄面，如遇風浪大作，將前埽用繩樁懸繫附隄水面，縱有風浪，隨起隨落，足以護衛，是爲風防。

四曰雨防。守堤人夫每遇驟雨淋漓，若無雨具，必難存立，未免各投人家或舖舍暫避，隄岸倘有涮掃，何人看視？須督各舖夫役，每名各置斗笠簑衣，遇有大雨，各夫穿帶隄面擺立，時時巡視，乃無疏虞，是爲雨防。

二守：

一曰官守。黄河盛漲，管河官一人不能周巡兩岸，須添委一協守職官分岸巡督，每隄三里，原設舖一座，每舖夫三十名，計每夫分守隄一十八丈。宜責每夫二名共一段，於隄面之上，共搭一窩舖，仍置燈籠一箇，遇夜在彼棲止，以便傳遞更牌巡視。仍畫地分委省義等官，日則督夫修補，夜則稽查更牌。管河官并協守職官時常催督巡視，庶防守無頃刻懈弛，而隄岸可保無事。

二曰民守。每舖三里，雖已派夫三十名，足以修守，恐各夫調用無常，仍須預備。宜照往年舊規，於附近臨隄鄉村，每舖各添派鄉夫十名，水發上隄，與同舖夫併力協守，水一落即省發回家，量時去留，不妨農業，不惟堤岸有賴，而附隄之民亦得各保田廬矣。

備預：每歲秋末冬初，修守稍暇，即督夫採草十餘日，每日限以束數，每束限以斤數。大約五斤一束者，每夫日可採六十餘束。採完，即運至近隄高阜處所，上下蓋墊，俱須如法，不令雨淋水泡，以致朽爛。仍責成的當人役看守，管河司道以此課管河官之勤惰焉。如此，則次年隨取隨足，不必旋買。如採積百萬束，便可省銀一千兩。其椿檾等項，俱宜于冬春間估計詳盡，預發官銀，督各州縣差人收買，運貯各廠。其初買必報所買之人，買完必報所買之數，遲緩冒破者即時究治，庶護埽順壩等工，不致臨時缺乏，以圖僥倖，隄岸萬無決理矣。即脱有不測，而物料既充，旦夕可塞，不致延闊糜費，此河道第一喫緊工夫也。

范家口去府新城北門外長淮大堤之上七里，於萬曆十三年五月十九日夜半，淮水溢，衝決口二三丈，未幾，驟開二三里，衝灌東聯城水旱門，注三城平地七尺，東鄉一帶及鹽城諸處田禾盡淹，本府同知秦鳴志掩塞一年方定。大堤内成湖長二十里餘，民間田廬丘墓俱没。每年必加修築，夏秋風浪爲菑，此口蓋河患之切膚者。

泇河 河決蒙牆，決黄莊，沼城郭，病運道。萬曆三十一年，總河尚書李化龍開挑泇河以便行運，自王市口抵直河五百餘里，以避黄河三百里之險。

月河 板閘、清江、福興、通濟、新莊各閘，先年以上隔黄沙倒灌之患，下以便節宣之勢，近來黄强淮弱，五壩不通，閘座不閉，以致沙泥内浸，伏秋水溜，漕舟上閘，難若登天，每舟用牽夫至三四百人，猶不能過，用力急則斷纜沉舟，故于萬曆十六年，於前各閘傍俱開月河一道，避險就夷，以便漕輓。

歸仁集石隄 在桃、宿境内，黄河南岸。上年河決徐、邳，水由睢寧、五河、虹縣直冲桃、宿小河口、白洋河，挾白鹿、抵家二湖之水，浸及泗州陵麓，正河勢奪，梗阻漕運。故議築歸仁堤横截之，自孫灣起至歸仁集止，計長七千六百八十餘丈，保障陵園，護衛泗脈。萬曆六年，總河尚書潘季馴復加修築。近因河決雙溝，水趨白鹿等處，正河淤而歸隄告急。天啓四年，尚書房壯麗檄道行知府宋祖舜採安東柴草，解河道錢糧，大加修葺。天啓五年，尚書朱光祚行管河同知宋士中復加砌築。淮之境内大關陵寢者，無如此隄，治河者當留心圖之。

清江浦石隄。萬曆十一年包砌，長三百九十五丈，以防黄河決入裏河。

西橋石隄。萬曆十一年包砌，長一百三丈，以防黄水決入三城。十四年，又接砌至新城北角樓止，長一百九十七丈。

包家圍石隄。萬曆九年包砌，以防永濟河下流之衝，保護山、鹽、高、寶田廬，凡高加堰發水，流從此出，最宜加謹防守。

范家口石隄。萬曆十四年包砌，長四百丈，以防黄河東決，要害與包家圍等。

重濬新正兩河。先年裏河自陳平江開通，仰受江流，城居高，水居下，曾不以爲患。近因黄淮内灌，沙停河身，日高日加，浮隄勢與城垛平。萬曆三十九年，天啓元年，河屢決爲患，三城游魚，田廬漂没，民逃賦欠，梗漕悮運。天啓三年，復大水，萬姓號呼，官吏分守，勢甚危棘。臺部使者議行挑濬，知府宋祖舜得請于上，分委興工，刻期告竣，使通運保民，又築石堤以護城，稱永利焉。漕儲參政朱國盛爲之記。

護城石隄。北自西湖嘴，南至包家圍南止，計長九里，包家圍石工不與焉。此隄乃三城民命攸關，歲宜保固。

論曰：凡漕運經行河道，無不隄焉，獨紀石隄者何？紀其昔曾爲害，今當慎防者耳。幸時加葺補，勿致蟻穴壞之，庶永安云。

竿燈防守。各鋪相離頗遠，倘一鋪有警，别鋪不聞，有悮救護。須令隄老每鋪竪立旗竿一根，黄旗一面，上書某字鋪三字。燈籠一箇，晝則懸旗，夜則掛燈，以便瞻望。仍置銅鑼一面，以便轉報，一鋪有警，鳴鑼爲號。臨鋪夫老挨次傳報，各鋪夫老併力齊赴有警處所，即時救護，首尾相顧，通力合作，庶保萬全。

栽柳護堤。柳橛、柳椽須相兼栽植。柳橛須用核桃大者，入地二尺，出地二三寸，緊靠隄根密栽，俾枝葉搪禦風浪。

柳椽須相距五尺許栽一株，既可捍水，且每歲有大枝可供埽料，俱宜于冬春之交，津液含蓄之時栽之，仍須時常澆灌。柳椽宜用棘刺圍護，以防盜拔畜齧。

栽茭葦草子護隄。凡隄臨水者，須于隄下密栽蘆葦或茭草，俱掘連根叢林，先用引橛錐窟深數尺，然後栽入，計闊丈許。將來衍茁愈蕃，即有風不能鼓浪，此護臨水堤之要訣也。隄根至面，再採草子，乘春初稍鋤覆密種，則雖雨淋不能刷土矣。

人居護隄。凡漕運河道隄上，不妨軍民人家蓋屋居住，遇水漲發，則自爲防，防居即防隄矣。但不許致礙馬頭、過載處所，或當釘以樁杙，慎防坍瀉。按萬曆中年，洚水滔天，明旨屢下戒嚴，大臣疏治淮、揚、徐、鳳諸河，駱車絡繹。數年，開王家口，疏泇河，濬周家橋，排決數十所，工傭億百萬計，乃剛半爲烏有之需。其時推官曹于汴五署淮安府篆，備歷河工之盤錯者，興革一録，所載時政數十欵，章章左券。其中河工，有議分黄之揭，有濬淍河之議、河工善後之議。又曰築建遥堤以防旁溢，曰歲闢淮沙以導清流，曰料理黄堌以防河徙，曰嚴兵防守以備不虞，曰因便開渠以興水利，石畫可行。未幾總河以失塞黄堌口被議，此左驗之一也。

考黄河發源星宿海，經流夷地九千里，始入中國，由陝西、山西過三門，入河南。夏時所疏九河入海，實在兗州，其後復從直沽入海。商代河屢決，都屢遷。漢武之季，決黎陽，築瓠子。哀、平之世，王莽家于趙州，以河患築隄障水，今彰德、衛輝、懷慶，在在有王莽之隄，有王莽城在栢鄉東北。自後水無正道，河南世受其害。古之九河故道久湮，直沽亦非禹疏之舊，而泗、濟雜黄河之身，且滙群流，併入於淮，下雲梯而趨海，今世以淮水爲黄河矣。淮自濠梁以下，會泗過清口分入新河，自清江浦達揚州入江者，是陳平江因宋喬惟岳、蔣之奇所濬而闢通之，下接邗溝，直便漕運，非禹時故道也。即孟子所云「決汝漢，排淮泗，而注之江」，只泛言大勢，實未脗合。蓋夏殷之代，江原弗通於淮。左傳哀公九年：「吴城邗溝。」杜預註云：於邗江築城穿溝，東北通射陽湖，西北至山陽末口入淮。是江淮始通也。隋開皇、大業間，又鑿道引汴達廣陵，故白樂天有「合流至瓜洲」之詞，而於今亦異矣。又按自宋以前，河尚北流，故治河者多置力於北。自宋以後，河始南流，故治河者每紛爭於南。余讀宋參政張洎疏，知禹蹟不惟導河北過洚水至於大陸，播爲九河入海，於南亦自滎澤分爲陰溝，弘注東南以通淮泗，洎之言必有所據。漢武帝作瓠子之歌云「齧桑浮兮淮泗滿」則河自漢時已入淮泗，而丘文莊謂宋神宗時河始入淮，或亦就全河大勢言之乎？

總督漕運兼巡撫後題名記

呂兆熊

明興之創議河運也，自唐順始也。其卒開今運河，北即元會通河，自濟寧達之通州，南即宋沙河，疏邗溝通江、淮，達之濟寧也。自尚書宋公禮、平江伯陳公瑄始也。其遂開府淮陰，總茲漕務，顓用支運，罷海運也，亦自陳公瑄始也。其以總憲文臣代之，用總漕兼鎮撫也，則自王公竑始也。其兼提督軍務也，則自胡公植始也。維宗社之咽喉，軍民之命脈，實于是爲樞紐。故底績俶落，除拜氏名，略見國史，然多佚而不屬。正德四年，邵文莊公寶來蒞茲土，懼其久而遂湮不可考也，始鳩王公竑而下至文莊公，凡二十四人爵里鐫之石，而自爲文以記之，併及漕事大都焉。自文莊迄今，又百十餘年所，迨熊又六十二人，中多入爲名公卿，熊不敏，竊嘗嚮往之。今一旦以薄劣代匱，得厠名諸君子末，豈不幸幸？然舊石已不勝載，自王公紀而後遂闕焉未書，所以更礱貞珉，續文莊之舉，使後有考者，責實在余。其可以不文但已，然余因是而有概於天下之事難於識，難於任也。轉漕之利，無踰水浮，禹貢紀州，從來尚矣。秦漢迄唐，歷歷可鏡。砥柱三門，其覆溺之險，鑿輓之勞，人徒之費，至一舟百日乃能上，難何啻百倍？今之海運，間或用車用䭾，厥難益鉅，當時有斗錢運斗米之苦。甸農或挼穗供禁膳，然不能爲他策者，其都關之勢然也。宋以四河通運，處地夷曠，歲入至七百餘萬石，憂不在食，漕渠之效，亦較可睹矣。元之都燕，固即今日之京師也。雖去江南轉漕甚遼遠，然無三門、砥柱爲之隔絶。夷考其當日運道，初則涉江入淮，逆黄河，至中灤站，陸輓至淇，入御河，達京師，不便也。又開濟州泗河，繇大清入海。旋以海口沙壅，復從東阿陸輓至臨清，入御河，不便也。又開膠萊河道通海，勞費久之，訖無成效，復始專用海運矣。然風濤不測，盜賊出没，剽劫覆亡相仍，至有非我族類，擠衣裳以噬介鱗之疑，而京師常苦食不繼，何其置今濟寧河道至易且利者不講，而日爲海與陸之紛紛也？則伯顔、張瑄之識，所爲不逮宋公禮、陳公瑄也，豈天特留之以成我明一代豐亨豫泰之盛哉〔九〕？恭襄業開此萬世之利矣。其儲設安山、南旺、馬場、昭陽諸湖，名爲水櫃，以時瀦洩，東控泰山諸泉，南引邵伯、高郵、寶應諸湖，北會文衛、白洋、陽城、洸浮、滹沱、桑乾諸河，以廓委輸，雖廞淤時有，供役頻繁，不無民實勞止、岸乃善崩之患，然天下事無全利，循已事軌則，導流培岸，功易易耳。眎之颱颶霹靂之白敎，與人畜蹄踵之道敝，勞逸、難易、省費爲何如？而議海、議陸、議膠萊者，且葸葸焉。且其説曰防意外，開别門，亦有深意見，爲不可廢。假當漕河之初開，能無撓道謀哉？即恭襄當兹世，非有文皇之廟斷，毅然爲之主持，而黄牛纔揮，白簡狎至，非常之原，黎民懼焉，安保無一二道路蜚語而遂創百代之未有，開萬世之永利耶？漕河其昭昭有形埒可見者也，況萬里外之機宜，百年後之推測，彼此互執，是非樊然之難知，利害且十百此者乎？故余因是役而重有概于天下事之難於識，難於任也。其在今日，又且無暇論于漕之外矣。東之奴、西南之奢安，壓天下以赴之，軍饟外迫，財力内屈，則漕不易爲也。北二三千里則病旱，南二三千里則病水，足民足國，固自不能左畫方，右畫圓，則漕而撫又不易爲也。淮陽綰轂南北，最天下要地，鎖鑰十里之衆，豈曰虚擁？無事則引漕，有事則應援。今天下無事非也，馬窮則逸，三方第難端耳，鄒滕其微見者也。一旦内訌外侮，千乘、淮陽，其首受之矣，則漕而提督軍務尤不易爲也。此皆余今日事，總非識與任不可，而余非其人也，余滋懼矣，何暇言天下事？石既成，次其説而書之以自警，且以俟後之君子。其諸品秩差次代遷後先，具詳繫下不書。

開復邳河記

馮敏功

隆慶庚午秋八月，河決於睢寧之白浪淺。既而白浪淺淤，復決青羊淺。又既而青羊淺淤，河益分裂潰決；決而南，爲王家口、張擺渡口、馬家淺口、曲頭集口；決而北，爲曹家口，其小口在辛安左右者七。於是河流悉繇決口南趨睢寧，平地爲湖，漂没軍民田廬無算。輕舟從此出小河口，其支分而北者出直河，而正河故道自曹家口至邳之直河九十里，胥爲平陸，淤運艘九百三十，糧四十餘萬石，官民船又數百。自曹家口而上至曲頭，直河而下至宿遷，又九十里，河身淤淺，不能通舟，睢民昏墊，運道阻絶。於是起大中丞歸安潘公於家，俾治之。公至，博訪羣情，時議多以爲故道不可復，有欲回睢寧決勢而利導之者。公謂河源盤折數萬里，水夾泥沙，急則沙隨水滚，稍緩則水漫沙停，比年因水勢散漫，沙墊底高，容受漸少，每一泛溢，輒便爲患。今舊河廣且百餘丈，深且不測，若仍復舊河，中間小渠，引水衝刷，兩堤夾束，使不散漫，則水勢歸漕，淤淺漸去，河身自可復舊。若就新衝，水勢散漫，湖波平淺，不能復深，工力所及，能有幾何？伏秋水至，必壅不下，徐、邳之間，將成魚鱉，此必不可。羣議乃定。於是度遠邇，議工役，具畚築，計餱糧，大發淮、揚、徐及廬、鳳、山東、河南夫，併徭淺各夫，分司道官爲五工統之，公指示方略，晝地課工，以隆慶五年春正月十有六日肇役濬築，羣工齊奮，至二月二十日，渠成。二十三日，縱水歸渠，淤沙漸刷，河流乃通。凡舊淤糧艘及官民船，皆繇渠出。時築決之工，張擺渡、曹家二口已完，而曲頭、馬淺、王家三大口亦已有緒。翌日，風雨驟作不止〔一〇〕，兼以黄河桃花水漲，會山東諸泉併至，乃季春朔日，水復大溢，瀰漫淹浸，莫辨湖河，新舊堤防，潰決殆盡，復決閆家口、油房口、曲頭舊口之東、王家舊口之西、房家口、青羊口、白浪淺口與諸小口，凡四十三處，羣情大駭。公身自督率，示以必成，衆志復定，晝夜率作，工料踵集，隨用輒濟。於是諸口漸合，而縷水之堤亦漸成。四月七日，麥黄水又大至，狂風挾水，勢復衝決閆家口之西及半戈山之左右。公督率益厲，親守築口。六月三日，諸築塞之工咸畢。先是，淤河多淖沙，人立輒陷，工不得施。公命以木横沙面，掘半瀝水，左右互倒，水盡沙乾，工乃得施。決口懸溜數尺，噴沫成雷，負土入水，輒便消去，公命以大埽截流，緥以巨纜，旁植巨椿，其衝之處，湍猛溜急，椿折埽滚，勢難卒就，乃復相視緩急，偃仰合度，卒復壓以厚土，勢若岡陵，衝乃克定。築堤捍水，浮沙既不能堅，而實土又爲比年流沙所壓，必深掘至尋丈，及遠取於民間空基與隔河運取山土，往來力役，竟日不能數筐。公命囊土程衡，唱籌課役，士功乃集。於是兩岸屹然，河流受束，濬刷淤沙，深廣如舊。四百萬漕糧飛帆直上，雖伏秋水三至，懷襄徐城，而曲頭以下，凡公經理之地皆得安流如故。所用河漕貯積、撫按贓贖、徐淮商税及准淤糧米石者，僅十一萬金有奇。既成之後，公又爲之計久遠，乃併修徐呂、靈璧之堤，以束上流。復築梨林、房村之壩，以防衝逸。建鋪舍，設官夫，以時防守；植草柳，集工料，以預備禦。其善後之圖又如此。

通濟新河記

駱馬湖去宿遷縣治十里，而陳溝則駱馬湖一支流也，去縣治一里許，俱在馬陵山之西。馬陵發脈沂嶺，蜿蜒八百餘里，爲縣治龍脈。本山衆派歸之駱湖，夏秋遇潦，湖面横直亘二十餘里，分三支會于黄河：一爲董家溝，一爲駱馬湖口，一爲陳溝。然高窪不一，不可以舟，至冬春，則涸而成陸。萬曆四十二年，狼矢溝決，黄河全注劉口，繇直口歸舊河，故兩口之怒濤險溜大爲運梗。一艘挽拽，幾至二三百人。一日過溜，不滿數隻。設舟子弗戒，簟纜中斷，船隨糧推，一舟而撞損，尾後者三五相斷，糧糈生命，須臾歸之魚腹。天啓三年、四年，王家集、磨莊等險溜尤甚。漕院躬駐催督，阻壓船以千計，日費公帑拽縴之用以百計。至十月朔，運事始竣。本府同知宋士中、承漕儲道朱條陳指畫，於運完日率土人從泇口起，迤東尋至宿遷縣陳口，復從駱馬湖上至馬頰河，周旋相度，往迴四次，計其道里遠近、工費多寡，立竿爲望，掘土探泉，酌議從馬頰口至陳家溝爲全局，而從駱馬湖爲速計。度議上開馬家洲九十丈，疏馬頰河口沙淤三百三十丈，以上接泇流，下避劉口之險。疏三叉河流沙十三里，開滔莊生河一百七十五丈，濬深小河二十里，開王能莊迤下二十里，以通駱馬湖口，築塞張家等溝數十道，束水歸一，因勢疏導，遂成通漕。即以挑河之土築堤，根闊四丈，頂闊一丈，高一丈二三尺不等，以作縴道，共計河五十七里，築堤共八千七百四十七丈。計調徭夫三千零五十一名，議動錢糧五千七百兩，爲募夫五千二百名之用。卜正月廿七日開土，二月二十一日夫集，四月二十日工完，更名曰通濟新河。隨催本年糧運六千餘隻，并南糧俱從新河進，而劉口、磨莊之險得以遠避，全漕無漂失之患，省公私幫拽之費以數萬計。然而湖心因水占未築之堤二百八十丈，王能莊堤九十丈，并堤之淺缺者，河之沙淤者，計三千一百六十二丈。次年，復請錢糧七千兩，募夫六千人，將陳溝平地長一千九百一十八丈堤河濬築一律，而前此水占堤工一并補築。改淤使深，改曲從直，河底沙礓用钁鏨入使深，水中堤工募船載土壘築，束柳草爲埽以淌風濤，搆木石爲宇以備巡閲，從此長堤堪以拽簟，平瀾堪以鼓枻，而每年數百萬之糧餉得以去危就安，爲漕運永賴矣。至建閘護堤，立堡防守，善後之圖，尚未議及，則謹以俟後之君子。時天啓六年春日記。

僉事朱用光歸仁堤記

古汴河受白鹿等湖水，匯爲巨浸，一遇伏秋，黄水倒灌小河口、白洋河，由歸仁集迤東，横闊四十里，澎湃南下，合淮水，湍激祖陵，林下不浸者數武。歸仁堤實與高堰相表裏，堤之爲利也，博而大者有三焉：祖陵不受齧射而王氣完固，一也；高堰得殺水勢而保無衝決，二也；水不旁流而永無奪河之患，三也。

清河志

通濟閘在馬頭鎮東南半里。嘉靖三十年，漕運都御史連公鑛因舊河淤塞，開三里溝以避渾濁，通運艘，建閘一座。

淺鋪：吴城淺、清口淺、新莊淺、季家淺、中淺。

縣前渡在治東半里，小清河口渡在治東五里，大清河口渡在治東北十里，馬頭渡在治東南五里，夏家湖渡在治西北二十五里，浪石渡在治東北三十里，訾家營渡在治東北三里，駱家營渡在治西二十里，吴城淺渡在治西十五里。

淮陰故城：按府志云在府西四十里。據此，則今馬頭巡檢司處是也。昔韓信釣城下即鎮北一里之土城，俗傳爲甘羅城。又以爲寶應縣有甘羅廟，此則其葬處，皆無所據。

韓信城：據舊志在淮陰故城西百步許，寰宇記云信封後築城于此。

吴城：按一統志在泗州舊徐城北三十里，陳將吴明徹于此置高平郡。據此，則清河原屬泗州，今去治西二十里大河之北厓，東、西二城相向，遥隔一水，疑此即是也。或又謂宋紹興三年罷楚州吴城縣爲鎮，此其故城也，亦未知是否。

吴王墓在治西十五里，唐楊行密封吴王，嘗屯兵于清河口，此其葬處也。

萬曆三年三月，科臣鄭岳請疏黄河海口之沙，言：國家借黄河爲運道，上自茶城，下至淮安，五百餘里，乃茶城有倒淤之患，徐州有淹城之危，邳州有淤塞決口之虞，稽之歷年可考也。臣去年奉差，經過淮安，正值水發之候，民居飄蕩。詢之地方父老，皆言自嘉靖四十四年、五年，河水大發，淮口出水之際，海沙漸淤，今則高與山等。此沙既壅，自淮而上，河流不迅，水泥愈淤。其邳州之淺，房村之決，吕梁二洪之平，茶城倒流之弊，皆繇此也。今不務海口之沙，乃于徐、沛、吕梁地形高處，日築隄岸，以防水勢，桃源、宿遷而下，聽其所之，則水安得不大？而民之爲魚,未有已時也。臣聞之惻然。嘗見宋人李公義、王令圖曾獻濬川耙法:以圓扒八尺横于中,以鐵爲齒,齒列三行,兩端有輪,以舟駕之,行淺水中,舟過則泥去。此古人已試之法,試訪而用之,能疏淮口横沙,而去其最下之塞,則徐淮自無淹溺之虞;能疏吕梁積淤,而得其高低之形,則茶城自無倒流之患。此固言之可採,理之必然者。工部覆議,咨河道侍郎親詣海口踏勘具奏。從之。

七月,御史劉光國議,以天妃閘地勢高于通濟,淮水灌溢多于黄河,謂宜將通濟閘及福興、新莊二閘增卑倍薄,務令高厚堅固。仍令清江廠分司、專司啓閉。每五月以後,九月以前,二水盛發之候,嚴加封閉,官民船聽其所自行轉盤。惟回空船,每至二日,啓放一次,隨放隨閉,不許官民船越規擅進,以貽水患。從之。四年二月,御史陳世寶條陳河道:一、復老黄河故道。先是,河自三汊鎮歷清河縣,北出大河口,與淮水會流出海。運道自淮安天妃廟亂淮而下,十里至大河口,從三汊鎮出口,向桃源大河而去,謂之老黄河。至嘉靖初年,三汊鎮口淤而黄河改趨清河縣南,與淮會合入海。自是運道不由大河口,而徑詣清河縣北上矣。邇者崔鎮屢決,河勢漸趨故道,若仍開三汊鎮口,引河入清河縣北,或今出大河口,與淮流合,或從清河縣西另開一河,引淮水出河,二流會合,則運道無恐,而淮泗之水,亦不爲黄河所漲,民難其永紓矣。一、修寶應湖隄。補古隄以固其外,于古隄東再起一隄,以通越河,而使運舟于此徑行。

一、清復上下練湖。一、復開孟瀆河。一、增建儀真二閘。因江口去閘太遠，欲于上下江口迤裏十數丈許，各建一閘，潮始來，預起板以納之；潮初退，即下板以閉之，使出江之船盡數入閘，以免遲滯。一、開瓜洲河港。將屯船塢挑濬深闊，使船之先入者屯聚于内。又于監壩之東，開一曲港，與新閘外港相合，使船之後至者續泊于内，以免金山掛江之險。部覆允行。

五年九月，管理河南工部郎中施天麟言：「淮泗之水原從清口會黄河入海，今不下清口而下山陽，從黄浦口入海。浦口不能盡洩，浸淫漸及于高寶、邵伯諸湖，而湖堤盡没，則以淮泗本不入湖故也。淮泗之入湖者，又緣清口向未淤塞，而今淤塞故也。清口之淤塞者，又緣黄河淤澱日高，淮水不得不讓河而南徙也。蓋淮水并力敵黄，勝負或亦相半。自高家堰廢壞，而清口之内，傍通濟閘又開朱家等口，引淮水内注，于是淮泗之力分，而黄河得以全力制其敝，此清口所以獨淤于今歲也。下流既淤，則上流不得不決。每歲糧艘以四五月盡，運隄以六七月壞，水發之時不能爲力，水落之後方圖堵塞。甫及春初，運事急至，僅完隄工，于河身無與。河身不挑，則來年益高，上流之決，必及于徐、吕，而不止于邳、遷；下流之涸，將盡乎邳、遷，而不止于清、桃。須不惜一年糧運，不惜百萬帑藏，開挑正河，寬限責成，乃爲一勞永逸。至高家堰、朱家等口，宜趁時築塞，使淮泗并力，足以敵黄，則淮水之故道可復，高、寶之大患可減。若于興化、鹽城地方海口湮塞之處大加疏濬〔一二〕，而湖隄多建減水大閘，隄下多開支河，以行各閘之水，庶乎不至汗漫。總之，未有不先黄河而可以治淮，亦未有不疏通淮水而可以固隄者也。部覆河内疏濬，苦無良法。惟先臣劉天和用平底方舟横排河中爲一層，四維拴繫，以長柄鐵爬濬之，濬深數尺，移舟再濬。後數丈復爲一層，如前法，則水中與陸地施工略同。宜行河道等衙門會議，具奏定奪。」報可。

十二月，淮水南徙，泛濫淮、揚間。已而漕運侍郎吴桂芳報稱草灣開通，淮水消落，至是淤墊如故。給事中劉鉉言，治淮以開通海口爲策，宜簡方略大臣一員，會同河漕諸臣，相踏咨度。爲新運計，上令吏部推有才望實心任事者以聞。于是吏部請以總督漕運兵部左侍郎吴桂芳爲工部尚書，總理河漕。得旨：「近來當事諸臣意見不同，動多掣肘，以致日久無功。今以此事專屬吴桂芳經理，河道都御史暫行裁革，李世達改推别用，其選任部司，處置錢糧，俱許以便宜奏請。若明歲運道有梗，户部查先年海運事宜行。」

六年八月，總河潘季馴言，復故河，其利有五：蓋河從潘家口，出小浮橋，則新集迤前一帶河道俱爲平陸〔一二〕，曹、單、豐、沛之民永無昏墊之苦，一利也；河身深廣，受水必多，每歲可免泛溢之患，曹、單、豐、沛之民得以安居樂業，二利也；河從南行，去會通河甚遠，閘渠可保無虞，三利也；來流既深，建瓴之勢易滌，則徐州以下河身亦必因而深刷，四利也；小浮橋之來流既安，則秦溝可復衝，而茶城永無淤塞之虞，五利也。議下所司。

十一年二月，工部覆漕運尚書凌雲翼題稱徐州戚家港溜急，運艘難行，議開新渠建閘，境山廢閘曰梁境閘，新河中閘曰内華閘，新河口閘曰古洪閘。乞移咨吏部，于梁境閘專設閘官一員，内華、古洪二閘共設閘官一員，并鑄給條記。從之。

十六年，禮科王士性請開復黄河故道以圖永利。謂：「自徐而下，河身日高，而爲堤以束之，水行堤上，與徐州城等。乘急流益迅，委全力于淮，而淮不任，故昔今之黄淮合。今黄强而淮益縮，不復合矣。黄强而一啓天妃、通濟諸閘，則黄搗運河如建瓴。淮縮則退而浸泗，爲祖陵計，不得不爲石堤護之。堤增河益高，根本之慮，不亦可虞乎哉？河至清河，向南衝者，凡四折而後出海，淮安、高、寶、鹽、興蓋不啻數百萬生靈之命，託之一丸泥，決則盡成魚鼈，將奈之何？而紛紛之議，有欲增堤泗州者；有欲開顔家河、灌口河、永濟河，南甃高家堰，北築滾水壩者。近議開月河、草灣及崔鎮三壩〔一三〕，如蟻穴漏巵，補救迄無寧歲，總不如復河故道，爲一勞永逸之圖也。河故道由桃源三義鎮達葉家衝，與淮合。在清河縣北，別有濟運一河在縣南，蓄支河耳。河强奪支河，直趨縣南，而自棄北流之道。久且斷，河形固在也。自桃源至瓦子灘，凡九十里，地下不耕，無室廬、墳墓之礙。雖開河經費視諸説稍倍，而河道一復，爲利無窮矣。」疏下行河官議。

總河潘季馴題，黄河之水濁而强，汶泗之流清且弱，交會之處，則茶城是也。每伏秋黄水盛發，則倒灌入淮，沙停而淤，勢所必至。黄河消落，漕水隨之，沙隨水刷，不待濬而自通矣。縱有淺阻，不遇旬日。如萬曆十年，中河郎中陳瑛創建古洪、内華二閘，每遇黄河暴發，即下板以遏濁流之横，而閘内無壅阻之苦。黄河消落，則啓板以縱泉水之出，而閘外有洗滌之功。去伏稍失開閉之防，遂至漂壅失常，匱懷當宁。臣于前月望至宿遷閲視，同知徐申謂本月望前，黄水偶長丈餘，漫入洪口，即令嚴下閘板，至二十一日，報黄水稍落，于是啓板通漕，衝刷成河，通行無滯。此即二水勝負通塞之故也。勘科常居敬復建口閘一座，去河愈近，則吐納愈易，足爲水利。但建閘易，守閘難，運貢之馳行固急，勢豪之開放不時，數日之羈程不能待，而千百年之利害且決裂矣。乞特賜綸音，如萬曆八年清江浦三閘之法，以嚴啓閉，庶河渠永有賴矣。」部覆如請。

二十年，勘河給事中張貞觀奏：「祖陵爲國家根本，即運道民生，莫與較重，然歲漕四百萬，賴一綫以給京師，鳳、泗、淮、揚，又湯沐襟喉重地，則運道民生，所關亦非細也。臣展謁祖陵，見淮水一望無際，雖聞祖陵玄宫高聳，乃自神路至三橋，并諸儀衛丹墀，無一不被水矣。且高堰一堤，危如累卵，倘潰，則裏河之民生運道立盡，此又高、寶意外隱禍也。今欲洩淮，當以闢海口積沙爲第一義。然洩淮不若殺黄，而殺黄於淮流之既合，不若殺於未合。但殺於既合者，與運無妨；殺於未合者，與運稍礙。别標本，究利害，必當殺於未合之先。至於廣入海之途，則自鮑家口、王家營至漁溝、金城一帶，地勢頗下，因而利導之，似當并議者。」

二十三年，工科都給事中吴應明奏：「淮黄二流，會于清口，而海口一帶，則淮黄之尾閭也。先因黄河遷徙無常，設遥、縷二堤，束水歸漕。乃水過沙停，河身日高，徐、邳以下居民，盡在水底。今清口以外，則黄流阻遏；清口以内，則淤沙横截。强黄倒灌上流約百里許，淮水僅出沙上之浮流，而瀦蓄于盱、泗者，遂爲祖陵患矣。先年科臣張貞觀所議，自腰鋪開一支河，歸之草灣河，或從清河南岸另開小河，至駱家營、馬廠等處，出會大河。建閘啓閉，一遇運淺，即行此河，亦策之便者。至治泗水，則有議開老子山，百折而入之江者，即排淮泗注江之故道也。宜於此處建閘，淮平則閉，秋漲則開，使不得爲陵、泗患。又考河形北高南下，張福口居淮河北流，與清口對。堤張福，則水向南而淮病；堤清口，則水向北而淮不病。故折張福堤而于清口造堤以束之，亦兩利也。」報聞。

二十四年，河道尚書楊一魁奏，酌復漕河舊制。謂：「黄堌口一股由虞城、夏邑接碭山、蕭縣、宿州，至宿遷，出白洋河。一小股分蕭縣兩河口，出徐州小浮橋，相去不滿四十里，且係先年河經故道，所當疏濬，與正河會，接濟運道。夫役之用，集山東、河南、徐、邳徭夫二萬，銀止兩月。更于鎮口閘以裏諸湖之水通，故與小浮橋二水會，則黄堌口不必塞，而運道益無阻滯之患。」部覆如議行。

王氏炎曰：「周定王五年河徙，已非禹之故道。漢元光三年，河徙東郡，更注渤海，繼決于瓠子，又決于魏之館陶〔一四〕，遂分爲屯氏河，大河在西，屯河在東，二河相並而行。元帝永光中，又決于清河靈鳴犢口，則河水分流，入于博州，屯河始壅塞不通。後二年，又決于平原，則東入齊，入青，以達于海，而下流與漯爲一。王莽時，河遂行漯川，大河不行於大伾之北，而遂行於相魏之南，則山澤在河之瀕者，支川與河之相貫者，悉皆易位，而與禹貢不合矣。」

方氏回曰：「建、紹後，黄河決入鉅野，溢于泗以入于淮者，謂之南清河；由汶合濟，至滄州以入海者，謂之北清河。是時淮僅受河之半。金之亡也，河自開封北衛州決而入渦河以入淮，一淮水獨受大黄河之全以輸之海。濟水之絶于王莽時者，今其源出河北温州，猶經枯黄河中以入汶，而後趨海。清濟貫濁河，遂成虚論矣。」

按黄河者，運河之賊也。用之一里，則有一里之害；避之一里，則有一里之利。以二百六十里之泇河，避三百三十里之黄河，輓運通而資泉湖之利，計之善者也。隆慶時，翁大立倡議開之，差勘而寢。嗣後朱衡、萬恭會勘未決。至萬曆三年，都給事侯于趙、巡漕劉光國勘議費奢，亦不果。遞年汶、泗泛溢，堤潰運阻，總河舒應龍題准挑韓莊中心溝，通彭河水道以入黄，而泇口始開。其後二十五年，河決黄堌，二洪告涸，糧運淺阻。總河劉東星尋韓莊故道，鑿良城、侯遷莊及挑黄泥灣至宿遷董家溝以試行運，而泇脈始通。至三十年，河決沛縣大堤，横衝運道。

總河李化龍以黄失故道，運不可恃，將尋舒、劉舊績。而都水司主事梅守相爲陳泇河利運狀，謂其善有六。大約謂泇不已，復議保堤；保堤不已，仍議分黄。不但袪民災，亦以保運道也。其議起自夏鎮，訖于直口，費僅二十萬計，而泇之運始行。總河曹時聘復建壩修堤，置驛設巡，增河官，立公署，而泇爲坦途。總河劉忠復慮其易淤，議以每歲三月開泇以行運，九月閉之以修濬，開呂壩令回空由黄，于是泇、黄並用云。至四十年，復議新開駱馬湖，第以終泇河一段未竟之功耳。

汶河一出萊蕪縣原山之陰，一出萊蕪縣界寨子村，一出泰山之陰仙臺嶺，俱名汶水，至静封鎮合流，經泰安州寧陽縣，分爲二支：一支自東平州戴村鎮西南流至汶上縣，會白馬河、鵝河，凡八十里。出分水河口，南流經嘉祥、鉅野，凡一百里。至濟寧州城南天井閘東，與泗、沂二水合流而南。一支自寧陽縣堽城壩西南流，别名洸河，經滋陽、濟寧之境，合泗、沂二水，凡一百餘里。至濟寧州城南天井閘東，合分水河口流來汶水，又南流，經鄒縣、魚臺、沛縣，凡四百一十里。至徐州，合沁水，東南入于淮。

泗河出泗水縣陪尾山，其源有四：一出山西麓石竇内，名趵突泉；一出山東麓石竇内，名淘米泉；一出山東五步；一出山東南四十步。二泉無名，與淘米泉合流，向南遶山西一里，合趵突泉，西流一百七十餘里，至滋陽城東五里，與沂水合，同入金口閘，又西南流三十里，至濟寧州城東，與汶水合，南達于徐。

沂河一出泰山郡沂水縣，經沂州、郯城三百餘里，至邳州，徑入于淮；一出曲阜縣尼山，西流三十五里，至滋陽縣城東五里，與泗水合，同達于徐。

汴河出河南鄭州滎陽縣西二十里三皇山，上有二廣武城，相去百餘步，汴水自兩城間小澗中流出，東經開封府城内，又東合蔡水，流過蕭縣，至徐州城東，與泗水合。

沁河出山西沁源縣綿山，東南經河内、武陟、獲嘉、新鄉、原武、陽武、封丘、祥符、陳留、蘭陽、杞縣、儀封、睢州、考城、寧陵、歸德、虞城、夏邑、永城、碭山、蕭縣，凡一千二百餘里，至徐州城東，與泗水合。

黄河出西蕃星宿海，繞崑崙，越積石，凡八千餘里，始入蘭州。又東北流過達達地，凡二千五百餘里，始入河東。又南流一千八百餘里，始入河中。經潼關、閿鄉、靈寶、陜、澠池、新安、濟源、孟津、孟鞏、温、汜水、武陟、河陰、原武、滎澤、陽武等州縣，合沁、汴二水，同達于徐。

按黄河自汴梁以下數千里間，河流支派，牽連分合，雖難悉紀，然其大派不過六條：其一自汴梁東北，經蘭陽、儀封、曹、鄆，至陽穀，入漕河；其一至曹州，由雙口河分流，至魚臺縣塌場口，入漕河；其一至歸德州東南，經虹縣、宿州、睢寧，至宿遷，入漕河；其一自汴梁東南經陳留、通許、亳縣，至懷遠縣，入淮河；其一自汴梁城西南經滎澤、中牟、尉氏、陳、潁，至壽州正陽鎮，入淮河；其一即今出徐州小浮橋者是也。凡此六派，或勢均並流，或併歸一二，雖涸溢不時，趨向各異，而大抵不出此六派之中。往時決沙灣，決張秋，則由陽穀之派也；出溜溝，出飛雲橋，則由魚臺之派也。

清河志

我朝徵於夏者謂之税，徵於秋者謂之糧，即兩税之遺意。行之天下，二百年來，未有稱不便者。奈何淮北諸地，富者習爲商販牙儈，未必有田；有田者習爲詭隱，未必有糧。糧税乃悉歸於單弱之丁、逃絶之户。每遇催科，責併該里，見户則相率而逃，以故蒿萊極目，一望率幾十里。噫！憊甚矣。伊欲拯之，必略倣井田之法，相地勢汙仰，每數十里即爲一井。居民田廬，分布其中，外爲溝洫以環之，俾旱澇有備，盜竊有守，樂生興事，安土重遷，則荒萊可墾，經賦可完矣。此百世之利，非大費帑藏不可也。今之徭役，即古之力役之徵。在周禮有小司寇，因授地之上下，以均任使之多寡。有均人，視歲之上下，以爲公旬之等差，此古人雖役民而民不病於役也。今制分爲均徭里甲，均徭有銀力二差，里甲則惟銀差。雖俱以銀數爲準，而力差之中，有視原數費至倍蓰者。劑量輕重，按剔冗蠹，則又在編審者之留意焉。走遞夫雖非徭役正額，其在茲邑，則尤所當軫恤者，必使應付不失而民不甚病爲可耳。

睢寧縣志

知縣申其學申文：切照縣西北一河，名曰廟灣，上通靈璧西水諸湖，下通本縣芹溝諸湖，迤邐之東，則由小河口入黄河焉。此水離縣治僅二里許，淤塞狹隘，其勢頗高。縣治居於東南，其勢最下，且無堤岸蔽障，一遇大雨時行，河不能容，遂爾泛濫，則東南一帶，不惟城郭淹没，而居民廬舍，蕩然爲之一空矣。使小河疏濬惟深，則宣洩易而其害猶未久也。今則小河口又淤塞矣。自隆慶三年至萬曆九年，本縣被沉溺者，已十有三年於茲。幸萬曆十年，天乾水涸，民略有更生之望。不意今歲六月十三日，不知水從何來，偶爾大至，平地水深丈餘。至七月初六日，復遭異常暴風猛雨，三晝夜方止，將城垣侵圍，居民衝没，秋禾顆粒無存，其災害又不減于隆慶間也。卑職自到任以來，日夕與父老講求本縣水災根柢〔一五〕，遂親詣處所，踏勘得此水自靈璧縣東，地名潼郡，開一處，名曰蘆溝口；自本縣西，地名子仙，開一處，名曰余家渡口。此二口者，所當急塞者也。自畢家溝以東至縣治，淤塞十八里；自縣治以東至高作，淤塞十五里。此二處者，所當急濬者也。仍不惜工費，于東南沿河處所，築一土堤，上至潼郡，下至耿車，與新築土堤相接，既俾上流有所歸矣。又挑濬小河口，務使寬且深焉。仍建一石閘，以防黄河倒流之患，又俾下流有所洩矣，庶一勞永逸。而本縣久安長治之策，無出此矣。

按洪武六年，置滁州太僕寺，提督兩淮馬政。方是時，猶養馬于官，未爲民病也。至永樂十四年，始令民養馬，有騍馬、兒馬頭之設，遂爲民害矣。弘治十七年，又計歲科駒，擇其尤者，解之太僕寺，俵散以備騎操，其餘駒折色類府，解北京兵部，買馬充邊，是爲備用銀。其後因所解馬不堪用，令徵價銀，僉馬頭，領往北方買馬解俵〔一六〕。隆慶三年，太僕少卿董公傳策、監察御史謝公廷傑等建議裁減種馬一半。萬曆六年，蒙南京太僕寺卿李公輔、監察御史胡公廷試請盡行變價解部，買馬充邊，則邊得實用，而民免養馬之害，其法最爲良便矣。

淮關志

府城之西，爲浮橋，爲柳淮，爲南鎖壩，爲滿浦。關之東爲板閘，西爲清江浦，又西爲河口。舟之由運河出河口，及由各壩而出達淮所經者也。淮河之南岸，關之東，爲方壩，爲信壩，爲智壩，爲禮壩。大河衛城之東爲義壩。舟之由淮河往來，及由各壩而入達運河所經者也。淮河之北，東爲支家河，西爲草灣。舟之由海州、贛榆、沭陽、安東各縣之達淮所經者也。分布甚廣，非若各闕之扼要會而據通津也，故星處老人以稽之焉。

商稅。舊例凡淮地所造一應貨物併各處來淮發賣之物皆有稅，名曰商稅，率三十分賦其一，收鈔有差。弘治元年，改鈔一貫折收銀三釐，錢七文折收銀一分，解京庫，其存留者折支官軍俸糧，其有工部分司抽分者免。

門攤季稅原委。舊例原有門攤課稅，凡民間開店生理俱照頒發時估則例赴稅司上納，併入商稅支銷。嘉靖四十二年，准委府佐一員督同稅課司官徵收，除應准動支外，扣留若干聽管倉主事註銷，按季報部，餘盡解京濟邊。續據段絹紙果等七舖户并各鎮集頭告稱，零星販賣一一納稅不便，有司亦以瑣屑生弊，乃立每年包納稅銀之法，免其隨到隨報，唯按季赴司交納，名曰季稅。其磨房酒麵等店，照依鈔貫納銀，仍名門攤稅，各舖牙俱照地方赴府城、清江二稅課司交納。

房地契稅。洪武二年，令凡賣買田宅等項除正課外，每契一紙，納工本銅錢四十文。後議無分典賣房田，每價一兩，納稅契銀二分三釐一毫五絲，充軍餉用。復因餉匱，至萬曆二十一年五月内奉文增餉每兩徵銀三分。四十年十月，知府詹士龍詳准院道止稅買者，其典房田契免稅，所收銀兩原無定額，惟以應稅者赴司納稅，解府類解北京户部濟邊充餉。凡賣契一張，每銀十兩，該銀一錢一分六釐。

雜糧四稅。淮安初無四稅。嘉靖中，淮黄肆毒，人多死徙，凡所供億，有派無收。四十五年，知府傅希摯建議，撫按題准以過壩雜糧比照瓜洲事體，每石徵銀一釐，抵補合屬州縣夏秋稅糧民壯軍餉，只名一稅。隆慶中，水災益甚，民不聊生，催科逾拙。繼守此土者，增廣前例，遂有脚抽、斛抽、濟漕三項，并前爲四，因名曰四稅。雜糧税出自客商，脚抽、斛抽係抽脚斛人役應得脚價工銀，濟漕係抽過壩雜糧牙人每價十兩，原有牙用五分，取一半銀二分五釐。是後牙脚四散，不便拘抽，議於各商扣留代納。實則各役應得牙利不過便於抽解，與商實無與焉。委府衛首領官管收，專聽各衛所操運官軍月糧并河道各衙門供應諸項支用，大約歲三萬金。

應税貨物。米麥雜糧自北來淮過壩前往瓜、儀等處販賣者，每石納濟漕銀一釐、軍餉銀八毫、脚抽銀五毫、斛抽銀五毫，謂之四税。至淮轉賣與人，往南販賣者，止納濟漕、軍餉、脚抽；在淮發賣者，止納軍餉、脚抽。○萬曆六年，南京河南道御史方萬山建議去其脚抽。今四税之名猶存，實則三税而已。○嗣部題屬清江户部督收貯府用。天啓五年，加一萬五千兩解京。

醃切樑頭税。凡客商往湖海收醃一切貨物，舊例奉各院道明文徵取税銀，每年大約七八百兩不等，撥二百充軍餉，餘聽巡鹽衙門作正支銷。

廟灣鎮税。鎮在山陽東一百八十里，有河通南北商船，收税則例照依清江府城税課司商抽四鈔收受。每歲本府委官大約收銀二千餘兩，解府併入軍餉項下支用。

清江浦工部抽税。景泰中，淮安設抽分廠，凡竹木等物應干造船者三十税一，以爲供造漕船之需，視蕪、杭十税其一者減三之二，以寬商力。税無定額，每歲以貨之多寡爲舒縮。天順間，議於淮安府税課司添設副使一員、吏二員，專理抽分事務。每季解府，類解本部分司，轉發提舉司。八年，所抽木料不堪，兼商人走水匿税，課司不能制，奸弊日甚。本分司官始五日一次監抽矣。凡商貨自南而北者，俱於南瑣廠泊；自北而南者，俱於清河口泊。赴廠報抽，方許放行。後因額課不敷支用，遂税及於民船，報其樑頭，估定價銀，亦係三十税一，自是無遺税矣。

應抽船隻。國初止抽船料，以供成造漕船之用，後因額課不敷，遂税及於船，除官座站船給有批文照免外，凡民座民船俱報樑頭或報價銀納抽。其中桅篷錨櫓等項逐一另報，數目繁瑣，上難稽查，下滋姦弊。近議民船不拘大小楠雜各色止報樑頭，估定價銀俱三十税一，其餘什物總括在内，商民頗便。○白糧船出口報單銀。○白糧船進口繇閘銀。○空民船出進口銀。○裝貨民船樑頭銀繇閘銀。○淮安廠户報納樑頭，其買主照契報抽，三十税一。○收買拆船木板者論丈抽，將此板造小船者買主照樑頭報抽。

淮安鈔關。重河、贛、剥、航、棹等船，驗樑頭收銀，五尺者，二分九釐有奇，以上漸加。○重長烏船驗樑頭收銀，五尺者，五分八釐有奇，以上漸加。

皇税。萬曆二十六年，三殿大工肇舉，工費甚鉅，言利之人始進開礦榷税，中使四出，江北差太監二員，一駐徐州，一駐揚州儀真縣。無籍棍徒謍充委官，星列碁布，重徵疊抽，全無則例，商民困憊已極。三十一年，漕撫都御史李三才屢請停免，未蒙俞允。遂議有司包徵皇税，分板閘、廟灣、清口、直河四關，府城、清江二税課司榷每年兩季一次解赴儀真税監，解進大内。○四十八年七月，奉皇太子令旨盡行停止，商民踴躍更生。

淮郡新舊聯三城説

淮舊有新舊二城，用壯犄角之勢。倘舊城被敵，則新城出鋭以撓之；倘新城而欲乘敵，則舊城出師以應之。使聲勢足相援，敵人胸背皆受制，必不令頓聚於兩城下焉。迨聯城築而勢遂分，防守始難爲力矣。守則三城俱欲守，而撥兵以把截，慮力分而單弱，可慮也。脱一面失事，則敵得據以爲巢，將爲持久計矣。淮民不能宿舂糧，而貯薪止以日計，如城門稍閉一二日，恐變且從中起矣。昔撫院章公焕初築聯城時，府守范公檟嘗力陳其不便狀。及工成舉宴，范公不往，曰：「非我意，且他日淮難爲守計矣。」嗚呼，遠慮哉！

〔徐州〕

徐州志

徐州境内之山自西南來，連絡東趨，以極於海。其河自西北至，縈洄南注，以達于淮。二洪齟齬，横絶乎其前；四山連屬，合圍乎其外。襟帶江淮，上游雄視；枕聯河洛，萬壑爲宗。昔人所稱東方一形勝焉，信有不誣者矣。

城北五里曰九里山，東西連亘，凡九里。相傳有穴潛通琅琊、王屋，今不知處。其西一峯形如伏象，俗稱象山。

北十七里曰桓山注十九。東臨泗水，舊名聖女山，宋桓魋作石槨於此，故名。

東北三里曰彭城山。

東北八十里曰銅山。利國驛連境，相傳古彭城廢縣在此。

山南有運鐵河。宋置利國監鐵冶，開以通舟楫，淤久。嘉靖二十年，因運河涸，復濬，通新挑溝。

東北一百二十里曰爬頭山。連徐、邳、滕、嶧四境。

北四十里曰境山。西臨泗水，有鎮有閘。

城東四里曰定國山。東魏慕容紹宗擊梁，梁貞陽侯蕭明嘗營於此。

東南二里爲子房山注二十。世傳子房嘗隱于此，故名。

東南四十里爲吕梁山注二十一。下臨二洪，上有雲夢、梁王二城，又有尉城，並詳兵防。其境有雍門，古雍門周善彈琴，能使孟嘗君悲者居此。

城南二里曰雲龍山注二十二，山有雲氣蜿蜒如龍，東巖有石刻大佛注二十三，故又稱石佛山。唐昭宗時注二十四，朱全忠遣子友裕敗徐州節度使時溥軍於石佛山下，即此。宋山人張天驥放鶴亭在其上注二十五。其陰爲黄茅岡注二十六。山北城南里許爲戲馬臺，高數十仞，廣袤數百步，有事則可用屯戍，與城相表裏焉。項羽因山築臺以觀戲馬，故名。魏武南侵，攻彭城，弗克，乃設氈帳臺上，以望城中。臺循磴而上，傍有石厓，雜勒古歲月，名氏，有文皆隸書，筆法遒勁，並剥落不可讀。上有臺頭寺。其下爲蘇堤。宋蘇軾守徐時，河決爲患，因築以障城，自城屬於臺，長二里許，民賴以全活者衆，今尚存。

由雲龍山南十里爲太山。徐山最大者。

又四十里爲桃山。有驛在山陽。

桃山西南十餘里爲徐山。注二十七。舊名武原，周時穆王命楚伐徐偃王，偃王敗走其下，百姓隨者以萬數。王死，民即山鑿石室以祠之，因名徐山。其室見存。

城西二十五里曰楚王山。山皆赭土。禹貢：「厥貢惟土五色。」王莽使徐州歲貢五色土，皆出此山。下爲楚元王墓，又有古冢、古井各數十。迄今里諺猶謂「山前九十九口井，山後九十九口冢」云。

五里爲大彭山。注二十八。古大彭氏封於此，故名。山左右今猶稱大彭村。

汴河一名沁河，一名小黃河。按一統志，汴河源出河南滎陽縣大周山，東流至中牟縣入黃河。沁河出山西沁源縣綿山，東流至河南懷慶府，入黃河。又按漕河志，河居中，汴居南，沁居北。河南徙則與汴合，北徙則與沁合，故此河之名有三。今沁水久不達，唯河合于汴爾。由蕭縣至大彭集入州境，受大彭、湖瀫、楊屍、龍溝、五河諸溝水，並由北岸入。至州城西九里，受響水溝水，二里，受旱陂溝水，並由南岸入。自城西匯于東北，合泗水南下，其流增殺，率靡有恒云。

泗水源出山東泗水陪尾山，源有泉四，因以爲名。由沛縣至謝溝，入州境，流十里至留城，漢張良封於此。東岸受小河水。源出山東滕縣，而黃山、昭陽二湖水時亦溢入焉。二十里爲皮溝，稍南受新溝水。東北鄉拔劍、飲馬諸泉並由運鐵河流至新挑溝，達於此，東岸入。十里爲夾溝，有夾溝驛。五里受北溜溝水，源出沛縣泡河，分流至此，西岸入。三里受境山溝水，即地崩溝，源出東北鄉運端、母猪二泉，流至此，東岸入，有橋有閘。對岸受南溜溝水。源與北溜溝水同，分流至此，西岸入。五里受秦溝水，又五里受濁河水。已上西岸溝並洩湖坡諸水，西水汎漲則滿，餘時恒涸。又十里爲秦梁洪，末直渡，受烏嘴溝水，源出城北十八里屯東泠泉〔一七〕，西流五里至此，東岸入。十七里有三里溝，三里至城東北，受汴水，合流。唐韓愈詩「汴泗交流郡城角」之句謂此。周顯王時，九鼎没于泗水彭城下，鼎氣浮水上。後秦始皇過彭城，齋戒禱祠，欲出周鼎泗水上，使千人求之不獲，謂之鼎伏。三里溝稍南，分爲新河，至城東南，復合流。里許，爲百步洪。南里許，爲新洪。有新洪淺橋，有清水堰。陳將吴明徹入寇呂梁，徐州總管梁士彦頻戰不利，退保州城，明徹遂堰清水以灌之，列船艦城下以圖進取。又南九里，受九里溝水。由西岸入，下有寒山堰。梁蕭明嘗於此壅泗水灌彭城。二十里，東岸有狼豕溝。東鄉山水流此溝入。十里，至黄鐘集，有李家溝。辛賈山鵝兒湖水分流至此入。三十里，爲呂梁洪。列子、莊子並云「孔子觀於呂梁，縣水三十仞，流沫四十里」。陳太建中，經略淮北，大破齊師於呂梁。後周將王軌破吴明徹於呂梁，並即此。唐尉遲恭嘗疏鑿以殺其勢，有尉城遺址。有呂梁堰。晉謝玄既敗苻堅，率衆次彭城，平兖州，用督護聞人奭謀，堰呂梁水以利漕運，有懸水村。五里，爲呂梁渡。又五里，至房村集，有溝。源出歐家泉，流至此入。三里，受響水溝水。源出東南鄉雙井、白塔二泉，流至此，東岸入，有閘。三十里，至雙溝，有泥溝湖，水由此達。出州境。史記楚破漢軍，皆相隨走入穀、泗水。楚追擊漢軍彭城，靈璧東濉水上，多殺漢軍數萬，水爲之不流。故舊志載穀水、濉水，俱在州境。今考漢書注，穀水，即泗水下流。一統志，濉水在靈璧縣東，流至宿遷縣入泗。今皆非州境，並不書。

按徐河山鬱盤，風氣剛勁，考其舊俗，人頗鷙悍輕剽，蓋楚之風焉。出隋書。又其地薄民貧，急疾顓已。出前漢書。宋儒陳師道亦謂「霸者之習，以武爲俗」。蘇軾則云漢高祖、劉裕、朱全忠皆在徐州數百里間，其人以此自負，雄桀之氣，積以成俗，膽力絶人，喜爲剽掠，小不適意，則有飛揚跋扈之心。今去陳、蘇數百年，且承平道久，俗漸丕變，民知怵法畏吏，不聞有骩治。然舟車會通，頗稱津要，往往競趨商販而薄耕桑，野有惰農，市多遊食，稍以靡風相扇，寖失其淳龐矣。

蕭境東西相距百數十里，南北僅三之一，雖西聯州治，而實綿亘於州之東南。

汴河自漢末河入於汴，故亦名黃河。由新挑溝上接河南永城及碭山界。入縣境，歷趙家圈渡、拖繩溝、東鎮渡、曲里渡、朱珊渡、朱珊二泊，遵護河堤長二十里，高八尺。越冀門渡，徑縣治之北，至兩河口，與山西湖之委流合而過涼樓溝注二十九，即舊歇涼樓。元有涼樓寺。以達于州境。宋紹聖中，縣令張惇疏鑿汳水新渠以避水患，陳師道爲之記。元大德間，達魯花赤馬徹里備禦水菑，開南伏道口、北鐵窗孔，而城賴以全。蓋汴合于河，奔濤洶注，支流潰決，四出邑境，厥爲民孽。所由來漸矣，豈一朝夕之故云。

沛縣袤百十里，故志所稱形勝，嶧山控其左，華山揖其右，泗水流其北，芒碭亘其南。以今考之，唯泗水逕于城東，其他皆在疆域之外，無層岡茂麓以爲巖阻，乃維控接諸道源泉，洪流四合，紆迴苞絡，天塹爲固。其東北有滕水，源出山東滕縣，流入昭陽湖。東有昭陽湖注三十、湖亘十餘里，山東滕、薛二縣水咸匯於此，下與薛水合，至金溝口，達泗。薛水、出滕、薛境，西流，會昭陽湖水，自金溝口達於泗。鴻溝河，發源滕縣，流出薛河，其水汎涸有時，春夏可行舟。西南有泡水，即豐水，循泗亭驛前入於泗。正德初年，黃河泛溢，西南接泡水，出縣南門外飛雲橋下，流入泗，勢甚洶湧。今涸。西北有泥溝河，水派來自魚臺縣界，至沛，入泡水，達於泗。南有龍泉。在縣治前，舊没於泡。近河涸。泉水自下涌出不竭，東接泗水。其自北而東，曰泗水，源見州泗水下。流經山東魚臺縣境，至沙河，入縣境，爲沙河渡。二十里爲胡陵城，見兵防。按一統志云，在魚臺縣東六十里，蓋連境地也。有閘。二十里至廟道口，有閘。三十里至縣城北，爲北門渡。匯於城東，爲東門渡。迄城南隅，受泡水，爲南門渡。十五里受金溝口水，爲金溝口渡。鴻溝河、滕水、昭陽湖、薛水合流並達。五里爲沽頭，有上沽頭渡、下沽頭渡。各有閘。十里至謝溝，以達于州境。○縣東泗水之滸，有泗水亭，即漢高祖爲亭長處，今泗亭驛乃其故址。亭北有歌風臺，東南五里有射箭臺。靖難時築。二十里爲沛宫，漢祖過沛，宴故人父老於此。

碭山境内無山，其邑所名碭山，乃距邑治七十里注三十一，今在河南永城縣之境。按史記及漢書，高祖微時，隱於芒碭山澤間，上有雲氣，吕后與人俱求得之。應劭註：芒屬沛國，碭屬梁國。縣南北皆阻大河，間或引決黄流，灌濡畎澮，然疏淤不常，卒緣爲病。縣東六里爲盤岔河，十八里爲禮河，西南五十里爲夾河，由夏邑縣劉富營集入縣境。八十里至龍扒溝，入韓家道口，通汴。嘉靖二十六年，龍扒溝淤二里，岔開一派，向縣城東南二十五里，衝王龍口，由原奉社地四十里至西鎮店一概波水爲患。由蕭縣境入胡店溝。爲新挑黄河。五十里，由虞城縣皮家口入縣境凌家口，一百五里，下至居家口，入蕭縣境。嘉靖十九年開挖，二十四年沙淤。西二十里爲陳霜口河，源由虞城縣史家、皮家二口，分爲兩河，由鎮里堌二十里至縣境西南，合流入陳霜口河。南行十里至汪家口，西向衝爲缺口，水漫東流，復分爲二：一衝縣小南門，一北行復西，遶縣北門。經年爲患，周城以外，汗漫若湖。嘉靖二十六年，知縣王紹元將汪家口築堤一道，長七十四丈七尺，厚一丈，又爲月堤，高厚如之。沿堤上至鎮里堌，下至高良相口，爲順水堤五十里，防禦水患。北三里爲三里河，由虞城縣鎮里堌二十里至縣境呂家集，北行二十里至三里河，下二十里至禮河，五里入桑葉河。九里爲九里溝。今淤。西北十五里爲白川河，由虞城縣境入縣回岡集，十五里至白川河，下二十里至蔣家營，五里入桑葉河。二十里爲濁河，四十里爲段莊河，由虞城縣境入縣回岡集，迤南。嘉靖二十四年，沙淤，坡水漫流，至雙溝集南一里，成河。三十里至桑葉河，四十里至蕭縣境盤岔河，北流入胡店溝。四十里爲新岔河。由虞城縣境北入監城集，南四十里至麗家屯，下二十里至羊耳河集，迤南十五里至羊村集，迤北一里至五河，三十里至蕭縣境河。東南三十里爲龍扒溝。通汴。嘉靖二十六年，沙淤。東北二十里爲羊耳河。碭縣地勢窪仰低下，屢經水患，地多淤沙浮土，雖屢濬鑿成河，然一經水漲，率易淤塞，故河渠之名變遷不常，緣是以爲民病，日益滋焉。

豐境廣野平原，綿邈四際，治北有東華山，其舊治城中有厭氣臺，始皇東遊時築。其北五十里有泡水，上流即豐水。自單縣流經舊縣北門，循沛縣泗亭驛。以入於泗，今淤。正德己巳，黄河水溢。三十餘年，湮没無遺。時或河決，則四境爲壑而已。縣治西南二十五里有枌榆社[注三十二]，即漢祖初起禱以狗沛處。枌榆，鄉名，社在枌榆。西三十里有大澤[注三十三]，即漢祖母夢與神遇處。有中陽里，漢高祖故宅在焉。東[注三十四]北三十里有豐西澤[注三十五]，有亭，亦曰豐西亭，即漢祖爲縣送徒驪山，縱徒止飲所。東北五十里有斬蛇澤[注三十六]，漢祖夜遇白蛇當道斬之，即此。

漕政

漕運府在州城東門外泗河東岸，總督漕運都御史、總兵、參將巡歷駐節之所。

户部分司在城南門内，監督糧儲主事蒞政之所。本司主事一人，户部題奉欽依差委，赴内府領精微批，蒞任行事，凡歲一代易。初專督廣運倉糧儲，後兼理永福倉事及儹運與有任焉。永樂十三年，令浙江都司并直隸衛分官軍於淮安運糧至徐州，置倉收囤，本部委主事一員監督。廣運倉在城南三里，東臨泗水，即元武安州故址，永樂十三年建。宣德五年，增創倉厫，凡一百座。正德已前，中使司之。嘉靖初裁革，惟部使臨督如故。歲凡額收各府州縣夏税麥糧共四萬八千一百五十石。本倉永樂中爲漕運轉般設建，至成化中，改令各軍徑充直達，而轉般罷。户部議單開載本倉該給徐州、徐州左、邳州、河南歸德四衛運軍行餉。近年總漕因淮安常盈倉告匱，每以江北附近衛所通融撥給，兼之各州縣逋負居多，計歲所入，擬之額數十不及其二三，虚耗亦已甚矣。

徐州洪工部分司注三十七，在洪東岸面西，提督本洪主事蒞政之所。本洪宋元皆名百步，直州城東南二里許，巨石盤踞，巉崿齟齬，汴泗經流其上，衝激怒號，驚濤奔浪，迅疾而下，舟行艱險，少不戒，即破壞覆溺，害與洪水等，故名曰洪。其形象川字，有三道焉。中曰中洪，西曰外洪，東曰月河。月河即今裏洪。相傳唐尉遲敬德經略徐州、吕梁二洪，爇火石爛，從而鑿之，遂成水道。宋元祐中，京東轉運司上言朝廷，委官度地勢穿鑿修月河石堤，置上下閘。本朝永樂十二年，平江伯陳瑄鑿洪通漕，更于洪口置閘。正統七年，參將湯節於洪上流築堰，逼水歸月河，於南口設閘，壅積水勢。成化中，主事郭昇、尹珍、饒泗，嘉靖中，主事戴鰲、陳穆相繼鑿去洪内亂石，修砌兩岸牽路石壩。二十五年，主事馮有年修砌東岸石堤十六丈。初，城東北汴水横流衝溢，運艘牽挽艱甚。正德初，治河郎中胡禮鑿新河，自三里溝至洪上，乃復合流入洪，始分殺水勢，爲漕便利。無何，土人覘便，日漸下石堙阻。參將萬表懸購疏抉，仍移所司厲禁，迄今汴水雖盛，猶得亡險焉。本司之設，專爲糧運，先年命官不一。永樂十九年，侯伯分理洪閘河道，繼差御史王矩、户部郎中楊璡。至正統以來，始銓選工部都水司主事一員，領精微批蒞任，督理洪事，兼理徐州境山二閘，凡三年一代焉。初，本司不干閘務。嘉靖二十年，兵部左侍郎王以旂題奉欽依兼理。成化二十年，工部侍郎杜謙建議工部添置主事一員，修治河、沁水道，下達徐州，又著令提督徐州洪主事，以河南黑洋山河沁水利深淺尺寸，月一疏聞。弘治初年，添置主事停罷，本司月報如故。

徐州洪閘在洪東月河南口，正統中，參將湯節建議設。語見上。景泰中，水漲閘壞。嘉靖二十年，治水兵部侍郎王以旂議復。境山鎮閘在境山，舊有積水閘。天順四年，判官潘東建，後廢。嘉靖二十年，侍郎王以旂議設今閘。高家灘木閘，淺鋪一十五所：夾溝淺、白廟兒淺、許家淺、白洋圈上淺、白洋圈下淺、梁山淺、垞城淺、秦梁洪淺、新洪淺、九里溝淺、狼屎溝淺、青田淺、乾谷堆淺、白洋淺、李家溝淺。

呂梁洪工部分司，在洪東岸向西，提督本洪主事蒞政之所。本洪在州城東南五十里，上下二洪，綿亘七里，洪中諸石森列如齒，水脈勁疾，遇險怒號，白浪騰沸，一瞬數里，爲南北至險焉。唐宋疏鑿修治遺跡並與徐洪同。本朝成化八年，主事張達修砌石堤。上洪長三十五丈，下洪長三十六丈。十六年，主事費瑄修築堤壩。嘉靖二十一年，主事徐有讓修砌石堤。呂梁上閘、下閘在洪南北，俱正統中參將湯節建議設，後壞。嘉靖二十年，侍郎王以旂議復。

淺鋪七所：黄鍾集淺、石橋淺、孟城灣淺、侯家石淺、房村淺、龍塘淺、雙溝淺。

沽頭工部分司，在沛縣治南二十里，泗河東岸，提督胡陵城諸閘座主事蒞事之所。本司自成化中上從總漕之請，差委主事一員提督閘座。弘治戊申罷，甲寅復之。正德丁卯再罷，辛未復之。嘉靖癸未又罷，乙未又復之。黄河入漕而沽頭利涉，故罷。黄河南徙而諸閘泉微，故又復。今銓選更代事宜並與二洪同。

胡陵城閘在沛縣治北五十里，隸沛縣轄。

廟道口閘在沛縣治北三十里，隸沛縣轄。

沽頭上閘在沛縣治南二十里，沽頭中閘在上閘南七里，沽頭下閘在中閘南八里，俱隸本州轄。

謝溝閘在沛縣治南四十里，隸沛縣轄。

新興閘在沛縣治南五十八里，隸沛縣轄。

黄家閘在州治北六十里，隸本州轄。

淺鋪三十四所，徐州地方十五淺：謝溝淺、小閻村淺、榮家淺、泉水小閘淺、留城上淺、留城中淺、留城下淺、賀家淺、皮溝上淺、皮溝中淺、皮溝下淺、李家淺、侯村上淺、侯村下淺、黄家淺；沛縣地方一十九淺：胡陵城淺、鷄鳴臺淺、廟道口淺、張家莊淺、泗亭淺、金溝口淺、金溝上淺、金溝中淺、金溝下淺、魯村淺、上閘上淺、上閘下淺、甎家淺、馬家淺、破閘淺、下閘上淺、上閘下淺、梁村淺、閻村淺。

積水閘四座：留城閘，屬徐州轄；金溝口閘，在沛縣治南八里，薛河併昭陽湖水入漕之處；昭陽湖閘，見本湖下；鷄鳴臺閘，在沛縣治東北五十五里，河北岸。

蓄水昭陽湖在縣治東北八里，縈迴八十餘里，北屬滕縣，南屬沛縣。永樂八年，於湖口建石閘，於東西二湖口建板閘。成化八年，改爲石閘。弘治七年重修。遇漕河水涸，開閘放湖水入薛河，由金溝口閘達于漕河。湖所受水不一，北沙河出滕縣北龍山，西南流經魚臺縣境入湖。辛莊橋河出滕縣西南五十里，南流十里入湖。滲河出滕縣界，西南入湖。荆溝泉出滕縣東北十五里，泉眼百餘，水流迅急，西南流八十里，至辛莊橋，漫流爲澤。正統六年，參將湯節開渠十里，引水入湖，塞其兩流故道，復於此岸建回龍以鎮之。

草廠窑廠六座沛縣金溝、鷄鳴臺各一座，蕭縣、豐縣各一座，碭山縣二座。

按漕河經流徐、沛之境，凡二百里有奇。自沙河至謝溝一百六里，爲沛縣境；自謝溝至雙溝一百二十五里，爲本州境。其支流入漕，在沛境者三：曰泡河，上通賈魯新開黄河，流經單縣，至本縣飛雲閘橋入漕河，盈涸不常。曰薛河，自滕縣東高、薛二山之間來，西南流二百里，會南沙河、王華等泉，由金溝口閘入漕河。曰鷄鳴臺東小河。在縣治東北五十五里，源出滕縣三里橋泉併七里溝泉，西南流百餘里，至鷄鳴臺東入漕河。初，二泉之水漫流爲澤。正統六年，漕運參將湯節始開渠引入漕河，置閘于河口以積水，既以濟漕，又變沮洳爲良田云。在州境者四：曰留城小河，源出山東滕縣黄溝泉及徽山三家灣等泉，西流八十里，至留城鎮北東岸，入漕河。曰境山溝，源出東北馬跑等泉，西南流三十里，至境山鎮北東岸，入漕河。曰溜溝河，在州城北五十五里，自沛縣泡河上流分來，至許家淺北西岸，入漕河。曰烏背溝。源出城北八十里屯東冷泉來〔一七〕，西流三五里，至秦梁洪，入漕河。至州城北，則受汴水合流，據二洪險阻，而黄河決嚙所必歸焉。夫會通河上受汶、泗、洸、沂諸水，搜取山澤諸泉，以爲漕綱之助。又有安山、南旺、昭陽諸湖瀦蓄，謂之水櫃。先朝尚書宋禮奉命經畫。當時漕河初不藉黄河之水，元人所謂「漕以汶，而不以河」者，此也。至正統以來，河勢播遷，倏無定所。其支派大概有六：其一自汴梁東北經蘭陽、儀封、曹、鄆，至陽穀縣入漕；其一至曹州，由雙河口分流，至魚臺縣塌場口入漕；其一至儀封縣東，經歸德府，至徐州入漕；其一至歸德府東南，經虹縣、宿州、睢寧，至宿遷縣入漕；其一自汴梁東南經陳留、通許、亳縣，至懷遠縣入淮；其一自汴梁城西南經滎澤、中牟、尉氏、陳、潁，至壽州入漕。自河入于漕，水勢浸淫，諸閘沉于深淵，二洪泯其險隘，泉政日弛，湖防盡廢。至于二洪而下，衝決歲深，厓岸寬廣，一遇旱乾，則汶、泗諸流涣散靡濟，必賴黄河之水而後漕運流通。如嘉靖庚子，諸閘泉微，二洪水涸，至厪宵旰，遣命重臣，是可鑒已。然河流所趨，泥沙相半，若決入陽穀、魚臺、豐、沛，則漕渠淤塞；經由睢、宿，則二洪反高；全入渦、淮，則陵寢所繫，尤難輕議。全歸汴水，則徐民昏墊，又所不堪。如嘉靖丁未，衝決曹縣及城武、金鄉、魚臺，溢于徐、沛、蕭、碭，亦可鑒已。要之徐、沛而上，非泉湖之備不能通；徐、吕而下，非黄河之來不能濟。惟在疏濬得宜，隄防不失，俾源泉沛注，勺水不遺，以爲閘河之助。於汴河故道，如野鷄岡、孫繼口、黄陵岡諸處，各加濬治，使黄河正流南趨鳳陽以入淮海，假其支流從汴入泗，達于二洪，以濟運道。既非上出豐、沛、魚臺以淤漕閘，又不全入渦、淮以干陵寢，而徐民墊溺用是少瘳，則誠國家之慶、生民之福也。

萬表論曰：「黄河自野鷄岡而下，分爲二股：其自東南渦河而行者，則爲河身；其自孫繼口出徐州小浮橋者，則爲支流。然皆併合於淮以入海。是故河流入海，舍淮無他道也。比歲庚子，二洪水涸，漕舟並阻，議者謂爲黄河改流，予則曰非也。夫河流遷改，宜必有漫溢之處。計今水道，只渦河、孫繼口耳。今孫繼口之出徐州者既淤，是當泛溢於東南之渦河，何渦河之水亦微，至可截以壩，斷可識矣。蓋自清河以至徐沛，地勢隆擁，節高一節。如往年黄河盛溢之時，則上漫濟寧，其魯橋諸閘，皆爲淹没，而淮水亦幾浸城。後水勢少降，則自魚臺以出穀亭；再降，則由飛雲橋以出沛縣，而淮水以次漸小；又降而出徐州小浮橋，則淮水亦漸平矣。近年黄河之水日微，故小浮橋之水淤塞。豈特小浮橋之水淤塞，宿遷、桃源二小河亦塞。今淮安河口合流入海之處，可以蹇裳而涉也。此徐水之通塞，實本於黄河之贏縮，非關於河之改流也。又曰，漕河原不用黄河之水，惟用洸、汶、沂、泗諸泉、溝、湖之水，足以濟之。渡淮而西，皆是清水，故名清河。正統十三年，黄河決滎陽，至陽穀，入漕河，潰沙灣，以達於海。景泰四年，都御史徐有貞塞治之，乃分流自蘭陽東至徐入漕河，以疏殺之，而黄河始合於漕，然黄流尚微。至正德六年，水勢方盛行，浸漫而衝洗之矣。先是，黄河未衝之時，清河河道皆狹，水故易充，然亦有淺，故沿河俱設淺鋪，每年轉運固無滯也。後黄河水大來，而淺鋪俱没而不用矣。今觀二洪之舊堤路宛然，正是先年河道。但二洪一向黄水浸漫年久，一旦水落石出，而清河一帶淺涸，人心乍見，不能無異，其實則故河也。蓋自淮達濟，由會通以至衛河，一路堤防，只恐黄河之水衝入爲漕河之害。今徐二洪以下，一向反用黄河之水而忘其故，及水不來，則用工挑濬以引之，日望其來而不可得。此即所謂以病爲藥也。如酒本傷人之物，而躭酒者一向沉溺於酒，反以酒爲生，一不飲酒，即欲死矣。此非今日漕河之喻乎？」

嘉靖十五年，總理河道、右副都御史李如圭題：「竊惟黄河發源具載史傳，今不敢煩瀆，姑自寧夏爲始言之。自寧夏流至延綏、山西兩界之間，兩岸皆高山石麓，黄河流於其中，並無衝決之患。及過潼關，一入河南之境，兩岸無山，地勢平衍，土少沙多，無所拘制，而水縱其性，兼之各處小水皆趨於河，而河道漸廣矣。方其在於洛陽、河内之境，必東之勢未嘗拂逆，且地無高下之分，水無傾瀉之勢，河道雖大，衝決罕聞。及入開封地界，而必東之勢少折向南，其性已拂逆之矣。況又接南北直隸、山東地方，地勢既有高下之殊，而小水之入於河者愈多，淤塞衝決之患自此始矣。此黄河之大概也。今之論黄河者，惟言其瀰漫之勢，又以其遷徙不常而謂之神水，遂以爲不可治。殊不知黄河之水，泥沙相半，流之急，則泥沙並行；流之緩，則泥沙停積，而停積則淤之漸矣。淤之既久，則河高而不能行，水性就下，必於其地勢之下者而趨焉。趨之既久，則岸面雖若堅固，水行地下，岸之根基已浸灌疏散而不可支矣。及遇大雨時至，連旬不晴，河水泛漲，瀰漫浩蕩，以不可支之岸基而遇此莫能禦之水勢，頃刻奔潰，一瀉千里，遂成河道，無足怪也。合無聽臣督同河南、山東并南北直隸管河副使張綸等備查所管黄河州縣河道地理遠近，動支河道銀兩，打造上、中、下三等船隻，置造大小鐵扒、鐵鋤，分發各該管河官收領，遇有淤塞，即便督率人夫撑駕船隻用心扒濬，堅硬去處，則用鐵鋤，俾泥沙隨水而去，河道爲之通流，則傾瀉之患將漸弭矣。再照黄河先年由河南蘭陽縣趙皮寨地方流經考城、東明、長垣、曹、蕭等縣，流入徐州。近年自趙皮寨南徙，由蘭陽、儀封、歸德、寧陵、睢州、夏邑、永城等州縣流經鳳陽地方入淮。其歸德、蘭陽等州縣即今水患頗大，亦聽臣督行管河道，責令各該管河官員調用人夫，修築堤岸，并扒濬河道，務使淤塞開除，自無衝決之患，防護完固，可免淹没之虞。其舊黄河即今尚有微水，流至徐州、吕梁二洪，亦合時加扒濬，使不致斷流，接濟運道，且分殺黄河水勢。如此，則河患可息，而運道亦有益矣。」嘉靖十六年，總理河道右副都御史于湛題：「據河南管河副使張綸呈，勘議得黄河爲患，頻年興作，北衝則害及運道，南決則近於王陵，雖修濬之功累加，而遷徙之性無常。自挑河通流，地勢漸下，全河之水，俱由此河，致將北行舊黄河梁靖口淤塞，屢濬屢淤，功用不成。今年大雨連綿，比於往年尤甚，河水泛漲，衝決數多，新口一開，舊河隨塞，百方莫救，衆力徒施。致將飲馬池以下一百八十里淤墊甫平，其新衝決口，亦有隨衝隨塞者。見今儀封地方三家莊、于莊決口一處，歸德州地方北岸鄭家口決口一處，皆廣深不可堵塞。一則由考城縣以趨歸德州城下，一則徑趨歸德州，二水俱徑曹村口，入北黄河。接濟二洪，惟賴此水。又睢州地方南岸地丘店、界碑口二處，寧陵縣地方楊驛舖一處，共三決口，俱南入亳州渦河，勢尤闊大，且經壽春王陵，大端南岸地下，今已成河。誠恐水性趨下，南決日久，衆水皆歸。且居鄭家口上流，則鄭家口不敢保其不淤，淤則趨二洪者少矣。漕運所關，誠不可以不慮也。爲今之計，飲馬池以下所淤一百八十里，開之則勞費甚多，然不過經符離橋通宿遷往來商賈而已，於二洪無益也。若於地丘店、野鷄岡等口上流開鑿一河，省工四十餘里，通桃源集舊河故道，東北由丁家道口入舊黄河，則趨渦河之水可截以入北河，接濟兩洪，其於壽春王陵水勢可減，漕運無虞矣。合候呈允，通調人夫，來春正月初旬興工挑濬等因，具呈到臣。臣會同巡撫河南右副都御史易瓚、巡按河南監察御史王鎬議得漕河沛縣迤北，雖防黄河衝決，徐、吕二洪實賴黄河灌注。自趙皮寨支河開挑之後，黄河大勢盡徙而南，一股自亳州渦河入淮，一股自宿州符離橋至小河口入運，魚臺、沛縣決口相繼不築自塞。山東濟寧迤南，人得安土耕種。河南歸、睢一帶，歲苦淹没，梁靖口舊河灌注二洪之水亦掣而南，隨挑隨塞，迄無成功。遠近方以二洪乏水爲憂，幸而皇天降鑒，河神效靈，符離橋支河淤塞中高，漫流北溢，從夏邑縣山西坡仍入小浮橋灌注二洪，以此連年運道得以不阻。今山西坡水道亦復淤墊中高，以民事言之，淹没處所秋禾雖廢，夏麥倍收，以得償失，害少利多，猶爲可緩。但河南地勢北高南下，今大勢既已南徙，支河又多淤塞，若不導引分殺，聽其乘勢奔崩，則壽春王陵與州縣城郭俱有可慮。若小浮橋斷流，則徐、吕二洪全靠閘河之水，更遇旱年，泉流微細，何以接濟？興言及此，實可寒心。今副使張綸議呈前來，要行開挑地丘店至丁家道口新河四十餘里，通連舊河，以免二洪淺涸之患，以殺歸、寧淹没之害，以防壽春王陵衝決之虞。且用見在人夫物料，别無加派，事頗省便。臣等採訪人言，參酌事理，委應准從。」

吕梁洪志

革代役議

吕梁二閘洪夫，係徐州蕭縣雜差審編，當初賦時，不遠數百里，皆按圖赴役。後久役戀土，逃逸日頻，有司之追解文移始旁午矣。正統間，主事李瀛乃爲牛運之令，計工食之費，人貿一牛，使之代人而運。當時河流未溢，或用牛可也。及成化、弘治之年，則河溢洪溜，牛不可支，而主事費瑄則爲雇土人替當之令。夫瑄博學審謀，有功于洪者，民到于今祀之。此必大有所見，故迄今行之不衰。議者徒知革去替當之弊，而不知簡易通行之法，何其迂也！嘗考成周雇役之法，代嘗行之。而宋之熙寧，尤以此爲便。蓋當役者既出雇募之費，則其身與官無預，而可以自營生理，終歲之間，不致奔疲于百里之征矣。替役者恃其土著之便，受其雇價，而專代一年之役，是雖非差役之正，而彼此兩便，公私無害，亦捄時之良法也。且督治有法，受價有約，重當有律，無敢叛者。今之洪夫，大率類此，因而行之可也。使行之有妨，或悮我漕規，則數十年豈無明斷者爲之一更定哉？蓋天下之事，可因可革，宜人情，通土俗，無害于義者，因之可也。況兩河連年水旱，一人恒編二役，當役者雖出雇募之費，而洪夫差編之外，又有雜差之必當者，替當者雖以身代役而利其費，然本身正差，亦不能免，亦未免雇人代役也。是則户無遺差，差無遺丁，豈呂梁之替當者獨爲無役之民而後爲之哉？

南京每年進貢舡隻過洪者，其一則司禮監，曰神帛筆料；其二則守備尚膳監，曰鮮梅、枇杷、楊梅、鮮笋、鰣魚；其三則守備不用冰者，曰橄欖、鮮茶、木犀、榴、柿、橘；其四則尚膳監不用冰者，曰天鵝、醃菜、笋、蜜、櫻、蘇糕、鷀鴣；其五則司苑局，曰荸薺、芋、薑、藕、菓；其六則內府供用庫，曰香稻、苗薑；其七則御馬監，曰苜蓿。後加以龍衣、板方等船，而例外者亦多。夫物數以三十，而舟則以百艘，此固舊規也。今則濫駕者不減千計矣。嗚呼！豈特洪夫之勩哉？兩河遞送夫役，其困可知矣。天下十總糧船注三十八，每年過洪者一萬二千一百四十三隻。其一則南京總，曰旗手衛、羽林左衛、金吾前衛、府軍左衛、瀋陽衛、應天衛以及興武衛，共十三衛；其二則中都留守總，曰鳳陽衛、懷遠衛、留守中衛、長淮衛以及潁上所，共十二衛；其三則南京總，曰留守左衛、虎賁右衛、錦衣衛、鷹揚衛以及虎賁左衛，共十九衛；其四則浙江總，曰杭州前衛、紹興衛、寧波衛、處州衛、台州衛以及海寧所，共十三衛；其五則江北直隸總，曰淮安衛、大河衛、徐州衛以及歸德衛，共八衛；其六則江南直隸總，曰鎮江、蘇州、太倉、鎮海等十一衛；其七則江北直隸總，曰揚州、通州、泰州、鹽城、高郵等十衛；其八則江西總，曰南昌、袁州、贛州、安福等十二衛；其九則湖廣總，曰武昌、岳州、黄州、蘄州、荊州等十二衛；其十則遮洋總，曰水軍、龍江、廣洋等十三衛。是皆洪夫所以效牽挽之力以供王人之役者，自春徂秋，舳艫千里，帆檣蔽江。

江東民運白糙粳糯，每年過洪者凡五府：曰常州府：武進、無錫、江陰、宜興四縣；曰蘇州府：吴、長洲、崑山、常熟、吴江、嘉定共六縣，太倉一州；曰松江府：華亭、上海二縣；曰湖州府：烏程、歸安、長興、德清、武康共五縣；曰嘉興府：嘉興、秀水、嘉善、海鹽、崇德、平湖、桐鄉共七縣。共糧一十八萬八百六十餘石，則以民舟運之，不下千餘艘焉。嗚呼！東南民力盡矣。

按洪武初年，四方貢賦，漕于江左。三十年，始開海運，以供遼東軍餉。及永樂初年，則漕引江南之粟，一由江入海，出直沽口白河，運至通州；一由江渡淮，入黃河，至陽武縣，陸運至衛輝府，由衛河運至通州。九年，濬元會通河，以達漕舟于京通。十三年，乃罷海運，悉從內河。一濬真、楚諸湖，引江舟入淮；再濬徐、吕二洪，引淮舟入濟；最後疏汶河，達清、衛、漳、御，而濟舟長抵于直沽矣。至於漕運之規，隨時更變。蓋國初海運，猶因元之故也。海運不給，于是濟之以陸運；陸運未便，于是繼之以兑運；兑運未通，于是加之以長運。所謂長運者，由江入淮，由淮入濟，由濟入直沽之舟也。千里帆檣，三時不絶，于以見國家統御之廣，東南財賦之盛，永國脈而壯國威者，在此舉矣，豈前代所能及哉？然富盛之餘，民財必耗，征役之數，民力多窮。故食粟之士不節，何以紓東南之財？逋負之累不拯，何以紓漕卒之苦？濫駕之禁不嚴，何以恤兩河之夫？黄河之溢未平，何以袪淤塞之患？所謂圖久安長治之術于雍熙豐皞之日，庶運事有賴而河道無滯矣，經國者其長計熟慮之哉！

陳師道汳水新渠記

汳句于蕭，其闕如玦。水經謂：河至滎陽，莨蕩渠出焉。渠至陽武，其下爲沙，蔡水是也。

其出爲陰溝，溝至浚儀，其下爲渦，別爲汳。汳至蒙，別爲獲，餘波迤於淮陽，東歷彭蕭城于泗。注謂：鴻溝、官度、甾獲丹浚與渠一也。禹塞滎澤，而通渠于甫田，其後河旃然入焉，即索水也。漢書地理志：滎陽既汴水，又有狼湯而受沛。蒙有獲水，首受甾獲，至彭城入泗。以余考之，河渠書云，自禹之後，滎陽引河爲鴻溝，以通宋、鄭、陳、蔡、曹、衛，與濟、汝、淮、泗會于楚。而竹書紀年：梁惠成王入河于甫田，又引而東。明非禹之書舊也。書曰：濟入于河，東出于陶丘北者，入而復出也。溢爲滎者，濟之別。滎波既豬，障而東之也。周官又謂豫之川滎、洛，幽、兗之川河、泲，則河南無濟矣。其謂莨蕩受濟，禹塞滎澤而用河者，皆失之。漢志莨蕩無出，甾獲無始，蓋略之也。余謂與經合。而滎水諸書皆不載，又疑渠汳爲二，而滎有一焉。杜佑以經作于順帝之後，詭誕無據，而注叙渠源，或河，或泲，或河泲合，其說不一。次其所經，紛錯悖戾。而志亦闊略，不具辨始末，蓋皆不可考也。自漢末河入于汳〔一八〕，灌注兗、豫，永平中，遵導汳自滎陽別而東北，至千乘入于海，而河于是故瀆在新渠之南。注所謂「絶河而受索」自此始。隋開皇中，因漢之舊，導河于汳。大業初，合河、索爲通濟渠，別而東南，入于淮，而故道竭。今始東都受退水爲臭河，於畿爲白溝，於宋爲長沙，於單爲石梁，於徐爲汳，而入於南清。南清，故泗也。蓋自三都而東畿、宋、亳、宿、單、濟之間，千里回來，而故道淺狹，夏春不勝舟，秋水大至，亦不能受也。蕭故附庸之國，城小不足居民，又列肆於河外，每水至，南里之民皆徙避之，廬舍没焉。率數歲一逢，民以爲病。紹聖三年，縣令朝奉郎張惇始自西河因故作新支爲大渠，合于東河。以道滯而援溺，於是富者出財，壯者出力，日勸旬勞，既月而成。邑人相與語曰：渠議舊矣，更數令不決，而卒成於吾侯，孰有惠而不報者乎？於是不詞而同，欲紀於石以屬余。余謂張侯，其居善守，行峻而言道以成其名；其仕善義，不畏不侮以登于治。其可紀者多矣，而諸父兄弟獨有見於末者，何也？夫善爲治者，人知其善而已，至其所善，蓋莫得而言也。渠之興作有迹，其效在今，此邑人之所欲書也。遂爲之書。

金石録

漢張子房殘碑已斷裂摩滅，不可次叙，獨其額尚完，題「漢故張侯之碑」，在今彭城古留城子房廟中。驗其字畫，蓋東漢時所立。樂史寰宇記，陳留縣有張良墓，引城冢記云，張良封陳留侯，食邑小黄一萬户。漢爲良築城，因名張良城。今陳留有子房廟，貌甚盛。余按漢書地理志註，留屬陳，故稱陳留，宋亦有留，彭城留是也。子房傳曰：「始臣起下邳，與上會留，臣願封留足矣。」下邳與彭城相近，而此碑漢人所立，乃在彭城，然則子房所封非陳留明矣。城冢記誕妄，蓋不足信也。

【原注】

注一　侍郎丁士美記：高家堰在城西南四十里，其最關水利害者曰大澗口。堰迤西當淮、泗二水合流之衝，二水東流，與黄河會入於海。比歲河流衝決，則淮、泗汎溢，勢必由澗口建瓴下注，匯於津湖。甚者穿漕堤，入射陽湖，而山陽、鹽瀆之間以及海陵諸址，通爲巨浸。間者黄河亦爲牽引，而漕渠日就湮淤。萬曆元年，知府陳文燭重築，延袤五千四百丈。

注二　捍海堤下。萬曆十年，總漕都御史淩雲翼題准修築，建洩水涵洞、水渠一十七處，石閘一座，用帑金四萬二千四百有奇，洩捍兩得。十五年，巡撫都御史楊一魁以黄淮交漲，而舊閘洩水不及，山鹽六邑田沉水底，挑濬廟灣、射陽湖等處河道，水有所洩，范堤乃固，民竈兩利。

注三　縣東南七十里，近洪澤鎮。

注四　碩項湖。見上。

注五　下有羽潭。

注六　治南百里。

注七　王瑩移風杜學記：府西北十里，地名板閘，舊名上移風，閘之北有鈔關公署一所，又三里許有閘名下移風，二閘南北相望。

注八　車過。

注九　瀦水。

注十　五港口渡。縣東北七十里，分黄水入海處。

注十一　國初罷元漕運司，以勳爵武臣一員充總兵官，領浙江等十三把總都指揮，分統各衛所漕運。因鎮守之開府于此，協以參將一員。景泰初，推選都御史一員總督其事，兼巡撫鳳、廬、淮、揚四府。

注十二　山清河務同知一員，管山清河務，駐劄廿羅城，管理桃源、清河、山陽、鹽城、高加堰、永濟河、清江浦、裏外河及黄河、柳浦灣、雲梯關直抵海口一帶河道。先年兼管山、鹽等六處捕務。萬曆八年，併屬通判，本同知止管河務。徐屬河務同知一員，管豐、沛、蕭、碭全河并徐州、靈璧縣隄岸，駐劄徐州。先年曾添設同知，駐沿海州縣，專管淮、揚二府水利海防。萬曆七年，改駐徐州，管睢寧、徐州、豐、沛等六州縣河務并巡捕事宜，其後以捕務分屬徐州，本同知止管河務。

注十三　海防同知一員，管理海防事務，駐劄廟灣。萬曆二十二年，新建廟灣鎮城，添設專管淮屬海防、軍務、詞訟、巡捕、兵糧、税課等事。

注十四　西湖嘴市在運河東岸，舟楫往來，多艤于此，淮上稱繁華者居最。

注十五　山陽西北十五里。

注十六　王宗沐二堤記：高家堰堤北自武家墩起，至石家莊止，計三十里而遥，爲丈五千四百，堤面廣五丈，底廣三之，而其高則沿地形高下，大都俱不下一丈許。而又於大澗、小澗、貝溝舊漕河、六安溝諸處築龍尾埽，以遏奔衝。堤内自澗口以達章家莊，濬舊河以泄湖水，使不侵嚙。郡西長堤自清江浦藥王廟迤東，歷大花巷，由西橋、相家灣直抵新城，過金神廟，止柳浦灣，六十里而近，爲丈八千七百九十八，堤面廣四丈，底廣三之，高可七尺餘，蜿蜒如長虹，以障郡城之北。

注十七　府南三十里。

注十八　中段係萬曆初年議。

注十九　畿志東北二十七。

注二十　畿志東五。

注二十一　畿志洪志五十一，統志六十。

注二十二　天啓四年六月，河決徐州，議遷城于雲龍山，不果。

注二十三　舊有山石聳起，高若人形，後人因而飾之爲佛，建寺覆之，號石佛寺。

注二十四　景福二年。

注二十五　寺西夷址有放鶴亭。

注二十六　在雲龍山西畔，宋蘇軾守徐，嘗登此岡，作七句詩刻崖石上。

注二十七　畿志南六十。

注二十八　畿志西三十。

注二十九　畿志縣南十二里。

注三十　縣東八里。

注三十一　畿志東南七十里。

注三十二　縣志東北十五里。

注三十三　縣志在東北橫亘三十里，即龍霧橋處，旁有豐公祠。

注三十四　玉海引述征記：豐水東九十里有漢高祖宅。又引漢舊儀云：高皇帝家在豐中陽里，及爲天子，祠豐故宅。

注三十五　縣志西澤在西二十里。

注三十六　縣志西三十里。

注三十七　徐州洪志：中曰中洪，西曰外洪，東曰裏洪，亦曰月河。大水時至，侵厓滅木。下水之舟，悉從外洪順放，而裏洪東有牽路，逆水之舟從此挽焉。若水落石出，即裏、外二洪俱先淺阻，而舟楫上下悉由中洪矣。外洪自東北而西南，水道頗寬闊，下皆大石，連亘不絶，迤西漫灘，大石森立若羣羊然。中洪自北而南，少西向，復轉屈而東，匯裏洪，同流于吕梁，水道僅容一舟，兩岸皆石，復有怪石暗藏水底，每爲舟楫之患。屢經管洪官漸次鑿去，然後舟楫過者無復破壞之虞。裏洪原爲月河，嘗于此置閘，官吏之設攝此閘也，水漲閘廢，遂爲裏洪。

注三十八　徐州洪志：天下軍運船凡十二總。南京一總：錦衣、廣洋、江陰、龍虎、鎮南、神策、府軍、府軍右、豹韜左、龍江右、金吾後、虎賁左、留守左共一十三衛；二總：旗手、府軍左、金吾前、江陰、興武、瀋陽、應天、横海、水軍左、水軍右、龍虎左、龍江左、羽林左共一十三衛。浙江總：杭州前、杭州右、紹興、寧波、台州、温州、處州、海寧共八衛，金華、衢州、嚴州、湖州、海寧共五所。湖廣總：武昌、武昌左、沔陽、岳州、荆州、荆州左、荆州右、襄陽、蘄州、黄州共一十衛，德安一所。江西總：南昌、袁州、贛州共三衛，吉安、安福、永新、撫州、建昌、廣信、鉛山、饒州共八所。上江總：直隸建陽、新安、安慶、九江、宣州、南京、鷹揚、豹韜、武德、留守右、虎賁右共一十衛。下江總：直隸鎮江、蘇州、太倉、鎮海、南京、驍騎右、羽林右、留守中共七衛，直隸松江、嘉興共二所。江北一總：直隸淮安、大河、邳州、徐州、徐州左、壽州、歸德、泗州共八衛；二總：直隸揚州、高郵、儀真、滁州、廬州、六安共六衛，通州、泰州、鹽城、興化共四所。中都總：直隸鳳陽、鳳陽中、鳳陽右、留守中、留守左、懷遠、長淮、宿州、武平、河南、潁川共一十衛，洪塘、潁上二所。山東總：臨清、平山、東昌、濟寧、兖州護衛共五衛，東平、濮州共二所。遮洋總：淮安、大河、高郵、揚州、德州、德州左、天津、天津左、天津右、通州左、通州右、神武中、徐州左、定遠、泗州、長淮共一十六衛。內除山東、遮洋二總運船不由本洪，其餘十總則皆過洪者也。

【校勘記】

〔一〕半仍故道　「半」字原脱，據敷文閣本、清抄本補。

〔二〕禮信方五壩等處生意繁集　「壩等」原作「等壩」，據敷文閣本、清抄本乙正。

〔三〕史記云　「記云」二字原脱，據江南通志卷十四、史記卷九十三淮陰侯列傳補。

〔四〕山名曰羽者以此　敷文閣本、清抄本「此」字下有「下有羽潭」四字。

〔五〕自沂州抱犢崮迦溝考究泉入營河　「崮」原作「涸」，據山東通志卷六山川志改。

〔六〕萬曆四年兼督淮安　「四」字原在「安」字下，據敷文閣本、清抄本乙正。

〔七〕鳳陽　「陽」原作「揚」，據敷文閣本、清抄本改。

〔八〕不惟郡西之南入運河者勢不可支　「可」字旁原有「能」字，據敷文閣本、清抄本删。

〔九〕豈天特留之以成我明一代豐亨豫泰之盛哉　「亨」原作「享」，據敷文閣本、清抄本改。

〔一〇〕風雨驟作不止　「止」原作「至」，據敷文閣本、清抄本改。

〔一一〕若于興化鹽城地方海口湮塞之處大加疏濬　「城地」原作「地城」，據敷文閣本、清抄本乙正。

〔一二〕則新集迤前一帶河道俱爲平陸　「新集」原作「集新」，據敷文閣本、清抄本乙正。

〔一三〕近議開月河草灣及崔鎮三壩　「草」原作「章」，「及」字原脱，據行水金鑑卷三十二改補。

〔一四〕又決于魏之館陶　「館陶」二字原倒，據敷文閣本、漢書卷二十九溝洫志乙正。

〔一五〕日夕與父老講求本縣水災根柢　「父老」原作「老父」，據敷文閣本、清抄本乙正。

〔一六〕領往北方買馬解俵　「方」原作「京」，據敷文閣本、清抄本改。

〔一七〕源出城北十八里屯東冷泉來　「十八」原作「八十」，據敷文閣本、清抄本乙正。

〔一八〕自漢末河入于汳　「末河」原作「河末」，據敷文閣本、清抄本、後山集卷十二汳水新渠紀乙正。